U0216135

吉林人民出版社

简体字本二十六史

宋史

卷二八〇——卷三二四

（十）

［元］ 脱 脱等 撰

刘浦江等 标点

宋史卷二八〇
列传第三九

田绍斌　王荣　杨琼
钱守俊　徐兴　王杲
李重海　白守素　张思钧
李琪　王延范

　　田绍斌,汾州人。仕河东刘钧,为佐圣军使,戍辽州。周显德四年,领五十骑来归,钧屠其父母家属。世宗召补骁武副指挥使。

　　宋初,随崔彦进征李筠,攻大会砦,破之,以功迁龙捷指挥使。又败筠于泽州茶碾村,筠退保泽州。绍斌凿濠围守,流矢中左目,前军部署韩令坤以其事闻。及祖召见于潞州,绍斌杀晋军益众,夺其铠甲。又从讨李重进于扬州,壁城南,围三日,城溃,斩首逾千级。赐袍带、缯帛,寻补马军副都军头、龙卫指挥使。下荆湖,平岭南,率皆从行。讨蜀,隶大将刘延让麾下。会全师雄寇神泉,绍斌率所部败其党数千。时汉、剑道梗,因赖以宁,太祖遣使孙晏赍诏赐赉有加。凡在蜀三岁,剽盗珍除。还,改龙捷都虞候。

　　尝盗官马,留直尽偿博进。事发,狱具,有司引见讲武殿,绍斌称死罪。太祖知其骁勇,欲宥之,执于门外,遣内侍私谓之曰:“尔今死有余责。”绍斌曰:“若恩贷臣死,当尽节以报。”俄复引见,释之,且密赐白金。会征江南,择诸军借事得五百人,为步斗军,令绍斌领之，及率云骑二千，抵升州城下，克获居多。太祖亲讨河东，命绍斌从何继筠扼契丹兵于北百井，夺贼鼓帜而还。

太平兴国初，擢龙卫军指挥使、领江州刺史。二年，梅山洞蛮叛，命与翟守素分往击之。至邵州，闻蛮酋苞汉阳死，去其居十里，大溃其众，擒蛮二万，令军中取利剑二百斩之，余五千遣归谕诸洞，自是其党帖服。太宗赐以金帛、缗钱、金带、鞍马。历天武、日骑军指挥使，改马步都军头，出戍镇、定、高阳关。

曹彬之攻幽州也，命为先锋指挥，数遇契丹兵斗，夺牛羊、器甲。师还，召见便殿，加领溪州团练使，复遣屯北面。端拱元年，拜冀州防御使，寻改解州。

淳化中，为河中、同、丹、坊、鄜、延、横岭蕃界都巡检使。会郑文宝议城席鸡城砦为清远军，绍斌与文宝领其役。城毕，以文宝之请，命为知军事。至道元年，拜会州观察使，仍判解州，俄充灵州马步军部署。领徒入蕃讨贼，斩首二千级，获羊、马、橐驼二万计，马以给诸军之阙者。捷闻，手诏嘉谕之。数部金粟帛诣灵武、清远，远人詟服不扰。

未几，皇甫继明、白守荣等督转饷于灵州，绍斌率兵援接，抵咸井。贼逾三千余，来搏阵。且行且斗，至耀德，凡杀千人。寇复尾后，绍斌为方阵，使被伤者居中，自将骑三百、步弩三百，与敌兵确于浦洛河，大败之。

初，守荣与绍斌为期，既而继明卒，故后一日，遂为贼所围。守荣等欲击之，绍斌曰："蕃戎轻桃，勿弃辎重与战，当按辔结阵徐行。"守荣等忿曰："若但率兵来迎，勿预吾事。"绍斌因率所部去辎重四五里。继迁初见绍斌旌旗，不敢击。守荣等自欲邀功，与战。贼先伏兵，以羸骑挑战，已而伏发，守荣等战败，丁夫愕眙遁，蹂践至死者众。绍斌率所部徐还，一无遗失。至清远，与张延州会食。见濠中人裸而呼曰："我白守荣也。"绳引而上，解衣遗之，遣内侍马从顺驿闻。太宗益嘉之，优诏褒美。

时命李继隆、范廷召讨继迁，就命绍斌为本州都部署兼内外都巡检使。继隆以浦洛之败上闻,言绍斌握兵不顾,自言"灵武非我不能守",欲图方面,有异志。太宗怒曰:"此昔尝背太原来投,今又首鼠两端,真贼臣也。"即遣使捕系诏狱鞫问,贬右监门卫率府副率,虢州安置。

真宗即位,召还,授右监门卫大将军、领叙州刺史,寻改莱州防御使,诏还其所籍居第,赐良马十匹。调环庆灵州清远军部署。庆州有野鸡族数为寇掠,道路患之。尝有骁捷卒二十余往邠州,为其掠夺,即驰告绍斌。绍斌召其酋帅三人,断臂、馘、劓放还,寇感而化,帖服。绍斌至素勇悍,与同职颇不叶。转运使宋太初每按部灵州、清远,多贸市,绍斌语发其私,太初心衔之,及还朝,言绍斌之过。寻赴召,直其事。

咸平二年,北面寇警,复命为镇、定、高阳关路押先锋,隶傅潜。潜遣与石普并戍保州,普阴与知州杨嗣议出兵击讨之。及夜,普、嗣未还,绍斌疑其败衄,即领兵援之。普、嗣果为贼所困,度严凉河,颇丧师众。及绍斌至,即合兵疾战,获一百四十余人,以劳迁邢州观察使。潜屯中山,绍斌三驰书于潜,且言:"边众大至,但列兵唐河南,背城与战,慎无穷迫。"潜性异懦,闻之益不敢出,贼众益炽,焚劫城砦。车驾驻大名,召潜属吏,词逮绍斌,即遣使械系下御史台鞫问,免官,黜为左卫率府副率,送往上都,禁其出入。五年,授右千牛卫将军致仕。

景德初,起为左龙武军将军、永城兵马都监。三年,迁左监门卫大将军。帝以绍斌久失职,不宜在冲要,乃徙考城都监。大中祥符初,领长州刺史。从东封,朝觐坛就班,军士建充庭旗,旗全压绍斌仆地遽起无伤。时绍斌已老,其壮健若此。迁左领军卫大将军领康州团练使、巩县都监。二年,卒,年七十七。

绍斌长兵间,习战法。其后累以格斗立功,然性暴戾,故屡被黜。子守信,为内殿崇班、阁门祗候。

王荣,定州人。父洪嗣,仕晋为本州十县游奕使。荣少有膂力,事瀛州马仁瑀为厮役。太宗在藩邸,得隶左右。即位,补殿前指挥使,稍迁本班都知、员僚直都虞候。盗发棣州,州兵不能捕,荣往讨擒之。加御前忠佐马步军都军头、领懿州刺史。坐受秦王廷美宴劳,出为濮州马军教练使。未行,马仁瑀子告荣与秦王亲吏善,因狂言"我不久当得节帅",坐削籍流海岛。

雍熙中,召还,为副军头。端拱初,改员僚左右直都虞候兼都军头,复领懿州刺史。累迁龙卫都指挥使、领罗州团练使。率兵戍遂城,边骑来寇,击败之,擒千余人。召拜侍卫马军都虞候、峰州观察使,出为定州行营都部署。荣粗率,所为不中理,侵取官地蒔蔬,吝惜公钱,不以劳将士,且母老不迎养,供给甚薄。太宗闻而怒曰:"忠臣出于孝子之门,荣事亲若此,窜逐之余,凶行弗悛,岂可复置左右,效晋帝养成张彦泽邪?"即诏罢,督责,授右骁卫大将军。

寄班供奉官张明护定州兵,睹荣不法,间尝规正。荣护短,每疾其攻己。庄宅使王斌亦监军是州,素与荣善,意明构荣之罪,因擿明以报怨。下枢密院问状,皆不实。上怒,语左右曰:"张明起贱微中,以蹴鞠事朕,洁己小心,见于辈流。夫刑罚之加,必当其罪。今王斌以荣故而曲奏明罪,欲致刑宪,苟失其当,适足以快荣之心,而诬罔得以肆行矣。且荣凌轹同类,事君与亲鲜竭其力。国家赏罚之柄,非所敢私,将帅之职,非裨校同。朕岂党张明而弃王荣哉,奈何不求直于理之当也。"遂赐劳明缗钱、束帛,荣迁右羽林军大将军。

真宗即位,领奖州刺史;寻授滨州防御使,迁泾原仪渭驻泊部署。咸平二年,车驾北征,召为贝冀行营副都部署。师旋,复还泾原。明年,援送灵武刍粮,疏于智略,不严斥候,至积石,夜为蕃寇所劫,营部大乱,众亡殆尽。法当诛,恕死,除名配均州。六年,起为左卫将军。

景德初,权判左金吾街仗司事。上观兵澶渊,契丹游骑涉河冰抵濮州境,命为黄河南岸都巡检使,与郑怀德自行在领龙卫兵追袭。时已诏沧州部署荆嗣先率所部屯淄、青,遣荣等合兵邀击之。二年,迁左神武军大将军、领恩州刺史。郊祀,改左龙武军、领达州团练使。大中祥符中,迁左卫大将军、领昌州防御使。六年,朝太清宫,命为河南府驻泊都监。九年,卒,年七十。官其一子。荣善射,尝引强注屋栋,矢入木数寸,时人目为"王硬弓"。

杨琼,汾州西河人。幼事冯继业,以材勇称。太宗召置帐下。即位,隶御龙直,三迁神通指挥使。从征太原,以劳补御龙直指挥使。雍熙初,改驽直都虞候兼御前忠佐马步都军头、领显州刺史。

淳化中,李顺叛蜀,琼往夔、峡,擒贼招安,领兵自峡上,与贼遇,累战抵渝、合,与尹元裴庄分路进讨,克资普二州、云安军,斩首数千级。诏书嘉奖,遣使即军中真拜单州刺史。

至道初,召还供职。明年,徙知霸州兼钤辖。未几,改防御使,灵庆路副都部署、河外都巡检使。贼累寇疆,琼固捍有功。导黄河,溉民田数千顷。败贼于合河镇北,擒获人畜居多。贼骑五百掠城下,击破之,追北三十里。并赐诏嘉谕。

咸平二年,命为泾原、仪渭、邠宁、环庆、清远军,灵州路副都部署。寻徙镇、定、高阳关三路押策先锋,屯定州之北。明年,副王超为镇州都部署,再迁环庆,徙定州。四年,召还,以郧州观察使充灵、环十州军副都部署兼安抚副使。尝遣使谕旨,贼若寇清远及青冈、白马砦,即合兵与战。是秋,果长围清远,顿积石河。清远屡走间使诣琼请济师,琼将悉出兵为援,钤辖内园使冯守规、都监崇仪使张继能曰:"敌近,重兵在前,继无以进,不可悉往。"乃止。命副部署海州团练使潘璘、都监西京左藏库刘文质率兵六千赴之,且曰:"伺我之继至。"琼逗留不进,顿庆州。

寇鼓兵攻南门,其子阿移攻北门,堙壕断桥以战。琼遣钤辖李让督精卒六百往援,至则城陷矣。贼泊青冈城下,琼与守规、继能方缓行出师,及闻清远之败,益惼怯不前。顺州刺史王环普谓琼曰:"青冈地远水泉,非屯师计,愿弃之。"琼合谋焚刍粮兵仗,驱老幼以出。琼却师,退保洪德砦,寇威浸炽,未尝交一锋。事闻于上,傅召琼辈,悉系御史狱,治罪当死。兵部尚书张齐贤等议请如律,诏特贷命，削官，长流崖州，继能、守规辈同坐，籍其家业。明年，移道州。

景德初，起为右领军卫将军，分司西京。累迁左领军卫大将军、领贺州团练使、知兖州。有州卒自言得神术，能飞行空中，州人颇惑，琼捕至，折其足，奏戮之。五年，卒，年六十七。录其子舜臣为奉职。长子舜宾，内殿崇班、阁门祗候。

钱守俊，濮州雷泽人。少勇鸷，尝为盗陂泽中，称"转陂鹘"。周显德中，应募为铁骑卒。早事太祖，从征淮南，战紫金山，下寿春，获战舰千余艘。继从克关南。宋初，补禁卫，隶散员直。乾德中，转殿前班都知。寻征太原，方战，矢中左足，拔而复进，格斗不已。还，改东西班指挥使，迁马步军副都军头。

太平兴国四年，命与张绍勍、李神祐、刘承珪率师屯定州，以备北边。俄加秩领演州刺史，移屯赵州。又从征范阳，师还，道遇敌，战于徐河，斩首千级，夺马百疋。雍熙三年，命将北征，田重进出飞狐道，守俊以偏师为援，边骑云集，守俊按甲从容进战，大败之。连护屯兵于赵、定。代还，掌军头引见司。

淳化三年，出为单州团练使。又明年，改迁齐州。时河西蕃部内扰，命以副都部署镇其地。既而徙屯石州，数改官。时有言守俊病且老，握重兵不堪其职。召还，授左领军卫大将军、领潘州防御使、权金吾街杖。大中祥符三年，卒，年八十一。

守俊累从军征讨，前后中三十六创。景德中，录其子允庆为奉职。弟守信，官崇仪副使；守荣，内园使。

徐兴，青州人。以拳勇得隶兵籍。周显德中，从太祖征淮右。宋初，隶御龙直。会平泽、潞，上其功，补控鹤军使。征晋阳，部卒壅汾水灌并州城，益多其劳。还，迁本军副指挥使。

太平兴国初，从潘美趣团柏谷，奋与贼斗，有果敢气，人莫能胜。生擒伪兵马都监李美，身被重创，无所回挠。加指挥使。太宗征太原，讨幽蓟，兴从战，屡中流矢，以著迹闻。补天武都虞候，累迁秩,出为洺州部署。初议建方田,命兴董其事,寻复辍。端拱中,修镇、定城,逾月讫工。改莫州防御使、知静戎军,历祁、博二州。

咸平中,为泾、原、环、庆十州部署。诏督转灵武刍粮,道积石,率掠于寇。兴以步兵畏恶,战不利,时王荣援兵不应,遂败走。坐削籍,流郢州。会赦,入为右卫将军,迁左监门卫大将军。景德二年,卒,年六十八。

王杲,齐州人。周显德中,应募为卒。从世宗收三关,隶先锋。宋初,征泽、潞,平扬州,杲应选从行,既获战功,乃拔迁散指挥使,累转马军副都头,屯并州。雍熙中,为龙卫右第二军都虞候。会遣赵保忠还夏州,命杲引兵护送。及还,保忠以方物赆,杲拒不纳,太宗知之,诏赐白金百两。迁右第一军,屯镇州。

契丹入寇,隶大将郭守文,捍城,杲守北关,寇退,命督饷藁趣威房军。还抵徐河,时尹继伦与寇战小衄,杲适遇贼河上,即按兵拒之,杀贼,夺所乘马。守文上闻,得召见问状,补都军头、领勤州刺史。命监河北,有能声,寻命阅教定州诸军骑射,入掌军头目引见司。

李顺乱,与尹元并为西川招安使,败贼,斩首万级,以功真拜唐州刺史。时贼虽平,道路尚梗,余党或保山以肆奸。杲与石普等追捕于彭州,于是始平。至道初,乃还。复迁灵州副部署,道环州,留改并州,徙知夏州。会赵保吉归款,召还,次伏落津,移知石州,徙石隰副部署。未几,以转饷河西失期,降右千牛卫大将军。咸平五年,出为亳州永城县都监。被召,将入见,以疾亟弗果,卒,年六十四。

李重诲,应州金城人。祖高,后唐庄宅使、奖州刺史。父彦荣,仕契丹,署环州刺史。重诲尝为其应州马步军都指挥使。太平兴国五年,潘美出师御寇,重诲从其节度使萧咄李迎战于代州北岭,大败。美斩咄李,擒重诲以献。太宗召见,补邓州马步军都指挥使。会赵普出镇,奏监州军。

雍熙三年，召还，为武州刺史，出为忻州都巡检、缘边十八砦招安制置使，赐服带、鞍马。北兵寇边，重海以所部邀战，败之，获羊马、铠甲甚众，赐诏嘉美。会岭蛮叛，改广、桂、融、宜、柳州招安捉贼使，听便宜从事。

至道初，累迁泾原仪渭镇戎军钤辖。咸平三年，徙邠宁环庆路。坐转饷灵武不严斥候，至积石为虏骑掠于道，营部大乱，除名，流光州。五年，起为内殿崇班、鄜延驻泊都监，俄迁崇仪使。景德中，赵德明既纳款，或言以麟、府谋有他志。上以泾原地要兵众，虑有缓急，遂徙重海为钤辖。复迁益州，改皇城使。大中祥符六年，卒，年六十八。

重海纯悫寡过。真宗悼其没于远土，命其子乘传往护柩归，听止驿舍之别次。子禹谟，录为将作监主簿。弟重睿，历官澄州团练使。子禹偁，阁门祗候。

白守素，开封人。祖延遇，仕周至镇国军节度。父廷训，宋初为龙捷都指挥使、领博州刺史。守素以荫补东班承旨。太平兴国五年，迁补右班殿直。以善射，授供奉官、带御器械，三迁至供备库使。

咸平三年春，契丹犯边，命与王能戍邢州，俄又与麦守恩、石赟领先锋御之。敌退，复与荆嗣督河北、京东捕贼。四年，命为镇州行营钤辖，领骑兵摄大阵西偏，屡当格斗。俄改定州钤辖，复徙镇州。王继忠之陷也，宋师还度河，敌人乘之。守素据桥，有矢数百，每发必中。敌不敢近，遂引去。

真宗与辅臣议三路御贼，咸曰：“威虏扼北道，要害尤甚，请分骑兵六千屯之，命魏能为部署。”上曰：“能颇强愎，尤难共事。闻守素久练边计，张锐性颇和善，参知戎务，庶克相济。”乃命守素、锐为钤辖，戍顺安以贰之。

景德元年，契丹侵长城口，守素与能发兵破之，追北过阳山，斩首级、获器械甚众，赐锦袍、金带。俄徙屯冀州，转运使刘综举其智勇，材任将帅，加领康州刺史。又提骑卒戍静戎军，兼莅营田之役，俄为镇、定钤辖。是冬，契丹复内侵，守素败其前锋，获车重，又入敌境，俘擒甚众。及请和，省边戍之职，与曹璨留任镇、定。追叙前劳，加合州团练使。

大中祥符三年，命副李迪使契丹。守素居边岁久，名闻北庭，颇畏伏之。上虑其不欲行，密遣内侍询于守素，守素顿首感咽，即以崔可道代焉。再迁再作坊使。大中祥符五年，卒。上甚惜之，常赙外别赍钱五十万，令护丧还京师，录其一子官。

张思钧，邢州沙河人。祖中正，汉泽州刺史。思钧少善击剑，挽强，善博奕。初应募为卒，晋开运间，迁广锐军使。周广顺初，从聂知遇攻河东，破其众三千余。从向训东征，为捉生将，擒小校张万于江猪岭。又从符彦卿与并人斗代州，留为南北两关巡检。

宋初，补龙卫指挥使。李继勋下辽州，战带甲祠，斩首万余级，追奔至长城，擒其将莫山、鲍淑，掠人骑二百余。俄屯潞州，合战三十馀。乾德中，以劳秩迁都虞候。开宝三年，郭进、田钦祚戍三交，尝从战于石岭关，斩首万五千余级。阁门祗候齐延琛、苗永陷军中，思钧鼓劲骑突入，夺还。何经筠入晋境，思钧隶麾下，拔南桥径度。大将之出，必辟为先锋。太平兴国初，屯定州，领兵援磁窑，战败其众，身中五十创，奋不顾，乃逐贼，薄军城，夺马及铠甲居多。未几，边人复攻，逆战城下，斩首万余级。上嘉之，命赐服带，领河州刺史。

雍熙三年，边人寇河间，刘廷让会战君子馆，命思钧翼从。时天大寒，弓不得彀，援兵不至，于是败绩，陷留军中数年，役役不得还。端拱初，自契丹始逃归，授澄州刺史、知齐州。思钧以武进，素不知民政，仅逾月，即徙濮、郓、滨、棣州巡检。至道中，改鄜延巡检使。会葺右堡砦，击寇走之。未几，寇逼保安军，与曹璨往援，追蹑五十余里，至木场，寇乃遁去。

真宗即位，徙益州钤辖兼绵、汉九州都巡检使。咸平中，以王均之乱，出兵保绵州。贼陷汉州，思钧进攻，克之，斩伪刺史苗进，又与石普败贼弥牟砦。巴西尉傅翱有善马，思钧求之，翱不与。思钧平贼，心恃功居多，召翱至，责以转饷后期，斩之。上闻其事，傅召付御史台鞫治，罪当斩，特贷之，削籍流封州。

六年，起为左司御率府率、考城监军。车驾幸澶渊，召诣行在，命李继隆、石保吉同议兵事，赐服御有加。景德二年，为西京水北都巡检使，俄分司西京。召对行在，上悯其老，授唐州防御副使，徙郑州。大中祥符二年，再迁左千牛卫将军。四年七月，卒，年八十九。子承恩，为三班奉职。

思钧起行伍，征讨稍有功。质状小而精悍，太宗尝称其"楼罗"，自是人目为"小楼罗"焉。

李琪，河南伊阙人。幼生长兵家，得给事宣祖，左右太祖，以材力称，进备执御。及受禅，命补镇职。太宗在京府，复令事之。由是累迁效忠都虞候、开封府马步军副都指挥使、领富州刺史。尝请对，自言经事太祖，而京师无居宅，太宗以官第假之。

琪性素鄙，历事三朝，而行不加修。每分遣士卒守护关梁，必觇其赠遗，视所厚薄为重轻。太宗知之，遂改授屯卫大将军，领郡如故，乃顾曰："吾欲置琪于无过之地尔。"加左武卫大将军。景德中，以老且病，表求五日一赴起居。俄为台谏所纠，令赴常参。真宗念其旧，特赐给月奉以养。大中祥符元年，卒，年八十四。

王延范，江陵人。形貌奇伟，喜任侠，家富于财。父保义，为荆南高氏行军司马兼领武泰军留后。高从诲奏署延范太子舍人。后随从诲孙继冲入觐，荐为大理寺丞，知泰州。累迁司门员外郎。

太平兴国九年，为广南转运使。性豪率尚气，尤好术数。尝通判梓州，有杜先生以左道惑众，谓延范曰："汝意有所之，我常阴为之助。"延范心喜，敢为恣横。后为江南转运使，有刘昴卖卜于吉州市，其言多验，谓延范曰："公当偏霸一方。"又有徐惊为延范推九宫算法，得八少一，惊起曰："君侯大贵不可言，当如江南李国主。"前戎城主簿田辨自言善相，谓延范曰："君是坐天王形、频伽眼、仙人鼻、雌龙耳、虎望,有大威德,猛烈富贵之相也。即日当乘四门辇。"至是,有豹入其公宇,噬伤数吏,从者皆恐慄,不敢进。延范独拔戟前逐,刺杀之,益以此自负。与广州掌务殿直赵延贵、将作盐丞雷说会宿,观天象,延贵指西方一大星曰:"此所谓'火星入南斗,天子下殿走'者也。"雷说出《星经》证之,乃太白行度经南斗,延贵谬为火星也。

延范日夕与掌市舶陆坦议欲发兵,会坦代归,延范寓书左拾遗韦务升为隐语,侦朝廷机事。延范奴视僚属,峻刑多怨。会怀勇小将张霸给使转运司,延范因事杖之,霸知延范与知广州徐休复不协,诣休复告延范将谋不轨及诸不法事。休复驰奏之。太宗遣高品阎承翰乘传。会转运副使李琯暨休复杂治延范,具伏。与昂、辨、坦俱斩广州市,籍没延范家,务升除名配商州,延贵等皆抵罪,赐霸钱十万。

论曰:绍斌从征讨,凡逾百战,未尝以为惮;屡被废斥,未尝以为慊。太祖宥盗马罪,引见赐予,屈法使过,用能致其力也。荣薄事亲,下诏督过。琼折州卒足以释妖惑。王杲辞嫲于夏。思钧拔身自归,当斩而贷。琪以鄙称。守俊、兴辈以勇得备给使。守素久练边计,人颇畏伏。重海虽将略不足,亦有可称。大抵武夫悍卒,不能无过,而亦各有所长;略其过而用其长,皆足以集事。至于一胜一负,兵家常势,顾其大节何如耳。若荣也,薄其所生,大节亏矣,屡以罪黜,宜哉。

宋史卷二八一
列传第四○

吕端　毕士安 子仲衍 仲游　寇准

吕端,字易直,幽州安次人。父琦,晋兵部侍郎。端少敏悟好学,以荫补千牛备身。历国子主簿、太仆寺丞、秘书郎、直弘文馆,换著作佐郎,直史馆。

太祖即位,迁太常丞、知浚仪县,同判定州。开宝中,西上阁门使郝崇信使契丹,以端假太常少卿为副。八年,知洪州,未上,改司门员外郎、知成都府,赐金紫。为政清简,远人便之。

会秦王廷美尹京,召拜考功员外郎,兼开封府判官。太宗征河东,廷美将有居留之命,端白廷美曰:"上栉风沐雨,以申吊伐,王地处亲贤,当表率扈从。今主留务,非所宜也。"廷美由是恳请从行。寻坐王府亲吏请托执事者违诏市竹木,贬商州司户参军。移汝州,复为太常丞,判寺事。出知蔡州,以善政,吏民列奏借留。改祠部员外郎、知开封县,迁考功员外郎兼侍御史知杂事。使高丽,暴风折樯,舟人怖恐,端读书若在齐阁时。迁户部郎中、判太常寺兼礼院,选为大理少卿,俄拜右谏议大夫。

许王元僖尹开封,又为判官。王薨,有发其阴事者,坐禅赞无状,遣御史武元颖、内侍王继恩就鞫于府。端方决事,徐起候之,二使曰:"有诏推君。"端神色自若,顾从者曰:"取帽来。"二使曰:"何遽至此?"端曰:"天子有制问,即罪人矣,安可在堂上对制使?"即下堂,随问而答。左迁卫尉少卿。会置考课院,群官有负谴置散秩者,引对，皆泣涕，以饥寒为请。至端，即奏曰："臣前佐秦邸，以不检府吏，谪掾商州，陛下复擢官籍辱用。今许王暴薨，臣辅佐无状，陛下又不重谴，俾亚少列，臣罪大而幸深矣！今有司进退善否，苟得颍州副使，臣之愿也。"太宗曰："朕自知卿。"无何，复旧官，为枢密直学士，逾月，拜参知政事。

时赵普在中书，尝曰："吾观吕公奏事，得嘉赏未尝喜，遇抑挫未尝惧，亦不形于言，真台辅之器也。"岁余，左谏议大夫寇准亦拜参知政事。端请居准下，太宗即以端为左谏议大夫，立准上。每独召便殿，语必移晷。擢拜户部侍郎、平章事。

时吕蒙正为相，太宗欲相端，或曰："端为人糊涂。"太宗曰："端小事糊涂，大事不糊涂。"决意相之。会曲宴后苑，太宗作钓鱼诗，有云："欲饵金钩深未达，磻溪须问钓鱼人。"意以属端。后数日，罢蒙正而相端焉。初，端兄馀庆，建隆中以藩府旧僚参预大政，端复居相位，时论荣之。端历官仅四十年，至是骤被奖擢，太宗犹恨任用之晚。端为相持重，识大体，以清简为务。虑与寇准同列，先居相位，恐准不平，乃请参知政事与宰相分日押班知印，同升政事堂，太宗从之。时同列奏对多有异议，惟端罕所建明。一日，内出手札戒谕："自今中书事必经吕端详酌，乃得闻奏。"端愈谦让不自当。

初，李继迁扰西鄙，保安军奏获其母。至是，太宗欲诛之，以寇准居枢密副使，独召与谋。准退，过相幕，端疑谋大事，邀谓准曰："上戒君勿言于端乎？"准曰："否。"端曰："边鄙常事，端不必与知，若军国大计，端备位宰相，不可不知也。"准遂告其故，端曰："何以处之？"准曰："欲斩于保安军北门外，以戒凶逆。"端曰："必若此，非计之得也。愿少缓之，端将覆奏。"入曰："昔项羽得太公，欲烹之，高祖曰：'愿分我一杯羹。'夫举大事不顾其亲，况继迁悖逆之人乎？陛下今日杀之，明日继迁可擒乎？若其不然，徒结怨雠，愈坚其叛心尔。"太宗曰："然则何如？"端曰："以臣之愚，宜置于延州，使善养视之，以招来继迁，虽不能即降，终可系其心，而母死生之命在我矣。"太宗抚髀称善曰："微卿，几误我事。"即用其策。其母后病死延州，继迁寻亦死，继迁子竟纳款请命，端之力也。进门下侍郎兼兵部尚书。

太宗不豫，真宗为皇太子，端日与太子问起居。及疾大渐，内侍王继恩忌太子英明，阴与参知政事李昌龄、殿前都指挥使李继勋、知制诰胡旦谋立故楚王元佐。太宗崩，李皇后命继恩召端，端知有变。锁继恩于阁门，使人守之而入。皇后曰："宫车已晏驾，立嗣以长，顺也，今将如何？"端曰："先帝立太子正为今日，今始弃天下，岂可遽违命有异议邪？"乃奉太子至福宁庭中。真宗既立，垂帘引见群臣，端平立殿下不拜，请卷帘，升殿审视，然后降阶，率群臣拜呼"万岁"。以继勋为使用相，赴陈州；贬昌龄忠武军司马；继恩右监门卫将军，均州安置；且除名流浔州，籍其家赀。

真宗每见辅臣入对，惟于端肃然拱揖，不以名呼；又以端躯体洪大，宫庭阶戺稍峻，特令梓人为纳陛。尝召对便殿，访军国大事经久之制。端陈当世急务，皆有条理，真宗嘉纳。加右仆射，监修国史。明年夏，被疾，诏免常参，就中书视事。上疏求解，不许。十月，以太子太保罢。在告三百日，有司言当罢奉，诏赐如故。车驾临问，端不能兴，抚慰甚至。卒，年六十六，赠司空，谥正惠。追封妻李氏泾国夫人。以其子藩为太子中舍，荀大理评事，蔚千牛备身，蔼殿中省进马。

端姿仪瑰秀，有器量，宽厚多恕，善谈谑，意豁如也。虽屡经摈退，未尝以得丧介怀。善与人交，轻财好施，未尝问家事。李惟清自知枢密改御史中丞，意端抑己，及端免朝谒，乃弹奏常参官疾告逾年受奉者，又构人讼堂吏过失，欲以中端。端曰："吾直道而行，无所愧畏，风波之言不足虑也。"

端祖兖，尝事沧州节度刘守文为判官。守文之乱，兖举族被害。时父琦方幼，同郡赵玉冒锋刃绐监者曰："此予之弟，非吕氏子也。"遂得免。玉子文度为耀帅，文度孙绍宗十余岁，端视如己子表荐赐出身。故相冯道，乡里世旧，道子正之病发，端分奉给之。端两使绝域，其国叹重之。后有使往者，每问端为宰相否，其名显如此。

景德二年，真宗闻端后嗣不振，又录蔚为奉礼郎。藩后病足，不任朝谒，请告累年，有司奏罢其奉，真宗特令复旧官，分司西京，给奉家居养病。端不蓄赀产，藩兄弟贫匮，又迫婚嫁，因质其居第。真宗时，出内府钱五百万赎还之，又别赐金帛，俾偿宿负，遣使检校家事。藩、荀皆至国子博士，蔚至太子中舍。

毕士安，字仁叟，代州云中人。曾祖宗昱，本县令。祖球，本州别驾。父义林，累辟使府，终观城令，因家焉。士安少好学，事继母祝氏以孝闻。祝氏曰："学必求良师友。"乃与如宋，又如郑，得杨璞、韩丕、刘锡为友，因为郑人。

乾德四年，举进士。邠帅杨廷璋辟幕府，掌书奏。开宝四年，历济州团练推官，专掌管榷，岁课增羡。改兖州观察推官。太平兴国初，为大理寺丞，领三门发运事。吴越钱俶纳土，选知台州，言："钱氏上图籍，有司皆张侈赋数，今湖海新民始得天子命吏，宜有安辑，愿一用旧籍。"诏从之。明年，迁左赞善大夫，徙饶州，改殿中丞。召还，为监察御史。复出知乾州，以母老愿降任就养，改监汝州稻田务。

雍熙二年，诸王出阁，慎择僚属。以虞部郎中王龟从兼陈王府记室参军，水部员外郎王素兼韩王府记室参军，秘书丞张茂直兼益王府记室参军，士安迁左拾遗兼冀王府记室参军。太宗召谓曰："诸子生长宫庭，未闲外事，年渐成人，必资良士赞导，使日闻忠孝之道，卿等勉之。"赐袭、银带、鞍勒马。

士安本名士元，以"元"犯王讳遂改焉。迁考功员外郎。端拱中，诏五府僚属各献所著文，太宗阅视累日，问近臣曰："其才已见矣，其行孰优？"或以士安对。上曰："正协朕意。"俄以本官知制诰，王请对愿留府邸，不许。淳化二年，召入翰林为学士。大臣以张泊荐，太宗曰："泊视毕士安词艺践历固不减，但履行远在下尔。"士安以父名义抗章引避，朝议谓二名不偏讳，不听。

三年，与苏易简同知贡举，加主客郎中，以疾请外，改右谏议大夫，知颍州。真宗以寿王尹开封府，召为判官；及为皇太子，以兼右庶子迁给事中；登位，命权知开封府事，拜工部侍郎、枢密直学士。时近臣有怙势强取民间定婚女，其家诉于府，士安因对奏，还之。宫府常从为廷职者，每授任于外，必令士安戒饬

咸平初，辞府职，拜礼部侍郎，复为翰林学士。诏选官校勘《三国志》、《晋书》、《唐书》。或有言两晋事多鄙恶不可流行者。真宗以语宰相，士安曰："恶以戒世，善以劝后。善恶之事，《春秋》备载。"真宗然之，遂命刊刻。士安以目疾求解，改兵部侍郎，出知潞州，特加月给之数。入为翰林侍读学士。景德初，兼秘书监。契丹谋入境，士安首疏五事应诏，陈选将、饷兵、理财之策，真宗嘉纳。

李沆卒，进士安吏部侍郎、参知政事，入谢。真宗曰："未也，行且相卿。"士安顿首。真宗曰："朕倚卿以辅相，岂特今日。然时方多事，求与卿同进者，其谁可？"对曰："宰相者，必有其器，乃可居其位，臣驽朽，实不足以胜任。寇准兼资忠义，善断大事，此宰相才也。"真宗曰："闻其好刚使气。"又对曰："准方正，慷慨有大节，忘身徇国，秉道疾邪，此其素所蓄积，朝臣罕出其右者，第不为流俗所喜。今天下之民虽蒙休德，涵养安佚，而西北跳梁为边境患，若准者正所宜用也。"真宗曰："然，当藉卿宿德镇之。"未阅月，以本官与准同拜平章事。士安兼监修国史，居准上。

准为相，守正嫉恶，小人日思所以倾之。有布衣申宗古告准交通安王元杰，准皇恐，莫知所自明。士安力辩其诬，下宗古吏，具得奸罔，斩之，准乃安。

景德元年九月，契丹统军挞览引兵分掠威虏、顺安、北平，侵保州，攻定武，数为诸军所却；益东驻阳城淀，遂攻高阳，不得逞，转窥贝、冀、天雄，兵号二十万。真宗坐便殿，问策安出。士安与寇准条所以御备状，又合议请真宗幸澶渊。士安言澶渊之行，当在仲冬；准谓当及往，不可缓。卒用士安议。

初，咸平六年，云州观察使王继忠战陷契丹。至是，为契丹奏请议和，大臣莫敢如何。独士安以为可信，力赞真宗当羁縻不绝，渐许

其成。真宗谓敌悍如此，恐不可保。士安曰："臣尝得契丹降人，言其虽深入，屡挫不甚得志，阴欲引去而耻无名，且彼宁不畏人乘虚覆其巢穴，此请殆不妄。继忠之奏，臣请任之。"真宗喜，手诏继忠，许其请和。

时已诏巡幸，而议者犹哄哄，二三大臣有进金陵及成都图者。士安亟同准请对，力陈其不可，惟坚定前计。真宗严兵将行，太白昼见，流星出上台北贯斗魁。或言兵未宜北，或言大臣应之。士安适卧疾，移书准曰："屡请舁疾从行，手诏不许，今大计已定，唯君勉之。士安得以身当星变而就国事，心所愿也。"已而少间，追至澶渊，见于行在。时已聚兵数十万，契丹大震，犹乘众掠德清。至澶北鄙，为伏弩发射，挞览死，众溃遁去。

会曹利用自契丹使还，具得要领；又与其使者姚东之俱来，讲和之议遂定。岁遗契丹银绢三十万，朝论皆以为过。士安曰："不如此，契丹所顾不重，和事恐不能久。"及罢兵，从还，乃按边要选良守将易置之；雄州以李允则，定州马知节，镇州孙全照，保州杨延昭，它所择用各得其任。令塞上得境外牛马类者悉还之，通互市，除铁禁，招流亡，广储蓄。未几，夏州赵德明亦款塞内附。二方既定，中外略安。量时制法，次第施行。复置贤良方正、直言极谏等科，以广取士。

二年，章七八上，以病求免，优诏不允，遣使敦谕。不得已，复起视事。十月晨朝，至崇政殿庐，疾暴作，真宗步出临视，已不能言。诏内侍窦神宝以肩舆送归第，卒，年六十八。车驾临哭，废朝五日，赠太傅、中书令，谥文简。以皇城使卫绍钦治葬，有司给卤簿。录其子世长为太子中舍、庆长为大理寺丞、孙从古为将作监主簿。

士安端方沉雅，有清识，酝藉，美风采，善谈吐，所至以严正称。年耆目眊，读书不辍，手自雠校，或亲缮写。又精意词翰，有文集三十卷。尝谓人曰："仆仕宦无赫赫之誉，但力自规检，庶几寡过尔。"凡交游无党援，唯王祐、吕端见引重，王旦、寇准、杨亿相友善，王禹偁、陈彭年皆门人也。禹偁，济州人。幼时以事至士安官舍，士安识其非常童，留之，教以学，誉业日显。后遂登科进用，更在士安前。及士安知制诰，其命乃禹偶词也。

士安没后，真宗谓寇准等曰："毕士安善人也，事朕南府、东宫，以至辅相。饬躬慎行，有古人之风，遽此沦没，深可悼惜。"及王旦为相，面奏："陛下前称毕士安清慎如古人，在位闻之感叹。仕至辅相，而四方无田园居第，没未终丧，家用已屈，真不负陛下所知。然使其家假贷为生，宜有以周之者，窃谓当出上恩，非臣敢为私惠。"真宗感叹，赐白金五千两。

子：世长至卫尉卿，庆长至太府卿；孙，从善，光禄少卿，从古，驾部郎中，从厚、从海，检校水部员外郎，从简，博罗令，从道，殿中丞，从范，山南西道节度推官，从益，太常寺太祝，从周，散郎、知洋州；曾孙：仲达、仲偃仕至郡守，仲衍、仲游、仲愈。

仲衍，字夷仲，以荫为阳翟主簿。张升，县人也，方镇许，请于朝，欲兴乡校，既具材计工，又听民自其力输助。邑子马宏，以口舌横闾里，谩谓诸豪曰："张公兴学，而县令乃因以取诸民，由十百而至千万未已也，君将不堪。诚捐百金予我，我能止役。"豪信其能，予百金。宏即诣府宣言："县吏尽私为学之费，又将赋于民。"弁果疑焉，救县且止，又揭其事于道。令欲上疏辩，仲衍曰："亡益也，不如取宏治之，不辩自直矣。"会摄县事，即逮捕验治，五日得其奸，言于升，流宏邓州，一县相贺。给事中张问居里中，谓仲衍曰："谚云'锄一恶，长十善'，君之谓也。"

举进士中第，调沈丘令。欧阳修、吕公著荐之，入司农为主簿，升丞。吴充引为中书检正。奉使契丹，宴射连破的，众惊异之。且伟其姿容，密使人取其衣为度，制服以赐。时预其元会，尽能记其朝仪节奏，图画归献。后钱勰出使，契丹主犹问："毕少卿何官？今安在？"

王珪与充不相能，以仲衍为充所用，数求罪过欲伤之。卒无可乘，但留滞不迁。经四年，乃以秘阁校理同知太常礼院，为官制局检讨官，制文字千万计，区别分类，损益删补，皆曲尽其当。凡从中问其事，必须仲衍然后报，他人不知也。撰《中书备对》三十卷，士大夫家争传其书。

高丽使入贡，诏馆之。上元夕，与使者宴东阙下，作诗诵圣德，神宗次韵赐焉，当时以为宠。官制行，帝自擢起居郎，王圭留除命，谓为太峻，争于前。帝连称曰："是当得尔。"未几，暴得疾，一夕卒，年四十三。帝遣中使唁其家，赙钱五十万。

仲游，字公叔，与仲衍同登第，调寿丘柘城主簿、罗山令、环庆转运司干办公事。从高遵裕西征，运期迫遽，陕西八十县馈挽之夫三十万，一旦悉集，转运使范纯粹、李察度受其赋而给之食，必旷日乃可。会僚属议，皆不知所为，以诿仲游。仲游集诸县吏，令先效金帛缗钱之最，戒勿启扃锸，共簿其名数以为质，预饬其斛量数千，洞撤仓庾墙壁，使赢粮者至其所，人自斛概，输其半而以半自给，不终朝霍然而散。翌日，大军遂行。纯粹、察叹且谢曰："非君几败吾事。"

元祐初，为军器卫尉丞。召试学士院，同策问者九人，乃黄庭坚、张耒、晁补之辈。苏轼异其文，擢为第一。加集贤校理、开封府推官，出提点河东路刑狱。韩缜以故相在太原，按视如列郡，缜奴告有卒剽其衣于公堂之侧，缜怒，将置卒于理。仲游曰："奴衣服趋薄而敢掠之于帅牙，非人情也。"取以付狱治，卒得免。太原铜器名天下，独不市一物，惧人以为矫也，且行，买二茶匕而去。缜曰："如公叔可谓真清矣。"

召拜职方、司勋二员外郎，改秘阁校理、知耀州。是岁大旱，仲游先民之未饥，揭喻境内曰："郡振施与平籴若干万硕。"实虚张其数。富室知有备，亦相劝发廪。凡民就食者十七万九千口，无一人去其乡。

徽宗时，历知郑、郓二州，京南、淮南转运副使。入为吏部郎中，言孔子庙自颜回以降，皆爵命于朝，冠冕居正；而子鲤、孙伋乃野服幅巾以祭，为不称。诏皆追侯之。

仲游早受知于司马光、吕公著,不及用;范纯仁尤知之。当国时,又适居母丧,故未尝得尺寸进。然亦堕党籍,坎壈散秩而终,年七十五。

仲游为文切于事理而有根柢,不为浮夸诡诞、戏弄不庄之语。苏轼在馆阁,颇以言语文章规切时政。仲游忧其及祸,贻书戒之曰:

孟轲不得已而后辩,孔子欲无言,古人所以精谋极虑,固功业而养寿命者,未尝不出乎此。君自立朝以来,祸福利害系身者未尝言,顾直惜其言尔。夫言语之累,不特出口者为言,其形于诗歌、赞于赋颂、托于碑铭、著于序记者,亦语言也。今知畏于口而未畏于文,是其所是则见是者喜,非其所非则蒙非者怨;喜者未能济君之谋,而怨者或已败君之事矣。天下论君之文,如孙膑之用兵、扁鹊之医疾,固所指名者矣。虽无是非之言,犹有是非之疑,又况其有耶?官非谏臣,职非御史,而非是人所未是,危身触讳以游其间,殆犹抱石而救溺也。

司马光为政,反王安石所为,仲游予之书曰:

昔安石以兴作之说动先帝,而患财之不足也。故凡政之可以得民财者无不用。盖散青苗、置市易、敛役钱、变盐法者,事也;而欲兴作、患不足者,情也。苟未能杜其兴作之情,而徒欲禁其散敛变置之事,是以百说而百不行。今遂废青苗,罢市易,蠲役钱,去盐法,凡号为利而伤民者,一扫而更之,则向来用事于新法者必不喜矣。不喜之人,必不但曰'青苗不可废,市易不可罢,役钱不可蠲,盐法不可去';必操不足之情,言不足之事,以动上意,虽致石人而使听之,犹将动也。如是,则废者可复散,罢者可复置,蠲者可复敛,去者可复存矣。则不足之情,可不预治哉?

为今之策,当大举天下之计,深明出入之数,以诸路所积之钱粟一归地官,使经费可支二十年之用。数年之间,又将十倍于今日。使天子晓然知天下之余于财也,则不足之论不得陈于前,然后所论新法者,始可永罢而不可行矣。

　　昔安石之居位也，中外莫非其人，故其法能行。今欲救前日之敝，而左右侍从、职司、使者，十有七八皆安石之徒，虽起二三旧臣，用六七君子，然累百之中存其十数，乌在其势之可为也。势未可为而欲为之，则青苗虽废将复散，况未废乎？市易虽罢且复置，况未罢乎？役钱、盐法亦莫不然。以此救前日之敝，如人久病而少间，其父子兄弟喜见颜色而未敢贺者，以其病之犹在也。

　　光、轼得书耸然，竟如其虑。

　　仲愈历国子监丞、诸王府侍讲、知凤翔府，坐兄仲游陷党籍，例废黜，徽宗曰："毕仲衍被遇先帝，可除罪籍。"以仲愈为都官郎中，擢秘书少监，卒。

　　寇准字平仲，华州下邽人也。父相，晋开运中，应辟为魏王府记室参军。准少英迈，通《春秋》三传，年十九，举进士。太宗取人，多临轩顾问，年少者往往罢去。或教准增年，答曰："准方进取，可欺君邪？"后中第，授大理评事，知归州巴东、大名府成安县。每期会赋役，未尝辄出符移，唯具乡里姓名揭县门，百姓莫敢后期。累迁殿中丞、通判郓州。召试学士院，授右正言、直史馆，为三司度支推官，转盐铁判官。会诏百官言事，而准极陈利害，帝益器重之。擢尚书虞部郎中、枢密院直学士，判吏部东铨。尝奏事殿中，语不合，帝怒起，准辄引帝衣，令帝复坐，事决乃退。上由是嘉之，曰："朕得寇准，犹文皇之得魏徵也。"

　　淳化二年春，大旱，太宗延近臣问时政得失，众以天数对。准对曰："《洪范》天人之际，应若影响；大旱之证，盖刑有所不平也。"太宗怒，起入禁中。顷之，召准问所以不平状。准曰："愿召二府至，臣即言之。"有诏召二府入，准乃言曰："顷者祖吉、王淮皆侮法受赇，吉赃少乃伏诛；淮以参政沔之弟，盗主守财至千万，止杖，仍复其官，非不平而何？"太宗以问沔，沔顿首谢，于是切责沔，而知准为可用矣。即拜准左谏议大夫、枢密副使，改同知院事。

准与知院张逊数争事上前。他日，与温仲舒偕行，道逢狂人迎马呼"万岁"。判左金吾王宾与逊雅相善，逊嗾上其事。准引仲舒为证，逊令宾独奏，其辞颇厉，且互斥其短。帝怒，谪逊，准亦罢知青州。

帝顾准厚，既行，念之，常不乐。语左右曰："寇准在青州乐乎?"对曰："准得善藩，当不苦也。"数日，辄复问。左右揣帝意且复召用准，因对曰："陛下思准不少忘，闻准日纵酒，未知亦念陛下乎?"帝默然。明年，召拜参知政事。

自唐末，蕃户有居渭南者，温仲舒知秦州，驱之渭北，立堡栅以限其往来。太宗览奏不怿，曰："古羌戎尚杂处伊、洛，彼蕃夷易动难安，一有调发，将重困吾关中矣。"准言："唐宋璟不赏边功，卒致开元太平。疆场之臣邀功以稔祸，深可戒也。"帝因命准使渭北，安抚族帐，而徙仲舒凤翔。

至道元年，加给事中。时太宗在位久，冯拯等上疏乞立储贰，帝怒，斥之岭南，中外无敢言者。准初自青州召还，入见，帝足创甚，自褰衣以示准，且曰："卿来何缓耶?"准对曰："臣非召不得至京师。"帝曰："朕诸子孰可以付神器者?"准曰："陛下为天下择君，谋及妇人、中官，不可也；谋及近臣，不可也；唯陛下择所以副天下望者。"帝俯首久之，屏左右曰："襄王可乎?"准曰："知子莫若父，圣虑既以为可，愿即决定。"帝遂以襄王为开封尹，改封寿王，于是立为皇太子。庙见还，京师之人拥道喜跃，曰："少年天子也。"帝闻之不怿，召准谓曰："人心遽属太子，欲置我何地?"准再拜贺曰："此社稷之福也。"帝入语后嫔，宫中皆前贺。复出，延准饮，极醉而罢。

二年，祠南郊，中外官皆进秩。准素所喜者多得台省清要官，所恶不及知者退序进之。彭惟节位素居冯拯下，拯转虞部员外郎，惟节转屯田员外郎，章奏列衔，惟节犹处其下。准怒，堂帖戒拯毋乱朝制。拯愤极，陈准擅权，又条上岭南官吏除拜不平数事。广东转运使康戬亦言：吕端、张洎、李昌龄皆准所引，端德之，洎能曲奉准，而昌龄畏懦，不敢与准抗，故得以任胸臆，乱经制。太宗怒，准适祀太庙摄事,召责端等。端曰:"准性刚自任,臣等不欲数争,虑伤国体。"因再拜请罪。及准入对,帝语及冯拯事,自辩。帝曰:"若廷辩,失执政体。"准犹力争不已,又持中书簿论曲直于帝前,帝益不悦,因叹曰:"鼠雀尚知人意,况人乎?"遂罢准知邓州。

真宗即位,迁尚书工部侍郎。咸平初,徙河阳,改同州。三年,朝京师,行次阌乡,又徙凤翔府。帝幸大名,诏赴行在所,迁刑部,权知开封府。六年,迁兵部,为三司使。时合盐铁、度支、户部为一使,真宗命准裁定,遂以六判官分掌之,繁简始适中。

帝久欲相准,患其刚直难独任。景德元年,以毕士安参知政事,逾月,并命同中书门下平章事,准以集贤殿大学士位士安下。是时,契丹内寇,纵游骑掠深、祁间,小不利辄引去,徜徉无斗意。准曰:"是狃我也。请练师命将,简骁锐据要害以备之。"是冬,契丹果大入。急书一夕凡五至,准不发,饮笑自如。明日,同列以闻,帝大骇,以问准。准曰:"陛下欲了此,不过五日尔。"因请帝幸澶州。同列惧,欲退,准止之,令候驾起。帝难之,欲还内。准曰:"陛下入则臣不得见,大事去矣,请毋还而行。"帝乃议亲征,召群臣问方略。

既而契丹围瀛州,直犯贝、魏,中外震骇,参知政事王钦若,江南人也,请幸金陵;陈尧叟,蜀人也,请幸成都。帝问准,准心知二人谋,乃阳若不知,曰:"谁为陛下画此策者,罪可诛也。今陛下神武,将臣协和,若大驾亲征,贼自当遁去,不然,出奇以挠其谋,坚守以老其师,劳佚之势,我得胜算矣。奈何弃庙社欲幸楚、蜀远地,所在人心崩溃,贼乘势深入,天下可复保邪?"遂请帝幸澶州。

及至南城,契丹兵方盛,众请驻跸以觇军势。准固请曰:"陛下不过河,则人心益危,敌气未慑,非所以取威决胜也。且王超领劲兵屯中山以扼其亢,李继隆、石保吉分大阵以扼其左右肘,四方征镇赴援者日至,何疑而不进?"众议皆惧,准力争之,不决。出遇高琼于屏间,谓曰:"太尉受国恩,今日有以报乎?"对曰:"琼武人,愿效死。"准复入对,琼随立庭下,准厉声曰:"陛下不以臣言为然,盍试问琼等。"琼即仰奏曰:"寇准言是。"准曰:"机不可失,宜趣驾。"琼即麾御士进辇，帝遂渡河，御北城门楼，远近望见御盖，勇跃欢呼，声闻数十里。契丹相视惊愕，不能成列。

帝尽以军事委准，准承制专决，号令明肃，士卒喜悦。敌数千骑乘胜薄城下，诏士卒迎击，斩获太半，乃引去。上还行营，留准居城上，徐使人视准何为，准方与杨亿饮博，歌谑欢呼。帝喜曰："准如此，吾复何忧。"相持十余日，其统军挞览出督战。时威虎军头张环守床子弩，弩撼机发，矢中挞览额，挞览死，乃密奉书请盟。准不从，而使者来请益坚，帝将许之。准欲邀使称臣，且献幽州地。帝厌兵，欲羁縻不绝而已。有谮准幸兵以自取重者，准不得已许之。帝遣曹利用如军中议岁币，曰："百万以下皆可许也。"准召利用至幄，语曰："虽有敕，汝所许毋过三十万，过三十万，吾斩汝矣。"利用至军，果以三十万成约而还。河北罢兵，准之力也。

准在相位，用人不以次，同列颇不悦。它日，又除官，同列因吏持例簿以进。准曰："宰相所以进贤退不肖也，若用例，一吏职尔。"二年，加中书侍郎兼工部尚书。准颇自矜澶渊之功，虽帝亦以此待准甚厚。王钦若深嫉之。一日会朝，准先退，帝目送之，钦若因进曰："陛下敬寇准，为其有社稷功邪？"帝曰："然。"钦若曰："澶渊之役，陛下不以为耻，而谓准有社稷功，何也？"帝愕然曰："何故？"钦若曰："城下之盟，《春秋》耻之，澶渊之举，是城下之盟也。以万乘之贵而为城下之盟，其何耻如之！"帝愀然为之不悦。钦若曰："陛下闻博乎？博者输钱欲尽，乃罄所有出之，谓之孤注。陛下，寇准之孤注也，斯亦危矣。"

由是帝顾准浸衰。明年，罢为刑部尚书、知陕州，遂用王旦为相。帝谓旦曰："寇准多许人官，以为己恩。俟行，当深戒之。"从封泰山，迁户部尚书、知天雄军。祀汾阴，命提举贝、德、博、洺、滨、棣巡检捉贼公事，迁兵部尚书，入判都省。幸亳州，权东京留守，为枢密院使、同平章事。

林特为三司使，以河北岁输绢阙，督之甚急。而准素恶特，颇助转运使李士衡而沮特，且言在魏时尝进河北绢五万三司不纳，以至阙供,请劾主吏以下。然京师岁费绢百万,准所助才五万。帝不悦,谓王旦曰:"准刚忿如昔。"旦曰:"准好人怀惠,又欲人畏威,皆大臣所避;而准乃己任,此其短也。"未几,罢为武胜军节度使、同平章事、判河南府。徙永兴军。

天禧元年,改山南东道节度使,时巡检朱能挟内侍都知周怀政诈为天书,上以问王旦。旦曰:"始不信天书者准也。今天书降,须令准上之。"准从上其书,中外皆以为非。遂拜中书侍郎兼吏部尚书、同平章事、景灵宫使。

三年,祀南郊,进尚书右仆射、集贤殿大学士。时真宗得风疾,刘太后预政于内,准请间曰:"皇太子人所属望,愿陛下思宗庙之重,傅以神器,择方正大臣为羽翼。丁谓、钱惟演,佞人也,不可以辅少主。"帝然之。准密令翰林学士杨亿草表,请太子监国,且欲援亿辅政。已而谋泄,罢为太子太傅,封莱国公。时怀政反侧不自安,且忧得罪,乃谋杀大臣,请罢皇后预政,奉帝为太上皇,而传位太子,复相准。客省使杨崇勋等以告丁谓,谓微服夜乘犊车诣曹利用计事,明日以闻。乃诛怀政,降准为太常卿、知相州,徙安州,贬道州司马。帝初不知也,他日,问左右曰:"吾目中久不见寇准,何也?"左右莫敢对。帝崩时亦言惟准与李迪可托,其见重如此。

乾兴元年,再贬雷州司户参军。初,丁谓出准门至参政,事准甚谨。尝会食中书,羹污准须,谓起,徐拂之。准笑曰:"参政国之大臣,乃为官长拂须邪?"谓甚愧之,由是倾构日深。及准贬未几,谓亦南窜,道雷州,准遣人以一蒸羊逆境上。谓欲见准,准拒绝之。闻家僮谋欲报仇者,乃杜门使纵博,毋得出,伺谓行远,乃罢。

天圣元年,徙衡州司马。初,太宗尝得通天尺犀,命工为二带,一以赐准。及是,准遣取自洛中,既至数日,沐浴,具朝束带,北面再拜,呼左右趣设卧具,就榻而卒。初,张咏在成都,闻准入相,谓其僚属曰:"寇公奇材,惜学术不足尔。"及准出陕,咏适自成都罢还,准严供帐,大为具待。咏将去,准送之郊,问曰:"何以教准?"咏徐曰:"《霍光传》不可不读也。"准莫谕其意,归取其传读之,至"不学无术”，笑曰：“此张公谓我矣。”

　　准少年富贵，性豪侈，喜剧饮，每宴宾客，多阖扉脱骖。家未尝蒸油灯，虽庖厨所在，必然炬烛。

　　在雷州逾年。既卒，衡州之命乃至，遂归葬西京。道出荆南公安，县人皆设祭哭于路，折竹植地，挂纸钱，逾月视之，枯竹尽生笋。众因为立庙，岁时享之。无子，以从子随为嗣。准殁后十一年，复太子太傅，赠中书令、莱国公，后又赐谥曰忠愍。皇祐四年，诏翰林学士孙抃撰神道碑，帝为篆其首曰“旌忠”。

　　论曰：吕端谏秦王居留，表表已见大器，与寇准同相而常让之，留李继迁之母不诛。真宗之立，闭王继恩于室，以折李后异谋，而定大计；既立，犹请去帘，升殿审视，然后下拜，太宗谓之“大事不糊涂”者，知臣莫过君矣。宰相不和，不足以定大计。毕士安荐寇准，又为之辨诬。契丹大举而入，合辞以劝真宗，遂幸澶渊，终却钜敌。及议岁币，因请重赂，重其久盟；由是西夏失牵制之谋，随亦内附。景德、咸平以来，天下乂安，二相协和之所致也。准于太宗朝论建太子，谓神器不可谋及妇人、谋及中官、谋及近臣，此三言者，可为万世龟监。澶渊之幸，力沮众议，竟成隽功，古所谓大臣者，于斯见之。然挽衣留谏，面诋同列，虽有直言之风，而少包荒之量。定策禁中，不慎所与，致启怀政邪谋，坐窜南裔。勋业如是而不令厥终，所谓“臣不密则失身”，岂不信哉！

宋史卷二八二
列传第四一

李沆 弟维　　王旦　　向敏中

　　李沆,字太初,洺州肥乡人。曾祖丰,泰陵令。祖滔,洺州团练判官。父炳,从邢帅薛怀让,辟为观察支使。怀让徙同州,又为掌书记。历邠州、凤翔判官,拜殿中侍御史、知舒州。太祖征金陵,缘淮供亿,惟舒尤甚,以劳加侍御史,卒。

　　沆,少好学,器度宏远,炳尝语人曰:"此儿异日必至公辅。"太平兴国五年,举进士甲科,为将作监丞、通判潭州,迁右赞善大夫;转著作郎。相府召试约束边将诏书,既奏御,太宗甚悦,命直史馆。雍熙三年,右拾遗王化基上书自荐,太宗谓宰相曰:"李沆、宋湜,皆嘉士也。"即命中书并化基召试,并除右补阙、知制诰。沆位最下,特升于上,各赐钱百万。又以沆素贫,多负人钱,别赐三十万偿之。四年,与翰林学士宋白同知贡举。谤议虽众,而不归咎于沆。迁职方员外郎,召入翰林为学士。"

　　淳化二年,判吏部铨。尝侍曲宴,太宗目送之,曰:"李沆风度端凝,真贵人也。"三年,拜给事中、参知政事。四年,以本官罢,奉朝请。未几,丁内艰,起复,遂出知升州。未行,改知河南府。真宗升储,迁礼部侍郎兼太子宾客,诏东宫待以师傅礼。真宗即位,迁户部侍郎、参知政事。咸平初,以本官平章事,监修国史,改中书侍郎。

　　会契丹犯边,真宗北幸,命沆留守,京师肃然。真宗还,沆迎于郊,命坐。置酒,慰劳久之。累加门下侍郎、尚书右仆射。真宗问治道所宜先，沆曰："不用浮薄新进喜事之人，此最为先。"问其人，曰："如梅询、曾致尧等是矣。"后致尧副温仲舒安抚陕西，于阁门疏言仲舒不足与共事。轻锐之党无不称快，沆不喜也。因用他人副仲舒，罢致尧。帝尝语及唐人树党难制，遂使王室微弱，盖奸邪难辨尔。沆对曰："佞言似忠，奸言似信，至如卢杞蒙蔽德宗，李勉以为真奸邪，是也。"真宗曰："奸邪之迹，虽曰难辨，然久之自败。"

一夕，遣使持手诏欲以刘氏为贵妃，沆对使者引烛焚诏，附奏曰："但道臣沆以为不可。"其议遂寝。驸马都尉石保吉求为使相，复问沆，沆曰："赏典之行，须有所自。保吉因缘戚里，无攻战之劳，台席之拜，恐腾物议。"他日再三问之，执议如初，遂止。帝以沆无密奏，谓之曰："人皆有密启，卿独无，何也？"对曰："臣待罪宰相，公事则公言之，何用密启？夫人臣有密启者，非谗即佞，臣常恶之，岂可效尤！"

时，李继迁久叛，兵众日盛，有图取朔方之意。朝廷困于飞挽，中外咸以为灵州乃必争之地，苟失之，则缘边诸郡皆不可保。帝颇惑之，因访于沆。沆曰："继迁不死，灵州非朝廷有也。莫若遣使密召州将，使部分军民空垒而归。如此，则关右之民息肩矣。"方众议各异，未即从沆言，未几而灵州陷，帝由是益重之。

沆为相，王旦参政事，以西北用兵，或至旰食。旦叹曰："我辈安能坐致太平，得优游无事耶？"沆曰："少有忧勤，足为警戒。他日四方宁谧，朝廷未必无事。"后契丹和亲，旦问何如，沆曰："善则善矣，然边患既息，恐人主渐生侈心耳。"旦未以为然。沆又日取四方水旱盗贼事奏之，旦以为细事不足烦上听。沆曰："人主少年，当使知四方艰难。不然，血气方刚，不留意声色犬马，则土木、甲兵、祷祠之事作矣。吾老，不及见此，此参政他日之忧也。"沆没后，真宗以契丹既和，西夏纳款，遂封岱、祠汾、大营宫观，蒐讲坠典，靡有暇日。旦亲见王钦若、丁谓等所为，欲谏则业已同之，欲去则上遇之厚，乃以沆先识之远，叹曰："李文靖真圣人也。"当时遂谓之"圣相"。

寇准与丁谓善，屡以谓才荐于沆，不用。准问之，沆曰："顾其为人,可使之在人上乎?"准曰:"如谓者,相公终能抑之使在人下乎?"沆笑曰:"他日后悔,当思吾言也。"准后为谓所倾,始伏沆言。

沆为相,接宾客,常寡言。马亮与沆同年生,又与其弟维善,语维曰:"外议以大兄为无口匏。"维乘间达亮语,沆曰:"吾非不知也。然今之朝士得升殿言事,上封论奏,了无壅蔽,多下有司,皆见之矣。若邦国大事,北有契丹,西有夏人,日旰条议所以备御之策,非不详究。荐绅如李宗谔、赵安仁,皆时之英秀,与之谈,犹不能启发吾意;自余通籍之子,坐起拜揖,尚周章失次,即席必自论功最,以希宠奖,此有何策而与之接语哉?苟屈意妄言,即世所谓笼罩。笼罩之事,仆病未能也。"沆又尝言:"居重位实无补,惟中外所陈利害,一切报罢之,此少以报国尔。朝廷防制,纤悉备具,或徇所陈请,施行一事,即所伤多矣,陆象先曰'庸人扰之'是已。险人苟一时之进,岂念厉民耶?"沆为相,常读《论语》,或问之,沆曰:"沆为宰相,如《论语》中'节用而爱人,使民以时',尚未能行。圣人之言,终身诵之可也。"

景德元年七月,沆待漏将朝,疾作而归,诏太医诊视,抚问之使相望于道。明日,驾往临问,赐白金五千两。方还宫而沆薨,年五十八。上闻之惊叹,趣驾再往,临哭之恸,谓左右曰:"沆为大臣,忠良纯厚,始终如一,岂意不享遐寿!"言终又泣下。废朝五日,赠太尉、中书令,谥文靖。录其弟:国子博士赟为虞部员外郎,光禄寺丞源为太子中舍、屯田员外郎,直集贤院维为户部员外郎;子宗简为大理评事;甥苏昂、妻兄之子朱涛,并同进士出身。乾兴元年,仁宗即位,诏配享真宗庙庭。

沆,性直谅,内行修谨,言无枝叶,识大体。居位慎密,不求声誉,动遵条制,人莫能干以私。公退,终日危坐,未尝跛倚。治第封丘门内,厅事前仅容旋马。或言其太隘,沆笑曰:"居第当传子孙,此为宰相厅事诚隘,为太祝、奉礼厅事已宽矣。"至于垣颓壁损,不以屑虑。堂前药阑坏,妻戒守舍者勿葺以试沆,沆朝夕见之,经月终不言。妻以语沆,沆曰:"岂可以此动吾一念哉!"家人劝治居第,未尝答。弟维因语次及之，沆曰："身食厚禄，时有横赐，计囊装亦可以治第，但念内典以此世界为缺陷，安得圆满如意，自求称足？今市新宅，须一年缮完，人生朝暮不可保，又岂能久居？巢林一枝，聊自足耳，安事丰屋哉？"

沆与诸弟友爱，尤器重维，暇日相对宴饮清言，未尝及朝政，亦未尝问家事。沆没后，或荐梅询可用，真宗曰："李沆尝言其非君子。"其为信倚如此。

维，字仲方，第进士，为保信军节度推官。真宗初，献《圣德诗》，召试中书，擢直集贤院，以沆相，避知歙州。至郡，兴学舍，岁时行乡射礼。沆没，入为户部员外郎。

契丹请和，以为贺正旦使。真宗方幸西京，维还诣行在，具言其待遇礼厚，必保盟好。擢兵部员外郎、知制诰。自是每北使至，多命维主之。擢为翰林学士，累迁中书舍人，以疾辞，出知许州。复入翰林为学士承旨，加史馆修撰。仁宗初，再迁为尚书左丞兼侍读学士，预修《真宗实录》，迁工部尚书。会塞下传契丹将绝盟，复遣维往使。其主隆绪重维名，馆劳加礼，使赋《两朝悠久诗》。诗成，大喜。既还，帝欲用为枢密副使，或斥维赋诗自称小臣，乃寝。迁刑部尚书，辞不拜，引李士衡故事求换官，除相州观察使，为谏官刘随所诋，知亳州。请赴本镇，改河阳。久之还朝，复出知陈州，卒。

维博学，少以文章知名，至老手不废书。景德以后，巡幸四方，典章名物，多维所参定。尝预定《七经正义》，修《续通典》、《册府元龟》。性宽易，喜愠不见于色，奖借后进，嗜酒善谑，而好为诗。常曰："人生觞咏自适，余何营哉？"既没，家无余赀。景祐元年，赠尚书右仆射。子，师锡，虞部员外郎；公谨，太子中舍。

王旦，字子明，大名莘人。曾祖言，黎阳令。祖彻，左拾遗。父祐，尚书兵部侍郎，以文章显于汉、周之际。事太祖，太宗为名臣。尝谕杜重威使无反汉，拒卢多逊害赵普之谋，以百口明符彦卿无罪，世多称其阴德。祜手植三槐于庭,曰:"吾之后世,必有为三公者,此其所以志也。"

旦,幼沈默,好学有文,祜器之曰:"此儿当至公相。"太平兴国五年,进士及第,为大理评事、知平江县。其廨旧传有物怪凭厉,居多不宁。旦将至前夕,守吏闻群鬼啸呼云:"相君至矣,当避去。"自是遂绝。就改将作监丞。赵昌言为转运使,以威望自任,属吏屏畏,入旦境,称其善政,以女妻之。代还,命监潭州银场。何承矩典郡,荐入为著作佐郎,预编《文苑英华诗类》。迁殿中丞、通判郑州。表请天下建常平仓,以塞兼并之路。徙濠州。淳化初,王禹偁荐其才,任转运使。驿召至京,旦不乐吏职,献文召试,命直史馆。二年,拜右政言、知制诰。

初,祜以宿名久掌书命,旦不十年继其任,时论美之。钱若水有《人伦鉴》,见旦曰:"真宰相器也"。与之同列,每曰:"王君凌霄耸壑,栋梁之材,贵不可涯,非吾所及。"李沆以同年生,亦推重为远大之器。明年,与苏易简同知贡举,加虞部员外郎、同判吏部流内铨、知考课院。赵昌言参机务,旦避嫌,引唐独孤郁、权德舆故事,辞职。太宗嘉其识体,改礼部郎中、集贤殿修撰。昌言出知凤翔,即日以旦知制诰,仍兼修撰、判院事,面赐金紫,择牡犀带宠之,又令冠西阁。至道元年,知理检院。二年,进兵部郎中。

真宗即位,拜中书舍人;数月,为翰林学士兼知审官院、通进银台封驳司。帝素贤旦,尝奏事退,目送之曰:"为朕致太平者,必斯人也。"钱若水罢枢务,得对苑中,访近臣之可用者,若水言:"旦有德望,堪任大事。"帝曰:"此固朕心所属也。"咸平三年,又知贡举,锁宿旬日,拜给事中、同知枢密院事。逾年,以工部侍郎参知政事。

契丹犯边,从幸澶州。雍王元份留守东京,遇暴疾,命旦驰还,权留守事。旦曰:"愿宣寇准,臣有所陈。"准至,旦奏曰:"十日之间未有捷报时,当如何?"帝默然良久,曰:"立皇太子"。旦既至京,直入禁中,下令甚严,使人不得传播。及驾还,旦子弟及家人皆迎于郊,忽闻后有驺呵声,惊视之,乃旦也。二年,加尚书左丞。三年,拜工部尚书，同中书门下平章事、集贤殿大学士，监修《两朝国史》。

契丹既受盟，寇准以为功，有自得之色，真宗亦自得也。王钦若甚准，欲倾之，从容言曰：“此《春秋》城下之盟也，诸侯犹耻之，而陛下以为功，臣窃不取。”帝愀然曰：“为之奈何？”钦若度帝厌兵，即谬曰：“陛下以兵取幽燕，乃可涤耻。”帝曰：“河朔生灵始免兵革，朕安能为此？可思其次。”钦若曰：“唯有封禅泰山，可以镇服四海，夸示外国。然自古封禅，当得天瑞希世绝伦之事，然后可尔。”既而又曰：“天瑞安可必得，前代盖有以人力为之者，惟人主深信而崇之，以明示天下，则与天端无异也。”帝思久之，乃可，而心惮旦，曰：“王旦得无不可乎？”钦若曰：“臣得以圣意喻之，宜无不可。”乘间为旦言，旦黾勉而从。帝犹尤豫，莫与筹之者。会幸秘阁，骤问杜镐曰：“古所谓河出图、洛出书，果何事耶？”镐老儒，不测其旨，漫应之曰：“此圣人以神道设教尔。”帝由此意决，遂召旦饮，欢甚，赐以尊酒，曰：“此酒极佳，归与妻孥共之。”既归发之，皆珠也。由是凡天书、封禅等事，旦不复异议。

大中祥符初，为天书仪仗使，从封泰山，为大礼使，进中书侍郎兼刑部尚书。受诏撰《封祀坛颂》，加兵部尚书。四年，祀汾阴，又为大礼使，迁右仆射、昭文馆大学士。仍撰《祠坛颂》，将复进秩，恳辞得免，止加功臣。俄兼门下侍郎、玉清昭应宫使。五年，为玉清奉圣像大礼使。景灵宫建，又为朝修使。七年，刻天书，兼刻玉使，选御厩三马赐之。玉清昭应宫成，拜司空。京师赐酺，旦以惨恤不赴会，帝赐诗导意焉。《国史》成，迁司空。旦为天书使，每有大礼，辄奉天书以行，恒邑邑不乐。凡柄用十八年，为相仅一纪。

会契丹修和，西夏誓守故地，二边兵罢不用，真宗以无事治天下。旦谓祖宗之法具在，务行故事，慎所变改。帝久益信之，言无不听，凡大臣有所请，必曰：“王旦以为如何？”旦与人寡言笑，默坐终日，及奏事，群臣异同，旦徐一言以定。归家或不去冠带，入静室独坐，家人莫敢见之。旦弟以问赵安仁，安仁曰：“方议事，公不欲行而未决，此必忧朝廷矣。”

帝尝示二府《喜雨诗》，旦袖归曰："上诗有一字误写，莫进入改却否？"王钦若曰："此亦无害。"而密奏之。帝愠，谓旦曰："昨日诗有误字，何不来奏？"旦曰："臣得诗未暇再阅，有失陈。"怕惧再拜谢，诸臣皆拜，独枢密马知节不拜，具以实奏，且曰："王旦略不辨，真宰相器也。"帝顾旦而笑焉。天下大蝗，使人于野得死蝗，帝以示大臣。明日，执政遂袖死蝗进曰："蝗实死矣，请示于朝，率百官贺。"旦独不可。后数日方奏事，飞蝗蔽天，帝顾旦曰："使百官方贺，而蝗如此，岂不为天下笑耶？"

宫禁火灾，旦驰入。帝曰："两朝所积，朕不妄费，一朝殆尽，诚可惜也。"旦对曰："陛下富有天下，财帛不足忧，所虑者政令赏罚之不当。臣备位宰府，天灾如此，臣当罢免。"继上表待罪，帝乃降诏罪已，许中外封事言得失。后有言荣王宫火所延，非天灾，请置狱劾，当坐死者百余人。旦独请曰："始火时，陛下已罪己诏天下，臣等皆上章待罪。今反归咎于人，何以示信？且火虽有迹，宁知非天谴耶？"当坐者皆免。

日者上书言宫禁事，坐诛。籍其家，得朝士所与往还占问吉凶之说。帝怒，欲付御史问状。旦曰："此人之常情，且语不及朝廷，不足罪。"真宗怒不解，旦因自取尝所占问之书进曰："臣少贱时，不免为此。必以为罪，愿并臣付狱。"真宗曰："此事已发，何可免？"旦曰："臣为宰相执国法，岂可自为之，幸于不发而以罪人。"帝意解。旦至中书，悉焚所得书。既而复悔，驰取之，而已焚之矣。由是皆免。仁宗为皇太子，太子谕德见旦，称太子学书有法。旦曰："谕德之职，止于是耶？"张士逊称太子书，旦曰："太子不在应举，选学士不在学书。"

契丹奏请岁给外别假钱币。旦曰："东封甚近，车驾将出，彼以此探朝廷之意耳。"帝曰："何以答之？"旦曰："止当以微物而轻之。"乃以岁给三十万物内各借三万，仍谕次年额内除之。契丹得之，大惭。次年，复下有司："契丹所借金币六万，事属微末，今仍依常数与之，后不为比。"西夏赵德明言民饥，求粮百万斛。大臣皆曰："德明新纳誓而敢违,请以诏责之。"帝以问旦,旦请敕有司具粟百万于京师,而诏德明来取之。德明得诏,惭且拜曰:"朝廷有人。"

寇准数短旦,旦专称准。帝谓曰:"卿虽称其美,彼专谈卿恶。"旦曰:"理固当然。臣在相位久,政事阙失必多。准对陛下无所隐,益见其忠直,此臣所以重准也。"帝以是愈贤旦。中书有事送密院,违诏格准在密院,以事上闻。旦被责,第拜谢,堂吏皆见罚。不逾月,密院有事送中书,亦违诏格,堂吏欣然呈旦,旦令送还密院。准大惭,见旦曰:"同年,甚得许大度量?"旦不答。寇准罢枢密使,托人私求为使相,旦惊曰:"将相之任,岂可求耶!吾不受私请。"准深憾之。已而除准武胜军节度使、同中书门下平章事。准入见,谢曰:"非陛下知臣,安能至此?"帝具道旦所以荐者。准愧叹,以为不可及。准在藩镇,生辰,造山棚大宴,又服用僭侈,为人所奏。帝怒,谓旦曰:"寇准每事欲效朕,可乎?"旦徐对曰:"准诚贤能,无如呆何。"真宗意遂解,曰:"然,此正是呆尔。"遂不问。

翰林学士陈彭年呈政府科场条目,旦投之地曰:"内翰得官几日,乃欲隔截天下进士耶?"彭年皇恐而退。时向敏中同在中书,出彭年所留文字,旦瞑目取纸封之。敏中请一览,旦曰:"不过兴建符瑞图进尔。"后彭年与王曾、张知白参预政事,同谓旦曰:"每奏事,其间有不经上览者,公批旨奉行,恐人言之以为不可。"旦逊谢而已。一日奏对,旦退,曾等稍留,帝惊曰:"有何不与王旦来?"皆以前事对。帝曰:"旦在朕左右多年,朕察之无毫发私。自东封后,朕谕以小事一面奉行,卿等谨奉之。"曾等退而愧谢,旦曰:"正赖诸公规益。"略不介意。

帝欲相王钦若,旦曰:"钦若遭逢陛下,恩礼已隆,且乞留之枢密,两府亦均。臣见祖宗朝未尝有南人当国者,虽古称立贤无方,然须贤士乃可。臣为宰相,不敢沮抑人,此亦公议也。"真宗遂止。旦没后,钦若始大用,语人曰:"为王公迟我十年作宰相。"钦若与陈尧叟、马知节同在枢府,因奏事忿争。真宗召旦至,钦若犹哗不已,知节流涕曰:"愿与钦若同下御史府。"旦叱钦若使退。帝大怒,命付狱。旦从容曰："钦若等恃陛下厚顾，上烦谴诃，当行朝典。愿旦还内，来日取旨。"明日，召旦前问之，旦曰："钦若等当黜，未知坐以何罪？"帝曰："坐忿争无礼。"旦曰："陛下奄有天下，使大臣坐忿争无礼之罪，或闻外国，恐无以威远。"帝曰："卿意如何？"旦曰："愿至中书，召钦若等宣示陛下含容之意，且戒约之。俟少间，罢之未晚也。"帝曰："非卿之言，朕固难忍。"后月余，钦若等皆罢。

旦尝与杨亿评品人物，亿曰："丁谓久远当何如？"旦曰："才则才矣，语道则未。他日在上位，使有德者助之，庶得终吉；若独当权，必为身累尔。"后谓果如言。

旦为兖州景灵宫朝修使，内臣周怀政偕行，或乘间请见，旦必俟从者尽至，冠带出见于堂皇，白事而退。后怀政以事败，方知旦远虑。内臣刘承规以忠谨得幸，病且死，求为节度使。帝语旦曰："承规待此以瞑目。"旦执不可，曰："他日将有求为枢密使者，奈何？"遂止。自是内臣官不过留后。

旦为相，宾客满堂，无敢以私请。察可与言及素知名者，数月后，召与语，询访四方利病，或使疏其言而献之。观才之所长，密籍其名，其人复来，不见也。每有差除，先密书四三人姓名以请，所用者帝以笔点之。同列不知，争有所用，惟旦所用，奏入无不可。丁谓以是数毁旦，帝益厚之。故参政李穆子行简，以将作监丞家居，有贤行，迁太子中允。使者不知其宅，真宗命就中书问旦，人始知行简为旦所荐。旦凡所荐，皆人未尝知。旦没后，史官修《真宗实录》，得内出奏章，始知朝士多旦所荐云。

谏议大夫张师德两诣旦门，不得见，意为人所毁，以告向敏中，为从容明之。及议知制诰，旦曰："可惜张师德。"敏中问之，旦曰："累于上前言师德名家子，有士行，不意两及吾门。状元及第，荣进素定，但当静以待之尔。若复奔竞，使无阶而入者当如何也。"敏中启以师德之意，旦曰："旦处安得有人敢轻毁人，但师德后进，待我薄尔。"敏中固称："适有阙，望公弗遗。"旦曰："第缓之，使师德知，聊以戒贪进、激薄俗也。"

石普知许州，不法，朝议欲就劾。旦曰："普武人，不明典宪，恐恃薄效，妄有生事。必须重行，乞召归置狱。"乃下御史按之，一日而狱具。议者以为不屈国法而保全武臣，真国体也。薛奎为江、淮发运使，辞旦，旦无他语，但云："东南民力竭矣。"奎退而曰："真宰相之言也。"张士逊为江西转运使，辞旦求教，旦曰："朝廷权利至矣。"士逊迭更是职，思旦之言，未尝求利，识者曰："此运使识大体。"张永知成都。召还，以任中正代之，言者以为不可。帝问旦，对曰："非中正不能守永之规。他人往，妄有变更矣。"李迪、贾边有时名，举进士，迪以赋落韵，边以《当仁不让于师论》以"师"为"众"，与注疏异，皆不预。主文奏乞收试，旦曰："迪虽犯不考，然出于不意，其过可略。边特立异说，将令后生务为穿凿，渐不可长。"遂收迪而黜边。

旦任事久，人有谤之者，辄引咎不辩。至人有过失，虽人主盛怒，可辨者辨之，必得而后已。素羸多疾，自东鲁复命，连岁求解，优诏褒答，继以面谕，委任无贰。天禧初，进位太保，为兖州太极观奉上宝册使，复加太尉兼侍中，五日一赴起居，入中书，遇军国重事，不限时日入预参决。旦愈畏避，上疏恳辞，又托同列奏白。帝重违其意，止加封邑。一日，独对滋福殿，帝曰："朕方以大事托卿，而卿疾如此。"因命皇太子出拜，旦皇恐走避，太子随而拜之。旦言："太子盛德，必任陛下事。"因荐可为大臣十余人，其后不至宰相惟李及、凌策二人，亦为名臣。旦复求避位，帝睹其形瘁，恻然许之。以太尉领玉清昭应宫使，给宰相半奉。

初，旦以宰相兼使，今罢相，使犹领之，其专置使自旦始焉。寻又命肩舆入禁，使子雍与直省吏挟扶，见于延和殿。帝曰："卿今疾及，万一有不讳，使朕以天下事付之谁乎？"旦曰："知臣莫若君，惟明主择之。"再三问，不对。时张永、马亮皆为尚书，帝历问二人，亦不对。因曰："试以卿意言之。"旦强起举笏曰："以臣之愚，莫如寇准。"帝曰："准性刚褊，卿更思其次。"旦曰："他人，臣所不知也。臣病困，不能久侍。"遂辞退。后旦没岁余，竟用准为相。

旦疾甚，遣内侍问者日或三四，帝手自和药，并薯蓣粥赐之。旦与杨亿素厚，延至卧内，请撰遗表。且言："忝为宰辅，不可以将尽之言，为宗亲求官；止叙生平遭遇，愿日亲庶政，进用贤士，少减焦劳之意。"仍戒子弟："我家盛名清德，当务俭素，保守门风，不得事于泰侈，勿为厚葬以金宝置枢中。"表上，真宗叹之，遂幸其第，赐白金五千两，且作奏辞之，藁末自益四句云："益惧多藏，况无所用，见欲散施，以息咎殃。"即昇至内阁，诏不许。还至门，且已薨，年六十一。帝临其丧恸，废朝三日，赠太师、尚书令、魏国公，谥文正，又别次发哀。后数日，张旻赴镇河阳，例宜饮饯，以旦故，不举乐。录其子、弟、侄、外孙、门客、常从，授官者十数人。诸子服除，又各进一官。已而闻旦奏藁自益四句，取视，泣下久之。旦有文集二十卷，乾兴初，诏配享真宗庙廷。及建碑，仁宗篆其首曰："全德元老之碑"。

　　旦事寡嫂有礼，与弟旭友爱甚笃。婚姻不求门阀。被服质素，家人欲以缯锦饰毡席，不许。有货玉带者，弟以为佳，呈旦，旦命系之，曰："还见佳否？"弟曰："系之安得自见？"旦曰："自负重而使观者称好，无乃劳乎！"即还之。故所服止于赐带。家人未尝见其怒，饮食不精洁，但不食而已。尝试以少埃墨投羹中，旦惟啖饭。问何不啜羹，则曰："我偶不喜肉"。后又墨其饭，则曰："吾今日不喜饭，可别具粥。"旦不置田宅，曰："子孙当各念自立，何必田宅，徒使争财为不义尔。"真宗以其所居陋，欲治之，旦辞以先人旧庐，乃止。宅门坏，主者撤新之，暂于庑下启侧门出入。旦至侧门据鞍俯过，门成复由之，皆不问焉。三子：雍，国子博士；冲，左，赞善大夫；素，别有传。

　　向敏中，字常之，开封人。父瑀，仕汉符离令，性严毅。惟敏中一子，躬自教督，不假颜色。尝谓其母曰："大吾门者，此儿也。"敏中随瑀赴调京师，有书生过门，见敏中，谓邻母曰："此儿风骨秀异，贵且寿。"邻母入告其家，比出，已不见矣。及冠，继丁内外忧，能刻厉自立，有大志，不屑贫窭。

　　太平兴国五年进士，解褐将作监丞，通判吉州，就改右赞善大夫。转运使张齐贤荐其材,代还,为著作郎。召见便殿,占对明畅,太宗善之,命为户部推官,出为淮南转运副使。时领外计者,皆以权宠自尊,所至畏惮。敏中不尚威察,待僚属有礼,勤于劝助,职务修举。或荐其有武干者,召入,将授诸司副使。敏中恳辞,仍献所著文,加直史馆,遣还任。以耕籍恩,超左司谏,入为户部判官、知制诰。未几,权判大理寺。

时,没入祖吉赃钱,分赐法吏,敏中引钟离意委珠事,独不受。妖尼道安构狱,事连开封判官张去华,敏中妻父也,以故得请不预决谳。既而法官皆贬,犹以亲累落职,出知广州。入辞,面叙其事,太宗为之感动,许以不三岁召还。翌日,迁职方员外郎,遣之。是州兼掌市舶,前守多涉讥议。敏中至荆南,预市药物以往,在任无所须,以清廉闻。就擢广南东路转运使,召为工部郎中。太宗飞白书敏中洎张咏二名付中书,曰:"此二人,名臣也,朕将用之。"左右因称其材,并命为枢密直学士。

时,通进、银台司主出纳书奏,领于枢密院,颇多壅遏,或至漏失。敏中具奏其事,恐远方有失事机,请别置局,命官专莅,校其簿籍。诏命敏中与咏领其局。太宗欲大任敏中,当涂者忌之。会有言敏中在法寺时,皇甫侃监无为军榷务,以贿败,发书历诣朝贵求为末减,敏中亦受之。事下御史,按实,尝有书及门,敏中睹其名,不启封遣去。俄捕得侃私僮诘之,云其书寻纳箧中,瘗临江传舍。驰驿掘得,封题如故。太宗大惊异,召见,慰谕赏激,遂决于登用。未几,拜右谏议大夫、同知枢密院事。自郎中至是百余日,超擢如此。时西北用兵,枢机之任,专主谋议,敏中明辨有才略,遇事敏速,凡二边道路、斥堠、走集之所,莫不周知。至道初,迁给事中。

真宗即位,敏中适在疾告,力起,见于东序,即遣视事。进户部侍郎。会曹彬为枢密使,改为副使。咸平初,拜兵部侍郎、参知政事。从幸大名,属宋湜病,代兼知枢密院事。时大兵之后,议遣重臣慰抚边郡,命为河北、河东安抚大使,以陈尧叟、冯拯为副,发禁兵万人翼从。所至访民疾苦,宴犒官吏,莫不感悦。四年,以本官同平章事,充集贤殿大学士。

故相薛居正孙安上不肖,其居第有诏无得贸易,敏中违诏质之。会居正子惟吉嫠妇柴将携赀产适张齐贤,安上诉其事,柴遂言敏中尝求娶己,不许,以是阴庇安上。真宗以问敏中,敏中言近丧妻不复议婚,未尝求婚于柴,真宗因不复问。柴又伐鼓,讼益急,遂下御史台,并得敏中质宅之状。时王嗣宗为盐铁使,素忌敏中,因对言,敏中议娶王承衍女弟,密约已定而未纳采。真宗询于王氏得其实,以敏中前言为妄,罢为户部侍郎,出知永兴军。

景德初,复兵部侍郎。夏州李继迁兵败,为潘罗支射伤,自度孤危且死,属其子德明必归宋,曰:"一表不听则再请,虽累百表,不得请勿止也。"继迁卒,德明纳款,就命敏中为鄜延路缘边安抚使,俄还京兆。

是冬,真宗幸澶渊,赐敏中密诏,尽付西鄙,许便宜从事。敏中得诏藏之,视政如常日。会大傩,有告禁卒欲倚傩为乱者,敏中密使麾兵被甲伏庑下幕中。明日,尽召宾僚兵官,置酒纵阅,无一人预知者。命傩入,先驰骋于中门外,后召至阶,敏中振袂一挥,伏出,尽擒之,果各怀短刃,即席斩焉。既屏其尸,以灰沙扫庭,张荣宴饮,坐客皆股慄,边藩遂安。时旧相出镇,不以军事为意。寇准虽有重名,所至终日游宴,则以所爱伶人或付富室,辄厚有得。张齐贤倜傥任情,获劫盗或至纵遣。帝闻之,称敏中曰:"大臣出临四方,惟敏中尽心于民事尔。"于是有复用之意。二年,又以德明誓约示定,徙敏中为鄜延路都部署兼知延州,委以经略,改知河南府兼西京留守。

大中祥符初,议封泰山,以敏中旧德有人望,召入,权东京留守。礼成,拜尚书右丞。时吏部选人多稽滞者,命敏中与温仲舒领兵其事。俄兼秘书监,又领工部尚书,充资政殿大学士,赐御诗褒宠。祀汾阴,复为留守。敏中以厚重镇静,人情帖然,帝作诗遣使驰赐之。拜刑部尚书。五年,复拜同平章事,充集贤殿大学士,加中书侍郎。寻充景灵宫使。宫成,进兵部尚书,为兖州景灵宫庆成使。

天禧初,加吏部尚书,又为应天院奉安太祖圣容礼仪使。进右仆射兼门下侍郎，监修国史。是日，翰林学士李宗谔当对，帝曰："朕自即位，未尝除仆射，今命敏中，此殊命也，敏中应甚喜。"又曰："敏中今日贺客必多，卿往观之，勿言朕意也。"宗谔既至，敏中谢客，门阑寂然。宗谔与其亲径入，徐贺曰："今闻降麻，士大夫莫不欢慰相庆。"敏中但唯唯。又曰："自上即位，未尝除端揆，非勋德隆重，眷倚殊越，何以至此。"敏中复唯唯。又历陈前世为仆射者勋德礼命之重，敏中亦唯唯，卒无一言。既退，使人问庖中，今日有亲宾饮宴否，亦无一人。明日，具以所见对。帝曰："向敏中大耐官职。"徙玉清昭应宫使。以年老累请致政，优诏不许。三年重阳，宴苑中，暮归中风眩，郊祀不任陪从。进左仆射、昭文馆大学士。奉表恳让，又表求解，皆不许。明年三月卒，年七十二。帝亲临，哭之恸，废朝三日，赠太尉、中书令，谥文简。五子、诸婿并迁官，亲校又官数人。

敏中，姿表瑰硕，有仪矩，性端厚岂弟，多智，晓民政，善处繁剧，慎于采拔。居大任三十年，时以重德目之，为人主所优礼，故虽衰疾，终不是谢。及追命制入，帝特批曰："敏中淳谨温良，宜益此意。"其恩顾如此。有文集十五卷。

子，传正，国子博士；传式，龙图阁直学士；传亮，贺部员外郎；传师，殿中丞；传范，娶南阳郡王惟吉女安福县主，为密州观察使，谥惠节。

传亮子，经，定国军留后，谥康懿。经女即钦圣宪肃皇后也，以后族赠敏中燕王、传亮周王、经吴王。敏中余孙绎、绛，并官太子中书。

论曰："宋至真宗之世，号为盛治，而得人亦多。李沆为相，正大光明，其焚封妃之诏以格人主之私，请迁灵州之民以夺西夏之谋，无愧宰相之任矣。沆尝谓王旦，边患既息，人主侈心必生，而声色、土木、神仙祠祷之事将作。后王钦若、丁谓之徒果售其佞。又告真宗不可用新进喜事之人，中外所陈利害皆报罢之。后神宗信用安石变更之言，驯至芬扰。世称沆为"圣相"，其言虽过，诚有先知者乎！

王旦当国最久，事至不胶，有谤不校，荐贤而不市恩，救罪辄宥而不费辞。澶州之役，请于真宗曰："十日不捷，何以处之？"真宗答之曰："立太子。"契丹逾岁而借币，西夏告民饥而假粮，皆一语定之。伟哉！宰相才也。惟受王钦若之说，以遂天书之妄，斯则不及李沆尔。向敏中耻受脏物之赐以远其污，预避市舶嫌以全其廉，坚拒皇甫侃之书以免其累，拜罢之际，喜愠不形，亦可谓有宰相之风焉。

宋史卷二八三

列传第四二

王钦若 <small>林特附</small>　丁谓　夏竦

子安期

　　王钦若，字定国，临江军新喻人。父仲华，侍祖郁，官鄂州。会江水暴至，徙家黄鹤楼。汉阳人望见楼上若有光景。是夕，钦若生。钦若早孤，郁爱之。太宗伐太原时，钦若才十八，作《平晋赋论》献行在。郁为濠州判官，将死，告家人曰：“吾历官逾五十年，慎于用刑，活人多矣，后必有兴者，其在吾孙乎！”

　　钦若擢进士甲科，为亳州防御推官，迁秘书省秘书郎，监庐州税。改太常丞、判三司理欠凭由司。时毋宾古为度支判官，尝言曰：“天下逋负，自五代迄今，理督未已，民病几不能胜矣。仆将启蠲之。”钦若一夕命吏勾校成数，翌日上之。真宗大惊曰：“先帝顾不知邪？”钦若徐曰：“先帝固知之，殆留与陛下收人心尔。”即日放逋负一千余万，释系囚三千余人。帝益器重钦若，召试学士院，拜右正言，知制诰，召为翰林学士。蜀寇王均始平，为西川安抚使。所至问系囚，自死罪以下第降之，凡列便宜，多所施行。还，授左谏议大夫、参知政事，以郊祀恩，加给事中。

　　河阴民常德方，讼临津县尉任懿赂钦若得中第，事下御史台劾治。初，钦若咸平中尝知贡举，懿举诸科，寓僧仁雅舍。仁雅识僧惠秦者与钦若厚，懿与惠秦约，以银三百五十两赂钦若，书其数于纸，令惠秦持去。会钦若已入院，属钦若客纳所书于钦若妻李氏，惠秦减所书银百两,欲自取之。李氏令奴祁睿书懿名于臂,并以所约银告钦若。懿再入试第五场,睿复持汤饮至贡院,钦若密令奴索取银,懿未即与而登科去。仁雅驰书河阴,始归之。德方得其书,以告御史中丞赵昌言,昌言以闻。既捕祁睿等,亦请逮钦若属吏。

祁睿本亳小吏,虽从钦若久,而名犹隶亳州。钦若乃言:"向未有祁睿,惠秦亦不及门。"帝方顾钦若厚,命邢昺、阎承翰等于太常寺别鞫之。懿更云妻兄张驾识知举官洪湛,尝俱造湛门;始但以银属二僧,不知达主司为谁。昺等遂诬湛受懿银,湛适使陕西还,而狱已具。时驾且死,睿又悉遁去,钦若因得执祁睿休役后始佣于家,它奴使多新募,不识惠秦,故皆无证验。湛坐削籍,流儋州,而钦若遂免。方湛代王旦入知贡举,懿已试第三场,及官收湛赃,家无有也,乃以湛假梁颢白金器输官,湛遂死贬所。人知其冤,而钦若恃势,人莫敢言者。

景德初,契丹入寇,帝将幸澶渊。钦若自请北行,以工部侍郎、参知政事判天雄军,提举河北转运司,真宗亲宴以遣之。素与寇准不协,及还,累表愿解政事,罢为刑部侍郎、资政殿学士。寻判尚书都省,修《册府元龟》,或褒赞所及,钦若自名表首以谢,即缪误有所谴问,戒书吏但云杨亿以下,其所为多此类也。岁中,改兵部,升大学士、知通进银台司兼门下封驳事。初,钦若罢,为置资政殿学士以宠之,准定其班在翰林学士下。钦若诉于帝,复加"大"字,班承旨上。以尚书左丞知枢密院事,修国史。

大中祥符初,为封祥经度制置使兼判兖州,为天书仪卫副使。先是,真宗尝梦神人言"赐天书于泰山",即密谕钦若。钦若因言,六月甲午,木工董祚于醴泉亭北见黄素曳草上,有字不能识。皇城吏王居正见其上有御名,以告。钦若既得之,具威仪奉导至社首,跪授中使,驰奉以进。真宗至含芳园奉迎,出所上《天书再降祥瑞图》示百僚。钦若又言至狱下两梦神人,愿增建庙庭;及至威雄将军庙,其神像如梦中所见,因请构亭庙中。封禅礼成,迁礼部尚书。命作《社首颂》,迁户部尚书。从祀汾阴,复为天书仪卫副使,迁吏部尚书。明年,为枢密使、检校太傅、同中书门下平章事。初,学士晁迥草制,误削去官,有诏仍带吏部尚书。圣祖降,加检校太尉。钦若居第在太庙后墉,自言出入诃导不自安,因易赐官第于定安坊。七年,为同天书刻玉使。

马知节同在枢密,素恶钦若,议论不相下。会泸州都巡检王怀信等上平蛮功,钦若久不决,知节因面诋其短,争于帝前。及趣论赏,钦若遂擅除怀信等官,坐是,罢枢密使,奉朝请。改刻玉副使、知通进银台司。复拜枢密使、同平章事。上玉皇尊号,迁尚书右仆射、判礼仪院,为会灵观使。有龟蛇见拱圣营,因其地建祥源观,命钦若总领之。寻拜左仆射兼中书侍郎、同平章事。明年,为景灵使,阅《道藏》,得赵氏神仙事迹四十人,绘于廊庑。又明年,商州捕得道士谯文易,畜禁书,能以术使六丁六甲神,自言尝出入钦若家,得钦若所遗诗。帝以问钦若,谢不省,遂以太子太保出判杭州。

仁宗为皇太子,自以东宫师保请归朝,复为资政大学士。诏日赴资善堂侍讲皇太子。会辅臣兼领三少,钦若以品高求换秩,拜司空,寻除山南道节度使、同平章事、判河南府。与宰相丁谓不相悦,以疾请就医京师,不报。令其子从益移文河南府,舆疾而归。谓言钦若擅去官守,命御史中丞薛映就第按问。钦若惶恐伏罪,降司农卿,分司南京,夺从益一官。

仁宗即位,改秘书监,起为太常卿、知濠州,以刑部尚书知江宁府。仁宗尝为飞白书,适钦若有奏至,因大书“王钦若”字。是时,冯拯病,太后有再相钦若意,即取字缄置汤药合,遣中人赍以赐,且口宣召之。至国门而人未有知者。既朝,复拜司空、门下侍郎、同平章事、玉清昭应宫使、昭文馆大学士,监修国史。

帝初临政,钦若谓平时百官叙进,皆有常法。为《迁叙图》以献。《真宗实录》成,进司徒,以郊祀恩,封冀国公。知邵武军吴植病,求外徙,因殿中丞余谔以黄金遗钦若,未至,而植复遣牙吏至钦若第问之。钦若执以送官,植、谔皆坐贬。初,钦若安抚西川,植为新繁县尉,尝荐举之。至是,亦当以失举坐罪,诏勿问。兼译经使,始赴传法院,感疾亟归。帝临问,赐白金五千两。既卒,赠太师、中书令,谥文穆,录亲属及所亲信二十余人。国朝以来宰相恤恩,未有钦若比者。

钦若尝言:"少时过圃田,夜起视天中,赤文成"紫微"字。后使蜀,至褒城道中,遇异人,告以他日位至宰相。既去,视其刺字,则唐相裴度也。"及贵,遂好神仙之事,常用道家科仪建坛场以礼神,朱书"紫微"二字陈于坛上。表修裴度祠于圃田,官其裔孙,自撰文以纪其事。

真宗封泰山,祀汾阴,而天下争言符瑞,皆钦若与丁谓倡之。尝建议躬谒元德皇太后别庙,为庄穆皇后行期服。议者以谓"天子当绝傍期,钦若所言不合礼"。又请置先蚕并寿星祠,升天皇北极帝坐于郊坛第一龛,增执法、孙星位,别制王公以下车辂、鼓吹,以备拜官、婚葬。所著书有《簿记》、《彤管懿范》、《天书仪制》、《圣祖事迹》、《翊圣真君传》、《五岳广闻记》、《列宿万灵朝真图》、《罗天大醮仪》。钦若自以深达道教,多所建明,领校道书,凡增六百余卷。

钦若状貌短小,项有附疣,时人目为"瘿相"。然智数过人,每朝廷有所兴造,委曲迁就,以中帝意。又性倾巧,敢为矫诞。马知节尝斥其奸状,帝亦不之罪。其后仁宗尝谓辅臣曰:"钦若久在政府,观其所为,真奸邪也。"王曾对曰:"钦若与丁谓、林特、陈彭年、刘承珪,时谓之'五鬼'。奸邪险伪,诚如圣谕。"

钦若子从益,终赞善大夫,追赐进士及第。后无子,以叔之子为后。

林特,字士奇。祖揆,仕闽为南剑州顺昌令,因家顺昌。特少颖悟,十岁,谒江南李景,献所为文,景奇之,命作赋,有顷而成。授兰台校书郎。江南平,伪官皆入见,特袖文以进。太宗以为长葛尉,改遂州录事参军。代还,命中书引对,授大理寺丞、通判陇州,有治状。田重进镇永兴,太宗以重进武人,选特与杨覃并为通判,人赐白金二百两,给实奉。会出兵五路讨李继迁,督所部转刍粟,先期以办。

吕蒙正辟通判西京留守事。蒙正入相，荐之，入判三司户部勾院。

梁鼎制置陕西青白盐，前后上议异同。真宗选特与知永兴军张永同商利害，所奏合旨。累迁尚书祠部员外郎，为户部副使，诏赴内朝。三司副使预内朝，自特始。徙盐铁副使。

真宗北征，命同知留司三司公事，迁司封员外郎。车驾谒陵，为行在三司副使，诏与刘承珪、李溥比较江淮茶法。因裁定新制，岁增课百余万，特迁祠部郎中。封泰山，祀汾阴，皆为行在三司副使。以右谏议大夫权三司使、修玉清昭应宫副使。将祀太清宫，遣特储供具，为行在三司使。礼成，进给事中，为修景灵宫副使兼修兖州景灵宫、太极观。昭应宫成，迁尚书工部侍郎，真拜三司使。枢密使寇准言特奸邪，又数与争事，帝为出准，特在职如故。后罢三司，以户部侍郎同玉昭应宫副使。兖州宫观成，迁吏部侍郎。天禧元年，为修上《圣祖宝册》副使，转尚书右丞。

时天下完富，丁谓以符瑞、土木迎帝意，而以特有心计，使干财利佐之。然特亦天性邪险，善附会，故谓始终善特。当时与陈彭年等号"五鬼"，语在《王钦若传》。

仁宗在东宫，以工部尚书兼太子宾客，改詹事。丁谓欲引为枢密副使，而李迪执不可。仁宗即位，进刑部尚书、翰林侍读学士。谓贬，特亦落职知许州。还朝，以户部尚书知通进银台司、判尚书都省、勾当三班院。特体素羸，然未尝一日谒告，及得疾，才五日而卒。赠尚书左仆射。太后遣中使祀奠。

特精敏，喜吏职，据案终日不倦。真宗数访以朝廷大事，特因有所中伤，人以此惮焉。奉诏撰《会计录》三十卷。又为《东封四祀朝谒太清宫庆赐总例》三十六卷。

子潍、洙。潍亦有吏能，历官至三司盐铁副使，以秘书监致仕，卒。洙，官至司农卿、知寿州，临事苛急，鼓角将夜入州廨，拔堂槛铁钩击杀之。

丁谓，字谓之，后更字公言，苏州长洲人。少与孙何友善，同袖文谒王禹偁，禹偁大惊重之，以为自唐韩愈、柳宗元后，二百年始有此作。世谓之"孙、丁"。淳化三年，登进士甲科，为大理评事、通判饶州。逾年，直史馆，以太子中允为福建路采访。还，上茶盐利害，遂为转运使，除三司户部判官。峡路蛮扰边，命往体量。还奏称旨，领峡路转运使，累迁尚书工部员外郎。会分川峡为四路，改夔州路。

初，王均叛，朝廷调施、黔、高、溪州蛮子弟以捍贼，既而反为寇。谓至，召其种酋开谕之，且言有诏赦不杀。酋感泣，愿世奉贡。乃作誓刻石柱，立境上。蛮地饶粟而常乏盐，谓听以粟易盐，蛮人大悦。先时，屯兵施州而馈以夔、万州粟。至是，民无转饷之劳，施之诸砦，积聚皆可给。特迁刑部员外郎，赐白金三百两。时溪蛮别种有入寇者，谓遣高、溪酋帅其徒讨击，出兵援之，擒生蛮六百六十，得所掠汉口四百余人。复上言，黔南蛮族多善马，请致馆，犒给缗帛，岁收市之。其后徙置夔州城砦，皆谓所经划也。居五年，不得代，乃诏举自代者。于是入权三司盐铁副使。未几，擢知制诰，判吏部流内铨。

景德四年，契丹犯河北，真宗幸澶渊，以谓知郓州兼齐、濮等州安抚使，提举转运兵马巡检事。契丹深入，民惊扰，争趣杨刘渡，而舟人邀利，不时济。谓取死罪给为舟人，斩河上，舟人惧，民得悉渡。遂立部分，使并河执旗帜，击刀斗，呼声闻百余里，契丹遂引去。明年，召为右谏议大夫、权三司使。上《会计录》，以景德四年民赋户口之籍，较咸平六年之数，具上史馆，请自今以咸平籍为额，岁较其数以闻，诏奖之。寻加枢密直学士。

大中祥符初，议封禅，未决，帝问以经费，谓对"大计有余"，议乃决。因诏谓为计度泰山路粮草使。初，议即宫城乾地营玉清昭应宫，左右有谏者。帝召问，谓对曰："陛下有天下之富，建一宫奉上帝，且所以祈皇嗣也。群臣有沮陛下者，愿以此论之。"王旦密疏谏，帝如谓所对告之，且不复敢言。乃以谓为修玉清昭应宫使，复为天书扶侍使，迁给事中，真拜三司使。祀汾阴，为行在三司使。建会灵观，谓复总领之。迁尚书礼部侍郎，进户部，参知政事。建安军铸玉皇像，为迎奉使。朝谒太清宫，为奉祀经度制置使，判亳州。帝赐宴赋诗以宠其行，命权管勾驾前兵马事。谓献白鹿并灵芝九万五千本。还，判礼仪院，又为修景灵宫使，摹写天书刻玉笈，玉清昭应宫副使。大内火，为修葺使。历工、刑、兵三部尚书，再为天书仪卫副使，拜平江军节度使、知升州。

天禧初，徙保信军节度使。三年，以吏部尚书复参知政事。是岁，祀南郊，辅臣俱进官。故事，尝为宰相而除枢密使。始得迁仆射，乃以谓检校太尉兼本官为枢密使。时寇准为相，尤恶谓，谓媒蘖其过，遂罢准相。既而拜谓同中书门下平章事、昭文馆大学士、监修国史、玉清昭应宫使。周怀政事败，议再贬准，帝意欲谪准江、淮间，谓退，除道州司马。同列不敢言，独王曾以帝语质之，谓顾曰："居停主人勿复言。"盖指曾以第舍假准也。

其后，诏皇太子听政，皇后裁制于内，以二府兼东宫官，遂加谓门下侍郎兼太子少傅，而李迪先兼少傅，乃加中书侍郎兼尚书左丞。故事，左右丞非两省侍郎所兼，而谓意特以抑迪也。谓所善林特，自宾客改詹事，谓欲引为枢密副使兼宾客，迪执不可，因大诟之。既入对，斥谓奸邪不法事，愿与俱付御史杂治，语在《迪传》。帝因格前制不下，乃罢谓为户部尚书，迪为户部侍郎；寻以谓知河南府，迪知郓州。明日，入谢，帝诘所争状，谓对曰："非臣敢争，乃迪仇晋臣尔，愿复留。"遂赐坐。左右欲设墩，谓顾曰："有旨复平章事。"乃更以杌进，即入中书视事如故。仍进尚书左仆射、门下侍郎、平章事兼太子少师。天章阁成，拜司空。乾兴元年，封晋国公。

仁宗即位，进司徒兼侍中，为山陵使。寇准、李迪再贬，谓取制草改曰："当丑徒干纪之际，属先王违豫之初，罗此震惊，遂至沈剧。"凡与准善者，尽逐之。是时二府定议，太后与帝五日一御便殿听政。既得旨，而谓潜结内侍雷允恭，令密请太后降手书，军国事进入印画。学士草制辞，允恭先持示谓，阅讫乃进。盖谓欲独任允恭傅达中旨，而不欲同列与闻机政也。允恭倚谓势，益横无所惮。

允恭方为山陵都监，与判司天监邢中和擅易皇堂地。夏守恩领工徒数万穿地，土石相半，众议日喧，惧不能成功，中作而罢，奏请待命。谓庇允恭，依违不决。内侍毛昌达自陵下还，以其事奏，诏问谓，谓始请遣使按视。既而咸谓复用旧地，乃诏冯拯、曹利用等谓第议，遣王曾覆视，遂诛允恭。

后数日，太后与帝坐承明殿，召拯、利用等谕曰："丁谓为宰辅，乃与宦官交通。"因出谓尝托允恭令后苑匠所造金酒器示之，又出允恭尝干谓求管勾皇城司及三司衙司状，因曰："谓前附允恭奏事，皆言已与卿等议定，故皆可其奏；且营奉先帝陵寝，而擅有迁易，几误大事。"拯等奏曰："自先帝登遐，政事皆谓与允恭同议，称得旨禁中。臣等莫辨虚实，赖圣神察其奸，此宗社之福也。"乃降谓太子少保，分司西京。故事，黜宰相皆降制，时欲及行，止令拯等即殿庐召舍人草词，仍榜朝堂，布谕天下。追其子珙、珝、玘、琪一官，落珙馆职。

先是，女道士刘德妙者，尝以巫师出入谓家。谓败，逮系德妙，内侍鞫之。德妙通款，谓尝教言："若所为不过巫事，不若托言老君言祸福，足以动人。"于是即谓家设神像，夜醮于园中，允恭数至请祷。及帝崩，引入禁中。又因穿地得龟蛇，令德妙持入内，绐言出其家山洞中。仍复教云："上即问若，所事何知为老君，第云'相公非凡人，当知之'。"谓又作颂，题曰"混元皇帝赐德妙"，语涉妖诞。遂贬崖州司户参军。诸子并勒停。玘又坐与德妙奸，除名，配隶复州。籍其家，得四方赂遗，不可胜记。其弟诵、说、谏悉降黜。坐谓罢者自参知政事任中正而下十数人。在崖州逾三年，徙雷州，又五年，徙道州。明道中，授秘书监致仕，居光州，卒。诏赐钱十万，绢百匹。

谓机敏有智谋，险狡过人，文字累数千百言，一览辄诵。在三司，案牍繁委，吏久难解者，一言判之，众皆释然。善谈笑，尤喜为诗，至于图画、博奕、音律，无不洞晓。每休沐会宾客，尽陈之，听人人自便，而谓从容应接于其间，莫能出其意者。

真宗朝营造宫观，奏祥异之事，多谓与王钦若发之。初，议营昭应宫，料功须二十五年，谓令以夜继昼，每绘一壁给二烛，七年乃成。真宗崩，议草遗制，军国事兼取皇太后处分，谓乃增以"权"字；及太后称制，又议月进钱充宫掖之用，由是太后深恶之，因雷允恭遂并录谓前后欺罔事审之。

在贬所，专事浮屠因果之说，其所著诗并文亦数万言。家寓洛阳，尝为书自克责，叙国厚恩，戒家人毋辄怨望，遣人致于洛守刘烨，祈付其家。戒使者伺烨会众僚时达之，烨得书不敢私，即以闻。帝见感恻，遂徙雷州，亦出于揣摩也。谓初通判饶州，遇异人曰："君貌类李赞皇。"既而曰："赞皇不及也。"

夏竦，字子乔，江州德安人。父承皓，太平兴国初，上《平晋策》，补右侍，隶大名府。契丹内寇，承皓由间道发兵，夜与契丹遇，力战死之，赠崇仪使，录竦为润州丹阳县主簿。

竦，资性明敏，好学，自经史、百家、阴阳、律历，外至佛老之书，无不通晓。为文章，典雅藻丽。举贤良方正，擢光禄寺丞，通判台州。召直集贤院，为国史编修官、判三司都磨勘司，累迁右正言。帝幸亳州，为东京留守推官。仁宗初封庆国公，王旦数言竦材，命教书资善堂。未几，同修起居注，为玉清昭应宫判官兼领景灵宫、会真观事，迁尚书礼部员外郎、知制诰。史成，迁户部。景灵宫成，迁礼部郎中。

竦娶杨氏，杨亦工笔札，有钩距。及竦显，多内宠，寝与杨不谐，杨悍妒，即与弟婿疏竦阴事，窃出讼之；又竦母与杨母相诟詈，偕诉开封府，府以事闻，下御史台置劾，左迁职方员外郎、知黄州。后二年，徙邓州，又徙襄州。属岁饥，大发公廪，不足，竦又劝率州大姓，使出粟，得二万斛，用全活者四十余万人。仁宗即位，迁户部郎中，徙寿、安、洪三州。洪俗尚鬼，多巫觋惑民，竦索部中得千余家，敕还农业，毁其淫祠以闻。诏江、浙以南悉禁绝之。

竦材术过人，急于进取，喜交结，任数术，倾侧反覆，世以为奸邪。当太后临朝，尝上疏乞与修《真宗实录》，不报。既而丁母忧，潜至京师，依中人张怀德为内助，宰相王钦若雅善竦，因左右之，遂起复知制诰，为景灵判官、判集贤院，以左司郎中为翰林学士、勾当三班院兼侍读学士、龙图阁学士，又兼译经润文官。迁谏议大夫，为枢密副使、修国史，迁给事中。

初，武臣赏罚无法，吏得高下为奸，竦为集前比，著为定例，事皆按比而行。改参知政事、祥源观使。增设贤良等六科，复百官转对，置理检使，皆竦所发。与宰相吕夷简不相能，复为枢密副使，迁刑部侍郎。史成，进兵部，寻进尚书左丞。

太后崩，罢为礼部尚书、知襄州，改颍州。京东荐饥，徙青州兼安抚使。逾年，罢安抚，迁刑部尚书，徙应天府。宝元初，以户部尚书入为三司使。赵元昊反，拜奉宁军节度使、知永兴军，听便宜行事。徙忠武军节度使、知泾州。还，判永兴军兼陕西经略、安抚、招讨，进宣徽南院使。与陈执中论兵事不合，诏徙屯鄜州。

初，竦在泾州，朝廷遣庞籍就计事。竦上奏曰：

顷者，继迁逃背，屡寇朔方。至道初，洛苑使白守荣等率兵护粮四十万，遇寇浦洛河，粮卒并没，守荣仅以身免。吕端始欲发兵，由麟府、鄜延、环庆三路趣平夏，袭其巢穴，太宗难之。后命李继隆、丁罕、范廷召、王超、张守恩五路入讨。继隆与罕合兵，行旬日，不见贼；守恩见贼不击；超及廷召至乌白池，以诸将失期，士卒困敝，相继引还。时，继迁当继捧入朝之后，曹光实掩袭之余，遁逃穷蹙，而犹累岁不能剿灭。先皇帝鉴追讨之敝，戒疆吏谨烽候、严卒乘，来，即驱逐之；去，无追捕也。

然拓跋之境，自灵武陷没之后，银、绥割弃以来，假朝廷威灵，其所役属者不过河外小羌尔。况德明、元昊相继猖獗，以继迁穷蹙，比元昊富实，势可知也；以先朝累胜之士，较当今关东之兵，勇怯可知也；以兴国习战之师，方沿边未试之将，工拙可知也；继迁窜伏平夏，元昊窟穴河外，地势可知也。若分兵深入，粮粮不支，师行贼境，利于速战。倘进则贼避锋，退则敌蹑其后，老师费粮，深可虞也。若穷其巢穴，须涉大河，长舟巨舰，非仓卒可具也。若浮囊挽梗，联络而进，我师半渡，贼乘势掩击，未知何谋可以捍御？臣以为不较主客之利，不计攻守之便，而议追讨者,非良策也。

因条上十事。

时,边臣多议征讨,朝廷乡之;而竦言出师非便。既而诏以泾原、鄜延两路兵进讨。会元昊稍求纳款,范仲淹请晋、鄜延兵,由是泾原兵亦不行。中国之师,卒不出塞。

竦上十事:一、教习强弩以为奇兵;二、羁縻属羌以为藩篱;三、诏角厮啰父子并力破贼;四、度地形险易远近、砦栅多少、军士勇怯,而增减屯兵;五、诏诸路互相应援;六、募土人为兵,州各一二千人以代东兵;七、增置弓手、壮丁、猎户以备城守;八、并边小砦毋积刍粮,贼攻急,则弃小砦入保大砦,以完兵力;九、关中民坐累若过误者,许人入粟赎罪,铜一斤为粟五斗,以赡边计;十、损并边冗兵、冗官及减骑军,以舒馈运。当时颇采用之。

其募土人为兵,令下而杨偕奏言:"西兵比继迁时十增七八,县官困于供亿,今州复益一二千人,则岁费不赀;若训习士卒,使之精锐,选任将帅,求之方略,自然以寡击众,以一当百矣。竦云'土兵训练可代东兵',此虚言也。自德明纳款以来,东兵犹不可代,况今日乎?"朝廷下竦议,竦奏:"陕西防秋之敝,无甚东兵,不惯登陟,不耐寒暑,骄懦相习,廪给至厚。土兵便习,各护乡土,山川道路,彼皆素知,岁省刍粮钜万。且收聚小民,免饥饿为盗,代兵东归,以卫京师,万世利也。偕欲以寡击众,殆虚言也。"

偕复奏云:

自古将帅深入殊庭,霍去病止将轻骑八百,直弃大将军数百里赴利,斩捕过当;又将万骑逾乌鐅,讨遬仆,涉狐奴,历五王国,过焉支山千有余里,合兵鏖皋兰下,杀楼兰王、虏侯王,执昆邪王子,收休屠祭天金人。赵充国亦以万骑破先零。李靖以骁骑三千破突厥,又以精骑一万至阴山,斩首千余级,俘男女十余万,擒颉利以献。自汉以来,用少击众,不可胜数。竦在泾原守城垒,据险阻,来则御之,去则释之,不闻出师也。竦惧战或败衄,托以兵少为辞尔!

竦言土兵各护乡土，自古有九地，士近家，谓之散地，言其易离散也。第以近事言之，阁门祗候王文恩出师败北，而土兵皆窜走，惟东兵仅二百人，杀敌兵甚众。以此知兵之强弱，不系东西，在将有谋与无谋尔。今边郡参用东兵、土兵，若尽罢东兵，亦非计也。古人有言："非陇西之民有勇怯，乃将吏之制巧拙异也。"今防边东兵，人月受米七斗五升，土兵二石五斗，而竦乃言东兵廪给至厚，又不知之甚也。竦又言募土兵训练以代东兵，且土兵数万，须募足训练，虽三二岁未得成效，兵精犹恐奔北，岂有骤加训练而能取胜哉？

竦议遂屈。

竦雅意在朝廷，及任以西事，颇依违顾避，又数请解兵柄。改判河中府，徙蔡州。庆历中，召为枢密使。谏官、御史交章论："竦在陕西畏懦不肯尽力，每论边事，但列众人之言，至遣敕使临督，始陈十策。尝出巡边，置侍婢中军帐下，几致军变。元昊尝募得竦首者与钱三千，为贼轻侮如此。今复用之，边将体解矣。且竦挟诈任数，奸邪倾险，与吕夷简不相能。夷简畏其为人，不肯引为同列，既退，乃荐之以释宿憾。陛下孜孜政事，首用怀诈不忠之臣，何以求治？"会竦已至国门，言者论不已，请不令入见。谏官余靖又言："竦累表引疾，及闻召用，即兼驿而驰。若不早决，竦必坚求面对，叙恩感泣，复有左右为之地，则圣听惑矣。"章累上，即日诏竦归镇，竦亦自请还节。徙知亳州，改授吏部尚书。岁中，加资政殿学士。

竦之及国门也，帝封弹疏示之，既至亳州，上书万言自辨。复拜宣徽南院使、河阳三城节度使、判并州。请复置宦者为走马承受。明年，拜同中书门下平章事、判大名府。又明年，召入为宰相。制下，而谏官、御史复言："大臣和则政事修。竦前在关中，与执中论议不合，不可使共事。"遂改枢密使，封英国公。

请析河北为四路。亲事官夜入禁中，欲为乱，领皇城司者皆坐逐，独杨怀敏降官，领入内都知如故。言者以为竦结怀敏而曲庇之。会京师同日无云而震者五，帝方坐便殿，趣召翰林学士张方平至，谓曰："夏竦奸邪，以致天变如此，宜出之。"罢知河南府，未几，赴本镇，加兼侍中。乡明堂，徙武宁军节度使，进郑国公，锡赉与辅臣等。将相居外，遇大礼有赐，自竦始。寻以病归，卒。赠太师、中书令。赐谥文正，刘敞言："世谓竦奸邪，而谥为正，不可。"改谥文庄。

竦以文学起家，有名一时，朝廷大典策屡以属之。多识古文，学奇字，至夜以指画肤，文集一百卷。其为郡有治绩，喜作条教，于闾里立保伍之法，至盗贼不敢发，然人苦烦扰。治军尤严，敢诛杀，即疾病死丧，拊循甚至。尝有龙骑卒戍边，群剽，州郡莫能止，或密以告竦。时，竦在关中，俟其至，诏诘之，诛斩殆尽，军中大震。其威略多类此。然性贪，数商贩部中。在并州，使其仆贸易，为所侵盗，至杖杀之。积家财累钜万，自奉尤侈，畜声伎甚众。所在阴间僚属，使相猜阻，以钩致其事，遇家人亦然。

子安期，字清卿，以父任为将作监主簿，召试，赐进士出身。累迁太常博士，擢提点荆湖南道刑狱。降开封府推官，徙判官，判三司盐铁勾院，出为京西转运使。盗起部中，剽劫州县，而光化军戍卒相继叛，势且相合，安期督将吏捕斩殆尽。徙河东转运使，累迁尚书工部郎中。徙江、淮发运使，入为三司户部副使。会元昊纳款，西边罢兵，命往陕西与诸路经略安抚司议损边费，颇奏省吏员及汰边兵之不任役者五万人。擢天章阁待制，遂为陕西都转运使。徙河北，进兵部郎中。

时，竦为枢密使，为请还所迁官，丐淮、浙一郡。复以为工部郎中、江淮发运使，徙知永兴军。进龙图阁直学士、吏部郎中、知渭州。简弓箭手，得骁勇万人为步兵，骑又半之，教以战阵法；繇是土兵胜他路。又籍塞下闲田，募人耕种，岁得谷数万斛，以备振发，名曰贷仓。

迁右谏议大夫，进枢密直学士，徙延州。未至，丁父忧。服除，辞所进职，复为龙图阁直学士兼侍读，提举集禧观。以学士复知延州，州东北阻山，无城郭，虏骑尝乘之。安期至，即大筑城。时方暑，士卒有怨言，安期益令广袤计数百步，令其下曰："敢言者斩。"躬自督役，不逾月而就。元昊请划疆界，朝廷欲遣使，以问安期。安期对曰："此不足烦王人，衙校可办也。"议遂决。暴得疾，卒，诏遣中使护其丧以归。

安期虽乘世资，颇以才自厉，朝廷数器使之，然无学术，而求入侍经筵，为世所讥。其奉养声伎，不减其父云。

论曰：王钦若、丁谓、夏竦，世皆指为奸邪。真宗时，海内乂安，文治洽和，群臣将顺不暇，而封禅之议成于谓，天书之诬造端于钦若，所谓以道事君者，固如是耶？竦阴谋猜阻，钩致成事，一居政府，排斥相踵，何其患得患失也！钦若以赃贿干吏议，其得免者幸矣。然而党恶丑正，几败国家，谓其尤者哉。

宋史卷二八四
列传第四三

陈尧佐 兄尧叟　弟尧咨　从子渐
宋庠 弟祁

陈尧佐,字希元,其先河朔人。高祖翔,为蜀新井令,因家焉,遂为阆州阆中人。

父,省华,字善则,事孟昶为西水尉。蜀平,授陇城主簿,累迁栎阳令。县之郑白渠为邻邑强族所据,省华尽去壅遏,水利均及,民皆赖之,徙楼烦令。

端拱三年,太宗亲试进士,伯子尧叟登甲科,占谢,辞气明辨。太宗顾左右曰:"此谁子?"王沔以省华对。即召省华为太子中允,俄判三司都凭由司,改盐铁判官,迁殿中丞。河决郓州,命省华领州事。俄为京东转运使,超拜祠部员外郎、知苏州,赐金紫。时遇水灾,省华复流民数千户,殍者悉瘗之,诏书褒美。历户部、吏部二员外郎、改知潭州。

省华智辨有吏干,入掌左藏库,判吏部南曹,擢鸿胪少卿。景德初,判吏部铨,权知开封府,转光禄卿。旧制,卿监坐朵殿,太宗以省华权莅京府,别设其位,升于两省五品之南。省华以府事繁剧,请禁宾友相过,从之。未几,因疾求解任,拜左谏议大夫,再表乞骸骨,不许,手诏存问,亲阅方药赐之。三年,卒,年六十八,特赠太子少师。

尧佐,进士及第,历魏县、中牟尉,为《海喻》一篇,人奇其志。以试秘书省校书郎朝邑县。会其兄尧叟使陕西,发中人方保吉罪,保吉怨之,诬尧佐以事,降本县主簿。徙下邽,迁秘书郎、知真源县,开封府司录参军事,迁府推官。坐言事忤旨,降通判潮州。修孔子庙,作韩吏部祠,以风示潮人。民张氏子与其母濯于江,鳄鱼尾而食之,母弗能救。尧佐闻而伤之,命二吏挐小舟操纲往捕。鳄至暴,非可网得。至是,鳄弭受网,作文示诸市而烹之,人皆惊异。

召还,直史馆,知寿州。岁大饥,出奉米为糜粥食饿者,吏人悉献米至,振数万人。徙庐州。以父疾请归,提点开封府界事,后为两泊转运副使。钱塘江篝石为堤,堤再岁辄坏。尧佐请下薪实土乃坚久,丁谓不以为是,徙京西转运使,后卒如尧佐议。徙河东路,以地寒民贫,仰石炭以生,奏除其税,又减泽州大广冶铁课数十万。徙河北,母老祈就养,召纠察在京刑狱,为御试编排官,坐置等误降官,监鄂州茶场。

天禧中,河决,起知滑州,造木龙以杀水怒;又筑长堤,人呼为"陈公堤"。初营永定陵,复徙京西转运使,入为三司户部副使。徙度支,同修《真宗实录》。不试中书,特擢知制诰兼史馆修撰,知通进、银台司。进枢密直学士、知河南府,徙并州。每汾水暴涨,州民辄忧扰,尧佐为筑堤,植柳数万本,作柳溪,民赖其利。

召同修三朝史。代弟尧咨同知开封府,累迁右谏议大夫,为翰林学士,遂拜枢密副使。祥符知县陈诂治严急,吏欲罪诂,乃空县逃去,太后果怒;而诂连吕夷简亲,执政以嫌不敢辨。事下枢密院,尧佐独曰:"罪诂则奸吏得计,后谁敢复绳吏者?"诂由是得免。以给事中参知政事,迁尚书吏部侍郎。

太后崩,执政多罢,以庐部侍郎知永兴军。过郑,为郡人王文吉以变事告,下御史中丞范讽劾治,而事乃辨。改知庐州,徙同州,复徙永兴军。初,太后遣宦者起浮图京兆城中,前守姜遵尽毁古碑充砖瓦用,尧佐奏曰:"唐贤臣墓石,今十亡七八矣。子孙深刻大书,欲传之千载,乃一旦与瓦砾等,诚可惜也。其未毁者,愿敕州县完护之。"徙郑州。会作章惠太后园陵,州供张甚严,赐书褒谕。既而拜同中书门下平章事、集贤殿大学士。以灾异数见,罢为淮康军节度使、同中书门下平章事、判郑州。以太子太师致仕。卒，赠司空兼侍中，谥文惠。

尧佐少好学，父授诸子经，其兄未卒业，尧佐窃听已成诵。初肄业锦屏山，后从种放于终南山，及贵，读书不辍。善古隶八分，为方丈学，笔力端劲，老犹不衰，尤工诗。性俭约，见动物必戒左右勿杀，器服坏，随辄补之，曰：“无使不全见弃也。”号“知馀子”。自志其墓曰：“寿八十二不为夭，官一品不为贱，使相纳禄不为辱，三者粗可归息于父母楼神之域矣。”陈抟尝谓其父曰：“君三子皆当将相，惟中子贵且寿。”后如抟言。有集三十卷，又有《潮阳编》、《野庐编》、《愚丘集》、《遣兴集》。

尧叟，字唐夫，解褐光禄寺丞、直史馆，与省华同日赐绯，迁秘书丞。久之，充三司河南东道判官。时宋、亳、陈、颍民饥，命尧叟及赵况等分振之。再迁工部员外郎、广南西路转运使。岭南风俗，病者祷神不服药，尧叟有《集验方》，刻石桂州驿。又以地气蒸暑，为植树凿井，每三二十里置亭舍，具饮器，人免渴死。会加恩黎桓，为交州国信使。初，将命者必获赠遗数千缗，桓责赋敛于民，往往断其手及足趾。尧叟知之，遂奏召桓子，授以朝命，而却其私觌。又桓界先有亡命来奔者，多匿不遣，因是海贼频年入寇。尧叟悉捕亡命归桓，桓感恩，并捕海贼为谢。

先是，岁调雷、化、高、藤、容、白诸州兵，使辇军粮泛海给琼州。其兵不习水利，率多沉溺，咸苦之。海北岸有递角场，正与琼对，伺风便一日可达，与雷、化、高、太平四州地水路接近。尧叟因规度移四州民租米输于场，第令琼州遣蜑兵具舟自取，人以为便。

咸平初，诏诸路课民种桑、枣，尧叟上言曰：“臣所部诸州，土风本异，田多山石，地少桑蚕。昔云入蚕之绵，谅非五岭之俗，度其所产，恐在安南。今其民除耕水田外，地利之博者惟麻苎尔。麻苎所种，与桑柘不殊，既成宿根，旋擢新干，俟枝叶才茂则刈获之，周岁之间三收其苎。复一固其本，十年不衰。始离田畴，即可纺绩。然布之出，每端止售百钱，盖织者众、市者少，故地有遗利，民艰资金。

臣以国家军须所急，布帛为先，因劝谕部民广植麻苧，以钱盐折变收市之，未及二年，已得三十七万余匹。自朝廷克平交、广，布帛之供，岁止及万，较今所得，何止十倍。今树艺之民，相率竞劝；杼轴之功，日以滋广。欲望自今许以所种麻苧顷亩，折桑枣之数，诸县令佐依例书历为课，民以布赴官卖者，免其算税。如此则布帛上供，泉货下流，公私交济，其利甚博。"诏从之。代还，加刑部员外郎，充度支判官。

未几，会抚水蛮酋蒙令国杀使臣扰动，命尧叟为广南东、西两路安抚使，赐金紫遣之。事平，迁兵部，拜主客郎中、枢密直学士、知三班兼银台通进封驳司、制置群牧使。

河决澶州王陵口，诏往护塞之。遂与冯拯同为河北、河东安抚副使。时中外上封奏者甚众，命与拯详定利害，及与三司议减冗事。俄与拯并拜右谏议大夫、同知枢密院事。有言三司官吏积习依违，文牒有经五七岁不决者，吏民抑塞，水旱灾沴，多由此致。请委逐部判官检覆判决，如复稽滞，许本路转运使闻奏，命官推鞫，以警弛慢。乃诏尧叟与拯举常参官干敏者，同三司使议减烦冗，参决滞务。尧叟请以秘书丞直史馆孙冕同领其事，凡省去烦冗文帐二十一万五千余道，又减河北冗官七十五员。

五年，郊祀，进给事中。会王继英为枢密使，以尧叟签署院事，奉秩恩例悉同副使，迁工部侍郎。真宗幸澶渊，命乘传先赴北砦按视戎事，许以便宜。景德中，迁刑部、兵部二侍郎，与王钦若并知枢密院事。真宗朝陵，权东京留守。每裁割刑禁，虽大辟亦止面取状，亟决遣之，以故狱无素囚。真宗曰："尧叟素有裁断，然重事宜付有司按鞫而详察之。"因密加诏谕。

俄兼群牧制置使。始置使，即以尧叟为之，及掌枢密，即罢其任；至是，以国马戎事之本，宜得大臣总领，故又委尧叟焉。自是多立条约。又著《监牧议》，述马政之重，预修国史。

大中详符初，东封，加尚书左丞。诏撰《朝觐坛碑》，进工部尚书，献《封禅圣制颂》，帝作歌答之。祀汾阴，为经度制置使、判河中府。礼成，进户部尚书。时诏王钦若为《朝觐坛颂》，表让尧叟，不许。别命尧叟撰《亲谒太宁庙颂》，加特进，赐功臣。又以尧叟善草隶，诏写途中御制歌诗刻石。

五年，与钦若并以本官检校太傅、同平章事，充枢密使，加检校太尉。从幸太清宫，加开府仪同三司。未几，与钦若罢守本官，仍领群牧。明年，复与钦若以本官检校太尉、同平章事，充枢密使。尧叟素有足疾，屡请告。九年夏，帝临问，劳赐加等。疾甚，表求避位，遣阁门使杨崇勋至第抚慰，以询其意。尧叟词志颇确，优拜右仆射、知河阳。肩舆入辞，至便坐，许三子扶掖升殿，赐诗为饯，又赐仲子希古绯服。

天禧初，病极，召其子执笔，口占奏章，求还辇下，诏许之。肩舆至京师，卒，年五十七。废朝二日，赠侍中，谥曰文忠，录其孙知言、知章为将作监主簿。长子师古赐进士出身，后为都官员外郎。希古至太子中舍，坐事除籍。

尧叟，伟姿貌，强力，奏对明辨，多任知数，久典机密，军马之籍，悉能周记。所著《请盟录》三集二十卷。

母冯氏，性严。尧叟事亲孝谨，怡声侍侧，不敢以贵自处。家本富，禄赐且厚，冯氏不许诸子事华侈。景德中，尧叟掌枢机，弟尧佐直史馆，尧咨知制诰，与省华同在北省，诸孙任官者十数人，宗亲登科者又数人，荣盛无比。宾客至，尧叟兄弟侍立省华侧，客不自安，多引去。旧制登枢近者，母妻即封郡夫人。尧叟以父在朝母止从父封，遂以妻子封表让于母，朝廷援制不许。父既卒，帝欲褒封其母，以问王旦。旦曰："虽私门礼制未阕，公朝降命亦无嫌也。"乃封上党郡太夫人，进封滕国，年八十余无恙，后尧叟数年卒。

尧咨，字嘉谟，举进士第一，授将作监丞、通判济州，召为秘书省著作郎、直史馆、判三司度支句院，始合三部句院兼总之。擢右正言、知制诰。崇政殿试进士，尧咨为考官，三司使刘师道属弟几道以试卷为识验，坐贬单州团练副使。复著作郎、知光州。

寻复右正言，知制诰，知荆南。改起居舍人，同判吏部流内铨。旧格，选人用举者数迁官，而塞士无以进，尧咨进其可擢者，帝特迁之，改右谏议大夫、集贤院学士，以龙图阁直学士、尚书工部郎中知永兴军。长安地斥卤，无甘泉，尧咨疏龙首渠注城中，民利之。然豪侈不循法度，敞武库，建视草堂，开三门，筑甬道，出入列禁兵自卫；用刑惨急，数有杖死者；尝以气凌转运使乐黄目，黄目不能堪，求解去，遂徙尧咨知河南府。既而有发尧咨守长安不法者，帝不欲穷治，止削职徙邓州，才数月，复知制诰。

尧咨性刚戾，数被挫，忽忽不自乐。尧叟进见，帝问之，对曰："尧咨岂知上恩所以保佑者，自谓遭谗以至此尔！"帝赐诏条其事切责，乃皇恐称谢。还，判登闻检院，复龙图阁直学士。坐失举，降兵部员外郎。丧母，起复工部郎中、龙图阁直学士、会灵观副使。边臣飞奏：角厮逻立文法召蕃部欲侵边，以为陕西缘边安抚使。再迁右谏议大夫、知秦州，徙同州，以尚书工部侍郎权知开封府。入为翰林学士，以先朝初榜甲科，特诏班旧学士蔡齐之上。

换宿州观察使，知天雄军，位丞郎上。尧咨内不平，上章固辞，皇太后特以只日召见，敦谕之。不得已，拜命。自契丹修好，城壁器械久不治，尧咨葺完之。然须索烦扰，多暴怒，列军士持大梃侍前，吏民语不中意，立至困仆。以安国军节度观察留后知郓州。建请浚新河，自鱼山至下杷以导积水。拜武信军节度使、知河阳，徙澶州，又徙天雄军。所居栋摧，大星陨于庭，散为白气，已而卒。赠太尉，谥曰康肃。

尧咨于兄弟中最为少文，然以气节自任。工隶书，善射，尝以钱为的，一发贯其中。兄弟同时贵显，时推为盛族。子述古，太子宾客致仕；博古，笃学能文，为馆阁校勘，早卒。

从子渐，字鸿渐，少以文学知名于蜀。淳化中，与其父尧封皆以进士试廷中，太宗擢渐第，辄辞不就，愿擢其父，许之。至咸平初，渐始仕，为天水县尉。时学者罕通扬雄《太玄经》，渐独好之，著书十五篇，号《演玄》，奏之。召试学士院，授仪州军事推官。举贤良方正科，不中，复调陇西防御推官，坐法免归，不复有仕进意，蜀中学者多从之游。尧咨不学，渐心薄之。尧咨后贵显，与渐益不同，因言渐罪戾之人，聚徒太盛，不宜久留远方。即召渐至京师，授颍州长史。丁谓等知其无他，得改凤州团练推官，迁耀州节度推官。卒，有文集十五卷，自号金龟子。

宋庠，字公序，安州安陆人，后徙开封之雍丘。父玘，尝为九江掾，与其妻钟祷于庐阜。钟梦道士授以书曰："以遗尔子。"视之，《小戴礼》也。已而庠生。他日许真君像，即梦中见者。

庠，天圣初，举进士，开封、试礼部皆第一，擢大理评事、同判襄州。召试，迁太子中允、直史馆，历三司户部判官，同修起居注，再迁左正言。郭皇后废，庠与御史伏合争论，坐罚金。久之，知制诰。时亲策贤良、茂才等科，而命与武举人杂视。庠言："非所以待天下士，宜如本朝故事，命有司设次具饮膳，斥武举人令别试。"诏从之。

兼史馆修撰、知审刑院。密州豪王澥私酿酒，邻人往捕之，澥绐奴曰："盗也。"尽使杀其父子四人。州论奴以法，澥独不死。宰相陈尧佐右澥，庠力争，卒抵澥死。改权判吏部流内铨，迁尚书刑部员外郎。仁宗欲以为右谏议大夫、同知枢密院事，中书言故事无自知制诰除执政者，乃诏为翰林学士。帝遇庠厚，行且大用矣。

庠，初名郊。李淑恐其先己，以奇中之，言曰："宋，受命之号；郊，交也。合姓名言之为不祥。"帝弗为意，他日以谕之，因改名庠。宝元中，以右谏议大夫参知政事。庠为相儒雅，练习故事，自执政，遇事辄分别是非。尝从容论及唐入阁仪，庠退而上奏曰：

入阁，乃有唐只日于紫宸殿受常朝之仪也。唐有大内，又有大明宫，宫在大内之东北，世谓之东内，高宗以后，天子多在。大明宫之正南门曰丹凤门，门内第一殿曰含元殿，大朝会则御之；第二殿曰宣政殿，谓之正衙，朔望大册拜则御之；第三殿曰紫宸殿，谓之上阁，亦曰内衙，只日常朝则御之。天子坐朝，须立仗于正衙殿，或乘舆止御紫宸，即唤仗自宣政殿两门入，是谓东、西上阁门也。

以本朝宫殿视之：宣德门，唐丹凤门也；大庆殿，唐含元殿也；文德殿，唐宣政殿也；紫宸殿，唐紫宸殿也。今欲求入阁本意，施于仪典，须先立仗文德庭，如天子止御紫宸，即唤仗自东、西阁门入，如此则差与旧仪合。但今之诸殿，比于唐制南北不相对尔。又按唐自中叶以还，双日及非时大臣奏事，别开延英殿，若今假日御崇政、延和是也。乃知唐制每遇坐朝日，即为入阁。其后，正衙立仗因而遂废，甚非礼也。

庠与宰相吕夷简论数不同，凡庠与善者，夷简皆指为朋党，如郑戬、叶清臣等悉出之，乃以庠知扬州。未几，以资政殿学士徙郓州，进给事中。参知政事范仲淹去位，帝问宰相章得象，谁可代仲淹者，得象荐宋祁。帝雅意在庠，复召为参知政事。庆历七年春旱，用汉灾异策免三公故事，罢宰相贾昌朝，辅臣皆削一官，以庠为右谏议大夫。帝尝召二府对资政殿，出手诏策以时事，庠曰："两汉对策，本延严穴草莱之士，今备位政府而比诸生，非所以尊朝廷，请至中书合议条奏。"时陈执中为相，为学少文，故夏竦为帝画比此谋，意欲困执中也。"论者以庠为知体。

明年，除尚书工部侍郎、充枢密使。皇祐中，拜兵部侍郎、同中书门下平章事、集贤殿大学士。享明堂，迁工部尚书。尝请复群臣家庙，曰："庆历元年赦书，许文武官立家庙，而有司终不能推述先典，因循雇望，使王公荐享，下同委巷，衣冠照穆，杂用家人，缘偷袭弊，甚可嗟也。请下有司论定施行。"而议者不一，卒不果复。

三年，祁子与越国夫人曹氏客张彦方游。而彦方伪造敕牒，为人补官，论死。谏官包拯奏庠不戢子弟，又言庠在政府无所建明，庠亦请去。乃以刑部尚书、观文殿大学士知河南府，后徙许州，又徙河阳，再迁兵部尚书。入觐，诏缀中书门下班，出入视其仪物。以检校太尉、同平章事充枢密使，封莒国公。数言："国家当慎固根本，畿辅宿兵常盈四十万，羡则出补更戍，祖宗初谋也，不苟轻改。"既而与副使程戡不协，戡罢；而御史言庠昏惰，乃以河阳三城节度、同平章事、判郑州，徙相州。以疾召还。

英宗即位，移镇武军，改封郑国公。庠在相州，即上章请老，至是请犹未已。帝以大臣故，未忍遽从，乃出判亳州。庠前后所至，以慎静为治，及再登用，遂沉浮自安。晚爱信幼子，多与小人游，不谨。御史吕晦请敕庠不得以二子随，帝曰："庠老矣，奈何不使其子从之。"至亳，请老益坚，以司空致仕。卒，赠太尉兼侍中，谥元献。帝为篆其墓碑曰"忠规德范之碑"。

庠自应举时，与祁俱以文学名擅天下，俭约不好声色，读书至老不倦。善正讹谬，尝校定《国语》，撰《补音》三卷。又辑《纪年通谱》，区别正闰，为十二卷。《掖垣丛志》三卷，《尊号录》一卷，《别集》四十卷。天资忠厚，尝曰："逆诈恃明，残人矜才，吾终身弗为也。"沈邈尝为京东转运使，数以事侵庠。及庠在洛，邈子监曲院，因出借县人负物，杖之，道死实以他疾。而邈子为府属所恶，欲痛治之以法，庠独不肯，曰："是安足罪也！"人以此益称其长者。弟祁。

祁字子京，与兄庠同时举进士，礼部奏祁第一，庠第三。章献太后不欲以弟先兄，乃擢庠第一，而置祁第十。人呼曰"二宋"，以大小别之。释褐复州军事推官。孙奭荐之，改大理寺丞、国子监直讲。召试，授直史馆，再迁太常博士、同知礼仪院。有司言太常旧乐数增损，其声不和。诏祁同按试。李照定新乐，胡瑗铸钟磬，祁皆典之。事见《乐志》。预修《广业记》成，迁尚书工部员外郎、同修起居注、权三司度支判官。方陕西用兵，调费日蹙，上疏曰：

> 兵以食为本，食以货为资，圣人一天下之具也。今左藏无积年之镪，太仓无三岁之粟，尚方冶铜匮而不发，承平如此，已自雕困，良由取之既殚，用之无度也。朝廷大有三冗，小有三费，以困天下之财。财穷用褊，而欲兴师远事，诚无谋矣。能去三冗、节三费，专备西北之屯，可旷然高枕矣。

　　何谓三冗？天下有定官无限员，一冗也；天下厢军不任战而耗衣食，二冗也；僧道日益多而无定数，三冗也。三冗不去，不可为国。请断自今，僧道已受戒具者姑如旧；其他悉罢还为民，可得耕夫织妇五十余万人，一冗去矣。天下厢军不择屏小尪弱而悉刺之，才图供役，本不知兵，又且月支廪粮，岁费库帛，数口之家，不能自庇，多去而为盗贼，虽广募之，无益也。其已在籍者请勿论，其他悉驱之南亩，又得力耕者数十万，二冗去矣。国家郡县，素有定官，譬以十人为额，常以十二加之，即迁代、罪谪，随取之而有。今一官未阙，群起而逐之，州县不广于前，而官五倍于旧，吏何得不苟进，官何不滥除。请诏三班审官院内诸司、流内铨明立限员，以为定法。其门荫、流外、贡举等科，实置选限，稍务择人，俟有阙官，计员补吏，三冗去矣。

何谓三费？一曰道场齐醮，无有虚日，且百司供亿，至不可赀计。彼皆以祝帝寿、奉先烈、祈民福为名，臣愚以为此主者为欺盗之计尔。陛下事天地、宗庙、社稷、百神，牺牲玉帛，使有司端委奉之、岁时荐之，足以竦明德、介多福矣，何必希屑屑之报哉？则一费节矣。二曰京师寺观，或多设徒卒，添置官府，衣粮率三倍他处。居大屋高庑，不徭不役，坐蠹齐民，其尤者也。而又自募民财，营建祠庙，虽曰不费官帑，然国与民一也，舍国取民，其伤一焉，请罢去之，则二费节矣。三曰使相节度，不隶藩要。夫节相之建，或当边镇，或临师屯，公用之设，劳众而食宾也。今大臣罢黜，率叨恩除，坐靡邦用，莫此为甚。请自今地非边要、州无师屯者，不得建节度；已带节度，不得留近藩及京师，则三费节矣。

臣又闻之，人不率则不从，身不先则不信。陛下能躬服至俭，风示四方，衣服起居，无逾旧规，后宫锦绣珠玉，不得妄费，则天下响应，民业日丰，人心不摇，师役可举，风行电照，饮马西河。蠢尔戎首，在吾掌中矣！

徙判盐铁勾院，同修礼者。次当知制诰，而庠方参知政事，乃以为天章阁待制，判太常礼院、国子监，改判太常寺。庠罢，祁亦出知寿州，徙陈州。还知制诰、权同判流内铨，以龙图阁直学士知杭州，留为翰林学士。提举诸司库务，数厘正弊事，增置勾当公事官，其属言利害者，皆使先禀度可否，而后议于三司，遂著为令。徙知审官院兼侍读学士。庠复知政事，罢祁翰林学士，改龙图学士、史馆修撰，修《唐书》。累迁右谏议大夫，充群牧使。庠为枢密使，祁复为翰林学士。

景祐中，诏求直言，祁奏："人主不断是名乱。《春秋》书：'殒霜，不杀菽。'天威暂废，不能杀小草，犹人主不断，不能制臣下。"又谓："与贤人谋而与不肖者断，重选大臣而轻任之，大事不图而小事急，是谓三患。"其意主于强君威，别邪正，急先务，皆切中时病。

会进温成皇后为贵妃。故事：命妃皆发册，妃辞，则罢册礼。然告在有司，必俟旨而后进。又凡制词，既授阁门宣读，学士院受而书之，送中书，结三省衔，官告院有印，乃进内。祁适当制，不俟旨，写告不送中书，径取官告院印用之，及封以进。后方爱幸，觊行册礼，得告大怒，掷于地。祁坐是出知许州。甫数月，复召为侍读学士、史馆修撰。祀明堂，迁给事中兼龙图阁学士。坐其子从张彦方游，出知许州。兼集贤殿修撰。

岁余，徙知成德军，迁尚书礼部侍郎。请弛河东、陕西马禁，又请复唐驭幕之制。居正月，徙定州，又上言：

　　天下根本在河北，河北根本在镇、定，以其扼贼冲，为国门户也。且契丹摇尾五十年，狼态猘心，不能无动。今垂涎定、镇，二军不战，则博深、赵、邢、洺，直捣其虚，血吻婪进，无所顾藉。臣窃虑欲兵之强，莫如多谷与财；欲士训练，莫如善择将帅；欲人乐斗，莫如赏重罚严；欲贼顾望不敢前，莫如使镇重而定强。夫耻怯尚勇，好论事，甘得而忘死；河北之人，殆天性然。陛下不少励之，不忧不战。以欲战之士，不得善将，虽斗犹负。无谷与财，虽金城汤池，其势必轻。

　　今朝廷择将练卒，制财积粮，乃以陕西、河东为先，河北为后，非策也。西贼兵锐士寡，不能深入；河东天险，彼惮为寇。若河北不然,自蓟直视,势同建瓴,贼鼓而前,如行莞衽。故谋契丹者当先河北,谋河北者舍镇、定无议矣。臣愿先入谷镇、定;镇、定既充,可入谷徐州。列将在陕西、河东有功状者,得迁镇、定,则镇、定重。天下久平,马益少,臣请多用步兵。夫云奔飚驰,抄后掠前,马之长也;强弩巨梃,长枪利刀,什伍相联,大呼薄战,步之长也。臣料朝廷与敌相攻,必不深入穷追,殴而去之,及境则止,此不待马而步可用矣。臣请损马益步,故马少则骑精,步多则斗健,我能用步所长,虽契丹多马,无所用之。

夫镇、定一体也。自先帝以来为一道,帅专而兵不分,故定搤其胸,则镇搗其肋,势自然耳。今判而为二,其显然有害者,屯砦山川要险之地裂而有之,平时号令文移不能一,贼脱叩营垒,则彼此不相谋,尚肯任此责邪!请合镇、定为一路,以将相大臣领之,无事时以镇为治所,有事则迁治定,指授诸将,权一而责有归,策之上也。陛下当居安思危,熟计所长,必待事至而后图之,殆矣。

河东马强,士习善驰突,与镇、定若表里,然东下井陉,不百里入镇、定矣。贼若深入,以河东健马佐镇、定兵,掩其惰若归者,万出万全,此一奇也。臣闻事切于用者,不可以文陈,臣所论件目繁碎,要待刀笔吏委曲可晓,臣已便俗言之,辄别上择将当畜财一封,乞下枢密院、三司裁制之。

又上《御戎论》七篇。加端明殿学士,特迁吏部侍郎、知益州。寻除三司使。右司谏吴及尝言祁在定州不治,纵家人贷公使钱数千缗,在蜀奢侈过度。既而御史中丞包拯亦言祁益部多游燕,且其兄方执政,不可任三司。乃加龙图阁学士、知郑州。《唐书》成,迁左丞,进工部尚书。以羸疾请便医药,入判尚书都省。逾月,拜翰林学士承旨,诏遇入直许一子主汤药。复为群牧使,寻卒。遗奏曰:"陛下享国四十年,东宫虚位,天下系望,人心未安。为社稷深计,莫若择宗室贤材,进爵亲王,为比邕之主。若六宫就馆之庆,圣嗣蕃衍,则宗子降封郡王,以避正嫡,此定人心、防祸患之大计也。"

又自为志铭及《治戒》以授其子:"三日敛,三月葬,慎无为流俗阴阳拘忌也。棺用杂木,漆其四会,三涂即止,使数十年足以腊吾骸、朽衣巾而已。毋以金铜杂物置冢中。且吾学不名家,文章仅及中人,不足垂后。为吏在良二千石下,勿请谥,勿受赠典。冢上植五株柏,坟高三尺,石翁仲他兽不得用。若等不可违命。若等兄弟十四人,惟二孺儿未仕,以此诿莒公。莒公在,若等不孤矣。"后赠尚书。

祁兄弟皆以文学显,而祁尤能文,善议论;然清约庄重不及庠,论者以祁不至公辅,亦以此云。修《唐书》十余年,自守亳州,出入内外尝以稿自随,为列传百五十卷。预修《籍田记》、《集韵》;又撰《大乐图》二卷,文集百卷。祁所至,治事明峻,好作条教。其子遵《治戒》不请谥。久之,学士承旨张方平言祁法应得谥,谥曰景文。

论曰:咸平、天圣间,父子兄弟以功名著闻于时者,于陈尧佐、宋庠见之。省华声闻,由诸子而益著。尧佐相业虽不多见,世以宽厚长者称之。尧叟出典方州,入为侍从,课布帛,修马政,减冗官,有足称者。庠明练故实,文藻虽不逮祁,孤风雅操,过祁远矣。君子以为陈之家法,宋之友爱,有宋以来不多见也。呜呼,贤哉!

宋史卷二八五
列传第四四

陈执中　刘沆　冯拯 子行已

伸已　**贾昌朝** 弟昌衡　从子炎　伯祖父琰

梁适

　　陈执中,字昭誉,以父恕任,为秘书省正字,累迁卫尉寺丞、知梧州。上《复古要道》三篇,真宗异而召之。帝属疾,春秋高,大臣莫敢言建储者,执中进《演要》三篇,以早定天下根本为说。翌日,帝以他疏示辅臣,皆赞曰"善"。帝指其袖中曰:"又有善于此者。"出之,乃《演要》也。因召对便殿,劳问久之,擢右正言。逾月,遂立皇太子。

　　明年,坐考御试进士卷差谬,贬卫尉寺丞、监岳州酒务。稍复殿中丞、通判抚州,复右正言。

　　曹利用婿卢士伦除福建运使,惮远不行,利用为请,乃改京东。执中尝劾奏之,利用挟私忿,出执中知汉阳军。及利用得罪,乃召为群牧判官、权三司盐铁判官、知谏院、提举诸司库务,以尚书工部员外郎兼御史知杂、同判流内铨,迁三司户部副使。

　　明道中,安抚京东,进天章阁待制。使还,知应天府,徙江宁府、扬州,再迁工部郎中,改龙图阁直学士、知永兴军,拜右谏议大夫、同知枢密院事。

　　元昊寇延州,手诏咨访辅臣攻守方略。执中既上对,退复奏疏曰:"元昊乘中国久不用兵,窃发西垂,以游兵困劲卒,甘言悦守臣,一旦连犯亭障，延安几至不保。此盖范雍纳诡说，失于戒严；刘平轻躁，丧其所部。上下纷攘，远近震骇。自金明李士彬族破，而并边篱落皆大坏。塞门、金明相距二百里，宜列修三城，城屯兵千人，益募弓箭手。寇大至则退保，小至则出斗。选阁门祗候以上为寨主、都监，以诸司使为卢关一路都巡检，以兵二千属之，使为三砦之援。熟羌居汉地久者，委边臣拊存之；反覆者，破逐之。至于新拊黠羌，如泾原康奴、灭臧、大虫族，久居内地，常有叛心，不肆剪除，恐终为患。今军须之出，民已悉叹，复欲遍修城池如河北之制，及夏须成，使神运之犹恐不能，民力其堪此乎？陕西地险，非如河北，惟泾州镇戎军势稍平易，若不责外守而劳内营，非策之上也。宜修并边城池，其次如延州之鄜、同，环庆之邠、宁，不过五七处，量为营葺，则科率减、民力苏矣。今贼势方张，宜静守以骄其志，蓄锐以挫其锋，增土兵以备守御，省骑卒以减转饷。然后徐议荡平，改张节度，更须主张，将臣横议不入，则忠臣尽节而捐躯矣。"

既而议刺土兵，久不决，罢知青州。又以资政殿学士知河南府，改尚书工部侍郎、陕西同经略安抚招讨使。与夏竦同知永兴军，议边事多异同。诏令互出巡边，乃屯泾州，令诸部曰："寇籍吾水草，钞边图利，不除，且复至。"命悉焚之。表解兵柄，以为兵尚神密，千里禀命，非所以制胜，宜属四路各保疆圉。朝议善之。就知陕州，复徙青州。于是请城傅海诸州，朝廷重兴役，有诏不许。执中不奉诏，卒城之。

明年，沂卒王伦叛，趣淮南，执中遣巡检傅永吉追至采石矶，捕杀之。召拜参知政事，谏官孙甫、蔡襄极论不可，帝遣使驰赐敕告。逾年，拜同中书门下平章事、集贤殿大学士兼枢密使。西夏纳款，与宰相贾昌朝请解枢密。七年春，旱，昌朝罢，执中降给事中。已而加昭文馆大学士、监修国史，逾月复官。

皇祐初，以足疾辞位，自陈不愿为使相、大学士。学士孙抃当制。遂以尚书左丞知陈州。宰相文彦博、宋庠以为礼薄，帖麻改兵部尚书，迁吏部、观文殿大学士。久之，拜集庆军节度使、同平章事、判大名府。河决商胡，走大名，程琳欲为堤，不果成而去。执中乘年丰调丁夫增筑二百里，以障横溃。以吏部尚书复拜同平章事、昭文馆大学士。每朝退，闭中书东便门，以防漏泄。三司勾当公事及监场务官，权势所引者，皆奏罢之，内外为之肃然。

会张贵妃薨，治丧皇仪殿，追册为后。王洙、石全彬务以非礼导帝意，执中随辄奉行，至以洙为员外翰林学士，全彬领观察使，给留后奉。久之，嬖妾笞小婢出外舍死，御史赵抃列八事奏劾执中，欧阳修亦言之。至和三年春，旱，谏官范镇言："执中为相，不病而家居。陛下欲弭灾变，宜速退执中以快中外之望。"既而御史中丞孙抃，与其属郭申锡、毋湜、范师道、赵抃请合班论奏，诏令轮日入对。卒罢执中为镇海军节度使、同平章事，判亳州。逾年辞节，改尚书左仆射、观文殿大学士，封英国公，徙河南府，又徙曹州，皆不赴。过都，以疾赐告，就第拜司徒、岐国公致仕。卒，赠太师兼侍中。

执中在中书八年，人莫敢干以私，四方问遗不及门；惟殿前都指挥使郭承祐数至其家，为御史所言，遂诏中书、枢密自今非聚无见宾客。及议谥，礼官韩维曰："执中以公卿子，遭世承平，因缘一言，遂至贵显。天子以后宫之丧，问所以葬祭之礼，执中位上相，不能总率群司考正仪典，知治丧皇仪非嫔御之礼，追册位号于宫闱有嫌，建庙用乐逾祖宗旧制，皆白而行之，此不忠之大者。闺门之内，礼分不明，夫人正室疏薄自绌，庶妾贱人悍逸不制，其治家无足言者。宰相不能秉道率礼，正身齐家，方杜门深居，谢绝宾客，曰：'我无私也，我不党也。'岂不陋哉？谥法：'宠禄光大白荣'，'不勤成名曰灵'。执中出入将相，以一品就第，宠禄光大矣；得位行政，贤士大夫无述焉，不勤成名矣：请谥曰荣灵。"后改谥恭襄，诏谥曰恭。帝篆其墓碑曰"褒忠之碑"。

子世儒，官至国子博士，妻李与群婢杀世儒所生母，世儒与谋，皆弃市。

刘沆，字冲之，吉州永新人。祖景洪。始，杨行密得江西，简将彭玕据州自称太守，属景洪以兵，欲胁众附湖南，景洪伪许之。复以州归行密，退居不仕。及徐温建国，以礼聘之，不起，官其子煦为殿直都虞候。父素，不仕，以财雄里中，喜宾客。景洪尝告人曰："我不从彭玕，几活万人，后世当有隆者。"因名所居北山曰后隆山。山有牛僧孺读书堂，即故基筑台曰聪明台。沆母梦衣冠丈夫曰牛相公来，已而有娠，乃生沆。

及长，倜傥任气。举进士不中，自称"退士"，不复出，父力勉之。天圣八年，始擢进士第二，为大理评事、通判舒州。有大狱历岁不决，沆数日决之。章献太后建资圣浮图，内侍张怀信挟诏命，督役严峻，州将至移疾不敢出，沆奏罢怀信。再迁太常丞、直集贤院，出知衡州。大姓尹氏欺邻翁老子幼，欲窃取其田，乃伪作卖券，乃邻翁死，遂夺而有之。其子诉于州县，二十年不得直，沆至，复诉之。尹氏持积岁税钞为验，沆曰："若田千顷，岁输岂特此耶？尔始为券时，尝如敕问邻乎？其人固多在，可讯也。"尹氏遂伏罪。迁太常博士，历三司度支、户部判官、同修起居注，擢右正言、知制诰、判吏部流内铨。奉使契丹，馆伴杜防强沆以酒，沆沾醉拂袖起，因骂之。坐是出知潭州。又降知和州，改右谏议大夫、知江州。

时湖南蛮徭数出寇，至杀官吏。以沆为龙图阁直学士、知潭州兼安抚使，许便宜从事。沆大发兵至桂阳，招降二千余人，使散居所部，而蛮酋降者皆奉命以官。又募土兵分捕余党，破桃油平、能家源，斩馘甚众。已而贼复出，杀裨将胡元，坐降知鄂州，徙京南，迁给事中，徙洪州。还，知审刑院，除知永兴军。顷之，以龙图阁学士权知开封府，数发隐伏。祀明堂，迁尚书工部侍郎，逾年，拜参知政事。

初，沆在府，有张彦方者，客越国夫人曹氏家，受富民金，为伪告敕。既败系狱，沆抵彦方死，辞不及曹氏。曹氏，张贵妃母也。沆既用，谏官、御史皆谓沆于彦方独不尽，疑以此进，争论之，帝不听。贵妃薨，追册皇后，沆为监护使。数月，拜同中书门下平章事、集贤殿大学士，改园陵使。御史中丞孙抃、御史范师道毋湜言，宰相不当为赠后典葬，不报。既葬，赐后阁中金器数百两，力辞，而请其子瑾试学士院,遂帖职。

时中书可否多用例,人或援例以讼,而法有不行。沆进言三弊曰:"近臣保荐辟请,动逾数十,皆浮薄权豪之流交相荐举。有司以之贸易,而遂使省、府、台、阁华资要职,路分、监司边防寄任,授非公选,多出私门。又职掌吏人迁补有常,而或减选出官、超资换职、堂除便家、先次差遣之类。此近臣保荐之弊一也。审官、吏部铨、三班当入川、广,乃求近地,当入近地,又求在京,及堂除升陟省府、馆职、检讨之类。此近臣陈丐亲属之弊二也。其叙钱谷管库之劳、捕贼昭雪之赏,常格虽存,侥幸犹甚。以法则轻,以例则厚,执政者不能持法,多以例与之。此叙劳干进之弊三也。愿诏中书、枢密,凡三事毋用例,余听如旧。"事既施行,而众颇不悦,寻如旧。

文彦博、富弼复入为相。彦博为昭文馆大学士,弼监修国史,沆迁兵部侍郎,位在弼下。论者以为非故事,由学士杨察之误,乃帖麻改沆监修国史,弼为集贤殿大学士。沆既疾言事官,因言:"自庆历后,台谏官用事,朝廷命令之出,事无当否悉论之,必胜而后已,专务抉人阴私莫辨之事,以中伤士大夫。执政畏其言,进擢尤速。"沆遂举行御史迁次之格,满二岁者与知州。御史范师道、赵抃岁满求补郡,沆引格出之,中丞张昪等言沆挟私出御史。时枢密使狄青亦因御史言,罢知陈州。沆奏曰:"御史去陛下将相,削陛下爪牙,此曹所谋,臣莫测也。"昪等益论辨不已,罢沆为观文殿大学士、工部尚书、知应天府。迁刑部尚书,徙陈州。

沆长于吏事,性豪率,少仪矩。然任数,善刺探权近过失,阴持之以轩轾取事,论者以此少之。卒,赠左仆射兼侍中。知制诰张环草词诋沆,其家不敢请谥。帝为篆墓碑曰"思贤之碑"。子瑾,尝为天章阁待制,坐法免,后以功复职。

冯拯,字道济。父俊,事汉湘阴公刘赟。赟死,俊与从行千余人系侍卫狱。周太祖赦出之,授检校太子宾客,戍安远军驭马镇。辞不行,因徙居河阳。

拯以书生谒赵普，普奇其状，曰："子富贵寿考，宜不下我。"举进士，补大理评事、通判峡州，权知泽州，徙坊州，迁太常丞。江南旱，命驰传振贷贫乏，察官吏能否，还奏称旨。权知石州，擢右正言，岁余代归。出使河北，与转运使樊知古计边储。还判三司户部理欠凭由司，为度支判官。

淳化中，有上封请立皇太子者，拯与尹黄裳、王世则、洪湛，伏阁请立许王元僖。太宗怒，悉贬岭外。拯知端州，既至，上言请遣使括诸路隐丁、更制版籍及议盐法通商，凡十余事。太宗欲召还参知政事，寇准素不悦拯，乃徙知鼎州，改通判广州。郊祀毕，覃恩，拯与通判彭惟节皆迁尚书员外郎，惟节以太常博士为屯田员外，而拯以左正言为虞部员外。拯书名旧在惟节上，及奏事如故，准切责之。拯上书言准阿意不平，准坐此罢。

拯以母丧请内徙，命知江州。真宗即位，进比部员外郎。御史中丞李惟清表为推直官，判三司度支勾院，迁驾部。咸平初，坐试开封进士赋涉讥讪，下拯御史台，未几释之。

明年，兼侍御史知杂事。时西北用兵，王超、傅潜将兵出定、瀛间，观望玩寇，拯极论之，不报。超等果逗挠覆军。命拯按傅狱，抵潜罪，窜流之。擢祠部郎中、枢密直学士，权判吏部流内铨。以审官以及铨法未备，请凡荫补京官，试读一经，书家状通习为中格，始得仕。同勾当三班院。向敏中宣抚河北、河东，拯及陈尧叟为副，宴饯长春殿。

明年，以右谏议大夫同知枢密院事。帝欲修绥州，谋诸辅臣，拯与宰相向敏中等皆曰便。宰相吕蒙正、参知政事王旦、王钦若皆曰宜弃勿修。帝遣洪湛驰驿往视，还，上七利二害，卒修完之。时上封者言："三司多滞务，州郡禀疑事，吏民诉理冤狱，依违不决者辄数岁，水旱或由于此。"诏拯选干强吏同三司使裁冗事、督举稽留，遂与判度支勾院孙冕省帐牍二十一万五千本，并废冗官十五员。

迁尚书工部侍郎、签书枢密院事。赐手札访边事，拯谓："备边之要，不扼险以制敌之冲，未易胜也。若于保州、威虏间，依徐、鲍河为阵，其形势可取胜矣。前岁王显违诏不趋要地，契丹初压境，王师未行，而契丹骑已入钞，赖霖雨乃遁去。比王超奏敌已去，而东路奏敌方来，既聚军中山以救望都，而兵困粮匮，将臣陷残几尽，超等仅以身免。今防秋，宜于唐河增屯兵至六万，控定武之北为大阵，邢州置都总管为中阵，天雄军置钤辖为后阵，罢莫州、狼山两路兵。"从之。

景德中，为参知政事，再迁兵部侍郎。摄事享太庙，有司供帐幔，守奉人宿庙室前，喧嚣不肃，拯以闻。诏专为庙享制帘幕什器，藏宗正寺，禁吏卒登庙阶。

王济上编敕，帝以其烦简不一，语辅臣曰："显德敕尤烦，盖世宗严急，出于一时之意，臣下莫敢言其失也。"王旦进曰："诏敕宜简，近亦伤于烦。"拯对曰："开宝间，除诸州通判敕，刑狱、钱谷悉条列约束，今则略。"时契丹始盟，拯言边方骚动，武臣幸之以为利。帝曰："朝廷以信为守，然戒备不可废也。此外，当静治以安吾民尔。尔其奉承之。"

大中祥符初，严贡举糊名法。拯与王旦论选举帝前，拯请兼考策论，不专以诗赋为进退。帝曰："可以观才识者，文论也。"拯论事多合帝意如此。封泰山，为仪仗使。礼成，进尚书左丞。以疾在告，数请罢，帝以手诏谕旨，又命宰相王旦就第劝拯起视事。

从祀汾阴，为仪仗使，迁工部尚书。复以疾求罢，拜刑部尚书、知河南府，听以府事委官属。七年，除御史中丞，又以疾辞，除户部尚书、知陈州。真宗尝谓王旦曰："拯固求闲郡，何邪？"旦对曰："马知节尝讥拯好富贵，所欲节度使尔。拯恐为知节所量，不敢请大藩，殆为此也。"再知河南府，迁兵部尚书，入判尚书都省，以吏部尚书、检校太傅、同中书门下平章事充枢密使。其冬，拜右仆射兼中书侍郎、太子少傅、同平章事、集贤殿大学士，进左仆射。

乾兴元年，进封魏国公，迁司空兼侍中。辅臣会食资善堂，召议事，丁谓独不预。谓知得罪，颇哀请。钱惟演遽曰："当致力，无大忧也。"拯熟视惟演，惟演踧踖。及对承明殿，太后怒甚，语欲诛谓。拯进曰："谓固有罪,然帝新即位,及诛大臣,骇天下耳目。谓岂有逆谋哉？第失奏山陵事耳。"太后怒少解。谓既贬,拯代谓为司徒、玉清昭应宫使、昭文馆大学士、监修国史,又为山陵使,奉安真宗御容于西京。寻在病告,帝赐白金五千两,拯叩头称谢。五上表愿罢相,拜武胜军节度使、检校太尉兼侍中、判河南府。即卧内赐告及旌纛,遣内司宾抚问。还奏其家俭陋,被服甚质。太后赐以衾纲锦骑屏。然拯平居自奉侈靡,顾禁中不知也。既卒,赠太师、中书令,谥文懿。

拯气貌严重,宦者传诏至中书,不延坐。工部尚书林特尝第,累日不得通,白以咨事,使诣中书；既至,又遣堂吏谓之曰："公事何不自达朝廷？"卒不见,特大愧而去。钱惟演营入相,拯以太后姻家力言之,遂出惟演河阳。子行己、伸已。

行己字肃之,以父任为右侍禁、泾原路驻泊都监、知宪州,因治状增秩。历右、保、霸、冀、莫五州,所至有能称。

夏人既纳款,疆候播言契丹治兵幽燕,大为战具。议者欲解西备北,行己言："辽、夏为与国。元昊入贡,容怀诡计,幽燕治兵,或为虚声,边鄙之虞,恐不在河朔也。"

皇祐中,知定州,韩琦荐为路钤辖。徙知代州,管干河东缘边安抚事。夏人掠麟州,蕃部且资耕屈野河西田,遇官军逴逻者,辄聚射。诏行己计之。行己言："此奸民无忌惮,非君长过,不宜以细故启大衅,但加戒敕足矣。"

五台山寺调厢兵义勇善葺,为除和籴谷三万,行己谓不可捐岁入之储,以事不急之务。进西上阁门使,四迁客省使,更高阳关、秦凤、定州、大名府路马步总管,以卫州卫御使致仕,预洛阳耆英之集。元祐中,终金州观察使,年八十四。

伸已字齐贤,以荫补右侍禁。累迁西头供奉官,授阁门祗候、桂州兵马都监。转运使俞献可辟知廉州。久之,安化蛮扰边,献可又荐知宜州。

天圣中,改桂、宜、融、柳、象沿边兵马都监,遂专溪峒事。以礼宾使复知宜州。代还,道改供备库使、知邕州。治舍有井,相传不敢饮,饮辄死。伸已日汲自供,终更无恙。旁城数里,有金花木,土俗言花开即瘴起,人不敢近。伸已故以花盛时酺燕其下,亦复无害。明道恭谢,改东染院使、领荣州刺史、梓夔路兵马钤辖,迁洛苑使、知桂州兼广西钤辖。道江陵,会安化蛮独边,官军不利,仁宗遣中人趣伸已讨之。伸已日夜疾驰至宜州,善器甲,募丁壮,转粮饷,由三路以进。伸已临军,单骑出阵,语酋豪曰:“朝廷抚汝甚厚,汝乃自取灭亡耶!今我奉天子命来,汝听吾言则生,不则无噍类矣。”众仰泣罗拜曰:“不图今日再见冯公也。”明日,蛮渠弃兵械率众降军门。

初,部卒以覆将畏匿,伸已曰:“纪律不明,主将也。战士何罪?”请于朝,贷其死。以劳迁西上阁门使、知宜州。乐善蛮寇武阳,伸已遣谕祸福,蛮大悦,悉还所掠。又莫世堪负险强黠,抄劫边户,为疆场患。伸已设伏擒捕,皆置于法。迁果州团练使。在宜二年,徙桂州,改右武卫大将军,守本官分司西京。卒。

始,安化蛮叛,区希范应募击贼。贼平,希范诣阙,自言其功。朝廷下宜州,伸已谓希范无功妄要赏,遂编管全州。其后希范遁归,谋为乱,欲杀伸已,岭外骚然。议者皆罪伸已焉。

贾昌朝,字子明,真定获鹿人。晋史官纬之从曾孙也。

天禧初,真宗尝祈谷南郊,昌朝献颂道左。召试,赐同进士出身,主晋陵簿。赐对便殿,除国子监说书。孙奭判监,独称昌朝讲说有师法。他日书路随、韦处厚传示昌朝曰:“君当以经术进,如二公。”为颍川郡王院伴读。再迁殿中丞,历知宜兴、东明县。奭侍读禁中,老辞,荐昌朝自代。召试中书,寻复国子监说书。上言:“礼,母之讳不出于宫。今章献太后易月制除,犹讳父名,非尊宗庙也。”诏从之。景祐中,置崇政殿说书,以授昌朝。诵说明白,帝多所质问,昌朝请记录以进,赐名《迩英延议记注》,加直集贤院。

太平兴国寺灾。是夕,大雨震雷。朝廷议修复,昌朝上言:

"《易》震之象曰：'洊雷震，君子以恐惧修省。'近年寺观屡灾，此殆天示警告，可勿善治，以示畏天爱人之意。"西域僧献佛骨、铜像，昌朝请加赐遣还，毋以所献示中外。悉行其言。天章阁置侍讲，亦首命昌朝。累迁尚书礼部郎中、史馆修撰。

刘平为元昊所执，边吏诬平降贼，议收其家。昌朝曰："汉族杀李陵，陵不得归，而汉悔之。先帝厚抚王继忠家，终得继忠用。平事未可知，使收其族，虽平在，亦不得还矣。"乃得不收。擢知制诰、权判吏部流内铨兼侍讲。初，铨法，县令奉钱满万二千，乃举令。昌朝曰："法如此，则小县终不得善令。请概举令而与之奉如大县。"

进龙图阁直学士、权知开封府，迁右谏议大夫、权御史中丞兼判国子监。议者欲以金缯啗契丹使攻元昊。昌朝曰："契丹许我有功，则责报无穷矣。"力止之。乃上言曰："太祖初有天下，监唐末五代方镇武臣、土兵牙校之盛，尽收其威权，当时以为万世之利。及太宗时，将帅率多旧人，犹能仗威灵，禀成算，出师御寇，所向有功。近岁恩幸子弟，饰厨传，钓名誉，多非勋劳，坐取武爵，折冲攻守，彼何自而知哉？然边鄙无事，尚得自容。自西羌之叛，士不练习，将不得人，人屡易之将驭不练之士，故战则必败。此削方镇太过之弊也。况亲旧、恩幸，出即为将，素不知兵，一旦付以千万人之命，是驱之死地矣。此用亲旧、恩幸之弊也。今杨崇勋、李昭亮任边鄙，望速选士代之。方镇守臣无数更易，刺史以上，宜慎所授，以待有功。此救弊之一端也。"又上备边六事：

其一曰：驭将帅。自古帝王，以恩威驭将帅，赏罚驭士卒，用命则军政行而战功集。太祖脱裘帽赐王全斌曰："今日居此幄，尚寒不可御，况伐蜀将士乎？此驭之以恩也。曹彬、李汉琼讨江南，太祖召彬至前，立汉琼等于后，授以剑曰："副将以下，不用命者得专戮之。"汉琼等股粟而退。此驭之以威也。太祖虽削武臣之权，然一时赏罚及用财集事，皆听其专，有功则赏，有败则诛。今每命将帅，必先疑贰，非近幸不信，非姻旧不委。今陕西四路，总管而下，钤辖、都监、巡检之属，悉参军政，谋之未成，事已先漏，甲可乙否，上行下戾，主将不专号令，故动则败。请自今命将，去疑贰，推恩惠，务责以大效，得一切便宜从事。偏裨有不听令者，以军法论，此驭将之道也。

其二曰：复土兵。今河北河东强壮、陕西弓箭手之类，土兵遗法也。河北乡军，其废已久。陕西土兵，数为贼破，存者无几。臣以为河北、河东强壮，已召近臣详定法制，每乡为军。其材能绝类者，籍其姓名递补之。陕西蕃落弓箭手，贪召募钱物，利月入粮奉，多就黥涅为营兵。宜优复田畴，使力耕死战，世为边用，可以减屯戍、省供馈矣。内地州县，增置弓手，如乡军之法而阅试之。

其三曰：训营卒。太祖朝，令诸军毋得食肉衣帛，营舍有粥酒肴则逐去，士卒有服缯采者笞责之。异时，被铠甲、冒霜露，战胜攻取，皆此曹也。今营卒骄惰，临敌无勇。旧例三年转员，谓之落权正授，虽未能易此制，即不必一例使为总管、钤辖，择有才勇可任将帅者授之。况今之兵仗制造，殊不适用。宜按八阵、五兵之法，以时教习，使启殿有次序、左右有形势，前却相附，上下相援，令之曰："失一队长，则斩一队。"何虑众不为用乎？

其四曰：制远人。今四夷荡然与中国通，在北则臣契丹，其西则臣元昊，二国合从，有掎角中国之势。借使以岁币羁縻之，臣恐不可胜算。古之备边，西有金城、上郡，北则云中、雁门。今自沧之秦，绵亘数千里，无山河之阻，独恃州县镇戍尔。岁所供赡，又不下数千万，一谷不熟，或至狼狈。契丹近岁兼用燕人治国，建官一同中夏。元昊据河南列郡而行赏罚，此中国患也。宜度西方诸国如沙州、角厮、明珠灭减之族，近北如黑水女真、高丽、新罗之属，旧通中国，募人往使，诱之使归我，则势分而衅生，体解而瓦裂矣。

其五曰：绥蕃部。属户者，边垂之屏翰也。延有金明，府有丰州，皆戎人内附之地。朝廷恩威不立，强敌迫之，塞上诸州，藐焉孤垒,蕃部既坏,土兵亦衰,破敌之日,未可期也。臣请陕西缘边诸路,守臣皆带"安抚蕃部"之名,择其族大有劳者为酋帅,如河东折氏之比,庶可为吾藩篱之固也。

其六曰:谨觇候。古者守封疆,出师旅,居则有行人之觇国,战则有前茅之虑无,其谨如此。太祖命李汉超镇关南,马仁瑀守瀛州,韩令坤镇常山,贺惟忠守易州,何继筠领棣州,郭进控山西,武守琪戍晋阳,李谦溥守庆州,董遵海屯环州,王彦升守原州,冯继业镇灵武。管榷之利,悉输之军中,听其贸易,而免其征税。边臣富于财,得以为间谍,羌夷情状,无不预知。二十年间,无外顾之忧。今日西鄙任边事者,敌之情状与山川、道路险易之势,绝不通晓。使蹈不测之渊,入万死之地,肝脑涂地,狼狈相藉,何以破敌制胜耶?愿监艺祖任将帅之制,边城财用悉以委之。募敢勇之士为爪牙,临阵自卫,无杀将之辱;募死力为觇候,而望敌知来,无陷兵之耻。

书奏,多施行之。

昌朝请度经费,罢不急。诏与三司合议,岁所省缗钱百万。又言:"朝臣七十,筋力衰者,宜依典故致仕,有功状可留者勿拘。"因疏耄昏不任事者八人,令致仕。庆历三年,拜参知政事。上言:"用兵以来,天下民力颇困。请诏诸路转运使,毋得承例折变科率,须科折者,悉听奏裁。虽奉旨及三司文移,于民不便者,亦以上闻。"

以工部侍郎充枢密使,寻拜同中书门下平章事、集贤殿大学士,仍兼枢密使。居两月,拜昭文馆大学士,监修国史。元昊归石元孙,议赐死。昌朝独曰:"自古将帅被执,归者多不死。"元孙由是得免。诏有司议升祔奉慈庙三后,有司论不一。昌朝曰:"章献母仪天下,章懿诞育圣躬,宜如祥符升祔元德皇后故事。章惠于陛下有慈保之恩,当别享奉慈庙如故。"乃奉二后神主,升祔真宗庙。密诏迁中外官一等,优赐诸军,昌朝与同列力疏,乃止。又诏迁二府官,益固辞。元昊既款附,请宰相罢兼枢密使。

六年,日食。帝谓昌朝等曰:"谪见于天,愿归罪朕躬。卿宜究民疾苦，思所以利安之。"昌朝对曰："陛下此言，足以弭天变，臣敢不夙夜孜孜以奉陛下。"帝又曰："人主惧天而修德，犹人臣畏法而自新也。"昌朝因顿首谢。明年春，旱。帝避正寝，减膳。昌朝引汉灾异册免三公故事，上表乞罢。

参知政事吴育，数与昌朝争议上前，论者多不直昌朝。有向绥者知永静军。疑通判谮己，诬以事，迫令自杀。高若讷知审刑院，附昌朝议，欲从轻坐。吴育力争，绥卒减死一等。未几，若讷为御史中丞，言大臣廷争不肃，故雨不时若，遂罢育，而除昌朝武胜军节度使、检校太傅、同中书门下平章事、判大名府兼北京留守司、河北安抚使。帝赐银饰肩舆。寻以讨贝州贼有功，移山南东道节度使。杨偕言贼发昌朝部中，不当赏。弗从。

契丹聚亡卒勇伉者，号"投来南军"。边法，卒亡自归者死。昌朝除其法，归者辄迁补，于是来者稍众，因廉知契丹事。契丹遂拒亡卒，黜南军不用。边人以地外质，契丹故稍侵边界。昌朝为立法，质地而主不时赎，人得赎而有之，岁余，地悉复。

三司使叶清臣移用河北库钱，昌朝格诏不与，清臣论列不已，遂出清臣河阳，徙昌朝判郑州。过阙入觐，留为祥源观使，拜尚书右仆射、观文殿大学士、判尚书都省，朝会班中书门下，视其仪物。岁中求外，复除山南东道节度使、右仆射、检校太师兼侍中、判郑州。固辞仆射、侍中，改同中书门下平章事。赐中谢，自昌朝始也。

母丧去位。服除，判许州。召对迩英阁，帝问《乾卦》，昌朝上奏曰："《乾》之上九称：'亢龙有悔。'悔者，凶灾之萌，爻在亢极，必有凶灾。不言凶而言悔者，以悔有可凶可吉之义，修德则免悔而获吉矣。'用九，见群龙无首，吉'。圣人用刚健之德，乃可决万机。天下久盛，柔不可以济，然亢而过刚又不能久。独圣人外以刚健决事，内以谦恭应物，不敢自矜为天下首，乃吉也。"手诏优答。又言："汉、唐都雍，置三辅内翼京师，朝廷都汴，而近京诸郡皆属他道，制度不称王畿。请析京东之曹州，京西之陈、许、滑、郑，皆隶开封府，以四十二县为京畿。"帝纳之。将行，命讲读官饯于资善堂。复判大名府兼河北安抚使。时河决商胡，昌朝请复故道，不从。语在《河渠志》。六塔功败，滨、棣、德、博民多水死，昌朝振救之甚力。内侍刘恢往视还，言河决赵征村，与帝名嫌为不祥，时皆谓昌朝使之以摇当国者。嘉祐元年，进封许国公，又兼侍中，寻以同中书门下平章事为枢密使。

三年，宰相文彦博请罢。谏官、御史恐昌朝代彦博，乃相与言昌朝建大第，别创客位以待宦官，宦官有矫制者，枢密院释不治。遂以镇安军节度使、右仆射、检校太师、侍中兼充景灵宫使，出判许州。又以保平军节度、陕州大都督府长史移大名府兼安抚使。英宗即位，徙凤翔节度使，加左仆射、凤翔尹，进封魏国公。治平元年，以侍中守许州，力辞弗许。明年，以疾留京，乃以左仆射、观文殿大学士，判尚书都省。卒，年六十八，谥曰文元。御书墓碑曰："大儒元老之碑"。所著《群经音辨》，《通纪》，《时令》，《奏议》，文集百二十二卷。

昌朝在侍从，多得名誉。及执政，用不为正人所与，而数有攻其结宦官、宫人者。初，昌朝侍讲时，同王宗道编修资善堂书籍，其实教授内侍，谏官吴育奏罢之。及张方平留唐询，而询谮育，世以为昌朝指也。然言者谓昌朝释宦官矫制，后验问无事实云。

子章，馆阁校勘，早世。青，朝请大夫。弟昌衡。

昌衡，字子平。举进士，为梓州路转运判官。贾人请富顺井盐，吏视贿多寡为先后，昌衡一随月日给之。泸州边夷蛮，故时守以武吏，昌衡请由东铨调选。蛮驱马来市，官第其良驽为二等，上者送秦州，下者辄轻估直而抑买，昌衡请严禁之。徙提點淮南刑狱、广东转运使，徙两浙路。

熙宁更法度，核吏治昌衡数以利害闻。神宗奖其论奏忠益。召为户部副使、提举市易司，课羡，增秩右谏议大夫，加集贤殿修撰、知河南府，历陈、郓、应天府、邓州。以正议大夫致仕，卒。从子炎。

炎，字长卿，以昌朝荫，更历管库，积迁至工部侍郎。政和中，以显谟阁待制知应天府。徙郓州、永兴。初，陕西行铁钱久，币益轻。蔡京设法尽敛之，更铸夹锡钱，币稍重。京去相，转运使李谌、陈敦复见所敛已多，遽请罢铸。铁钱既复行，其轻加初，自关以西皆罢市，民不聊生。炎独一切弛禁，听从其便。其后，宣徽使童贯又以两者重轻相形，遂尽废夹锡不得用，民益以为苦。炎徙知延安，因表言："钱法屡变，人心愈惑。今人以为利者，臣见其害；以为是者，臣见其非。中产之家，不过畜夹锡钱一二万，既弃不用，则惟有守钱而死耳。边甿生理萧条，官又一再变法，鄜延去敌迫近，民殊不安。民不安则边不可守，愿得内郡以养母。"乃命为颍州，未行，复留。又与贯制疆事不合，贯沮之，改河阳，又改邓州。加直学士、知永兴。入对，留为工部侍郎。贯签书枢密院河西、北两房，侍从邀炎俱往贺，炎曰："故事无签书两房者，彼非执政，何贺为？"会以疾卒，年五十八。赠银青光禄大夫。

昌朝伯祖父琰。琰，字季华，晋中书舍人、给事中伟之子也。以荫授临淄、雍丘主簿，历通判澧州。太宗尹京，奏以为开封府推官，加左赞善大夫。及即位，超拜左正议大夫、枢密直学士。未几，擢三司副使。太平兴国二年，卒。

琰，风神峻整，有吏干，佐太宗居幕府凡五年，勤于所职。昆弟五人，琰最幼，及琰历官而诸兄相继死。琰拊循孤幼，聚族凡百口，分给衣食，庭无间言，士大夫以此称之。

琰子湜、汾。湜至军器库使。交阯黎桓之篡丁璿也，朝廷以孙全兴将兵讨焉。湜与王僎同掌军事，黎桓伪降，全兴信之，军遂北，湜、僎并坐失律诛。汾至殿中丞。湜子昌符，赐同学究出身。汾子昌龄，第进士，为屯田员外郎。

梁适，字仲贤，东平人。翰林学士颢之子也。少孤，尝辑父遗文及所自著以进，真宗曰："梁颢有子矣。"授秘书省正字。为开封工曹，知昆山县。徙梧州，奏罢南汉时民间折税。更举进士，知淮阳军，又奏减京东预买绸百三十万。论景祐赦书不当录朱梁后，仁宗记其名,寻召为审刑详议官。

梓州妖人白彦欢依鬼神以诅杀人,狱具,以无伤谳。适驳曰:
"杀人以刃或可拒,而诅可拒乎?是甚于刃也。"卒论死。有鸟似鹤
集端门,稍下及庭中,大臣或倡以为瑞,适曰:"此野鸟入宫庭耳,何
瑞之云?"

尝与同院燕肃奏何次公案,帝顾曰:"次公似是汉时人字。"肃
不能对,适进曰:"盖宽饶、黄霸皆字次公。"帝悦,因询适家世,益器
之。他日宰相拟适提点刑狱,帝曰:"姑留之,俟谏官有阙,可用也。"
遂拜右正言。

林禹由中旨侍讲天章阁,适疏其过。又言:"夏守赟为将无功,
不宜复典宥密。"会妇党任中师执政,以嫌改直史馆,修起居注。奉
使陕西,与范仲淹条边机十余事。进知制诰、权发遣开封府。岁余
出知兖州。莱芜冶铁为民病,当役者率破产以偿,适募人为之,自是
民不忧冶户,而铁岁溢。再迁枢密直学士、知延州。告归治葬,过京
师,得入见,自言前为朋党挤逐,留为翰林学士,御史交劾之,以侍
读学士知潭州,徙秦州。入知审刑院,擢枢密副使。

张尧佐一日除四使,言者争之力,帝颇怒。适曰:"台谏论事,职
耳。尧佐恩实过,恐非所以全之。"遂夺二使。侬智高入寇,移嫚书
求邕、桂节度,帝将受其降。适曰:"若尔,岭外非朝廷有矣。"乃遣狄
青讨之。贼平,帝曰:"向非适言,南方安危,未可知也。"迁参知政
事。契丹欲易国书称南北朝,适曰:"宋之为宋,受之于天,不可改
也。契丹亦其国名,自古岂有无名之国哉。"遂止。进同中书门下平
章事、集贤殿大学士。大珰王守忠求为节度使,适持不可;张贵妃治
丧皇仪殿,又以为不可。将以适为园陵使,适言国朝以来无此制。由
是,浸与陈执中不合。

适晓畅法令,临事有胆力,而多挟智数,不为清议所许。御史马
遵、吴中复极论其贪默怙权,罢知郑州。京师茶贾负公钱四十万缗,
盐铁判官李虞卿案之急。贾惧,与吏为市,内交于适子弟,适出虞卿
提点陕西刑狱。及罢,帝即还虞卿三司。复加观文殿大学士、知秦

州。古渭初建砦，间为属羌所钞，益兵拒守，羌复惊疑。适具牛酒，召谕其种人，且罢所益兵，羌不为患。徙永兴军。夏人盗耕屈野河西田累年，朝廷欲正封，以适为定国军节度使、知并州，至则悉复侵地六百里。还，知河阳，领忠武、昭德二镇、检校太师，复为观文殿大学士，以太子太保致仕，进太傅。熙宁三年，卒，年七十。赠司空兼侍中，谥曰庄肃。

孙子美，绍圣中，提举湖南常平。时新复役法，子美先诸路成役书，就迁提点刑狱。建中靖国初，除尚书郎中，中书舍人邹浩封还之，改京西转运副使。谏议大夫陈次升又言："子美缘章惇姻家，连使湖外，承迎其旨意，一时逐臣在封部者，多被其虐，不宜使在近畿。"及徙成都路，累迁直龙图阁、河北都转运使，倾漕计以奉上，至捐缗钱三百万市北珠以进。崇宁间，诸路漕臣进羡余，自子美始。北珠出女真，子美市于契丹，契丹嗜其利，虐女真捕海东青以求珠。两国之祸盖基于此，子美用是致位光显。

宣和四年，以疾罢为开府仪同三司、提举嵩山崇福宫。卒，赠少保。子美为郡，纵侈残虐；然有干才，所至办治云。

论曰：此五人者，皆以文吏为宰相。执中建储一言，适契上意，不然，何超迁之骤也。然与刘沆皆寡学少文，希世用事。冯拯议论多迎合主意，昌朝明经术而尚阿私，梁适晓法令而挟智术，斯君子所不与也。若执中不受私谒，沆临事强果，拯从容一言免谓于诛死，此又足称者焉。

宋史卷二八六
列传第四五

鲁宗道　薛奎　王曙 子益柔
蔡齐 从子延庆

　　鲁宗道字贯之，亳州谯人。少孤，鞠于外家，诸舅皆武人，颇易宗道，宗道益自奋厉读书。袖所著文谒戚纶，纶器重之。

　　举进士，为濠州定远尉，再调海盐令。县东南旧有港，导海水至邑下，岁久埋塞，宗道发乡丁疏治之，人号"鲁公浦"。改歙州军事判官，再迁秘书丞。陈尧叟辟通判河阳。

　　天禧元年，始诏两省置谏官六员，考所言为殿最，首擢宗道与刘烨为右正言。谏章由阁门始得进而不赐对，宗道请面论事而上奏通进司，遂为故事。尝言："守宰去民近，而无以区别能否。今除一守令，虽资材低下，而考任应格，则左司无摈斥，故天下亲民者黩货害政，十常二三，欲裕民而美化，不可得矣。汉宣帝除刺史守相，必亲见而考察之。今守佐虽未暇亲见，宜令大臣延之中书，询考以言，察其应对，设之以事，观其施为才不肖，皆得进退之。吏部之择县令放此，庶得良守宰宣助圣化矣。"真宗纳之。

　　宗道风闻，多所论列，帝意颇厌其数。后因对，自讼曰："陛下用臣，岂欲徒事纳谏之虚名邪？臣窃耻尸禄，请得罢去。"帝抚谕良久。他日书殿壁曰"鲁直"，盖思念之也。寻除户部员外郎兼右谕德。逾年，迁左谕德、直龙图阁。

　　仁宗即位，迁户部郎中、龙图阁直学士兼侍讲、判吏部流内铨。

宗道在选调久，患铨格烦密，及知吏所以为奸状，多厘正之，悉揭科条庑下，人便之。雷允恭擅易山陵，诏与吕夷简等按视。还，拜右谏议大夫、参知政事。

章献太后临朝，问宗道曰："唐武后何如主？"对曰："唐之罪人也，几危社稷。"后默然。时有请立刘氏七庙者，太后问辅臣，众不敢对。宗道不可，曰："若立刘氏七庙，如嗣君何？"帝、太后将同幸慈孝寺，欲以大安辇先帝行，宗道曰："夫死从子，妇人之道也。"太后遽命辇后乘舆。

时执政多任子于馆阁读书，宗道曰："馆阁育天下英才，岂纨绔子弟得以恩泽处邪？"枢密使曹利用恃权骄横，宗道屡於帝前折之。自贵戚用事者皆惮之，目为"鱼头参政"，因其姓，且言骨鲠如鱼头也。再迁尚书礼部侍郎、祥源观使。在政府七年，务抑侥幸，不以名器私人。疾剧，帝临问，赐白金三千两。既卒，皇太后临奠之，赠兵部尚书。

宗道为人刚正，疾恶少容。遇事敢言，不为小谨。为谕德时，居近酒肆，尝微行就饮肆中，偶真宗亟召，使者及门久之，宗道方自酒肆来。使者先入，约曰："即上怪公来迟，何以为对？"宗道曰："第以实言之。"使者曰："然则公当得罪。"曰："饮酒，人之常情；欺君，臣子之大罪也。"真宗果问，使者具以宗道所言对。帝诘之，宗道谢曰："有故人自乡里来，臣家贫无杯盘，故就酒家饮。"帝以为忠实可大用，尝以语太后，太后临朝，遂大用之。初，太常议谥曰刚简，复改为肃简。议者以为"肃"不若"刚"为得其实云。

薛奎字宿艺，绛州正平人。父化光，善数术，尝以平晋策干太宗行在，召见不用，罢归。适奎始生，抚其首曰："是子必至公辅。"

奎举进士，为州第一，乃推与里人王严，而处严下。进士及第，为隰州军事推官。州民常聚博僧舍，一日，盗杀寺奴取财去，博者适至，血偶涴衣，逻卒捕送州，考讯诬伏。奎独疑之，白州缓其狱，后果得杀人者。

徙仪州推官,尝部丁夫运粮至盐州,会久雨,粟麦渍腐,奎白转运卢之翰,请纵民还州而偿所失。之翰怒,欲劾奏之。奎徐曰:"用兵久,人疲转饷,今幸兵食有余,安用此陈腐以困民哉!"之翰意解,凡民所失,悉奏除之。

改大理寺丞、知莆田县。请蠲南闽时税咸鱼、蒲草钱。

迁殿中丞、知长水县,徙知兴州。州有钱监,岁调兵三百人采铁,而岁入不偿费。奎奏听民自采,而所输辄倍之。

迁太常博士。向敏中荐为殿中侍御史,出为陕西转运使。赵德明言延州蕃落侵其地黑林平,下诏按验。奎阅郡籍,德明尝假道黑林平,移文录示之,德明遂伏。未几,坐失举免。数月,起通判陕州,改尚书户部员外郎、淮南转运副使,迁江、淮制置发运使。疏漕河、废三堰以便饷运,进度支员外郎。父丧,夺哀,擢三司户部副使。与使李士衡争论事,改户部郎中、直昭文馆、知延州。

赵元昊每遣吏至京师请奉予,吏因市禁物,隐关算为奸利,奎廉得状,请留蜀道缣帛于关中,转致给之。迁吏部,擢龙图阁待制、权知开封府。为政严敏,击断无所贷,帝益加重。使契丹,还,迁右谏议大夫、权御史中丞。上疏论择人、求治、崇节俭、屏声色,凡十数事。

章献太后称制,契丹使萧从顺请见太后,且言南使至契丹者皆见太后,而契丹使来乃不得见。奎时馆伴,折之曰:"皇太后垂帘听政,虽本朝群臣,亦未尝见也。"从顺乃已。

或谗云奎漏禁中语,改授集贤院学士、知并州,改秦州。州宿重兵,经费常不足,奎务为俭约,教民水耕,谨商算。岁中积粟三百万,征算余三千万,核民隐田数千顷,得刍粟十余万。加枢密直学士、知益州。秦民与夷落数千人列奎治状,请留,玺书褒谕,不许。

成都民妇讼其子不孝,诘之,乃曰:"贫无以为养。"奎出俸钱与之,戒曰:"若复失养,吾不贷汝矣!"其母子遂如初。尝夜燕,有戍卒杀人,人皆奔走,奎密遣捕杀之,坐客莫有知者。临事持重明决,多此类也。

召为龙图阁学士，权三司使，遂参知政事。帝谕曰："先帝尝以为卿可任，今用卿，先帝意也。"俄迁给事中。帝尝谓辅臣曰："臣事君鲜有克终者。"奎曰："保终之道，匪独臣下然也。"历数唐开元、天宝时事以对，帝然之。迁尚书礼部侍郎。

太后谒太庙，欲被服天子衮冕，奎曰："必御此，若何为拜？"力陈其不可，终不见听。及太后崩，帝见左右泣曰："太后疾不能言，犹数引其衣若有所属，何也？"奎曰："其在衮冕也。服之岂可见先帝于地下！"帝悟，卒以后服敛。因上言请逐内侍罗崇勋等。时二府大臣多罢去，奎得喘疾，数辞位，罢为户部侍郎、资政殿学士、判尚书都省。帝手书禁方赐之，小间，入见。疾寻作，卒，赠兵部尚书，谥简肃。

奎性刚不苟合，遇事敢言。真宗时数宴大臣，至有沾醉者。奎谏曰："陛下即位之初，励精万几而简宴幸。今天下诚无事，而宴乐无度，大臣数被酒无威仪，非所以重朝廷也。"真宗善其言。及参政事，谋议无所避。能知人，范仲淹、庞籍、明镐自为吏部选人，皆以公辅许之。无子，以从子为嗣。

王曙字晦叔，隋东皋子绩之后。世居河汾，后为河南人。中进士第，再调定国军节度推官。咸平中，举贤良方正科，策入等，迁秘书省著作佐郎、知定海县。还，为群牧判官，考集古今马政，为《群牧故事》六卷，上之。

迁太常丞、判三司凭由理欠司。坐举进士失实，降监庐州茶税，再迁尚书工部员外郎、龙图阁待制。以右谏议大夫为河北转运使，坐部吏受赇，降知寿州。徙淮南转运使，勾当三班院，权知开封府。

以枢密直学士知益州。绳盗以峻法，多致之死。有卒夜告其军将乱，立辨其伪，斩之。蜀人比之张咏，号"前张后王"。入为给事中。仁宗为皇太子，与李迪同选兼宾客，复坐贡举失实，黜官。复为给事中兼群牧使。其妻寇准女也。准罢相且贬，曙亦降知汝州。准再贬，曙亦贬郢州团练副使。起为光禄卿、知襄州，又徙汝州。复给事中、知潞州。州有杀人者，狱已具，曙独疑之。既而提点刑狱杜衍至，事果辨。曙为作《辨狱记》以戒官吏。

徙河南府、永兴军,召为御史中丞兼理检使,理检置使自此始。玉清昭应宫灾,系守卫者御史狱。曙恐朝廷议修复,上言:"昔鲁桓、僖宫灾,孔子以为桓、僖亲尽当毁者也。辽东高庙及高园便殿灾,董仲舒以为高庙不当居陵旁,故灾。魏崇华殿灾,高堂隆以台榭宫室为戒,宜罢之勿治,文帝不听,明年,复灾。今所建宫非应经义,灾变之来若有警者。愿除其地,罢诸祷祠,以应天变。"仁宗与太后感悟,遂减守卫者罪。已而诏以不复缮修谕天下。

又请三品以上立家庙,复唐旧制。以尚书工部侍郎参知政事。以疾请罢,改户部侍郎、资政殿学士、知陕州,徙河阳。再知河南府,迁吏部。召为枢密使,拜同中书门下平章事。逾月,首发疽卒。赠太保、中书令,谥文康。

曙方严简重,有大臣体,居官深自抑损。喜浮图法,斋居蔬食,泊如也。初,钱惟演留守西京,欧阳修、尹洙为官属。修等颇游宴,曙后至,尝厉色戒修等曰:"诸君纵酒过度,独不知寇莱公晚年之祸邪!"修起对曰:"以修闻之,莱公正坐老而不知止尔!"曙默然,终不怒。及为枢密使,首荐修等,置之馆阁。有集四十卷,《周书音训》十二卷,《唐书备问》三卷,《庄子旨归》三篇,《列子旨归》一篇,《载斗奉使录》二卷,集《两汉诏议》四十卷。

子益恭、益柔。益恭字达夫,以荫为卫尉寺丞。性恬淡,慕唐王龟之为人,数解官就养。曙参知政事,治第西京,益恭劝曙引年谢事,曙不果去。终父丧,遂以尚书司门员外郎致仕,间与浮图、隐者出游,洛阳名园山水,无不至也。以子登朝,累迁司农少卿,卒。

益柔字胜之。为人伉直尚气,喜论天下事。用荫至殿中丞。元昊叛,上备边选将之策。杜衍、丁度宣抚河东,益柔寓书言:河外兵饷无法,非易帅臣、转运使不可。因条其可任者。衍、度使还,以学术政事荐,知介丘县。庆历更用执政,异意者指为朋党,仁宗下诏戒敕,益柔上书论辨,言尤切直。

尹洙与刘沪争城水洛事，自泾原贬庆州。益柔讼之曰："水洛一障耳，不足以拒贼。沪裨将，洙为将军，以天子命呼之不至，戮之不为过；顾不敢专执之以听命，是洙不伸将军之职而上尊朝廷，未见其有罪也。"不听。

范仲淹未识面，以馆阁荐之，除集贤校理。预苏舜钦奏邸会，醉作《傲歌》。时诸人欲遂倾正党，宰相章得象、晏殊不可否，参政贾昌朝阴主之，张方平、宋祁、王拱辰攻排不遗力，至列状言益柔罪当诛。韩琦为帝言："益柔狂语何足深计。方平等皆陛下近臣，今西陲用兵，大事何限，一不为陛下论列，而同状攻一王益柔，此其意可见矣。"帝感悟，但黜监复州酒。久之，为开封府推官、盐铁判官。凡中旨所需不应法式，有司迎合以求进者，悉论之不置。

出为两浙、京东西转运使。上言："今考课法区别长吏能否，必明有显状显状，必取其更置兴作大利。夫小政小善，积而不已，然后能成其大。取其大而遗其细，将竞利图功，恐事之不举者日多，而虚名无实之风日起。愿参之唐四善，兼取行实，列为三等。"不行。

熙宁元年，入判度支审院。诏百官转对，益柔言："人君之难，莫大于辨邪正；邪正之辨，莫大于置相。相之忠邪，百官之贤否也。若唐高宗之李义甫，明皇之李林甫，德宗之卢杞，宪宗之皇甫镈，帝王之鉴也。高宗、德宗之昏蒙，固无足论；明皇、宪宗之聪明，乃蔽于二人如此。以二人之庸，犹足以致祸，况诵六艺，挟才智以文致其奸说者哉！"意盖指王安石也。

判吏部流内铨。旧制，选人当改京官，满十人乃引见。由是士多困滞，且遇举者有故，辄不用。益柔请才二人即引见，众论翕然称之。直舍人院、知制诰兼直学士院。董毡遇明堂恩，中书熟状加光禄大夫，而旧阶已特进，益柔以闻。帝谓中书曰："非翰林，几何不为羌夷所笑。"宰相怒其不申堂，用他事罢其兼直。迁龙图阁直学士、秘书监，知蔡、扬、亳州、江宁、应天府。卒，七十二。

益柔少力学，通群书，为文日数千言。尹洙见之曰："赡而不流，制而不窘，语淳而厉，气壮而长，未可量也。"时方以诗赋取士，益柔去不为。范仲淹荐试馆职，以其不善词赋，乞试以策论，特听之。司马光尝语人曰："自吾为《资治通鉴》，人多欲求观读，未终一纸，已欠伸思睡。能阅之终篇者，惟王胜之耳。"其好学类此。

蔡齐字子思，其先洛阳人也。曾祖绾，为莱州胶水令，因家焉。齐少孤，依外家刘氏。举进士第一。仪状俊伟，举止端重，真宗见之，顾宰相寇准曰："得人矣。"诏金吾给七驺，传呼以宠之。状元给驺，自齐始也。除将作监丞、通判兖州，徙维州。以秘书省著作郎直集贤院。

仁宗初，为司谏、修起居注，改尚书礼部员外郎兼侍御史知杂事。钱惟演守河阳，请曲赐镇兵钱，章献太后将许之。齐曰："上新即位，惟演外戚，请偏赏以示私恩，不可许。"遂劾奏惟演。

以起居舍人知制诰，入为翰林学士，加侍读学士。太后大出金帛修景德寺，遣内侍罗崇勋主之，命齐为文记之。崇勋阴使人诱齐曰："趣为记，当得参知政事矣。"齐久之不上，崇勋谗之，罢为龙图阁学士、知河南府。参知政事鲁宗道固争留之，不能得。以亲老，改密州，徙应天府，召为右谏议大夫、御史中丞。

太后崩，遗诰以杨太妃为皇太后，同裁制军国事。阁门趣百官贺，齐使台吏毋追班，乃入白执政曰："上春秋富，习知天下情伪，今始亲政事，岂宜使女后相踵称制乎！"遂罢预政。复为龙图阁学士、权三司使。有飞语传荆王元俨为天下兵马都元帅者，捕得系狱，连逮甚众。帝怒，使齐按问之。齐曰："此小人无知，不足治，且无以安荆王。"帝悟，遽释之。拜枢密副使。

交阯虐其部人，款宜州自归者八百余人，议者谓不可内。齐曰："蛮人去暴而归有德，却之不祥，请给荆湖闲田使自营；若纵去，当不复还旧部，必聚而为盗贼矣。"不从。后数年，蛮果为乱。

蜀大姓王齐雄坐杀人除名。齐雄，太后姻家，未更赦，复官。齐曰："果如此，法挠矣！"明日，入奏事曰："齐雄恃势杀人，不死，又亟授以官，是以恩废法也。"帝曰："降一等与官可乎？"齐曰："以恩废法,如朝廷何!"帝勉从之,乃抵齐雄罪。

钱惟演附丁谓,枢密题名,辄削去寇准姓氏,云"逆准不书"。齐言于仁宗曰:"寇准忠义闻天下,社稷之臣也,岂可为奸党所诬哉!"仁宗遽令磨去。

郭皇后废,将立富人陈氏女为后,齐极论之。拜礼部侍郎、参知政事。契丹祭天于幽州,以兵屯境上。辅臣欲调兵备边,与齐迭议帝前,齐画三策,料契丹必不叛盟。王曾与齐善,曾与夷简不相能,曾罢相,齐亦以户部侍郎归班。寻出知颍州,卒,年五十二,赠兵部尚书,谥曰文忠。颍人见其故吏朱宷会丧,犹号泣思之。

齐方重有风采,性谦退,不妄言。有善未尝自伐。丁谓秉政,欲齐附己,齐终不往。少与徐人刘颜善,颜罪废,齐上其书数十万言,得复官。颜卒,又以女妻其子庠。所荐庞籍、杨偕、刘随、段少连,后率为名臣。始,齐无子,以从子延庆为后。既殁,有遗腹子曰延嗣。

延庆字仲远,中进士第,通判明州。历福建路转运判官,提点京东、陕西刑狱。神宗初,以集贤校理历开封府推官。有卫士告黄衣老卒筒火入直,延庆察卒色辞,疑焉,询之,果为所诬,即反坐告者。事闻,帝重之,加直史馆、知河中府。明年,同修起居注,直舍人院、判流内铨,拜天章阁待制、秦凤等路都转运使,以应办熙河军须功,进龙图阁直学士。

王韶进师河州,羌断其归路。延庆曰:"兵事非吾所宜预,然主帅在难,不急援之,恐败国事。"遂檄兵赴救,羌解去,韶得全师还。转运判官蔡曚劾其擅兴,朝廷问知状,易曚他道。韶入朝,延庆摄熙帅。元夕张灯,羌乘隙伏兵北关下,遣其种二十九人伪请来属,将举火内应。延庆觇知,悉斩以徇,伏者宵溃。蕃官诈称木征欲降,邀大将景思立来迎。延庆命毋辄出,即违节制,虽有功亦诛,思立不从,卒败死。

徙知成都府兼兵马都钤辖。本道旧不置都钤辖。至是特命之。茂州羁縻州蛮族九,自推一人为将统其众,将常在州听要束。州居群蛮中，无城堑，惟树鹿角为固。蛮屡夜入剽人畜，徼货来赎。民患苦，诣郡守李琪请筑城。琪上于朝，诏延庆度其利便，延庆下其事，琪已去。后守范百常以为利，筑之。蛮酋诉谓侵其土地，乞罢筑，不许。蛮数百奄至，拒却之。明日，又大至，尽焚鹿角及民庐舍，引梯冲攻牙城，百常捍御，杀二蛮酋，乃退。然游骑犹绕四山。南北路皆为所据，城中不敢出。百常募人间道告急于成都。延庆命与之和，奏乞遣近上内臣共经蛮事。诏押班王中正往，中正受旨，凡军事皆令与都钤辖议。将行，言茂去成都远，一一与议，虑失事机，请得专决。于是事无巨细皆自处，延庆不复预。监司附中正，奏延庆区理失宜，致生边患。徙知渭州，仍降为天章阁待制。

夏人禹臧苑麻疑边境有谋，使人入塞卖马，吏执以告。延庆曰："彼疑，故来觇。执之，是成其疑。"约马直授之使去。疆吏入敌境攘羊马，得而戮诸境上，且告之曰："两境不相侵，则相保以安，故戮以戒。若有之，亦当尔也。"夏人悦服。

尝得《安南行军法》读之，仿其制，部分正兵弓箭手人马，团为九将，合百队，分左右前后四部。队有驻战、拓战之别，步骑器械，每将皆同。以蕃兵人马为别队，各随所近分隶焉。诸将之数，不及正兵之半，乃所以制之。处老弱于城砦，较其远近而为区别。使蕃、汉无得相杂，以防其变。具为书上之。时鄜延吕惠卿亦分画兵，延庆条其不便，神宗善其议。召知开封府，拜翰林学士。以言者罢知滁州，历瀛、洪州，复龙图阁待制，帅高阳。阅岁，复直学士，移定武。元祐中，入为工部、吏部侍郎。卒，年六十二，赐钱三十万，官庀其葬。

延庆有学问，平居简嘿，遇事能别白是非，所至有惠政。既为伯父齐后，齐晚得子，乃归其宗，籍家所有付之，无一毫自予，莱人义焉。

论曰：章献太后称制时，群臣多希合用事，鲁宗道、薛奎、蔡齐参预其间，正色孤立，无所回挠。宗道能沮刘氏七庙之议，奎正母后衮冕为非礼，齐从容一言绝女后相踵称制之患，真所谓以道事君者欤!曙辨奸断狱,为时良吏,在位又多荐拔名臣,若请群臣立家庙以复古礼,皆知为政之本焉。

宋史卷二八七
列传第四六

杨砺　宋湜　王嗣宗
李昌龄　从子纮　赵安仁
父孚　子良规　孙君锡　陈彭年

　　杨砺字汝砺，京兆鄠人。曾祖守信，唐山南西道节度、同平章事，本宦官复恭假子也。祖知礼，后唐均州刺史。父仁俨，入蜀仕王氏，为丹棱令。蜀平，补渭南主簿，累迁永和令。

　　砺，建隆中举进士甲科。父丧，绝水浆数日。服除，以禄不足养母，闲居无仕进意，乡旧移书敦谕，砺乃赴官。解褐凤州团练推官，岁余，又以母疾弃官。开宝九年，诣阙献书，召试学士院，授陇州防御推官。入迁光禄寺丞，丁内艰，起就职。久之，转秘书丞，改屯田员外郎、知鄂州，以善政闻。

　　端拱初，真宗在襄邸，迁库部，充记室参军，赐金紫。初，广顺中，周世宗节制澶州，砺赍文见之，馆接数日。世宗入朝，砺处僧舍，梦古衣冠者曰："汝能从乎？"砺随往，睹宫卫若非人间，殿上王者秉圭南向，总三十余。砺升谒之，最上者前有案，置簿录人姓名，砺见己名居首，因请示休咎。王者曰："我非汝师。"指一人曰："此来和天尊，异日汝主也，当问之。"其人笑曰："此去四十年，汝功成，予名亦显矣。"砺再拜，寤而志之。砺初名励，以籍作砺，遂改之。至是，受命谒见藩府，归谓子曰："吾今见襄王仪貌，即所梦来和天尊也。"

迁水部郎中。真宗尹开封，砺为推官。真宗尝问砺："何年及第?"砺唯唯不对。后知其唱名第一，自悔失问，谓砺不以科名自伐，甚重之。储宫建，兼右谕德，转度支郎中。即位，拜给事中、判吏部铨。未几，召入翰林为学士。咸平初，知贡举，俄拜工部侍郎、枢密副使。二年，卒，年六十九。真宗轸悼，谓宰相曰："砺介直清苦，方当任用，遽此沦谢。"即冒雨临其丧。砺僦舍委巷中，乘舆不能进，步至其第，嗟悯久之。废朝，赠兵部尚书，中使护葬。

砺为文尚繁，无师法，每诗一题或数十篇。在翰林，制诰迂怪，见者哂之。有文集二十卷。子峤至祠部郎中，峰至太常博士，峭至太子中舍。少子嵎至道初与张庶凝刊校真宗储邸书籍，真宗即位，皆赐进士出身、直史馆。嵎至祠部郎中，庶凝至太常丞。

宋湜字持正，京兆长安人。曾祖择，牟平令。祖赞，万年令。父温故，晋天福中进士，至左补阙；弟温舒，亦进士，至职方员外郎，兄弟皆有时名。湜幼警悟，早孤，与兄泌砺志笃学，事母以孝闻。温舒典耀州，湜侍行，代作笺奏，词敏而丽。温舒拊背曰："此儿真国器，恨吾兄不及见也。"

太平兴国五年进士，释褐将作监丞、通判梓州榷盐院，就迁右赞善大夫。宋准荐其文，拜著作郎、直史馆，赐绯。雍熙三年，以右补阙知制诰，与王化基、李沆并命，仍赐白金五百两、钱五十万。加户部员外郎，与苏易简同知贡举，俄判刑部，赐金紫。

淳化二年，衼尼道安讼大理断狱不当，湜坐累，降均州团练副使。时母老，湜留其室奉养。移汝州，与王禹偁并召入，为礼部员外郎、直昭文馆。五年，以职方员外郎再知制诰、判集贤院，知银台、通进、封驳司。至道元年，为翰林学士，知审官院、三班。又兼修国史、判昭文史馆事，加兵部郎中。

真宗即位，拜中书舍人。丁内艰，起复。咸平元年冬，改给事中，充枢密副使。真宗北巡，将次大名，以扈从军列为行阵，亲御铠甲於中，诸王、枢密介胄以从，命湜与王显分押后阵。驻跸数日，常召见便殿,方奏事,疾作仆地。内侍掖出,太医诊视,抚问相继,以疾亟闻。明年正月,真宗临视,许以先归,赐衾褥,曰:"此朕尝御者,虽故暗,亦足御道途之寒。"又遣内侍护送供帐,至澶州,卒,年五十一。废朝,赠吏部侍郎。以子纶为太祝,纯为奉礼郎;弟某为光禄寺丞,湛为大理寺丞;侄孙选同学究出身。真宗再幸河朔,追悼之,加赠刑部尚书,谥曰忠定。

湜风貌秀整,有蕴藉,器识冲远,好学,美文词,善谈论饮谑,晓音律,妙于奕棋。笔法遒媚,书帖之出,人多传仿。喜引重后进有名者,又好趋人之急,当世士流,翕然宗仰之。有文集二十卷。

湜兄泌,太平兴国二年进士,至起居郎、直史馆、越王府记室参军。

温舒三子,沆、瀣、涛。沆,刚率,喜谈兵。太平兴国五年进士,历左正言、京西转运使、度支判官。淳化二年,吕蒙正罢相,沆坐亲党,贬宜州团练副使,起为太子中允,换如京副使。咸平中,遣与梅询使西京为安抚使,未行,罢为环庆路都监。与知环州张从古擅发兵袭敌,不与部署叶谋,又士卒有死伤者,责授供奉官。后为文思副使、京西提点刑狱,卒。瀣有清节,居长安不仕,与种放、魏野游,多篇什酬唱。涛,端拱二年进士,历殿中丞、知襄城县,以政绩闻,赐绯鱼。历盐铁判官,累迁监察御史、知虢州。纯及泌子纬皆至殿中丞。

王嗣宗字希阮,汾州人。曾祖同节,宝鼎令。祖待价,汾州防御推官。父梦证,成州军事判官。嗣宗少力学自奋,游京师,以文谒王佑,颇见优待。

开宝八年,登进士甲科,补秦州司寇参军。侍御史路冲知州事,为政苛急,盗贼群起。嗣宗乘间极言其阙失,冲大怒,系嗣宗于狱,又教无赖民被罪者讼嗣宗治狱枉滥。朝廷遣殿中丞王廷范按之,具获讼者诬罔状,嗣宗乃得释。

太宗征河东,嗣宗陈边事,召赴行在,授大理寺丞、通判睦州,改右赞善大夫、徙河州。太宗遣武德卒潜察远方事,嗣宗械送京师,因奏曰："陛下不委任天下贤俊,猥信此辈以为耳目,臣窃不取。"太宗怒其横,遣使械嗣宗下吏,削秩。会赦,复官,寻以秘书丞通判澶州,并河东西,植树万株,以固堤防。上言："本州榷酤斗量,校以省斗不及七升,民犯法酿者三石以上坐死,有伤深峻,臣恐诸道率如此制,望诏自今并准省斗定罪。"从之。

入为三司开拆推官,以左正言充河北转运副使。时边境用兵,崔翰为大将,嗣宗每以苦言激其展效,就赐绯鱼。太宗将议亲征,嗣宗上疏言契丹必不至之状,甚见嘉纳。改左司谏,赐白金千两。入为度支判官,改驾部员外郎。妻病,夜抉本司署门取药,为直官宋镐所发,坐罢职。顷之,出知兴元府,徙京西转运使。又移河北,赐金紫。贝州骁捷卒五十余人谋窃发,嗣宗率吏悉擒之,优诏嘉奖。迁虞部郎中,赐钱百万。

至道初,移河东转运使,以为政暴率闻。徙知耀州,又知同州,加比部郎中、淮南转运使,江、浙、荆湖发运使。扬、楚间有窀家神庙,民有疾不饵药,但竭致祀以徼福。嗣宗辙其庙,选名方,刻石州门,自是民风稍变。初,漕运经泗州浮桥,舟多覆坏,嗣宗徙置城隅,遂获安济。又建议外任官奉薄,贪猥者或致丰给,廉谨者终婴贫匮,请以公田均赐之。就改职方郎中。

咸平三年,以漕运称职,就拜太常少卿。逾年,以右谏议大夫充三司户部使,改盐铁使。尝与度支使梁鼎、户部使梁颢同对,言曰："国家经费甚繁,赋入渐少,加以冗食者众,尤为耗蠹,所宜裁节。若用度不足,即复重扰于于民矣。况西北二边未平,有馈运之烦,臣等会议,事可省者,愿条列以闻。"从之。明年,将郊祀,嗣宗因条上应奉诸物以及工作,凡减杂物十万六千,省工九万九千。又言计省条奏,事有可纪者,望令判使一员,撰录送史馆。诏以三司务繁,不当日有纂录,可逐季录送。

会罢三部使,改左谏议大夫,知通进、银台司兼门下封驳事,出知并州兼并代部署。州境有卧龙王庙,每穷冬,阖境致祭,值风雪寒甚,老幼踣于道,嗣宗亟毁之。转运使郑文宝上其政绩,有诏褒美。

先是，西边市马，以给北边战士，有脊弱者即送阙下，暑月道远多死。嗣宗建议，以汾州地凉，接楼烦诸监，美水草，请就牧放，从之。召拜御史中丞。

大中祥符间，真宗告谒太庙，嗣宗立班失仪，因自首。真宗谓宪官当守礼法，以其性粗略，不之责。加兼工部侍郎、权判吏部铨。嗣宗刚果率易，无所畏惮，每进见，极谈时事，或及人间细务。颇轻险好进，深诋参知政事冯拯之短，遂结宰相王旦弟旭，使达意于旦以为助。旦疾其丑行，因力庇拯，嗣宗大怒。

知制诰王曾从妹适孔冕家，阃门不睦。曾从东封，至冕家啜茗中毒，得良药乃解。事已暴露，曾密疏方行大礼，愿罢推究。宰相亦以冕先圣后，将有褒擢，乃隐其事。嗣宗独谓曾诬构冕，惧反坐，乃求寝息。会愆雨，嗣宗请对，言："孔冕为王曾所讼，倘朝旨鞫问，加之锻炼，则冕终负冤枉。又侯德昭援赦叙绯，年考未满，以欺诈得之，非吏部令史自首，亦无由知。沿堂行首李永锡坐赃除名，复引充旧职，寻送铨授令录。"真宗亟召王旦等诘之。旦曰："孔冕之罪，朝议特为容隐，不令按问，诚非冤枉也。德昭据吏部奏验，乃行制命，及其首露，即已追夺。永锡先为县吏，坐为本部节度市羊不输算除名，及沿堂阙人，李沆以其魁梧，因选拟官，复用为副行首。在省祗事四年，陈牒乞班叙用，因复送铨。"真宗曰："止此，乃致旱邪？"嗣宗理屈，复以他辞侵旦，旦不与抗，乃已。

明年十月，嗣宗复请对，言："去岁八月至今年十月不雨，宿麦不登。及秋，兖、郓苦雨，河溢害稼，刑政有失，致成灾沴。孔冕冤枉，播在人口，王曾尚居近班，愿示黜退，以正朝典，臣请露章以闻。"真宗语王旦等曰："曾实无罪，若嗣宗上章，亦须裁处。"旦曰："冕不善之迹甚众，但以宣圣之后，不欲穷究，谓其冤枉，感伤和气，恐未近理。"赵安仁曰："今若再行按问，冕何能免罪？"王钦若曰："臣请审问嗣宗，若再鞫冕，不能自隐，如何区处？"明日，嗣宗复对，且谢前言之失，真宗亦优容之。其强妄多此类。

将祀汾阴，以永兴重地，思得大臣才兼文武者镇之。因谓宰相曰："嗣宗尝自言知武事,可授廉车以当此任,宜召问之。"嗣宗愿奉诏,即拜耀州观察使、知永兴军府。真宗作诗赐之。时种放得告归山,嗣宗逆于传舍,礼之甚厚。放既醉,稍倨,嗣宗怒,以语讥放。放曰："君以手搏得状元耳,何足道也!"初,嗣宗就试讲武殿,搏赵昌言帽,擢首科,故放及之。嗣宗愧恨,因上疏言:"所部兼并之家,侵渔众民,凌暴孤寡,凡十余族,而放为之首。放弟侄无赖,据林麓樵采,周回二百余里,夺编氓厚利。愿以臣疏下放,赐放终南田百亩,徙放嵩山。"疏辞极于诟辱,至目放为魑魅。真宗方厚待放,令徙居嵩阳辟之。

四年,邠宁陈兴擅释劫盗,徙嗣宗知邠州兼邠宁环庆路都部署。城东有灵应公庙,傍有山穴,群狐处焉,妖巫挟之为人祸福,民其信向,水旱疾疫悉祷之,民语为之讳"狐"音。前此长吏,皆先谒庙然后视事。嗣宗毁其庙,熏其穴,得数十狐,尽杀之,淫祀遂息。徙知镇州,发边肃奸赃,肃坐贬。嗣宗尝言徙种放、掘邠狐、按边肃,为去三害。

居二岁,召还,授枢密副使、检校太保。寇准为使,嗣宗与之不叶,累表解职,授检校太傅、大同军节度、知许州。嗣宗尝游是州,别墅在焉,时人以为荣。移知河南府。天禧初,改感德军节度,洛下讹言相惊。徙知陕州,再表请老,且求入觐,遣使召还。郊祀,改静难军节度。既至阙下,病足,不能朝谒,乃求再知许州,不复议休退。

寇准为相,素恶之,特命以左屯卫上将军、检校太尉致仕。表求面辞,以足疾艰于拜起,特免舞蹈,许其子扶掖之。对数刻,赐钱百万,还许下。准贬。朝议以嗣宗藩辅旧臣,特令月给奉五十千。嗣宗尤睦宗族,抚诸侄如己子,著遗戒以训子孙勿得析居,又令以《孝经》、弓剑、笔砚置圹中。五年,卒,年七十八。废朝,赠侍中。谥曰景庄。录其子二人、甥二人官。

嗣宗事三朝,最为宿旧。所至以严明御下,尤傲狠,务以丑言凌挫群类。为中丞日,尝忿宋白、郭贽、邢昺七十不请老,屡请真宗敕其休致,又遣亲属讽激之。及嗣宗晚岁疾甚,犹享厚禄,徘徊不去,尝谓人曰："仆惟此一事，未能免物议。"众皆嗤之。

嗣宗好为文，而札尤甚。奉祀之岁，近臣皆为颂记，宰相以嗣宗所撰，不足发挥盛德，虑为后所诮，乃不许刻石。所著有《中陵子》三十卷。

子尧臣，内殿承制；唐臣，太子中舍。从子舜臣，供奉官、阁门祗候；禹臣，太子中舍。

李昌龄字天锡，宋州楚丘人。曾祖确，胶水令。祖谭，邯郸令。父运，太常卿。昌龄，太平兴国三年举进士，大理评事、通判合州。历将作监丞、右赞善大夫、通判银州。京城开金明池，昌龄献诗百韵，太宗嘉之，擢右拾遗、直史馆，赐绯。改右补阙，出知滁州。丁内艰，起为淮南转运使，转户部员外郎、知广州。

广有海舶之饶，昌龄不能以廉自守，淳化二年代还。初，运尝典许州，有第在城中，昌龄包苴辇重悉留贮焉，其至京城，但药物药器而已。会有言其贪者，太宗以为诬，召赐金紫，擢礼部郎中，逾月，为枢密直学士。昌龄上言："广州市舶，每岁商舶至，官尽增价买之，良苦相杂，少利。自今请择其良者，官如价给之，苦者恣其卖，勿禁。雷、化、新、白、惠、恩等州山林有群象，民能取其牙，官禁不得卖。自今宜令送官，以半价偿之，有敢隐匿及私市与人者，论如法。"诏皆从之。

是秋，初置审刑院于禁中。凡狱具上奏，先申审刑院，印付大理、刑部断覆以闻，又下审刑中覆裁决，以付中书，当者行之，否则宰相闻以论决。命昌龄知院事。月余，又权判吏部流内铨，数日，授右谏议大夫，充户部使。

三年，改度支使，拜御史中丞。下诏御史台，合行故事并条奏以闻，狱无大小，自中丞以下皆亲临鞫问，不得专责所司。李继隆受命河朔征讨，不赴台辞，昌龄纠之，遣吏追还，罚奉。又劾陕西转运使郑文宝生事边境，筑城沙碛，轻变禁法，文宝坐贬湖外。

至道二年，以本官参知政事。占谢便殿，太宗谓曰："中书政本，当进用善良,博询众议,以正道临之,即怨谤无由而生矣。"昌龄居位,颇选懦无所建明。真宗即位,加户部侍郎。坐交结王继恩,贬忠武军节度行军司马。

咸平二年,起为殿中少监。会诏群臣言边事,昌龄求面陈事机,不报。王均之乱,命知梓州。知杂御史范正辞劾其广舶宿犯,亟代还,知河阳。丁外艰,起复,奉朝请,以风恙求领小郡,复得光州,就改光禄卿。疾不能治事,转运使以闻,命守本官分司西京。寻请致仕,真宗曰:"昌龄素无清誉。"乃授秘书监,遂其请。大中祥符元年,卒,年七十二。废朝,录子虞卿试将作监主簿。昌龄兄昌图至国子博士,弟昌言至太子中舍。昌言子晋卿、仲卿、耀卿,并进士及第,晋卿为秘书丞。从子纮。

纮字仲纲。父克明,仕至提点广东刑狱。纮,进士及第,试秘书省校书郎、知歙县。地产黄金,民输以代赋,后金竭,责其赋如故。纮奏罢之。历知于潜、剡县,治有惠爱。御史知杂吕夷简荐之,改著作佐郎、监丹阳县酒税,知灵池县。

刘均、蔡齐举为御史台推直官,拜监察御史。时召成都府乐工许朝天等补教坊,纮言:"陛下即位,尚未能显岩穴之士,而首召伶人,非所以广德美于天下。"朝天等遂罢归。迁殿中侍御史。阁门使王遵度领皇城,遣卒刺事,告贾人有为契丹间谍者,捕系皇城司按劾。命纮覆讯,纮悉得其冤,抵卒罪,降遵度曹州兵马都监。

判三司开拆司。辅郡旱,流星坠西南有声,会袷襄于文德殿,纮奏曰:"文德殿布政会朝之正位,每灾异,辄聚缁黄赞呗于其间,何以示中外?"改盐铁判官,历梓州、陕西、河北路转运使,迁侍御史。建言:"西北久通好,士习安佚,不知战阵之法。宜择良将,练精卒,去冗惰,实仓廪,丰财用,为守御备。"举种世衡等数人,及奏罢贡余物遗近臣。迁知杂事、权同判流内铨。

为三司度支副使,使契丹。故事,奉使者以皇城卒二人与偕,察其举措,使者悉姑息以避中伤。前此刘随为所诬,坐贬,久未复。纮使还，具言其枉，稍徙随南京。除天章阁待制、河北都转运使，迁刑部郎中，还，同知通进、银台司，进龙图阁直学士、知秦州，卒。

纮方介有吏材，笃于交游，与刘颜为友，颜死，移任子恩官其子。

弟纬，起家三班借职，杜衍荐为阁门祗候，镇戎军瓦亭砦都监。积劳累迁至河北缘边安抚副使。韩琦荐知保州，以左骐骥使、荣州刺史知雄州。治兵颇严，不事厨传，数与宦者争利害。积公使钱贮米三千斛为常平仓，奏下其法他州。迁西上阁门使，留再任，卒。子师中至天章阁待制。

赵安仁字乐道，河南洛阳人。曾祖武唐，赣州刺史。

父孚字大信。周显德初，举进士，调补开封尉。乾德中，为浦江令，持父丧，服阕，摄永宁令。会亲征太原，部送本邑粮馈，民怀其惠，列状以闻，即真授其任，擢宗正丞。开宝中，初置衣库，令孚主之。俄坐事连逮抵罪，语见《赵普传》。

太宗即位，起为国子监丞、知袁州。还，知开封府司录参军事，受诏与殿中侍御史柴成务、供奉官葛彦恭、殿直郭载行视黄河，分南北岸按行，复遥堤以纾湍决。孚言治遥堤不如分水势，于是建议于澶、滑二州分水之制。时决河未平，重惜民力而寝焉。朝廷议行封禅，孚上《封禅颂》，召拜秘书丞，赐绯鱼。受诏鞫开封狱，得其非辜者，即日授推官。迁监察御史，出知舒州，改殿中侍御史。

雍熙中，诏询文武御戎之策。孚奏议曰："臣愚以为不用干戈，不劳飞挽，为万世之利者，敢献其说，惟明主择之。古者兵交使在其间，虽飞矢在上，走驿在下，盖信义不可废也。昔苗民逆命，帝乃诞敷文德，而有苗格。又仲尼曰：'有能一日克己复礼，天下归仁。'只如并门一方，历代难取，圣襟英断，一举成功。当其逆城危于累卵，生聚怀伏，而陛下犹遣通事舍人薛文宝入城谕之。日者北边未宾，全燕犹梗，再兴军旅，将复土疆。臣窃计屯戍边陲，故非获已，暴露原野，岂是愿为?欲望朝廷通达国信，近鉴唐高祖之降礼，远法周古公之让地。圣人以百姓之心为心,君子见几而作,谕以祸福,示以恩威,议定边疆,永息征战。养民事天,济时利物,莫过于此。臣又计彼虽嗜好不同,然去危就安,厌劳喜逸,亦人情之所同也。”上嘉之。雍熙中,廷策贡士,而安仁预为考会,赐金紫,因顾安仁问乎年几,安仁曰:“臣父年六十二。”上曰:“乎,名士也。”亟召对,亦赐金紫。明年,卒。

安仁生而颖悟,幼时执笔能大字,十三通经传大旨,早以文艺称。赵普、沈伦、李昉、石熙载咸推奖之。雍熙二年,登进士第,补梓州榷盐院判官,以亲老弗果往。会国子监刻《五经正义》板本,以安仁善楷隶,遂奏留书之。

历大理评事、光禄寺丞,召试翰林,以著作佐郎直集贤院,赐绯。时王侯、内戚家多以铭诔为托。太宗制九弦琴、五弦阮,时多献赋颂,上嘉文物之盛,悉阅览,订其工拙。时称安仁、李谔、杨亿辞雅赡,召诣中书奖谕。翌日,改迁太常丞。

真宗即位,拜右正言,预重修《太祖实录》。上出师大名,安仁上疏曰:“臣以为有急务者三,大要者五。急务三者:其一,激励戎臣,举劝惩之典;其二,振救边民,行优恤之惠;其三,车驾还京,重神武之威。大要五者:其一,选将略;其二,持兵势;其三,求军谋;其四,修军政;其五,受民力。”

咸平三年,同知贡举。未几,知制诰,副夏侯峤巡抚江南,还,知审刑院。尝有将校答所部卒死,罪议大辟。安仁以军中之令,非严不整,遂获免死。继判尚书刑部兼制置群牧使,同知三班、审官院。景德初,翰林学士梁颢召对,询及当世台阁人物,上称安仁文行。寻颢卒,即以安仁为工部员外郎,充翰林学士。

初,乎极陈和好之利。至是,安仁从幸澶州,会北边请盟,首命安仁撰答书,又独记太祖时聘问书式。辽使韩杞至,首命接伴,凡觐见仪制,多所裁定。馆舍夕饮,杞举橙子曰:“此果尝见高丽贡。”安仁曰:“橙橘产吴、楚,朝廷职方掌天下图经,凡他国所产靡不知也。

今给事中吕佑之尝使高丽，未闻有橙柚。"杞失于夸诞，有愧色。杞既受袭衣之赐，且以长为解，将辞复左衽。安仁曰："君将升殿受还书，天颜咫尺，如不衣所赐之衣，可乎？"杞乃服以入。

及姚东之至，又令安仁接伴。东之谈次，颇矜兵强战胜。安仁曰："老氏云：'佳兵者，不祥之器，圣人不得已而用之。'胜而不美，而美之者，是乐杀人也，乐杀人者，不得志于天下。"东之自是不敢复言。王继忠将兵陷没，不能死节而反事之，东之屡称其材。安仁曰："继忠早事藩邸，闻其稍谨，不知其他。"其敏于酬对，切中事机，类如此。时论翕然，称其得体，上益器之，自是有意柄用。安仁又集和好以来事宜，及采古事，作《戴斗怀柔录》三卷以献。

二年春，又与晁迥等同知贡举。三年，以右谏议大夫参知政事，俄修国史。大中祥符初，议封禅，与王钦若并为泰山经制度置使、判兖州。礼毕，复拜工部侍郎。内外书诏有切要者，必经其裁。进秩刑部。五年，以兵部侍郎仍兼修史，奉祀，又同知礼仪院。八年，知贡举。二典春闱，择士平允，是故独无讥诮，上再赐诗嘉之。

寻知兼宗正卿。旧制，宫闱令，凡有议奏与寺连署。上以安仁旧德，俾知寺，以次列状取裁。寺掌玉牒属籍，梁周翰始创其制而未备，安仁重加详定，又为《仙源积庆图》，皆统例精简。奏置修玉牒官，事具《职官志》。国史成，迁右丞。是夏，又为景灵宫副使。屡得对言事，尝奏曰："方今治定功成，固轶前代，陛下尚亲庶政，旰食忘倦，然而君临之大，所宜分饬有司，为式于天下。遂诏诸司掌常务有条例者，毋或奏禀。天禧二年，改御史中丞。请给御宝印历，书三院御史弹纠事。五月，暴疾卒，年六十一，废朝，赠吏部尚书，谥文定，以其子温瑜为大理寺丞，良规为奉礼郎，承裕为正字。

安仁质直纯悫，无所矫饰，宽恕谦退，与物无竞，虽家人仆使，未尝见其喜愠。女弟适董氏，早寡，取归给养。其甥董灵运尚幼，躬自训导，为毕婚娶。幼少与宋元舆同学，元舆门地贵盛，待安仁甚厚。元舆蚤卒，家绪浸替，安仁屡以金帛济之。善训诸子，各授一经。尤嗜读书，所得禄赐，多以购书。虽至显宠，简俭若平素。时阅典籍，手自雠校。三馆旧阙虞世南《北堂书钞》，惟安仁家有本，真宗命内侍取之，嘉其好古，手诏褒美。尤知典故，凡近世典章人物之盛，悉能记之。喜诲诱后进，成其声名，当世推重之，有集五十卷。温瑜，后为国子博士。

良规字元甫。父安仁奏为秘书省正字、同判太常寺。张知白荐之，召试，赐进士及第。用王曙举，擢集贤校理兼宗正丞，预修《会要》。坐宗正吏盗太庙神御物，出通判蕲州，徙河南府，知泰、滁二州。历京西、陕西路提点刑狱、荆湖南路转运使，奏罢马氏时所赋丁口米数万石。权判三司开拆司、度支勾院，直集贤院、知庐州，积官至光禄卿，罢职。初与张宪、掌禹锡、齐廓、张子思并为太常少卿兼馆职，当进谏议大夫，而执政靳之，止迁卿。故事，卿不兼职，故皆罢。未几，皆还之。

改直秘阁、同判宗正事，迁秘书监，知同、陕、相三州。陕岁饥，百姓请阁残税二分，为官伐茇，以给河埽。或以为须报乃可行，良规曰："若尔，无及矣。"檄县遂行，而以擅命自劾。进太子宾客、权判殿中省，迁尚书工部侍郎、判本部、知濠州，卒。良规所至州郡，为政不甚力，然善委任佐属，禄赐多分赡族人，余皆输之酒家。子君锡。

君锡字无愧。性至孝。母亡，事父良规不违左右，夜则寝于傍。凡衾裯薄厚、衣服寒温、药石精粗、饮食旨否、栉发翦爪、整冠结带，如《内则》所载者，无不亲之。及登进士第，以亲故不愿仕。良规每出，必扶掖上下，至杂立仆御中。尝从谒文彦博，彦博异其容止，问而知之，语诸子，令视以为法。

良规没，调知武强县。从韩琦大名幕府。彦博及吴充在枢管，更荐之为检详吏房文字，徙知大宗正丞，加秘阁校理，改宗正丞。时增诸宗院讲书教授官，而逐院自备缗钱为月馈，贫者或不能以时致，宗师辄移文督取。君锡言："国家养天下士于太学，尚不较其费，安有教育宗室令自行束修之理！"诏悉从官给。历开封府推官。

元祐初,迁司勋右司郎中、太常少卿,擢给事中。论蔡确、章惇有罪不宜复职;大河不可轻议东回,请亟罢修河司,以省邦费,宽民力。苏轼出知杭州,君锡言:"轼之文,追攀六经,蹈藉班、马,知无不言。壬人畏惮,为之消缩;公论倚重,隐如长城。今飘然去国,邪党必为朝廷稍厌直臣,且将乘隙复进,实系消长之机。不若留之在朝,用其善言则天下蒙福,听其说论则圣心开益,行其诏令则四方风动,为利博矣。"进刑部侍郎、极密都承旨,拜御史中丞。即上疏劝哲宗亲讲学,广谘问,为躬政之渐。

君锡素有志行,后随人低昂,无大建明。初称苏轼之贤,遇贾易劾轼题诗怨谤,即继言"轼负恩怀逆,无礼先帝,愿亟正其罪。"宣仁后览之不悦,曰:"君锡全无执守。"复以吏部侍郎、天章阁待制知郑、陈、澶三州、河南府,徙应天。因清明出郊,具奠谒杜衍、张升、张方平、赵概、王尧臣、蔡抗、蔡挺之茔,邀七家子孙,陪祭于侧,时人传其风义。绍圣中,贬少府少监,分司南京,卒,年七十二。绍兴六年,赠徽猷阁直学士。

陈彭年字永年,抚州南城人。父省躬,鹿邑令。彭年幼好学,母惟一子,爱之,禁其夜读书。彭年篝灯密室,不令母知。年十三,著《皇纲论》万余言,为江左名辈所赏。唐主李煜闻之,召入宫,令子仲宣与之游。金陵平,彭年师事徐铉为文。太平兴国中,举进士,在场屋间颇有隽名。尝因京城大酺,跨驴出游构赋,自东华至阙前,已口占数千言。然佻薄好嘲咏,频为宋白所黜,雍熙二年始中第。

调江陵府司理参军。因监决死囚,怖之,换江陵主簿,历澧、怀二州推官。在怀,深为知州乔惟岳倚任。会樊知古为河北转运,以亲嫌,徙泽州,丁内艰免。御史中丞王化基荐其才,改卫尉寺丞,迁秘书郎,为大理寺详断官。坐事出监湖州盐税,寻又停官。彭年素贫窭,居丧免职,赖仆人佣贩以济。真宗即位,复为秘书郎。乔惟岳刺史海州,及知苏、寿二州,并表彭年通判州事。

咸平三年,屡上疏言事,召试学士院,迁秘书丞、知阆州。未行,改金州。四年，上疏曰："夫事有虽小而可以建大功，理有虽近而可以为远计者，其事有五：一曰置谏官，二曰择法吏，三曰简格令，四曰省冗员，五曰行公举。此五者，实经世之要道，致治之坦涂也。"会诏举贤良方正，翰林学士朱昂以骏年闻，召之，辞以贫乏，请终秩。

景德初，代还，直秘阁。杜镐、刁衎荐其该博，命直史馆兼崇文院检讨。又代潘慎修起居注，赐绯鱼。献《大宝箴》曰：

二仪之内，最灵者人。生民之中，至大者君。民既可畏，天亦无亲。所辅者德，所归者仁。恭己御下，辉光益新。载籍斯在，谋猷备陈。

内绥万姓，外抚百蛮。治乱所始，言动之间。观之则易，处之甚难。由是先哲，喻彼投艰。苟能虑未，乃可防闲。审求逆耳，无恶犯颜。

既庶而富，教化乃施。慈俭之政，富庶之基。鳏寡孤独，人之所悲。发号施令，宜先及之。黄发鲐背，心实多知。左右侍从，何尚于兹。

瞻言百辟，咸代天工。倘无虚授，可建大中。克彰慎柬，惟藉至公。知人则哲，听德则聪。才固难备，道亦少同。荮菲闳舍，杞梓乃充。

不扶自直，惟蓬在麻。非拣莫见，惟金在沙。参备顾问，必辨忠邪。献替以正，裨益无涯。自匿草泽，亦有国华。访此髦士，可拒朋家。

三章之立，庶民作程。钦哉恤哉，可以措刑。七代之建，奸孽是平。本仁本义，可以弭兵。是为齐礼，亦曰好生。有教无类，自诚而明。

宗庙社稷，飨之以恭。宫室苑囿，诫之在丰。春蒐秋狝，不废三农。击石拊石，用格神宗。使人以悦，乃克成功。治国以政，罔或不从。

济济多士，用之有光。硁硁小器，谋之弗臧。忠言致益，岂让膏粱。六艺为乐，宁后笙簧。任贤勿贰，尧所以昌。改过不吝，汤所以王。

六合至广，万汇尤多。风俗靡一，嗜欲相摩。如驭朽索，若防决河。左契斯执，六辔遂和。导之以德，民免婴罗。不懈于位，俗乃偃戈。

先王之训，罔不咸然。吾君之治，亦取斯焉。小心翼翼，终日乾乾。三灵降鉴，百禄无愆。由兹率土，永戴先天。巍巍洪业，亿万斯年。

顷之，预修《册府元龟》。三年，迁右正言，充龙图阁待制，赐金紫。先是，诏谏官御史举职言事，唯彭年与侍御史贾翱数有章奏，建白弹射，真宗令中书置籍记之。加刑部员外郎。与晁迥同知贡举，请令有司详定考试条式。真宗因命彭年与戚纶参定，多革旧制，专务防闲。其所取者，不复拣择文行，止较一日之艺，虽杜绝请托，然置甲等者，或非宿名之士。

大中祥符中，议建封禅，彭年预详定仪注，上言辨正包茅之用。礼成，进秩工部郎中，加集贤殿修撰。三年，改兵部郎中、龙图阁直学士。迁右谏议大夫兼秘书监，诏就赐食厅编次《太宗御集》，赐勋上柱国。

尝因奏对，真宗谓之曰："儒术污隆，其应实大，国家崇替，何莫由斯。故秦衰则经籍道息，汉盛则学校兴行。其后命历迭改，而风教一揆。有唐文物最盛，朱梁而下，王风浸微。太祖、太宗不变弊俗，崇尚斯文。朕获绍先业，谨导圣训，礼乐交举，儒术化成，实二后垂裕之所致也。又君之难，由乎听受；臣之不易，在乎忠直。其君以宽大接下，臣以诚明奉上，君臣之心皆归于正。直道而行，至公相遇，此天下之达理，先王之成宪，犹指诸掌，孰谓难哉！"彭年曰："陛下圣言精诣，足使天下知训，伏愿躬演睿思，著之篇翰。"真宗为制《崇儒术》、《为君难为臣不易》二论示之。彭年复请示辅臣，刻石国子监焉。

六年，召入翰林，充学士兼龙图阁学士，同修国史。彭年尝谒王旦，旦辞不见。翌日，见向敏中。敏中以彭年所上文字示旦，旦瞑目不览,曰:"是不过兴建符瑞,图进取耳。"真宗奉祀亳州太清宫,丁谓为经度制置使,以彭年副之。又与谓同知礼仪院,礼成,加给事中。时谓恳让进秩,彭年亦辞之,不许,又为天书同刻玉副使。国史成,迁工部侍郎。九年,拜刑部侍郎、参知政事,判礼仪院,充会灵观使。

天禧大礼,为天书仪卫副使。又为参详仪制奉宝册使。正月九日,侍真宗朝天书,将诣太庙,退就中书阁中如厕,眩仆,肩舆还家。遣中使挟医诊疗,旦夕存问。进兵部侍郎,表求罢奉,不许。二月,卒,年五十七。真宗亲临,涕泗久之。又睹所居陋弊,叹息数四。废朝,赠右仆射,谥曰文僖,录子俟期大理寺丞,孙彦先太常寺奉礼郎。真宗前后赐彭年御制歌诗凡六篇。彭年妻入谒,出彭年像示之,锡赉甚厚。

彭年性敏给,博闻强记,慕唐四子为文,体制繁靡。贵至通显,奉养无异贫约。所得奉赐,惟市书籍。大中祥符间,附王钦若、丁谓,朝廷典礼,无不参预。其仪制沿革、刑名之学,皆所详练,若前世所未有,必推引依据以成就之。故时政大小,日有谘访,应答该辩,一无凝滞,皆与真宗意谐。

及升内阁,李宗谔、杨亿皆在后。宗谔卒,亿病退,而彭年专任矣。事务既丛,形神皆耗,遂举止失措,颠倒冠服,家人有不记其名者。奉诏同编《景德朝陵地里》、《封禅》、《汾阴》三记,阁门、客省、御史台仪制,又受诏编御集及宸章,集历代妇人文集。所著文集百卷,《唐纪》四十卷。

论曰:杨砺遭遇龙飞,致位崇显,自以梦协其兆,而忠言善政,一无可述。惟弃官侍母,不以科名自伐,盖有取焉。宋湜懿文多识,名动人主,至与李沆同命。虽去沆远甚,然乐善好施,士类归之,亦可尚也。王嗣宗治家能睦,为政可称,所至立撤淫祀,亦人之所难。至于刚愎少文,谋害王旦、王曾,与寇准相忤,其余不足观也矣。李昌龄累更剧任,遂阶大用,党邪徇货,遂贻终身之玷,良可丑也。赵安仁言事，切中时弊，及答契丹书，不失祖宗规式，又能以凶器之言折敌，不使矜战，可谓才辨之臣矣。其孙君锡于元祐反正，论格蔡确、章惇复官之命，庶几无忝所生。陈彭年以辞藻被遇，上表献箴，详练仪制，若可嘉尚。乃附王钦若、丁谓，溺志爵禄，甘为小人之归，岂不重可叹也哉！

宋史卷二八八
列传第四七

任中正 弟中师　周起　程琳
姜遵　范雍 孙子奇 曾孙坦　赵稹
任布　高若讷　孙沔

　　任中正字庆之,曹州济阴人。父载,右拾遗。中正进士及第,为池州推官。历大理评事、通判邵州,改大府寺丞、通判濮州。以翰林学士钱若水荐,迁秘书省著作佐郎、通判大名府。

　　转运使陈纬徙陕西,举中正自代,太宗曰:"朕自知之。"召为秘书丞、江南转运副使。中正躯干颀长,帝择大笏,命内臣取绯衣之长者赐之。至部,岁大稔,民出租赋、平籴皆盈羡。发运使王子舆欲悉调饷京师,中正曰:"东南岁输五百余万,而江南所出过半。今岁有余,或岁少歉则数不登,患及吾民矣。"乃止。

　　擢监察御史、两浙转运使。民饥,中正不俟诏,发官廪振之。按晋州盛梁狱,论如法。迁殿中侍御史、判三司凭由司。既而有与梁善者,密中之,出为荆湖转运使。迁左司谏、直史馆、知梓州。擢枢密直学士,代张咏知益州。在郡五载,遵咏条教,蜀人便之。知审刑院,出知并州。迁给事中、权知开封府。

　　大中祥符九年,拜尚书工部侍郎、枢密副使。马知节知密院,改同知院事。明年,曹利用为枢密使,复为副使,再进兵部侍郎、参知政事。

仁宗在东宫时，以右丞兼宾客。迁工部尚书。帝既即位，乃拜兵部尚书。中正素与丁谓善，谓且贬，左右莫敢言者，中正独营救谓，降太子宾客、知郓州。中正弟尚书兵部员外郎、判三司盐铁勾院中行，右正言中师，皆坐贬。顷之，以母老徙曹州，迁礼部尚书。卒，赠尚书右仆射，谥康懿。

初，中正母入谒禁中，与陈彭年、王曾、张知白妻同见真宗，命中正母为班首，且赐坐。中正事亲孝，平居简素，而饮食极丰美。

中师字祖圣，进士及第，试秘书省校书郎、知平陆县。真宗将祀汾阴，命陈尧叟判河中府，以经制祀事，辟掌笺奏，累迁著作佐郎，历知千乘、襄邑县，改秘书丞。以张知白荐，遂为右正言。中正贬，中师亦降太常博士、监宿州酒税。未几，通判应天府。

曹利用辟为群牧判官，徙知滑州，入为开封府判官。累迁尚书度支郎中、直史馆、知澶州。以太常少卿、直昭文馆知广州。视事之明日，吏白，故事当谒诸祠庙，而廨有淫祠，中师遽命撤去之。兼市舶使，市舶置使自此始。

还，为谏议大夫、判尚书刑部。加集贤院学士，再知澶州。未行，进龙图阁直学士、知并州，许便宜从事。改枢密直学士、知益州。先是，转运使韩渎急于笼利，自薪刍、蔬果之属皆有算，而中师尽奏蠲之。

康定中，任布守河阳，数上书论事，帝欲用之。吕夷简荐中师才不在任布下，遂并召为枢密副使。明年，建北京，令中师领修建。进给事中，宣抚河东，不行。求补郡，以尚书礼部侍郎、资政殿学士知永兴军。求内徙，得知陈州。

逾年，上书言："臣老矣，家本曹人，愿得守曹。"遂以知曹州。改户部侍郎。明年，请老，拜太子少傅致仕，进少师。卒，赠太子太傅，谥安惠。中师性乐易，平居自奉甚俭约，晚知养生之术，号大块翁。

周起字万卿，淄州邹平人。生而丰下，父意异之，曰："此儿必起吾门。”因名起。幼敏慧如成人。意知卫州，坐事削官，起才十三，诣京师讼父冤，父乃得复故官。举进士，授将作监丞、通判齐州。擢著作佐郎、直史馆，累迁户部、度支判官。

真宗北征，领随军粮草事。以右正言知制诰，权判吏部流内铨。寻为东京留守判官，判登闻鼓院。封泰山，摄御史中丞、考制度副使，所过得采访官吏能否及民利病以闻。东封还，近臣率颂功德，起独以居安为戒。进金部员外郎、判集贤院。

初置纠察刑狱司，因命起，起乃请诸已决而事有所枉及官吏非理榜掠者，并听受诉，从之。擢枢密直学士、权知开封府。起听断明审，举无留事。真宗尝临幸问劳，起请曰：“陛下昔龙潜于此，请避正寝，居西庑。”诏从之，名其堂曰“继照”。

起尝奏事殿中，适仁宗始生，帝曰：“卿知朕喜乎？宜贺我有子矣。”即入禁中，怀金钱出，探以赐起。改勾当三班院兼判登闻鼓院。从祀汾阴，留权知河中府，徙永兴、天雄军，所至有风烈，数赐书褒谕。三迁右谏议大夫、知并州。拜给事中、同知枢密院事。进礼部侍郎，为枢密副使。尝与寇准过同列曹璋家饮酒，既而客多引去者，独起与寇准尽醉，夜漏上乃归。明日入见，引咎伏谢。真宗笑曰：“天下无事，大臣相与饮酒，何过之有？”

起素善寇准。准且贬，起亦罢为户部郎中、知青州，又降太常少卿、知光州。稍迁秘书监，徙扬、杭二州，又徙应天府。复为礼部侍郎、判登闻鼓院。以疾请知颍州，徙陈州、汝州。卒，赠礼部尚书，谥安惠。

起性周密，凡奏事及答禁中语，随辄焚草，故其言外人无知者。家藏书至万余卷。起能书。弟超，亦能书，集古今人书并所更体法，为《书苑》十卷，累官主客郎中。起子：延荷，以孝友闻，官殿中丞；延隽，颇雅厚，官太常少卿。

程琳字天球，永宁军博野人。举服勤辞学科，补泰宁军节度推官。改秘书省著作佐郎、知寿阳县，监左藏库，召试，直集贤院。改太常博士、权三司户部判官，契丹馆伴使。契丹使者谓琳曰："先皇帝尝通使承天，太后独无使，何也？"琳曰："南北，兄弟也。先皇帝视承天犹从母，故无嫌；今皇太后乃嫂也，礼不通问。"契丹使者语屈。后修《真宗实录》，而大中祥符以来起居注阙，琳追述上之，遂修起居注，提举在京诸司库务，知制诰、判吏部流内铨。

权三司使范雍使契丹，命琳发遣三司使。太仓赡军粟陈腐不可食，岁且饥，琳尽发以贷民，凡六十万斛，饥民赖以全活，而军得善粟。盐铁官任布请铸大钱一当十，度支判官许申请以铜铁杂铸，下其议。琳曰："第五琦用大钱，法卒不可行。乞令申试之。"铸卒不就。

契丹遣萧蕴、杜防来，蕴出位图示琳曰："中国使者坐殿上高位，今我位乃下，请升之。"琳曰："此真宗所定，不可易。"防曰："大国之卿，可以当小国之君。"琳曰："南北虽两朝，无小大之异，卿尝坐我殿上，我顾小国耶？"防无以对。宰相将许之，琳曰："许其小必启其大。"

以右谏议大夫权御史中丞。宰相张知白尤器之，当除命，喜曰："不辱吾笔矣。"时岁饥，上疏请罢诸土木营造，蠲被灾郡县租赋。改枢密直学士、知益州。上元张灯，州人夜聚游嬉，琳戒曰："有火则随救之，毋白也。"已而果有火，终宴人无知者。或告振武军变。琳曰："军中动静我自知之，苟有谋，不待告也。"

迁给事中、权知开封府。王蒙正子齐雄捶老卒死，贷妻子使以病告。琳察其色辞异，令有司验得捶死状。蒙正连姻章献太后家，太后谓琳曰："齐雄非杀人者，乃其奴尝捶之。"琳曰："奴无自专理，且使令与己犯同。"太后嘿然，遂论如法。外戚吴氏离其夫而挈其女归，夫诉于府。琳命还女，吴氏曰："已纳宫中矣。"琳请于帝曰："臣恐天下人有窃议陛下夺人妻女者。"帝亟命出之。笞而归其妻。

迁工部侍郎、龙图阁学士，复为御史中丞。不拜，以翰林侍读学士兼龙图阁学士再知开封府。改三司使，出纳尤谨，禁中有所取，辄奏罢之。内侍言琳专，琳曰："三司财赋，皆朝廷有也。臣为陛下惜，于臣何有？"帝然之。或请并天下农田税物名者，琳曰："合而为一，易于句校，可也。后有兴利之臣，复用旧名增之，是重困民，无已时也。”再迁吏部侍郎，遂参知政事，迁尚书左丞。

时元昊反，犹遣使来朝，众请按诛之。琳曰：“遣使，常事也，杀之不祥。”后使者益骄横，大臣患之。琳曰：“始不杀，无罪也；今既骄横，可暴其恶诛之，国法也，又何患耶？”又议重赂唃厮啰使讨贼，得地即与之。琳曰：“使唃厮啰得地，是复生一元昊矣。不若用间，使二羌势不合，中国利也。”

故枢密副使张逊第在武成坊，其曾孙偕才七岁，宗室女生也，贫不自给。乳媪擅出券鬻第，琳欲得之，使开封府吏密谕媪，以偕幼，宜得御宝许鬻乃售。乳媪以宗室女故，入宫见章惠太后。既得御宝，琳乃市取之。又令吏市材木，买妇女。已而吏以赃败，御史按劾得状，降光禄卿、知颍州。

顷之，为户部侍郎，寻复吏部、知天雄军。又以左丞为资政殿学士。及建天雄军为北京，内侍皇甫继明主营宫室，欲侈大以要赏。琳以为方事边陲，又事土木以困民，不可。既而继明数有论奏，帝遣御史鱼周询按视，遂罢继明，命琳独主之。迁工部尚书，加大学士、河北安抚使。改武昌军节度使、知永兴军、陕西安抚使。以宣徽北院使判延州，仍为陕西安抚使。

元昊死，谅祚立，方幼，三大将分治其国。议者谓可因此时，以节度使啖三将，使各有所部分，以弱其势，可不战而屈矣。琳曰：“幸人之丧，非所以柔远人，不如因而抚之。”议者惜其失几。

既而遣使册命，夏人方围庆阳。琳曰：“彼若贪此，可缓庆州之难矣。”具礼币赐予之数移报之，果喜，即日迎册使，庆阳之围亦解，尝获戎首，不杀，戒遣之，夏人亦相告毋捕汉民。久之，以五百户驱牛羊扣边请降，且言：“契丹兵至衙头矣，国中乱，愿自归。”琳曰：“彼诈也。契丹至帐下，当举国取之，岂容有来降者？间闻夏人方捕叛者，此其是邪？不然，诱我也。”拒不受。已而贼果以骑三万临境上，以捕降者为辞。琳谋知之，闭壁倒旗，戒诸将勿动，贼疑有备，遂引去。

　　拜同中书门下平章事、判大名府。琳持重不扰，前后守魏十年，度要害，缮壁垒，增守御备。植杂木数万，曰："异时楼橹之具，可不出于民矣。"人爱之，为立生祠。改武胜军，又换镇安军节度使。上书曰："臣虽老，尚能为国守边。"未报，得疾卒。赠中书令，谥文简。

　　琳为人敏万深严，长于政事，辨议一出，不肯下人。然性墙于财，而厚自奉养。章献太后时，尝上《武后临朝图》，人以此薄之。

　　姜遵字从式，淄州长山人。进士及第，为蓬莱尉，就辟登州司理参军，开封府右军巡判官。有疑狱，将抵死，遵辨出之。迁太常博士，王曾荐为监察御史，殿中侍御史，开封府判官。知吉州高惠连与遵有隙，发遵在庐陵时赃事，按验无状，犹降通判延州。复入为侍御史、判户部勾院。利州路饥，以遵为体量安抚，迁知邢州。

　　仁宗即位，徙滑州，为京东转运使，徙京西。未几，以刑部郎中兼侍御史知杂事。建言三司、开封府日接宾客，废事，有诏禁止。历三司副使，再迁右谏议大夫、知永兴军。奏罢咸阳富民元氏岁贡梨。召拜枢密副使，迁给事中，卒。赠吏部侍郎。

　　遵长于吏事，为治尚严猛，所诛残者甚众。在永兴，太后尝诏营浮屠，遵毁汉、唐碑碣代砖甓，既成，得召用。

　　范雍字伯纯，世家太原。曾祖仁恕，仕蜀为宰相。祖从龟，刑部侍郎，入朝，改右屯卫将军，后葬河南，遂为河南人。雍中进士第，为洛阳县主簿。累官殿中丞、知端州。迁太常博士。寇准辟为河南通判，还，判三司开拆司。可决滑州，选为京东转运副使。历河北、陕西转运使，入为三司户部副使，又徙度支。以尚书工部郎中为龙图阁待制、陕西都转运使。还，提举诸司库务，勾当三班院。

　　环、原州属羌扰边，以雍为安抚使。建言："属羌因罪罚羊者，旧输钱，而比年责使出羊，羌人颇以为患。请输钱如旧，罪轻者以汉法赎金。"从之。迁右谏议大夫、权三司使。

　　雍在京东时，平滑州水患。以劳加龙图阁直学士。明年，拜枢密副使。丁母忧，起复，迁给事中。玉清昭应宫灾，章献太后泣对大臣曰："先帝竭力成此宫，一夕延燎几尽，惟一二小殿存尔。"雍抗言曰："不若悉燔之也。先朝以此竭天下之力，遽为灰烬，非出人意，如因其所存，又将葺之，则民不堪命，非所以畏天戒也。"时王曾亦止之，遂诏勿葺。迁尚书礼部侍郎。

太后崩，罢为户部侍郎、知陕州，改永兴军。是岁饥疫，关中为甚，雍为振恤。以疾，请近郡，遂知河阳。进吏部侍郎，徙应天府，又改河南府，进资政殿学士。陈安边六事，又请于天雄军聚甲兵以备河北，于永兴军、河中府益募土兵以备陕西，即泾原、环庆有警，河中援之。

既而元昊反，拜振武军节度使、知延州。因言："延州最当贼冲，地阔而砦栅疏，近者百里，远者二百里，土兵寡弱，又无宿将为用，而贼出入于此，请益师。"不报。元昊先遣人通款于雍，雍信之，不设备。一日，引兵数万破金明砦，乘胜至城下。会大将石元孙领兵出境，守城者才数百人。雍召刘平于庆州，平帅师来援，合元孙兵与贼夜战三川口，大败，平、元孙皆为贼所执。雍闭门坚守，会夜大雪，贼解去，城得不陷。左迁户部侍郎、知安州。居一岁，复吏部侍郎、知河中府。

又为资政殿学士、知永兴军兼转运司事，迁尚书左丞，加大学士。初，完永兴城，或言其非便，诏止其役，雍匿诏而趣成之。明年，贼犯定川，邠、岐之间皆恐，而永兴独不忧寇。复徙河南府，又迁礼部尚书，卒。赠太子太师，谥忠献。

雍为治尚恕，好谋而少成。在陕西，尝请于商、虢置监铸铁钱，后不可行；又括诸路牛以兴营田，亦随废。颇知人，喜荐士，后多至公卿者。狄青为小校时，坐法当斩，雍贷之。

子宗杰，为兵部员外郎、直史馆，历陕西转运使，先雍卒。宗杰子子奇。

子奇字中济，阶祖雍荫，签书并州判官。以唐介荐，神宗赐对，

提举修在京仓。三司使又荐,按覆营缮,匠吏积为欺隐,惧罪,造飞
语间之。神宗遣大阉张茂则察其无私,劳之曰:"为吏当如是,无恤
人言。"授户部判官,为湖南转运副使。建言:"梅山蛮恃险为边患,
宜拓取之。"后章惇开五溪,议由此起。

入判将作监。使于辽,导者改路回远,子奇谓曰:"此去云中有
直道,旬日可至,何为出此?"导者又欲沮子奇下马馆门外,子奇曰:
"异时于中门下马,今何以辄易?"导者计屈。历河东、陕西、河北、京
东四路转运使,工部、左司二郎中,加直龙图阁,使河北。诸郡犹榷
盐,奏罢之。

元祐初,为将作监、司农卿,复使陕西,以病解。起知郑州,加集
贤殿修撰、知河阳。召权户部侍郎,删酒户苛禁及奴婢告主给赏法。
未几,出知庆州,广储蓄,缮城栅,严守备,羁黜羌,推诚待下,人乐
为用。入为吏部侍郎,以待制致仕,卒,年六十三。子坦。

坦字伯履,以父任为开封府推官、金部员外郎、大理少卿,改左
司员外郎。押伴夏国使,应对合旨,赐进士第,权起居舍人。使于辽,
复命,具语录以献。徽宗览而善之,付鸿胪,令后奉使者视为式。迁
殿中监,知开封府,再命使辽。时兴边议,非时遣使以观衅,坦以不
宜始祸,辞其行。徽宗怒,责舒州团练副使,稍复集贤殿修撰,知江
宁府、洪、扬二州。

召为户部侍郎,论当十及夹锡钱之弊。以便亲请外,知河阳。入
辞,徽宗曰:"夹锡钱之害,甚于当十,宜速正之,为一道率。"坦至,
即奏罢之。政和初,复为户部,遂改当十钱为当三;罢淮盐入东北;
鬻诸州公田,以实常平。又上疏言:"户部岁入有限,用则无穷。今
节度使八十员,留后至刺史数千员,自非军功得之,宜灭其半奉;及
他工技末作,一切裁损。"时以为当。

时张商英为相,坦多与之合。及商英去,言者论坦助为匮竭之
说,以摇众听;又言坦建议鬻田、改常平法、废元符令及罢夹锡钱之
罪,贬黄州团练副使,安置韶州。以赦,复徽猷阁待制,卒,年六十

二。

　　赵稹，字表微。其先单父人，后徙宣城。为人诚质宽厚，少好学。吴太府卿田霖退居郡中，名有风鉴，故以女妻稹。擢进士第，历平定军判官、台州推官。改大理寺丞、知昆山县，通判楚州。迁殿中丞、知通州。召还，同判宗正寺，枢密直学士李浚为监察御史，再迁侍御史、判登闻鼓院、开封府判官，徙三司开拆、凭由司。帝祀汾阴，为留守推官。

　　迁尚书兵部员外郎、益州路转运使，真宗谕曰："蜀远而数乱，其利害朕所欲闻。卿至，悉条上之，祇附常奏，毋著姓名。"稹至，数言部中事，至一日章数上。蒲江县捕劫盗不得，反逮系平民，楚掠诬服。稹适行部，意其冤，驰入县狱，问得状，悉纵之。迁工部郎中。

　　召为侍御史知杂事、同判吏部流内铨，纠察在京刑狱。慎从吉知开封府，其子钧、锐受赇，事连钱惟演。稹与王曾白其奸状，从吉坐免，惟演亦罢去。

　　改三司盐铁副使，擢右谏议大夫、集贤院学士、知益州。度支市锦六千匹，召工计岁织裁千余匹，止以岁所织数上供。久之，或言稹不达民情，喜尊大，降知同州，徙凤翔、京兆府，三迁工部侍郎，复纠察在京刑狱。加枢密直学士、知并州，代还，迁刑部侍郎。

　　天圣八年，擢枢密副使，迁吏部侍郎。时权出宫掖，稹厚结刘美人家婢，以故致位政府。命未出，人驰告稹，稹问曰："东头？西头？"盖意在中书也。闻者皆以为笑。章献太后崩，罢为尚书左丞、知河中府，迁礼部尚书。既病，乞骸骨，拜太子少傅致仕。卒，赠太子太保，谥僖质。

　　任布字应之，河南人。后唐宰相圜四世孙也。力学，家贫，尝从人借书以读。进士及第，补安肃军判官，辄刺问房中事，上疏请饬边备，仍奏河北利害。后契丹至澶渊，真宗识其名，特改大理寺丞、知安阳县。通判嘉州，还，知开封府司录事，通判大名府。初置提点刑狱，选布领荆湖南路。

　　入权三司盐铁判官，判度支勾院。京城东南有泉涌出，为筑祥源观，男女徒跣奔走瞻拜。布论之曰："明朝不宜以神怪衒愚俗。"遂忤宰相意。又与徐奭、麻温其试开封府进士，而奭潜发封卷视之。降监邓州税，徙知宿州。

　　时越州守阙，寇准曰："越州有职分田，岁入且厚，今争者颇众，非廉士莫可予。"乃徙布越州。有祖讼其孙者"醉酒詈我"，已而悔，日哭于庭曰："我老无子，赖此孙以为命也。"布闻之，贷其死，上书自劾，朝廷亦之责。

　　寇准贬，布亦徙建州，累迁尚书职方员外郎。丁谓既逐，稍用为白波发运使。岁余，判三司开拆司，出为梓州路转运使。富顺监盐井，岁久卤薄而课存，主者至破产，或鬻子孙不能偿。布奏除之。迁祠部郎中、权户部判官，擢江、淮置制发运使。前使者多聚山海珍异之物以饷权要，布一切罢去。

　　召为三司度支副使，奉使契丹。还，加直史馆、知荆南。为盐铁副使，命管伴契丹使。历兵部、刑部郎中，拜右谏议大夫、知真定府。或欲省河北兵，布言："契丹、西夏方窥伺中国，备未可弛也。"筑甬道属滹沱河，跨绝泥潦。徙滑州，改天雄军。迁给事中、集贤院学士、知许州。未几，为龙图阁直学士，徙澶州。黄德和诬刘平降贼，欲收平家，布力言平非降贼者。复徙真定，又徙河南府，未至，召为枢密副使。

　　布纯约自守，及秉政，无所建明。子逊尝上书，诋大臣及布皆为不才，御史鱼周询因奏疏曰："布不才，其子能知之。"乃以尚书工部侍郎罢知河阳。议者以周询引逊语逐其父，为不知体。改蔡州，授太子少保致仕，进少傅。皇祐间，诏陪祀明堂，称疾不赴。赐一子进士出身，迁少师。

　　始，布归洛中，作五知堂，谓知恩、知道、知命、知足、知幸也。卒，赠太子太傅，谥恭惠。子达，性亦恬远，尚释氏学，历官为司封郎中。

　　高若讷字敏之,本并州榆次人,徙家卫州。进士及第,补彰德军节度推官,改秘书省著作佐郎,再迁太常博士、知商河县。县有职分田,而牛与种皆假于民,若讷独废不耕。

　　御史知杂杨偕荐为监察御史里行,迁尚书主客员外郎、殿中侍御史里行。改左司谏、同管勾国子监,迁起居舍人、知谏院。时范仲淹坐言事夺职知睦州,余靖、尹洙论救仲淹,相继贬斥。欧阳修乃移书责若讷曰:“仲淹刚正,通古今,班行中无比。以非辜逐,君为谏官不能辨,犹以面目见士大夫,出入朝廷,是不复知人间有羞耻事耶!今而后,决知足下非君子。”若讷忿,以其书奏,贬修夷陵令。未几,加直史馆,以刑部员外郎兼侍御史知杂事。

　　王蒙正知蔡州,若讷言:“蒙正起禆贩,因缘戚里得官。向徙郴州,物论犹不平,今予之大州,可乎?”诏寝其命。大庆殿设祈福道场,若讷奏曰:“大庆殿非行礼不御,非法服不坐,国之路寝也,岂可聚老、释为渎慢?”阎文应为入内都知,若讷言其肆横不法,请出之,遂出文应为相州兵马钤辖。又奏三公坐而论道,今二府对才数刻,何以尽万几?宜赐坐从容,如唐延英故事。

　　擢天章阁待制、知永兴军,留判吏部流内铨,出为河东路都转运使。召还,兼侍读、权判尚书刑部。丁母忧,始许行服,给实奉终丧。服除,加龙图阁直学士、史馆修撰,以右谏议大夫权御史中丞。时宰相贾昌朝与参知政事吴育数争事上前。明年春,大旱,帝问所以然者,若讷曰:“阴阳不和,责在宰相。《洪范》,大臣不肃,则雨不时若。”于是昌朝及育皆罢,若讷遂代育为枢密副使。

　　王则据贝州,讨之,逾月未下。或议招降,若讷言:“河朔重兵所积,今释不讨,后且启乱阶。”及破城,知州张得一送御史台劾治,有臣贼状。朝廷议贷死,若讷谓:“守臣不死,自当诛,况为贼屈?”得一遂弃市。

　　以工部侍郎、参知政事为枢密使。凡内降恩,若讷多覆奏不行。入内都知王守忠欲得节度使,固执为不可。若讷畏惕少过,而前骇殴路人辄至死，御史奏弹之。皇祐五年，罢为观文殿学士兼翰林侍读学士、尚书左丞、同群牧制置使、判尚书都省，止命舍人草词。卒，赠右仆射，谥文庄。

若讷强学善记，自秦、汉以来诸傅记无不该通，尤喜申、韩、管子之书，颇明历学。因母病，遂兼通医书，虽国医皆屈伏。张仲景《伤寒论诀》、孙思邈《方书》及《外台秘要》久不传，悉考校讹谬行之，世始知有是书。名医多出卫州，皆本高氏学焉。

皇祐中，诏累黍定尺以制钟律，争论连年不决。若讷以汉货泉度一寸，依《隋书》定尺十五种上之。并损益祠祭服器，悉施用。有集二十卷。

孙沔字元规，越州会稽人。中进士第，补赵州司理参军。跌荡自放，不守士节，然材猛过人。后以秘书丞为监察御史里行。

景祐元年，礼院奏用冬至日册后，沔奏："丧未祥禫而行嘉礼，非制也。"同安县尉李安世上书指切朝政，被劾，沔奏："加罪安世，恐杜天下言者，请勿治。"黜知衡山县。道上书言时事，再贬永州监酒。移通判潭州、知处州。复为监察御史，再知楚州。所在皆著能迹。召为左正言，论事益有直名。迁尚书工部员外郎，提举两浙刑狱，遂以起居舍人为陕西转运使。

时宰相吕夷简求罢，仁宗优诏弗许。沔上书言："自夷简当国，黜忠言，废直道，及以使相出镇许昌，乃荐王随、陈尧叟代己。才庸负重，谋议不协，忿争中堂，取笑多士，政事浸废。又以张士逊冠台席，士逊本乏远识，至隳国事。盖夷简不进贤为社稷远图，但引不若己者为自固之计，欲使陛下知辅相之位非己不可，冀复思己而召用也。陛下果召夷简还，自大名入秉朝政，于兹三年，不更一事。以姑息为安，以避谤为智。西州将帅累以败闻，契丹无厌，乘此求赂。兵歼货悖，天下空竭，刺史牧守，十不得一。法令变易，士民怨咨，隆盛之基，忽至于此。今夷简以病求退，陛下手和御药，亲写德音，乃谓'恨不移卿之疾在于朕躬'，四方义士传闻诏语，有泣下者。夷简在中书二十年,三冠辅相,所言无不听,所请无不行,有宋得君,一人而已,未知何以为陛下报?天下皆称贤而陛下不用者,左右毁之也;皆谓恺邪而陛下不知者,朋党蔽之也。比契丹复盟,西夏款塞,公卿忻忻,日望和平。若因此振纪纲,修废坠,选贤任能,节用养兵,则景德、祥符之风,复见于今矣。若恬然不顾,遂以为安,臣恐土崩瓦解,不可复救。而夷简意谓四方已宁,百度已正,欲因病默默而去,无一言启沃上心,别白贤不肖,虽尽南山之竹,不足书其罪也。”

书闻,帝不之罪,议者喜其謇切。居两月,以天章阁待制为都转运使,又迁礼部郎中,为环庆路都总管、安抚经略使、知庆州。元昊死,诸将欲乘其隙,大举灭之。沔曰:“乘危伐丧,非中国体。”三司所给特支,物恶而估高,军士有语,优人因戏及之。沔曰:“此朝廷特赐,何敢妄言动众!”命斩之徇。将佐争言:“此特戏尔,不足深罪也。”沔徐呼还,杖脊配岭南,谓之曰:“汝赖戏我前,即私议动众,汝必死,而告者超迁矣。”明日,给特支,士无敢哗者。

历知陕西、河东都转运使,又知庆州,聚战亡遗骸葬祭之。军中感泣。凡三知庆州,边人服其能。迁龙图阁直学士,又迁枢密直学士、知成都府,未至,以母丧罢。服除,为陕西都转运使。求知明州,会京东多盗,乃以知徐州,明购赏,严诛罚,盗遂止。

徙秦州,时侬智高反,沔入见,帝以秦事勉之。对曰:“臣虽老,然秦州不足烦圣虑,陛下当以岭南为忧也。臣睹贼势方张,官军朝夕当有败奏。”明日,闻蒋偕死,谕论执政曰:“南事诚如沔所料。”宰相庞籍奏遣沔行,以为湖南、江西路安抚使,以便宜从事,加广南东、西路安抚使。沔请益发骑兵,且增选偏裨二十八人,求武库精甲五千。参知政事梁适折之曰:“毋张皇!”沔曰:“前日惟亡备,故至此。今指期灭贼,非可以侥幸胜,乃欲示镇静耶?夫实备不至而貌为镇静,危亡之道也。”居二日,促行,才与兵七百。沔忧贼度岭而北,乃檄湖南、北曰:“大兵且至,其缮治营垒,多具宴犒。”贼疑不敢北侵。会遣狄青为宣抚使,沔与青会。青与智高遇,战归仁铺,智高败走。青还,沔留治后事,迁给事中。及还,帝问劳,解御带赐之,以知杭州。至南京，召为枢密副使。

张贵妃薨，追册为皇后，命沔读册。故事，正后，翰林学士读册。沔既陈不可用宰相护葬，且曰：“陛下若以臣沔读册则可，以枢密副使读册则不可。”遂求罢职。以资政殿学士知杭州。迁大学士，徙知青州。又迁观文殿学士、知并州。而谏官吴及、御史沈起奏沔淫纵无检，守杭及并所为不法，乃徙寿州。

诏按其迹，而使者奏：“沔在处州时，于游人中见白牡丹者，遂诱与奸。及在杭州，尝从萧山民郑昊市纱，昊高其直，沔为恨。会昊贸纱有隐而不税者，事觉，沔取其家簿记，积计不税者几万端，配录昊他州。州人许明有大珠百，沔妻弟边珣以钱三万三千强市之。沔爱明所藏郭虔晖画《鹰图》，明不以献。初，明父祷水仙大王庙生明，故幼名‘大王儿’。沔即捕按明僭称王，取其画鹰，刺配之。及沔罢去，明诣提点刑狱，断一臂自讼，乃得释。杭州人金氏女，沔白昼使吏卒舆致，乱之。有赵氏女已许嫁莘旦，沔见西湖上，遂设计取赵女至州宅，与饮食卧起。所刺配人以百数，及罢，盗其按去，后有诉冤者多以无按，不能自解。在并州，私役使吏卒，往来青州、麟州市卖纱、绢、绵、纸、药物。官庭列大梃，或以暴怒击诉事者，尝剔取盗足后筋，断之。”奏至，乃责宁国节度副使，监司坐失察，皆被黜。其后复光禄卿，分司南京，居宿州。会恩，知濠州，以尚书礼部侍郎致仕。

英宗即位，迁户部。帝与执政议守边者，难其人，参知政事欧阳修奏：“孙沔向守环庆，养练士卒，招抚蕃夷，恩信最著。今虽七十，心力不衰，中间曾以罪废，然宜弃瑕使过。”遂起为资政殿学士、知河中府，又以为观文殿学士、知庆州，徙延州，道卒。

沔居官以才力闻，强直少所惮，然喜宴游女色，故中间坐废。妻边氏悍妒，为一时所传。初，陕西用兵，朝廷多假边帅倚以集事，近臣出帅或骄恣越法。及沔废后，真定路安抚使吕溱继得罪，自此守帅之权宜微矣。

论曰：君子惟能立身，而后可以佐国。中正、起自陷朋党，遵、积险邪,沔颇知兵而以污败。琳有才器,能继大事,然献《武后临朝图》于章献,君子鄙之。雍任边寄而覆军败将,几不自保。若讷喜申、韩、管子之书,中师、布少所建明,殆亦未足与议也。

宋史卷二八九
列传第四八

高琼　子继勋　继宣　　范廷召
葛霸　子怀敏

　　高琼,家世燕人。祖霸,父乾。五代时,李景据江南,潜结契丹,岁遣单使往复。霸将契丹之命,以乾从行使景。方至江左,谍间北使与中夏构隙,以纾疆场之难,遂杀霸,居乾濠州,声言为汴人所杀。乾在濠州生三子,以江左蹙弱,寻挈族归中朝,给田亳州之蒙城,因土著焉。

　　琼少勇鸷无赖,为盗,事败,将磔于市,暑雨创溃,伺守者稍息,即掣钉而遁。事王审琦,太宗尹京邑,知其材勇,召置帐下。太宗尝侍宴禁中,甚醉,及退,太祖送至苑门。时琼与戴兴、王超、李斌、桑赞从,琼左手执靮,右手执镫,太宗乃能乘马。太祖顾琼等壮之,因赐以控鹤官衣带及器帛,且勖令尽心焉。

　　太宗即位,擢御龙直指挥使。从征太原,命押弓弩两班,合围攻城。及讨幽蓟,属车驾倍道还,留琼与军中鼓吹殿后,六班扈从不及,惟琼首率所部见行在,太宗大悦,慰劳之。太平兴国四年,迁天武都指挥使、领西州刺史。明年,改为神卫右厢都指挥使、领本州团练使。车驾巡师大名,命琼与日骑右厢都指挥使朱守节分为京城内巡检。坐事,出为许州马步军都指挥使。

　　会有龙骑亡命卒数十人,因知州臧丙出郊,谋劫其导从以叛。琼闻即白丙,趣还城,因自率从卒数十人,挟弓矢单骑追捕,至榆林村,及之。贼入村后舍,登墙以拒。贼首青脚狼者注弩将射琼,琼引弓一发毙之,遂悉擒送于州。丙上其事。会将北伐,召归。授马步军都军头、领蓟州刺史、楼船战棹都指挥使,部船千艘赴雄州。又城易州。师还,为天武右厢都指挥使、领本州团练使。

端拱初,迁左厢,改领富州团练使。是秋,出为单州防御使,改贝州部署。其出守也,与范廷召、王超、孔守正并命焉。数月,廷召等皆复补兵职,琼颇悒悒。时王承衍镇贝丘,公主每入禁中,颇知上于琼厚,承衍每宽慰之。二年,召还。故事,廉察以上入朝,始有茶药之赐,至是特赐琼焉。三月,迁朔、易帅臣,制授琼侍卫步军都指挥使、领归义军节度,廷召辈始加观察使,不得与琼比。出为并州马步军都部署,时潘美亦在太原,旧制,节度使领军职者居上,琼以美旧臣,表请居其下,从之。戍兵有以廪食陈腐哗言者,琼知之,一日,出巡诸营,士卒方聚食,因取其饭自啖之,谓众曰:“今边鄙无警,尔等坐饱甘丰,宜知幸也。”众言遂息。改镇州都部署。至道中,就改保大军节度,典军如故。

真宗即位,加彰信军节度,充太宗山陵部署,复为并代都部署。咸平中,契丹犯塞,其母车帐至狼山大夏。上亲巡河朔,遣杨允恭驰往,召琼率所部出土门,与石保吉会镇、定。既而傅潜以逗留得罪,即召琼代之。兵罢,复还本任。转运使言其政绩,诏褒之。

咸平三年,代还,以手创不任持笏,诏执梃入谒,授殿前都指挥使。先是,范廷召、桑赞所将边兵临敌退衄,言者请罪之。以问琼,琼对曰:“兵违将令,于法当诛。然陛下去岁已释其罪,今复行之,又方屯诸路,非时代易,臣恐众心疑惧。”乃止。

景德中,车驾北巡。时前军已与敌接战,上欲亲临营垒,或劝南还,琼曰:“敌师已老,陛下宜亲往,以督其成。”上悦,即日进幸澶渊。明年,以罢兵,料简兵卒诸班直十年者出补军校,年老者退为本班剩员。琼进曰:“此非激劝之道,宿卫岂不劳乎?”自是八年者皆得叙补焉。

马军都校葛霸权步军司,会以疾在告,令琼兼领二司。琼从容上言曰："臣衰老，倘又有犬马之疾，则须一将总此二职。臣事先朝时，侍卫都虞候以上常至十员，职位相亚，易于迁改，且使军伍熟其名望，边藩缓急，亦可选用。"上深然之。未几，以久疾求解兵柄，授检校太尉、忠武军节度。三年冬，疾甚，上欲亲临问之，宰相不可，乃止。卒，年七十二，赠侍中。

琼不识字、晓达军政，然颇自任，罕与副将参议。善训诸子：继勋、继宣、继忠、继密、继和、继隆、继元。继勋、继宣最知名。

继勋字绍先，初补右班殿直。仪状颀伟，太宗见而异之，召问其家世，以琼子对。擢寄班祗候，累迁内殿崇班。

咸平初，王均据益州。以崇仪副使为益州兵马都监、提举西川诸州军巡检公事。招安使雷有终以兵五百授继勋，守东郭二门，会贼攻弥牟砦，继勋引兵转斗至嘉州，败之，获黄伞、金涂枪以还。有终益以劲兵复进攻二门，克之，乃建帜城上。诸将知城拔，有终乃引军薄天长门，贼复来拒战。会日暮，有终欲少休，继勋曰："贼窘矣，急击之，无失也。"率十数骑鏖战，身被数创，血濡甲；马死，更马以进。会入内都知秦翰来援，贼退保子城，不敢出。继勋潜知贼欲夜遁，开围使得溃去，均卒败灭。以功迁崇仪使。贼余党保山薮中，时出剽劫，乃徙绵汉剑门路都巡检使。继勋募恶少年侦贼动静，穷蹑岩穴，掩其不备，悉擒杀之。

又徙陕路钤辖，还朝，迁洛苑使、并代州钤辖。徙屯岢岚军。契丹聚兵五万屯草城川，继勋登高望之，谓军使贾宗曰："彼众而阵不整，将不才也。我兵虽少，可以奇取胜。先伏兵山下，敌见我弱，必急攻我。我诱之南走，尔起乘之，当大溃。"转战至寒光岭，伏发，契丹果败，相蹂躏死者万余人，获马、牛、橐驼甚众。迁弓箭库使，赐金带、锦袍，领荣州刺史，徙麟、府州钤辖。

时屯兵河外，馈运不属。继勋扼兔毛川，援送军食，师乃济。徙知环州，又徙瀛州。时岁饥，募富人出粟以给贫者。明年大稔，木生连理者四，郡人上治状请留。迁内藏库使，以宫苑使奉使契丹。还，知定州,迁西上阁门使、昭州团练使,徙鄜延路钤辖,坐市马亏价失官。已而复为西上阁门使、荣州刺史、知冀州、领果州团练使。徙贝州,复知瀛州。

仁宗即位,改东上阁门使,真授陇州团练使、知雄州。其冬,契丹借燕蓟,候卒报有兵入钞,边州皆警。继勋曰:"契丹岁赖汉金缯,何敢损盟好邪?"居自若,已,乃知渤海人叛契丹,行剽两界也。擢捧日天武四厢都指挥使、连州防御使,又知瀛州。历步军马军殿前都虞候、步军副都指挥使、邕州观察使、泾原路副都总管兼知渭州。入宿卫,出为天雄军都总管,愿复护边,既而留不遣。后真定府定州路都总管,改威武军节度观察留后,遂拜保顺军节度使、马军副都指挥使。

恭谢礼成,徙昭信军节度使,为庄献明肃太后山陵、庄懿太后园陵都总管,以老病乞骸骨。召见便殿,许一子扶掖,俾勿拜,听辞管军。授建雄军节度使、知滑州。河水暴溢,啮堤岸,继勋虽老,躬自督役,露坐河上,暮夜犹不辍,水乃杀怒,滑人德之。卒,年七十八,辍视朝一日,赠太尉。继勋性谦,有机略,善抚御士卒,临战辄胜。在蜀有威名,号"神将"。

子遵甫,官至北作坊副使。嘉祐八年,遵甫女正位皇后,神宗即位,册皇太后。累赠继勋太师、尚书令兼中书令,追封康王,谥穆武。熙宁九年,帝诏宰相王圭为神道碑,御篆碑首曰"克勤敏功钟庆之碑"。遵甫亦赠太师、尚书令兼中书令,追封楚王。

继宣字舜举。幼善骑射,颇工笔札,知读书。以恩补西头供奉官、惠民河巡督漕船。会岁饥多盗,兼沿河巡检捉贼,迁阁门祗候、邠州兵马都监。曹玮守邠,数与言兵,荐其可用。

乾兴初,以内殿崇班为益州都监,蜀人富侈,元夕大张灯,知府薛奎戒以备盗,继宣籍恶少年饮犒之,使夜中潜志盗背,明日皆获。历磁、相、邢、洺都巡检使,知安肃军,徙保州。累迁礼宾使、益州路兵马钤辖。还,为西上阁门使、泾原路钤辖兼安抚使、知渭州,迁四方馆使、昭州刺史、知雄州。

初，元昊反，声言侵关陇。继宣请备麟府。未几，羌兵果入寇河外，陷丰州。擢捧日天武四厢都指挥使、恩州团练使、知并州。俄寇麟府，继宣帅兵营陵井，抵天门关。是夕，大雨，及河，师半济，黑凌暴合，舟不得进，乃具牲酒为文以祷。已而凌解，师济，进屯府谷，间遣勇士夜乱贼营。又募黥配厢军，得二千余人，号清边军，命偏将王凯主之。军次三松岭，贼数万众围之，清边军奋起，斩首千余级。其相蹂藉死者不可胜计。筑宁远砦，相视地脉，凿石出泉。已而城五砦，迁眉州防御使，卒。

范廷召，冀州枣强人。父铎，为里中恶少年所害。廷召年十八，手刃父仇，剖取其心以祭父墓。弱冠，身长七尺余，有臂力。尝为盗，以勇壮闻。周广顺初，应募为北面招收指挥使。世宗即位，入补卫士。从征高平，战疾力，迁殿前指挥使。从征淮南，战紫金山，流矢中左股。

宋初，从平李筠、李重进，转本班都知。又从征太原，再转散都头、都虞候、领费州刺史。太平兴国中，以日骑军都指挥使从平太原，征范阳。秦王廷美尝遣亲吏阎怀忠、赵琼犒禁军列校，廷召预焉，坐出为唐州马步军都指挥使。

雍熙三年，议北征，召入为马步军都军头、领平州刺史、幽州道前军先锋都指挥使。与贼遇固安南，破其众三千，斩首千余级，克固安、新城二县，乘胜下涿州。廷召复与贼战，中流矢，血渍甲缕，神色自若，督战益急，诏褒之。师还，迁日骑右厢都指挥使、领本州团练使，又迁左厢，移领高州。端拱初，出为齐州防御使，数月，授捧日天武四厢都指挥使、领澄州防御使。二年，转殿前都虞候、领凉州观察使、镇州副都部署。大破契丹三万众于徐河。斩首数千级。

淳化二年，为平虏桥砦都部署，历并代、环庆两路副部署。至道中，遣将从五路讨李继迁，命廷召副李继隆为环庆灵都部署。廷召出延州路，与贼遇白池，获米募军主吃啰等兵器、铠甲数万。是役也,诸将失期,独廷召与王超大小数十战,屡克捷,上嘉之。俄又为并代两路都部署。三年,迁侍卫马军都指挥使、领河西军节度,为定州行营都部署。

咸平二年,契丹入塞,车驾北巡。廷召与战瀛州西,斩首二万级,逐北至莫州东三十里,又斩首万余,夺其所掠老幼数万口,契丹遁去。师还,录功加检校太傅,益赋邑,又改殿前都指挥使。四年正月被疾,车驾临问,卒,年七十五,赠侍中。

廷召在军四十余年,由显德以来,凡亲征,未尝不从。善骑射,尝出猎,有群乌飞过,廷召发矢,并贯其三,观者骇异。性恶飞禽,所至处弹射殆绝。尤不喜驴鸣,闻必击杀之。

子守均至散员都虞候、演州刺史;守信内殿承制、阁门祗候;守宣内殿崇班;守庆更名圭,后为西京作坊副使、淮南、江、浙、荆湖制置发运副使。

葛霸,真定人。姿表雄毅,善击刺骑射。始事太宗于藩邸;践祚,补殿前指挥使,稍迁本班都知,三迁至散员都虞候。雍熙中,幽州之师失律,大补军校,以霸为骁骑军都指挥使、领檀州刺史,戍定州。尝遇敌唐河,与战,败走之,斩获甚众。俄召为御前忠佐马步军都军头。端拱初,出为博州团练使,历潞、代二州部署。淳化元年,擢殿前都虞候、领潘州观察使,为高阳关副都部署,进都部署。凡七战。召还,制授保顺军节度,典军如故。出为镇州都部署,徙天雄军。

咸平三年,车驾劳师于大名,霸与石保吉同来觐。时康保裔没于河间,即日以霸为贝、冀、高阳关前军行营都部署。二月,就迁副都指挥使。未几,改邠宁、泾原、环庆三路都部署。四年,迁侍卫马军都指挥使,领感德军节度。

景德元年,河决澶州横垅埽,命为修河都部署。未行,属北边有警,真宗议亲征,以霸为驾前西面邢洺路都部署,又副李继隆为驾前东面排阵使,驻澶州。明年召还,以功特加封邑。上言朝廷居明德心丧,尚遏音乐,请停迎授之制,奏可。是年冬,以霸久典兵,年且老,罢军职,授昭德军节度、并代都部署。时廷臣有隶麾下者,颇扰军民,霸昏耄,为所罔,真宗知之,故有是召。

四年夏,徙知耀州。霸虽懦,然能谨直自持。会东封,表求扈跸。既以疾不能从,车驾还次卫南,疾少间,迎谒行在。上嘉其意,劳问久之。未几卒,年七十五,赠太尉。

子怀信、怀正、怀敏、怀煦。怀信至如京副使,怀煦内殿承制,怀正博州团练使,知沧、莫二州。

怀敏以荫授西头供奉官,加阁门祗候。历同提点益州路刑狱、襄邓都巡检。使契丹,知隰、莫、保三州,累迁东染院使、康州刺史、知雄州,就迁西上阁门使。上《平燕策》。会岁旱,塘水涸,怀敏虑契丹使至测知其广深,乃拥界河水注之,塘复如故。召对边事,复还雄州,改莱州团练使。浊流砦兵叛,杀官吏溃去,怀敏发兵掩袭,尽诛其党。在雄州五年,徙沧州。

怀敏为王德用妹婿,德用贬,亦降知滁州。陕西用兵,起为泾原路马步军副总管兼泾原、秦凤两路经略安抚副使。既入对,以曹玮尝所被介胄赐之,令制置鄜延、环庆两路存废砦栅。擢龙神卫四厢都指挥、眉州防御使、本路副都总管、知泾原。迁捧日天武四厢都指挥使、鄜延路副都总管。进殿前都虞候、知延州。范仲淹言其猾懦不知兵,复徙泾原路兼招讨、经略、安抚副使。

庆历二年,元昊寇镇戎军,怀敏出瓦亭砦,督砦主都监许思纯、环庆路都监刘贺、天圣砦主张贵,及缘边都巡检使向进、刘湛、赵瑜等御敌。军次安边砦,给刍秣未绝,怀敏辄离军,夜至开远堡北一里而舍。既而自镇戎军西南,又先引从骑百余以前,承受赵正曰:“敌近,不可轻进。”怀敏乃少止。日暮趋养马城,与知镇戎军曹英及泾原路都监李知和、王保、王文、镇戎军都监李岳、西路都巡检使赵璘等会兵。闻元昊徙军新壕外,怀敏议质明袭之,乃命诸将分四路趣定川砦:刘湛、向进出西水口,泾原路都监赵珣出莲华堡,曹英、李知和出刘璠堡,怀敏出定西堡。知和与英督军夜发。翌日,湛、进行次赵福堡，遇敌，战不胜，保向家峡，怀敏使珣、英并镇戎军西路巡检李良臣、孟渊援之。

俄报敌已拔栅逾边壕，怀敏入保定川砦，敌毁板桥，断其归路，别为二十四道以过军，环围之。又绝定川水泉上流，以饥渴其众。刘贺率蕃兵斗于河西，不胜，余众溃去。怀敏为中军屯塞门东偏，英等阵东北隅。敌自徧江三、叶燮会出，四面环之。先以锐兵冲中军，不动，回击英军。会黑风起东北，部伍相失，阵遂扰。士卒攀城堞争入，英面被流矢，仆壕中，怀敏部兵见之亦奔骇。怀敏为众蹂躏几死，舆致瓮城，久之乃苏。复选士据门桥，挥手刃以拒入城者。赵珣等以骑军四合御敌，敌众稍却，然大军无斗志。珣驰入，劝怀敏还军中。

是夕，敌聚火围城四隅，临西北呼曰：“尔得非总管厅点阵图者邪？尔固能军，乃入我围中，今复何往！”夜四鼓，怀敏召曹英、赵珣、李知和、王保、王文、许思纯、刘贺、李良臣、赵瑜计议，莫知所出，遂谋结阵走镇戎军。鸡鸣，怀敏自谕：“亲军左右及在后者皆毋得动，平明，从吾往安西堡。以英、珣为先锋，贺、思纯为左右翼，知和为殿，听中军鼓乃得行。”至卯，鼓未作，怀敏先上马，而大军按堵未动。怀敏周麾者再，将径去，有执鞚者劝不可，怀敏不得已而还。使参谋郭京等取城中，未至，怀敏复上马，叱执辔者使去，不听，拔剑且击之，士遂散。怀敏驱马东南，驰二百里至长城壕，路已断，敌周围之，遂与诸将皆遇害。余军九千四百余人，马六百余匹，为敌所断。其子宗晟与赵正、郭京、承受王昭明等还保定川。

初，怀敏令军中步兵毋得动，及前阵已去，后军多不知者，故皆得存。时韩质、郝从政、胡息以兵六千保莲华堡，刘湛、向进兵一千保向家峡，皆不赴援。于是敌长驱抵渭州，幅员六七百里，焚荡庐舍，屠掠民畜而去。奏至，帝嗟悼久之，赠怀敏镇戎军节度使兼太尉，英、知和、珣、保、文、质、岳、贵、璘、思纯、良臣及同时战没者，及泾原巡检杨遵、笼竿城巡检姚奭、泾原都巡检司监押董谦、同巡检唐斌、指使霍达，皆赠官有差。复降向进等官，落郝从政、赵瑜职。

怀敏通时事，善候人情，故多以才荐之。及用为将，而轻率昧于应变,遂至覆军。帝念之,赐谥忠隐。子宗晟、宗寿、宗礼、宗师,皆迁官。

论曰:真宗澶渊之役,高琼之功亦盛矣。范廷召年十八,能手刃父仇;琼将磔于市,幸以逃免;葛霸善击刺马射,给事藩邸:皆非素习韬略者也。及其出身戎行,迭居节镇,而卓有可观,由所遇之得其时也。或谓琼颇自用,谋议不及参佐,而洞晓军政;霸虽失于巽懦,而能谨直自持;廷召性虽癖,在军中四十年,累从征讨,所至有功:皆不害其为骁果也。廷召诸子,圭为最贤,霸子怀敏以战死,固皆足称。若继宣、继勋之将业,则过其父远甚,此"克勤敏功钟庆之碑"所由以立欤!夫以三子之自树如此,而不得与狄青、郭逵同日而论者,岂非拳勇之有余,而器识之不足也欤!

宋史卷二九〇
列传第四九

曹利用　子继邺附　　张耆　子希一等
杨崇勋　夏守恩　弟守赟　子随
狄青　张玉　孙节附　　郭逵

　　曹利用字用之,赵州宁晋人。父谏,擢明经第,仕至右补阙,以武略改崇仪使。利用少喜谈辩,慷慨有志操。谏卒,补殿前承旨,改右班殿直,选为鄜延路走马承受公事。

　　景德元年,契丹寇河北,真宗幸澶州,射杀契丹大将挞览,契丹欲收兵去,使王继忠议和,择可使契丹者。利用适奏事行在,枢密院以利用应选,帝曰:"此重事也,毋轻用人。"明日,枢密使王继英又荐利用,遂授阁门祗候、崇仪副使,奉书诣契丹军。帝语利用曰:"契丹南来,不求地则邀赂尔。关南地归中国已久,不可许;汉以玉帛赐单于,有故事。"利用愤契丹,色不平,对曰:"彼若妄有所求,臣不敢生还。"帝壮其言。

　　利用驰至军中,耶律隆绪母见利用车上,车轫设横板,布食器,召与饮食,其从臣重行坐。饮食毕,果议关南地,利用拒之。遣其臣韩杞来报命,利用再使契丹。契丹母曰:"晋德我,畀我关南地,周世宗取之,今宜还我。"利用曰:"晋人以地界契丹,周人取之,我朝不知也。若岁求金帛以佐军,尚不知帝意可否,割地之请,利用不敢以闻。"其政事舍人高正始遽前曰:"我引众以来。图复故地。若止得金帛归，则愧吾国人矣。"利用曰："子盍为契丹熟计，使契丹用子言，恐连兵结衅，不得而息，非国利也。"契丹度不可屈，和议遂定，利用奉约书以归。擢东上阁门使、忠州刺史，赐第京师。契丹遣使来聘，遂命利用迎劳之。

知宜州刘永规驭下残酷，军校乘众怨，杀永规叛，陷柳城县，围象州，分兵掠广州，岭南骚动。帝谓辅臣曰："向者司天占候当用兵，朕固忧远方守将非其人，以起边衅，今果然。曹利用晓方略，尽心于事，其以为广南安抚使。"利用至岭外，遇贼武仙县。贼持健标，蒙采盾，衣甲坚利，锋镝不能入。利用使士持巨斧长刀破盾，遂斩首以徇。岭南平，迁引进使。历客省使、嘉州防御使，出为鄜延路总管。大中祥符七年，拜枢密副使，加宣徽北院使、同知院事，进知院事，遂拜枢密使、同中书门下平章事。

利用在位既久，颇恃功。天禧二年，辅臣丁谓、李迪争论帝前，迪斥谓奸邪，因言利用与之为朋党。利用曰："以片文遇主，臣不如迪；捐躯以入不测之虏，迪不逮臣也。"迪坐是免，而利用以检校太师兼太子少保为会灵观使，进尚书右仆射。乾兴初，加左仆射兼侍中、武宁军节度使、景灵宫使，诏如曹彬给公使钱岁万缗。契丹使者萧从顺桀骜，称疾留馆下，不时发。朝廷遣使问劳，相望于道。利用请一切罢之，从顺乃引去。

加司空。旧制，枢密使虽检校三司兼侍中、尚书令，犹班宰相下。乾兴中，王曾由次相为会灵观使，利用由枢密使领景灵宫使，时重宫观使，诏利用班曾上，议者非之。未几，曾进昭文馆大学士、玉清昭应宫使，将告谢，而利用犹欲班曾上，阁门不敢裁。帝与太后坐承明殿久之，遣押班趣班，阁门惶惧莫知所出，曾抗声目吏曰："但奏宰臣王曾等告谢。"班既定，而利用怏怏不平。帝使同列慰晓之，仍诏宰臣、枢密使序班如故事，而利用益骄，尚居次相张知白上。寻召张旻于河阳，为枢密使，利用疑代己，始悔惧焉。

初，章献太后临朝，中人与贵戚稍能轩轾为祸福，而利用以勋旧自居，不恤也。凡内降恩，力持不予。左右多怨，太后亦严惮利用，称曰"侍中"而不名。利用奏事帘前，或以指爪击带鞓，左右指以示太后曰："利用在先帝时，何敢尔邪?"太后颔之。利用奏抑内降恩难屡却，亦有不得已从之者。人揣知之，或绐太后曰："蒙恩得内降辄不从，今利用家媪阴诸臣请，其必可得矣。"下之而验，太后始疑其私，颇衔怒。

内侍罗崇勋得罪，太后使利用召崇勋戒敕之，利用去崇勋冠帻，诟斥良久，崇勋恨之。会从子汭为赵州兵马监押，而州民赵德崇诣阙告汭不法事。奏上，崇勋请往按治，遂穷探其狱。汭坐被酒衣黄衣，令人呼万岁，杖死。初，汭事起，即罢利用枢密使，加兼侍中判邓州。及汭诛，谪左千牛卫将军、知随州。又坐私贷景灵宫钱，贬崇信军节度副使，房州安置，命内侍杨怀敏护送；诸子各夺二官，没所赐第，籍其赀，黜亲属十余人。宦者多恶利用；行至襄阳驿，怀敏不肯前，以语逼之，利用素刚，遂投缳而绝，以暴卒闻。

后其家请居邓州，帝恻然许之，命其子内殿崇班渊监本州税。明道二年，追复节度兼侍中，后赠太傅，还诸子官，赐谥襄悼，命学士赵概作神道碑，帝为篆其额曰"旌功之碑"，诏归所没旧产。

利用性悍梗少通，力裁侥幸，而其亲旧或有因缘以进者，故及于祸。然在朝廷忠荩有守，始终不为屈，死非其罪，天下冤之。

孙继邺字元嗣，其先金陵人。祖谦，事李昪为长剑都指挥使，南伐闽，援兵不至，战死。父承睿时为小校，愤将兵者不如期，致其父没，乃刺杀之，亡去，转徙淮、楚间。久之，入京师，以策上太宗，授左班殿直，终左藏库使。

继邺初以三班奉职监涔阳酒税。会宜州陈进反，曹利用辟以自随，为前驱，破贼于象州大乌岭。以功迁左侍禁、端州兵马监押。徙秦州永宁砦，总徒城洛门，改西头供奉官。晁迥荐为阁门祗候，上戎策十数事。又用曹玮荐，为鄜延路兵马都监，徙知环州，累迁崇仪副使。会修筑洪德砦，与总兵者论事不协，绌为冀州兵马都监，起知保安军，徙泾州。使契丹。

枢密使曹利用欲用之，继邺恶其权盛，阴知利用将有祸，数以疾辞，遂除左龙武军统军致仕。利用贬，复为崇仪副使，迁供备库使、知石州，徙保州，领恩州刺史、知雄州。累迁西上阁门使，擢为龙神卫四厢都指挥使、端州防御使。出为环庆路副都总管，道改泾原路，兼知渭州。建言："萧关故道，前控大川，善水草，贼骑所从出也。诚得属羌，与奉赐，且羁其酋领，使为藩篱，则可无西顾忧矣。"为步军都虞候，徙真定路，卒。

张耆字元弼，开封人。年十一，给事真宗藩邸，及即位，授西头供奉官。尝与石知颙侍射苑中，连发中的，擢供备库副使、带御器械。

咸平中，契丹犯边，以功迁南作坊使、昭州刺史、天雄军兵马钤辖。边兵未解，徙镇州行营钤辖，又徙定州。契丹围望都，耆与诸将从间道往援，比至，城已陷矣。耆与敌战，身被数创，杀契丹枭将。迟明复战，而王继忠为契丹所执。耆还。因言天道方利先举者，请大举讨之，及上兴师出境之日，帝以问辅臣，以为不可。迁昭州团练使，并、代州钤辖。明年，契丹兵复入，帝欲亲征，耆奏边事十余条，多论兵贵持重及所以取胜者。召还，入对，帝曰："卿尝请北伐，契丹入塞，与卿所请兴师之日同，悔不用卿策。今领守澶州而未得人，如何？"耆请行。帝喜，命为驾前西面钤辖，令至澶州候契丹远近。耆驰骑往，改东面排阵钤辖。

事平，会曹州赵谏告耆受金，为人求荐礼部，贬供备库使、潞州都监。久之，事稍辨，复官管勾皇城司。帝以耆历河东，稔边事，召耆至宣和阁，问地理险易状。耆因言："云、应、蔚、朔四郡，间遣人以文移至并、代间，非觇边虚实，即欲熟道路。宜密谕代州，使自云、应、蔚至者由大石谷入，自朔至者由土墱入，余间道皆塞之以示险。"景德罢兵，耆与曹璨、李神祐、岑保正阅军籍，请汰罢癃者。迁英州防御使、侍卫亲军马军都虞候。

从帝东封，迁绛州防御使、殿前都虞候。时建玉清宫，耆奏疏谓殚国财力，非所以承天意。迁相州观察使、马军副都指挥使。从祀汾阴，授威塞军节度使，进宣徽南院使兼枢密副使。罢，判河阳。丁父母忧，起复徙武宁军节度使，拜同中书门下平章事、判陈州。累迁镇安军、淮南节度使、判寿州。遣中书舍人张师德就赐告敕。寻召为枢密使兼群牧制置使、会灵观使。

先名旻，至是表改名耆。加尚书左仆射，历河阳、泰宁、山南东道、昭德军节度使，进兼侍中，封邓国公。章献太后崩，以左仆射、护国军节度出判许州，移襄、邓、孟、许、陈、寿六州，封徐国公。

耆为人重密，有智数，真宗在东宫，尝命授以《论语》、《左氏春秋》，后又赐《宸戒》二十条及《圣政记》、《册府元龟》，故颇知传记及术数之学，言象纬辄中。章献太后微时尝寓其家，耆事之甚谨。及太后预政，宠遇最厚，赐第尚书省西，凡七百楹，安佚富盛逾四十年。家居为曲阑，积百货其中，与群婢相贸易。有病者亲为诊切，以药傅之，欲钱不出也。所历藩镇，人颇以为扰。然御诸子严，日一见之，即就外舍，论者亦以此多之。以太子太师致仕，卒，赠太师兼侍中，谥荣僖。

子二十四人。得一，庆历中守贝州，妖人王则作乱，不能死，又与之草礼仪，伏诛；可一，坐与群婢贼杀其妻，弃市；利一，团练使；诚一，客省使、枢密都承旨。

希一字简翁，以父耆任，累官引进使，历知冀、邢等九州。贝州叛，希一先引兵至，得其水门。犹绐兄得一累，监洪州盐。复为河北缘边安抚副使。请徙边兵内地以宽籴费，每州岁为市平以籴边谷，使人不能高下其价；戍卒之孥给粮，先军士一日，使其家为伍保，坐以逃亡之累，皆著为法。徙成都利州路钤辖、真定府路总管。

累使辽及馆客，辽人尝以雄州不当禁渔界河、及役白沟两属民为言。希一曰："界河之禁，起于大国统和年，今文移尚存。白沟本输中国田租，我太宗特除之，自是大国侵牟立税，故名两属，恶有中国不役之理？"辽人词塞。以均州防御使提举集禧观，卒。弟利一。

利一字和叔。以荫补供奉官、光州都监。提点京东、淮南刑狱，知莫、冀二州，为河北缘边安抚都监兼阁门通事舍人、知广信军。

谍告辽人宋元寇边，利一置酒高会于谯门，元率众遁去。徙知保州、雄州，累迁西上阁门使、嘉州团练使。辽人刺两属民为兵，民不堪其辱，利一绥徕之。有大姓举族南徙，慕而来者至二万。利一发廪振恤，且移诘涿州，自是不敢复刺。

巡检赵用有罪，坐不察举，改卫州钤辖。久之，为定州路钤辖，进马步军总管，徙真定、大名府路。历知代、沧、澶、郑、相州，终雄州团练使。

杨崇勋字宝臣，蓟州人。祖守斌，事太祖为龙捷指挥使。父全美，事太宗为殿前指挥使。崇勋以父任为东西班承旨，事真宗于东宫。帝尝曰："闻若嗜学，吾授若书。"崇勋自是稍通兵法及前代兴废之事。真宗即位，迁右侍禁、西头供奉官、寄班祗候。

雷有终讨王均，崇勋承受公事，以奏捷擢内殿崇班。累迁西上阁门使、群牧都监，改副使，以左卫大将军、恩州刺史为枢密都承旨，寻提举枢密诸房、通进银台司事。以英州防御使为马军都虞候、并代州马部军副都总管，留为客省使、领群牧使。

真宗久不豫，寇准罢。入内副都知周怀政谋奉帝为太上皇，传位太子，复相准。尝以谋访崇勋，崇勋以变告。丁谓得其辞，夜造曹利用，共议发之。翌日，诛怀政，擢崇勋邓州观察使，不拜，乃以内客省使领桂州观察使，复兼群牧使。初，群牧置使皆以文臣领之，崇勋曰："马者战备，虽无事，可去邪？"

仁宗即位，以彰德军节度观察留后知陈州，授殿前都虞候、真定府定州路副都总管、知定州，历马军副都指挥使、殿前都指挥使、振武军节度使，拜宣徽南院使兼枢密副使。宫中火，为修葺副使。又历镇南、定武军、山南东道节度使。

章献与仁宗言，先帝最称崇勋质信，可任大事，乃进枢密使。百官诣洪福院上章懿册，退而立班奉慰，宰相张士逊过崇勋园饮，日中期不至。御史中丞范讽劾奏，与士逊俱罢，以同平章事、河阳三城节度使判许州。翌日，改陈州。景祐初，怀政家人讼冤，遂罢同平章事，知寿州，徙亳州，复知陈州。

契丹将渝盟，朝廷择将备边，崇勋请行，复拜同平章事、判定州。既而老不任事，徙成德军，又徙郑州。坐其子宗海讷赇枉法，以左卫上将军致仕，改太子太保，卒。赠太尉，谥恭密，寻改谥恭毅。

崇勋性贪鄙，久任军职。当真宗时，每对，辄肆言中外事，喜中伤人，人以是畏之。在藩镇日，尝役兵工作木偶戏人，涂以丹白，舟载鬻于京师。

夏守恩字君殊，并州榆次人。父遇，为武骑军校，与契丹战，殁。时守恩才六岁。补下班殿侍，给事襄王宫，累迁西头供奉官。

真宗即位，四迁至北作坊使、普州刺史。帝幸澶渊，守恩从行，数见任使。迁博州刺史，历龙神卫、捧日天武四厢都指挥使、泰州防使。帝不豫，中宫预政，以守恩领亲兵，倚用之。擢殿前都虞候，以安远军节度使观察留后管勾殿前马步军都指挥使事。

天圣初，加步军副都指挥使、威塞军节度使，为永定陵总管。雷允恭、邢中和徙皇堂，穿地得水泉，土石相半，人疫，功不就。守恩以闻，允恭等伏诛。徙节河阳三城，归本镇，知澶、相、曹三州，并代路马步军都总管，历天雄、泰宁、武宁节度使，为真定府定州路都总管。

守恩所至，恃宠骄恣不法。其子元吉通赂遗，市物多不予直。定州通判李参发其赃，命侍御史赵及与大名府通判李钺鞠问得实，法当死，帝使贷之，除名，连州编管，卒贬所。

守赟字子美。初，守恩给事襄王邸，王问其兄弟，守恩言守赟四岁而孤，日侍王邸，不得时抚养，心辄念之。王为动容，即日召入宫，而怜其幼，听就外舍。后二年，复召入，王乳母齐国夫人使傅婢拊视之。

　　稍长，习通文字。王为太子，守赟典工作事。及即位，授右侍禁。李继迁叛，命使绥、夏伺边衅，迁西头供奉官、寄班祗候。帝幸大名，为驾前走马承受。康保裔与贼战没，部曲畏诛，声言保裔降贼，密诏守赟往察之。守赟变服入营中，廉问得状，还奏称旨。诏恤保裔家，以守赟为真定路走马承受公事。

　　帝幸澶渊及祀汾阴，皆为驾前巡检，累迁东绫锦副使。从幸亳州，命修行宫。转崇仪使、提举仓草场。帝甚亲信之，遣中使问守赟曰："欲管军乎？为横行使乎？"守赟曰："臣得日近冕旒足矣。"寻迁西上阁门使、提举诸司库务，以右千牛卫大将军、昭州刺史为枢密都承旨，兼领三班院。

　　每契丹使至，与杨崇勋迭为馆伴副使，凡十余年。擢侍卫亲军步军都虞候，改马军、并代州都总管。累迁步军、马军殿前副都指挥使，建武、镇东、保大军节度使。俄以修大内劳，除殿前都指挥使，徙定国军节度使。

　　守恩坐赃废，守赟亦以镇海军节度使罢管军，之本镇。逾年，徙定州路都总管，召知枢密院事。既入见，帝问西事，守赟言："平时小障屯兵马不及千余，贼兵盛至，固守不暇，安能出斗邪？宜并其兵以据冲要，伺便邀击，功或可成。"帝然之。

　　刘平、石元孙败，人有以降贼诬告者。守赟颇辨其枉，引康保裔事为质，自请将兵击贼。换宣徽南院使、陕西马步军都总管兼经略、安抚、缘边招讨使，命勾当御药院张德明、黎用信掌御剑以随之。然守赟性庸怯，寡方略，不为士卒所服。

　　寻诏驻军河中，居数月，徙屯鄜州。其子随为陕西缘边招讨副使。时晏殊、宋绶知枢密院，又召守赟同知院事。随卒，守赟请罢，以宣徽南院使、天平军节度使判澶州，以疾徙相州。疾稍平，复为真定府定州等路都总管，未至，徙高阳关，就判瀛州。卒，赠太尉，谥忠僖。

随字君正，颇好儒术，多从士大夫游。以父荫为茶酒班殿侍，迁右班殿直。仁宗在东宫，为率府副率兼春坊谒者。及即位，除内殿承制，阁门祗候，累迁西上阁门使，出为天雄军兵马钤辖。以母疾召还，领三班院，再迁四方馆使，营州刺史。出知卫州，真拜韶州团练使。从邠州，迁泰州防御使。

元昊反，为鄜延路副都总管。随本名元亨，与元昊有嫌，因奏改焉，寻徙环庆路，未几，复还鄜延。元昊为书及锦袍、银带投境上，以遗金明李士彬，且约与同判。候人得之，诸将皆疑士彬，独随曰："此行间尔。士彬与羌世仇，若有私约，通赠遗，岂使众知邪？"乃召士彬与饮，厚抚之。士彬感泣，后数日，果击贼，斩首获羊马自效。

及守贇知枢密院事，耀州观察使、知亳州。刘平、石元孙败，以随知河中府。守贇经略安抚陕西，留领会灵观事。守贇还，复为陕西副都总管兼缘边招讨副使。帝曰："朝廷方以边事委卿，卿毋以父在机密为嫌。"时随已病，次陕州，卒。赠昭信军节度使，谥庄恪。随在边陲无多战功，然慎重少过。

论曰：曹利用投身不测之渊，以口舌啖契丹，使河北七十年无锋镝之虞，勋业固伟矣。岭南之战，亦岂可少哉！恃功怙宠，祸萌而弗悟，可悲也已！耆、崇勋二夏奋阛茸，位将相，皆骄侈贪吝，恃私恩，违清议，君子所不取也。

狄青字汉臣，汾州西河人。善骑射。初隶骑御马直，选为散直。

宝元初，赵元昊反，诏择卫士从边，以青为三班差使、殿侍、延州指使。时偏将屡为贼败，士卒多畏怯，青行常为先锋。凡四年，前后大小二十五战，中流矢者八。破金汤城，略宥州，屠嘱咩、岁香、毛奴、尚罗、庆七、家口等族，燔积聚数万，收其帐二千三百，生口五千七百。又城桥子谷，筑招安、丰林、新砦、大郎等堡，皆扼贼要害。尝战安远，被创甚，闻寇至，即挺起驰赴，众争前为用。临敌被发、带铜面具，出入贼中，皆披靡莫敢当。

尹洙为经略判官，青以指使见，洙与谈兵，善之，荐于经略使韩琦、范仲淹曰："此良将材也。"二人一见奇之，待遇甚厚。仲淹以《左氏春秋》授之曰："将不知古今，匹夫勇尔。"青折节读书，悉通秦、汉以来将帅兵法，由是益知名。以功累迁西上阁门副使，擢秦州刺史、泾原路副都总管、经略招讨副使，又加捧日天武四厢都指挥使、惠州团练使。

仁宗以青数有战功，欲召见问以方略，会贼寇渭州，命图形以进。元昊称臣，徙真定路副都总管，历侍卫步军殿前都虞候、眉州防御使，迁步军副都指挥使，保大、安远二军节度观察留后，又迁马军副都指挥使。

青奋行伍，十余年而贵，是时面涅犹存。帝尝敕青傅药除字，青指其面曰："陛下以功擢臣，不问门地，臣所以有今日，由此涅尔，臣愿留以劝军中，不敢奉诏。"以彰化军节度使知延州，擢枢密副使。

皇祐中，广源州蛮侬智高反，陷邕州，又破沿江九州，围广州，岭外骚动。杨略等安抚经制蛮事，师久无功。又命孙沔、余靖为安抚使讨贼，仁宗犹以为忧。青上表请行，翌日入对，自言："臣起行伍，非战伐无以报国。愿得蕃落骑数百，益以禁兵，羁贼首致阙下。"帝壮其言，遂除宣徽南院使、宣抚荆湖南北路、经制广南盗贼事，置酒垂拱殿以遣之。时智高还据邕州，青合孙沔、余靖兵次宾州。

先是，蒋偕、张忠皆轻敌败死，军声大沮。青戒诸将毋妄与贼斗，听吾所为。广西钤辖陈曙乘青未至，辄以步卒八千犯贼，溃于昆仑关，殿直袁用等皆遁。青曰："令之不齐，兵所以败。"晨会诸将堂上，揖曙起，并召用等三十人，按以败亡状，驱出军门斩之。沔、靖相顾愕眙，诸将股栗。

已而顿甲，令军中休十日。觇者还，以为军未即进。青明日乃整军骑，一昼夜绝昆仑关，出归仁铺为阵。贼既失险，悉出逆战。前锋孙节搏贼死山下，贼气锐甚，沔等惧失色。青执白旗麾骑兵，纵左右翼，出贼不意，大败之，追奔五十里，斩首数千级，其党黄师宓、侬建中、智中及伪官属死者五十七人，生擒贼五百余人，智高夜纵火烧城遁去。迟明，青按兵入城，获金帛锯万、杂畜数千，招复老壮七千二百尝为贼所俘胁者，慰遣之。枭黄师宓等邕州城下，敛尸筑京观于城北隅。时贼尸有衣金龙衣者，众谓智高已死，欲以上闻。青曰："安知非诈邪？宁失智高，不敢诬朝廷以贪功也。"初，青之至邕也，会瘴雾昏塞，或谓贼毒水上流，士饮者多死，青殊忧之。一夕，有泉涌砦下，汲之甘，众遂以济。

复为枢密副使，迁护国军节度使、河中尹。还至京师，帝嘉其功，拜枢密使，赐第敦教坊，优进诸子官秩。初，青既行，帝每忧之曰："青有威名，贼当畏其来。左右使令，非青亲信者不可；虽饮食卧起，皆宜防窃发。"乃驰使戒之。及闻青已破贼，顾宰相曰："速护赏，缓则不足以劝矣。"

始，交阯愿出兵助讨智高，余靖言其可信，具万人粮于邕、钦待之。诏以缗钱三万赐交阯为兵费，许贼平厚赏之。青既至，檄余靖无通使假兵，即上奏曰："李德政声言将步兵五万、骑一千赴援，非其情实。且假兵于外以除内寇，非我利也。以一智高而横蹂二广，力不能讨，乃假兵蛮夷，蛮夷贪得忘义，因而启乱，何以御之？请罢交阯助兵。"从之。贼平，人服其有远略。

青在枢密四年，每出，士卒辄指目以相矜夸。又言者以青家狗生角，且数有光怪，请出青于外以保全之，不报。嘉祐中，京师大水，青避水徙家相国寺，行止殿上，人情颇疑，乃罢青为同中书门下平章事，出判陈州。明年二月，疽发髭，卒。帝发哀，赠中书令，谥武襄。

青为人慎密寡言，其计事必审中机会而后发。行师先正部伍，明赏罚，与士同饥寒劳苦，虽敌猝犯之，无一士敢后先者，故其出常有功。尤喜推功与将佐。始，与孙沔破贼，谋一出青，贼既平，经制余事，悉以诿沔，退若不用意者。沔始叹其勇，既而服其为人，自以为不如也。尹洙以贬死，青悉力周其家事。子谘、咏，并为阁门使。咏数有战功。

熙宁元年，神宗考次近世将帅，以青起行伍而名动夷夏，深沈有智略，能以畏慎保全终始，慨然思之，命取青画像入禁中，御制祭文,遣使赍中牢祠其家。

张玉字宝臣,保定人。以六班散直隶狄青麾下,筑青涧、招安砦。遇夏兵三万,有驰铁骑挑战者,玉单持铁简出斗,取其首及马,军中因号曰张铁简。以状闻,仁宗曰:“真勇将也。”以为本路同巡检。从征侬智高,抵归仁驿,贼列三锐陈以逆官军,军小却,玉率右厢突骑横贯贼垒,贼大溃。帝召见,使作锐陈于殿廷下,观破贼之势。擢为广西钤辖,徙大名,进龙、神四厢都指挥使,为副都总管。

谅祚攻大顺城,玉以兵三千夜击之,惊溃而去。累迁昭州防御使,徙泾原。熙宁中,庆州卒叛,玉袭逐于石门,卒穷蹙请降,玉斩二百人,坐夺职,降为陵州转练使,居数月,复之。

王韶开熙河,玉迁宣州观察使,为副都总管。河北置三十七将,以玉为第一将。入为马步军都虞候,卒,赠建雄留后。

孙节,开封人。少隶军籍,以才勇补右侍禁。与狄青同在延州,数攻破敌砦有功,累迁西京左藏库副使。及青讨智高,辟隶麾下。至归仁铺,节为前锋,直前搏战,贼锐甚,节麾山下,俄中枪而没。特赠忠武军节度留后,封其妻为仁寿郡君,官其子二人、从子三人,给诸司副使奉,终其丧。

郭逵字仲通,其先自邢徙洛。康定中,兄遵死于敌,隶逵为三班奉职,录陕西范仲淹麾下。仲淹勉以问学。延安清刚社募兵误杀熟羌,将论死,逵请而免之,活壮士十三人。方议取灵武,逵曰:“地远而食不继,城大而兵不多,未见其利。”未几,泾原任福以全军没,人服其先见。

陈执中安抚京东,奏为驻泊将。执中与宾佐论当今名将,共推葛怀敏。逵曰:“怀敏易与尔,他日必败朝廷事。”执中始怒,居数日,问曰:“君何以知葛怀敏非名将而败事邪?”曰:“喜功侥幸,徒勇无谋,可禽也。”执中叹曰:“君真知兵,怀敏既覆师矣。”为真定兵马监押。

保州卒叛，田况遣逵往招之。逵与乱者侍其臻尝同事范仲淹，驰至城下，示以旧所佩紫囊。臻识之，即与其党韦贵、史克顺皆再拜，邀逵登城。既见，申谕祸福，众或疑不即下，曰："若降，恐不免。"逵请以身为质，于是开城降。论功加阁门祗候、环庆兵马都监。遭母忧，不得解官，凡三请乃许。庆帅杜杞赆以钱四十万，谢弗受。卒丧，为泾原都监。拔古渭城，转通事舍人，徙河北缘边安抚都监。副吴奎使契丹，值其主受尊号，入观礼。使还，黜为汾州都监。

庞籍镇河东，俾权忻州。契丹来求天池庙地，籍不能决，以诿逵。逵访得太平兴国中故牒，证为王土，檄报之，契丹愧伏。

湖北溪蛮彭仕羲叛，加带御器械，为路钤辖兼知澧州。得蛮亲信为乡导，尽平诸隘，遂破其所居桃花州，仕羲弃城走，众悉降。迁礼宾使，徙南路钤辖、知邵州。武岗蛮反，逵讨平之。累迁容州观察使。仁宗山陵，以逵掌宿卫。迁殿前都虞候，出为泾原路副都部署。

治平二年，以检校太保同签书枢密院，旋出领陕西宣抚使，判渭州。逵虽立军功，而骤跻政地，议者不厌，谏官、御史交论之，不听。神宗即位，迁静难军留后，召还。言者复力争，乃改宣徽南院使、判郓州。至郓七日，徙镇鄜延。

种谔受嵬名山降，取绥州，夏人遂杀杨定。朝论以边衅方起，欲弃绥。逵曰："虏既杀王官，而又弃绥不守，见弱已甚。且名山举族来归，当何以处？"既而夏人欲以塞门、安远二砦来易，朝廷许之。逵曰："此正商于六百里之策也。非先交二砦，不可与。"遣其属赵卨、薛昌朝与夏使议，唯言砦基，卨曰："二砦之北，旧有三十六堡，且以长城岭为界，西平王祥符所移书固在也。"虏使惊不能对，乃寝其请。初，诏焚弃绥州，逵匿而不下。至是，帝问大臣，皆莫知，逵始自劾向者违诏旨之罪，帝手诏褒答。

夏人又求以亡命景询易名山，逵曰："询，庸人也，于事何所轻重！受之则不得不还名山，恐自是蕃酋无复敢向化矣。"逵诇得杀杨定者首领姓名，谋告将斩之于境以谢罪，逵曰："是且枭死囚以给我。"报曰:"必执李崇贵、韩道喜来。"夏人言:"杀之矣。"逵命以二人状貌物色诘问虏,情得,乃执献之。加检校太尉、雄武军留后。

韩绛主种谔计图横山,与逵议出兵。逵曰:"谔,狂生尔,朝廷徒以家世用之,必误大事。"绛怒,以为沮挠,奏召逵还。明年,庆州乱,出判永兴,徙秦州。王韶开熙河,逵案其不法。朝廷遣蔡确鞫之,谓逵诬罔,落宣徽使、知潞州。徙太原,复宣徽使。

交阯李乾德陷邕管,召为安南行营经略招讨使兼荆湖、广南宣抚使,请鄜延、河东旧吏士自随。将行,宴于便殿,赐中军旗章剑甲以示宠。次长沙,先遣将复邕、廉;至广西,讨拔广源州,降守将刘应纪;又拔决里隘,乘胜取桃榔、门州,大战富良江,斩伪王子洪真。乾德穷蹙,奉表归命。时兵夫三十万人,冒暑涉瘴地,死者过半。至是,与贼隔一水不得进,乃班师。坐贬左卫将军,西京安置,屏处十年。

哲宗立,复左屯卫大将军致仕。起知潞州,进广州观察使、知河中。辞归洛,改左武卫上将军、提举崇福宫,卒。辍视朝一日,赠雄武军节度使。

逵慷慨喜兵学,神宗尝访八阵遗法,对曰:"兵无常形,是特奇正相生之一法尔。"因为帝论其详。在延安,使以教兵,久不就。逵择诸校习金鼓屯营者六十四人,使人教一队,顷刻而成。尤善用偏裨,每至所部,令人自言所能,暇日阅按之,故临阵皆尽其技。

李复圭治庆州之败,既斩李信、刘甫,又欲罪鄜延都巡检使白玉。玉见逵托以后事,且泣言不得终养母。逵哀之,不遣,申救甚力,得免。已而玉大捷于新砦,神宗谓逵曰:"白玉能以功补过,卿之力也。"每战,先招怀,后战斗,爱惜士卒,不妄加诛戮。其杀贼妇女老弱者,皆不赏。虽坐征南无功久废,犹隐然为一时宿将云。

论曰:宋至仁宗时,承平百年,武夫鸷卒遭时致位者虽有之,起健卒至政府,隐然为时名将,惟青与逵两人尔。青在边境凡二十五战,无大胜,亦无大败,最后昆仑一举,颇著奇隽。考其识量,亦过人远矣。逵料葛怀敏之败,如烛照龟卜,一时最为知兵。虽南征无功,用违其长,又何尤焉。

宋史卷二九一
列传第五〇

吴育　宋绶 子敏求　从子昌言
李若谷 子淑　孙寿朋　复圭　王博文
王鬷

吴育字春卿,建安人也。父待问,与杨亿同州里,每造亿,亿厚
礼之。门下少年多易之,亿曰:"彼他日所享,非若曹可望也。"累官
光禄卿,以礼部侍郎致仕。

育少奇颖博学,举进士,试礼部第一,中甲科。除大理评事,迁
寺丞。历知临安、诸暨、襄城三县。自秦悼王葬汝后,子孙从葬,皆
出宦官典护。岁时上冢者,往来呼索抚州县。育在襄城,请凡官所
须,具成数,毋容使者妄索,羊豕悉出太官,由是民省供费殆半。宦
官过者衔之,或中夜叩县门,索牛驾车,育拒不应。异时宗子所过,
纵鹰犬暴民田,入襄城境,辄相戒约,毋敢纵者。

举贤良方正,擢著作郎、直集贤院、通判苏州。还,知太常礼院,
奏定礼文,名《太常新礼庆历祀仪》。改右正言,历三司盐铁、户部二
判官。寻以本官供谏职。

元昊僭号,议出兵讨之。群臣曰:"元昊,小丑也,旋即诛灭矣。"
育独建言:"元昊虽称蕃臣,其尺赋斗租,不入县官,且服叛不常,请
置之,示不足责。且已僭舆服,势必不能自削,宜援国初江南故事,
稍易其名,可以顺拊而收之。"不报。复上言:"宜先以文诰告谕之,

尚不宾,姑严守御,不足同中国叛臣亟加征讨。且征讨者,贵在神速;守御者,利于持重。羌人剽悍多诈,出没不时,我师乘锐,见小利小胜,必贪功轻进,往往堕贼计中。第严约束,明烽候,坚壁清野,以挫其锋。"时方锐意讨之,既而诸将多覆军者,久之无功,卒封元昊为夏国主,如育所议。

育又上言:"天下久安,务因循而厌生事,政令纪纲,边防机要,置不复修。一有边警,则仓皇莫知所为,殆稍安静,则又无敢辄言者。若政令修,纪纲肃,财用富,恩信给,赏罚明,将帅练习,士卒精锐,则四夷望风,自无他志。若一不备,则乘间而起矣,"

又曰:"汉通西域诸国,断匈奴右臂。诸戎内附,虽有桀黠,不敢独叛,唐太宗尝赐回鹘可汗并其相手书,纳其贡奉,厚以金帛。真宗命潘罗支攻杀李继迁,而德明乃降。元昊第见朝廷比年与西域诸戎不通朝贡,乃得以利啖邻境,固其巢穴,无肘腋之患。跳梁猖獗,彼得以肆而不顾矣。请募士谕唃厮啰及他蕃部,离散其党与,使并力以攻,而均其恩赐,此伐谋之要也。"因录上真宗时通西域诸蕃事迹。除同修起居注,遂知制诰,进翰林学士,累迁礼部郎中。

契丹与元昊构兵,元昊求纳款。契丹使来请勿纳元昊,朝廷未知所答。育因上疏曰:"契丹受恩,为日已久。不可纳一叛羌,失继世兄弟之欢。今二蕃自斗,斗久不解,可观形势,乘机立功。万一过计亟纳元昊,臣恐契丹窥兵赵、魏,朝廷不得元昊毫发之助,而太行东西,且有烟尘之警矣。宜使人谕元昊曰:'契丹汝世姻,一旦自绝,力屈而归我,我所疑也。若无他者,当顺契丹如故,然后许汝归款。'告契丹曰:'已诏元昊,如能投谢辕门,即听内附;若犹坚拒,当为讨之。'如此,则彼皆不能归罪我矣。"于是召两制,出契丹书,令两制同上对,不易育议。

寻知开封府。居数日,发大奸吏一人,流岭外。又得巨盗,积赃万九千缗,狱具而辄再变,帝遣他吏按之,卒伏法。时岁饥多盗,育严赏功之法,尝得盗而未赏者,一切赏之,以明不欺。

庆历五年,拜右谏议大夫、枢密副使。居数月,改参知政事。山东盗起,帝遣中使按视,还奏:"盗不足虑。兖州杜衍、郓州富弼,山东人尊爱之,此可忧也。"帝欲徙二人于淮南。育曰:"盗诚无足虑者,小人乘时以倾大臣,祸几不可御矣。"事遂寝。章献、章懿太后升祔真宗庙,议者请覃恩,且优赐军士。育曰:"无事而启侥幸,谁为陛下建此议者,请治之。"已而外人多怨执政者,帝以语辅臣。育曰:"此必建议者欲动摇上听,臣以身许国。何惮此耶?"

　　向绶知永静军,为不法,疑通判江中立发其阴事,因构狱以危法中之,中立自经死。绶宰相子,大臣有营助,欲傅轻法。育曰:"不杀绶,无以示天下。"卒减死一等,流南方。御史唐询请罢制科,帝刊其名付中书,育奏疏驳议,帝因谕辅臣曰:"彼上言者,乞从内批行下,今乃知欺罔也。"育曰:"非睿听昭察,则挟邪蠹国,靡所不为。愿出姓名按劾,以明国法。"

　　育在政府,遇事敢言,与宰相贾昌朝数争议上前,左右皆失色。育论辨不已,乃请曰:"臣所辨者,职也;顾力不胜,愿罢臣职。"乃复以为枢密副使。明年大旱,御史中丞高若讷曰:"大臣喧争为不肃,故雨不时若。"遂罢昌朝,而育归给事中班。未几,出知许州,徙蔡州。设伍保法,以检制盗贼。时京师有告妖人千数聚确山者,诏遣中使往召捕者十人。至,则以巡检兵往索之,育曰:"使者欲得妖人还报邪?"曰:"然。"曰:"育在此,虽不敏,聚千人境内,毋容不知。此特乡民用浮图法相聚,以利钱财尔,一弓手召之,可致也。今以兵往,人相惊疑,请留毋往。"中使以为然。顷之,召十人者至,械送阙下,皆无罪释之。而告者伏辜。

　　寻以资政殿学士知河南府,徙陕州。上书论诏狱曰:"先王凝旒黈纩,不欲闻见人之过失也。设有罪,即属之有司。杨仪尝为三司判官,近自御史台移劾者亭驿,械缚过市,人人不测为何等大狱。及闻案具,乃止请求常事。使道路众口纷纷窃议,朝廷之士,人皆自危,岂养廉耻、示敦厚之道哉。"

　　迁礼部侍郎、知永兴军,召兼翰林侍读学士。以疾辞,且请便郡。帝语大臣曰:"吴育刚正可用,第嫉恶太过耳。"因命知汝州,遣内侍赐以禁中良药。会疾不已，又请居散地，以集贤院学士判西京留司御史台。外台旧不领民事，时张尧佐知河阳，民讼久不决，多诣育诉。育为辨曲直，判书状尾，尧佐畏惧奉行。复为资政殿学士兼翰林侍读学士、知陕州，进资政殿大学士。召还，判尚书都省。

一日，侍读禁中，帝因语及"臣下毁誉，多出爱憎，卿所当慎也"。育曰："知而形之言，不若察而行之事。圣主之行，如日月之明。进一人，使人皆知其善，出一人，使人皆晓其恶，则阴邪不能构害，公正可以自立，百王之要道也。"帝数欲大用，为谏官刘元瑜诬奏育在河南尝贷民出息钱。久之，除宣徽南院使、鄜延路经略安抚使、判延州。

夏人既称臣，而并边种落数侵耕为患。庞籍守并州，欲筑堡备之。育谓："要契未明而亟城，则羌人必争，争而受患者必麟府也。"移文河东，又遗籍手书及疏于朝，不报。既而夏人果犯河外，陷骁将郭恩，而太原将佐皆得罪去。疾复作，辞不任边事，求解宣徽使，复以为资政殿大学士、尚书左丞、知河中府，徙河南。疾革，视事如平日，因阅囚辨非罪，窜舞文吏二人。已而卒，年五十五。赠吏部尚书，谥正肃。

育性明果，所至作条教，简疏易行而不可犯。遇事不妄发，发即人不能挠。辨论明白，使人听之不疑。

初尹开封，范仲淹在政府，因事与仲淹忤。即而仲淹安抚河东，有奏请，多为任事者所沮，育取可行者固行之。其在二府，待问以列卿奉朝请，育不自安，请罢去，不听。及出帅永兴，时待问尚亡恙，肩舆迎侍，时人荣之。晚年在西台，与宋庠相唱酬，追裴、白遗事至数百篇。体素羸，少时力学，得心疾。后得古方，和丹砂饵之，大醉，一夕而愈。后数发，每发数十日乃已。有集五十卷。弟充，为宰相，自有传。

宋绶字公垂，赵州平棘人。父皋，尚书度支员外郎、直集贤院。绶幼聪警，额有奇骨，为外祖杨徽之所器爱。徽之无子，家藏书悉与绶。绶母亦知书，每躬自训教，以故博通经史百家，文章为一时所尚。

初，徽之卒，遗奏补太常寺太祝。年十五，召试中书，真宗爱其文，迁大理评事，听于秘阁读书。大中祥符元年，复试学士院，为集贤校理，与父皋同职。后赐同进士出身，迁大理寺丞。及祀汾阴，召赴行在，与钱易、陈趣、刘筠集所过地志、风物、故实，每舍止即以奏。将祠亳州太清宫，以签书亳州判官事，入为左正言、同判太常礼院。久之，判三司凭由司。建言：“比岁下赦令释逋负，后期未报者六十八州。请于诸路选官考核，期半月以闻。”于是脱械系三千二百人，蠲积负数百万。

擢知制诰、判吏部流内铨兼史馆修撰、玉清昭应宫判官。累迁户部郎中、权直学士院，同修《真宗实录》，进左司郎中，遂为翰林学士兼侍读学士、勾当三班院。始诏读唐史，固求解三班以颛进讲。同修国史，迁中书舍人。昭应宫灾，罢二学士。逾年，复翰林学士。史成，迁尚书工部侍郎兼侍读学士。

时太后犹称制，五日一御承明殿，垂帘决事，而仁宗未尝独对群臣也。绶奏言：“唐先天中，睿宗为太上皇，五日一受朝，处分军国重务，除三品以下官，决徒刑。宜约先天制度，令群臣对前殿，非军国大中，除拜皆前殿取旨。”书上，忤太后意，改龙图阁学士，出知应天府。太后崩，帝思绶言。召还，将大用，而宰相张士逊沮止之，复加翰林侍读学士。诏定章献明肃、章懿太后祔庙礼，绶援《春秋》考仲子之宫、唐仪坤庙故事，请别筑宫曰奉慈庙以安神主，事多采用。

始置端明殿学士，以命绶，绶固辞。又言：“帝王御天下，在总揽威柄。而一纪以来，令出帘帷。自陛下躬亲万务，内外延首，思见圣政，宜惩违革弊，以新百姓之耳目。而赏罚号令，未能有过于前日，岂非三事大臣不能推心悉力，以辅陛下之治耶？顷太后朝多奇除拜，而邪幸或径取升擢，议者谓恩出太后。今恩赏虽行，又谓自大臣出，非大臣朋党罔上，何以得此。朋党之为朝廷患，古今同之。或窥测帝旨，密令陈奏；或附会己意，以进退人。大官市恩以招权，小人趋利以售进,此风浸长,有蠹邦政。太宗尝曰:'国家无外忧必有内患。外忧不过边事,皆可预防;奸邪共济为内患,深可惧也。'真宗亦曰:'唐朋党尤盛,王室遂卑。'愿陛下思祖宗之训,念王业艰难,整齐纲纪,正在今日。"张士逊罢,乃拜绶参知政事。

初,有诏罢修寺观,而章惠太后以旧宅为道观,谏官、御史言之。帝曰:"此太后奁中物也,谏官、御史欲邀名邪?"绶进曰:"彼岂知太后所为哉,第见兴土木违近诏,即论奏之。且事有疑似,彼犹指为过,或陛下有大关阙失,近臣虽不言,然传闻四方,为圣政之累,何可忽也。太祖尝谓唐太宗为谏官所诋,不以为愧。何若动无过举,使无得而言哉?"

郭皇后废,帝命绶作诏云:"当求德阀,以称坤仪。"既而左右引富人陈氏女入宫,绶曰:"陛下乃欲以贱者正位中宫,不亦与前日诏语戾乎?"后数日,王曾入对,又论奏之。帝曰:"宋绶亦如此言。"时大臣继有论者,卒罢之。

帝春秋富,天下久无事,绶虑宴乐有渐,乃言:"人心逸于久安,而患害生于所忽。故立防于无事,销变于未萌。事至而应,不亦殆欤?臣愿饬群司,不以承平自息。"又上:"驭下之道有三:临事尚乎守,当机贵乎断,兆谋先乎密。能守则奸不能移,能断则邪不能惑,能密则事不能挠。愿陛下念之!至若深居燕间,声味以调六气,节宣以顺四时,保养圣躬,宗社之休也。"再迁吏部侍郎。

时宰相吕夷简、王曾论议数不同。绶多是夷简,而参知政事蔡齐间所异,政事縠此依违不决,于是四人者皆罢。绶以尚书左丞、资政殿学士留侍讲筵,权判尚书都省。岁余,加资政殿大学士,以礼部尚书知河南府。

元昊反,刘平、石元孙败没,帝以手诏赐大臣居外者,询攻守之策。绶画十事以献。复召知枢密院事,迁兵部尚书、参知政事。时绶母尚在,绶既得疾,不视事,犹起居自力,区处后事。寻卒,赠司徒兼侍中,谥宣献。

绶性孝谨清介,言动有常。为儿童时,手不执钱。家藏书万余

卷，亲自校雠，博通经史百家，其笔札尤精妙。朝廷大议论，多绥所
财定。杨亿称其文沈壮淳丽，曰："吾殆不及也。"及卒，帝多取所书
字藏禁中。初，郊祀，绥摄太仆卿。帝问仪物典故，占对辨洽，因上
所撰《卤簿图》十卷。子敏求。

敏求字次道，赐进士及第，为馆阁校勘。预苏舜钦进奏院会，出
签书集庆军判官。王尧臣修《唐书》，以敏求习唐事，奏为编修官。持
祖母丧，诏令居家修书。卒丧，同知太常礼院。

石中立薨，子继死，无他子。其孙祖仁疑所服，下礼官议。敏求
谓宜为服三年，当解官，斩衰。同僚援据不一，判寺宋祁是其议，遂
定为令。加集贤校理。从宋庠辟，通判西京。为群牧度支判官。坠
马伤足，出知亳州。治平中，召为《仁宗实录》检讨官，同修起居注、
知制诰、判太常寺。

英宗在殡，有言宗室服疏者可嫁娶，敏求以为大行未发引，不
可。逾年，又有言者。敏求言宗室义服，服降而练，可嫁娶矣。坐前
后议异，贬秩知绛州。王圭、范镇乞留之，使成《实录》。神宗曰："典
礼，国之所重，而误谬如是，安得无责。"然敏求议初不误，曾公亮恶
礼院刘瑾附敏求为说，故因是去之。是岁，即诏还。

徐国公主以夫兄为侄奏官，敏求疏其乱天伦，执正之。王安石
恶吕公著，诬其言韩琦欲因人心，如赵鞅兴晋阳之甲，以逐君侧之
恶，出之颍州。敏求当草制，安石谕旨使明著罪状，敏求但言敷陈失
实。安石怒白于帝，命陈升之改其语，敏求请解职，未听。

会李定自秀州判官除御史，敏求封还词头，遂以本官右谏议大
夫奉朝请。策试贤良方正，孔文仲对语切直，擢置优等，安石愈怒，
罢文仲。人为敏求惧，帝独全获之，除史馆修撰、集贤院学士。邓润
甫为帝言："比群臣多尚告讦，非国家之美，宜登用敦厚之士，以变
薄俗。"乃加敏求龙图阁直学士，命修《两朝正史》，掌均国公笺奏。
元丰二年，卒，年六十一。特赠礼部侍郎。

敏求家藏书三万卷，皆略诵习，熟于朝廷典故，士大夫疑议，必

就正焉。补唐武宗以下六世实录百四十八卷，它所著书甚多，学者多咨之。尝建言："河北、陕西、河东举子，性朴茂，而辞藻不工，故登第者少。请令转运使择荐有行艺材武者，特官之，使人材参用，而士有可进之路。又州郡有学舍而无学官，故士轻去乡里以求师，请置学官。"后颇施行之。族弟昌言。

昌言字仲谟，以荫为泽州司理参军。州有杀人狱，昌言疑其冤，坚请迹捕，果得真犯者。稍迁河阴发运判官。自济源之官，见道上弃尸若剐剥状者甚众，窃叹郡县之不治。既至河阴，得凶盗六辈，杀人而鬻之，如是十余年，掩其家，犹得执缚未杀者七人。县吏市井少年共为肤橐，昌言穷治其渊数，皆法外行之，而流其家人。擢都水监丞。

熙宁初，河决枣强而北。昌言建议，欲于二股河口西岸新滩，立土约障水，使之东流。候稍深，即断北流，纵出葫芦下流，以除恩、冀、深、瀛水患。诏从之。提举河渠王亚以为不可成，不如修生堤。朝廷遣翰林学士司马光往视，如昌言策。不两月，决口塞。光奏昌言独有功，若与同列均受赏，恐不足以劝。诏理提点刑狱资序，迁开封府推官、同判都水监。汴水涨，昌言请塞訾家口。已而汴流绝，监丞侯叔献唱为昌言罪，昌言惧，求知陕州。历濮、冀二州。河决曹村，召判都水监，往护河堤。灵平埽成，转少府监。卒，赠绢二百匹。

李若谷字子渊，徐州丰人。少孤游学，依姻家赵况于洛下，遂葬父母缑氏。举进士，补长社县尉。州葺兵营，课民输木，橄尉受之，而吏以不中程，多退斥，欲苟苦输者，因以取赇；若谷度材，别其长短、大小为程，置庭中，使民自输。

改大理寺丞、知宜兴县。官市湖洑茶，岁约户税为多少，率取足贫下，若谷始置籍备句检。茶恶者旧没官，若谷使归之民，许转贸以偿其数。知连州。真宗将朝谒太清宫，选通判亳州。累迁度支员外郎、权三司户部判官，出为京东转运使。会河决白马，调取刍楗，同列卢士伦协三司意，趣刻抚州县，而若谷宽之。士伦不悦，构于朝，徙知陕州。盗聚青灰山久不散，遣牙吏持榜招谕之，盗杀其党与自归。改梓州。

天圣初，判三司户部勾院。使契丹，陛辞，不俟垂帘请对，乃遽诣长春殿奏事，罢知荆南。士族元甲恃荫屡犯法，若谷杖之，曰："吾代若父兄训之尔。"王蒙正为驻泊都监，挟太后姻横肆，若谷绳以法。监司右蒙正，奏徙若谷潭州。

洞庭贼数邀商人船杀人，辄投尸水中。尝捕获，以尸无验，每贷死，隶他州。既而逃归，复攻劫，若谷擒致之，磔于市。自是寇稍息。累迁太常少卿、集贤殿修撰、知滑州。河啮韩村堤，夜驰往，督兵为大埽，至旦堤完。以右谏议大夫知延州。州有东西两城夹河，秋、夏水溢，岸辄圮，役费不可胜纪。若谷乃制石版为岸，押以巨木，后虽暴水，不复坏。官仓依山而贮谷少，若谷作露囤，囤可贮二万斛，他郡多取法焉。迁给事中、知寿州。豪右多分占芍陂，陂皆美田，夏雨溢坏田，辄盗决。若谷擿冒占田者逐之，每决，辄调濒陂诸豪，使塞堤，盗决乃止。

加集贤院学士、知江宁府。卒挽舟过境，寒瘵甚者，留养视之，须春温遣去。民丐于道者，以分隶诸僧寺，助给春爨。还，勾当三班院，进龙图阁直学士、知河南府。贵人多葬洛阳，敕使须索烦扰，若谷奏令鸿胪预约所调移府，逆为营办。改枢密直学士、知并州。民贫失婚姻者，若谷出私钱助其嫁娶。赘婿、亡赖委妻去，为立期，不还，许更嫁。并多降人，喜盗窃，籍累犯者，以三人为保，有犯，并坐之，悛者削去籍名。

进尚书工部侍郎、龙图阁学士、知开封府，拜参知政事。建言："风俗美恶，在上之人作而新之。君子小人，各有其类，今一目以朋党，恐正人无以自立矣。"帝悟，为下诏谕中外。以耳疾，累上章辞位，罢为资政殿大学士、吏部侍郎、提举会灵观事。以太子少傅致仕，卒，年八十。赠太子太傅，谥康靖。

若谷性资端重，在政府，论议常近宽厚。治民多智虑，恺悌爱人，其去，多见思。少时与韩亿为友，及贵显，婚姻不绝焉。子淑。

　　淑字献臣，年十二，真宗幸亳，献文行在所。真宗奇之，命赋诗，赐童子出身。试秘书省校书郎，寇准荐之，授校书郎、馆阁校勘。

　　乾兴初，迁大理评事。修《真宗实录》，为检讨官。书成，改光禄寺丞、集贤校理，为国史院编修官。召试，赐进士及第，改秘书郎，进太常丞、直集贤院、同判太常寺，擢史馆修撰，再迁尚书礼部员外郎，上时政十议。改知制诰、勾当三班院，为翰林学士，进吏部员外郎。会若谷参知政事，改侍读学士，加端明殿学士。若谷罢，进本曹郎中，典豫王府章奏。

　　以右谏议大夫知许州。岁饥，取民所食五种上之，帝恻然，为蠲其赋。权知开封府，复为翰林学士、中书舍人。言者指其在开封多亵近吏人，改给事中、知郑州。徙河阳，转尚书礼部侍郎，复为翰林学士。罢端明殿学士，判流内铨，复加端明殿学士。

　　初，在郑州，作《周陵诗》。国子博士陈求古以私隙讼其讥讪朝廷，除龙图阁学士，出知应天府。累表论辨，不报，乃请侍养。明年，复端明、侍读二学士，判太常寺。父丧免官，终丧起复，再为翰林学士。谏官包拯、吴奎等言淑性奸邪，又尝请侍养父而不及其母，罢翰林学士，以端明、龙图阁学士奉朝请。丁母忧，服除，为端明、侍读二学士。迁户部侍郎，复为翰林学士，而御史中丞张昇等又论奏之，不拜，除兼龙图阁学士。由是壹郁不得志，出知河中府，暴感风眩，卒。赠尚书右丞。

　　淑警慧过人，博习诸书，详练朝廷典故，凡有沿革，帝多谘访。制作诰命，为时所称。其他文多裁取古语，务为奇险，时人不许也。

　　初，宋郊有学行，淑恐其先用，因密言曰："'宋'，国姓；而'郊'者交，非善应也。"又宋祁作《张贵妃制》，故事，妃当册命，祁疑进告身非是，以淑明典故问之，淑心知其误，谓祁曰："君第进，何疑邪？"祁遂得罪去，其倾侧险陂类此。尝修《国朝会要》、《三朝训鉴图》、《阁门仪制》、《康定行军赏罚格》，又《系训》三篇，所著别集百余卷。

子寿朋、复圭。

寿朋字延老。庆历初，与弟复圭同试学士院，赐进士出身，判吏部南曹。使行诸陵，奏言："昭宪皇后诞育二圣，为国文母，独以合葬安陵，不及时祭，请更其礼。"从之。迁群牧判官，击断敏甚。皇城卒逻其纵游无度，出知汝州。尽推职田之入归前守杨畋；畋死，又经理其家。以饥岁营州廨劳民，降为荆门军。

历开封府推官、户部判官、知凤翔府、沧州。沧地震，坏城郭粝庾。寿朋以席为屋，督吏寀缮葺，未数月，复其旧。括芜田三万顷，纵民耕，择其壮者使习兵。河方北涌，随塞之，故道狭，寿朋度必东溃，谕居人徙避，后三县四镇果垫焉。司马光出使，荐其能，加直史馆。入直舍人院、同修起居注，进户部、盐铁副使。性疏隽任侠，奉祠西太一宫，饮酒食肉如常时，暴得疾卒。诏中使抚其孥，赐白金三百两。

复圭字审言。通判澶州。北使道澶，民主驿率困怠。豪杜氏十八家，诡言唐相如晦后，每赇吏脱免，复圭按籍役之。知滑州。兵匠相忿阋，挥所执铁椎，椎杀争者于厅事，立斩之。徙知相州。

自太宗时，聚夏人降者五指挥，号"厅子马"，子弟相承，百年无它役。复圭斥不如格者，选能骑射士补之。为度支判官、知泾州。始时二税之入，三司移折已重，转运使又覆折之，复圭为奏免，民立生祠。历湖北、两浙、淮南、河东、陕西、成都六转运使。浙民以给衙前役，多破产，复圭悉罢遣归农，令出钱助长名人承募，民便之。濒海人赖蛤沙地以生，豪家量受税于官而占为己有，复圭奏蠲其税，分以予民。

熙宁初，进直龙图阁、知庆州。夏人筑垒于其境，不犯汉地。复圭贪边功，遣大将李信帅兵三千，授以陈图，使自荔原堡夜出袭击，败还，复圭斩信自解。又欲澡前耻，遣别将破其金汤、白豹、西和市，斩首数千级。后七日，秉常举国入寇。御史谢景温劾复圭擅兴，致士卒死伤,边民流离,谪保静军节度副使。岁余,知光化军。张商英言:"夏人谋犯塞之日久矣,与破金汤适相值,非复圭生事。"乃召判吏部流内铨,知曹、蔡、沧州,还为盐铁副使,以集贤殿修撰知荆南,卒。

复圭临事敏决,称健吏,与人交,不以利害避。然轻率躁急,无威重,喜以语侵人,独为王安石所知,故既废即起。

王博文字仲明,曹州济阴人。祖谏,给事太宗藩邸,为西京作坊副使。博文年十六,善属文,举进士开封府,以回文诗百篇为公卷,人谓之"王回文"。淳化三年,太宗亲试进士,以年少罢归。后谏卒官庐州,州守刘蒙叟为言,召试舍人院,为安丰主簿,历南丰尉,有能名。调南剑州军事推官,改大理寺丞,监荆南榷货务,迁殿中丞。陈尧咨荐之,试中书,赐进士第,擢知濠州,历真州。真宗幸亳,权江、淮制置司事。改监察御史、梓州路转运使。以疾,请出知海州,徙密州。负海有盐场,岁饥,民多盗鬻,吏捕之辄抵死。博文请弛盐禁,候岁丰乃复,从之。除殿中侍御史。

天禧中,朱能、王先在长安伪为《乾祐天书》,事觉,能既败死,先与其徒就禽,诏博文乘驿按劾。博文唯治首恶,胁从者七人,得以减论。还为开封府判官,丁母忧。

始,博文幼丧父,其母张氏改适韩氏。及博文在朝,谓子无绝母礼,请得以恩封之。母死,又谓古之为父后者不为出母服,以废宗庙祭也。今丧者皆祭,无害于行服。乃请解官持服,然议者以丧而祭为非礼。服除,为三司户部判官。出为河北转运使,迁侍御史、陕西转运使。

属羌撒逋渴以族落数千帐叛,既又寇原州柳泉镇、环州鹁鸽泉砦,梧州刺史杜澄、内殿崇班赵世隆战没。博文劾奏内侍都知周文质、押班王怀信为泾原、环庆两路钤辖,提重兵驻大拔砦,玩寇逗留,耗用边费,请用曹玮、田敏代。既而文质、怀信坐法,遂以玮知永兴军,使节制边事。会玮病不行,又用敏为泾原路总管,寇遂平。

　　迁尚书兵部员外郎，为三司户部副使，再迁户部郎中、龙图阁待制、判史部流内铨、权发遣三司使事。与监察御史崔暨、内侍罗崇勋同鞫真定府曹汭狱。及还，权知开封府，进龙图阁直学士、知秦州。为走马承受贾德昌所毁，徙凤翔府，又徙永兴军。明年，德昌以赃败，改枢密直学士，复知秦州。

　　初，沿边军民之逃者必为熟户畜牧，又或以遗远羌易羊马，故常没者数百人。其禽生羌，则以锦袍、银带、茶绢赏之。间有自归，而中道为夏人所得，亦不能辨，坐法皆斩。博文乃遣习知边事者，密持信纸往招，至则悉贷其罪，由是岁减殊死甚众。朝廷下其法旁路。

　　又言河西回鹘多缘与市家秦、陇间，请悉遣出境，戒守臣使讥察之。再迁右谏议大夫，以龙图阁学士复知开封府。都城豪右邸舍侵通衢，博文制表木按籍，命左右判官分撤之，月余毕。出知大名府，迁给事中。召权三司使，遂同知枢密院事，逾月而卒。帝临奠，赠尚书吏部侍郎。

　　博文以吏事进，多任剧繁，为政务平恕，常语诸子曰："吾平生决罪，至流刑，未尝不阴择善水土处，汝曹志之。"然治曹汭狱，议者多谓博文希太后旨，纵崇勋傅致其罪。子畴。

　　畴字景彝，以父荫补将作监主簿。中进士第，累迁太常博士。翰林学士宋祁提举诸司库务，荐畴勾当公事。时有宦官同提举者，畴辞于中书曰："翰林先进，畴恐不得事也。然以朝士大夫而为阉人指使，则畴实耻之。"

　　用贾昌朝荐，改编修《唐书》。仁宗猎近郊，畴引十事以谏。皇祐中，手诏禁贵戚近习私谒者，畴献《圣政惟公颂》。召试，直秘阁，为开封府推官。宦者李允良诉其叔父死，疑为仇家所毒，请发棺验视，众欲许之，畴独不可。曰："苟无实，是无故而暴尸，且安知非允良有奸？"穷治，果与其叔父家有怨。历三司度支判官、修起居注、知制诰、权判吏部流内铨，以右谏议大夫权御史中丞。

　　时陈升之拜枢密副使，谏官、御史唐介等奏弹升之不当大用，朝廷持不行,介等争数月不已,乃两罢之。而论者谓介等为众人游谈所误。畴疏言:"浮华险薄之徒,往来谏官、御史家,掎摭人罪,浸以成俗,请出诏戒励。"从之。迁给事中。

英宗既即位,感疾,皇太后垂帘听政。其后帝疾平,犹未御正殿,畴上疏请御朝听政。及永昭陵复土,祭仁宗虞主于集英殿,以宗正卿摄事。畴奏曰:"人子之葬其亲,送形而往,迎神而返,故虞祭所以安神也。位尊者礼重,礼重者祭多,故天子之虞数至于九。今山陵,嗣君不得亲往,则道路五虞,理可命宗正摄事。若神主既至,则四虞之祭,虽或圣躬未宁,亦宜勉强。况陛下在藩邸,以好古知礼、仁孝聪明闻于中外,此先帝所以托天下也。臣愿始终令德,以全美名。"

帝既视朝前后殿,而于听事犹持谦抑。畴复上疏曰:"庙社拥佑陛下,起居安平,临朝以时,仅逾半载,而未闻开发听断,德音遏塞,人情缺然。伏望思太祖、太宗艰难取天下之劳,真宗、仁宗忧勤守太平之力,勉于听决大政,以慰母后之慈。勿为疑贰谦抑,自使盛德暗然不光。"

未几,又上疏曰:

董仲舒为武帝言天人之际曰:"事在勉强而已。勉强学问,则闻见广而智益明;勉强行道,则德日起而大有功。"陛下起自列邸,光有天命,然而祖宗基业之重,天人顾享之际,所以操心治身、正家保国者,尤在于勉强力行也。陛下昔在宗藩,已能务德好学,语言举动未尝越礼,是天性有圣贤之资。自疾平以来,于兹半岁,而临朝高拱,无所可否。群臣关白军国之政者日益至,其请人主财决者日益多,然犹圣心盘桓,无所是非者,何也?得非以初继大统,或虑未究朝廷之事,故谦抑而未皇耶?或者圣躬尚未宁,而不欲自烦耶?抑有所畏忌而不言耶?苟为谦抑而未皇,则国家万务,日旷月废,其势将趋于祸乱无疑也。若圣躬未能宁,则天下之名医良工,日可召于前。而方技不试,药石不进,养疾于身,坐俟岁月,非求全之道也。苟有所畏忌而不言,则又过计之甚也。

今中外之事,无可疑畏,臣尝为陛下力言之矣。陛下何不坦心布诚、廓开大明以照天下,外则与执政大臣讲求治体,内则于母后请所未至。延礼贤俊,谘访忠直,广所未见,达所款闻。若陛下朝行之,则众心夕安矣。况陛下向居藩邸,日夕于侧者,惟一二讲学之师,与左右给使之人耳。修身行己,德业日新,而知者无几,则是为善多而得名常少也;然而终能德成行尊,美名远闻,此先帝之所以属心也。今处亿兆之上,有一言动则天下知之,简册书之,比之于昔,是善行易显而美名易成也。然而尚莫之闻者,是不为尔,非不能也。有始有终者,圣贤之能事,在陛下勉强而已。

畴又上疏欲车驾行幸,以安人心。时大臣亦有请,帝乃出祷雨,都人瞻望欢呼。数日,皇太后还政,畴又上疏:"请诏二府大臣讲求所以尊崇母后之礼。若朝廷严奉之体,与岁时朔望之仪,车服承卫之等威,百司供拟之制度,它时尊称之美号,外家延赏之恩典,凡可以称奉亲之意者,皆宜优异章大,以发扬母后之功烈,则孝德昭于天下矣。"

时诏近臣议仁宗配祭。故事,冬、夏至祀昊天上帝、皇地祇,以太祖配;正月上辛祈谷,孟夏雩祀,孟冬祀神州地祇,以太宗配;正月上辛祀感生帝,以宣祖配;季秋大飨明堂、祀昊天上帝,以真宗配。而学士王圭等与礼官上议,以谓季秋大飨,宜以仁宗配,为严父之道。知制诰钱公辅独谓仁宗不当配祭。畴以谓圭等议遗真宗不得配,公辅议遗宣祖、真宗、仁宗俱不得配,于礼意未安。乃献议曰:"请依王圭等议,奉仁宗配飨明堂,以符《大易》配考之说、《孝经》严父之礼。奉迁真宗配孟夏雩祀,以仿唐贞观、显庆故事。太宗依旧配正月上辛祈谷,孟冬祀神州祇,余依本朝故事。如此,则列圣并侑,对越昊穹,厚泽流光,垂裕万祀。必如公辅之议,则陷四圣为失礼,导陛下为不孝,违经戾古,莫此为甚。"自此公辅不悦,而朝廷以畴论事有补,帝与执政大臣皆器异之。

迁翰林学士、尚书礼部侍郎、同提举诸司库务。数月,拜枢密副使。于是公辅言畴望轻资浅,在台素餐,不可大用,又颇荐引近臣可为辅弼者。公辅坐贬。畴在位五十五日,卒。帝甚悼惜之,临哭,赐白金三千两,赠兵部尚书,谥忠简。

畴名臣子,性介特,厉风操,喜言朝廷事。好治容服,坐立嶷然,言必文,未尝慢戏,吏治审密,文辞严丽。其执政未久、终于位及所享寿,类其父云。

王曙字总之,赵州临城人。七岁丧父,哀毁过人。既长,状貌奇伟。举进士,授婺州观察推官。代还,真宗见而异之,特迁秘书省著作佐郎、知祁县,通判湖州。再迁太常博士、提点梓州路刑狱,权三司户部判官。使契丹还,判都磨勘司。以尚书度支员外郎兼侍御史知杂事。上言:"方调兵塞决河,而近郡灾歉,民力凋敝,请罢土木之不急者。"改三司户部副使。枢密使曹利用得罪,曙以同里为利用所厚,出知湖州,徙苏州。还为三司盐铁副使。

时龙图阁待制马季良方用事,建言京师贾人常以贱居茶盐交引,请官置务收市之。季良挟章献姻家,众莫敢迕其意,曙独不可,曰:"与民竞利,岂国体耶!"擢天章阁待制、判大理寺、提举在京诸司库务,安抚淮南,权判吏部流内铨,累迁刑部。

益、利路旱饥,为安抚使,以左司郎中、枢密直学士知益州。戍卒有夜焚营、杀马、胁军校为乱者,曙遣兵环营,下令曰:"不乱者敛手出门,无所问。"于是众皆出,命军校指乱者,得十余人,即戮之。及旦,人莫知也。其为政有大体,不为苛察,蜀人爱之。拜右谏议大夫、同知枢密院事。景祐五年,参知政事。明年,迁尚书工部侍郎、知枢密院事。

天圣中,曙尝使河北,过真定,见曹玮,谓曰:"君异日当柄用,愿留意边防。"曙曰:"何以教之?"玮曰:"吾闻赵德明尝使人以马榷易汉物,不如意,欲杀之。少子元昊方十余岁,谏曰:'我戎人,本从事鞍马,而以资邻国易不急之物,已非策,又从而斩之,失众心矣。'

德明从之。吾尝使人觇元昊，状貌异常，他日必为边患。"曙殊未以为然也。比再入枢密，元昊反，帝数问边事，曙不能对。及西征失利，议刺乡兵，又久未决。帝怒，曙与陈执中、张观同日罢，曙出知河南府，始叹玮之明识。未几，得暴疾卒。赠户部尚书，谥忠穆。

曙少时，馆礼部尚书王化基之门，枢密副使宋湜见而以女妻之。宋氏亲族或侮易之，化基曰："后三十年，曙富贵矣。"果如所言。

论曰：吴育刚毅不挠，而设施无闻，其才不逮志者与？宋绶博洽明敏，若谷务长厚，博文习吏事，当仁宗时，先后与政，仅能恭慎寡过，保有禄位，施及后嗣。敏求、淑俱练达典故，傅以文采，而淑以倾险败德，视畴之介特，数建忠谋，则贤不肖之相去远矣。王曙不留意曹玮之言，卒以昧于边事见黜，宜哉！

宋史卷二九二
列传第五一

李谘　程戡　夏候峤　盛度
丁度　张观　郑戬　明镐
王尧臣　孙抃　田况

　　李谘字仲询，唐赵国公峘之后。峘贬死袁州，因家新喻，遂为新喻人。谘幼有至性，父文捷出其母，谘日夜号泣，食饮不入口，父怜之而还其母，遂以孝闻。举进士，真宗顾左右曰："是能安其亲者。"擢第三人，除大理评事、通判舒州，召试中书，为太子中允、直集贤院。历三司、开封府判官，再迁左正言，出为淮南转运副使。帝幸亳，以劳，迁尚书礼部员外郎。会江南饥，徙江东转运副使，为度支判官。擢知制诰，寇准数改谘所拟制辞，谘不乐，以父留乡里请外，遂出知荆南。会翰林学士阙，宰相拟他官，帝曰："不如李谘。"遂为学士。

　　仁宗即位，超迁本曹郎中、权知开封府，数月，权三司使，拜右谏议大夫。尝奏事两宫曰："天下赋调有定，今西北寝兵且二十年，而边馈如故。戍兵虽未可减，其末作浮费非本务者，宜一切裁损以厚下。"即诏谘与御史中丞刘筠等同议冗费，以景德较天禧，计所减得十三之上。

　　时陕西缘边数言军食不给，度支都内钱不足支月奉，章献太后忧之，命吕夷简、鲁宗道、张士逊与谘等经度其事。谘曰："旧法商人入粟边郡,算茶与犀象、缗钱,为虚实三估,出钱十四文,坐得三司钱百文。"谘请变法以实钱入粟,实钱售茶,三者不得相为轻重。既行而商人果失厚利,怨谤蜂起。谘以疾累请郡,改枢密直学士、知洪州。行数月,而御史台鞫吏王举、句献私商人,多请慈州矾,会计茶法不折虚费钱,妄称增课百万缗,以觊恩赏。谘坐不察夺职。

久之,进给事中、知杭州,复枢密直学士、知永兴军。衣冠子弟恃荫无赖者,谘悉杖之,境内肃然。还,勾当三班院,坐举吏降左谏议大夫。权三司使事,是岁,禁中火,仓卒营造,应办举集。

进尚书礼部侍郎,拜枢密副使。数月,遭父丧,起复,迁户部侍郎、知院事。是时榷茶法浸坏,乃诏谘、蔡齐等更议之。谘以前坐变法得罪,固辞,不许。于是复用谘所变法,语具《食货志》。卒,赠右仆射,谥宪成。

谘性明辨,周知世务,其处烦猝,常若闲暇,吏不敢欺。在枢府,专务革滥赏,抑侥幸,人以为称职。无子,以族子为后。

程戡字胜之,许州阳翟人。少力学,举进士甲科,补泾州观察推官,再迁秘书丞、通判许州。曹利用贬,戡以利用婿降通判蕲州。徙虔州,州人有杀母,暮夜置尸仇人之门,以诬仇者。狱已具,戡独辨之,正其罪。以尚书屯田员外郎知归州,召为侍御史、三司度支判官。

宝元初,忻、代地震,坏城郭、庐舍,死伤甚众,命戡安抚,颇以便宜从事。改起居舍人、知谏院,迁兵部员外郎兼侍御史知杂事、三司户部副使。擢天章阁待制、陕西都转运使。

未几,知渭州。陕西有保毅军,人苦其役。戡奏曰:"保毅在乡兵外,不黥而有籍,所以佐边备也。已隶保捷兵,而保毅籍如故,州县以供力役,率困备,至破析财产售田者,犹数户出一夫,民不胜苦。"因诏私役保毅者以计佣律坐之。

进枢密直学士、知成都府。坐尝保任贝州张得一,得一伏诛,夺职出知凤翔府,寻徙河中。御史中丞张观辨之,复为枢密直学士、知永兴军，徙瀛州，四迁给事中。契丹使过，称疾，求著帽见，戡使谓曰："有疾，可毋相见，见当如礼。"使者语屈，冠而见。

人言岁在甲午，蜀且有变，孟知祥之割据，李顺之起而为盗，皆此时也。仁宗自择戡再知益州，迁端明殿学士，召见慰遣。至彭州，民妄言有兵变，捕斩之。守益州者以嫌，多不治城堞，戡独完城浚池自固，不以为嫌也。

召拜参知政事，奏禁蜀人妖言诬民者。避宰相文彦博亲，改尚书户部侍郎、枢密副使。数与宋庠争议，谏官、御史皆论之，戡亦自请罢。除吏部侍郎、观文殿学士兼翰林侍读学士、同群牧制置使，寻拜宣徽南院使、鄜延路经略安抚使、判延州。

英宗即位，以安武军节度使留再任。初。覃恩，蕃官例不序迁。至是，用戡奏始皆得迁。又请首领有战功材武，皆得召见，选补为蕃官。延州夹河为两城，雉堞颇卑小。敌登九州台，则下瞰城中。戡调兵夫大增筑之。横山酋豪怨谅祚，欲率其属叛，取灵、夏，来求兵为援。戡言："豺虎非自相搏，则未易取也；痈疽非其自溃，则未易攻也。谅祚久悖慢，宜乘此许之，所谓以蛮夷攻蛮夷，中国之利也。"会英宗不豫，大臣重生事，不报。

言者请选大臣帅永兴，屯重兵以制五路，敕戡具利害以闻。戡以为"四路距永兴皆十数驿，设有警，使听节制，则不及事矣。且关中财赋不赡，宿军多，何以给之？"

治平初，命宦官王昭明等领四路蕃部事。戡曰："蕃部所以亡去，苦边吏苛暴，为西人诱略尔。今昭明等徒能呼召首领，犒以牛酒，恐未足以结其心也。而甚动边听，宜更置路分钤辖、都监，各部一将兵，兼沿边巡检使，无复专蕃部事。"从其奏。夏人遣使入贡，僭汉官移文于州，称其国中官曰枢密。戡止令称使副不以官，称枢密曰"领卢"，方许之。

戡告老章累上，终弗听，遣使以手诏问劳，赐茶药、黄金，乃再上章曰："臣老疾剧矣，高奴屯劲兵为要地，岂养病所耶？"召还，道卒。赠太尉，谥康穆。

戡久在边,安重习事,治不近名。然不为言者所与,或传戡交通宦官阎士良,至令妻出见之。

夏侯峤字峻极,其先幽州人。高祖秀,为济州钜野镇游奕使,因家焉。父浦,梁开平中,以明经至棣州录事参军。峤幼好学,弱冠,以辞赋称,周相李谷延置门下。又依西京留守向拱,摄伊阳令,拱移安州,又令摄录事参军。

太平兴国初,举进士甲科,解褐大理评事、通判兴州,累迁右赞善大夫。从征太原,督刍粮于河朔。迁殿中丞、通判邠州。岁满,拜监察御史、通判兴元府,进秩殿中。

雍熙二年代还,对便坐。太宗语有司曰:"此人朕自知其才行,勿须奏拟。"即日改左补阙、直史馆,赐绯鱼。会王师护边,乘传督河间饷道,就命知莫州。逾月,徙洪州,改起居郎。真宗在襄邸,太宗择朝士谨厚者为官属,即召入为翊善,赐金紫,加直昭文馆。真宗尹京府,命兼推官,加司封员外郎。东宫建,复兼中舍,迁工部郎中。及嗣位,拜给事中、知审刑院。数月,擢枢密院副使。

咸平元年,以户部郎中罢。二年,始建讲读之职,命峤为翰林侍读学士。及杨徽之卒,又命兼秘书监。是秋,江、浙饥,命为江南巡抚使,所过疏理刑讼,存问耆老,务从宽简,人以为便。使还,采病民二十余事上之,亟诏厘革。又判吏部选事。

峤善鼓琴,好读庄、老书,淳厚谨慎,居官无过失。真宗尤爱重之,多所询访,每以善人目之。素好道,留意养生,少疾。景德元年五月,以选人俟对崇政殿,暴中风眩,亟诏取金丹,上尊酒饵之,肩舆还第,遣内侍召外内名医诊视。其夕卒,年七十二。诏赠兵部尚书,赗赐外,增赐白金三百两给葬。录其子大理寺丞晟为太子中舍,侄孙恭为奉礼郎,侄孙蔚赐同学究出身。峤在近侍,恩遇甚渥。卒后数月,毕士安为相,抚坐叹曰:"使夏侯君在,吾岂先据此位!"有集十五卷。

大中祥符初,晟上《汉武封禅图》,缋金匮、玉匮、石礴、石距之状，咸有注释，上览而善之。至驾部员外郎。恭至太子中舍。

　　盛度字公量，世居应天府，后徙杭州余杭县。曾祖珰，仕钱氏为余杭县令。父豫，从钱俶入朝，终尚书度支郎中。度举进士第，补济阴尉。选为封丘主簿，改府仓曹参军，为光禄寺丞、御史台推勘官，改秘书省秘书郎。试学士院，为直史馆、三司户部判官，累迁尚书屯田员外郎。

　　契丹寇边，从幸大名，数上疏论边事。奉使陕西，因览疆域，参质汉、唐故地，绘为《西域图》以献。改开封府判官，坐决狱失实，降监洪州税。起知建昌军、三司盐铁判官，改起居舍人、知制诰。度尝奏事便殿，真宗问其所上《西域图》，度因言：“酒泉、张掖、武威、敦煌、金城五郡之东南，自秦筑长城，西起临洮，东至辽碣，延袤万里。有郡、有军、有守捉，襟带相属，烽火相望，其为形势备御之道至矣。唐始置节度，后以宰相兼领，用非其人，故有河山之险而不能固，有甲兵之利而不能御。今复绘山川、道路、壁垒、区聚，为《河西陇右图》，愿备上览。”真宗称其博学。

　　后迁右谏议大夫、权知开封府。以疾不拜，改会灵观判官，入翰林为学士，加史馆修撰。历兵部郎中、景灵宫副使。寇准罢相，度以交通周怀政，出知光州。乾兴初，再谪和州团练副使。丁谓贬，起为祠部郎中，复兵部郎中，迁太常少卿、知筠州，更虔、滁、苏三州。还知审刑院，以右谏议大夫知扬州，加集贤院学士。

　　初，度谪洪州，建请复贤良方正科，又请建四科以取士，曰：“博通坟典达于教化科，才识兼茂明于体用科，军谋宏远堪任将帅科，明晓法律能按章覆问科。既而用夏竦议，置六科，其议亦自度始。

　　复为翰林学士、史馆修撰，迁给事中。尝受诏与御史中丞王随议通解盐，听商旅入钱算盐，语在《食货志》。寻进承旨，以礼部侍郎兼端明殿学士，召问边计，退而条十事上之。又兼侍读学士。

　　景祐二年，拜参知政事。时王曾、吕夷简为相，度与宋绶、蔡齐并参知政事，曾与齐善，而夷简与绶善，惟度不得志于二人。及二人俱辞相,仁宗问度曰:"王曾、吕夷简力求退,何也?"度对曰:"二人腹心之事,臣不得而知,陛下询二人以孰可代者,则其情可察矣。"仁宗果以问曾,曾荐齐,又问夷简,夷简荐绶,于是四人俱罢,而度独留。迁知枢密院事。

章得象既相,以度尝位其上,即拜武宁军节度使。坐令开封府吏冯士元强取其邻所赁官舍。以尚书右丞罢。复知扬州,加资政殿学士、知应天府。暴感风眩,以太子少傅致仕,卒。赠太子太保,谥文肃。

度好学,家居列图书,每归,未尝释手。敏于为文,而泛滥不精。尝奉诏同编《续通典》、《文苑英华》,注释御集。真宗祀汾阴,仁宗在藩邸,诏掌起居笺奏及留司章奏。有《愚谷》、《银台》、《中书》、《枢中》四集,又有《中书》、《翰林》二制集。

天禧三年,诏许中书舍人、给事中、谏议大夫母封郡太君,而学士不预。时度官兵部郎中,因请追封其母,自是学士官未至谏议者,其母皆得封郡君。

度体肥大,艰于拜起,宾客有拜之者,则俯伏不能兴,往往瞪视而诟詈之。性极猜险,虽平居,僚友不敢易语言。所至,下贫无赖,多所纵舍;稍有赀者,一切绳之以法。

子申甫,终尚书兵部郎中、集贤校理,尝为福建转运使,颇以修洁称。

从兄京,有吏能,以尚书工部侍郎致仕,卒。

丁度字公雅,其先恩州清河人。祖颙,后唐清泰初陷契丹,逃归,徙居祥符。父逢吉,以医术事真宗藩邸,然好聚书,与儒者游。度强力学问,好读《尚书》,尝拟为《书命》十余篇。大中祥符中,登服勤词学科,为大理评事、通判通州,改太子中允、直集贤院。坐解送国子监进士失实,监齐州税。还,知太常礼院,判吏部南曹。上书论六事:一、增讲读官;二、增谏员;三、补阴用大功以上亲;四、选河北、河东役兵补禁军;五、籍令佐垦田为殿最;六、凡缘公事坐私罪杖者,听保任迁官。章献后善之。

旧制,监司及藩镇辞谒皆赐对。仁宗初即位,止令附中书、枢密奏之,度言,附奏非所以防壅蔽也。又尝献《王凤论》于章献太后,以戒外戚。历三司磨勘司、京西转运使。司天言永昌陵有白气,请增筑以厌之,有诏按视。度奏神道贵静,不可轻缮治,乃止。入知制诰,迁翰林学士,纠察在京刑狱,判太常礼院兼群牧使。

刘平、石元孙败,帝遣使问所以御边。度奏曰:"今士气伤沮,若复追穷巢穴,馈粮千里,轻用人命以快一朝之意,非计之得也。唐都长安,天宝后,河、湟覆没,泾州西门不开,京师距寇境不及五百里,屯重兵,严烽火,虽常有侵轶,然卒无事。太祖时,疆场之任,不用节将。但审擢材器,丰其廪赐,信其赏罚,方陲辑宁几二十年。为今之策,莫若谨亭障,远斥堠,控扼要害,为制御之全计。"因条上十策,名曰《备边要览》。

时西疆未宁,二府三司,虽旬休不废务。度言:"苻坚以百万师寇晋,谢安命驾出游以安人心。请给假如故,无使外夷窥朝廷浅深。"从之。累迁中书舍人,为承旨。

时叶清臣请商州置监铸大钱,以一当十。度奏曰:"汉之五铢,唐之开元及国朝钱法,轻重大小,最为折中。历代改更,法虽精密,不能期年,即复改铸。议者欲绳以峻法,革其盗铸。昔汉变钱币,盗铸死者数十万。唐铸乾元及重轮乾元钱,钱轻币重,严刑不能禁止。今禁旅戍边,月给百钱,得大钱裁十,不可畸用,旧钱不出,新钱愈轻,则粮刍增价。臣尝知湖州,民有抵茶禁者,受千钱立契代鞭背。在京西,有强盗杀人,取其弊衣,直不过数百钱。盗铸之利,不啻数倍。复有湖山绝处,凶魁啸聚,炉冶日滋,居则铸钱,急则为盗。民间铜铅之器,悉为大钱,何以禁止。"

度又言:"祥符、天圣间,牧马至十余万,其后言者以天下无事,不可虚费,遂废八监。然犹秦、渭、环、阶、麟府、文州、火山、保德、岢岚军,岁市马二万二百匹,补京畿、塞下之阙。自西鄙用兵,四年所收,三万而已。马少地闲,坊监诚可罢;若贼平马归,则不可阙。今河北、河东、京东西、淮南皆籍丁壮为兵，请令民畜一战马者，得免二丁，仍不计赀产以升户等，则缓急有备，而国马蕃矣。”

庆历中，副杜衍宣抚河东。久之，迁端明殿学士、知审刑院。时江西转运使移属州，凡市末盐钞，每百缗贴纳钱三之一。通判吉州李虞卿受财免贴纳，事觉，大理将以枉法论。度曰：“枉法，谓于典宪有所阿曲。虞卿所违者，转运使移文尔。”遂贷虞卿死。

帝尝问，用人以资与才孰先？度对曰：“承平时用资，边事未平宜用才。”时度在翰林已七年，而朝廷方用兵，故对以此。谏官孙甫论度所言，盖自求柄用，帝谕辅臣曰：“度在侍从十五年，数论天下事，顾未尝及私，甫安从得是语。”

未几，擢工部侍郎、枢密副使。因言：“周世宗募骁健，有朝出群盗、夕备宿卫者；太祖阅猛士实骑军。请择河北、河东、陕西就粮马军，以补禁旅之阙。”又言：“契丹尝渝盟，预备不可忽。”因上《庆历兵录》五卷、《赡边录》一卷。明年，参知政事。会春旱，降秩中书舍人，逾月，复官。

后二年，卫士为变，事连宦官杨怀敏，枢密使夏竦靖御史与宦官同于禁中鞫之，不可滋蔓，令反侧者不自安。度曰：“宿卫有变，事关社稷，此而可忍，孰不可忍！请付外台穷治党与。”争于帝前。仁宗从竦言，度遂求解政事，罢为紫宸殿学士兼侍读学士。御史何郯言，紫宸非官称所宜。改观文殿学士、知通进银台司、判尚书都省，再迁尚书右丞，卒。赠吏部尚书，谥文简。

度性淳质，不为威仪，居一室十余年，左右无姬侍。然喜论事，在经筵岁久，帝每以学士呼之而不名。尝问蓍龟占应之事，乃对：“卜筮虽圣人所为，要之一技而已，不若以古之治乱为监。”又尝示以敧器曰：“朕欲临天下以中正之道。”度对曰：“臣等亦愿无倾满以事陛下。”因奏太宗尝作此器，真宗亦尝著论，于是帝制《后述》以赐之。

度著《迩英圣览》十卷、《龟鉴精义》三卷、《编年总录》八卷，奉诏领诸儒集《武经总要》四十卷。子讽，集贤校理。

张观字思正，绛州绛县人。少谨愿好学，有乡曲名。中服勤辞学科，擢为第一，授将作监丞、通判解州。会盐池吏以赃败，坐失举劾，降监河中府税。复通判果州，改秘书省秘书郎。

仁宗即位，迁太常丞，擢右正言、直史馆，为三司度支判官，同修起居注，改右司谏、知制诰、判登闻检院，出知杭州。还，判国子监，权发遣开封府事，进为翰林学士、知审官院，累迁左司郎中，以给事中权御史中丞。

时星流、地震、雷发正月，诏求直言。观谓：“承平日久，政宽法慢，用度渐侈，风俗渐薄，以致灾异。”因上四事：一曰知人，二曰严禁，三曰尚质，四曰节用。河北大雨水，又条七事，曰：导积水以广播种，缓催欠以省禁锢，宽刑罚以振淹狱，收逃田以募归复，罢工役以先急务，止配率以阜民财，通商旅以济艰食。复知审官院，遂拜同知枢密院事。

康定中，西兵失利，因议点乡兵，久之不决，遂与王鬷、陈执中俱罢，以资政殿学士、尚书礼部侍郎知相州。徙澶州。河坏孙陈埽及浮梁，州人大恐，或请趋北原以避水患。观曰：“太守独去，如州民何！”乃躬率卒徒增筑之，堤完，水亦退。

徙郓州。旧法，京东通安邑盐，而濒海之地禁私煮。观上言：“利之所在，百姓趋之，虽日杀于市，恐不能止，请弛禁以便民。”岁免黥配者不可胜计。历知应天府、孟州、河南府，以吏部侍郎兼御史中丞。以父居业高年多病，请便郡，以观文殿学士知许州。月余，拜左丞。丁父忧，哀毁过人，既练而卒。赠吏部尚书，谥文孝。

观性至孝，初为秘书郎，其父方为州从事，因上书愿以官授父。真宗嘉之，以居业为京官。及观贵，居业由恩至太府卿。居业尝过洛，嘉其山川风物，曰：“吾得老于此足矣。”观于是买田宅、营林樾，以适其意。蚤起奉药、膳，然后出视事，未尝一日废也。趣尚恬旷，持廉少欲，平生书必为楷字，无一行草，类其为人。仁宗飞白书“清”字赐观，以赏其节。然于吏事非所长，知开封府，民犯夜禁，观诘之曰:"有见人否?"众传以为笑。

郑戬字天休,苏州吴县人。早孤力学。客京师,事杨亿,以属辞知名,后复还吴。及亿卒,宾客弟子散去,戬乃倍道会葬。举进士,擢甲科,授太常寺奉礼郎、签书宁国军节度判官事,召试学士院,为光禄寺丞、集贤校理、通判越州。还,改太子中允、同知太常礼院,注释御制《发愿文》、《三宝赞》,升直史馆、三司户部判官,同修起居注,以右正言知制诰。判国子监,选明经生讲解经义。徙知审刑院,迁起居舍人、龙图阁直学士、权知开封府。

吏冯士元为奸利,有告士元受赇藏禁书者,戬穷治之。辞连宰相吕夷简、知枢密院盛度、参知政事程琳,遂逮捕夷简子公绰、公弼参劾其状。既而士元流海岛,度、琳坐尝交关士元罢去,其余绌罚者自御史中丞孔道辅、天章阁待制庞籍又十余人,朝议畏其敫核。戬敏强善听决,喜出不意,独假贷细民,即豪宗大姓,绳治益急,政有能迹。徙权三司使,复转运使考课格,分别殿最。又勾较三司出入,得羡钱四百万缗,以右谏议大夫、同知枢密院改枢密副使。

戬与参知政事宋庠,为宰相吕夷简所忌,与庠皆罢,以资政殿学士知杭州。钱塘湖溉民田数十顷,钱氏置撩清军,以疏淤填之患。既纳国后不复治,葑土堙塞,为豪族僧坊所占冒,湖水益狭。戬发属县丁夫数万辟之,民赖其利。事闻,诏本郡岁治如戬法。

迁给事中,徙并州,道改郓州,又徙永兴军。建言:"凡军行所须,愿下有司相缓急,析为三等,非急罢去。"先是,衙吏输木京师,浮渭泛河,多漂没,既至,则斥不中程,往往破家不能偿,戬奏岁减二十余万;又奏罢括籴,以劝民积粟。长安故都多豪恶,戬治之尚严,甚者至黥窜,人皆惕息。

未几,为陕西四路都总管兼经略、安抚、招讨使,驻泾州,听便宜从事。迁尚书礼部侍郎。时知庆州滕宗谅、知渭州张亢过用公使钱,戬致于法。行边至镇戎军,趣莲花堡,天寒,与将佐置酒,无昊拥兵近塞。会暮尘起,有报敌骑至者,戬曰:"此必三川将按边回,非敌骑也。"已而果然。及疆事少宁,诏还,知永兴军。

初,静边砦主刘沪谋筑水洛、结公二城,以通秦、谓援兵,招生羌大王族为边卫。戬使沪与著作佐郎董士廉督其役。会罢戬四路,安抚使韩琦、知渭州尹洙皆以为不便,召沪、士廉罢役归,不听。乃使裨将狄青将兵以往,械送德顺军狱。戬力争于朝,卒城之。

进户部侍郎、资政殿大学士、知并州。契丹与元昊方交兵,边奏互上,独戬不以闻。诏遣使问其故,戬对:"敌自相攻,中国不足忧也。"鄜、府间有弃地曰草城川,戬募土人为弓箭手,计口给田。初,兵兴,用不足。河东行铁钱,山多炭、铁,鼓铸利厚,重辟不能止。戬乃请三当一。令既下,兵民相扇动,数千人邀走马承受诉。承受,中贵人,不能遏。又群噪州门,守门者拒不得入。戬闻,悉召至庭下,推首谋者数十人,黥隶他州,事乃定。

迁吏部侍郎,改宣徽北院使,拜奉国军节度使,卒。赠太尉,谥文肃。

戬遇事,果敢必行。然凭气近侠,用刑峻深,士民多怨之。

明镐字化基,密州安丘人。中进士第,补蕲州防御推官。献真宗崩,上《真颂》四十六篇,改大理寺丞。薛奎领秦州,辟为节度判官。奎徙益州,辟知录事参军。程琳代奎,奏为签书节度判官,就通判州事,迁太常博士。还朝,仁宗问镐所能,奎称其沈鸷有谋,能断大事,除开封推官。献《六冗书》,进尚书祠部员外郎,为三司户部判官,改刑部员外郎、京东转运使,迁兵部员外郎、直史馆、益州路转运使。会岁饥,民无积聚,盗贼间发,镐为平物价,募民为兵,人赖以安。

知陵州楚应几赃败,或告以先期奏之,镐曰:"获罪则已,安可欺朝廷耶?"卒坐失察,降知同州。未逾月,会元昊寇延州,起为陕西转运使。虏破金明砦,既去,议修复其城,帅臣拥兵不即进,而镐止以百余骑,自督将士,一月而成。又尝阅同州厢军,得材武者三百余人,教以强弩,奏为清边军,号最骁悍。其后,陕西、河东颇仿置之。

迁户部郎中、直昭文馆、知陕州,徙江、淮制置发运使。未行,会贼破丰州,擢天章阁待制、河东都转运使。修建宁、中候、百胜砦,镇川、清塞堡,凡五城,以劳迁左司郎中。

明年,擢龙图阁直学士、知并州。镐大巡边以备贼。时边任多纨绔子弟,镐乃取尤不职者杖之,疲软者皆自解去,遂奏择习事者守堡砦。军行,倡妇多从之,镐欲驱逐,恶伤士卒心,会有忿争杀倡妇者,吏执以白,镐曰:"彼来军中何耶?"纵去不治,倡妇闻皆散走。以枢密直学士、左谏议大夫知成德军,入知开封府。

王则叛,命镐为体量安抚使;则未下,又命参知政事文彦博为安抚使,以镐副之。贝州平,迁端明殿学士、给事中、权三司使,诸将悉超迁,都虞候、士卒八千四百人,第其功为五等,每等迁一资。彦博数推镐功,拜参知政事。

已而疽发背,帝谓辅臣曰:"镐忠亮有劳,及其未乱,思一见之。"临问,恻然曰:"方赖卿谋国事,何遽被疾!"镐气惫,犹能顿首谢。翌日,卒,谥文烈。镐端挺寡言,所至安静有体,而遇事不苟,为世所推重。

王则者,本涿州人。岁饥,流至恩州,自卖为人牧羊,后隶宣毅军为小校。恩、冀俗妖幻,相与习《五龙》、《滴泪》等经及图谶诸书,言释迦佛衰谢,弥勒佛当持世。初,则去涿,母与之诀别,刺"福"字于其背以为记。妖人因妄传字隐起,争信事之,而州吏张峦、卜吉主其谋,党连德、齐诸州,约以庆历八年正旦,断澶州浮梁,乱河北。会其党潘方净以书谒北京留守贾昌朝,事觉被执,故不待期,亟以七年冬至叛。

时知州张得一方与官谒天庆观,则率其徒劫库兵,得一走保骁捷营。贼焚门,执得一囚之。兵马都监、内殿承制田斌以从卒巷斗,不胜而出。城扉阖,提点刑狱田京、任黄裳持印,弃其家缒城出,保南关。贼从通判董元亨取军资库钥,元亨拒之,杀元亨。又出狱囚,因有憾司理参军王奖者,遂杀奖。既而节度判官李浩、清河令齐开、主簿王奕皆被害。

则僭号东平郡王,以张峦为宰相,卜吉为枢密使,建国曰安阳。榜所居门曰中京,居室厩库皆立名号,改年曰得圣,以十二月为正月。百姓年十二以上、七十以下,皆涅其面曰"宜军破赵得胜"。旗巾号令,率以"佛"为称。城以一楼为一州,书州名,补其徒为知州,每面置一总管。然缒城下者日众。于是令守者伍伍为保,一人缒,余悉斩。

有州民汪文庆、郭斌、赵宗本、汪顺者,自城上击书射镐帐,约为内应,夜垂以绲以引官军。既内数百人,焚楼橹,贼觉,率众拒战。初,官军既登,欲专其功,断绲以绝后来者。及与贼战,兵寡不敌,与文庆等复缒而下。是夜,城几克。则期正月十四日出要劫契丹使,谋者以告。镐遣殿侍安素伏兵西门,贼果以数百人夜出,伏发,皆就获。

城峻不可攻,乃为距闉,将成,为贼所焚。遂即南城为地道,日攻其北牵制之。及文彦博至,穴通城中,选壮士中夜由地道入,众登城。贼纵火牛,官军以枪中牛鼻,牛还攻之,贼大溃,开东门遁。阁门祗候张绲缘壕与战,死之。总管王信捕得则,其余众保村舍,皆焚死。槛送则京师,支解以徇。则叛凡六十六日。

王尧臣字伯庸,应天府虞城人。举进士第一,授将作监丞、通判湖州。召试,改秘书省著作郎、直集贤院。会从父冲坐事,出尧臣知光州。父丧,服除,为三司度支判官,再迁右司谏。

郭皇后薨,议者归罪内侍都知阎文应,尧臣请穷治左右侍医者,不报。时上元节,有司张灯,尧臣俟乘舆出,即上言:"后已复位号,今方在殡,不当游幸。"帝为罢张灯。擢知制诰、同知通进银台司、提举诸司库务,知审刑院,入翰林为学士、知审官院。

陕西用兵,为体量安抚使。将行,请曰:"故事,使者所至,称诏存问官吏将校,而不及于民。自元昊反,三年于今,关中之民凋弊为甚,请以诏劳来,仍谕以贼平蠲租赋二年。"仁宗从之。

使还,上言:

> 陕西兵二十万,分屯四路,然可使战者止十万。贼众入寇,常数倍官军。彼以十战一,我以一战十,故三至而三胜,由众寡不侔也。泾原近贼巢穴,最当要害,宜先备之。今防秋甚迩,请益团土兵,以二万屯渭州,为镇戎山外之援;万人屯泾州,为原、渭声势;二万屯环庆,万人屯秦州,以制其冲突。

> 且贼之犯边,不患不能入,患不能出也。并塞地形,虽险易不同,而兵行须由大川,大川率有砦栅为控扼。贼来利在虏掠,人自为战,故所向无前。若延州之金明、塞门砦,镇戎之刘璠、定川堡,渭州山外之羊牧隆城、静边砦,皆不能扼其来。故贼不患不能入也。既入汉地,分行钞略,驱虏人畜,劫掠财货,士马疲困,奔趋归路,无复斗志。若以精兵扼险,强弩注射,旁设奇伏,断其首尾,且追且击,不败何待。故贼之患在不能出也。

> 贼屡乘战胜,重掠而归,诸将不能追击者,由兵寡而势分也。若尚循故辙,必无可胜之理。

又论:“延州、镇戎军、渭州山外三败之由,皆为贼先据胜地,诱致我师,将帅不能据险击归,而多倍道趋利。兵方疲顿,乃与生羌合战;贼始纵铁骑冲我军,继以步奚挽强注射,锋不可当,遂致掩覆,此主师不思应变以惩前失之咎也。愿敕边吏,常远斥候,遇贼至,度远近立营砦,然后量敌奋击,毋得轻出。”诏以其言戒边吏。

时韩琦坐好水川兵败徙秦州,范仲淹亦以擅复元昊书降耀州。尧臣言:二人者,皆忠义智勇,不当置之散地。又荐种世衡、狄青有将帅才。明年,贼果自镇戎军、原州入寇,败葛怀敏,乘胜掠平凉、潘原,关中震恐,自邠、泾以东,皆闭垒自守。仲淹将庆州兵捍贼,贼引去。仁宗思其言,乃复以琦、仲淹为招讨使,置府泾州,益屯兵三万人,而使尧臣再安抚泾原。

初,曹玮开山外地,置笼竿等四砦,募弓箭手,给田使耕战自守。其后将帅失抚御,稍侵夺之,众怨怒,遂劫德胜砦将姚贵,闭城畔。尧臣适过境上,作书射城中,谕以祸福,众遂出降。乃为申明约束如旧而去。

既还,上言:"自陕西用兵,夏竦、陈执中并以两府旧臣,为陕西经略、安抚、招讨使,韩琦、范仲淹止为经略、安抚副使。既而张存知延州,王沿知渭州,张奎知庆州,俱是学士、待制之职,亦止管勾本路总管司事。及竦、执中罢,四路置帅,遂各带都总管及经略、安抚、招讨等使,因而武臣副总管亦为副使。今琦、仲淹、庞籍既为陕西四路都总管、缘边经略安抚招讨等使,四路当禀节制,而尚带经略使名者九人,各置司行事。名号非一,而所禀非一。今请逐路都总管、副总管并罢经略,只充缘边安抚使。"既而滕宗谅亦以为请,遂罢之。

又言:"鄜延、环庆路,其地皆险固而易以守;惟泾原自汉、唐以来,为冲要之地。自镇戎军至渭州,沿泾河大川直抵泾、邠,略无险阻。虽有城砦据平地,贼径交属,难以捍防,如郭子仪、浑瑊,常宿重兵守之。自元昊叛命数年,由此三入寇。朝廷置帅府于泾州,为控扼关、陕之会,诚合事机。然频经败覆,边地空虚,士气不振。愿深监近弊,精择将佐;其新集之兵,未经训练,宜易以旧人。倘一路兵力完实,则贼不敢长驱入寇矣。"因论沿边城砦、控扼要害、贼径通属及备御轻重之策为五事上之。又请泾、原五州营田,益置弓箭手,及请撤潼关楼橹,皆报可。

以户部郎中权三司使,辟张昷之、杜杞等十余人为副使、判官。时入内都知张永和建议,收民僦舍钱十之三以助军费。尧臣入对曰:"此衰世之事,召怨而携民,唐德宗所以致朱泚之乱也。"度支副使林潍畏永和,附会其说,尧臣奏黜潍,议乃定。

夔州转运使请增盐井岁课十余万缗,尧臣以为上恩未尝及远人,而反牟取厚利,适足以敛怨,罢之。迁翰林学士承旨兼端明殿学士,为群牧使。丁母丧,服除,转右谏议大夫。

初,学士苏易简、丁度皆自郎中进中书舍人充承旨,及尧臣为承旨,不迁官,意宰相贾昌朝所抑。及是,文彦博为相,因其岁满,遂优迁之。大享明堂,加给事中。与三司更议茶法,较天下每岁财赋出入,上其数,遂拜枢密副使。

会侬智高反,请析广西宜、容、邕州为三路,以融、柳、象隶宜州、白、高、窦、雷、化、郁林、仪、藤、梧、龚、琼隶容州,钦、宾、廉、横、浔、贵隶邕州;遇蛮入寇,三路会支郡兵掩击,令经略、安抚使守桂州以统制焉;益募澄海、忠敢土军分屯,运全、永、道三州米以饷之,罢遣北兵远戍。时狄青经制岭南,诏青审议,以为便。

居枢密三年,务裁抑侥幸,于是有镂匿名书以布京城,然仁宗不以为疑也。以户部侍郎参知政事。久之,帝欲以为枢密使,而当制学士胡宿固抑之,乃进吏部侍郎。卒,赠尚书左仆射,谥文安。

尧臣以文学进,典内外制十余年,其为文辞温丽。执政时,尝与宰相文彦博、富弼、刘沆劝帝蚤立嗣,且言英宗尝养宫中,宜为后,为诏草挟以进,未果立。

元丰三年,子同老进遗稿论父功,帝以访文彦博,具奏本末,遂加赠太师、中书令,改谥文忠。

孙抃字梦得,眉州眉山人。六世祖长孺,喜藏书,号“书楼孙氏”,子孙以田为业。至抃始读书属文。中进士甲科,以大理评事通判绛州。召试学士院,除太常丞、直集贤院,为开封府推官,判三司开拆司,同修起居注,以右正言知制诰,迁起居舍人、翰林学士兼侍读学士、史馆修撰,累迁尚书吏部郎。抃虽久处显要,罕所建明。

皇祐中,以右谏议大夫权御史中丞。制下,谏官韩绛论奏抃非纠绳才,不可任风宪,抃即手疏曰:“臣观方今士人,趋进者多,廉退者少。以善求事为精神,以能讦人为风采;捷给若啬夫者谓之有议论,刻深若酷吏者谓之有政事。谏官所谓才者,无乃谓是乎?若然,臣诚不能也。”仁宗察其言,趣视事,且命知审官院。抃辞以任言责不当兼事局,乃止。

在台,数言事,不为矫激,尤喜称荐人材。帝欲除入内都知王守忠领武宁军节度使,抃奏罢之。温成皇后葬,以刘沆为监护使,抃奏沆为宰相,不当为后妃护葬丧事。时又议为后建陵立庙,抃率官属言非礼。因相与请对，固争不能得，伏地不起，帝为改容遣之。御史请罢宰相梁适，未听，抃奏曰："适在相位，上不能持平权衡，下不能笃训子弟。言事官数论奏，未闻报可，非罢适无以慰物论。"宰相陈执中婢为嬖妾张氏榜杀，置狱取证左，执中弗遣，有诏勿推。抃复与官属请对论列，疏十上，适、执中卒皆罢。

改翰林学士承旨，复兼侍读学士。帝读《史记·龟筮传》，问："古人动作必由此乎？"对曰："古有大疑，既决于己，又询于众，犹谓不有天命乎，于是命龟以断吉凶。所谓'谋及乃心，谋及卿士，谋及庶人，谋及卜筮'。盖圣人贵诚，不专人谋，默与神契，然后为得也。"帝善其对。

谏官陈升之上选用、责任、考课转运使三法，命抃与御史中丞张昪典之，卒亦无所进退焉。再迁礼部侍郎。抃久居侍从，泊如也，人以为长者。既而枢密副使程戡罢，帝欲用旧人，即以命抃。岁中，参知政事。

抃性笃厚寡言，质略无威仪。居两府，年益耄，无所可否。又善忘，语言举止多可笑，好事者至传以为口实。御史韩缜弹奏之，罢为观文殿学士、同群牧制置使，复兼侍读学士。英宗即位，进户部侍郎。告老，以太子少傅就第，卒。赠太子太保，谥文懿。

田况字元均，其先冀州信都人。晋乱，祖行周没于契丹。父延昭，景德中脱身南归，性沈鸷，教子甚严，累官至太子率府率。况少卓荦有大志，好读书。举进士甲科，补江陵府推官，再调楚州判官，迁秘书省著作佐郎。举贤良方正，改太常丞、通判江宁府。

赵元昊反，夏竦经略陕西，辟为判官。时竦与韩琦、尹洙等画上攻守二策，朝廷将用攻策，范仲淹议未可出师。况上疏曰：

> 昔继迁扰边，太宗部分诸将五路进讨，或遇贼不击，或战衄而还。又尝令白守荣、马绍忠护送粮饷于灵州，诸将多违诏自奋，浦洛河之败，死者数万人。今将帅士卒，素已懦怯，未甚更练。又知韩琦、尹洙同建此策，恐未甚禀服，临事进退，有误

大举。其不可一也。

计者以为贼常并力而来，我常分兵以御，众寡不敌，多贻败衄，今若全师大举，必有成功，此思之未熟尔。夫三军之命，系于将帅。人之才有大小，智有远近，以汉祖之善将，不若淮阴之益办，况庸人乎？今徒知大众可以威敌，而不思将帅之材否，此祸之大者也。两路之人，众十余万，庸将驱之，若为舒卷；贼若据险设伏，邀截冲击，首尾前后，势不相援，一有不利，则边防莫守，别贻后患。安危之计，决于一举。其不可二也。

自西贼叛命以来，虽屡乘机会，然终不敢深寇郡县，以厌其欲者，非算之少也。直以中国之大，贤俊之盛，甲兵之众，未易可测。今师深入，若无成功，挫国威灵，为贼轻侮，或别堕奸计，以致他虞。其不可三也。

计者又云，将帅虽未足倚，下流勇进，或有其人。自刘平、石元孙陷没，士气挫怯，未能振起。今兵数虽多，疲懦者众，以庸将驱怯兵，入不测之地，独其下使臣数辈，干赏蹈利，欲邀奇功，未见其利。其不可四也。

计者又云，非欲深绝沙碛，以穷妖巢，但浅入山界，以挫贼气，如袭白豹城之比。臣谓乘虚袭掠，既不能破戎首、拉凶党，但残戮孥弱，以厚怨毒，非王师吊伐招徕之体。然事出无策，为彼之所为，亦当霆发雷逝，往来轻速，以掩其不备。今兴师十万，鼓行而西，贼已清野据险以待，我师何袭挫之有？其不可五也。

自元昊寇边，人皆知其诛赏明、计数黠。今未有间隙可窥，而暴为兴举，计事者但欲决胜负于一战。幸其或有所成，否则愿自比王恢以待罪，勇则勇矣，如国事何！其不可六也。

昨仲淹奏乞朝廷，敦包荒之量，存鄜延一路。令诸将勒兵严备，未行讨伐，徐示以恩意，岁时之间，或可招纳。若使泾原一路独入，则孤军进退，忧患不浅。传闻贼谋，俟我师诸路入界，并兵以敌，此正陷贼计中。其不可七也。

以臣所见,夏竦、韩琦、尹洙同献此策,今若奏乞中罢,则是自相违异;欲果决进讨,则又仲淹执议不同。乞召两府大臣定议,但令严设边备,若有侵掠,即出兵邀击;或贼界谨自守备,不必先用轻举。如此则全威制胜,有功而无患也。

于是罢出师议。

况又言治边十四事。迁右正言,管勾国子监、判三司理欠凭由司,专供谏职,权修起居注,遂知制诰。尝面奏事,论及政体,帝颇以好名为非,意在遵守故常,况退而著论上之。其略曰:

名者由实而生,非徒好而自至也。尧、舜三代之君,非好名者,而鸿烈休德,倬若日月,不能纤晦者,有实美而然也。设或谦弱自守,不为恢闳睿明之事,则名从而晦矣,虽欲好之,岂可得耶。

方今政令宽弛,百职不修,二虏炽结,凌慢中国。朝廷恫矜下民横罹杀掠,竭沥膏血,以资缮备,而未免侵轶之忧。故屈就讲和,为翕张予夺之术。自非君臣朝夕耻愤,大有为以遏后虞,则势可忧矣。陛下若恐好名而不为,则非臣之所敢知也。陛下倘奋乾刚,明听断,则有英睿之名;行威令,慑奸宄,则有神武之名;斥奢汰,革风俗,则有崇俭之名;澄冗滥,轻会敛,则有广爱之名;悦亮直,恶谄媚,则有纳谏之名;务咨询,达壅蔽,则有勤政之名;责功实,抑偷幸,则有求治之名。今皆非之而不为,则天下何所望乎?抑又圣贤之道曰名教,忠谊之训曰名节,群臣诸儒所以尊辅朝廷,纪纲人伦之大本也。陛下从而非之,则教化微,节义废,无耻之徒争进,而劝沮之方不行矣,岂圣人率下之意耶。

时边奏契丹修天德城及多建堡砦。况意其蓄奸谋,乃上疏曰:

朝廷予契丹金帛岁五十万,朘削生民,输将道路,疲弊之势,渐不可久。而近西羌通款,岁又予二十万,设或复肆贪渎,再有规求,朝廷尚可从乎?臣至愚,不当大责,每念至此,则惋叹不已。矧两府大臣,皆宗庙社稷、天下生民所望而系安危者,岂不为陛下思之哉？每旦垂拱之对，不过目前政事数条而已，非陛下所以待辅臣，非辅臣所以忧朝廷之意也。

有唐故事，肃宗以天下未乂，除正衙奏事外，别开延英以询访宰相，盖旁无侍卫，献可替否，曲尽讨论。今北敌桀慢，而河朔将佐之良愚，中兵之善窳，道路之夷险，城垒之坚弊，军政之是否，财粮之多少，在两府辅臣，实未有知者。万一变发所忽，制由中出，少有差跌，则事不测矣。如前岁萧英、刘六符始来，和议未决，中外惶扰，不知为计，此臣所目睹也。和议既定，又复恬然若无事者，是岂得为安哉。

愿因燕闲，召执政大臣于便殿，从容赐坐，访逮时政，专以虑患为急。则人人惟恐不知以误应对，事事惟恐不集以孤圣怀，旦夕忧思，不敢少懈，同心协力，必有所为。今不以此为务，而日以委琐之事，更相辩对，议者羞之。臣叨备近列，实系朝廷休戚，惟陛下不以人废言。

寻为陕西宣抚副使，还领三班院。保州云翼军杀州吏据城叛，诏况处置之。既而除龙图阁直学士、知成德军。况督诸将攻，以敕榜招降叛卒二千余人，坑其构逆者四百二十九人，以功迁起居舍人。徙秦州。丁父忧，诏起复，固辞。又遣内侍持手敕起之，不得已，乞归葬阳翟。既葬，托边事求见，泣请终制，仁宗恻然许之。帅臣得终丧自况始。服除，以枢密直学士、尚书礼部郎中知渭州。

迁右谏议大夫、知成都府。蜀自李顺、王均再乱，人心易摇，守得便宜决事，多擅杀以为威，虽小罪，犹并妻子徙出蜀，至有流离死道路者。况至，拊循教诲，非有甚恶不使迁，蜀人尤爱之。

迁给事中，召为御史中丞。既至，权三司使，加龙图阁学士、翰林学士。况钩考财赋，尽知其出入，乃约《景德会计录》，以今财赋所入，多于景德，而岁之所出，又多于所入。因著《皇祐会计录》上之。以礼部侍郎为三司使。至和元年，擢枢密副使。遂为枢密使。以疾，罢为尚书右丞、观文殿学士兼翰林侍读学士，提举景灵宫，遂以太子少傅致仕，卒。赠太子太保，谥宣简。

　　况宽厚明敏，有文武材。与人若无不可，至其所守，人亦不能移也。其论天下事甚多，至并枢密院于中书以一政本，日轮两制馆阁官一员于便殿备访问，以锡庆院广太学，兴镇戎军、原渭等州营田，汰诸路宣毅、广捷等冗军，策元昊势屈纳款，必令尽还延州侵地，毋过许岁币，并入中青盐，请戮陕西陷殁主将随行亲兵。其论甚伟，然不尽行也。有奏议二十卷。

　　始，契丹寇澶州，略得数百人，以属其父延昭。延昭哀之，悉纵去，因自脱归中国。延昭生八男，子多知名，况长子也。保州之役，况坑杀降卒数百人，朝廷壮其决，后大用之。然卒无子，以兄子为后。

　　论曰：时治平而文德用，则士之负艺者致位政府，宜矣。李谘、程戡晓畅吏事。谘变茶法，虽浮议动摇，乍行乍止，卒无能易其说；戡任边寄，守以安静，非必智谋，抑所遇之时耳。峤尚庄、老，以善著称。张观、丁度、孙抃，世推其德性淳易，而盛度每为寮友猜惮，心迹固何如也。戡明伟宏放，亦一时之俊。尧臣论议铿铿，正谊而不谋利，其最优乎。镐坚正寡合，驭军严，临事果，其安抚河东边塞，后来父老道其举动措置，辄嗟叹追思。况有文武才略，言事精畅，然欲惩兵骄，乃坑降卒，弗忌阴祸，惜哉！

宋史卷二九三
列传第五二

田锡　　王禹偁　　张咏

　　田锡字表圣,嘉州洪雅人。幼聪悟,好读书属文。杨徽之宰峨眉,宋白宰玉津,皆厚遇之,为之延誉,繇是声称翕然。太平兴国三年,进士高等,释褐将作监丞、通判宣州。迁著作郎、京西北路转运判官。改左拾遗、直史馆,赐绯鱼。锡好言时务,既居谏官,即上疏献军国要机者一、朝廷大体者四。其略曰:

　　顷岁王师平太原,未赏军功,迄今二载。幽燕窃据,固当用兵,虽禀宸谋,必资武力。愿陛下因郊禋、耕籍之礼,议平戎之功,则驾驭戎臣,莫兹为重,此要机也。

　　今交州未下,战士无功,《春秋》所谓“老师费财”者是也。臣闻圣人不务广疆土,惟务广德业,声教远被,自当来宾。周成王时,越裳九译来贡,且曰:“天无迅风疾雨、海不扬波三年矣。意者中国其有圣人乎? 盍往朝之。”交州瘴海,得之如获石田。臣愿陛下务修德以来远,无钝兵以挫锐,又何必以蕞尔蛮夷,上劳震怒乎? 此大体之一也。

　　今谏官不闻廷争,给事中不闻封驳,左右史不闻升陛轩、记言动,岂圣朝美事乎? 又御史不敢弹奏,中书舍人未尝访以政事,集贤院虽有书籍而无职官,秘书省虽有职官而无图籍。臣愿陛下择才任人,使各司其局,苟职业修举,则威仪自严。此大体之二也。

尔者宇县平宁,京师富庶,军营马监,靡不恢崇;佛寺道宫,悉皆轮奂。加又辟西苑,广御池,虽周之灵囿,汉之昆明,未足为比。而尚书省湫隘尤甚,郎曹无本局,尚书无听事。九寺三监,寓天街之两廊,贡院就武成王庙,是岂太平之制度邪?臣愿陛下别修省寺,用列职官。此大体之三也。

案狱官令,枷杻有短长,钳锁有轻重,尺寸斤两,并载刑书,未闻以铁为枷者也。昔唐太宗观《明堂图》,见人之五藏皆丽于背,遂减徒刑。况隆平之时,将措刑不用,于法所无,去之可矣。此大体之四也。

疏奏,优诏褒答,赐钱五十万。僚友谓锡曰:"今日之事鲜矣,宜少晦以远谗忌。"锡曰:"事君之诚,惟恐不竭,矧天植其性,岂为一赏夺邪?"时赵普为相,令有司受群臣章奏,必先白锡。锡贻书于普,以为失至公之体,普引咎谢之。

六年,为河北转运副使,驿书言边事曰:

臣闻动静之机,不可妄举;安危之理,不可轻言。利害相生,变易不定;取舍无惑,思虑必精。夫动静之机,不可妄举者,动谓用兵,静谓持重。应动而静,则养寇以生奸;应静而动,则失时以败事。动静中节,乃得其宜。今北鄙绎骚,盖亦有以居边任者,规羊马细利为捷,矜捕斩小胜为功,贾怨结仇,兴戎致寇,职此之由。前岁边陲倏扰,亲迁革辂,戎骑既退,万乘方归。是皆失我机先,落其术内,劳烦耗敔,可胜言哉。伏愿申饬将帅,慎固封守,勿尚小功。许通互市,俘获蕃口,抚而还之。如此不出五载,河朔之民,得务农业,亭障之地,可积军储。然后待其乱而取之则克,乘衰而兵之则降,既心服而忘归,则力省而功倍。

诚愿考古道,务远图,示绥怀万国之心,用驾驭四夷之策,事戒轧发,理贵深谋,所谓安危之理,不可轻言者。国家务大体,求至治则安;舍近谋远,劳而无功则危。为君有常道,为臣有常职,是务大体也。上不拒谏,下不隐情,是求至治也。汉武帝躬秉武节，登单于之台；唐太宗手结雨衣，伐辽东之国：则是舍近谋远也。沙漠穷荒，得之无用，则是劳而无功也。在位之臣，敢言者少，言而见听，未必蒙福，言而不从，方且虞祸，欲下不隐情，得乎？恶在其务大体而求至治也。

臣又谓利害相生，变易不定者，兵书曰："不能尽知用兵之害者，则不能尽知用兵之利。"盖事有可进而退，则害成之事至焉；可退而进，则利用之事去焉。可速而缓，则利必从之而失；可缓而速，则害必由之而致。可诛而赦，则奸宄之心，或有时而生害；可赦而诛，则忠勇之人，或无心于利国。可赏而罚，则有以害勤劳之功；可罚而赏，则有以利僭逾之幸。能审利害，则为聪明。以天下之耳听之则聪，以天下之目视之则明。故《书》曰"明四目、达四聪"。此之谓也。臣又谓取舍不可以有惑者，故曰"孟贲之狐疑，不如童子之必至。"思虑不可以不精者，故曰"差若毫厘，缪以千里。"自国家图燕以来，连兵未解，财用不得不耗，人心不得不忧，愿陛下精思虑，决取舍，无使旷日持久，穷兵极武焉。

书奏，上嘉之。七年，徙知相州，改右补阙。复上章论事。

明年，移睦州。睦州人旧阻礼教，锡建孔子庙，表请以经籍给诸生，诏赐《九经》，自是人知向学。会文明殿灾，又拜章极言时政，上嘉纳焉。转起居舍人，还判登闻鼓院，上书请封禅。以本官知制诰，寻加兵部员外郎。

端拱二年，亦畿大旱，锡上章，有"调燮倒置"语，忤宰相，罢为户部郎中，出知陈州。坐稽留杀人狱，责授海州团练副使，后徙单州。召为工部员外郎，复论时政阙失，俄诏直集贤院，至道中，复旧官。

真宗嗣位，迁吏部。出使秦、陇，还，连上章，言陕西数十州苦于灵、夏之役，生民重困，上为之戚然。同知审官院兼通进、银台、封驳司，赐金紫；与魏廷式联职，以议论不协求罢，出知泰州。会彗星见，拜疏请责躬以答天戒，再召见便殿。及行，降中使抚谕，仍加优赐。

咸平三年，诏近臣举贤良方正，翰林学士承旨宋白以锡应诏。还朝，屡召对言事。锡尝奏曰："陛下即位以来，治天下何道？臣愿以皇王之道治之。旧有《御览》，但记分门事类。臣请钞略四部，别为《御览》三百六十卷，万几之暇，日览一卷，经岁而毕。又采径史要切之言，为《御屏风》十卷，置扆座之侧，则治乱兴亡之鉴，常在目矣。"真宗善其言，诏史馆以群书借之，每成书数卷，即先进内。锡乃先上《御览》三十卷、《御屏风》五卷。

《御览序》曰："圣人之道，布在方册。六经则言高旨远，非讲求讨论，不可测其渊深。诸史则迹异事殊，非参会异同，岂易记其繁杂。子书则异端之说胜，文集则宗经之辞寡。非猎精义以为鉴戒，举纲要以观会通，为日览之书，资日新之德，则虽白首，未能穷经，矧王者乎？臣每读书，思以所得上补圣聪，可以铭于座隅者，书于御屏，可以用于常道者，录为御览。冀以涓埃之微，上裨天地之德，俾功业与尧、舜比崇，而生灵亦跻仁寿之域矣。"

《御屏风序》曰："古之帝王，盘盂皆铭，几杖有戒，盖起居必睹，而夙夜不忘也。汤之《盘铭》曰：'德日新，日日新，又日新。'武王铭于几杖曰：'安不忘危，存不忘亡，孰惟二者，后必无凶。'唐黄门侍郎赵智为高宗讲《孝经》，举其要切者言之曰：'天子有诤臣七人，虽无道不失其天下。'宪宗采《史》、《汉》、《三国》已来经济之要，号《前代君臣事迹》，书于屏间。臣每览经、史、子、集，因取其语要，辄用进献，题之御屏，置之座右，日夕观省，则圣德日新，与汤、武比隆矣。"

五年，再掌银台，览天下奏章，有言民饥盗起及诏敕不便者，悉条奏其事。上对宰相称锡"得诤臣之体"，即日以本官兼侍御史知杂事，擢右谏议大夫、史馆修撰。达上八疏，皆直言时政得失。六年冬，病卒，年六十四。遗表劝上以慈俭守位，以清净化人，居安思危，在治思乱。上览之恻然，谓宰相李沆曰："田锡，直臣也。朝廷少有阙失，方在思虑，锡之章奏已至矣。若此谏官，亦不可得。"嗟惜久之，特赠工部侍郎。录其二子，并为大理评事，给奉终丧。

锡耿介寡合，未尝趋权贵之门，居公庭，危坐终日，无懈容。慕魏征、李绛之为人，以尽规献替为己任。尝曰："吾立朝以来，章疏五十有二，皆谏臣任职之常言。苟获从，幸也，岂可藏副示后，谤时卖直邪？"悉命焚之。然性凝执，治郡无称。所著有《咸平集》五十卷。

王禹偁字元之，济州钜野人。世为农家，九岁能文，毕士安见而器之。太平兴国八年，擢进士，授成武主簿。徙知长洲县，就改大理评事。同年生罗处约时宰吴县，日相与赋咏，人多传诵。端拱初，太宗闻其名，召试，擢右拾遗、直史馆，赐绯。故事，赐绯者给涂金银带，上特命以文犀带宠之。即日献《端拱箴》以寓规讽。

时北庭未宁，访群臣以边事。禹偁献《御戎十策》，大略假汉事以明之："汉十二君，言贤明者，文、景也；言昏乱者，哀、平也。然而文、景之世，军臣单于最为强盛，肆行侵掠，候骑至雍，火照甘泉。哀、平之时，呼韩邪单于每岁来朝，委质称臣，边烽罢警。何邪？盖汉文当军臣强盛之时，而外任人、内修政，使不能为深患者，由乎德也。哀、平当呼韩衰弱之际，虽外无良将，内无贤臣，而致其来朝者，系于时也。今国家之广大，不下汉朝，陛下之圣明，岂让文帝。契丹之强盛，不及军臣单于，至如挠边侵塞，岂有候骑至雍，而火照甘泉之患乎？亦在乎外任人、内修德尔。臣愚以为，外则合兵势而重将权，罢小臣调逻边事，行间谍离其党，遣赵保忠、折御卿率所部以掎角。下诏感励边人，使知取燕蓟旧疆，非贪其土地；内则省官以宽经费，抑文士以激武夫，信用大臣以资其谋，不贵虚名以戒无益，禁游惰以厚民力"。帝深嘉之。又与夏侯嘉正、罗处约、杜镐表请同校三史书，多所厘正。

二年，亲试贡士，召禹偁，赋诗立就。上悦曰："此不逾月遍天下矣。"即拜左司谏、知制诰。是冬，京城旱，禹偁疏云："一谷不收谓之馑，五谷不收谓之饥。馑则大夫以下，皆损其禄；饥则尽无禄，廪食而已。今旱云未霈，宿麦未苗，既无积蓄，民饥可忧。望下诏直云：'君臣之间，政教有阙，自乘舆服御，下至百官奉料，非宿卫军士、边庭将帅，悉第减之，上答天谴，下厌人心，俟雨足复故。'臣朝行中家最贫,奉最薄,亦愿首减奉,以赎耗蠹之咎。外则停岁市之物,内则罢工巧之伎,近城掘土,侵家墓者瘗之;外州配隶之众,非赃盗者释之。然后以古者猛虎渡河、飞蝗越境之事,戒敕州县官吏。其余军民刑政之弊,非臣所知者,望委宰臣裁议颁行,但感人心,必召和气。"

未几,判大理寺,庐州妖尼道安诬讼徐铉,道安当反坐,有诏勿治。禹偁抗疏雪铉,请论道安罪,坐贬商州团练副使,岁余移解州。四年,召拜左正言,上以其性刚直不容物,命宰相戒之。直昭文馆,丐外任以便奉养,得知单州,赐钱三十万。至郡十五日,召为礼部员外郎,再知制诰。屡献讨李继迁便宜,以为继迁不必劳力而诛,自可用计而取。谓宜明数继迁罪恶,晓谕蕃汉,重立赏赐,高与官资,则继迁身首,不枭即擒矣。其后潘罗支射死继迁,夏人款附,卒如禹偁策。

至道元年,召入翰林为学士,知审官院兼通进、银台、封驳司。诏命有不便者,多所论奏。孝章皇后崩,迁梓宫于故燕国长公主第,群臣不成服。禹偁与客言,后尝母仪天下,当遵用旧礼。坐谤讪,罢为工部郎中、知滁州。初,禹偁尝草《李继迁制》,送马五十匹为润笔,禹偁却之。及出滁,闽人邓褒徒步来谒,禹偁爱其儒雅,为买一马。或言买马亏价者,太宗曰:"彼能却继迁五十马,顾肯亏一马价哉?"移知扬州。真宗即位,迁秩刑部,会诏求直言,禹偁上疏言五事:

一曰谨边防,通盟好,使辇运之民有所休息。方今北有契丹,西有继迁。契丹虽不侵边,戍兵岂能减削?继迁既未归命,馈饷固难寝停。关辅之民,倒悬尤甚。臣愚以为宜敕封疆之吏,致书辽臣,俾达其主,请寻旧好。下诏赦继迁罪,复与夏台。彼必感恩内附,且使天下知陛下屈己而为民也。

二曰减冗兵,并冗吏,使山泽之饶,稍流于下。当乾道、开宝之时,土地未广,财赋未丰,然而击河东,备北鄙,国用未足,兵威亦强,其义安在?由所蓄之兵锐而不众,所用之将专而不疑故也。自后尽取东南数国，又平河东，土地财赋，可谓广且丰矣，而兵威不振，国用转急，其义安在？由所蓄之兵冗而不尽锐，所用之将众而不自专故也。臣愚以为宜经制兵赋，如开宝中，则可高枕而治矣。且开宝中设官至少。臣本鲁人，占籍济上，未及第时，一州止有刺史一人、司户一人，当时未尝阙事。自后有团练推官一人，太平兴国中，增置通判、副使、判官、推官，而监酒、榷税算又增四员。曹官之外，更益司理。问其租税，减于曩日也；问其人民，逃于昔时也。一州既尔，天下可知，冗吏耗于上，冗兵耗于下，此所以尽取山泽之利，而不能足也。夫山泽之利，与民共之。自汉以来，取为国用，不可弃也；然亦不可尽。只如茶法从古无税，唐元和中，以用兵齐、蔡，始税茶。唐史称是岁得钱四十万贯，今则数百万矣，民何以堪？臣故曰减冗兵，并冗吏，使山泽之饶，稍流于下者此也。

三曰艰难选举，使入官不滥。古者乡举里选，为官择人，士君子学行修于家，然后荐之朝廷，历代虽有沿革，未尝远去其道。隋、唐始有科试，太祖之世，每岁进士不过三十人，经学五十人。重以诸侯不得奏辟，士大夫罕有资荫，故有终身不获一第，没齿不获一官者。太宗毓德王藩，睹其如此。临御之后，不求备以取人，舍短用长，拔十得五。在位将逾二纪，登第殆近万人，虽有俊杰之才，亦有容易而得。臣愚以为数百年之艰难，故先帝济之以泛取，二十载之霈泽，陛睛宜纠之以旧章，望以举场还有司，如故事。至于吏部铨官，亦非帝王躬亲之事，自来五品已下，谓之旨授官，今幕职、州县而已，京官虽有选限，多不施行。臣愚以为宜以吏部还有司，依格敕注拟可也。

四曰沙汰僧尼，使疲民无耗。夫古者惟有四民，兵不在其数。盖古者井田之法，农即兵也。自秦以来，战士不服农业，是四民之外，又生一民，故农益困。然执干戈卫社稷，理不可去。汉明之后，佛法流入中国，度人修寺，历代增加。不蚕而衣，耕而食，是五民之外，又益一而为六矣。假使天下有万僧，日食米一升，岁用绢一匹，是至俭也，犹月费三千斛，岁用万缣，何况五七万辈哉。不曰民蠹得乎？臣愚以为国家度人众矣，造寺多矣，计其费耗，何啻亿万。先朝不豫，舍施又多，佛若有灵，岂不蒙福？事佛无效，断可知矣。愿陛下深鉴汉本，亟行沙汰，如以嗣位之初，未欲惊骇此辈，且可以二十载不度人修寺，使自销铄，亦救弊之一端也。

　　五曰亲大臣，远小人，使忠良謇谔之士，知进而不疑，奸险倾巧之徒，知退而有惧。夫君为元首，臣为股肱，言同体也。得其人则勿疑，非其人则不用。凡议帝王之盛者，岂不曰尧、舜之时，契作司徒，咎繇作士，伯夷典礼，后夔典乐，禹平水土，益作虞官。委任责成，而尧有知人任贤之德。虽然，尧之道远矣，臣请以近事言之。唐元和中，宪宗尝命裴泊铨品庶官，泊曰："天子择宰相，宰相择诸司长官，长官自择僚属，则上下不疑，而政成矣。"识者以泊为知言。愿陛下远取帝尧，近鉴唐室，既得宰相，用而不疑。使宰相择诸司长官，长官自取僚属，则垂拱而治矣。古者刑人不在君侧，语曰："放郑声，远佞人。"是以周文王左右，无可结袜者，言皆贤也。夫小人巧言令色，先意希旨，事必害正，心惟忌贤，非圣明不能深察。旧制，南班三品，尚书方得升殿；比来三班奉职，或因遣使，亦许升殿，惑乱天听，无甚于此。愿陛下振举纪纲，尊严视听，在此时矣。

　　臣愚又以为今之所急，在先议兵，使众寡得其宜，措置得其道。然后议吏，使清浊殊涂，品流不杂，然后艰选举以塞其源，禁僧尼以去其耗，自然国用足而王道行矣。

疏奏，召还，复知制诰。咸平初，预修《太祖实录》，直书其事。时宰相张齐贤、李沆不协意，禹偁议论轻重其间。出知黄州，尝作《三黜赋》以见志。其卒章云："屈于身而不屈于道兮，虽百谪而何亏！"三年，濮州盗夜入城，略知州王守信、监军王昭度，禹偁闻而奏疏，略曰：

　　伏以体国经野，王者保邦之制也。《易》曰："王公设险，以守其国。"自五季乱离,各据城垒,豆分瓜剖,七十余年。太祖、太宗削平僭伪,天下一家。当时议者,乃令江淮诸郡毁城隍、收兵甲、撤武备者,二十余年。书生领州,大郡给二十人,小郡减五人,以充常从。号曰长吏,实同旅人;名为郡城,荡若平地。虽则尊京师而抑郡县,为强干弱枝之术,亦匪得其中道也。臣比在滁州,值发兵挽漕,关城无人守御,止以白直代主开闭,城池颓圮,铠仗不完。及徙维扬,称为重镇,乃与滁州无异。尝出铠甲三十副,与巡警使臣,彀弩张弓,十损四五,盖不敢擅有修治,上下因循,遂至于此。今黄州城雉器甲,复不及滁、扬。万一水旱为灾,盗贼窃发,虽思御备,何以枝梧。盖太祖削诸侯跋扈之势,太宗杜僭伪觊望之心,不得不尔。其如设法救世,久则弊生,救弊之道,在乎从宜。疾若转规,固不可胶柱而鼓瑟也。今江、淮诸州,大患有三;城池堕圮,一也;兵仗不完,二也;军不服习,三也。濮贼之兴,慢防可见。望陛下特纡宸断,许江、淮诸郡,酌民户众寡,城池大小,并置守捉。军士多不过五百人,阅习弓剑,然后渐葺城壁,缮完甲胄,则郡国有御侮之备,长吏免剿略之虞矣。

疏奏,上嘉纳之。

四年,州境二虎斗,其一死,食之殆半,群鸡夜鸣,经月不止。冬雷暴作,禹偁手疏引《洪范传》陈戒,且自劾;上遣内侍乘驲劳问,醮禳之,询日官,云:"守土者当其咎。"上惜禹偁才,是日,命徙蕲州。禹偁上表谢,有"宣室鬼神之问,不望生还;茂陵封禅之书,止期身后"之语。上异之,果至郡未逾月而卒,年四十八。讣闻,甚悼之,厚赙其家。赐一子出身。

禹偁词学敏赡,遇事敢言,喜臧否人物,以直躬行道为己任。尝云:"吾若生元和时,从事于李绛、崔群间,斯无愧矣。"其为文著书,多涉规讽,以是颇为流俗所不容,故屡见摈斥。所与游必儒雅,后进有词艺者,极意称扬之。如孙何、丁谓辈,多游其门。有《小畜集》二十卷、《承明集》十卷、《集议》十卷、诗三卷。子嘉佑、嘉言俱知名。

嘉佑为馆职,寇准曰:"吾尹京,外议云何?"对曰:"人言丈人且入相。"准曰:"于吾子意何如?"嘉佑曰:"以愚观之,不若不为相之善也,相则誉望损矣。自古贤相,所以能建功业、泽生民者,其君臣相得,如鱼之有水,故言听计从,而臣主俱荣。今丈人负天下重望,中外有太平之责焉,丈人于明主,能若鱼之有水乎?"准大喜,执其手曰:"元之虽文章冠天下,至于深识远虑,或不逮吾子也。"嘉佑官不显。

嘉言以进士第为江都簿,真宗尝观禹偁奏章,嗟美切直,因访其后,宰相以嘉言闻。即召对,擢大理评事,至殿侍御史。

曾孙汾举进士甲科,仕至工部侍郎,入元祐党籍。

张咏字复之,濮州鄄城人。少任气,不拘小节,虽贫贱客游,未尝下人。太平兴国五年,郡举进士,议以咏首荐。有凤儒张覃者未第,咏与寇准致书郡将,荐覃为首,众许其能让。是岁,咏登进士乙科,大理评事、知鄂州崇阳县,再迁著作佐郎。以苏易简荐,入为太子中允,迁秘书丞、通判麟、相二州,乞掌濮州市征以便养。俄召还,赐绯鱼,知浚仪县。曾李沆、宋湜、寇准连荐其才,以为荆湖北路转运使,奏罢归、峡二州水递夫,就转太常博士。

太宗闻其强干,召还,超拜虞部郎中,赐金紫。旬日,与向敏中并擢为枢密直学士、同知银台通进封驳司兼掌三班院。张永德为并代部署,有小校犯法,笞之至死,诏案其罪。咏封还诏书,且言:"陛下方委永德边任,若以一部校故,推辱主帅,臣恐下有轻上之心。"太宗不从。未几,果有营兵胁诉军校者,咏引前事为言,太宗改容劳之。

出知益州,时李顺构乱,王继恩、上官正总兵攻讨,顿师不进。永以言激正,勉其亲行,仍盛为供帐饯之。酒酣,举爵属军校曰:"尔曹蒙国厚恩,无以塞责,此行当直抵寇垒,平荡丑类。若老师旷日,即此地还为尔死所矣。"正由是决行深入,大致克捷。继恩帐下卒缒城夜通,吏执以告。咏不欲与继恩失欢,即命縶投眢井,人无知者。

时寇略之际，民多胁从，咏移文谕以朝廷恩信，使各归田里。且曰："前日李顺胁民为贼，今日吾化贼为民，不亦可乎？"时民间讹言，有白头翁午后食人儿女，一郡嚣然。至暮，路无行人，既而得造讹者戮之，民遂帖息。咏曰："妖讹之兴，沴气乘之，妖则有形，讹则有声，止讹之术，在乎识断，不在乎厌胜也。"

初，蜀士知向学，而不乐仕宦。咏察郡人张及、李畋、张逵者皆学行，为乡里所称，遂敦勉就举，而三人者悉登科，士由是知劝。民有谍诉者，咏灼见情伪，立为判决，人皆厌服。好事者编集其辞，镂板传布。咏尝曰："询君子得君子，询小人得小人，各就其党询之，则无不审矣。"其为政，恩威并用，蜀民畏而爱之。丁外艰，起复，改兵部郎中。会诏川、陕诸州参用铜铁钱，每铜钱一当铁钱十，咏上言："昨经利州，以铜钱一换铁钱五，绵州铜钱一换铁钱六，益州铜钱换铁钱八。若一其法，公私非便。望依旬估折纳铜钱。"

真宗即位，加左谏议大夫。咸平初，入拜给事中、户部使，改御史中丞。承天节斋会，丞相大僚有酒失者，咏奏弹之。二年，同知贡举。是夏，以工部侍郎出知杭州。属岁歉，民多私鬻盐以自给，捕获犯者数百人，咏悉宽其罚而遣之。官属请曰："不痛绳之，恐无以禁。"咏曰："钱塘十万家，饥者八九，苟不以盐自活，一旦蜂聚为盗，则为患深矣。俟秋成，当仍旧法。"有民家子与姊胥讼家财。胥言妻父临终，此子裁三岁，故见命掌赀产，且有遗书，令异日以十之三与子，余七与婿。咏览之，索酒酹地，曰："汝妻父，智人也，以子幼故托汝。苟以七与子，则子死汝手矣。"亟命以七给其子，余三给婿，人皆服其明断。知永兴军府。

五年，马知节自益徙延州，朝议择可代者。真宗以咏前在蜀治行优异，复命知益州，仍加刑部侍郎、枢密直学士，就迁吏部侍郎。转运使黄观上其治状，有诏褒美。会遣谢涛巡抚西蜀，上因令传谕咏曰："得卿在蜀，朕无西顾之忧矣。"归朝，复掌三班，领登闻检院。

咏中岁疡生脑，颇妨巾帻，求知颍州。真宗以其公直，有时望，再任益部，皆以政绩闻，不当莅小郡。令中书召问，将委以青社或真定，令其自择，咏辞不就，遂命知升州。大中祥符初，加左丞。三年春，州民以咏秩满借留，就转工部尚书，令再任。是秋，以江左旱歉，命充升、宣等十州安抚使，进礼部。上闻咏脑疡甚，悯之，令薛映驰驿代还。以疾未见，恨不得面陈所蕴，乃抗论言："近年虚国帑藏，竭生民膏血，以奉无用之土木，皆贼臣丁谓、王钦若启上侈心之为也。不诛死，无以谢天下。"章三上，出知陈州。

初，咏与青州傅霖少同学。霖隐不仕。咏既显，求霖者三十年不可得，至是来谒。阍吏白傅霖请见，咏责之曰："傅先生天下贤士，吾尚不得为友，汝何人，敢名之！"霖笑曰："别子一世尚尔邪，是岂知世间有傅霖者乎？"咏问："昔何隐，今何出？"霖曰："子将去矣，来报子尔。"咏曰："咏亦自知之。"霖曰："知复何言。"翌日，别去。后一月而咏卒，年七十。赠左仆射，谥忠定。

咏刚方自任，为治尚严猛，尝有小吏忤咏，咏械其颈。吏恚曰："非斩某，此枷终不脱。"咏怒其悖，即斩之。少学击剑，慷慨好大言，乐为奇节。有士人游宦远郡，为仆夫所持，且欲得其女为妻，士人者不能制。咏遇于传舍，知其事，即阳假此仆为驭，单骑出近郊，至林麓中，斩之而还。尝谓其友人曰："张咏幸生明时，读典坟以自律，不尔，则为何人邪？"故其言曰："事君者廉不言贫，勤不言苦，忠不言已效，公不言已能，斯可以事君矣。"性躁果下急，病创甚，饮食则痛楚增剧，御下益峻，尤不喜人拜跪，命典客预戒止。有违者，咏即连拜不止，或倨坐骂之。真宗尝称其材任将帅，以疾不尽其用。自号乖崖，以为"乖"则违众，"崖"不利物。有集十卷。弟诜，为虞部员外郎。

论曰：《传》云："邦有道，危言危行。"三人者，躬骨鲠塞谔之节，蔚为名臣，所遇之时然也。禹偁制戎之策，厥后果符其言，而醇文奥学，为世宗仰。锡身没之后，特降褒命，以贲直操，与夫容容嘿嘿，以持禄固位者异矣。咏所至以政绩闻。天子尝曰："咏在蜀，吾无西顾之忧。"其被奖与如此。然皆肮脏自信，道不谐偶，故不极于用云。

宋史卷二九四
列传第五三

掌禹锡　　苏绅　　王洙 _{子钦臣}
胥偃　　柳植　　聂冠卿　　冯元
赵师民　　张锡　　张揆
杨安国

掌禹锡字唐卿,许州郾城人。中进士第,为道州司理参军。试身言书判第一,改大理寺丞,累迁尚书屯田员外郎、通判并州。擢知庐州,未行,丁度荐为侍御史,上疏请严备西羌。时议举兵,禹锡引周宣薄伐为得,汉武远讨为失;且建画增步卒,省骑兵。旧法,荐举边吏,贪赃皆同坐。禹锡奏谓:“使贪使愚,用兵之法也。若举边吏必兼责士节,则莫敢荐矣。材武者孰从而进哉?”后遂更其法。

出提点河东刑狱。杜衍荐,召试,为集贤校理,改直集贤院兼崇文院检讨。历三司度支判官、判理欠司、同管勾国子监。历判司农、太常寺。数考试开封国学进士,命题皆奇奥,士子惮之,目为“难题掌公。”迁光禄卿,改直秘阁。

英宗即位,自秘书监迁太子宾客。御史劾禹锡老病不任事,帝怜其博学多记,令召至中书,示以弹文。禹锡惶怖自请,遂以尚书工部侍郎致仕,卒。

禹锡矜慎畏法,居家勤俭,至自举几案,尝预修《皇祐方域图志》、《地理新书》，奏对帝前，王洙推其稽考有劳，赐三品服。及校正《类篇》、《神农本草》，载药石之名状为《图经》。喜命术，自推直生日，年庚寅，日乙酉，时壬午，当《易》之《归妹》、《困》、《震》初中末三卦。以世应飞伏纳五甲行轨析数推之，卦得二十五少分，三卦合七十五年约半，禄秩算数，尽于此矣。著《郡国手鉴》一卷，《周易集解》十卷。好储书，所记极博，然迂漫不能达其要。常乘驽马，衣冠污垢，言语举止多可笑，僚属或慢侮之，过闾巷，人指以为戏云。

苏绅字仪甫，泉州晋江人。进士及第。历宜、复、安三州推官，改大理寺丞。母丧，寓扬州。州将盛度以文学自负，见其文，大惊，自以为不及，由是知名。再迁太常博士，举贤良方正科，擢尚书祠部员外郎、通判洪州，徙扬州。归，上十议，进直史馆，为开封府推官、三司盐铁判官。时众星西流，并代地大震，方春而雷，诏求直言，绅上疏极言时事。

安化蛮蒙光月率众寇宜州，败官军，杀钤辖张怀志等六人。绅上言曰：

国家比以西北二边为意，而鲜复留意南方，故有今日之患，诚不可不虑也。臣顷从事宜州，粗知本末。安化地幅员数百里，持兵之众，不过三四千人。然而敢肆侵扰，非特恃其险绝，亦由往者守将失计，而国家姑息之太过也。

向闻宜州吏民言，祥符中，蛮人骚动，朝廷兴兵讨伐。是时，唯安抚都监马玉勒兵深入，多所杀获。知桂州曹克明害其功，累移文止之，故玉志不得逞。蛮人畏伏其名，至今言者犹惜之。使当时领兵者皆如玉，则蛮当殄灭，无今日之患矣。至使乘隙蹂边，屠杀将吏，其损国威，无甚于此。朝廷倘不以此时加兵，则无以创艾将来，而震叠荒裔。彼六臣者，虽不善为驭，知致丧败，然衔冤负耻，当有以刷除。

臣观蛮情，所恃者地形险厄，据高临下，大军难以并进。然其壤土硗确，资蓄虚乏，刀耕火种，以为餱粮。其势可以缓图，不可以速取；可以计覆，不可以力争。今广东西教阅忠敢澄海、湖南北雄武等军，皆惯涉险阻。又所习兵器，与蛮人略同。请速发诣宜州策应，而以他兵代之。仍命转运使备数年军食，今秋、冬之交，岚气已息，进军据其出路，转粟补卒，为旷日持久之计。伺得便利，即图深入，可以倾荡巢穴，杜绝蹊径。纵使奔进林莽，亦且坏其室庐，焚其积聚，使进无钞略之获，退无攻守之备。然后谕以国恩，许以送款，而徙之内郡，收其土地，募民耕种，异时足以拓外夷为屏蔽也。

仍诏旁近诸蛮，谕以朝廷讨叛之意，毋得要为声援；如获首级，即优赏以金帛。计若出此，则不越一年，逆寇必就殄灭。况广西溪峒、荆湖、川峡蛮落甚多，大抵好为骚动。因此一役，必皆震詟，可保数十年无俶扰之虞矣。

朝廷施用其策，遣冯伸已守桂州经制之，蛮遂平。

又陈便宜八事：

一曰重爵赏。先王爵以褒德，禄以赏功，名以定流品，位以居才实。未有无德而据高爵，无功而食厚禄，非其人而受美名，非其才而在显位者。不妄与人官，非惜宠也，盖官非其人，则不肖者逞。不妄赏人，非爱财也，盖赏非其人，则侥幸者众。非特如此而已，则又败国伤政，纳侮诒患。上干天气，下戾人心，灾异既兴，妖孽乃见。故汉世五侯同日封，天气赤黄，及丁、傅封而其变亦然。杨宣以为爵土过制，伤乱土气之祥也。

二曰慎选择。今内外之臣，序年迁改，已以官滥，而复有论述微效，援此希进者，朝臣则有升监司，使臣则有授横行。不问人材物望，可与不可，并甄录之。不三数年，坐致清显。如此不止，则异日必以将相为赏矣。

三曰明荐举。今有位多援亲旧，或迫于权贵，甚非荐贤助国，为官择人之道。若要官阙人，宜如祖宗故事，取班簿亲择五品以上清望官，各令举一二人，述其才能德业，陛下与执政大臣，参验而擢之。试而有效，则先赏举者，否则黜责之。如此，则人人得以自劝。又选条约太严。旧制，三人保者，得选京官，今则五人。旧转运使、提点刑狱率当三人，今止当一人。旧大两省官岁举五人，今才举三人；升朝官举三人，今则举一人。旧不以在任及所统属皆得奏举，今则须在任及统属方许论荐。驱驰下僚，未免有贤愚同滞之叹也。

四曰异服章。朝班中执技之人与丞郎清望同佩金鱼，内侍班行与学士同服金带，岂朝廷待贤才、加礼遇之意？宜加裁定，使采章有别，则人品定而朝仪正矣。

五曰适才宜。古者自黄、散而下，及隋之六品，唐之五品，皆吏部得专去留。今审官院、流内铨，则古之吏部；三班院，古之兵部。不问官职之闲剧，才能之长短，惟以资历深浅为先后，有司但主簿籍而已。欲贤不肖有别，不可得也。太宗皇帝始用赵普议，置考课院以分中书之权，今审官是也，其职任岂轻也哉？宜择主判官，付之以事权，责成其选事。若以为格例之设久，不可遽更。或有异才高行，许别论奏，如寇准判铨，荐选人钱若水等三人，并迁朝官为直馆。其非才亦许奏殿，如唐卢从愿为吏部，非才实者并令罢选，十不取一是也。

六曰择将帅。汉制边防有警，左右之臣，皆将帅也。唐室文臣，自员外、郎中以上，为刺史、团练、防御、观察、节度等使，皆是养将帅之道，岂尝限以文武？比年设武举，所得人不过授以三班官，使之监临，欲图其建功立事，何可得也？臣僚举换右职者，必人才弓马兼书算策略，亦责之太备。宜使有材武者居统领之任，有谋画者任边防之寄，士若素养之，不虑不为用也。

七曰辨忠邪。夫忠贤之嫉奸邪，谓之去恶，恶不去，则害政而伤国。奸邪陷忠良，谓之蔽明，明不蔽，则无以稔其慝而肆其毒矣。忠邪之端，惟人主深辨之。自古称帝之圣者，莫如唐尧，然而四凶在朝，圮毁善类。好贤之甚者，莫如汉文，然而绛、灌在列，不容贤臣。愿监此而不使誉毁之说得行，爱憎之徒逞志，则忠贤进而邪慝消矣。

　　八曰修预备。国家承平,天下无事将八十载,民食宜足而不足,国用宜丰而未丰,甚可怪也。往者明道初,虫螟水旱,几遍天下。始之以饥馑,继之以疾疫,民之转流死亡,不可胜数。幸而比年稍稔,流亡稍复,而在位未尝留意于备预之道,莫若安民而厚利,富国而足食。欲民之安,则为之择守宰、明教化;欲民之利,则为之去兼并、禁游末。恤其疾苦,宽其徭役,则民安而利矣。欲国之富,则必崇节俭,敦质素,蠲浮费。欲食之足,则省官吏之冗,去兵释之蠹,绝奢靡之弊,塞涸伪之原,则国食足矣。民足于下,国富于上,虽有灾沴,不足忧也。

书奏,帝嘉纳之。进史馆修撰,擢知制诰,入翰林为学士。再迁尚书礼部郎中。

　　王素、欧阳修为谏官,数言事,绅忌之。会京师闵雨,绅请对,言:"《洪范》五事,'言之不从,是谓不义,厥咎僭,厥罚常旸。'盖言国之号令,不专于上,威福之柄,或移臣下,虚哗愦乱,故其咎僭。"又曰:"庶位逾节兹谓僭。刑赏妄加,群阴不附,则阳气胜,故其罚常旸。今朝廷号令,有不一者,庶位有逾节而陵上者,刑赏有妄加于下者,下人有谋而僭上者。此而不思,虽祷于上下神祇,殆非天意。"绅意以指谏官。谏官亦言绅举御史马端非其人,改龙图阁学士、知扬州,复为翰林学士、史馆修撰、权判尚书省。

　　绅锐于进取,善中伤人。阴中王德用,其疏至有"宅枕乾冈,貌类艺祖"之语,帝恶之,匿其疏不下。遂出绅,以吏部郎中改侍读学士、集贤殿修撰、知河阳,徙河中。未行感疾,为医者药所误,犹力疾答之,已而卒。

　　绅博学多知,喜言事。尝请罢连日视朝,复唐制朔望唤仗入阁,间开便殿,延对辅臣;宽制举科格,以收才杰;选命谏员,勿侵御史职事。赵元昊反,请诏边帅为入讨之计,且曰:"以十年防守之费,为一岁攻取之资;不尔,则防守之备,不止于十年矣。"又曰:"今边兵止备陕西,恐贼出不意窥河东,即麟、府不可不虑,宜稍移兵备之。麟、延与原州、镇戎军皆当贼冲,而兵屯众寡不均。或寇原州、镇戎军,则鄜、延能应援。陕西屯卒太多,永兴为关、陇根本,而戍者不及三千。宜留西戍之兵,壮关中形势,缓急便于调发。郡县备盗不谨,请增尉员,益弓手籍。"其论利害甚多。

绅与梁适同在两禁,人以为险诐,故语曰:"草头木脚,陷人倒卓。"子颂,别有传。

王洙字原叔,应天宋城人。少聪悟博学,记问过人。初举进士,与郭稹同不。人有告稹冒祖母禫,主司欲脱洙连坐之法,召谓曰:"不保,可易也。"洙曰:"保之,不愿易。"遂与稹俱罢。再举,中甲科,补舒城县尉。坐覆县民钟元杀妻不实,免官。

后调富川县主簿。晏殊留守南京,厚遇之,荐为府学教授。召为国子监说书,改直讲。校《史记》《汉书》,擢史馆检讨、同知太常礼院,为天章阁侍讲。专读宝训、要言于迩英阁。累迁太常博士、同管勾国子监,预修《崇文总目》成,迁尚书工部员外郎。修《国朝会要》,加直龙图阁、权同判太常寺。坐赴进奏院赛神与女妓杂坐,为御史劾奏,黜知濠州,徙襄州。

会贝卒叛,州郡皆汹汹,襄佐史请罢教阅士,不听。又请毋给真兵,洙曰:"此正使人不安也。"命给库兵,教阅如常日,人无敢哗者。

徙徐州。时京东饥,朝廷议塞商胡,赋楗薪,输半而罢塞。洙命更其余为谷粟,诱愿输者以馈流民,因募其壮者为兵,得千余人,盗贼衰息。有司上其最,为京东第一,徙亳州。复为天章阁侍讲、史馆检讨。

帝将祀明堂,宋祁言:"明堂制度久不讲,洙有礼学,愿得同具其仪。"诏还洙太常,再迁兵部员外郎,命撰《大飨明堂记》。除史馆修撰,迁知制诰。诏诸儒定雅乐,既而乐,久未决。洙与胡瑗更造钟磬,而无形制容受之别。皇祐五年,有事于南郊,劝上用新乐,既而议者多非之,卒不复用。

夏竦卒,赐谥文献。洙当草制,封还其目曰:"臣下不当与僖祖同谥。"因言:"前有司谥王溥为文献,章得象为文宪,字虽异而音同,皆当改。"于是太常更谥竦文,而溥、得象皆易谥。

尝使契丹,至靴淀。契丹令刘六符来伴宴,且言耶律防善画,向持礼南朝,写圣容以归,欲持至馆中。洙曰:"此非瞻拜之地也。"六符言恐未得其真,欲遣防再往传绘,洙力拒之。

尝言天下田税不均,请用郭谘、孙琳千步开方法,颁州县以均其税。贵妃张氏薨,治丧皇仪殿,追册温成皇后。洙钩摭非礼,阴与内侍石全彬附会时事。陈执中、刘沆在中书,喜其助己,擢洙为翰林学士。既而温成即园立庙,且欲用乐,诏礼院议。礼官论未一,洙令礼直官填印纸,上议请用乐,朝廷从其说。礼官吴充、鞠直卿移文开封府,治礼直官擅发印纸罪。知府蔡襄释不问,而谏官范镇疏礼院议园陵前后不一,请诘所以。御史继论之不已,宰相意充等风言者,皆罢斥。

既而洙以兄子尧臣参知政事,改侍读学士兼侍讲学士。罢一学士,换二学士且兼讲读,前此未尝有也。是岁,京东、河北秋大稔。洙言:"近年边籴,增虚价数倍,虽复稍延日月之期,而终偿以实钱及山泽之物,以致三司财用之蹙。请借内藏库禁钱,乘时和籴京东、河北之粟,以供边食,可以坐纾便籴之急。"又言:"近时选谏官、御史,凡执政之臣尝所荐者,皆不与选。且士之饬身励行,稍为大臣所知,反置而不用,甚可惜也。"及得疾逾月,帝遣使问:"疾少间否,能起侍经席乎?"时不能起矣。

洙泛览传记,至图纬、方技、阴阳、五行、算数、音律、诂训、篆隶之学,无所不通。及卒,赐谥曰文,御史吴中复言官不得应谥,乃止。预修《集韵》、《祖宗故事》、《三朝经武圣略》、《乡兵制度》,著《易传》十卷、杂文千有余篇。子钦臣。

钦臣字仲至,清亮有志操,以文贽欧阳修,修器重之。用荫入官,文彦博荐试学士院,赐进士及第。历陕西转运副使。元祐初,为工部员外郎。奉使高丽,还,进太仆少卿,迁秘书少监。开封尹钱勰入对,哲宗言:"比阅书诏,殊不满人意,谁可为学士者?"勰以钦臣对。折宗曰：“章惇不喜。”乃以勔为学士，钦臣领开封。改集贤殿修撰、知和州。徙饶州，斥提举太平观。徽宗立，复待制、知成德军。卒，年六十七。

钦臣平生为文至多，所交尽名士，性嗜古，藏书数万卷，手自雠正，世称善本。

胥偃字安道，潭州长沙人。少力学，河东柳开见其所为文曰：“异日必得名天下。”举进士甲科，授大理评事，通判湖、舒二州，直集贤院、同判吏部南曹、知太常礼院，再迁太常丞、知开封县。

与御史高升试府进士，既封弥卷首，辄发视，择有名者居上。降秘书省著作佐郎、监光化军酒。起通判邓州，复太常丞。林特知许州，辟通判州事，徙知汉阳军。还，判三司度支勾院、修起居注。累迁尚书刑部员外郎，遂知制诰，迁工部郎中，入翰林为学士，权知开封府。

忻州地震，偃以为：“地震，阴之盛。今朝廷政令，不专上出，而后宫外戚，恩泽日蕃，此阳不胜阴之效也。宜选将练师，以防边塞。”赵元昊朝贡不至，偃曰：“遽讨之，太暴。宜遣使问其不臣状，待其辞屈而后加兵。则其不直者在彼，而王师之出有名矣。”又奏：“戍兵代还，宜如祖宗制，阅其艺后殿次进之。”

会有卫卒赂库吏求拣冬衣，坐系者三十余人。时八月，霜雪暴至。偃推《洪范》“急，恒寒若”之咎，请从末减，奏可。西塞用兵，士卒妻子留京师者犯法当死，帝不忍用刑，或欲以毒置饮食中，令得善死。偃极言其不可，帝亦悔而止。宦人程智诚与三班使臣冯文显八人抵罪，帝使赦智诚三人，而文显五人坐如法。偃曰：“恤近遗远，非政也，况同罪异罚乎？”诏并释之。未几，卒。

偃未仕时，家有良田数十顷，既贵，悉以予族人。初，天下职田无日月之限，而赴官者多以前后为断。偃请水陆田各限以月，因著为令。尝与谢绛受诏试中书吏，而大臣有以简属偃者，偃不敢发视，亟焚之。欧阳修始见偃，偃爱其文，召置门下，妻以女。偃纠察刑狱，范仲淹尹京，偃数纠其立异不循法者。修方善仲淹，因与偃有隙。

子元衡，有学行，能自立，为尚书都官员外郎，并其子茂谌咸早卒。偃妻，直史馆刁约之妹。与元衡妇韩、茂谌妇谢皆寡居丹阳，闺门有法，江、淮人至今称之。

柳植字子春，真州人。少贫，自奋为学，从祖开颇器之。举进士甲科，为大理评事、通判滁州。迁著作郎、直集贤院、知秀州。除三司度支判官，出知宣州。擢修起居注、知制诰。求知苏州，徙杭州，累迁尚书工部员外、郎中。召还，为翰林学士，迁谏议大夫、御史中丞。既而以疾辞，改侍读学士、知邓州。迁给事中、移颍州。

先是，张海、郭邈山叛京西，攻掠县镇，而光化卒邵兴亦率其徒作乱，逐官吏，取库兵而去。时植领京西安抚使，坐贼发部中不能察，降右谏议大夫、知黄州。久之，复其官。坐荐张得一落职，未几，复其职如故。历知寿、亳、蔡、扬四州，分司西京，遂致仕。累迁吏部侍郎，卒。

植平居畏慎，寡言笑，所至官舍，蔬果不辄采，家无长物，时称其廉。

聂冠卿字长孺，歙州新安人。五世祖师道，杨行密版奏，号问政先生，鸿胪卿。冠卿举进士，授连州军事推官。杨亿爱其文章，于是大臣交荐，召试学士院，校勘馆阁书籍。迁大理寺丞，为集贤校理、通判蕲州。坐尝校《十代兴亡论》谬误落职。

再迁太常博士，复集贤校理。言："天下旬奏狱，虽笞、杖并覆，而徒、流不系狱者乃不以闻，非所以矜慎刑罚之意。请自今罢覆笞、杖罪，自徒以上虽不系狱，亦奏覆。"从之，判登闻鼓院，历开封府判官、三司盐铁度支判官，同修起居注。累迁尚书工部郎中。

初，翰林侍讲学士冯元修大乐，命冠卿检阅事迹。又预撰《景祐广乐记》，特迁刑部郎中、直集贤院。以兵部郎中、知制诰判太常礼院，纠察刑狱。奉使契丹，其主谓曰："君家先世奉道，子孙固有昌者。"尝观所著《蕲春集》，词极清丽，因自击球纵饮，命冠卿赋诗，礼遇甚厚。还，同知通进银台司、审刑院，入翰林学士。母亡，起复，判昭文馆。未几，兼侍读学士。

冠卿每进读《左氏春秋》，必引尊王黜霸之义以讽。一日，坠笏上前，帝悯冠卿丧毁羸瘠，既退，赐禁中汤剂。未几，告归葬亲，至扬州卒。诏以其弟太常博士世卿通判宣州。初，世卿监延丰仓，掘地得古砖，有隶书字，半漫灭。其可辨者云："公先世饵霞栖云，高尚不仕，累石于江滨。"又云："昭王大丞相聂。"又云："水龙夜号，夕鸡骇飞。其年九月十二日卒，年五十有五。"冠卿始见而恶之，至是，校所卒岁月及其享年，无少异者。

冠卿嗜学好古，手未尝释卷，尤工诗，有《蕲春集》十卷。

论曰：学士大夫异于众人者，以操行修尔。《诗》曰："靡不有初，鲜克有终。"君子不可不慎也。禹锡迁陋，不知止足之戒，取讥当世。绅急进喜倾。洙阿谀附会，晚节污变，卒忘平生之学。偃之恬正，植之廉介，冠卿之雅尚，其列侍从，庶亡愧焉。

冯元字道宗。高祖禧，唐末官广州，以术数仕刘氏。传三世至父邴，广南平，入朝为保章正。元幼从崔颐正、孙奭为《五经》大义，与乐安孙质、吴陆参、谯夏侯圭善，群居讲学，或达旦不寝，号"四友"。进士中第，授江阴尉。

时诏流内铨取明经者补学官，元自荐通《五经》。谢泌笑曰："古治一经，或至皓首，子尚少，能尽通邪？"对曰："达者一以贯之。"更问疑义，辨析无滞。补国子监讲书，迁大理评事，擢崇文院检讨兼国子监直讲。王旦闻其名，尝令说《论语》、《老子》，群子弟侍听，因荐之。

真宗试进士殿中，召元讲《易》。元进说曰："地天为《泰》者，以天地之气交也。君道至尊，臣道至卑，惟上下相与，则可以辅相天地，财成万化。"帝悦。未几，迁太子中允、直龙图阁，诏预内朝，直龙图阁预内朝自此始。

天禧初，数与查道、李虚己、李行简入讲《易》于宣和门北阁。迁太常丞兼判礼部、吏部南曹。皇子为寿春郡王，王旦又荐元宜讲经资善堂。帝以元少，更用崔遵度。会遵度卒，擢左正言兼太子右谕德。

仁宗即位，迁户部员外郎，为直学士兼侍讲。与孙奭以经术并进讲论，自是仁宗益向学。历会灵观副使、知通进银台司、判登闻检院、同判国子监。故事，国子监多宿儒典领，后颇用公卿子弟，任均管库。及奭、元并命，士议悦服。同知贡举，进龙图阁学士，预修《三朝正史》。为翰林学士、判都省三班院、史馆修撰、判流内铨兼群牧使，四迁给事中。

明道元年，当监护宸妃葬事。及帝亲政，追册宸妃为庄懿皇后，改葬永定陵。既发圹而流泉沮洳，言者以监护不职，罢翰林学士、知河阳。王曾为言元东朝旧臣，不宜以细故弃外。即召为翰林侍讲学士，迁礼部侍郎、知审官院，复判礼院、国子监。上《金华五箴》，赐书褒答。修《景祐广乐记》，书成，迁户部侍郎。足疾气惮，属李淑、宋祁为铭志。卒，赐本部尚书，谥章靖。

元性简厚，不治声名，非庆吊未尝过谒二府。执亲丧，自括发至祥练，皆案礼变服，不为世俗斋荐。遇祭日，与门生对坐，诵说《孝经》而已。多识古今台阁品式之事，尤精《易》。

初，七岁，方读《易》，母夜梦异人，以绀莲华与元吞之，且曰："善读此，后必贵显。"元且老，率三日一诵《易》。无子，以兄之子谌为后。

赵师民字周翰，青州临淄人。九岁能属文，举进士第，孙奭辟兖州说书，领诸城主簿。师民学问精博，奭自以为不及。夏竦尤所奇重，称为"盛德君子"，论其文行，愿回两子恩，授以京秩。除齐州推官、青州教授，更天平军节度推官。

年五十来京师，近臣张观、宋郊、王尧臣、庞籍、韩琦、明镐列荐,为国子监直讲,兼润、冀二王宫教授。改著作佐郎、宗正寺主簿,加崇文院检讨、崇政殿说书,迁宗正丞。

会赵元昊反,罢进讲。师民上书陈十五事:一曰咨辅相,二曰命将帅,三曰柬侍从,四曰择守宰,五曰治军旅,六曰修边防,七曰求谏诤,八曰延讲诵,九曰革贡举,十曰久官政,十一曰谨财用,十二曰不遗年,十三曰容诽谤,十四曰除忌讳,十五曰慎出令。因献《劝讲箴》。明年春,帝遂御迎阳门,召近臣观图画,复命讲读经史。师民见朝廷厌兵,屈意以招元昊,内不能平。乃上言请任方面,以图报效迁天章阁侍讲、同知贡举,进待制、同判宗正寺。

尝讲《诗》"如彼泉流",曰:"水之初出,喻王政之发。顺行则通,通故清洁;逆乱则壅,壅故浊败。贤人用,则王政通而世清平;邪人进,则王泽壅而世浊败。幽王失道,用邪绌正,正不胜邪,虽有善人,不能为治,亦将相牵而沦于污浊也。"帝曰:"水何以喻政?"对曰:"水者,顺行而润下,利万物,故以喻政,此于比兴,义最大。"

后讲《论语》,问"修文德",曰:"文者,经天纬地之总称。君人之道,抚之以仁,制之以义,接之以礼,讲之以言,皆是。"帝曰:"然其所先者,无若信也。"曰:"信者,天下之大本,仁、义、礼、乐,皆必由之,此实至道之要。"复问"钻燧改火",曰:"古之圣王,举动必顺天时,所以四时变,火随木色。近世渐务苟简,以为非治具而遂废之,至其万事皆不如古。"又问:"子夏、子张所言交道孰胜?"曰:"圣哲之道,含覆广大,与天地参。善者有以进德,恶者俾之改行。子张之言为优。"

他日读《汉记》,问长安城,众莫能知,共推师民。因陈自古都雍年世,旧址所在,若画诸掌。帝悦,曰:"何其所记如此!"在经筵十余年,甚见器异。尝盛夏属疾家居,帝飞白书团扇为"和平"字,赐以寄意。

累请补郡,除龙图阁直学士、知耀州。帝自写诗宠行,目以"儒林旧德。"将行,上疏曰:

　　近睹太阳食于正朔,此虽阴阳之事,亦虑是天意欲以感动圣心。臣非瞽史，不知天道，但率愚意言之。其月在亥，亥为水，水为正阴。其日在丙，丙为正阳。月掩日，阴侵阳，下蔽上之象也。《诗》曰："十月之交，朔日辛卯。"又曰："彼月而微，此日而微。"谓以阴奸阳，失其叙也。又曰："百川沸腾，山冢崒崩。高岸为谷，深谷为陵。"谓下陵上，侵其权也。又曰："皇父卿士，番惟司徒。家伯维宰，中允膳夫。聚子内史，蹶维趣马，楀维师氏。"谓大小之臣，有不得其人者也。宗周之间，时王失德。今而引喻，盖事有所譬，固当不讳。

　　凡天之示象，由人君有失，不然，则下蔽其上。古人君之失，不过暴虐怠慢，奢侈纵放，不师古始。舍是，何失道之有？今圣心慈仁恭勤，俭约自检，动循典礼，如此自非下蒙上、邪挠正，使主恩不下究，而谁之咎欤？望陛下朝夕咨于丞弼心膂之臣，洎左右近侍耳目之官。其忠而纯者，与之慎柬内外百执事及州县牧宰，使主恩究于下，不为群邪所蔽塞，则亿兆之幸也。三迁刑部郎中，复领宗正，卒。

师民淳静刚敏，举止疑重。幼丧父，哀感，不畜婢妾，年四十四始婚。志尚清远，专以读书为事。性极慈恕，勤于吏治，政有惠爱。尝奏蠲陕西旱租。又欲论榷酤诸敝，会仁宗不豫而止。常患近世官失其守，作《正官名》，议多不载。有集三十卷。子彦若，试中书舍人。

张锡字贶之，其先京兆人。曾祖山甫，尝从唐僖宗入蜀，蜀平，徙家汉阳。锡进士甲科，为试秘书省校书郎、知南昌县。迁著作郎、知新州。初建学于州，自是人始知学。再迁太常博士、监染院。诏选能吏治畿县，乃以锡知东明。始至，令其下曰："吾所治者三：恃力、恃富、恃赎者，吾所先也。"岁中以治迹闻。枢密直学士李及荐为监察御史。丁谓贬崖州，议还内地。锡疏谓："奸邪弄国，本与天下共弃之；今复还，是违天下意。"由是止徙雷州。

玉清昭应宫灾，连系甚众。锡言："天灾反以罪人，恐重天怒，愿修德以应之。"会论者众，狱遂解。迁殿中侍御史，权三司盐铁判官，出为荆湖北路转运使,改尚书兵部员外郎,还判度支勾院,为京东转运使。淄、青、齐、濮、郓诸州人冒耕河壖地,数起争讼。锡命籍其地,收租绢岁二十余万,讼者亦息。判盐铁勾院,为河北转运使,改江、淮制置发运使,召兼侍御史知杂事、判大理寺、权知谏院,安抚利、夔路。历度支、盐铁副使。丧母,起复,擢天章阁待制、知河中府,累迁右司郎中,以龙图阁直学士知滑州,迁右谏议大夫、知审官院。进翰林侍读学士、判太常寺、国子监。卒,赠尚书工部侍郎。

锡淳重清约,虽贵,举养如少贱时。读书老而弥笃。初,举广文馆进士,考官任随以为第一,及随死,无子,锡屡周其家。

张揆字贯之,其先范阳人,从徙齐州。擢进士第,历北海县尉,改大理寺丞。以疾解官,十年不出户。读《易》,因通扬雄《太玄经》。陈执中安抚京东,荐揆经明行淳,召为国子监直讲,徙诸王府侍讲。以尚书度支员外郎直史馆、荆王府记室参军。府罢,权三司户部判官。上所著《太玄集解》数万言。诏对迩英阁,令揲蓍,得断首,且言:"断首准《易》之《夬》,盖以阳刚决阴柔,君子进、小人退之象。"仁宗悦。擢天章阁待制兼侍读,累迁右谏议大夫,进龙图阁直学士、给事中、判太常寺。一日,进读汉《马后传》,至服大练、抑止外家,因言:"今妃族太盛,不可不裁损,使保其家。"帝嘉纳之。诏改王溥谥,有议欲为文忠者,揆曰:"溥,周之宰相,国亡不能死,安得为忠?"乃谥为文康。加翰林侍读学士、知审刑院,出知齐州。卒,赠尚书礼部侍郎。

揆性刚狷少容,阔于世务,然好读书,老而不倦。与弟掞相友爱,掞,为龙图阁直学士。

杨安国字君倚,密州安丘人。父光辅,居马耆山,学者多从受经,州守王博文荐为太学助教。孙奭知兖州,又荐为太常寺奉礼郎,州学讲书。既而奭与冯元荐安国为国子监直讲,并召光辅至。仁宗命说《尚书》,光辅曰:"尧、舜之事,远而未易行,愿讲《无逸》一篇。"

时年七十余矣,而论说明畅。帝悦,欲留为学官,固辞,以国子监丞老于家。

安国五经及第,为枝江县尉,后迁大理寺丞。光辅教授兖州,请监兖州酒税,徙监益州粮料院,入为国子监直讲。景祐初,置崇政殿说书,安国以国子博士预选。久之,进天章阁侍讲、直龙图阁,遂为天章阁待制、龙图阁直学士,皆兼侍讲。进翰林侍讲学士,历判尚书刑部、太常寺,纠察在京刑狱,累迁给事中。年七十余,卒,赠尚书礼部侍郎。

安国讲说,一以注疏为主,无他发明,引喻鄙俚,世或传以为笑。尤喜纬书及注疏所引纬书,则尊之与经等。在经筵二十七年,仁宗称其行义淳质,以比先朝崔遵度。

尝讲《易》至《鼎卦》,帝问:"九四象如何?"安国对:"九四上承至尊,下应初爻,任重非据,故折足覆悚。亦犹任得其人,则虽重可胜,非其人,必有颠覆之患。"帝称善。又尝讲《周官》至"大荒大札,则薄征缓刑",因进言曰:"古所谓缓刑,乃贳过误之民尔。今众持兵仗取民廪食,一切宽之,恐无以禁奸。"帝曰:"不然,天下皆吾赤子,迫于饿莩,至起为盗。州县既不能振恤,乃捕而杀之,不亦甚乎。"尝请书《无逸篇》于迩英阁之后屏,帝曰:"朕不欲背圣人之言",命蔡襄书《无逸》、王洙书《孝经》四章列置左右。

论曰:冯元质直博雅,有古君子之风,欧阳修称师民醇儒硕学,在仁宗时,并由宿望,先后执经劝讲,庶有所补益矣。张锡清慎敛晦,晚始见知。揆及安国父子俱侍经幄,考求其说,亡过人者。夫博习修洁之士,潜德隐行,不闻于世者多矣。由是言之,士遇不遇,岂非命哉!

宋史卷二九五
列传第五四

尹洙　孙甫　谢绛　子景温
叶清臣　杨察

尹洙字师鲁，河南人。少与况源俱以儒学知名。举进士，调正平县主薄。历河南府户曹参军、安国军节度推官、知光泽县。举书判拔萃，改山南东道节度掌书记、知伊杨县，有能名。用大臣荐，召试，为馆阁校勘，迁太子中允。会范仲淹贬，敕榜朝堂，戒百官为朋党。洙上奏曰：“仲淹忠亮有素，臣与之义兼师友，则是仲淹之党也。今仲淹以朋党被罪，臣不可苟免。”宰相怒，落校勘，复为掌书记、监唐册酒税。西北久安，洙作《叙燕》、《息戍》二篇，以为武备不可弛。《叙燕》曰：

> 战国世，燕最弱。二汉叛臣，持燕挟虏，蔑能自固，以公孙伯珪之强，卒制于袁氏。独慕容乘石虎乱，乃并赵。虽胜败异术，大概论其强弱，燕不能加赵。赵、魏一，则燕固不敌。唐三盗连衡百余年，虏未尝越燕侵赵、魏，是燕独能支虏也。自燕入契丹，势日炽大。显德世，虽复三关，尚未尽燕南地。国初，始与并合，势益张，然止命偏师备御。王师伐蜀伐吴，泰然不以两河为顾，是赵、魏足以制之明矣。并寇即平，悉天下锐专力契丹，不能攘尺寸地。顷尝以百万众驻赵、魏，迄敌退莫敢抗，世多咎其不战。然我众负城，有内顾心，战不必胜，不胜则事亟矣，敌不战未尝咎也。

原其弊,在兵不分。设兵为三,壁于争地,掎角以疑其势,设覆以待其进。边垒素固,驱民以守之,俾其兵顿坚城之下,乘间夹击,无不胜矣。盖兵不分有六弊:使敌蓄勇以待战,无他枝梧,一也;我众则士息,二也;前世善将兵者必问几何,今以中才尽主之,三也;大众倘北,彼遂长驱无复顾忌,四也;重兵一属,根本虚弱,纤人易以于说,五也;虽委大柄,不无疑贰,复命贵臣监督,进退皆由中御,失于应变,六也。兵分则尽易其弊,是有六利也。

胜败兵家常势。悉内以击外,失则举所有以弃之,苻坚淝水、哥舒翰潼关是也。是则制敌在谋不在众。以赵、魏、燕南,益以山西,民足以守,兵足以战。分而帅之,将得专制,就使偏师挫衄,他众尚奋,讵能系国安危哉?故师覆于外而本根不摇者,善败也。昔者六国各有地千里,师败于秦,散而复振,几百战犹未及其都,守国之固也。陈胜、项梁举关东之众,朝败而夕灭,新造之势也。以天下之广谋其国,不若千里之固,而袭新造之势,侥幸于一战,庸非惑哉?兵既久弛,士大夫诵习,谓百世不复用,非甚妄者不谈。然兵果废则已,倘后世复用之,鉴此少以悟世主,故迹其胜败云。

《息戍》曰:

国有割弃朔方,西师不出三十年,而亭徼千里,环重兵以戍之。虽种落屡扰,即时辑定,然屯戍之费,亦已甚矣。西戎为寇,远自周世,西汉先零,东汉烧当,晋氏、羌,唐秃发,历朝侵轶,为国剧患。兴师定律,皆有成功,而劳弊中国,东汉尤甚,费用常以亿计。孝安世,羌叛十四年,用二百四十亿。永和末,复经七年,用八十余亿。及段纪明,用裁五十四亿,而剪灭殆尽。今西北泾原、邠宁、秦凤、鄜延四帅,戍卒十八万。一卒岁给,无虑二万,骑卒与冗卒,较其中者,总廪给之数,恩赏不在焉,以十万较之,岁用二十亿。自灵武罢兵,计费六百余亿,方前世数倍矣。平世屯戍,且犹若是,后虽有他警,不可一日辍去,是十万众,有增而无捐期也。国家厚利募商入粟,倾四方之货,然无水漕之运，所挽致亦不过被边数郡尔。岁不常登，廪有常给，顷年亦尝稍匮矣。倘其乘我荐饥，我必济师，馈饷当出于关中，则未战而西陲已困，可不虑哉？

按唐府兵，上府千二百人，中府千人，下府八百人。为今之计，莫若籍丁民为兵，拟唐置府，颇损其数。又今边鄙虽有乡兵之制，然止极塞数郡，民籍寡少，不足备敌。料京兆西北数郡，上户可十余万，中家半之，当得兵六七万。质其赋无他易，赋以帛名者不易以五谷，畜马者又蠲其杂徭。民幸于庇宗，乐然隶籍。农隙讲事，登材武者为什长、队正，盛秋旬阅，常若寇至。以关内、河东劲兵傅之，尽罢京师禁旅，慎简守帅，分其统，专其任。分统则兵不重，专任则将益励，坚其守备，习其形势，积粟多，教士锐，使虏众无隙可窥，不战而慑。兵志所谓"无恃其不来，恃吾有以待之"，其庙胜之策乎？

又为《迷亨》、《审断》、《原刑》、《敦学》、《矫察》、《考绩》、《广谏》，凡杂议共九篇上之。

赵元昊反，大将葛怀敏辟为经略判官。洙虽用怀敏辟，尤为韩琦所深知。顷之，刘平、石元孙战败，朝廷以夏竦为经略、安抚使，范仲淹、韩琦副之，复以洙为判官。洙数上疏论兵，请便殿召对二府大臣议边事，及讲求开宝以前用兵故实，特出睿断，以重边计。又请减并栅垒，召募土兵，省骑军，增步卒。又上爵赏令。时诏问攻守之计，竦具二策，令琦与洙诣阙奏之。帝取攻策，以洙为集贤校理。洙遂趋延州谋出兵，而仲淹持不可。还至庆州，会任福败于好水川，因发庆州部将刘政锐卒数千，趋镇戎军赴救，未至，贼引去。夏竦奏洙擅发兵，降通判濠州。当时言者谓福之败，由参军耿傅督战太急。后得傅书，乃戒福使持重，毋轻进。洙以傅文史，无军责而死于行阵，又为时所诬，遂作《悯忠》、《辨诬》二篇。

未几，韩琦知秦州，辟洙通判州事，加直集贤院。上奏曰：

汉文帝盛德之主，贾谊论当时事势，犹云可为恸哭。孝武帝外制四夷，以强主威，徐乐、严安尚以陈胜亡秦、六卿篡晋为戒。二帝不以危乱灭亡为讳,故子孙保有天下者十余世。秦二世时,关东盗起。或以反者闻,二世怒,下吏;或曰逐捕今尽,不足忧,乃悦。隋炀帝时,四方兵起,左右近臣皆隐贼数,不以实闻,或言贼多者,辄被诘。二帝以危乱灭亡为讳,故秦、隋宗社数年为丘墟。陛下视今日天下之治,孰与汉文?威制四夷,孰与汉武?国家基本仁德,陛下慈孝爱民,诚万万于秦、隋矣。至于西有不臣之虏,北有强大之邻,非特闾巷盗贼之势也。

自西夏叛命四年,并塞苦数扰,内地疲远输。兵久于外而休息无期,卒有乘弊而起。兵法所谓“虽有智者,不能善其后”。当此之时,陛下宜夙夜忧惧,所以虑事变而塞祸源也。陛下延访边事,容纳直言,前世人主,勤劳宽大,未有能远过者。然未闻以宗庙为忧,危亡为惧,此贱臣所以感愤于邑而不已也。何者?今命令数更,恩宠过滥,赐与不节。此三者,戒之慎之,在陛下所行尔,非有难动之势也。而因循不革,弊坏日甚。臣谓陛下不以宗庙为忧、危亡为惧者,以此。

夫命令者,人主所以取信于下也。异时民间,朝廷降一命令,皆竦视之;今则不然,相与窃语,以为不久当更,既而信然,此命令日轻于下也。命令轻,则朝廷不尊矣。又闻群臣有献忠谋者,陛下始甚听之,后复一人沮之,则意移矣。忠言者以信之不能终,颇自诎其谋,以为无益,此命令数更之弊也。

夫爵赏,陛下所持之柄也。近时外戚、内臣以及士人,或因缘以求恩泽,从中而下谓之“内降”。臣闻唐氏政衰,或母后专制,或妃主擅朝,树恩私党,名为“斜封”。今陛下威柄自出,外戚、内臣贤而才者,当与大臣公议而进之,何必袭“斜封”之弊哉。且使大臣从之,则坏陛下纲纪;不从,则沮陛下德音。坏纲纪,忠臣所不忍;沮德音,则威柄轻于上。且尽公不阿,朝廷所以责大臣。今乃自以私昵挠之,而欲责大臣之不私,难矣。此恩宠过滥之弊也。

夫赐予者,国家所以劝功也。比年以来,嫔御及伶官、太医之属,赐予过厚。民间传言,内帑金帛,皆祖宗累朝积聚。陛下用之,不甚爱惜,今之所存无几。疏远之人,诚不能知内府丰匮之数,但见取于民者日烦,即知畜于公帑者不厚。臣亦知国家自西方宿兵,用度浸广,帑藏之积,未必悉为赐予所费,然下民不可家至而户晓,独见陛下行事感动尔。往岁闻边将王珪,以力战赐金,则无不悦服;或见优人所得过厚,则往往愤叹。人情不可不察,此赐予不节之弊也。

臣所论三事,皆人人所共知,近臣从谀而不言,以至今日。方今非独四夷之为患,朝政日弊而陛下不寤,人心日危而陛下不知。故臣愿先正于内,以正于外。然后忠谋渐进,纪纲渐举,国用渐足,士心渐奋。边境之患,庶乎息矣。惟深察秦、隋恶闻忠言所以亡,远法汉主不讳危乱所以存,日新盛德,与民更始,则天下幸甚。

仁宗嘉纳之。

改太常丞、知泾州。以右司谏、知渭州兼领泾原路经略公事。会郑戬为陕西四路都总管,遣刘沪、董士廉城水洛,以通秦、渭援兵。洙以为前此屡困于贼者,正由城砦多而兵势分也。今又益城,不可,奏罢之。时戬已解四路,而奏沪等督役如故。洙不平,遣人再召沪,不至;命张忠往代之,又不受。于是谕狄青械沪、士廉下吏,戬论奏不已,卒徙洙庆州而城水洛。又徙晋州,迁起居舍人、直龙图阁、知潞州。会士廉诣阙上书讼洙,诏遣御史刘湜就鞫,不得他罪。而洙以部将孙用由军校补边,自京师贷息钱到官,亡以偿。洙惜其才可用,恐以犯法罢去,尝假公使钱为偿之,又以为尝自贷,坐贬崇信军节度副使,天下莫不以为湜文致之也。徙监均州酒税,感疾,沿牒至南阳访医,卒,年四十七。嘉祐中,宰相韩琦为洙言,乃追复故官,及官其子构。

洙内刚外和,博学有识度,尤深于《春秋》。自唐末历五代,文格卑弱。至宋初,柳开始为古文,洙与穆修复振起之。其为文简而有法,有集二十七卷。自元昊不庭,洙未尝不在兵间,故于西事尤练习。其为兵制之说，述战守胜败，尽当时利害。又欲训土兵代戍卒，以减边费，为御戎长久之策，皆未及施为。而元昊臣，洙亦去而得罪矣。

孙甫字之翰，许州阳翟人。少好学，日诵数千言，慕孙何为古文章。初举进士，得同学究出身，为蔡州汝阳县主簿。再举进士及第，为华州推官。转运使李纮荐其材，迁大理寺丞、知绛州翼城县。杜衍辟为永兴司录，凡吏职，纤末皆倚办甫。甫曰："待我以此，可以去矣。"衍闻之，不复以小事属甫。衍与燕语，甫必引经以对，言天下贤俊，历评其才性所长。衍曰："吾辟属官，得益友。"诸生亦多从甫学问。

徙知永昌县，监益州交子务，再迁太常博士。蜀用铁钱，民苦转贸重，故设法书纸代钱，以便市易。转运使以伪造交子多犯法，欲废不用。甫曰："交子可以伪造，钱亦可以私铸，私铸有犯，钱可废乎？但严治之，不当以小仁废大利。"后卒不能废。衍为枢密副使，荐于朝，授秘阁校理。

是岁，诏三馆臣僚言事。甫进十二事，按祖宗故实，校当世之治有所不逮者，论述以为讽谏，名《三圣政范》。改右正言。时河北降赤雪，河东地震五六年不止，甫推《洪范五行传》及前代变验，上疏曰："赤雪者，赤眚也，人君舒缓之应。舒缓则政事弛，赏罚差，百官废职，所以召乱也。晋太康中，河阴降赤雪。时武帝怠于政事，荒宴后宫。每见臣下，多道常事，不及经国远图，故招赤眚之怪，终至晋乱。地震者，阴之盛也。阴之象，臣也，后宫也，四夷也。三者不可过盛，过盛则阴为变而动矣。忻州赵分，地震六年。每震，则有声如雷，前代地震，未有如此之久者。惟唐高宗本封于晋，及即位，晋州经岁地震。宰相张行成言，恐女谒用事，大臣阴谋，宜制于未萌。其后武昭仪专恣，几移唐祚。天地灾变，固不虚应，陛下救纾缓之失，莫若自主威福，时出英断，以慑奸邪，以肃天下。救阴盛之变，莫若外谨戒备，内制后宫。谨戒备，则切责大臣，使之预图兵防，熟计成败；制后宫，则凡掖庭非典掌御幸者，尽出之，且裁节其恩，使无过分，此应天之实也。"时契丹、西夏稍强，后宫张修媛宠幸，大臣专政，甫以此谏焉。

又言："修媛宠恣市恩，祸渐已萌。夫后者，正嫡也，其余皆婢妾尔。贵贱有等，用物不宜过僭。自古宠女色，初不制而后不能制者，其祸不可悔。"帝曰："用物在有司，朕恨不知尔。"甫曰："世谓谏臣耳目官，所以达不知也。若所谓前世女祸者，载在书史，陛下可自知也。"

夏国乞盟，甫上一利、四害曰："宿兵以来，国用空耗。今若与之约和，则边兵可减，科敛可省。其为利一也。始，契丹声言，尝遣使谕西人使臣中国。今和议既成，必恃其功。去岁有割地之请，朝廷已增岁赂，若更有求，将安拒之？其为害一也。自承平四十年，武事不饬，及边鄙有警，而用不习之将，不练之兵，故久无成功。然比来边臣中材谋勇健者，往往复出，方在讲训不懈，以张中国之威。一旦因议和弛备，复如曩日，缓急必不可用。其为害二也。自元昊拒命，终不敢深入关中者，以唃厮啰等族不附，虑为后患也。今中国与之和，获岁遗之厚，彼必专力以制二蕃，强大之势，自兹为始。其为害三也。且朝廷恃久安之势，法令纪纲，弛而不葺。及西戎累败，王师始议更张，以救前弊。今见戎人请和，苟贪无事，他时之患，不可救矣。其为害四也。凡利害之机，愿陛下熟图之。"

又言："张子奭使夏州回，元昊复称臣，然乞岁卖青盐十万石，兼欲就京师互市诸物，仍求增岁给之数。臣以谓西盐数万石，其直不下钱十余万缗。况朝廷已许岁赐二十五万，若又许其卖盐，则与遗契丹物数相当。使契丹闻之，则贪得之心生矣。况自德明之时，累乞放行青盐，先帝以其乱法，不听。及请之不已，追德明弟入质而许之，是则以彼难从之事，杜其意也。盖盐，中国之大利，又西戎之盐，味胜解池所出，而出产无穷。既开其禁，则流于民间，无以堤防矣。兼闻张子奭言，元昊自拒命以来，收结人心，钞掠所得，旋给其众，兵力虽胜，用度随窘。当此之时，尤宜以计困之，安得汲汲与和，曲徇其请乎？”

时陕西经略招讨副使韩琦、判官尹洙还朝，甫建议请诏琦等，条四路将官能否，为上、中、下三等，黜其最下者。保州兵变前，有告者，大臣不时发之。甫因言枢密副使当得罪，使，乃杜衍也。边将刘沪城水洛于渭州，总管尹洙以沪违节度，将斩之。大臣稍主洙议，甫以谓：“水洛通秦、渭，于国家为利，沪不可罪。”由是罢洙而释沪。衍屡荐甫，洙与甫素善者，而甫不少假借，其鲠亮不私如此。

甫尝言参知政事陈执中不学亡术，不可用。帝难之，由是求补外，不许。其后奏丁度因对求进用，帝曰：“度未尝请也。”度乞与甫辩，且指甫为宰相杜衍门人。乃以右司谏出知邓州，徙安州，历江东、两浙转运使。

范仲淹知杭州，多以便宜从事。甫曰：“范公，大臣也。吾屈于此，则不得伸于彼矣。”一切绳之以法，然退未尝不称其贤。再迁尚书兵部员外郎，改直史馆、知陕州，徙晋州。为河东转运使、三司度支副使，迁刑部郎中、天章阁待制、河北都转运使，留为侍读。卒，特赠右谏议大夫。

甫性劲果，善持论，有文集七卷，著《唐史记》七十五卷。每言唐君臣行事，以推见当时治乱，若身履其间，而听者晓然，如目见之。时人言：“终日读史，不如一日听孙论也。”《唐史》藏秘阁。

谢绛字希深，其先阳夏人。祖懿文，为杭州盐官县令，葬富阳，遂为富阳人。

父涛，以文行称，进士起家，为梓州榷盐院判官。李顺反成都，攻陷州县，涛尝画守御之计。贼平，以功迁观察推官，权知华阳县。乱亡之后，田庐荒废，诏有能占田而倍入租者与之，于是腴田悉为豪右所占，流民至无所归，涛收诏书，悉以田还主。改秘书省著作佐郎、知兴国军。还，以治行召对长春殿，命试学士院。会契丹入寇，真宗议亲征，时曹、濮多盗，而契丹声言趋齐、郓，以涛知曹州。属赋税多输睢阳助兵食，是岁霖潦，百姓苦于转送，涛悉留不遣。奏曰：

"江、淮漕运,日过睢阳,可取以饷军。愿留曹赋由广济河以馈京师。"转运使论以为不可,诏从涛奏。尝使蜀还,举所部官三十余人。宰相疑以为多,涛曰:"有罪,愿连坐之。"奉使举官连坐,自涛始。久之,用冯拯荐,复召试,以尚书兵部员外郎直史馆,遂兼侍御史知杂事。真宗山陵灵驾所经道路,有司请悉坏城门、庐舍,以过车舆象物。涛言:"先帝车驾封祀,仪物大备,犹不闻有所毁撤,且遗诏从俭薄。今有司治明器侈大,以劳州县,非先帝意,愿下少府裁损之。"进直昭文馆,累官至太子宾客。

绛以父任试秘书省校书郎,举进士中甲科,授太常寺奉礼郎、知汝阴县。善议论,喜谈时事,尝论四民失业,累数千言。天禧中,上疏谓宋当以土德王天下。时大理寺丞董行父请用天为统,以金为德。诏两制议,皆言:"用土德,则当越唐上承于隋;用金德,则当越五代绍唐。而太祖实受终周室,岂可弗遵传继之序?"绛、行父议皆黜不用。

杨亿荐绛文章,召试,擢秘阁校理、同判太常礼院。丁母忧,服除,仁宗即位,迁太常博士。用郑氏经、唐故事议宣祖非受命祖,不宜配享感生帝,请以真宗配之。翰林学士承旨李维以为不可。寻出通判常州。天圣中,天下水旱、蝗起,河决滑州,绛上疏曰:

去年京师大水,败民庐舍,河渠暴溢,几冒城郭;今年苦旱,百姓疫死,田谷焦槁,秋成绝望。此皆大异也。按《洪范》、京房《易传》皆以为简祭祀,逆天时,则水不顺下;政令逆时,水失其性,则坏国邑,伤稼穑;颛事者知,诛罚绝理,则大水杀人;欲德不用,兹谓张,厥灾荒;上下皆蔽,兹谓隔,其咎旱:天道指类示戒,大要如此。陛下夙夜勤苦,思有以上塞时变,固宜策告殃咎,变更理化,下罪己之诏,修顺时之令,宣群言以导壅,斥近幸以损阴。而圣心优柔,重在改作,号令所发,未闻有以当天心者。

夫风雨、寒暑之于天时,为大信也;信不及于物,泽不究于下,则水旱为沴。近日制命,有信宿辄改,适行遽止,而欲风雨以信,其可得乎?天下之广,万几之众,不出房闼,岂能尽知?而在廷之臣,未闻被数刻之召,吐片言之善,朝夕左右,非恩泽即佞幸,上下皆蔽,其应不虚。

昔两汉日食、地震、水旱之变,则策免三公,以示戒惧。陛下进用丞弼,极一时之选,而政道未茂,天时未顺,岂大臣辅佐不明邪?陛下信任不笃邪?必若使之,宜推心责成,以极其效;谓之不然,则更选贤者。比来奸邪者易进,守道者数穷,政出多门,俗喜由径。圣心固欲尽得天下之贤能,分职受业;而宰相方考资进吏,无敢建白。欲德不用之应,又可验矣。

今阳骄莫解,虫蟹渐炽,河水妄行。循依违之迹,行寻常之政,臣恐不足回灵意、塞至戒。古者,谷不登则亏膳,灾屡至则降服,凶年不涂墍。愿下诏引咎,损太官之膳,避路寝之朝,许士大夫斥讳上闻,讥切时病。罢不急之役,省无名之敛,勿崇私恩,更进直道,宣德流化,以休息天下。至诚动乎上,大惠浃于下,岂有时泽之艰哉!

仁宗嘉纳之。

会修国史,以绛为编修官,史成,迁祠部员外郎、直集贤院。时涛官西京,且老矣,因请便养,通判河南府。又论:"唐室丽正、史官之局,并在大明、华清宫内。太宗皇帝肇修三馆,更立秘阁于升龙门左,亲为飞白书额,作赞刻石阁下。景德中,国书浸广,真宗皇帝益以内帑四库。二圣数尝临幸,亲加劳问,递宿广内者,有不时之召。人人力道术、究艺文,知天子尊礼甚勤,而名臣高位,由此其选也。往者遭遘延燔,未遑中葺,或引两省故事,别建外馆,直舍卑喧,民檐丛接。太官卫尉,供拟滋削,亏体伤风,莫兹为甚。陛下未尝迁翠华、降玉趾,寥寥册府,不闻舆马之音,旷有日矣。议者以谓慕道不笃于古,待士少损于前。士无延访之勤,而因循相尚,不自激策,文雅渐弊,窃为圣朝惜之。愿辟内馆,以恢景德之制。"诏可。

绛虽在外,犹数论事。奏言:"近岁不逞之徒,托言数术,以先生、处士自名,秃巾短褐,内结权幸,外走州邑,甚者矫诬诏书,傲忽官吏。请严禁止。尝以墨敕赐封号者,追还之。"

还权开封府判官,言:

> 蝗亘田野,坌入郛郭,跳掷官寺,井匽皆满。鲁三书螟,《谷梁》以为哀公用田赋虐取于民。朝廷敛弛之法,近于廉平,以臣愚所闻,似吏不甚称而召其变。凡今典城牧民,有颛方面之执:才者掠功取名,以严急为术,或辩伪无灾,数蒙奖录;愚者期会簿书,畏首与尾。二者政殊,而同归于弊。

> 夫为国在养民,养民在择吏,吏循则民安,气和而灾息。愿先取大州邑数十百,诏公卿以下,举任州守者,使得自辟属县令长,务求术略,不限资考。然后宽以约束,许便宜从事。期年条上理状,或徙或留,必有功化风迹。异乎有司以资而任之者焉。汉时,诏问京房灾异可息之术,房对以考功课吏。臣愿陛下博访理官,除烦苛之命;申敕计臣,损聚敛之役。勿起大狱,勿用躁人,务静安,守渊默。传曰:"大侵之礼,百官备而不制,言省事也。"如此而沴气不弭,嘉休不至,是灵意谩谰,而圣言罔惑欤。

会郭皇后废,绛陈《诗·白华》,引申后、褒姒事以讽,辞甚切至。徙三司度支判官,再迁兵部员外郎。上言:"迩来用物滋侈,赐予过制,禁中须索,去年计为缗钱四十五万。自今春至四月,已及二十余万。比诏裁节费用,而有司移文,但求咸平、景德簿书。簿书不存,则无所措置。臣以谓不若推近及远,递考岁用而裁节之,不必咸平、景德为准也。"

初,诏罢织密花透背,禁人服用,且云自披庭始。既而内人赐衣,复取于有司。又后苑作制玳瑁器,索龟筒于市。龟筒,禁物也,民间不得有,而索不已。绛皆论罢之。又言:"号令数变则亏国体,利害偏听则惑聪明。请者务欲各行,而守者患于不一。请罢内降,凡诏令皆由中书、枢密,然后施行。"因进《圣治箴》五篇。

以父忧去,服除,擢知制诰,判吏部流内铨、太常礼院。吏部拟官,旧视职田有无,不问多寡,以是不均。绛为核其实,以多寡为差,

其有名而无实者皆不用，人以为便。初改判礼院为知礼仪事，自绛
建请。

　　使契丹，还，请知邓州。距州百二十里，有美阳堰，引湍水溉公
田。水来远而少，利不及民；滨堰筑新土为防，俗谓之墩者，大小又
十数，岁数坏，辄调民增筑。奸人蓄薪茭，以时其急，往往盗决堰墩，
百姓苦之。绛按召信臣六门堰故迹，距城三里，壅水注钳庐陂，溉田
至三万顷。请复修之，可罢州人岁役，以水与民，未就而卒，年四十
六。

　　绛以文学知名一时，为人修洁蕴藉，所至大兴学舍，尝请诸郡
立学。在河南修国子学，教诸生，自远而至者数百人。好施宗族，喜
宾客，以故卒之日家无余赀。有文集五十卷。子景初、景温、景平、
景回。景平好学，著诗书传说数十篇，终秘书丞。景回早卒。

　　景温字师直。中进士第，通判汝、莫二州，江东转运判官。兴宣
城百丈圩，议者以为罪，降通判、知涟水军。神宗初，知谏院邵亢直
其前事，徙真州，提点江西刑狱。历京西、淮南转运使。

　　景温平生未尝仕中朝，王安石与之善，又景温妹嫁其弟安礼，
乃骤擢为侍御史知杂事。安石方恶苏轼，景温劾轼向丁忧归蜀，乘
舟商贩。朝廷下六路捕逮篙工、水师穷其事，讫无一实。苏颂等论
李定不持母服，景温察安石指，为辨于前。已而事下台，景温难违众
议，始云定当追服。又言薛向不当得侍从，王韶边奏诬罔，浸失安石
意，然犹以尝助已，但改直史馆兼侍读。不敢拜，出知邓州。

　　逾年，进陕西都转运使，以不奉司农约束，改知邓、襄、澶三州，
加直龙图阁，判将作监。转右谏议大夫、知潭州。章惇开五溪，景温
协力拓筑，论功进官，召拜礼部侍郎。复出知洪州、应天府、瀛州。

　　元祐初，进宝文阁直学士、知开封府。未满岁，御史中丞刘挚言
其非拨烦吏。右司谏王觌言："瀛州妖妇李自称事九仙圣母，能与人
通语言，谈祸福。景温在郡为所惑，礼饷甚厚，遣十兵挈之入京。数
遣子慥至其处，补李婿为小史，使出入官府，崇大声势；至纵嬖妾之

弟,醉殴市人。为政若此,尚何惜而不加遣。"于是罢知蔡州。

三年,初置权六曹尚书,以为刑部,刘安世复论之,改知郓州,再历永兴军。时章惇为相,景温言元祐大臣改先帝之政,并西夏人偃塞终未顺命,宜罢分画,以马迹所至为境。惇用其说,徙知河阳,卒,年七十七。

叶清臣字道卿,苏州长洲人。父参,终光禄卿。清臣幼敏异,好学善属文。天圣二年,举进士,知举刘筠奇所对策,擢第二。宋进士以策擢高第,自清臣始。授太常寺奉礼郎、签书苏州观察判官事。还,为光禄寺丞、集贤校理,通判太平州、知秀州。入判三司户部勾院,改盐铁判官。

上言九事:请遣使循行天下,知民疾苦,察吏能否;兴太学,选置博士,许公卿大臣子弟补学生;重县令;诸科举人取明大义,责以策问;省流外官,无得入仕;听武臣终三年之丧;罢度僧;废读经一业;训兵练将,慎出令,简条约。词多不载。出知宣州,累迁太常丞,同修起居注,判三司盐铁勾院,进直史馆。

是冬,京师地震,上疏曰:"天以阳动,君之道也;地以阴静,臣之道也。天动地静,主尊臣卑。易此则乱,地为之震。乃十二月二日丙夜,京师地震,移刻而止;定襄同日震,至五日不止,坏庐寺,杀人畜,凡十之六。大河之东,弥千五百里而及都下,诚大异也。属者荧惑犯南斗,治历者相顾而骇。陛下忧勤庶政,方夏泰宁,而一岁之中,灾变仍见。必有下失民望、上戾天意者,故垂戒以启迪清衷。而陛下泰然不以为异,徒使内侍走四方,治佛事,修道科,非所谓消复之实也。顷范仲淹、余靖以言事被黜,天下之人,醋舌不敢议朝政者,行将二年。愿陛下深自咎责,许延忠直敢言之士,庶几明威降鉴,而善应来集也。"书奏数日,仲淹等皆得近徙。

会诏求直言,清臣复上疏言大臣专政,仁宗嘉纳之。清臣请外,为两浙转运副使。并太湖有民田,豪右据上游,水不得泄,而民不敢诉。尝建请疏盘龙汇、沪渎港入海,民赖其利。以右正言知制诰,知审官院，判国子监。

时陕西用兵，上言："当今将不素蓄，兵不素练，财无久积。小有边警，外无骁将，内无重兵。举西北二陲观之，若濩落大瓠，外示雄壮，其中空洞，了无一物。脱不幸戎马猖突，腹内诸城，非可以计术守也。自元昊僭窃，因循至于延州之寇，中间一岁矣。而屯戍无术，资粮不充，穷年畜兵，了不足用，连监牧马，未几已虚。使蚩蚩之甿无所倚而安者，此臣所以孜孜忧大瓠之穿也。今羌戎稍却，变诈亡穷，岂宜乘即时之小安，忘前日之大辱？又将泰然自处，则后日视今，犹今之视前也。"

元昊围延州，既解去，钤辖内侍卢守勤与通判计用章更讼于朝。时内侍用事者，多为守勤游说，朝廷议薄守勤罪，而流用章岭南。清臣上疏曰："臣闻众议，延州之围，卢守勤首对范雍号泣，谋遣李康伯见元昊，为偷生之计。计用章以为事急，不若退保鄜州，李康伯遂有'死难，不可出城见贼'之语。自元昊退，守勤惧金明之失、二将之没，朝廷归罪边将；又思仓卒之言，一旦为人所发，则祸在不测。遂反覆前议，移过于人，先为奏陈，冀望取信。正如黄德和诬奏刘平，欲免退走之罪。寻闻计用章亦疏斥守勤事状，诏文彦博置劾，未分曲直，而遽罪用章、康伯，特赦守勤。此必有议者结中人、惑圣听，以为方当用师边陲，不可轻起大狱。臣观前史，魏尚、陈汤虽有功，尚不免削爵，罚作案验吏士。何况拥兵自固，观望不出，恣纵羌贼，破一县，擒二将。大罪未戮，又自蔽其过，矫诬上奏，此而不按，何罪不容？设用章有退保之言，止坐畏懦；而守勤谋见贼之行，乃是归款。二者之责，孰重孰轻，望诏彦博鞫正其狱。苟用章之状果虚，守勤之罪果白，用章更置重科，物论亦允。无容偏听一辞，以亏王道无党之义。"其后狱具，守勤才降湖北兵马都监。

时西师未解，急于经费，中书进拟三司使，清臣初不在选中。帝曰："叶清臣才可用。"擢为起居舍人、龙图阁学士、权三司使公事。始奏编前后诏敕，使吏不能欺，簿帐之冗者，一切删去。内东门、御厨皆内侍领之，凡所呼索，有司不敢问，乃为合同以检其出入。清臣与宋庠、郑戬雅相善,为吕夷简所恶,出知江宁府。逾年,入翰林为学士,知通进银台司、勾当三班院。丁父忧,言者以清臣为知兵,请起守边。及服除,宰相陈执中素不悦之,即除翰林侍读学士、知邠州。道由京师,因请对,改澶州,进尚书户部郎中、知青州。徙知永兴军,浚三白渠,溉田逾六千顷。

仁宗御天章阁,召公卿,出手诏问当世急务。清臣闻之,为条对,极论时政阙失,其言多剺切权贵。且曰:"陛下欲息奔竞,此系中书。若宰相裁抑奔竞之流,则风俗惇厚,人知止足;宰相用憸佞之士,则贪荣冒进,激成浑波。向有职在管库,日趋走时相之门。入则取街谈巷言,以资耳目;出则窃庙谟朝论,以惊流辈。一旦皆擢职司,以酬所任。比日人士竞蹑此风,出入权要之家,时有'三尸'、'五鬼'之号。乃列馆职,或置台曹。且台谏官为天子耳目,今则不然,尽为宰相肘掖。宰相所恶,则掯以微瑕,公行击搏;宰相所善,则从而唱和,为之先容。中书政令不平,赏罚不当,则箝口结舌,未尝敢言。人主纤微过差,或宫闱小事,即极言过当,用为讦直。供职未逾岁时,迁擢已加常等。宋禧为御史,劝陛下宫中畜犬设棘,以为守卫。削弱朝体,取笑四夷,不加诃谴,擢为谏官。王达两为湖南、江西转运使,所至苛虐,诛剥百姓,徒配无辜,特以宰相故旧,不次拔擢,遂有河北之行。如此,是长奔竞也。"其他所列利害甚众。

会河决商胡,北道艰食,复以为翰林学士、权三司使。旧制有三司使、权使公事,而清臣所除,止言"权使",自是分三等焉。以户部副使向传式不职,奏请出之。皇祐元年春,帝御便殿,访近臣以备边之策。清臣上对,略曰:

陛下临御天下,二十八年,未尝一日自暇自逸。而西夏、契丹频岁为患者,岂非将相大臣不得其人,不能为陛下张威德而攘四夷乎?昔王商在廷,单于不敢仰视;郅都临代,匈奴不敢犯边。今内则辅相寡谋,纲纪不振;外则兵不素练,将不素蓄。此外寇得以内侮也。庆历初,刘六符来,执政无术略,不能折冲樽俎,以破其谋。六符初亦疑大国之有人,藏奸计而未发。既见表里，遂肆陆梁。只烦一介之使，坐致二十万物，永匮膏血，以奉腥膻。此有识之士，所以为国长太息也。

今诏问：“北使诣阙，以伐西戎为名，即有邀求，何以答之？”臣闻誓书所载，彼此无求。况元昊叛边，累年致讨，契丹坐观金鼓之出，岂有毫发之助？今彼国出师，辄求我助，奸盟违约，不亦甚乎？若使辩捷之人，判其曲直，要之一战，以破其谋，我直彼曲，岂不惮服。苟不知咎，或肆侵陵，方河朔灾伤之余，野无庐舍，我坚壁自守，纵令深入，其能久居？既无所因之粮，则亟当遁去。然后选择骁勇，遏绝归师，设伏出奇，邀击首尾，若不就禽，亦且大败矣。

诏问：“辅翊之能，方面之才，与夫帅领偏裨，当令孰可以任此者。”臣以为不患无人，患有人而不能用尔。今辅翊之臣，抱忠义之深者，莫如富弼。为社稷之固者，莫如范仲淹。谙古今故事者，莫如夏竦。议论之敏者，莫如郑戬。方面之才，严重有纪律者，莫如韩琦。临大事能断者，莫如田况。刚果无顾避者，莫如刘涣。宏达有方略者，莫如孙沔。至于帅领偏裨，贵能坐运筹策，不必亲当矢石，王德用互有威名，范仲淹深练军政，庞籍久经边任，皆其选也。狄青、范全颇能驭众，蒋偕沉毅有术略，张亢偄悦有胆勇，刘贻孙材武刚断，王德基纯悫劲勇，此可补偏裨者也。

诏谓：“朔方灾伤，军储缺乏。”此则三司失计置，转运使不举职，固非一日。既往固不咎，来者又复不追，臣未见其可也。且如施昌言承久弊之政，方欲竭思虑、办职事，一与贾昌朝违戾，遂被移徙，军储何由不乏？自去年秋八月，计度市籴，而昌朝执异议，仲春尚未与夺，财赋何缘得丰？先朝置内帑，本备非常。今为主者之吝，自分彼我，缓急不以为备，则臣不知其所为也。至如粒食之重，转徙为难，莫若重立爵等，少均万数，豪民违误，使得入粟，以免杖笞，必能速办。夫能俭啬以省费，渐致于从容。德音及此，天下之福也。比日多以卑官躐请厚奉，或身为内供奉而有遥刺之给，或为观察使便占留后之封，幸门日开，赐予无艺。若令有司执守，率循旧规，庶几物力亦获宽弛。

诏问："战马乏绝，何策可使足用？"臣前在三司，尝陈监牧之弊，占良田九万余顷，岁费钱百万缗。天闲之数，才三四万，急有征调，一不可用。今欲不费而马立办，莫若赋马于河北、河东、陕西、京东西五路。上户一马，中户二户一马，养马者复其一丁。如此，则坐致战马二十万匹，不为难矣。

时清臣以河北乏兵食，自汴漕米由河阴输北道者七十余万；又请发大名库钱，以佐边籴。而安抚使贾昌朝格诏不从，清臣固争，且疏其跋扈不臣。宰相方欲两中之，乃徙昌朝郑州，罢清臣为侍读学士、知河阳。卒，赠左谏议大夫。

清臣天资爽迈，遇事敢行，奏对无所屈。郭承佑妻舒王元偁女，封郡主，给奉；及承佑为殿前副都指挥使，妻以不加封，请增月给，清臣执奏不可。仁宗曰："承佑管军，妻又诸王女，当优之。"清臣曰："是终为侥幸。"遂卷其奏置怀中，不行。数上书论天下事，陈九议、十要、五利，皆当世可行者。有文集一百六十卷。子均，为集贤校理。

杨察字隐甫。其先晋人，从唐僖宗入蜀，家于成都。至其祖钧，始从孟昶归朝。钧生居简，仕真宗时，至尚书都官员外郎，尝官庐州，遂为合肥人。

居简生察，景祐元年，举进士甲科，除将作监丞、通判宿州。迁秘书省著作郎、直集贤院，出知颍、寿二州，入为开封府推官，判三司盐铁、度支勾院，修起居注，历江南东路转运使。属吏以察年少，易之。及行部，数摘奸隐，众始畏伏。察在部，专以举官为急务。人或议之，察曰："此按察职也，苟掎拾羡余，则俗吏之能，何必我哉！"召为右正言、知制诰，权判礼部贡院。时上封者请罢有司糊名考士，及变文格，使为放轶以袭唐体。察以谓："防禁一溃，则奔竞复起。且文无今昔，惟以体要为宗，若肆其澶漫，亦非唐氏科选之法。"前议遂寝。

晏殊执政，以妻父嫌，换龙图阁待制。母忧去职，服除，复为知制诰，拜翰林学士、权知开封府，擢右谏议大夫、权御史中丞。论事无所避。会诏举御史，建言："台属供奉殿中，巡纠不法，必得通古今治乱良直之臣。今举格太密，公坐细故，皆置不取，恐英伟之士，或有所遗。"御史何郯以论事不得实，中书问状。察又言："御史，故事许风闻；纵所言不当，自系朝廷采择。今以疑似之间，遽被诘问，臣恐台谏官畏罪缄默，非所以广言路也。"

又数以言事忤宰相陈执中。未几，三司户部判官杨仪以请求贬官，察坐前在府失出笞罪，虽去官，犹罢知信州。徙扬州，复为翰林侍读学士，又兼龙图阁学士、知永兴军，加端明殿学士、知益州。再迁礼部侍郎，复权知开封府，复为翰林学士、权三司使。

内侍杨永德毁察于帝，三司有狱，辞连卫士，皇城司不即遣，而有诏移开封府鞠之。察由是乞罢三司，乃迁户部侍郎兼三学士，提举集禧观，进承旨。逾年，复以本官充三司使。饵钟乳过剂，病痈卒。赠礼部尚书，谥宣懿。

察美风仪。幼孤，七岁始能言，母颇知书，尝自教之。敏于属文，其为制诰，初若不用意；及稿成，皆雅致有体，当世称之。遇事明决，勤于吏职，虽多益喜不厌。痈方作，犹入对，商画财利，归而大顿，人以为用神太竭云。有文集二十卷。无子，以兄子庶为嗣。

弟置，举进士第一，通判润州，以母忧不赴，毁瘠而卒。时人伤之。

论曰：当仁宗在位时，宋兴且百年，海内嘉靖，上下安佚。然法制日以玩弛，侥幸之弊多。自西陲用兵，关中困扰，天子悯劳元元，奋然欲因群材以更内外之治，于时俊杰辈出。尹洙崎岖兵间，亦颇论天下之事。孙甫驰骋言路，咸以文学、方正知名。绛文词议论，尤为儒林所宗。朝廷方欲倚用之，不幸死矣。最后，清臣、察由进士高等，不数年致位侍从，立朝謇謇，无所附丽，为一时名臣。岂非出于上之所自擢,故奋励不挠,以图报称哉?

宋史卷二九六
列传第五五

韩丕　师颃　张茂直　梁灏
子固　**杨徽之**　杨澈　**吕文仲**
王著　吕祐之　潘慎修
杜镐　查道　从兄陶

　　韩丕字太简,华州郑人。父杲,晋开运中,为曲阳主簿,契丹攻城,陷没焉。母改适他氏。丕幼孤贫,有志操,读书于骊山、嵩阳,通《周易》、《礼记》,为人讲说。常有山林之志,家虽甚贫,处之晏如。年长,始学文。开宝中,郑牧知文州,与之偕行,遂薄游两川。及牧知成都,刘熙古延置门下,掌书奏,以孙女妻之。

　　太平兴国三年举进士,声名籍甚,公卿多荐之者。尝著《孟母碑》、《返鲁颂》,人多讽诵之。解褐大理评事、通判衡州。石熙载荐其文行,代还,以文学试中书,擢著作佐郎、直史馆,赐绯鱼。未几,改左拾遗。八年,迁职方员外郎、知制诰。雍熙初,加虞部郎中。二年,与贾黄中、徐铉同知贡举。丕属思艰涩,及典书命,伤于稽缓。宰相宋琪性褊急,常加督责,或申以谐谑,丕不能平。又舍人王佑以前辈负气,每陵轹而折之。丕乃表求外郡,出知虢州,就改职方郎中。端拱初,拜右谏议大夫,赐金紫,知河阳、濠州。

　　丕起寒素,以冲澹自处,不奔竞于名宦,太宗甚嘉重之。淳化二年,召入为翰林学士,终以迟钝不敏于用。俄罢职,充集贤殿修撰、知均州。就迁给事中、工部侍郎,徙金州。召还,充史馆修撰,又出知滁州,就加礼部。大中祥符二年,卒。

　　丕纯厚畏慎,似不能言者。历典州郡,虽不优于吏事,能以清介自持,时称其长者云。

　　师颃字霄远,大名内黄人。父均,后唐长兴二年进士,终永兴节度判官,因家关右。

　　颃少笃学,与兄颂齐名。建隆二年举进士,窦仪典贡举,擢之上第。释褐耀州军事推官,以疾解,久不赴调。开宝中,复为解州推官。太平兴国初,召还,迁大理寺丞,陕西、河北转运判官,就改著作佐郎。秩满,迁监察御史、通判永兴军府。坐秦王廷美假公帑缗钱,左授乾州团练副使,寻复旧官。六年,改殿中侍御史、通判邠州。徙知简州,转起居舍人。以公累去官,复为殿中侍御史,知资、眉二州。颃所至,以简静为治,蜀人便之。代还,迁侍御史、知安州,赐缗钱十二万。移朗州,超拜工部郎中,命知陕州,赐金紫。

　　时西鄙用兵,饷道所出,军士多亡命,啸聚山林为盗。颃严其巡捕,盗越他境。改刑部郎中,未几召还。真宗以其旧人,素负才望,而久次于外,累召对,询其文章。颃谦逊自晦,上益嘉之。翌日,命以本官知制诰,兼史馆修撰。咸平二年,与温仲舒、张咏同知贡举。明年,召入翰林为学士。五年,复与陈恕同典贡部,又知审官院、通进银台封驳司。俄卒,年六十七。诏遣官护葬,给其子仲回秘书丞奉终丧。

　　颃旷达夷雅,搢绅多慕其操尚。有集十卷。子三人:仲回,端拱元年进士及第,至太常博士;仲宰,国子博士;仲说,殿中丞。

　　张茂直字林宗,兖州瑕丘人。父延升经术教授乡里。茂直方弱冠,慕容彦超据州城,驱之守陴。及周师破敌,拥城守者列坐,将斩之。有卒挟刃谓茂直曰:"汝发甚鬒,惜为颈血所污,可先断之。"茂直许焉。刃未及发，会得释。后励志于学。

开宝中，州将器其为人，首荐之，且给钱五万，以助其装。二年，登进士第，解褐海州推官，进司农寺丞、通判泰州。为转运使韦务升诬奏，徙监梓州富国监。代还，自陈得雪，复通判静安军。军不领县，城闉之外，即深州之下博，茂直奏割下博隶焉。进秩著作佐郎。扈蒙荐其才，改秘书丞。

会福州民讼田，命茂直按之，将行，留不遣。参知政事李至称其端实，命入益王元杰府为记室参军。王好学，多为诗什，遇茂直甚厚。虽受时果之赐，亦分饷焉。王尝遣使微诗，茂直援笔而就，甚称赏之。

端拱元年，召对，赐金紫。数日，改度支员外郎，三迁本曹郎中。真宗居藩时，茂直与朱昂并在诸王府，每预宴集，屡因酬唱识其名。即位，选用旧臣，得茂直及昂，与梁周翰、师顽辈相继知制诰。茂直既入西阁，会元杰生旦，遣持礼币为赐，复至旧府，时人荣之。

茂直淳至寡言，晚年多疾，才思梗涩不称职。改秘书少监，出知颍州。咸平四年，卒，年七十五。

子成列，端拱二年进士及第；成务，比部员外郎。

梁颢字太素，郓州须城人。曾祖涓，成武主簿。祖惟忠，以明经历佐使府，至天平军节度判官。父文度早世，颢养于叔父。王禹偁始与乡贡，颢依以为学，尝以疑义质于禹偁，禹偁拒之不答。颢发愤读书，不期月，复有所质，禹偁大加器赏。初举进士，不中第，留阙下。献疏曰：

　　臣历观史籍，唐氏之御天下也，列圣间出，人文阐耀，尚且渴于共治，帝求多彦，设科之选，逾四十等。当时秉笔之士，彬彬翔集，表著所以。左右前后，有忠有良，导化原、树治本者，享三百年，得人之由也。

　　五代不竞，兹制日沦。国家兴儒，追风三代。方今科名之设，俊造毕臻，秉笔者如林，趋选者如云。贡于诸侯，考于春官，陛下躬临慎择,必尽至公。奈何所取不出于诗赋、策论,简于心者援而陟之,咈于心者推而黜之,宁无滥陟枉黜之失耶?其间阘茸妄进,滥厕科场者,间亦有之。

若曰陛下嘉惠孤寒沉滞之士,罔计贤否,悉拔而登之,一视同仁。臣窃谓此非确论。盖圣人在上,则内君子而外小人。若薰莸同器,甚非所以正人伦、厚风俗也。况丘园之下,岂无宏才茂德之士。陛下诚能设科以擢异等之士,俾陈古今之治乱、君臣之得失、生民之休戚、贤愚之用舍,庶几有益于治,不特诗赋、论策之小技,以应有司之求而已。

疏上,不报。

雍熙二年,复举进士,廷试,方禹中献赋。太宗召升殿,询其门第,赐甲科,解褐大名府观察推官。四年,与梁湛并召为右拾遗、直史馆,赐绯。判鼓司、登闻院。颢在大名佐赵昌言,昌言入掌枢密,会翟马周事,颢坐贬赣州司户参军。起知鱼台县,就加大理评事。召还,迁殿中丞。顷之,复直史馆,历开封府推官、三司关西道判官,转太常博士。丁内艰,起令赴职,改右司谏。

真宗初,诏群臣言事,颢时使陕西,途中作《听政箴》以献。还为度支判官。咸平元年,与杨励、李若拙、朱台符同知贡举。时诏钱若水重修《太祖实录》,表颢参其事,又同修起居注。扈跸大名,诏访群臣边事,颢上疏曰:

臣闻自古用兵之道,在乎明赏罚而已。然而赏不可以独任,罚不可以少失。故兵法曰:"罚之不行,譬如骄子之不可用。"又曰:"善为将者,威振敌国,令行三军。尽忠益时者,虽仇必赏;犯法败事者,虽亲必罚。"故孙武斩队长而兵皆整,穰苴斩监军而敌遂退。以此言之,兵法不可不正也。

昨者命将出师,乘秋备塞,而傅潜奉明诏,握重兵,逗挠无谋,守陴玩寇,老精兵于不用。以至蕃马南牧,边尘昼惊,河朔之民,流移失所,魏博以北,蹂践一空。遂至残妖未殄,銮辂亲征,此所谓以贼遗君父者也。乃或赦而不问,则何以谢横死之民;或黜而不戮,则何以恢用兵之略。以军法论之,固合斩潜以徇军中,降诏以示天下。如此,则协前古之典章,戒后来之将帅,然后择边臣之可用者,就委用之。

　　臣尝读汉史,李广之屯兵行师也,无部伍行阵,就善水草,人人自便,不击刁斗以自卫,远于斥候,未尝遇害,而广终为名将,士卒乐用。又唐高祖之备北边也,选劲兵为游骑,不赍军粮,随逐水草,遇敌则杀,当时以为得策。愿于边将中,不以名位高卑,但择其武勇谋略素为众所推服者,取十人焉。人付骑士五十,器甲完备,轻赍粮糗,逐水草以为利,往复捍御。不令入郡邑,不许聚处,遇有寇兵,随时掩捕。仍令烽候相望,交相救应。缘边州郡守城兵帅,即坚壁以待之。遇游骑近城,掩杀边寇,内量出兵甲援救。如此,则乘城者不坚闭垒门,免坐观于胜负;捍边者不苟依郡郭,可行备于寇攘。虽匪良筹,且殊胶柱。

时论颇称之。

　　三年,与李宗谔、赵安仁并命知制诰,赐金紫。是年冬,王均平,命为峡路安抚使。归掌三班。韩国华判大理,以断刑失中,乃选颢以代之。四年,张齐贤使关右安抚,以颢为之副。

　　颢有吏才,每进对,词辩明敏,真宗嘉赏之。凡群臣上封者,悉付颢泊薛暎详阅可否。冬,以河北饥盗,命与暎分为东、西路巡检使。还,拜右谏议大夫,充户部使。会罢三部使,以颢为翰林学士同知审官院、三班。景德元年,权知开封。

　　颢美风姿,强力少疾,闺门雍睦。与人交,久而无改,士大夫多之。六月,暴病卒,年九十二。上甚轸恻,赐赠加等。所著文集十五卷。子固、述、适。适相仁宗,别有传。

　　固字仲坚。幼有志节,尝著《汉春秋》,颢器赏之。初,以颢遗荫,赐进士出身。服阕,诣登闻院让前命,愿赴乡举,许之。大中祥符元年,举服勤词学科,擢甲第。解褐将作监丞、同判密州,就迁著作佐郎。归朝,改著作郎、直史馆,赐绯。历户部判官、判户部勾院。

为人气调俊爽,善与人交,疏财慷慨,尚气义,明于吏道。马元方领三司,旷事粗率,徽固摭其旷阙之状,屡请对条奏。尝诏鞫狱,时称平审。天禧大礼成,奏颂甚工。无几,卒,年三十三。有集十卷。

杨徽之字仲猷,建州浦城人。祖郜,仕闽为义军校。家世尚武,父澄独折节为儒,终浦城令。徽之幼刻苦为学,邑人江文蔚善赋,江为能诗,徽之与之游从,遂与齐名。尝肄业于浔阳庐山,时李氏据有江表,乃潜服至汴、洛,以文投窦仪、王朴,深赏遇之。

周显德中,举进士,刘温叟知贡部,中甲科。同时登第者十六人,世宗命复试,惟徽之与李覃、何晔、赵邻几中选。解褐校书郎、集贤校理。宰相范质深器重之。历著作佐郎、右拾遗。窦俨纂礼乐书,徽之预焉。

乾德初,与郑玘并出为天兴令,府帅王彦超素知其名,待以宾礼。蜀平,移峨眉令。时宋白宰玉津,多以吟咏酬答。复为著作佐郎、知全州,就迁左拾遗、右补阙。太平兴国初,代还。太宗素闻其诗名,因索所著。徽之以数百篇奏御,且献诗为谢,其卒章有"十年流落今何幸,叨遇君王问姓名"语。太宗览之称赏,自是圣制多以别本为赐。迁侍御史、权判刑部。尝属疾,遣尚医诊疗,赐钱三十万。转库部员外郎,赐金紫,判南曹,同知京朝官差遣。会诏李昉等采缉前代文字,类为《文苑英华》,以徽之精于风雅,分命编诗,为百八十卷。历迁刑、兵二部郎中。献《雍熙词》,上赓其韵以赐。

端拱初,拜左谏议大夫,出知许州。入判史馆事,加修撰。因次对上言,曰:"自陛下嗣统鸿图,阐扬文治,废坠修举,儒学向臻,乃至周岩野以聘隐沦,盛科选以来才彦,取士之道,亦已至矣。然擅文章者多超迁,明经业者罕殊用,向非振举,曷劝专勤,师法不传,祖述安在!且京师四方之会,太学首善之地。今五经博士,并阙其员,非所以崇教化、奖人材、由内及外之道也。伏望浚发明诏,博求通经之士,简之朝著,拔自草莱,增置员数,分教胄子,随其所业,授以本官,廪稍且优,旌别斯在。淹贯之士,既蒙厚赏,则天下善类知所劝矣,无使唐、汉专称得人。"太宗嘉纳之,顾谓宰相曰:"徽之儒雅,操履无玷,置于馆阁宜矣。"未几,改判集贤院。尝诏预观灯乾元楼,上嘉其精力不衰。

时刘昌言拔自下位,不逾时参掌机务,惧无以厌人望,常求自安之计。董俨为右计使,欲倾昌言代之,尝谓徽之曰:"上遇张洎、钱若水甚厚,且夕将大用。"有直史馆钱熙者,与昌言厚善,诣徽之,徽之语次及之。熙遽以告昌言,昌言以告洎。洎方固宠,谓徽之遣熙构飞语中伤已,遂白上。上怒,召昌言质其语。出徽之为山南东道行军司马,熙落职通判朗州。徽之未行,改镇安军行军司马。

真宗尹京,妙选僚佐,驿召为左谏议大夫,与毕士安并充开封府判官,召对便殿,论以辅导意。东宫建属,以徽之兼左庶子。尝出巡田,真宗作诗言怀,因以寄之。迁给事中。即位,拜工部侍郎、枢密直学士,俄兼秘书监。咸平初,加礼部侍郎。二年春,以衰疾求解近职,改兵部,仍兼秘书监。入谢,命坐,劳之曰:"图书之府,清净无事,俾卿得以养性也。"是秋,特置翰林侍读学士,命与夏侯峤、吕文仲并为之,赐宴秘阁,且褒以诗。

未几,以足疾请告,上取名药以赐。郊祀不及扈从,锡赉如侍祠之例。车驾北巡,徽之力疾辞于苑中。上顾谓曰:"卿勉进医药,比见,当不久也。"有驻跸大名,特降手诏存谕。明年春正月,车驾还,又遣使临问。卒,年八十。赠兵部尚书,赐其家钱五十万,绢五百匹,录其外孙宋绶太常寺太祝,侄孙偓、集并同学究出身。

徽之纯厚清介,守规矩,尚名教,尤疾非道以干进者。尝言:"温仲舒、寇准用搏击取贵位,使后辈务习趋竞,礼俗浸薄。"世谓其知言。徽之寡谐于俗,唯李昉、王佑深所推服,与石熙载、李穆、贾黄中为文义友。自为郎官、御史,朝廷即待以旧德。善谈论,多识典故,唐室以来士族人物,悉能详记。酷好吟咏,每对客论诗,终日忘倦。既没,有集二十卷留于家,上令夏侯峤取之以进。徽之无子。后徽之妻王卒,及葬,复以缗帛赐其家。

澈字晏如，徽之宗人也，世家建阳。父思进，晋天福中北渡海，因家于青州之北海，累佐使幕。澈幼聪警，七岁读《春秋左氏传》，即晓大义。周宰相李谷召令默诵，一无遗误，谷甚异之。年十六，思进为镇赵从事，会昭庆令缺，使府命澈假其任。时河决邻郡，府督役甚急。澈部徒数千，径大泽中，多芦苇，令采刈为筏，顺流而下。既至，执事者讶以后期，俄而苇筏继至，骇而问之，澈以状对，乃更嗟赏。

建隆初，举进士，时窦仪典贡部，谓澈文词敏速，可当书檄之任。调补河内主簿，再迁青州司户参军。知州张全操多不法，澈鞫狱平允，无所阿畏。太祖知其名，召试禁中，改著作佐郎，出知渠州。江南平，改通判虔州，令就大将曹彬分兵以行。既入境，伪帅郭再兴拥兵自固，澈单骑直趋其垒，谕以朝廷威信，再兴即奉符以代。澈悉料城中军士之勇壮者，凡五百人为一纲，部送京师。土豪黎、罗二姓，聚众依山谋乱，澈率兵平之，擒二豪，械送阙下。

迁右赞善大夫、知淄州。事亲以孝闻，求便侍养，徙同判青州。三迁祠部员外郎，复知淄州，又知舒州，累转祠部郎中。咸平初，遴选王府僚佐，以澈为雍王府记室参军，赐金紫，加度支郎中。

景德初，车驾幸澶渊，王为东京留守，澈迁兵部郎中，充留守判官。军巡囚逸，王惊而感疾，及薨，又得闱门残忍之状，坐辅导不善免官。未几，起为祠部郎中。卒，年七十四。子嵒，淳化进士，职方员外郎。

吕文仲字子臧，歙州新安人。父裕，伪唐歙州录事参军。文仲在江左，举进士，调补临川尉，再迁大理评事，掌宗室书奏。

入朝，授太常寺太祝，稍迁少府监丞。预修《太平御览》、《广记》、《文苑英华》，改著作佐郎。太平兴国中，上每御便殿观古碑刻，辄召文仲与舒雅、杜镐、吴淑读之。尝令文仲读《文选》，继又令读《江海赋》，皆有赐赉。以本官充翰林侍读，寓直御书院，与侍书王著更宿。时书学葛湍亦直禁中，太宗暇日，每从容问文仲以书史、著以笔法、湍以字学。雍熙初,文仲迁著作佐郎,副王著使高丽。复命改左正言,巡抚福建。未几,赐金紫,加左谏议大夫。

淳化中,与陈尧叟并兼关西巡抚使。时内品方保吉专干榷酤,威制郡县。民疲吏扰,变易旧法,讼其掊克者甚众。文仲等具奏其实,太宗怒甚。亟召保吉,将劾之,反为保吉所讼,下御史验问。文仲所坐皆细事,而素畏懦,且耻与保吉辩对,因自诬伏,遂罢职。既而太宗知其由,复令直秘阁,逾月,再为侍读。一日,召于崇政殿,读上草书经史故实数十轴,诏模刻于石。迁起居舍人、兵部员外郎、同判吏部铨,知银台通进封驳司、审官院。咸平三年,拜工部郎中,充翰林侍读学士,受诏集太宗歌诗为三十卷,诏书加奖,又知审刑院。六年,授御史中丞。

景德中,鞠曹州奸民赵谏狱。谏多与士大夫交游,内出姓名七十余人,令悉穷治。文仲请对,言逮捕者众,或在外郡,苟悉索之,虑动人听。上曰:“卿执宪,当嫉恶如仇,岂公行党庇邪?”文仲顿首曰:“中司之职,非徒绳纠愆违,亦当顾国家大体。今纵七十人悉得奸状,以陛下之慈仁,必不尽戮,不过废弃而已。但籍其名,更察其为人,置于冗散,或举选对扬之日摈斥之,未为晚也。”上从其言。三年,迁工部侍郎,复为翰林侍读学士。

文仲久居禁近,颇周密兢慎。一日早朝,暴得风疾,请告逾百日,诏续其奉。明年,改刑部侍郎,充集贤院学士,未几卒。录其子永为奉礼郎。

文仲富词学,器韵淹雅。其使高丽也,善于应对,清净无所求,远俗悦之。后有使高丽者,必询其出处。然性颇龌龊,不为时论所许。有集十卷。

王著字知微,文仲同时人。自言唐相石泉公方庆之后,世家京兆渭南。祖贲,广明中从僖宗入蜀,遂为成都人。贲仕王建,为雅州刺史。父景瑰,万州别驾。

著,伪蜀明经及第,历平泉、百丈、永康主簿。蜀平,赴阙,授隆平主簿,凡十一年不代。著善攻书,笔迹甚媚,颇有家法。太宗以字书讹舛,欲令学士删定,少通习者。太平兴国三年,转运使侯陟以著名闻,改卫寺丞、史馆祗候,委以详定篇韵。六年,召见,赐绯,加著作佐郎、翰林侍书与侍读,更直于御书院。

太宗听政之暇,尝以观书及笔法为意,诸家字体,洞臻精妙。尝令中使王仁睿持御札示著,著曰:"未尽善也。"太宗临学益勤,又以示著,著答如前。仁睿诘其故,著曰:"帝王始攻书,或骤称善,则不复留心矣。"久之,复以示著。著曰:"功已至矣,非臣所能及。"其后真宗尝对宰相语其事,且嘉著之善于规益,于侍书待诏中亦无其比。

雍熙二年,迁左拾遗,使高丽。端拱初,加殿中侍御史。二年,与文仲同赐金紫。明年,卒,特加赗赐,录其子嗣复为奉礼郎。

吕祐之字元吉,济州钜野人。父文赞,本州录事参军。祐之,太平兴国初举进士,解褐大理评事、通判洋州。改右赞善大夫,出为泰宁军节度判官,移天雄军。召拜殿中侍御史,决狱西蜀。还知贝州,换右补阙、直史馆、同判吏部南曹,迁起居舍人。

端拱中,副吕端使高丽,假内库钱五十万以办装。还,遇风涛,舟欲覆,祐之悉取所得货沉之,即止。复献《海外覃皇泽诗》十九首,太宗嘉之,仍蠲其所贷。淳化初,判户部勾院,会分备三馆职,以祐之与赵昂、安德裕并直昭文馆。俄以本官知制诰,赐金紫,同知贡举。

有东野日宣者,祐之以妻族尝荐举之,坐鞫狱陈州不实,贬官,祐之亦降授殿中丞,再直史馆。未几,复知制诰。太宗尝阅班簿,择近臣举官,睹祐之姓名,宰相因言其前坐举无状。上曰:"此正可令赎过矣。"即取祐之焉。

至道初,拜右谏议大夫,赐金紫,知审官院。出知襄州,徙寿州。真宗即位,转给事中,复知襄州,移升州。岁余,又典襄阳。归,掌吏部选事,知通进、银台司,与吕文仲并拜工部侍郎、翰林侍读学士。

自置侍读、侍讲,甚艰其选,至是裁七人。祐之第其名氏,刻石于秘阁。

祐之纯谨长者,不喜趋竞,所至无显誉,备顾问,不能有所启发。会文仲以疾罢近职,祐之亦出为集贤院学士,仍并迁刑部侍郎。景德四年,卒,年六十一。有集三十卷。

潘慎修字成德,泉州莆田县人。父承祐,仕闽,后归江南,仕李景,至刑部尚书致仕。慎修少以父任为秘书省正字,累迁至水部郎中兼起居舍人。

开宝末,王师征江南,李煜遣随其弟从镒入贡买宴钱,求缓兵。留馆怀信驿。且夕捷书至,邸吏督从镒入贺。慎修以为国且亡,当待罪,何贺也?自是每群臣称贺,从镒即奉表请罪。太祖嘉其得礼,遣中使慰谕,供帐牢饩悉加优给。煜归朝,以慎修为太子右赞善大夫。煜表求慎修掌记室,许之。煜卒,改太常博士。历膳部、仓部、考功三员外,通判寿州,知开封县,又知湖、梓二州。

淳化中,秘书监李至荐之,命以本官知直秘阁。慎修善弈棋,太宗屡召对弈,因作《棋说》以献。大抵谓:“棋之道在乎恬默,而取舍为急。仁则能全,义则能守,礼则能变,智则能兼,信则能克。君子知斯五者,庶几可以言棋矣。”因举十要以明其义,太宗览而称善。俄与直昭文馆韩援使淮南巡抚,累迁仓部、考功二部郎中。咸平中,又副邢昺为两浙巡抚使,俄同修起居注。

景德初,上言衰老,求外任。真宗以儒雅宜留秘府,止听解记注之职。数月,擢为右谏议大夫、翰林侍读学士。从幸澶州,遘寒疾,诏令肩舆先归。明年正月,卒,年六十九。赙钱二十万,绢一百匹。

慎修疾虽亟,精爽不乱,托陈彭年草遗奏,不为诸子干泽,但以主恩未报为恨。上悯之,录其子汝士为大理评事,汝砺为奉礼郎。令有司给舟载其枢归洪州。

慎修风度蕴藉,博涉文史,多读道书,善清谈。先是,江南旧臣多言李煜阘懦,事多过实。真宗一日以问慎修,对曰:“煜或懵理若此,何以享国十余年?"他日,对宰相语及之,且言慎修温雅不忘本,得臣子之操,深嘉奖之。当时士大夫与之游者,咸推其素尚。然颇恃前辈,待后进倨慢,人以此少之。有集五卷。

汝士至工部员外郎,直集贤院。

杜镐字文周,常州无锡人。父昌业,南唐虞部员外郎。镐幼好学,博贯经史。兄为法官,尝有子毁父画像,为旁亲所讼,疑其法不能决。镐曰:"僧道毁天尊、佛像,可比也。"兄甚奇之。举明经,解褐集贤校理,入直澄心堂。

江南平,授千乘县主簿。太宗即位,江左旧儒多荐其能,改国子监丞、崇文院检讨。会将祀南郊,彗星见,宰相赵普召镐问之。镐曰:"当祭而日食,犹废;况谪见如此乎?"普言于上,即罢其礼。翌日,迁著作佐郎,改太子左赞善大夫,赐绯鱼。历殿中丞、国子博士,加秘阁校理。太宗观书秘阁,询镐经义,进对称旨,即日改虞部员外郎,加赐金帛。又问:"西汉赐与悉用黄金,而近代为难得之货,何也?"镐曰:"当是时,佛事未兴,故金价甚贱。"又尝召问天宝梨园事,敷奏详悉。再迁驾部员外郎,判太常礼院,与朱昂、刘承珪编次馆阁书籍,虞部郎中,事毕,赐金紫,改直秘阁。会修《太祖实录》,命镐检讨故事,以备访问。

景德初,置龙图阁待制,因以命锡镐,加都官郎中。从幸澶渊,遇懿德皇后忌日,疑军中鼓吹之礼,时镐先还备仪伏,命驰骑问之。镐以武王载木主伐纣,前歌后舞为对。预修《册府元龟》,改司封郎中。四年,拜右谏议大夫、龙图阁直学士,赐袭衣、金带,班在枢密直学士下。时特置此职,儒者荣之。

大中祥符中,同详定东封仪注,迁给事中。三年,又置本阁学士,迁镐工部侍郎,充其职。上日,赐宴秘阁,上作诗赐之,进秩礼部侍郎。六年冬,卒,年七十六。录其子渥为大理寺丞及三孙官。

镐博闻强记,凡所检阅,必戒书史云:"某事,某书在某卷、几行。"覆之,一无差误。每得异书,多召问之,镐必手疏本末以闻,顾遇其厚。士大夫有所著撰，多访以古事，虽晚辈、卑品请益，应答无倦。年逾五十，犹日治经史数十卷，或寓直馆中，四鼓则起诵《春秋》。所居僻陋，仅庇风雨，处之二十载，不迁徙。燕居暇日，多挈醪馔以待宾友。性和易，清素有懿行，士类推重之。

查道字湛然，歙州休宁人。祖文徽，仕南唐，至工部尚书。父元方，亦仕李煜，为建州观察判官。王师平金陵，卢绛据歙州，遣使传檄至郡，元方斩其使。及绛擒，太祖闻元方所为，优奖之。拜殿中侍御史、知泉州，卒。

道幼沉嶷不群，罕言笑，喜亲笔砚，文徽特爱之。未冠，以词业称。侍母渡江，奉养以孝闻。母尝病，思鳜羹，方冬苦寒，市之不获。道泣祷于河，凿冰取之，得鳜尺许以馈。又刲臂血写佛经，母疾寻愈。后数年，母卒，绝意名宦，游五台，将落发为僧。一夕，震雷破柱，道坐其下，了无怖色，寺僧异之，咸劝以仕。

端拱初，举进士高第，解褐馆陶尉。曹彬镇徐州，辟为从事，深被礼遇。改兴元观察推官。寇准荐其才，授著作佐郎。淳化中，蜀寇叛，命道通判遂州。召对，出御书历，俾录其课，给以实奉。至道二年，有使两川者，得道公正清洁之状以闻，优诏嘉奖。迁秘书丞，俄徙知果州。

时寇党尚有伏岩毂依险为栅者，其酋何彦忠集其徒二百余，止西充之大木槽，彀弓露刃。诏书招谕之，未下，咸请发兵殄之。道曰："彼愚人也，以惧罪，欲延命须臾尔。其党岂无违误邪？"遂微服单马数仆，不持尺刃，间关林箐百里许，直趋贼所。初悉惊畏，持满外向。道神色自若，踞胡床而坐，谕以诏意。或识之曰："郡守也，尝闻其仁，是宁害我者。"即相率投兵罗拜，号呼请罪，悉给券归农。加赐袍带驿奏，玺书褒谕。

咸平四年代归，赐绯鱼。上言曰："朝廷命转运使、副，不惟审度金谷，盖以察廉郡县，庶臻治平，以召和气。今观所至，或匪尽公，盖无惩劝之科，致有因循之弊。望自今每使回日，先令具任内曾荐举才识者若干,奏绌贪猥者若干,朝廷议其否臧,以为赏罚。"从之。俄出知宁州。会举贤良方正之士,李宗谔以道名闻,策入第四等,拜左正言、直史馆。未几,出为西京转运副使。六年,始令三司使分部置副,召入,拜工部员外郎、充度支副使,赐金紫。

道儒雅迂缓,治剧非所长。卞衮为盐铁副使,与道同候对,将升殿,遽出奏牍请道同署。及上询问事本,道素未省视,不能对,遂以本官罢,出知襄州。卒不能自辩,亦无愠色。

大中祥符元年,归直史馆,迁刑部员外郎,预修《册府元龟》。三年,进秩兵部,为龙图阁待制,与张知白、孙奭、王曙并命焉。加刑部郎中、判吏部选事,纠察在京刑狱。奉使契丹,以久次,进右司郎中。真宗退朝之暇,召冯元讲《易》便坐,惟道与李虚己、李行简预焉。

天禧元年,以耳聪难于对问,表求外任,得知虢州。将行,上御龙图阁饮饯之。秋,蝗灾民歉,道不候报,出官廪米赈之,又设粥糜以救饥者,给州麦四千斛为种于民,民赖以济,所全活万余人。二年五月,卒。讣闻,真宗轸惜之。诏其子奉礼郎循之乘传往治丧事,迁大理评事,赋禄终制。

道性淳厚,有犯不较,所至务宽恕,胥吏有过未尝笞罚,民讼逋负者,或出己钱偿之,以是颇不治。尝出按部,路侧有佳枣,从者摘以献,道即计直挂钱于树而去。儿时尝戏画地为大第,曰:"此当分赡孤遗。"及居京师,家甚贫,多聚亲族之茕独者,禄赐所得,散施随尽,不以屑意。与人交,情分切至,废弃孤露者,待之愈厚,多所周给。

初,赴举,贫不能上,亲族哀钱三万遗之。道出滑台,过父友吕翁家。翁丧,贫窭无以葬,其母兄将鬻女以襄事。道倾褚中钱与之,且为其女择婿,别加资遣。又故人卒,贫甚,质女婢于人。道为赎之,嫁士族。搢绅服其履行。好学,嗜弈棋,深信内典。平居多茹蔬,或止一食,默坐终日,服玩极于卑俭。尝梦神人谓曰:"汝位至正郎,寿五十七。"而享后六十四,论者以积善所延也。有集二十卷,从兄陶

　　陶字大均，初事李煜，以明法登科，补常州录事参军。归朝，诏大理评事，试律学，除本寺丞，迁大理正，历侍御史、权判大理寺，赐绯。断官仲禹锡讼陶用法非当，陶抗辩得雪。迁工部郎中，俄知台州，累迁兵部。咸平五年，朱博为大理，议赵文海罪不当，宰相请以陶代。真宗曰："闻陶亦深文，当加戒勖。"即迁秘书少监、判寺事。时杨亿知审刑，陶屡攻其失，又命代之，赐金紫。陶持法深刻，用刑多失中，前后坐罚金百余斤，皆以失入，无误出者。景德三年，卒，年七十。

　　子拱之，淳化三年进士，后为都官郎中；庆之，太子中舍。

　　论曰：典诰命者，以词章典雅为先；侍讲读者，以道德洽闻为贵。自昔皆难其人，至宋尤重其选。太宗崇尚儒术，听政之暇，以观书为乐，置翰林侍读学士以备顾问。真宗克绍先志，兼置侍讲学士，且因内阁以设职名，俾鸿硕之士更直迭宿，相与从容讲论。以丕之清介，顽之和豫，颢之明敏，茂直之淳厚，俾领词职，固无忝矣。若文仲之器韵淹雅，慎修之蕴藉该贯，杜镐之博闻强识，查道之纯孝笃义，置诸左祐，启沃尤多，岂直讲论文义而已哉。若祐之不喜趋竞，徽之深疾幸进，风采凝峻，又其卓然者也。徽之尝谓："温仲舒、寇准以搏击取贵位，使后辈务习趋竞，礼俗浸薄。"君子以为名言云。

宋史卷二九七
列传第五六

孔道辅 子宗翰 　 鞠咏 　 刘随
曹修古 　 郭劝 　 段少连

　　孔道辅字原鲁,初名延鲁,孔子四十五代孙也。父勖,进士及第,为太平州推官,以殿中丞通判广州。会真宗东封,躬诣孔子祠。帝问宰相:"孔氏今孰为名者?"或言勖有治行,即召对,以为太常博士、知曲阜县。初,勖在广州,以清洁闻,及被召,蕃酋争持宝货以献,皆慰遣之。后为御史台推直官,累迁秘书监、分司南京,管勾祖庙,以尚书工部侍郎致仕。后道辅卒,年八十九。

　　道辅幼端重,举进士第,为宁州军事推官,数与州将争事。有蛇出天庆观真武殿中,一郡以为神,州将帅官属往奠拜之,欲上其事。道辅径前以笏击蛇,碎其首,观者初惊,后莫不叹服。迁大理寺丞、知仙源县,主孔子祠事。孔氏故多放纵者,道辅一绳以法。上言庙制庳陋,请加修崇,诏可。再迁太常博士。章献太后临朝,召为左正言。受命日,论奏枢密使曹利用、尚御药罗崇勋窃弄威柄,宜早斥去,以清朝廷。立对移刻,太后可其言,乃退。未几,为直史馆、判三司理欠凭由司。

　　奉使契丹,道除右司谏、龙图阁待制。契丹宴使者,优人以文宣王为戏,道辅艴然径出。契丹使主客者邀道辅还坐,且令谢之。道辅正色曰:"中国与北朝通好,以礼文相接。今俳优之徒,慢侮先圣而不之禁,北朝之过也。道辅何谢!"契丹君臣默然,又酌大卮谓曰:

"方天寒,饮此,可以致和气。"道辅曰:"不和,固无害。"既还,言者以为生事,且开争端。仁宗问其故,对曰:"契丹比为黑水所破,势甚蹙。平时汉使至契丹,辄为所侮,若不较,恐益慢中国。"帝然之。历判吏部流内铨、纠察在京刑狱。坐纠事不当,出知郓州,徙青州。还判流内铨,迁尚书兵部员外郎,复出知徐、许二州,徙应天府。

明道二年,召为右谏议大夫、权御史中丞。会郭皇后废,道辅率谏官孙祖德、范仲淹、宋郊、刘涣、御史蒋堂、郭勤、杨偕、马绛、段少连十人,诣垂拱殿伏奏:"皇后天下之母,不当轻议绌废。愿赐对,尽所言。"帝使内侍谕道辅等至中书,令宰相吕夷简以皇后当废状告之。道辅语夷简曰:"大臣之于帝后,犹子事父母也;父母不和,可以谏止,奈何顺父出母乎?"夷简曰:"废后有汉、唐故事。"道辅复曰:"人臣当道君以尧、舜,岂得引汉、唐失德为法邪?"夷简不答,即奏言:"伏阁请对,非太平美事。"于是出道辅知泰州。明日晨,入至待漏,闻有诏,亟驰出城。顷之,徙徐州,又徙兖州,进龙图阁直学士,迁给事中。在兖三年,复入为御史中丞。

道辅性鲠挺特达,遇事弹劾无所避,出入风采肃然,及再执宪,权贵益忌之。初,道辅与其父里中僦郭贽旧宅居之,有言于帝者曰:"道辅家近太庙,出入传呼,非所以尊神明。"即诏道辅他徙。集贤校理张宗古上言,汉内史府在太庙堧垣中,国朝以来,庙垣下皆有官私第舍,谓不须避。帝出宗古通判莱州。道辅叹曰:"恓人之言入矣!"

会受诏鞫冯士元狱,事连参知政事程琳。宰相张士逊素恶琳,而疾道辅不附己,将逐之,察帝有不悦琳意,即谓道辅:"上顾程公厚,今为不人所诬,见上,为辨之。"道辅入对,言琳罪薄不足深治。帝果怒,以道辅朋党大臣,出知郓州。已而道辅知为士逊所卖,颇愤惋。时大寒上道,行至韦城,发病卒,天下莫不以直道许之。皇祐三年,王素因对语及道辅,仁宗思其忠,特赠尚书工部侍郎。子宗翰。

宗翰字周翰。登进士第,知仙源县,而为治有条理,遇族人有恩,不以私故委法。王珪、司马光皆上章论荐,由通判陵州为夔峡转运判官,提点京东刑狱、知虔州。城滨章、贡两江,岁为水啮。宗翰伐石为址,冶铁锢之,由是屹然,诏书褒美。历陕、扬、洪、兖州,皆以治闻。哲宗初立求言,吏民上书以千数,诏司马光采阅其可用者十五人,独称奖其二,乃宗翰与王巩也。

元祐初,召为司农少卿,迁鸿胪卿。言:"孔子之后,自汉以来有褒成、奉圣、宗圣之号,皆赐实封或缣帛,以奉先祀。至于国朝,益加崇礼。真宗东封临幸,赐子孙世袭公爵,然兼领他官,不在故郡,于名为不正。请自今袭封之人,使终身在乡里。"诏改衍圣公为奉圣公,不领他职,给庙学田万亩,赐国子监书,立学官以诲其子弟。进刑部侍郎,属疾求去,以宝文阁待制知徐州,未拜而卒。

鞠咏字咏之,开封人。父励,尚书膳部员外郎、广南转运使。咏十岁而孤,好学自立。举进士,试秘书省校书郎、知钱塘县,改著作郎、知山阴县。

仁宗即位,以太常博士召为监察御史。钱惟演自亳州来朝,图入相,咏言:"惟演恇险,尝与丁谓为婚姻,缘此大用。后揣知谓奸状已萌,惧牵连得祸,因此力攻谓。今若遂以为相,必大失天下望。"太后遣内侍持奏示之,惟演犹顾望不行。咏语谏官刘随曰:"若相惟演,当取白麻廷毁之。"惟演闻,乃亟去。

大安殿柱生芝草,召群臣就观。咏言:"陛下新即位,河决未塞,霖雨害稼,宜思所以应灾变。臣愿陛下以援进忠良、退斥邪佞为国宝,以训勤兵农、丰积仓廪为天瑞。草木之怪,何足尚哉!"

时王钦若复相,咏嫉钦若阿倚,数睥睨其短,钦若心忌之。会咏兼左巡使,率府率崇俊入朝失仪,咏言崇俊少在边,今老矣,此不足罪。钦若奉咏废朝廷仪,出通判信州。又坐鞫陈绛狱失实,徙邵州。钦若卒,御史中丞王臻奏还咏殿中侍御史,为三司盐铁判官。曹利用贬死,利用尝所荐擢者多领兵守边,朝廷欲罢去之,咏请一切毋治。

天圣六年夏，大星昼陨，有声如雷，咏条五事上之。因言："太子少保致仕晁迥，虽老而有器识，宜蒙访对，其必有补。"又言："三司使胡则，丁谓党也，性贪巧，不可任利权。"河北、京师旱饥，奏请出太仓米十万石振饥民。江、淮制置使钟离瑾因奏计，多致东南物以赂权贵。咏请御史台劾状，帝面谕瑾亟还所部。以尚书礼部员外郎兼侍御史知杂事、权同判吏部流内铨，为三司盐铁副使。

八年，特置天章阁待制，以咏及范讽为之。判登闻检院。定国军节度使张士逊入觐，冀得再用。咏奏曰："曹利用擅威福，士逊与之共事，相亲厚，援荐以至相位。陛下以东宫僚属用之，臣愿割旧恩，伸公义，趣使之藩。"士逊乃赴镇。明年咏卒。尝著《道释杂言》数十篇，别构净室以居，自号深宁子。

刘随字仲豫，开封考城人。以进士及第，为永康军判官。军无城堞，每伐巨木为栅，坏辄以他木易之，颇用民力。随因令环植杨柳数十万株，使相连属，以为限界，民遂得不扰，属县令受赇鬻狱，转运使李士衡托令于随，不从。士衡愤怒，乃奏随苛刻，不堪从政，罢归，不得调。初，西南夷市马，入官，苦吏诛索，随为绳按之。既罢，夷人数百诉于转运使曰："吾父何在？"事闻，乃得调。

后改大理寺丞，为详断官。李溥以赃败，事连权贵，有司希旨不穷治，随请再劾之，卒抵溥罪。眺迥荐通判益州，吕夷简安抚川峡，又言其材，以太常博士改右正言。数月，坐尝为开封府发解巡捕官，而不察举人，私以策辞相授，降监济州税，稍徙通判晋州。

还朝，迁右司谏，为三司户部判官。随在谏职数言事，尝言："今之所切，在于纳谏，其余守常安靖而已。"又奏："频年水旱，咎在执事大臣忿争不和。请察王钦若等所争，为辨曲直。"又因星变，言："国家本支蕃衍，而安定王之外，封策未行。望择贤者，用唐故事，增广嗣王、郡王之封，以慰祖宗意。"时下诏蜀中，选优人补教坊，随以为贱工不足辱诏书。又劾奏江、淮发运使钟离瑾载奇花怪石数十艘，纳禁中及赂权贵。累疏论丁谓奸邪，不宜还之内地；胡则，谓之党,既以罪出陈州,不当复进职。王钦若既死,诏塑其像茅山,列于仙官。随言:"钦若赃污无忌惮,考其行,岂神仙耶?宜察其妄。"又言:"李维以词臣求换武职,非所以励廉节。"前后所论甚众。

帝既益习天下事,而太后犹未归政,随请军国常务,专禀帝旨,又谏太后不宜数幸外家,太后不悦。会随请外,出知济州,改起居郎。久之,迁尚书刑部员外郎,入兼侍御史知杂事。上言:"比年庶官侥幸请托,或对见之际,涕泗祈恩,或绩效甚微,炫鬻要赏。亦有藩翰之臣,位尊职重,表章不逊,请求靡厌。按察之司,燕安顾望,以容奸为大体,以举职为近名,以巧诈为贤,以恬退为拙。以至贪残者渎于货财,老疾者不知止足。请行申儆之法。"朝廷为下诏戒中外。

未几,权同判吏部流内铨,以长定格从事,吏不得为奸。改三司盐铁副使。使契丹,以病足痹,辞不能拜。及还,为有司劾奏,夺一官,出知信州,徙宜州,再迁工部郎中、知应天府。召为户部副使,改天章阁待制,不旬日卒。

随与孔道辅、曹修古同时为言事官,皆以清直闻。随临事明锐敢行,在蜀,人号为"水晶灯笼"。初,使契丹还,会贬,而官收所得马十五乘。既卒,帝怜其家贫,赐钱六十万。

曹修古字述之,建州建安人。进士起家,累迁秘书丞、同判饶州。宋绶荐其材,召还,以太常博士为监察御史。上四事,曰行法令、审故事、惜材力、辨忠邪,辞甚切至。又奏:"唐贞观中,尝下诏令致仕官班本品见任上,欲其知耻而勇退也。比年余八十,尚任班行,心力既衰,官事何补。请下有司,敕文武官年及七十,上书自言,特与迁官致仕,仍从贞观旧制,即宿德勋贤,自如故事。"因著为令。

修古尝偕三院御史十二人晨朝,将至朝堂,黄门二人行马不避,呵者止之,反为所詈。修古奏:"前史称,御史台尊则天子尊。故事,三院同行与知杂事同,今黄门侮慢若此,请付所司劾治。"帝闻,立命答之。晏殊以笏击人折齿。修古奏:"殊身任辅弼,百僚所法,而忿躁亡大臣体。古者,三公不按吏,先朝陈恕于中书榜人,即时罢黜。请正典刑，以允公议。”

司天监主簿苗舜臣等尝言，土宿留参，太白昼见，诏日官同考定。及奏，以谓土宿留参，顺不相犯；太白昼见，日未过午。舜臣等坐妄言灾变被罚。修古奏言：“日官所定，希旨悦上，未足为信。今罚舜臣等，其事甚小，然恐人人自此畏避，佞媚取容，以灾为福，天变不告，所损至大。”禁中以翡翠羽为服玩，诏市于南越。修古以谓重伤物命，且真宗时尝禁采狨毛，故事未远。命罢之。时颇崇建塔庙，议营金阁，费不可胜计，修古极陈其不可。

久之，出知歙州，徙南剑州，复为开封府判官。历殿中侍御史，擢尚书刑部员外郎、知杂司事、权同判吏部流内铨。未逾月，会太后兄子刘从德死，录其姻戚至于厮役几八十人，龙图阁直学士马季良、集贤校理钱暖皆缘遗奏超授官秩，修古与杨偕、郭劝、段少连交章论列。太后怒，下其章中书。大臣请黜修古知衢州，除以次贬。太后以为责轻，命皆削一官，以修古为工部员外郎、同判杭州，未行，改知兴化军。会赦复官，卒。

修古立朝，慷慨有风节。当太后临朝，权幸用事，人人顾望畏忌，而修古遇事辄言，无所回挠。既没，人多惜之。家贫不能归葬，宾佐赙钱五十万。季女泣白其母曰：“奈何以是累吾先人也。”卒拒不纳。太后崩，帝思修古忠，特赠右谏议大夫，赐其家钱二十万，录其婿刘勋为试将作监主簿。修古无子，以兄子觐为后。

觐知封州，侬智高乱，死之，见《忠义传》。弟修睦，性廉介自立，与修古同时举进士，有声乡里，累官尚书都官员外郎、知邵武军。御史中丞杜衍荐以为侍御史。岁余，改司封员外郎，出知寿州，徙泉州。坐失举，夺一官罢去。后以知吉州，不行，上书请老，不听，分司南京，未几，致仕，年五十一。章得象表其高，诏还所夺官，卒。

曹氏自修古以直谅闻，其女子亦能不累于利，至觐，又能死其官，而修睦亦恬于仕进，不待老而归，世以是贤之。

郭劝字仲褒，郓州须城人。举进士，授宁化军判官，累迁太常博士、通判密州。特迁尚书屯田员外郎、梓州路转运判官。以母老固辞，复为博士、通判莱州。州民霍亮为仇人诬罪死，吏受赇傅致之，劝为辨理得免。擢殿中侍御史。

时宋绶出知应天府，杜衍在荆南，劝言："绶有辞学，衍清直，不宜处外。"又言："武胜军节度使、钱惟演迁延不赴陈州，觊望相位；弟惟济任观察使、定州总管，自请就迁留后；胡则以罪罢三司使，乃迁工部侍郎、集贤院学士。请趣惟演上道，罢惟济兵权，追则除命。"又论刘从德遗奏恩滥，贬太常博士、监潍州税。

改祠部员外郎、知莱州。月余，复为侍御史、判三司盐铁勾院。郭皇后废，议选纳陈民。劝进谏曰："正家以正天下，自后妃始。郭氏非有大故，不当废。陈氏非世阀，不可俪宸极。"疏入，后已废，而陈氏议遂寝。

迁兵部员外郎兼起居舍人、同知谏院。马季良自贬所求致仕，朝廷从之。劝言："致仕所以待贤者，岂负罪贬黜之人可得，请追还敕诰。"又言："发运使刘承德献轮扇浴器，大率以媚上也。请付外毁，以戒邪佞。"

赵元昊袭父位，以劝为官告使，所遗百万，悉拒不受。还，兼侍御史知杂事、权判流内铨，迁工部郎中、度支副使，拜天章阁待制、知延州。元昊将山遇率其族来归，且言元昊将反。劝与兵马钤辖李渭议，自德明纳贡四十年，有内附者未尝留，乃奏却之。是冬，元昊果反，遣其使称伪官来。劝视其表函犹称臣，因上奏曰："元昊虽僭中国名号，然尚称臣，可渐以礼屈之，愿与大臣熟议。"遂落职知齐州，改淄州，数月，移磁州。元昊益侵边，关陕扰攘，言者犹指劝不当绝山遇事，又降兵部员外郎。丁母忧，起复，知凤翔府，寻复待制。

召权户部副使，以龙图阁直学士知滑州，再迁兵部郎中，徙沧州，又徙成德军。盗起甘陵，徙郓州。既而知成德军韩琦言，劝所遣将张忠、刘遵，平贼功皆第一，特诏奖谕。未几，召为翰林侍读学士，复判流内铨，改左谏议大夫、权御史中丞。迁给事中，辞不受，而请赠其祖莱阳令宁，遂以为尚书祠部员外郎。

卫士有相恶者,阴置刃衣篋中,从勾当皇城司杨景宗入禁门,既而为阍者所得,景宗辄隐不以闻。劝请先治景宗罪,章再上,不听,又廷争累日,卒贬景宗。祀明堂,将加恩中外官,劝就斋次,帅群御史求对,不许,又极论之。是年,复为侍读学士、同知通进银台司。

劝性廉俭,居无长物。尝谓诸子曰:“颜鲁公云:‘生得五品服章绂,任子为斋郎,足矣,’”及再为侍读,曰:“吾起诸生,志不过郡守,今年七十,列侍从,可以归矣。”遂用元日拜章,三上不得谢,赐银使市田宅。后二年卒。

子源明,治平中,为太常博士。会御史知杂事吕诲等奏弹中书议追崇濮安懿王典礼非是,被黜,以源明补监察御史里行。源明乞免除命,请追诲等,遂听免。后以职方员外郎知单州,卒。

段少连字希逸,开封人。其母尝梦凤集家庭,寤而生少连。及长,美姿表,倜傥有识度。举服勤词学,为试秘书省校书郎、知崇阳县。崇阳剧邑,自张咏为令有治状,其后惟少连能继其风迹。权杭州观察判官。预校《道经》,改秘书省著作佐郎,历知蒙城、名山、金华三县,以本省丞为审刑院详议官。张士逊守江宁,辟通判府事。还为御史台推直官,迁太常博士。论刘从德遗奏恩滥,降秘书丞、监涟水军酒税。复为博士、通判天雄军。

太后崩,召为殿中侍御史,与孔道辅等伏阁言郭皇后不当废,少连坐赎。复上疏曰:“陛下亲政以来,进用直臣,开辟言路,天下无不欢欣。一旦以谏官、御史伏阁,遽行黜责,中外皆以为非陛下意。盖执政大臣,假天威以出道辅、仲淹,而断来者之说也。窃睹戒谕:‘自今有章,宜如故事密上,毋得群诣殿门请对。’且伏阁上疏,岂非故事,今遽绝之,则国家复有大事,谁敢旅进而言者。昔唐阳城王仲舒伏阁雪陆贽,崔元亮叩殿陛理宋申锡,前史以为美事。今陛下未忍废黜皇后,而两府列状议降为妃,谏官、御史,安敢缄默。陛下深惟道辅等所言为阿党乎?为忠亮乎?”疏入不报。

又上疏曰:

高明粹清，凝德无累者，天之道也。氛祲蔽翳，晦明偶差，乃阴阳之沴尔。象天德者，君之体也。治阴阳者，臣之职也。陛下秉一德、临万方，有生之类，莫不浸涵德泽。而氛祲蔽翳，偶差晦明，以累圣德者，由大臣怀禄而不谏，小臣畏罪而不言。臣独何人，敢贡狂瞽。窃痛陛下履仁圣之具美，乏骨鲠之良辅，因成不忍之忿，又稽不远之复。臣是以沥肝胆，披情愫，为陛下廓清氛祲蔽翳之累。

《易》曰："夫夫妇妇而家道正，正家而天下定。"诗云："刑于寡妻，以御于家邦。"若然，则君天下修化本者，莫不自内而刑外也。况闻入道降妃之议，出自臣下。且后妃有罪，黜则告宗庙，废则为庶人，安有不示之于天下，不告之于祖宗，而阴行臣下之议乎？且皇后以小过降为妃，则臣下之妇有小过者，亦当降为妾矣。比抗章请对，不蒙赐召，岂非奸邪之臣，离间陛下耶？臣等赴中书，时执政之臣，谓后有妒忌之行，始议入道，终降为妃。兼云有上封者，虑后不利于圣躬，故筑高垣，置在别馆。臣等备言中外之议，以为未可。愿速降明诏，复中宫位号，以安民心。翌日诏出，乃云"中宫有过，掖庭具知，特示涵容，未行遽黜置之别馆，俾自省修，供给之间，一切如故。"臣未审黜置别馆，为后为妃？诏书不言，安所取信。况皇后事陛下一纪有余，而辅臣仓卒以降黜之议，惑于宸听，搢绅循默，无敢为陛下言者。臣所谓氛祲蔽翳，以累圣德者，盖臣职有旷尔。

臣窃恐奸邪之人，引汉武幽陈皇后故事，以谄惑陛下。且汉武骄奢淫纵之主，固不足蹑其行事。而为人臣者，思致君如尧、舜，岂致君如汉武哉！今皇后置于别馆，必恐惧修省，陛下仁恕之德，施于天下，而独不加于中宫乎？愿诏复中宫位号，杜绝非间，待之如初。天地以正，阴阳以和，人神共欢，岂不美哉。陛下苟为邪臣所蔽，不加省察，臣恐高宗王后之枉，必见于他日，宫闱不正之乱，未测于将来，惟圣神虑焉。

未几，除开封府判官，改尚书刑部员外郎、直集贤院，为三司度支判官，出为两浙转运副使。旧使者所至郡县，索簿书，不暇弹阅，往往委之吏胥，吏胥持以为货。少连命郡县上簿书悉缄识，遇事间指取一二自阅，摘其非是者按之，余不及阅者，全缄识以还。由是吏不能为奸，而州县簿书莫敢不治矣。部吏有过，召诘曰："闻子所为若此，有之乎？有当告我，我容汝自新；苟以为无，吾不使善人被谤，即为汝辨明矣。"吏不敢欺，皆以实对。少连每得其情，谆谆戒饬使去，后有能自改过者，犹保任之。秀州狱死无罪人，时少连在杭，吏畏恐聚谋，伪为死者服罪款，未及缀属，少连已拿舟入城，讯狱吏，具服请罪，以为神明。是时，郑向守杭，无治才。讼者不服，往往自州出，径趋少连；少连一言处决，莫不尽其理。

徙使淮南，兼发运司事，加兵部员外郎。又徙陕西。驸马都尉柴宗庆知陕州，纵其下挠民，少连入境，劾奏之。入兼侍御史知杂事，逾月，为度支三司副使。河东地震，奉使安抚。还，擢工部郎中、天章阁待制、知广州。时元昊反，范仲淹荐少连才堪将帅，迁龙图阁直学士、知泾州，改渭州，命未至而卒。

少连通敏有才，遇事无大小，决遣如流，不为权势所屈，既卒，仁宗叹惜之。

论曰：古人有言："山有猛兽，藜藿为之不采。"当天圣、明道间，天子富于春秋，母后称制，而内外肃然，纪纲具举，朝政亡大阙失，奸人不得以自肆者，由言路得人故也。是时，孔道辅、鞠咏、刘随、曹修古迭为谏官、御史，郭劝、段少连继之，皆侃侃正色，遇事辄言，虽被斥逐，不更其守。及帝既亲政，道辅、劝、少连复任言责，郭后之废，引议慷慨，犯人主，责大臣，其气益壮。遗风余烈，天下至今称之。《诗》所谓"邦之司直"，其庶几欤！

宋史卷二九八
列传第五七

彭乘　嵇颖　梅挚　司马池
子旦　从子里　曾孙朴　李及　燕肃
子度　孙瑛　蒋堂　刘夔　马亮
陈希亮

彭乘字利建，益州华阳人。少以好学称州里，进士及第。尝与同年生登相国寺阁，皆瞻顾乡关，有从宦之乐，乘独西望，怅然曰："亲老矣，安敢舍晨昏之奉，而图一身之荣乎！"翌日，奏乞侍养。居数日，授汉阳军判官，遂请以归。久之，有荐其文行者，召试，为馆阁校勘。固辞还家，后复除凤州团练推官。

天禧初，用寇准荐，为馆阁校勘，改天平军节度推官。预校正《南北史》、《隋书》，改秘书省著作佐郎，迁本省丞、集贤校理。恳求便亲，得知普州，蜀人得守乡郡自乘始。普人鲜知学，乘为兴学，召其子弟为生员教育之。乘父卒，既葬，有甘露降于墓柏，人以为孝感。服除，知荆门军，改太常博士。召还，同判尚书刑部，出知安州，徙提点京西刑狱，改夔州路转运使。会土贼田忠霸诱下溪州蛮将内寇，乘适按郡至境，大集边吏，勒兵下山以备贼，贼遁去。因遣人间之，其党斩忠霸，夷其家。召修起居注，擢知制诰，累迁工部郎中，入翰林为学士，领吏部流内铨、三班院，为群牧使。既病，仁宗救太医诊视，赐以禁中珍剂。卒，赐白金三百两。御史知杂何郯论请赠官，不许，诏一子给奉终丧。

初，修起居注缺中书舍人，而乘在选中，帝指乘曰："此老儒也，雅有恬退名，无以易之。"及召见，谕曰："卿先朝旧臣，久补外，而未尝自言。"对曰："臣生孤远，自量其分，安敢过有所望。"帝颇嘉之。乘质重寡言，性纯孝，不喜事生业。聚书万余卷，皆手自刊校，蜀中所传书，多出于乘。晚岁，历典赞命，而文辞少工云。

嵇颖字公实，应天宋城人。父适，尝为石首主簿。民有父子坐重系，府檄适按之，抵其父于法，而子获免；父死，假人言曰："主簿，仁人也，行且生贤子，后必大。"明年颖生。

天圣中，进士及第，授蔡州团练判官。王曾知青州、徙天雄军，皆辟为从事。后用曾荐，迁太子中允，为集贤校理。历开封府推官、三司度支判官、同修起居注，擢知制诰，累迁尚书兵部员外郎。召入翰林为学士，未及谢，卒。诏以告敕、袭衣、金带、鞍勒马赐其家。

颖举进士，时王曾、张知白相继为南京留守，见颖谨厚笃学，谓其子弟曰："若曹师表也。"张尧封尝从颖学，所为文，多留颖家。其后尧封女入禁中，为修媛，甚被宠幸，令其弟化基诣颖，求编次其父稿，为序以献之。颖不答，亦不以献。

梅挚字公仪，成都新繁人。进士，起家大理评事、知蓝田上元县，徙知昭州，通判苏州。二浙饥，官贷种食，已而督偿颇急，挚言借贷本以行惠，乃重困民，诏缓输期。

庆历中，擢殿中侍御史。时数有灾异，引《洪范》上《变戒》曰："'王省惟岁'，谓王总群吏如岁，四时有不顺，则省其职。今日食于春，地震于夏，雨水于秋。一岁而变及三时，此天意以陛下省职未至。而丁宁戒告也。伊、洛暴涨漂庐舍，海水入台州杀人民，浙江溃防，黄河溢埽，所谓'水不润下'。陛下宜躬责修德，以回上帝之眷佑。阴不胜阳，则灾异衰止，而盛德日起矣。"

徙开封府推官，迁判官。僧常莹以简札达宫人，辇官郑玉醉呼，欧徽巡卒，皆释不问，挚请悉杖配之。改度支判官，进侍御史。论石元孙"不死行陈，系缧以还，国之辱也，不斩无以厉边臣。"再奏不报。李用和除宣徽使，加同中书门下平章事。挚言："国初，杜审琼亦帝舅也，官止大将军；李继隆累有战功，晚年始拜使相。祖宗慎名器如此，今不宜亟授无功。"以户部员外郎兼侍御史知杂事、权判大理寺。言："权陕西转运使张尧佐非才，由宫掖以进，恐上累圣德。"及奏减资政殿学士员，召待制官同议政，复百官转对。帝谓大臣曰："梅挚言事有体。"以为户部副使。

会宴契丹使紫宸殿，三司副使当坐殿东庑下。同列有谓典宴例坐殿上，而大宴当止殿门外尔。因不即坐，与刘堤、陈泊趋出。降知海州，徙苏州，入为度支副使。初，河北岁饥，三司益漕江、淮米饷河北。后江、淮饥，有司尚责其数，挚奏减之。

擢天章阁待制、陕西都转运使。还判吏部流内铨，进龙图阁学士、知滑州。州岁备河，调丁壮伐滩苇，挚以疲民，奏用州兵代之。河大涨，将决，夜率官属督工徒完堤，水不为患，诏奖其劳。勾当三班院、同知贡举。请知杭州，帝赐诗宠行。累迁右谏议大夫，徙江宁府，又徙河中，卒。

挚性淳静，不为矫厉之行，政迹如其为人。平居未尝问生业，喜为诗，多警句。有奏议四十余篇。

司马池字和中，自言晋安平献王孚后，征东大将军阳葬安邑澜洄曲，后魏析安邑置夏县，遂为县人。池少丧父，家赀数十万，悉推诸父，而自力读书。时议者以蒲坂、窦津、大阳路官运盐回远闻，乃开崤口道，自闻喜逾山而抵垣曲，咸以为便。池谓人曰："昔人何为舍径而就迂，殆必有未便者。"众不以为然。未几，山水暴至，盐车人牛尽没入河，众乃服。

举进士，当试殿庭而报母亡，友匿其书。池心动，夜不能寐，曰："吾母素多疾，家岂无有异乎？"行至宫城门，徘徊不能入。因语其友，而友止以母疾告，遂号恸而归。后中第，授永宁主簿。出入乘驴。与令相恶，池以公事谒令，令南向踞坐不起，池挽令西向偶坐论事，不为少屈。历建德、郫县尉。蜀人妄言戍兵叛，蛮将入寇，富人争瘗金银逃山谷间。令闰丘梦松假他事上府，主簿称疾不出，池摄县事。会上元张灯，乃纵民游观，凡三夕，民心遂安。

调郑州防御判官、知光山县。禁中营造，诏诸州调竹木，州符期三日毕输。池以土不产大竹，转市蕲、黄，非三日可致，乃更与民自为期，约过不输者罪之，既而输竹先诸县。

盛度荐于朝，改秘书省著作佐郎、监安丰酒税，徙知小溪县。刘烨知河南府，辟知司录参军事，岁余，通判留守司。枢密使曹利用奏为群牧判官，辞不就，朝廷固授之。利用尝委括大臣所负进马价，池曰：“令之不行，由上犯之。公所负尚多，不先输，何以趣他人。”利用惊曰：“吏给我已输矣。”亟命送官，数日而诸负者皆入。利用贬，其党畏罪，从而毁短者甚众，池独扬言于朝，称利用枉，朝廷卒不问。

会诏百官转对，池言：“唐制门下省，诏书之出，有不便者得以封还。今门下虽有封驳之名，而诏书一切自中书以下，非所以防过举也。”内侍皇甫继明给事章献太后阁，兼领估马司，自言估马有羡利，乞迁官。事下群牧司，阅无羡利。继明方用事，自制置使以下皆欲附会为奏，池独不可。除开封府推官，敕至阁门，为继明党所沮，罢知耀州。擢利州路转运使、知凤翔府。

召知谏院，上表恳辞。仁宗谓宰相曰：“人皆嗜进，而池独嗜退，亦难能也。”加直史馆，复知凤翔。有疑狱上谳，大理辄复下，掾属惶遽引咎。池曰：“长吏者政事所由，非诸君过。”乃独承其罪，有诏勿劾。岐阳镇巡检夜饮富民家，所部卒执之，俾为约，不敢复督士卒，而后释其缚；池捕首恶诛之，巡检亦坐废。

累迁尚书兵部员外郎，遂兼侍御史知杂事。尝言：“陕西用兵无宿将，刘平好自用而少智谋，必误大事。”后平果败。更户部度支、盐铁副使。岁满，中书进名，帝曰：“是固辞谏官者。”擢天章阁待制、知河中府，徙同州，又徙杭州。

池性质易,不饰厨传,剸剧非所长,又不知吴俗,以是谤讥闻朝廷。转运使江钧、张从革劾池决事不当十余条,及稽留德音,降知虢州。初,转运使既奏池,会吏有盗官银器,械州狱,自陈为钧掌私厨,出所卖过半;又越州通判载私物盗税,乃从革之姻,遣人私请。或谓池可举劾以报仇,池曰:"吾不为也。"人称其长者。徙知晋州,卒。子旦、光。光自有传。从子里。

旦字伯康。清直敏强,虽小事必审思,度不中不释。以父任,为秘书省校书郎,历郑县主簿。郑有妇蔺讼夺人田者,家多金钱,市党买吏,合为奸谩,十年不决。旦取案一阅,情伪立见,黜吏十数辈,冤者以直。又井元庆豪欺乡里,莫敢谁何,旦擒致于法。时旦年尚少,上下易之,自是警服。吏捕蝗,因缘搔民。旦言:"蝗,民之仇,宜听自捕,输之官。"后著为令。丁内外艰,服除,监饶州永平铸钱监。知祁县,天大旱,人乏食,群盗剽夺,富家巨室至以兵自备。旦召富者开以祸福,于是争出粟,减直以粜,犹不失其赢,饥者获济,盗患亦弭。

举监在京百万仓,时祁隶太原,以太原留,不召。通判乾州,未行,举监在京杂物库。知宜兴县,其民嚚讼,旦每狱必穷根株,痛绳之,校系县门,民稍以诋冒为耻。市贯大溪,贾昌朝所作长桥,坏废岁久,旦劝民葺复,不劳而成。

时王安石守常州,开运河,调夫诸县。旦言:"役大而亟,民有不胜,则其患非徒不可就而已。请令诸县岁递一役,虽缓必成。"安石不听。秋,大霖雨,民苦之,多自经死,役竟罢。历和梁山军、安州。旦治郡有大体,所施设,取于适理便事。再监凤翔太平宫,以熙宁八年致仕。历官十七迁,至大中大夫。元祐二年,卒,年八十二。

旦澹薄无欲,奉养苟完,人不见其贵。与弟光尤友爱终始,人无间言。光居洛,旦居夏县,皆有园沼胜概。光岁一往省旦,旦亦间至洛视光。凡光平时所与论天下事,旦有助焉。及光被门下侍郎召,固辞不拜,旦引大义语之曰:"生平诵尧、舜之道,思致其君,今时可而违,非进退之正也。"光幡然就位。方是时,天下惧光之终不出,及闻此,皆欣然称旦曰:"长者之言也。"

英宗即位,例以亲属入贺得官,时旦在梁山,诸孙未仕者皆不遣,惟遣其从兄子禀。旦与人交以信义,喜周其急。尝有以罪免官贫不能存者,月分俸济之,其人无以报,愿以女为妾。旦惊谢之,亟出妻奁中物使嫁之。旦生于丙午,与文彦博、程公珦、席汝言为同年会,赋诗绘像,世以为盛事,比唐九老。三子:良,试将作监主簿;富永,承议郎、陕州通判;宏,陈留令。宏子朴。

里字昭远。进士释褐,授威胜军判官,改大理寺丞。庞籍为鄜延经略使,奏通判鄜州。州将武人,不法,里平居与之欢甚,临事正色力争,不少假借。性廉静质直,所至有惠政。每罢官,至京师,未尝有所谒视。审官榜久阙,人所不取者,乃受之而去。后知乾州,为太常少卿而卒。

朴字文季,少育于外祖范纯仁。绍圣党事起,父宏上书论辨得罪。纯仁责永州,疾失明,客至,必令朴导以见。时方七岁,进揖应对如成人,客皆惊叹。以纯仁遗恩为官。宏死,徒跣负枢还。调晋宁军士曹参军。通判不法,转运使王似讽朴伺其过,朴不可,曰:"下吏百陷长官,不唯乱常,人且不食吾余矣,死不敢奉教。"似贤而荐之。

靖康初,入为虞部、右司员外郎。金人次汴郊,命朴使之。二酋问朴家世,具以告。喜曰:"贤者之后也。"待之加礼,乃吐腹心,谕以亟求讲解。朴复命,任事者疑不决。都城陷,钦宗思朴之言,以为兵部侍郎。二帝将北迁,又贻书请存立赵氏,金人惮之,挟以北去,且悉取其孥。开封仪曹赵鼎,为匿其长子倬于蜀,故得免。

建炎登极,赦至燕,朴私令赍诣徽宗,为人所告。金主怜其忠,释之。徽宗崩,朴与奉使朱弁在燕共议制服,弁欲先请,朴曰:"为臣子闻君父丧,当致其哀,尚何请。设请而不许,奈何?"遂服斩衰,朝夕哭。金人亦义而不问。又遣朱松年间行，以金人情实归报。宋因王伦出使，持黄金赐朴。伦还，言金命朴为行台左丞，朴辞而止，益重之。后卒于真定。讣闻，诏称其忠节显著，赠兵部尚书，谥曰忠洁。

李及字幼几，其先范阳人，后徙郑州。父覃，左拾遗。及举进士，再调升州观察推官。寇准荐其才，擢大理寺丞、知兴化军。以殿中丞通判曹州。州民赵谏者，素无赖，持郡短长，纵为奸利。及受命，谏在京师，乃谒及，及不之见，谩骂而去，投匿名书诬及，因以毁朝政。会上封者发谏事，命转运使与及察其状。及条上谏前后所为不道，诏御史劾得其实，斩于都市，及由是知名。擢知陇州。

初，置提点刑狱，内出及与陈纲二人名付中书。明日，以纲使河北，及使陕西，特迁一官。还，判三司磨勘司，出知凤翔府，徙延州，除三司户部副使，为淮南转运使，累行太常少卿、知秦州。议者以及谨厚，非守边才。及至秦州，州将吏亦颇易之。会有禁卒白昼攫妇人金钗于市，吏执以来。及方坐观书，召之使前，略加诘问，其人服罪。及亟命斩之，观书如故，于是将士皆惊骇。改左司郎中、枢密直学士，以右谏议大夫召还，勾当三班院，再迁尚书工部侍郎，历知杭州、郓州、应天、河南府，召拜御史中丞。卒，年七十。特赠礼部尚书，谥恭惠。

及资质清介，所治简严，喜慰荐下吏，而乐道人之善。在杭州，恶其风俗轻靡，不事宴游。一日，冒雪出郊，众谓当置酒召客，乃独造林逋清谈，至暮而归。居官数年，未尝市吴中物。比去，唯市《白乐天集》。在河南，杜衍为提点刑狱，间与衍会，而具甚疏薄。他日，中贵人用事者至，亦无加品，衍叹其清德。娶张氏，牲嫉悍。及尝生子，鞠之外舍，张固请归保养之，乃会亲属，以子击堂柱，碎其首。及遂无子，以弟之子为后。

燕肃字穆之，青州益都人。父峻，慷慨任侠，杨光远反时，率其属迎符彦卿，遂家曹州。肃少孤贫，游学。举进士，补凤翔府观察推官。寇准知府事，荐改秘书省著作佐郎、知临邛县。县民尝苦吏追扰，肃削木为牍，民讼有连逮者，书其姓名，使自召之，皆如期至。知考城县，通判河南府。召为监察御史，准方知河南，奏留之。

迁中侍御史、提点广南西路刑狱，迁侍御史，徙广南东路。还，为丁谓所恶，出知越州。徙明州，俗轻悍喜斗，肃下令独罪先殴者，于是斗者易息。直昭文馆，为定王府记室参军，判尚书刑部。建言："京师大辟一覆奏，而州郡之狱有疑及情可悯者上请，多为法司所驳，乃不应奏之罪。愿如京师，死许覆奏。"遂诏疑狱及情可悯皆上请，语在《刑法志》。其后大辟上请者多得贷，议自肃始。

擢龙图阁待制、权知审刑院、知梓州。还，同纠察在京刑狱，再判刑部，累迁左谏议大夫、知亳州，徙青州。属岁歉，命兼京东安抚使。入判太常寺兼大理寺，复知审刑。肃言："旧太常钟磬皆设色，每三岁亲祠，则重饰之。岁既久，所涂积厚，声益不协。"乃诏与李照、宋祁同按王朴律，即划涤考击，合以律准，试于后苑，声皆协。又诏与章得象、冯元详刻漏。进龙图阁直学士、知颖州，徙邓州。官至礼部侍郎致仕，卒。

肃喜为诗，其多至数千篇。性精巧，能画，入妙品，图山水罨布浓淡，意象微远，尤善为古木折竹。尝造指南、记里鼓二车及欹器以献，又上《莲花漏法》。诏司天台考于钟鼓楼下，云不与《崇天历》合。然肃所至，皆刻石以记其法，州郡用之以候昏晓，世推其精密。在明州为《海潮图》，著《海潮论》二篇。子度，孙瑛。

度字唐卿。登进士第，知陈留县。京东蝗，年饥盗发，度劝邑豪出粟六万以济民，又行保伍法以察盗，善状日闻。通判永兴军。三司使王尧臣举为户部判官，以伐阅浅，始命权发遣，遂为故事。

出知滑。滑与黎阳对境，河埽下临魏都，霖潦暴至，薪刍不属。度曰："魏实为河朔根本，不可坐视成败。"悉以所储茭楗御之，埽赖以不溃。复为户部判官。岁皇祐甲午，益州言："岁在甲午，蜀再乱，今又值之，民为戚戚。"乃命度出使备不虞，还奏无足虑。权河北转运副使,六塔河决,坐贬秩知蔡州,徙福州。闽故多盗,度请假事权制摄一道,遂加兵马钤辖。入为户部副使,以右谏议大夫知潭州。卒,年七十。

度有心计,凡六佐大农。庆历中,三司请榷河北盐。度言:"川峡不榷酒,河北不禁盐,此祖宗顺民俗,不易之制也,榷之非是。"会张方平亦论之,议遂寝。

瑛字仁叔,以荫为瑕丘尉。县人习为盗,瑛榜谕曰:"今平民或呼以盗,必怒见词色,顾乃舍耕稼本业,为人所不肯为者。及陷于罪,则终身不齿于乡间,尉不忍以是待汝。"盗感悟,为稍弭。累迁太府丞、开封少尹。历广东转运判官,进副使,加直秘阁。时方尚老氏教,瑛言:"守臣任满考课,乞以兴崇教法、拯葺道宫为善最。"从之。连进直龙图阁。

时瑛在岭峤七年,括南海犀珠、香药,奉宰相内侍,人目之为"香燕"。遂以徽猷阁待制提举醴泉观,拜户部侍郎。徽宗赐书"仁人义士之家"以表之,盖取王安石颂曾大父肃诗语也。转开封尹,赐进士出身,兼侍读,且将大用。后以御史言瑛不能拨烦戢奸吏,致贼杀不辜,罢为龙图阁直学士。未数月,为户部尚书。

靖康初,以龙图阁学士知河阳。金兵入寇,三城当兵冲,瑛至,未及备,而兵骑大集,乘锐攻城,瑛不能御,将出奔,为乱兵所害,年五十。建炎初,赐端明殿学士。

蒋堂字希鲁,常州宜兴人。擢进士第,为楚州团练推官。满岁,吏部引对,真宗览所试判,善之,特授大理寺丞、知临川县。县富人李甲多为不法,前令莫能制,堂戒谕不悛,白州以兵索其家,得僭乘舆物,置于死。

历通判眉、许、吉、楚州,以太常博士知泗州,召为监察御史。禁中火,有司请究所起,多引宫人属吏。堂言:"火起无迹,安知非天意也,陛下宜修德应变。有司及欲归咎宫人,以之属吏,何求不可,而遂赐之死,是重天谴也。"诏原之。论奏郭皇后不当废,坐赎。再迁侍御史、判三司度支勾院,出为江南东路转运使,徙淮南,兼江、淮发运事。

时废发运使,上封者屡以为非便。堂言:"唐裴耀卿、刘晏、第五琦、李巽、裴休,皆尝为江、淮、河南转运使,不闻别置使名。国朝卞衮、王嗣宗、刘师道,亦止为转运兼领发运司事,而岁输京师常足。"时虽用其议,后卒复。在江、淮,岁荐部吏二百人。或谓曰:"一有谬举,且得罪,何以多为?"堂曰:"十得二三,亦足报国。"坐失按蕲州王蒙正故入部吏死罪,降知越州。州之鉴湖,马臻所为,溉田八千顷,食利者万家,前守建言听民自占,多为豪右所侵,堂奏复之。

徙苏州,入判刑部,徙户部勾院,历户部、度支、盐铁副使,安抚梓夔路,擢天章阁待制、江淮制置发运使。先是,发运使上计,造大舟数十,载江、湖物入遗京师权贵,堂曰:"吾岂为此,岁入自可附驿奏也。"前后五年,未尝一至京师。就除河东路都转运使,未行,知洪州。改应天府,累迁左司郎中、知杭州,以枢密直学士知益州。

庆历初,诏天下建学。汉文翁石室在孔子庙中,堂因广其舍为学宫,选属官以教诸生,士人翕然称之。杨日严在蜀,有能名,堂素不乐之。于是节游宴,减厨传,专尚宽纵,颇变日严之政。又建铜壶阁,其制宏敞,而材不预具,功既半,乃伐乔木于蜀先主惠陵、江渎祠,又毁后土及刘禅祠,蜀人浸不悦,狱讼滋多。久之,或以为私官妓,徙河中府,又徙杭州、苏州。以尚书礼部侍郎致仕,卒,特赠吏部侍郎。

堂为人清修纯饬,遇事毅然不屈,贫而乐施。好学,工文辞,延誉晚进,至老不倦,尤嗜作诗,有《吴门集》二十卷。

刘夔字道元,建州崇安人。进士中第,补广德军判官,累迁尚书屯田员外郎,权侍御史。李照改制大乐钟磬,夔以为:"乐之大本,与政化通,不当轻易其器。愿择博学之士以补卿、丞,凡四方妄献说以要进者,请一切罢之。"帝善其言。

历三司户部判官，判度支勾院，江西、两浙、淮南转运使，加直史馆、知陕州，改太常少卿、知广州。所至有廉名。权三司度支副使。桂阳监蛮唐和寇边，以右谏议大夫、龙图阁直学士知潭州，兼湖南安抚使。初至，遣人谕蛮酋使降；不从，乃举兵击败和于银江源，进破其巢穴，蛮逃遁远去。前将以帛购蛮首，至是有持首取购者，按问，乃辄杀平民，诛之而罢购，州境获安。还，权判吏部流内铨、知审刑院。

河北大水，民流入京东为盗，诏增京东守备。帝问谁可守郓者，宰相以蒉对，进给事中、枢密直学士以往。至郓，发廪振饥，民赖全活者甚众，盗贼衰息，赐书褒谕。大臣议欲修复河故道，蒉极言其不可，遂罢。迁工部侍郎、知福州。请解官入武夷山为道士，弗许。知建州，寻告老，遂以户部侍郎致仕。英宗即位，迁吏部。卒，年八十三。

蒉尝过江东，见二囚系累年矣。问之，曰："前此杀吉州掾徐咸，疑二人者。"蒉为言于朝，释之，后果得真盗。尝遇隐者，得养生术，遂蔬食及独居，退处一阁，家人罕见其面。至老，手足耳目强明，如少壮时。不治财产，所收私田有余谷，则以振乡里贫人。前死数日，自作遗表，以禄赐所余分亲族。告其家人曰："某日，吾死矣。"如期而死。无子。

马亮字叔明，庐州合肥人。举进士，为大理评事、知芜湖县，再迁殿中丞、通判常州。吏民有因缘亡失官钱，籍其赀犹不足以偿，妻子连逮者至数百人。亮纵去，缓与之期，不逾月，尽输所负。罗处约使江东，以亮治行闻，擢知濮州。

会诸路转运司置纠察刑狱官，以福建路命亮，覆讯冤狱，全活者数十人。迁太常博士、知福州。苏易简荐亮才任繁剧，召还同提点三司都勾院、磨勘凭由司。久之，出知饶州。州豪白氏多执吏短长，尝杀人，以赦免，愈鸷横，为闾里患，亮发其奸，诛之，部中畏慑。州有铸钱监，匠多而铜锡不给，亮请分其工之半，别置监于池州，岁增铸缗钱十万。迁殿中侍御史。

真宗即位，上书言：“陛下初政，军赏宜速，而所在不时给，请遣使分督之。又赦书蠲除州县逋负，而有司趣责愈急，宜如赦推恩以宽民。故事，以亲王尹开封，地尊势重，嫌隙易生，愿鉴其由，以示保全亲爱之道。契丹仍岁南侵，河朔萧然，请修好以息边民。”帝善其言，以亮为可用。

王均反，以为西川转运副使。贼平，主将邀功，诛杀不已，亮全活千余人。城中米斗千钱，亮出廪米裁其价，人赖以济。召问蜀事，会械送贼诖误者八十九人至阙下，执政欲尽诛之。亮曰：“愚民胁从，此特百之一二，余审伏山林者众。今不贷之，反侧之人，闻风疑惧，一唱再起，是灭一均、生一均也。”帝悟，悉宥之。加直史馆，复遣还部。

时诸州盐井，岁久泉涸，而官督所负课，系捕者州数百人。亮尽释系者，而奏废其井，又除属部旧逋官物二百余万。还知潭州，属县有亡命卒剽攻，为乡闾患，人共谋杀之。事觉，法当死者四人，亮咸贷之，曰：“为民去害，而反坐以死罪，非法意也。”徙升州。行次江州，属岁旱民饥，湖湘漕米数十舟适至，亮移文守将，发以振贫民。因奏：“濒江诸郡皆歉，而吏不之救，愿罢官籴，令民转粟以相周。”

以右谏议大夫知广州。时宜州陈进初平，而澄海兵从进反者家属二百余人，法当配隶，亮悉置不问。盐户逋课，质其妻子于富室，悉取以还其家。海舶久不至，使招来之，明年，至者倍其初，珍货大集，朝廷遣中使赐宴以劳之。是岁东封，亮敦谕大食陀婆离、蒲含沙贡方物泰山下。

历知虔、洪二州、江陵府，再迁尚书工部侍郎，复知升州，徙杭州，加集贤院学士。先是，江涛大溢，调兵筑堤而工未就，诏问所以捍江之策。亮袖诏祷伍员祠下，明日，潮为之却，出横沙数里，堤遂成。入为御史中丞。建言：“士民父祖未葬而析居，请自今未葬者，毋得辄析。”明年，改兵部侍郎、知庐州，徙江陵，又徙江宁府。仁宗初，拜尚书右丞，复知庐州，召判尚书都省兼知审刑院，迁工部尚书、知亳州,又迁江宁府,以太子少保致仕,卒,赠尚书右仆射。

亮有智略,敏于政事,然其所至无廉称。吕夷简少时,从其父蒙亨为县福州,亮见而奇之,妻以女。妻刘恚曰:"嫁女当与县令儿邪?"亮曰:"非尔所知也。"陈执中、梁适为京官,田况、宋庠及其弟祁为童子时,亮皆厚遇之,曰:"是后必大显。"世以亮为知人。亮卒,时夷简在相位,有司谥曰忠肃,人不以为是也。子仲甫,为天章阁待制。

陈希亮字公弼,其先京兆人。唐广明中,违难迁眉州青神之东山。希亮幼孤好学,年十六,将从师,其兄难之,使治钱息三十余万,希亮悉召取钱者,焚其券而去。业成,乃召兄子庸、谕使学,遂俱中天圣八年进士第,里人表其闾曰"三俊"。

初为大理评事、知长沙县。有僧海印国师,出入章献皇后家。与诸贵人交通,恃势据民地,人莫敢正视,希亮捕治置诸法,一县大耸。郴州竹场有伪为券给输户送官者,事觉,输户当死,希亮察其非辜,出之,已而果得其造伪者。再迁殿中丞,徙知鄠县。老吏曹腆侮法,以希亮年少,易之。希亮视事,首得其罪。腆叩头出血,愿自新,希亮戒而舍之,卒为善吏。巫觋岁敛民财祭鬼,谓之春斋,否则有火灾;民讹言有绯衣三老人行火。希亮禁之,民不敢犯,火亦不作。毁淫祠数百区,勒巫为农者七十余家。及罢去,父老送之出境,泣曰:"公去我,绯衣老人复出矣。"迁太常博士。有言郴狱活人死罪,赐五品服。

初,蜀人官蜀,不得通判州事。希亮以母老,愿折资为县侍亲,于是知临津县。母终,服除,为开封府司录司事。福胜塔火,官欲更造,度用钱三万,希亮言:"陕西用兵,愿以此馈军。"诏罢之。青州民赵禹上书,言赵元昊必反,宰相以禹狂言,徙建州,元昊果反。禹讼所部,不受,亡至京自理,宰相怒,下开封狱。希亮言禹可赏不可罪,争不已。上释禹,赏为徐州推官,且欲以希亮为御史。会外戚沈元吉以奸盗杀人,希亮一问得实,自惊仆死,沈氏诉之,诏御史劾希亮及诸掾吏。希亮曰:"杀此贼者独我耳。"遂引罪坐废。

期年,盗起京西,杀守令,富弼荐希亮可用,起知房州。州素无兵备,民凛凛欲亡去,希亮以牢城卒杂山河户,得数百人。日夜部勒,声振山南,民恃以安。殿侍雷甲以兵百余人逐盗竹山,甲不能戢,所至为暴。或疑为盗,告希亮盗入境,且及门。希亮即勒兵阻水拒之,命持满无得发,士皆植立如偶人。甲射之,不动,乃下马拜请死,曰:"初不知公官军也。"吏士皆欲斩甲以徇,希亮独治为暴者十余人,使甲以捕盗自赎。

时剧贼党军子方张,转运使使供奉官崔德赟捕之。德赟既失党军子,遂围竹山民贼所尝舍者曰向氏,杀父子三人,枭首南阳市。曰:"此党军子也。"希亮察其冤,下德赟狱,未服。党军子获于商州,诏赐向氏帛,复其家,流德赟通州。或言华阴人张元汔走夏州,为元昊谋臣。诏徙其族百余口于房,几察出入,饥寒且死。希亮曰:"元事虚实不可知,使诚有之,为国者终不顾家,徒坚其为贼耳。此又皆其疏属,无罪。"乃密以闻,诏释之。老幼哭希亮庭下曰:"今当还故乡,然奈何去父母乎?"遂画希亮像祠焉。

代还,执政欲以为大理少卿,希亮曰:"法吏守文,非所愿,愿得一郡以自效。"乃以为宿州。州跨汴为桥,水与桥争,常坏舟。希亮始作飞桥,无柱,以便往来。诏赐缣以褒之。仍下其法,自畿邑至于泗州,皆为飞桥。

皇祐元年,移滑州。奏事殿上,仁宗劳之曰:"知卿疾恶,无惩沈氏子事。"未行,诏提举河北便籴。都转运使魏瓘劾希亮擅增损物价。已而瓘除龙图阁学士、知开封府,希亮乞廷辨。既对,仁宗直希亮,夺瓘职知越州,且欲用希亮。希亮言:"臣与转运使不和,不得为无罪。"力请还滑。会河溢鱼池埽,且决,希亮悉召河上使者,发禁兵捍之。庐于所当决,吏民涕泣更谏,希亮坚卧不动,水亦去,人比之王尊。

是岁,盗起宛句,昼劫张郭镇,执濮州通判井渊。仁宗以为忧,问执政可用者。未及对,仁宗曰:"朕得之矣。"乃以希亮为曹州。不逾月,悉擒其党。

淮南饥,安抚、转运使皆言寿春守王正民不任职,正民坐免,诏希亮乘传代之。转运使调里胥米而蠲其役,凡十三万石,谓之折役米。米翔贵,民益饥。希亮至,除之,且表其事,旁郡皆得除。又言正民无罪,职事办治。诏复以正民为鄂州。

久之,徙知庐州。虎翼军士屯寿春者,以谋反诛,迁其余不反者数百人于庐,皆自疑不安。一日,有窃入府舍将为不利者。希亮笑曰:“此必醉耳。”贷而流之,尽以其余给左右使令,且以守仓库。人为之惧,希亮益加亲信,皆感德,指心誓为希亮死。改提点刑狱江东,迁度支郎中,徙河北。

嘉祐二年,入为开封府判官,改判三司户部勾院。朝廷以三司事冗,簿书留滞,乃命希亮又兼开拆司。荣州鬻盐凡十八井,岁久澹竭,有司责课如初,民破产籍没者三百余家。希亮为言,还其所籍,岁蠲三十余万斤。三司簿书滞留者,自天禧以来,末帐六百有四,明道以来,生事二百一十二万,希亮日夜课吏,凡九月,去其三之二。度支吏不时勾,希亮杖之。副使以希亮擅决罚,由是事复滞。

会接伴契丹使还,自请补外,乃以为京西转运使,赐三品服。石塘河役兵叛,其首周元自称周大王,震动汝、洛间。希亮闻之,即日轻骑出按,吏请以兵从,希亮不许。其贼二十四人道遇希亮,以希亮轻出,意色闲和,不能测,遂相与列诉道周。希亮徐问其所苦,命一老兵押之,曰:“以是付叶县,听吾命。”既至,令曰:“汝以自首,皆无罪,然必有首谋者。”众不敢隐,乃斩元以徇,流军校一人,余悉遣赴役如初。

迁京东转运使。潍州参军王康赴官,道博平,大猾有号“截道虎”者,殴康及其女几死,吏不敢问。希亮移捕甚急,卒流海岛;又劾吏故纵,坐免者数人。徐州守暴苛,以细过籍民产数十家,获小盗,使必自诬抵死。希亮言其状,卒以废去。

数上章请老,不允,移知凤翔。仓粟支十二年,主者以腐败为忧,岁饥,希亮发十二万石贷民。有司惧为擅发,希亮身任之。是秋大熟,以新易旧,官民皆便。于阗使者入朝,过秦州,经略使以客礼享之。使者骄甚,留月余,坏传舍什器,纵其徒入市掠饮食,民户皆昼闭。希亮闻之曰:"吾尝主契丹使,得其情。使者初不敢暴横,皆译者教之,吾痛绳以法,译者惧,其使不敢动矣。况此小国乎?"乃使教练使持符告译者曰:"入吾境,有秋毫不如法,吾且斩若。"取军令状以还。使者至,罗拜庭下,希亮命坐两廊饮食之,护出其境,无一人哗者。

英宗即位,迁太常少卿。狱有盗,法当死,僚官持不可。久之,盗杀守吏遁去。希亮以前议谳于朝,而希亮之议是。僚官惧,欲以事中希亮,希亮自顾无有其事。始,州郡以酒相饷,例皆私有之,而法不可。希亮以遗游士之贫者,既而曰:"此亦私也。"以家财偿之。遂借此上书自劾,求去不已,坐是分司西京。未几致仕,卒,年六十四。希亮尝梦异人按图而告之年,至是果然。赠工部侍郎。

希亮为人清劲寡欲,不假人以色,自王公贵人,皆严惮之。见义勇发,不计祸福。所至,奸民猾吏,易心改行,不改者必诛。然出于仁恕,故严而不残。少与蜀人宋辅游,辅卒于京,母老,子端平幼,希亮养其母终身,以女妻端平,使同诸子学,卒登进士第。

四子。悦,度支郎中。恪,滑州推官。恂,大理寺丞。慥字季常,少时使酒好剑,用财如粪土,慕朱家、郭解为人,间里之侠皆宗之。在岐下,尝从两骑挟二矢与苏轼游西山。鹊起于前,使骑逐而射之,不获,乃怒马独出,一发得之。因与轼马上论用兵及古今成败,自谓一世豪士。稍壮,折节读书,欲以此驰骋当世,然终不遇。洛阳园宅壮丽与公侯等,河北有田岁得帛千匹,晚年皆弃不取。遁于光、黄间,曰岐亭。庵居蔬食,徒步往来山中,妻子奴婢皆有自得之意,不与世相闻,人莫识也。见其所著帽方屋而高,曰:"此岂古方山冠之遗像乎?"因谓之"方山子"。及苏轼谪黄,过岐亭,识之,人始知为慥云。

论曰:乘雅恬退,颖不阿贵戚,有儒者之风。挚淳静而不矫,池

质易而长厚,肃议法平恕,及、堂、夔清修自守,盖侍从之选也。希亮
为政严而不残,其良吏与。马亮饶才智而寡廉称,士论以此惜之。

宋史卷二九九
列传第五八

狄棐　郎简　孙祖德
张若谷　石扬休　祖士衡
李垂　张洞　李士衡　李溥
胡则　薛颜　许元　钟离瑾
孙冲　崔峄　田瑜　施昌言

　　狄棐字辅之，潭州长沙人。少随父官徐州，以文谒路振，振器爱之，妻以女。举进士甲科，以大理评事知分宜县。历开封府司录，知璧州。道长安，为寇准所厚，准复入相，乃荐通判益州。擢开封府判官，历京西益州路转运、江淮制置发运使，累迁太常少卿、知广州，加直昭文馆。代还，不以南海物自随，人称其廉。拜右谏议大夫、龙图阁直学士、权判吏部流内铨，出知滑州，进给事中，徙天雄军。会给郊赏帛不善，士卒哗噪趣府门，棐不能治。事闻，命侍御史刘夔按视，未及境，众不自安。棐驰白夔，请给以行河事。夔至，与转运使李绛诛首恶数人。棐坐罢懦，降知随州，徙同州。勾当三班院，进枢密直学士，历知陕、郑州，河中、河南府，复判流内铨。出知扬州，未行，卒。

　　有狄国宾者，仁杰之后，分仁杰告身与棐，棐奏录国宾一官，而自称仁杰十四世孙。棐在河中时，有中贵人过郡，言将援棐于上前。

棐答以他语,退谓所亲曰:"吾湘潭一寒士,今官侍从,可以老而自污耶?"其为政恺悌,不为表襮,死之日,家无余赀。

子遵度,字元规。少颖悟,笃志于学。每读书,意有所得,即仰屋瞪视,人呼之,弗闻也。少举进士,一斥于有司,耻不复为。以父任为襄县主簿,居数月,弃去。好为古文,著《春秋杂说》,多所发明。尝患时学靡敝,作《拟皇太子册文》、《除侍御史制》、《裴晋公传》,人多称之。尤嗜杜甫诗,尝赞其集。一夕,梦见甫为诵世所未见诗,及觉,才记十余字,遵度足成之,为《佳城篇》。后数月卒。有集十二卷。

郎简字叔廉,杭州临安人。幼孤贫,借书录之,多至成诵。进士及第,补试秘书省校书郎、知宁国县,徙福清令。县有石塘陂,岁久湮塞,募民浚筑,溉废田百余顷,邑人为立生祠。调随州推官。及引对,真宗曰:"简历官无过,而无一人荐,是必恬于进者。"特改秘书省著作佐郎、知分宜县,徙知窦州。县吏死,子幼,赘婿伪为券冒有其赀。及子长,屡诉不得直,乃讼于朝。下简劾治,简示以旧牍曰:"此尔翁书耶?"曰:"然。"又取伪券示之,弗类也,始伏罪。

徙藤州,兴学养士,一变其俗,藤自是始有举进士者。通判海州,提点利州路刑狱。官罢,知泉州。累迁尚书度支员外郎、广南东路转运使,擢秘书少监、知广州,捕斩贼冯佐臣。入判大理寺,出知越州,复归判尚书刑部,出知江宁府,历右谏议大夫、给事中、知扬州,徙明州。以尚书工部侍郎致仕。祀明堂,迁刑部。卒,年八十有九,特赠吏部侍郎。

简性和易,喜宾客。即钱塘城北治园庐,自号武林居士。道引服饵,晚岁颜如丹。尤好医术,人有疾,多自处方以疗之,有集验方数十,行于世。一日,谓其子挈曰:"吾退居十五年,未尝小不怿,今意倦,岂不逝欤?"就寝而绝。幼从学四明朱颐,长学文于沈天锡,既仕,均奉资之。后二人亡,又访其子孙,为主婚嫁。平居宴语,惟以宣上德、救民患为意。孙沔知杭州,榜其里门曰德寿坊。然在广无廉称,盖为絜所累。絜,终尚书都官员外郎。

孙祖德字延仲,潍州北海人。父航,监察御史、淮南转运。祖德进士及第,调濠州推官、校勘馆阁书籍。时校勘官不为常职,满岁而去。改大理寺丞、知榆次县,上书言刑法重轻。以尚书屯田员外郎通判西京留守司。方冬苦寒,诏罢内外工作,而钱惟演督修天津桥,格诏不下。祖德曰:“诏书可稽留耶?”卒白罢役。

入为殿中侍御史,迁侍御史。章献太后春秋高,疾加剧,祖德请还政。已而疾少间,祖德大恐。及太后崩,诸尝言还政者多进用,遂擢尚书兵部员外郎兼起居舍人、知谏院。言郭皇后不当废,获罪,以赎论。久之,迁天章阁待制。

时三司判官许申因宦官阎文应献计,以药化铁成铜,可铸钱,裨国用。祖德言:“伪铜,法所禁而官自为,是教民欺也。”固争之,出知兖、徐、蔡州、永兴军。徙凤翔府,请置乡兵,改龙图阁直学士、知梓州,累迁右谏议大夫、知河中府。历陈、许、蔡、潞、郓、亳州、应天府,以疾得颍州,除吏部侍郎致仕,卒。有《论事》七卷。

祖德少清约,及致仕,娶富人妻,以规有其财。已而妻悍,反资以财而出之。子珪,江东转运使。

张若谷字德由,南剑沙县人。进士及第,为巴州军事推官。会蜀寇掠邻郡,若谷摄州事,率众为守御备,贼乃引去。调全州军事推官。入见,真宗识其名,顾曰:“是尝在巴州御贼者耶?”特改大理寺丞、知濠阳县。三司言:“广宁监岁铸缗钱四十万,其主监宜择人。”乃以命若谷。岁余,所铸赢三十万缗。擢知处州,历江湖、淮南、益州路转运、江淮制置发运使。入为三司度支盐铁副使,累迁右谏议大夫、知并州。

先是,麟、府岁以缯锦市蕃部马,前守辄罢之。若谷以谓互市,所以利戎落而通边情,且中国得战马;亟罢之,则猜阻不安。奏复市如故,而马入岁增。提举诸司库务,权判大理寺,进枢密直学士,历知澶州、成德军、扬州、江宁府，入知审官院，纠察在京刑狱，知通进银台司、应天府。改龙图阁学士，徙杭州。会岁饥，斥余廪为糜粥赈救之。权判吏部流内铨、知洪州，累官至尚书左丞致仕。

若谷素为宰相张士逊引拔，然所至亦自有循良迹，不激讦取名云。

石扬休字昌言，其先江都人。唐兵部郎中仲览之后，后徙京兆。七代祖藏用，右羽林大将军，明于历数，尝召家人谓曰："天下将有变，而蜀为最安处。"乃去依其亲眉州刺史李滈，遂为眉州人。

扬休少孤力学，进士高第，为同州观察推官，迁著作佐郎、知中牟县。县当国西门，衣冠往来之冲也，地脊民贫，赋役烦重，富人隶太常为乐工，侥幸免役者凡六十余家。扬休请悉罢之。改秘书丞，为秘阁校理、开封府推官，累迁尚书祠部员外郎，历三司度支、盐铁判官。坐前在开封尝失盗，出知宿州。

顷之，召入为度支判官，修起居注。初，记注官与讲读诸儒，皆得侍坐迩英阁。扬休奏："史官记言动，当立以侍。"从其言。判盐铁勾院，以刑部员外郎知制诰、同判太常寺。初，内出香祠温成庙，帝误书名称臣，扬休言："此奉宗庙礼，有司承误不以闻。"帝嘉之。兼勾当三班院，为宗正寺修玉牒官。迁工部郎中，未及谢，卒。

杨休喜闲放，平居养猿鹤，玩图书，吟咏自适，与家人言，未尝及朝廷事。及卒，发椟中所得上封事十余章，其大略：请增谏官以广言路，置五经博士使学者专其业，出御史按察诸道以防壅蔽，复齿胄之礼以强宗室，择守令，重农桑，禁奢侈，皆有补于时者。然扬休为人慎默，世未尝以能言待之也。至于诰命，尤非所长。

平生好殖财。因使契丹，道感寒毒，得风痹，谒告归乡，别坟墓。扬休初在乡时，衣食不足，徒步去家十八年。后以从官还乡里，畴昔同贫窭之人尚在，皆曰："昌言来，必周我矣。"扬休卒不挥一金，反遍受里中富人金以去。

祖士衡字平叔，蔡州上蔡人。少孤，博学有文，为李宗谔所知，妻以兄子。杨亿谓刘筠曰："祖士衡辞学日新，后生可畏也。"举进士甲科，授大理评事、通判蕲州，再迁殿中丞、直集贤院，改右正言、户部判官。未几，提举在京诸司库务，迁起居舍人、注释御集检阅官，遂知制诰，为史馆修撰，纠察在京刑狱，同知通进、银台司。

天圣初，以附丁谓，落职知吉州。言者又以在郡不修饬，复降监江州税。士衡儿时过外家，有僧善相，见之，语人曰："是儿神骨秀异，他日有名于时，若年过四十，当位极人臣。"年三十九，卒于官。

李垂字舜工，聊城人。咸平中，登进士第，上《兵制》、《将制书》。自湖州录事参军召为崇文校勘，累迁著作郎、馆阁校理。上《导河形胜书》三卷，欲复九河故道，时论重之。又累修起居注。丁谓执政，垂未尝往谒。或问其故，垂曰："谓为宰相，不以公道副天下望，而恃权怙势。观其所为，必游朱崖，吾不欲在其党中。"谓闻而恶之，罢知亳州，迁颍、晋、绛三州。明道中，还朝，阁门祗候李康伯谓曰："舜工文学议论称于天下，诸公欲用为知制诰，但宰相以舜工未尝相识，盍一往见之。"垂曰："我若昔谒丁崖州，则乾兴初已为翰林学士矣。今已老大，见大臣不公，常欲面折之，焉能趋炎附势，看人眉睫，以冀推挽乎？道之不行，命也。"执政知之，出知均州。卒，年六十九。

五子，仲昌最知名，锐于进取，尝献计修六塔河无功，自殿中丞责英州文学参军。

张洞字仲通，开封祥符人。父惟简，太常少卿。洞为人长大，眉目如画，自幼开悟，卓荦不群。惟简异之，抱以访里之卜者。曰："郎君生甚奇，必在策名，后当以文学政事显。"既诵书，日数千言，为文甚敏。未冠，晔然有声，遇事慷慨，自许以有为。时，赵元昊叛扰边，关、陇萧然，困于飞挽，且屡丧师。仁宗太息，思闻中外之谋。洞以布衣求上方略，召试舍人院，擢试将作监主簿。

寻举进士中第，调涟水军判官，遭亲丧去，再调颍州推官。民刘甲者，强弟柳使鞭其妇，既而投杖，夫妇相持而泣。甲怒，逼柳使再鞭之，妇以无罪死。吏当夫极法，知州欧阳修欲从之。洞曰："律以教令者为首，夫为从，且非其意，不当死。"众不听，洞即称疾不出，不得已谳于朝，果如洞言，修甚重之。

晏殊知永兴军，奏管勾机宜文字。殊儒臣，喜客，游其门者皆名士，尤深敬洞。改大理丞、知巩县。会殊留守西京，复奏知司录。殊晚节骤用刑，幕府无敢言。洞平居与殊赋诗饮酒，倾倒无不至，当事有官责，持议甚坚，殊为沮止，洞亦自以不负其知。

枢密副使高若讷、参知政事吴育荐其文学，宜为馆职，召试学士院，充秘阁校理、判祠部。时天下户口日蕃，民去为僧者众。洞奏："至和元年，敕增岁度僧，旧敕诸路三百人度一人，后率百人度一人；又文武官、内臣坟墓，得置寺拨放，近岁滋广。若以勋劳宜假之者，当依古给户守冢，禁毋樵采而已。今祠部帐至三十余万僧，失不裁损，后不胜其弊。"朝廷用其言，始三分减一。知太常礼院，宰相陈执中将葬，洞与同列谥为荣灵，其孙诉之，诏孙抃等复议，改曰恭。洞驳奏："执中位宰相，无功德而罪戾多，生不能正法以黜之，死犹当正名以诛之。"竟从抃等议。

初，皇后郭氏忤旨得罪废没，后仁宗悔之，诏追复其号，二十余年矣。至是，有司请祔于庙。知制诰刘敞以谓："《春秋》书'禘于太庙，用致夫人'。致者，不宜致也。且古者不二嫡，当许其号，不许其礼。"洞奏："后尝母天下，无大过恶，中外所知，陛下既察其偶失恭顺，洗之于既没，犹曰不许其礼，于义无当。且废后立后，何嫌于嫡？此当时大臣护已然之失，乖正名之典，而敞复引《春秋》'用致夫人'。按《左氏》哀姜之恶所不忍道，而二《传》有非嫡之辞，敞议非是。若从变礼，尚当别立庙。"不行。转太常博士，判登闻鼓院。仁宗方向儒术，洞在馆阁久，数有建明，仁宗以为知经，会覆考进士崇政殿，因赐飞白"善经"字宠之。洞献诗谢，复赐诏奖谕。

出知棣州，转尚书祠部员外郎。河北地当六塔之冲者，岁决溢病民田。水退，强者遂冒占，弱者耕居无所。洞奏一切官为标给，蠲其租以绥新集。河北东路民富蚕桑,契丹谓之"绫绢州",朝廷以为内地不虑。洞奏:"今沧、景,契丹可入之道,兵守多缺,契丹时以贩盐为名,舟往来境上,此不可不察。愿度形势,置帅、增屯戍以控扼之。"

时天下久安,荐绅崇尚虚名,以宽厚沉默为德,于事无所补,洞以谓非朝廷福。又谓:"谏官持谏以震人主,不数年至显仕,此何为者。当重其任而缓其迁,使端良之士不亟易,而浮躁者绝意。"致书欧阳修极论之。召权开封府推官。

英宗即位,转度支员外郎。英宗哀疚,或经旬不御正殿,洞上言:"陛下春秋鼎盛,初嗣大统,岂宜久屈刚健,自比冲幼之主。当躬万机,揽群材,以称先帝付畀之意,厌元元之望。"大臣亦以为言,遂听政。命考试开封进士,既罢,进赋,题曰《孝慈则忠》。时方议濮安懿王称皇事,英宗曰:"张洞意讽朕。"宰相韩琦进曰:"言之者无罪,闻之者足以戒。"英宗意解。

诏讯祁国公宗说狱,宗说恃近属,贵骄不道,狱具,英宗以为辱国,不欲暴其恶。洞曰:"宗说罪在不宥。虽然,陛下将惩恶而难暴之,独以其坑不辜数人,置诸法可矣。"英宗喜曰:"卿知大体。"洞因言:"唐宗室多贤宰相名士,盖其知学问使然。国家本支蕃衍,无亲疏一切厚廪之,不使知辛苦。婢妾声伎,无多寡之限,至灭礼义,极嗜欲。贷之则乱公共之法,刑之则伤骨肉之爱。宜因秩品立制度,更选老成教授之。"宗室缘是怨洞,痛诋訾言,上亦起藩邸,赖察之,不罪也。

转司封员外郎、权三司度支判官。对便殿称旨,英宗遂欲进用,大臣忌之,出为江西转运使。江西荐饥,微民积岁赋,洞为奏免之。又民输油绢不中度者,旧责以满匹,洞命计尽寸输钱,民便之。移淮南转运使,转工部郎中。淮南地不宜麦,民艰于所输,洞复命输钱,官为籴麦,不逾时而足。洞在棣时,梦人称敕召者,既出,如拜官然,愿视旌旗吏卒罗于庭。至是,梦之如初。自以年不能永,教诸子部分家事。未几卒,年四十九。

　　李士衡字天均，秦州成纪人，后家京兆府。进士及第，调鄠县主簿。田重进守京兆，命仕衡鞫死囚五人，活者四人。重进即其家谓曰："子有阴施，此门当高大之。"徙知彭山县，就加大理评事，迁光禄寺丞。父益，以不法诛，仕衡亦坐除名。

　　后会赦，寇准荐其材，尽复其官，领渭桥辇运，通判邠州，再迁秘书丞，徙知剑州。王均反，仕衡度州兵不足守，即弃城焚刍粟，辇金帛东守剑门。既而贼陷汉州，攻剑州，州空无所资，即趋剑门。仕衡预招贼众，得千余人，待之不疑。贼将至，与钤辖裴臻迎击之，斩首数千级。乃乘驿入奏，擢尚书度支员外郎，赐服绯鱼。已而使者言仕衡尝弃城，降监虔州税。

　　召还，判三司盐铁勾院。度支使梁鼎言："商人入粟于边，率高其直，而售以解盐。商利益博，国用日耗。请调丁夫转粟，而辇盐诸州，官自鬻之，岁可得缗钱三十万。"仕衡曰："安边无大于息民，今不得已而调敛之，又增以转粟挽盐之役，欲其不困，何可得哉！"不听，遂行鼎议，而关中大扰。乃罢鼎度支使，以仕衡为荆湖北路转运使，徙陕西。初，岁出内帑缗钱三十万，助陕西军费。仕衡言岁计可自办，遂罢给。

　　真宗谒陵寝，因幸洛，仕衡献粟五十万斛，又以三十万斛馈京西。朝廷以为材，召为度支副使。上言："关右既弛监禁，而永兴、同、华、耀四州犹率卖盐，年额钱请减十之四。"诏悉除之。累迁司封郎中，为河北转运使。又奏罢内帑所助缗钱百万。建言："河北岁给诸军帛七十万，而民艰于得钱，悉预假于里豪，出倍偿之息，以是工机之利愈薄。方春民不足，请户给钱，至夏输帛，则民获利而官用足矣。"诏优其直，仍推其法于天下。

　　封泰山，献钱帛、刍粮各十万，见于行宫，迁右谏议大夫。祀汾阴，又助钱帛三十万，乃命同林特提举京西、陕西转运事。权知永兴军，进给事中。逾月，以枢密直学士知益州。

　　顷之，河北阙军储，议者以谓仕衡前过助封祀费，真宗闻之，以为河北都转运使。驾如亳州，又贡丝绵、缣帛各二十万。后集粟塞下，至钜万斛。或言粟腐不可食，朝廷遣使取视之，而粟不腐也。棣州污下苦水患，士衡奏迁州西北七十里，既而大水没故城丈余。南郊，复进钱帛八十万，先是，每有大礼，士衡必以所部供军物为贡，言者以为不实。士衡乃条析进六十万皆上供者，二十万即其羡余。帝不之罪，谓王旦曰："士衡应猝有材，人欲以此中之。然朝廷所须，随大小即办，亦其所长也。"明年旱蝗，发积粟赈民，又移五万斛济京西。

迁尚书工部侍郎、权知天雄军。民有盗瓜伤主者，法当死，士衡以岁饥，奏贷之。盗起淄、青间，迁刑部侍郎、知青州。前守捕群盗妻子置棘围中，士衡至，悉纵罢之使去。未几，其徒有枭贼首至者。入为三司使，帝作《宽财利论》以赐之。乃更陕西入粟法，使民得受钱与茶。旧市羊及木，责吏送京师，而羊多道死，木至湍险处往往漂失，吏至破产不能偿。士衡乃许吏私附羊，免其算，使得补死者；听民自采木输官，用入粟法偿其直。迁吏部侍郎。

仁宗即位，拜尚书左丞，以足疾，改同州观察使、知陈州。州大水，筑大堤以障水患。徙颍州，复知陈州。曹利用，士衡婿也。利用被罪，降士衡左龙武军大将军，分司西京。岁余，改左卫大将军，卒。其后诸子诉其父有劳于国，非意左迁，诏追复同州观察使。

士衡前后管计事二十年，虽才智过人，然素贪，家赀至累钜万，建大第长安里中，严若官府。

子丕绪，荫补将作监主簿。及士衡归老，丕绪时为尚书虞部员外郎，请解官就养。朝廷以为郎，故事不许，请削一官，乃听。未几，还之。居十余年，士衡死，服除，久之不出。大臣为言，起金书永兴军节度判官事。历通判永兴军、同州，知解州、兴元府、华州，累迁司农卿。致仕，卒。丕绪居官廉静，不为矫激。家多图书，集历代石刻，为数百卷藏之。

李溥，河南人。初为三司小吏，阴狡多智数。时天下新定，太宗厉精政事,尝论及财赋,欲有所更革,引三司吏二十七人对便殿,问以职事。溥询其目,请退而条上。命至中书,列七十一事以闻,四十四事即日行之,余下三司议可否。于是帝以溥等为能,语辅臣曰:"朕尝谕陈恕等,如溥辈虽无学,至于金谷利害,必能究知本末,宜假以色辞,诱令开陈。而恕等强愎自用,莫肯询问。"吕端对曰:"耕当问奴,织当问婢。"寇准曰:"孔子入太庙,每事问。盖以贵下贱,先有司之义也。"帝以为然,悉擢溥等以官,赐钱币有差。

溥为左侍禁、提点三司孔目官,请著内外百官诸军奉禄为定式。加阁门祗候。催运陕西粮草,赴清远军,还,提举在京仓草场,勾当北作坊。齐州大水,坏民庐舍,欲徙州城,未决,命溥往视,遂徙城而还。又与李仕衡使陕西,增酒榷缗钱岁二十五万。三行崇仪使。

景德中,茶法既弊,命与林特、刘承珪更定法,募人入金帛京师,入刍粟塞下,与东南茶皆倍其数,即以溥制置江、淮等路茶盐矾税兼发运事,使推行之。岁课缗钱,果增其旧,特等皆受赏。溥时已为发运副使,迁为使,仍改西京作坊使。然茶法行之数年,课复损于旧。江、淮岁运米输京师,旧止五百余万斛,至溥乃增至六百万,而诸路犹有余畜。高邮军新开湖水散漫多风涛,溥令漕舟东下者还过泗州,因载石输湖中,积为长堤,自是舟行无患。累迁北作坊使。

时营建玉清昭应宫,溥与丁谓相表里,尽括东南巧匠遣诣京,且多致奇木怪石,以傅会帝意。建安军铸玉皇、圣祖,溥典其事,丁谓言溥蔬食者周岁,而溥亦数奏祥应,遂以为迎奉圣像都监、领顺州刺史,迁奖州团练使。溥自言江、淮岁入茶,视旧额增五百七十余万斤。并言漕舟旧以使臣若军大将,人掌一纲,多侵盗,自溥并三纲为一,以三人共主之,使更相司察。大中祥符九年,初运米一百二十五万石,才失二百石。会溥当代,诏留再任,特迁宫苑使。

初,谯县尉陈齐论榷茶法,溥荐齐任京官,御史中丞王嗣宗方判吏部铨,言齐豪民子,不可用。真宗以问执政,冯拯对曰:"若用有材,岂限贫富。"帝曰:"卿言是也。"因称溥畏慎小心,言事未尝不中利害,以故任之益不疑。然溥久专利权,内倚丁谓,所言辄听。帝尝语执政曰："群臣上书论事,法官辄沮之,云非有大益,无改旧章,然则何以广言路。"王旦对曰："法制数更,则诏令抵牾,故重于变易。"因言："溥尝请盗贩茶盐者赃仗皆没官。已可之矣。"帝曰："此特畏溥之强,不敢退却,自今虽小吏言,亦宜详究行之。"

溥既专且贪,由是浸为不法。发运使黄震条其罪状以闻,罢知潭州。命御史鞫治,得溥私役兵为姻家林特起第,附官舟贩竹木,奸赃十数事。未论决,会赦,贬忠武军节度副使。仁宗即位,起知淮阳军,历光、黄二州,复以赃败,贬蔡州团练副使。久之,监徐州利国监,以千牛卫将军致仕,卒。

胡则字子正,婺州永康人。果敢有材气。以进士起家,补许田县尉,再调宪州录事参军。时灵、夏用兵,转运使索湘命则部送刍粮,为一月计。则曰："为百日备,尚恐不支,奈何为一月邪?"湘惧无以给,遣则遂入奏。太宗因问以边策,对称旨,顾左右曰："州县岂乏人?"命记姓名中书。后李继隆讨贼,久不解,湘语则曰："微子几败我事。"一日,继隆移文转运司曰："兵且深入,粮有继乎?"则告湘曰："彼师老将归,欲以粮乏为辞耳,姑以有余报之。"已而果为则所料。湘为河北转运使,奏改秘书省著作佐郎、金书贝州观察判官事。

后以太常博士提举两浙榷茶,就知睦州,徙温州。岁余,提举江南路银铜场、铸钱监,得吏所匿铜数万斤,吏惧且死,则曰："马伏波哀重囚而纵之,吾岂重货而轻数人之生乎?"籍为羡余,不之罪。改江、淮制置发运使,累迁尚书户部员外郎。真宗幸亳还,擢三司度支副使。

初,丁谓举进士,客许田,则厚遇之,谓贵显,故则骤进用。至是,谓罢政事,出则为京西转运使,迁礼部郎中。部内民讹言相惊,至遣使安抚乃定。坐是,徙广西路转运使。有番舶遭风至琼州,且告食乏,不能去。则命贷钱三百万,吏白夷人狡诈,又风波不可期。则曰："彼以急难投我,可拒而不与邪?"已而偿所贷如期。又按宜州重辟十九人,为辨活者九人。复为发运使,累迁太常少卿。

　　乾宁初，坐丁谓党，降知信州，徙福州，以右谏议大夫知杭州。入权吏部流内铨，坐失举，复为太常少卿、知池州。未行，复谏议大夫、知永兴军，徙河北都转运使，以给事中权三司使，通京东西、陕西盐法，人便之。初，则在河北，殿中侍御史王沿尝就则假官舟贩盐，又以其子为名祈买酒场。至是，张宗海摘发之，按验得实，出则知陈州。逾月，授工部侍郎、集贤院学士。刘随上疏言："则奸邪贪滥闻天下，比命知池州，不肯行，今以罪去，骤加美职，何以风劝在位？"后徙杭州，再迁兵部侍郎致仕，卒。

　　则无廉名，喜交结，尚风义。丁谓贬崖州，宾客随散落，独则间遣人至海上，馈问如平日。在福州时，前守陈绛尝延蜀人龙昌期为众人讲《易》，得钱十万。绛既坐罪，遂自成都械昌期至。则破械馆以宾礼，出俸钱为偿之。

　　昌期者，尝注《易》、《诗》、《书》、《论语》、《孝经》、《阴符经》、《老子》，其说诡诞穿凿，至诋斥周公。初用荐者补国子四门助教，文彦博守成都，召置府学，奏改秘书省校书郎，后以殿中丞致仕。著书百余卷，嘉祐中，诏取其书。昌期时年八十余，野服自诣京师，赐绯鱼，绢百匹。欧阳修言其异端害道，不当推奖，夺所赐服罢归，卒。

　　薛颜字彦回，河中万泉人。举三礼中第，为嘉州司户参军。代还引见，太宗顾问之，对称旨，改将作监丞、监华州酒税。以秘书省著作佐郎使夔、峡，疏决刑狱。还，改太子左赞善大夫、知云安军，徙渝、阆二州，擢三司盐铁判官，河北计置粮草。

　　初，丁谓招抚溪蛮，有威惠，部人爱之。留五年，诏谓自举代，谓荐颜为峡路转运使，累迁尚书虞部员外郎。始，孟氏据蜀，徙夔州于东山，据峡以拒王师，而民居不便也，颜为复其故城。宜州陈进反，命勾当广南东、西路转运司事。贼平，迁金部员外郎，改河东转运使。

　　祀汾阴，徙陕西。河中浮桥岁为水所败，颜即北岸酾上流为支渠，以杀水怒，因取渠水溉其旁田，民颇利之。坊州募人炼矾，岁久课益重,至有破产被系不能偿者。颜奏:"罢坊矾,则晋矾当大售。"后如其策。徙河北。在知河阳、杭、徐州,累迁光禄少卿,以少府监知江宁府。逻者昼劫人,反执平人以告。颜视其色动,曰:"若真盗也。"械之,果引伏。转右谏议大夫、知河南府。

仁宗即位,迁给事中。丁谓分司西京,以颜雅与善,徙知应天府,又徙耀州。部有豪姓李甲,结客数十人,号"没命社",少不如意,则推一人以死斗之,积数年,为乡人患,莫敢发。颜至,大索其党,会赦当免,特杖甲流海上,余悉籍于军。以光禄卿分司西京,卒于家。尝属杜衍为墓志,衍却之。仁宗闻其事,他日,谓衍曰:"薛颜有丑行,卿不欲志其墓,诚清识也。"孙向,自有传。

许元字子春,宣州宣城人。以父荫为太庙斋郎,改大理寺丞,累迁国子博士,监在京榷货务,三门发运判官。元为吏强敏,尤能商财利。庆历中,江、淮岁漕不给,京师乏军储,参知政事范仲淹荐元可独倚办,擢江、淮制置发运判官。至,则悉发濒江州县藏粟,所在留三月食,远近以次相补,引千余艘转漕而西。未几,京师足食,朝廷以为任职,就迁副使。遂以尚书主客员外郎为使,进金部,特赐进士出身,迁侍御史。

尝欲与施昌言分行二浙、江南调发军食。仁宗闻之,语辅臣曰:"东南岁比不登,民力匮乏,尝诏损岁漕百万石,而元与昌言乃更欲分道而出,是必诛求疲民以自为功,非朕志也。"下诏戒饬。既而元欲专六路财赋,收羡余以媚三司,惮诸部不从,请以六路转运司自隶,既可之矣,而转运使多论其罪,事遂寝。擢天章阁待制,再迁郎中,以疾请还。历知扬、越、秦州,卒。

元在江、淮十三年,以聚敛刻剥为能,急于进取,多聚珍奇以赂遗京师权贵,尤为王尧臣所知。发运使治所在真州,衣冠之求官舟者,日数十辈。元视势家贵族,立榷巨舰与之;即小官茕独,伺候岁月,有不能得。人以是愤怨,而元自以为当然,无所愧惮。

钟离瑾字公瑜，庐州合肥人。举进士，为简州推官，以殿中丞通判益州。建言："州郡既上雨，后虽凶旱，多隐之以成前奏，请令监司劾其不实者。"擢开封府推官，出提点两浙刑狱。衢、润州饥，取饿者食之，颇废农作，请发米二万斛赈给，家毋过一斛。后徙淮南转运使，历京西、河东、河北转运副使，改江、淮制置发运使。殿直王乙者，请自扬州召伯埭东至瓜州，浚河百二十里，以废二埭。诏瑾规度，以工大不可就，止置闸召伯埭旁，人以为利。累迁尚书刑部郎中，为三司户部副使，除龙图阁待制、权知开封府。未逾月，得疾，仁宗封药赐之，使未及门而卒。

孙冲字升伯，赵州平棘人。举明经，历古田青阳尉、盐山丽水主簿。尝并丧父母去官，有司循五代故事，必六年乃听调，冲援古制，以书干宰相，不纳。后举进士，登甲科。授将作监丞，历通判晋、绛、保州，坐与保州守争事，降监吉州酒，累迁太常博士。

河决棣州，知天雄军寇准请徙州治河，命冲往按视。还言："徙州动民，亦未免治堤，不若塞河为便。"遂以冲知棣州，自秋至春，凡四决，冲皆塞之，就除殿中侍御史。准为枢密使，卒徙州信阳。而冲坐守护河堤过严，民输送往来堤上者辄榜之，为使者论奏，徙知襄州。冲复上疏论徙州非便，著《河书》以献。

会京西蝗，真宗遣中使督捕，至襄，怒冲不出迎，乃奏蝗唯襄为甚，而州将日置酒，无恤民意。帝怒，命即州置狱。冲得属县言岁稔状，驰驿上之。时使者犹未还，帝悟，为追使者笞之。以侍御史为京西转运。塞滑州决河，权知滑州。参知政事鲁宗道总河事，用太常博士李渭策，欲盛夏兴役。冲言徒费薪楗，困人力，虽塞必决。遂罢知河阳。累迁刑部郎中，历湖北、河东转运使。

会南郊赏赐军士，而汾州广勇军所得帛不逮他军，一军大噪，捽守佐堂下劫之。约与善帛乃免。城中戒备，遣兵围广勇营，冲适至，命解围弛备，置酒张乐，推首恶十六人斩之，遂定。初，守佐以乱军所约者上闻，诏给善帛。使者至潞，冲促之还，曰："以乱而得所欲,是愈诱之乱也。"卒留不与。入判登闻鼓院,以目疾改兵部郎中、直史馆、知河中府,徙潞州,复为河东转运使,迁太常少卿,擢右谏议大夫,复知潞州,迁翰林院学士。及徙同州,权西京留司御史台,迁给事中。丧明,卒。

冲为吏,所至以强干称,能任钩距,多得事情,然无家法,晚节尤寡廉声。孙永,自有传。

崔峄字之才,京兆长安人。进士及第,累官尚书职方员外郎、知遂州。建议瞿塘峡置关如剑门,以察奸人。事既施行,徙提点刑狱。嘉陵江岁调民丁治堤堨,峄更用州兵代其役。文州蕃卒数剽攻边户,守臣虑生事,多以牛酒和遣。峄请守臣岁时得行边,益募勇壮,伺其发,一切捕击之,后无复内寇。就除转运使。历三司户部判官、河东转运使。会更钱法,潞州民大扰,推其首恶诛之,人心遂定。

后为户部副使,以右谏议大夫为河东都转运使,迁给事中,还,纠察在京刑狱。谏官、御史言宰相陈执中纵嬖妾杀婢,命按治。峄以为执中自以婢不恪笞之死,非妾杀之,颇左右执中,即授龙图阁待制、知庆州。羌井坑族乱,潜兵讨平。历知同州、凤翔府,改工部侍郎、集贤院学士、知河中府。

峄所至贪奸,比老益甚。在凤翔,转运使薛向按之急,不得已至河中。请老,以刑部侍郎致仕,卒。

田瑜字资忠,河南寿安人。举进士,历袁、郓、合三州军事推官,迁大理寺丞,知鹿邑、建阳县,徙知蒙、江二州,累迁尚书司封员外郎、提点广南西路刑狱。庆历中,欧希范诱溪洞环州蛮叛,上以瑜习知南方事,就除荆湖北路转运使。瑜檄属郡募民击贼,又督转粟以守要害,故兵所至皆不乏食,贼势大挫。

徙两浙转运按察使。杭州龙山堤岁决,水冒民居,辄赋刍塞之。瑜与民约,每刍十束,更输石一尺。率五岁,得石百万,为石堤,堤固而岁不调民。加直史馆、益州路转运使,改江、淮制置发运使,擢天章阁待制、知广州,累迁谏议大夫、权三司户部副使。

侬智高犯邕,瑜条上用兵御贼十事。智高平,召对便殿,具言南方山川险要,所以备守之策,乃以为广南东路体量安抚使。还,纠察刑狱,同判吏部流内铨,除龙图阁直学士、知青州。城中有杀人投井中者,吏以其无主名,不以闻。瑜廉得之,大出金帛购贼,后数日,邻州民执贼以告。属岁凶多盗,瑜立赏罚、设方略捕格之,境中肃然。徙知澶州,背发疽卒。

瑜谨厚少文,而于吏事颇尽心,然御下急,无廉称。

施昌言字正臣,通州静海人。举进士高第,授将作监丞、通判滁州。后以太常博士召试馆职,不中选,迁尚书屯田员外郎、知太平州。上《政论》三十篇。入为殿中侍御史、开封府判官。安抚淮南,还,以礼部员外郎兼侍御史知杂事,迁三司度支副使,除天章阁待制、河北都转运使。言事者以为滨、棣等六州河可涉,宜有城守如边,以待契丹。诏昌言与宦官杨怀敏往视。怀敏以为当城如边,昌言曰:“六州地千里,又河数移徙,城之甚难而无利。契丹未渝盟先自困,非便也。”或请于麟、府立十二砦以拓境,又诏昌言与明镐、张元度可否,昌言独以为:“麟、府在河外,于国家无毫发入,而至今馈守者,徒以畏蠲国之虚名。今不当又事无利之砦,以重困财力。”就除知庆州。在州所为不法,语彻朝廷。昌言疑通判陈湜言之,追发湜罪,湜坐废,昌言亦降知华州。

历知沧州、河阳,移河北都转运使。议塞商胡埽决河,令复故道,与北京留守贾昌朝累论。徙江、淮发运使,加龙图阁直学士、知应天府,又知延州。召还,会塞六塔河,以为都大修河制置使,辞,弗许,加枢密直学士、知澶州,以便役事。河决,夺一官知滑州,又知杭州,加龙图阁学士,复知滑州。以老求罢,乃以知越州。至京师,卒。

昌言为发运使时,召范仲淹后堂,出婢子为优,杂男子慢戏,无所不言。仲淹怪问之,则皆昌言子也,仲淹大不怿而去。其治家如此。

　　论曰：狄棐、郎简、孙祖德、张若谷、石扬休、祖士衡并以文辞高第，累侍从，历方州，始为名臣，终鲜大过，考其行事可见也。李垂宁去华近，不肯见宰相；张洞以直言正论为大臣所忌，则其抱负从可知矣。若李仕衡而下十人，皆能任剧繁，然或寡廉称，或有丑行，君子耻之。

宋史卷三〇〇
列传第五九

杨偕　王沿 子鼎　杜杞
杨畋　周湛　徐的　姚仲孙
陈太素 马寻 杜鲁附　李虚己
张傅　俞献卿　陈从易
杨大雅

杨偕字次公,坊州中部人。唐左仆射于陵六世孙。父守庆,仕广南刘氏,归朝,为坊州司马,因家焉。偕少从种放学于终南山,举进士,释褐坊州军事推官、知汧源县,再调汉州军事判官。道遇术士曰:"君知世有化瓦石为黄金者乎?"就偕试之,既验,欲授以方。偕曰:"吾从吏禄,安事化金哉?"术士曰:"子志若此,非吾所及也。"出户,失所之。

在官,数上书论时政,又上所著文论。召试学士院,不中,改永兴军节度推官。又上书论陕西边事,复召试,不赴,即迁秘书省著作佐郎,为审刑院详议官,再迁太常博士。宋绶荐为监察御史,改殿中侍御史。与曹修古连疏,言刘从德遗奏恩太滥,贬太常博士、监舒州税。以尚书祠部员外郎知光州,改侍御史,为三司度支判官。

时郭皇后废,偕与孔道辅、范仲淹力争。道辅、仲淹既出,偕止罚金。乃言愿得与道辅等皆贬,不报。富民陈氏女选入宫,将以为

后,偕复上疏谏上。以尚书户部员外郎兼侍御史知杂事。马季良以
罪斥置滁州,自言得致仕。偕以谓致仕用优贤者,不当以宠罪人,又
数论升降之弊,仁宗嘉纳之。判吏部流内铨,徙三司度支副使,擢天
章阁待制、河北转运使。按知定州夏守恩赃数万。守恩流岭南。明
年,丁母忧,愿终制,不许,进龙图阁直学士、知河中府。

元昊反,刘平、石元孙战没。偕闻,乃伪为书驰告延州曰:"朝廷
遣救兵十万至矣。"命傍郡县大具刍粮、什器以俟。比书至,贼已解
去。夏竦为陕西经略使,请增置土兵,易戍兵归卫京师。偕言:"方
关中财用乏,复增土兵,徒耗国用。今贼势方盛,虽大增土兵,亦未
能减戍兵东归,第竦惧败事,欲以兵少为解尔。"竦复奏偕不忠,沮
边计,偕争愈力。时陕西议立五保,偕又以为扰民,疏请罢之。徙陕
州,又徙河东都转运使。诏大选三路之民,募为兵。偕复言:"方今
兵不为少,苟多而不练,则其势易以败,又困国而难供。"时论者惟
务多兵,而偕论常如此。

进枢密直学士、知并州。及元昊入寇,密诏偕选强壮万人,策应
麟、府。偕奏:"出师临阵,无纪律则士不用命。今发农卒赴边,虑在
路逃逸及临阵退缩、不禀号令,请以军法从事。"诏如所请。并人大
惊畏,都转运使文彦博奏罢之。有中官预军事素横,前帅优遇之。偕
至,一绳以法,命率所部兵从副总管赴河外,戒曰:"遇贼将战,一禀
副总管节度。"中人不服,捧檄诉。偕叱曰:"汝知违主帅命即斩首
乎?"监军怖汗,不觉堕笏,翌日告疾,未几遂卒。于是军政肃然。

元昊大掠河北,诏修宁远砦。偕言:宁远砦在河外,介麟、丰二
州之间,无水泉可守。请建新麟州于岚州,有白塔地可建砦屯兵。谓
"迁有五利,不迁有三害。省国用,惜民力,利一也。内御岢岚、石府
州沿河一带贼所出路,利二也。我据其要,则河冰虽合,贼不敢逾河
而东,利三也。商旅往来以通货财,利四也,方河冻时,得所屯兵马
五七千人以张军势,利五也。今麟州转输束刍斗粟,费直千钱,若因
循不迁,则河东之民,困于调发无已时,害一也。以孤垒饵敌,害二
也。道路艰阻,援兵难继,害三也。且州之四面,属羌遭贼驱胁,荡

然一空,止存孤垒,犹四支尽废,首面心腹独存也。今契丹又与西贼共谋,待冰合来攻河东,若朝廷不思御捍之计而修宁远砦,是求虚名而忽大患也。况灵、夏二州皆汉、唐郡,一旦弃之,一麟州何足惜哉!"书奏,帝谓辅臣曰:"麟州,古郡也。咸平中,尝经寇兵攻围,非不可守,今遽欲弃之,是将退而以河为界也。宜谕偕速修复宁远,以援麟州。"

明年,改左司郎中、本路经略安抚招讨使,赐钱五十万。偕列六事于朝:一、罢中人预军事;二、徙麟州;三、以便宜从事;四、出冗师;五、募武士;六、专捕援。且曰:"能用臣言则受命,不然则已。"朝廷不从,偕累奏不已,乃罢知邢州,徙沧州。求面论兵事,召还,令间日入对。

偕在并州日,尝论《八阵图》及进神盾、劈阵刀,其法外环以车,内比以盾。至是,帝命以步卒五百,如其法布阵于庭,善之,乃下其法于诸路。其后王吉果用偕刀盾败元昊于兔毛川。久之,迁翰林侍读学士、知审官院,复以为左司郎中。元昊乞和而不称臣,偕以谓连年出师,国力日蹙,宜权许之,徐图诛灭之计。谏官王素、欧阳修、蔡襄累章劾奏:"偕职为从官,不思为国讨贼,而助元昊不臣之请,罪当诛。陛下未忍加戮,请出之,不宜留处京师。"帝以其章示偕,偕不自安,乃求知越州,道改杭州。时襄谒告过杭而轻游里市,或谓偕合言于朝。对曰:"襄尝缘公事抵我,我岂可以私报耶?"又上《太平可致十象图》。

还,判太常、司农寺,改右谏议大夫。请老,以尚书工部侍郎致仕。于其归,特赐宴。尝召问,赐上不拜。卒,遗奏《兵论》一篇,帝怜之,特赠兵部侍郎。偕性刚而忠朴,敢为大言,数上书论天下事,议者以为迂阔难用。与人少合,尤喜古今兵法,有《兵书》十五卷,集十卷。子忱、愷,皆有俊才,蚤卒。

王沿字圣源,大名馆陶人。少治《春秋》。中进士第,试秘书省校书郎,历知彭城、新昌二县,改相州观察推官,知宗城县。张知白

荐其才,擢著作佐郎,入为审刑院详议官,再迁太常博士。上书论:

汉、唐之初,兵革才定,未暇治边圉,则屈意以讲和。承平
之后,我力有余,而外侮不已,则以兵治之,孝武之于匈奴,太
宗之于突厥颉利是也。宋兴七十年,而契丹数侵深、赵、贝、魏
之间,先朝患征调之不已也,故屈己与之盟。然彼以戈矛为耒
耜,以剽虏为商贾,而我垒不坚,兵不练,而规规于盟歃之间,
岂久安之策哉?

夫善御敌者,必思所以务农实边之计。河北为天下根本,
其民俭啬勤苦,地方数千里,古号丰实。今其地,十三为契丹所
有,余出征赋者,七分而已。魏史起凿十二渠,引漳水溉斥卤之
田,而河内饶足。唐至德后渠废,而相、魏、磁、洺之地并漳水
者,累遭决溢,今皆斥卤不可耕。故沿边郡县,数蠲租税,而又
牧监刍地,占民田数百千顷。是河北之地,虽十有其七,而得赋
之实者,四分而已。以四分之力,给十万防秋之师,生民不得不
困也。且牧监养马数万,徒耗刍粲,未尝获其用。请择壮者配
军,衰者徙之河南,孳息者养之民间。罢诸坰牧,以其地为屯
田,发役卒、刑徒田之,岁可用获谷数十万斛。夫漳水一石,其
泥数斗,古人以为利,今人以为害,系乎用与不用尔。愿募民复
十二渠,渠复则水分,水分则无奔决之患。以之灌溉,可使数郡
瘠卤之田,变为膏腴,如是,则民富十倍,而帑廪有余矣。以此
驭敌,何求而不可。

诏河北转运使规度,而通判洺州王轸言:“漳河岸高水下,未易
疏导;又其流浊,不可溉田。”沿方迁监察御史,即上书驳轸说,帝虽
嘉之而不即行,语在《河渠志》。时枢密副使晏殊以笏击从者折齿,
知开封府陈尧咨、判官张宗诲日嗜酒惰事,沿皆弹奏之。天圣五年,
安抚关陕,减诸县秋税十二三。还,为开封府推官。又体量河朔饥
民,所至不俟诏,发官廪济之。就除转运副使。上言:

本朝制兵刑,未几于古。自契丹通好三十年,二边常屯重
兵,坐耗国用,而未知所以处之。请教河北强壮,以代就粮禁卒

之阙;罢招厢军,以其冗者隶作屯田。行之数年,禁卒当渐销减,而强壮悉为精兵矣。

古者"刑平国,用中典",而比者以敕处罪,多重于律。以绢估罪者,敕以缗直代之,律坐髡钳而役者,敕黥窜以为卒。比诸州上言,谪卒太多,衣食不足,愿勿复谪者七十余州。以律言之,皆不至是,是以繁文罔之而置于理也。诚愿削深文而用正律,以钱定罪者,悉从绢估;黥窜为卒者,止从髡钳。此所谓胜残去杀,无待百年者也。

被诏鞫曹汭狱于真定府,迁殿中侍御史。母丧服除,改尚书工部员外郎、知邢州,复起为河北转运使。奏罢二牧监,以地赋民。导相、卫、邢、赵水下天平、景祐诸渠,溉田数万顷。因诣阙奏事,上所著《春秋集传》十五卷,复上书以《春秋》论时事。授直昭文馆,为三司户部副使,徙盐铁,迁兵部员外郎、天章阁待制、陕西都转运使。时朝廷将减卒戍,就食内地,诏与知州、总管、钤辖等议。沿即奏减卒数万,知枢密院李谘以为不可,复下沿边都监议。沿上疏曰:"兵机当在廊庙之上,岂可取责小人哉!"谘恶其言,奏罢之,降知滑州,徙成德军。建学校,行乡饮酒礼。

迁刑部郎中、河东都转运使,加龙图阁直学士、知并州。时元昊数寇河东,建议徙丰州,不报,已而州果陷。进枢密直学士、右司郎中,为泾原路经略、安抚、招讨使兼知渭州。增屯兵,城中隘甚,乃筑西关城五里。改泾州观察使。元昊入寇,副都总管葛怀敏率兵出捍,沿教怀敏率兵据瓦亭待之,怀敏进兵镇戎,沿以书戒勿入,第背城为砦,以羸师诱贼,贼至,发伏击之可有功。怀敏不听,进至定川,果为所败。贼乘胜犯渭州,沿率州人乘城,多张旗帜为疑兵,贼遂引去。坐怀敏败,复为龙图阁直学士、刑部郎中、知虢州,寻降天章阁待制,而为权御史中丞贾昌朝所奏,落待制。未几,徙知成德军,复待制,又徙河中府,卒。

沿好建明当世事,而其论多龃龉。初兴河北水利,导诸渠溉民田,论者以为无益。已而邢州民有争渠水至杀人者,然后人知沿所建为利。尝论以《春秋》法断事,然真定之狱,人以为沿傅致之。有文集二十卷,《唐志》二十一卷。子鼎。

鼎字鼎臣,以进士第,累迁太常博士。王尧臣领三司,举勾当公事,数上书论时政得失。时天子患吏治多弛,监司不举职,而范仲淹等方执政,择诸路使者令按举不法,以鼎提点江东刑狱。与转运使杨纮、判官王绰竞摘发吏,至微隐罪无所贷。于是所部官吏怨之,目为“三虎”。仁宗闻之,不说,后傅惟几奉使江东,戒以毋效“三虎”为也。仲淹等罢,鼎与纮、绰皆为人所言,时鼎提点两浙刑狱,降知深州。

王则以贝州反,深卒庞旦与其徒,谋以元日杀军校、劫库兵应之。前一日,有告者。鼎夜出檄,遣军校摄事外邑,而阴为之备。翌日,会僚吏置酒如常,叛党愕不敢动。鼎刺得实,徐捕首谋十八人送狱。狱具,俟转运使至审决。未至,军中汹汹谋劫囚。鼎因谓僚吏曰:“吾不以累诸君。”独命取囚桀骜者数人,斩于市,众皆失色,一郡帖然。转运使至,囚未决者半,讯之,皆伏诛。

明年,河北大饥,人相食,鼎经营赈救,颇尽力。徙建州,其俗生子多不举,鼎为条教禁止。时盗贩茶盐者众,一切杖遣之,监司数以为言,鼎弗为变。徙提点河北刑狱,治奸赃益急,所劾举,不避贵势。召为开封府判官,改盐铁判官,累迁司封员外郎、淮南、两浙、荆湖制置发运副使。内侍杨永德奏请沿汴置铺挽漕舟,岁可省卒六万,鼎议以为不可。永德横猾,执政重违其奏,乃令三司判官一员将永德就鼎议,发八难,永德不能复。鼎因疏言:“陛下幸察用臣,不宜过听小人,妄有所改,以误国计。”于是永德言不用。

居二年,遂以为使。前使者多渔市南物,因奏计京师,持遗权贵。鼎一无所市,独悉意精吏事,事无大小,必出于已。凡调发纲吏,度漕路远近,定先后为成法,于是劳逸均,吏不能为重轻。官舟禁私载,舟兵无以自给,则尽盗官米为奸。有能居贩自赡者,市人持以法,不肯偿所逋。鼎为移州县督偿之,舟人有以自给,不为奸,而所运米未尝不足也。入为三司盐铁副使。数与包拯争议，不少屈。拯素强，然无如之何。迁刑部郎中、天章阁待制、河北都转运使，徙使河东，卒。

鼎性廉不欺，尝任其子，族人欲增年以图速仕，鼎不可。父死，分诸子以财，鼎悉推与其弟。尝知临邛县，转运使摄新繁，新繁多职田，斗粟不以自入。奉使契丹，得千缣，散之族人，一日尽。所至不扰，唯市饮食日用物，增直以偿。事继母孝，教育孤侄甚至，自奉养俭约。当官明敏，强直不可挠。所荐士多知名，有终身不识者。然性猜忌，其行部，至于药饵，皆手自扃镝。至潞州八义馆，疾作，不知人事，左右遑遽，发药奁，悉无题识，莫敢进，以迄于卒。初，鼎与弟豫皆有才气，好上书言事，仁宗称之，以为豫孟浪，鼎所言多可用。豫为人不事羁检，以大理寺丞知伊阙县，有异政。弃官浮游江、湖间，殖货自给以卒。

杜杞字伟长。父镐，荫补将作监主簿，知建阳县。强敏有才。闽俗，老而生子辄不举。杞使五保相察，犯者得重罪。累迁尚书虞部员外郎、知横州。时安化蛮寇边，杀知宜州王世宁，出兵讨之。杞言："岭南诸郡，无城郭甲兵之备，牧守非才。横为邕、钦、廉三郡咽喉，地势险阻，可屯兵为援。邕管内制广源，外控交阯，愿择文臣识权变练达岭外事者，以为牧守，使经制边事。"改通判真州，徙知解州，权发遣度支判官。盗起京西，掠商、邓、均、房，焚光化军，授京西转运、按察使。居数月，贼平。

会广西区希范诱白崖山蛮蒙赶反，有众数千，袭破环州，带溪、普义、镇宁砦，岭外骚然。擢刑部员外郎、直集贤院、广南西路转运按察安抚使。行次真州，先遣急递以书谕蛮，听其自新。次宜州，蛮无至者。杞得州校，出狱囚，脱其械，使入洞说贼，不听。乃勒兵攻破白崖、黄坭、九居山砦及五峒，焚毁积聚，斩首百余级，复环州。贼散走，希范走荔波洞，杞遣使诱之，赶来降。杞谓将佐曰："贼以穷蹙降我，威不足制则恩不能怀，所以数叛，不如尽杀之。"乃击牛马，为曼陀罗酒,大会环州,伏兵发,诛七十余人。后三日,又得希范,醢之以遗诸蛮,因老病而释者,才百余人。御史梅挚劾杞杀降失信,诏戒谕之,为两浙转运使。明年,徙河北,拜天章阁待制、环庆路经略安抚使、知庆州。杞上言:"杀降者臣也,得罪不敢辞。将吏劳未录,臣未敢受命。"因为行赏。蕃酋率众千余内附,夏人以兵索酋而劫边户,掠马牛,有诏责杞。杞言:"彼违誓举兵,酋不可与。"因移檄夏人,不偿所掠,则酋不可得,既而兵亦罢去。

杞性强记,博览书传,通阴阳数术之学,自言吾年四十六死矣。一日据厕,见希范与赶在前诉冤,叱曰:"尔狂僭叛命,法当诛,尚敢诉邪!"未几,卒。有奏议十二卷。

兄植,以文雅知名,累任监司,终少府监。弟枢,亦强敏,为比部员外郎。有张彦方者,温成皇后母越国夫人客也。坐奸利论死,语连越国夫人。开封不敢穷治,执政以后故,亦不复诘。狱上,中书遣枢虑问,枢扬言将驳正,亟改用谏官陈升之,权幸切齿于枢。前此,御史中丞王举正留百官班论张尧佐除宣徽使,枢尝出班问其故。至是,盖累月矣,坐是罪枢,黜监衡州税,卒。

杨畋字乐道,保静军节度使重勋之曾孙。进士及第,授秘书省校书郎、并州录事参军,再迁大理寺丞、知岳州。庆历三年,湖南徭人唐和等劫掠州县,擢殿中丞、提点本路刑狱,专治盗贼事。乃募才勇,深入峒讨击。然南方久不识兵,士卒多畏慑。及战孤浆峒,前军衄,大兵悉溃,畋蹐岩下,藉浅草得不死。卒厉众平六峒,以功,迁太常博士。未几,坐部将胡元战死,降知太平州。岁余,贼益肆。帝遣御史按视,还言:"畋尝战山下,人乐为用,今欲珍贼,非畋不可。"乃授东染院使、荆湖南路兵马钤辖。贼闻畋至,皆恐畏,逾岭南遁。又诏往韶、连等州招安之。乃约贼使出峒,授田为民,而转运使欲授以官与赏,纳质使还。畋曰:"贼剽攻湖、广七年,所杀不可胜计,今使饱赏粮、扰峒穴,其势不久必复乱。"明年春,贼果复出阳山。畋即领众出岭外,涉夏、秋,凡十五战,贼溃,畋感瘴疾归。蛮平,愿还旧官,改尚书屯田员外郎、直史馆、知随州。

召还，为三司户部判官，奉使河东。丁父忧，会侬智高陷邕州，召至都门外，辞以丧服不敢见。仁宗赐以服饰御巾，入对便殿。即日，除起居舍人、知谏院，广南东西路体量安抚、经制贼盗。畋至韶州，会张忠战死，智高自广州回军沙头，将济。畋令苏缄弃英州，蒋偕焚粮储，及召开赟、岑宗闵、王从政退保韶州。贼势愈炽，畋不能抗，遂杀蒋偕、王正伦，败陈曙，复据邕州。畋坐是落知谏院、知鄂州，再降为屯田员外郎、知光化军。明年，又降为太常博士，岁终，徙邠州。

复起居舍人，为河东转运使。入为三司户部副使，迁吏部员外郎。奉使契丹，以曾伯祖业尝陷虏，辞不行。河北旧以土绢给军装，三司使张方平易以他州绢。畋既同书奏闻，外议籍籍，又密陈其不可。久之，擢天章阁待制兼侍读、判吏部流内铨。上言："愿择宗室之贤者，使侍膳禁中，为宗庙计。"

嘉祐三年冬，河北地震。明年，日食正旦。复上疏曰："汉成帝时，日食地震，哀、平之世，嫡嗣屡绝，此天所以示戒也。陛下宜早立皇嗣，以答天意。"改知制诰，李珣自防御使迁观察使，刘永年自团练使迁防御，畋当草制，封还词头，因言："祖宗故事，郭进戍西山，董遵诲、姚内斌守环、庆，与强寇对垒，各十余年，未尝转官移镇，重名器也。今珣等无尺寸功，特以外戚故除之，恐非祖宗意。"不报。诏他舍人草制。而范镇言："朝廷如以畋言为是，当罢珣等所迁官；倘以为非，乞复令畋命词。"不允。进龙图阁直学士，复知谏院。

嘉祐六年，京师大水，畋上言："《洪范五行传》：'简宗庙则水不润下。'又曰：'听之不聪，厥罚常水。'去年夏秋之交，久雨伤稼，澶州河决，东南数路，大水为沴。陛下临御以来，容受直谏，非听之不聪也。以孝事亲，非简于宗庙也。然而灾异数见，臣愚殆以为万机之听，必有失于审者；七庙之享，必有失于顺者，惟陛下积思而矫正之。"乃下其章礼官并两制考议，咸言南郊三圣并侑，温成皇后立庙，皆违经礼。于是诏："自今南郊以太祖皇帝定配，改温成庙为祠殿。"

旧制，内侍十年一迁官。枢密院以为侥幸，乃更定岁数倍之。畋言："文臣七迁，而内侍始得一磨勘，为不均。宜如文武官僚例，增其岁考。"遂诏南班以上仍旧制，无劳而尝坐罪徙者，即倍其年。议者谓畋以士人比阉寺为失。卒，赠右谏议大夫。

畋出于将家，折节喜学问，为士大夫所称。在山下讨蛮，家问至，即焚之，与士卒同甘苦，破诸峒。及用之岭南，以无功斥，名称遂衰。性清介谨畏，每奏事，必发封数四而后上之。自奉甚约，为郡待客，虽监司，菜果数器而已。及卒，家无余赀，特赐黄金二百两。其后端平赠讲读官，御飞白书扇，遣使特赐置其枢。

周湛字文渊，邓州穰人。进士甲科，为开州推官。中身言书判，改秘书省著作佐郎、通判戎州。俗不知医，病者以祈禳巫祝为事，湛取古方书刻石教之，禁为巫者，自是人始用医药。累迁尚书都官员外郎、知虔州，提点广南东路刑狱。

初，江、湖民略良人，鬻岭外为奴婢。湛至，设方略搜捕，又听其自陈，得男女二千六百人，给饮食还其家。徙京西路，邓州美阳堰岁役工数十万，溉州县职田，而利不及民，湛奏罢之。为盐铁判官，三司帐籍浩烦，吏胥离析为弊欺。湛为立勘同法，岁减天下计帐七千。为江南西路转运使，州县簿领案牍，淆混无纪次，且多亡失，民诉讼无所质，至久不能决。湛为立号，以日月比次之，诏下其法诸路。又以徭赋不均，百姓巧于避匿，因条其诡名挟佃之类十二事，且许民自言，凡括隐户三十万。

还为户部判官，又为夔州路转运使。云安盐井岁赋民薪茅，至破产责不已，湛为蠲盐课而省输薪茅。判盐铁勾院，以太常少卿直昭文馆，为江、淮制置发运使。陛辞，仁宗诫以毋纳苞苴于京师。湛惶恐对曰："臣蒙圣训，不敢苟附权要，以谋进身。"湛治烦剧，能得其要，所至喜条上利害，前后至数十百事。天资强记，吏胥满前，一见辄识其姓名。大江历舒州长风沙，其地最险，谓之石牌湾，湛役三十万工,凿河十里以避之,人以为利。

除度支副使。旧制,发运司保任军将至三司,不得考覆而皆迁之。至是,以名上者三十五人,湛尽覆其滥者。拜右谏议大夫。使契丹,辞不行。

知襄州,襄人不善陶瓦,率为竹屋,岁久侵据官道,檐庑相逼,火数为害。湛至,度其所侵,悉毁撤之,自是无火患。然豪姓不便,提点刑狱李穆奏湛扰人,徙知相州。右司谏吴及疏曰:“湛裁损居民第,为官也;百姓侵官而主司禁之,其职然也。况闻湛明著律令,约民以信,乃奉法行事,百姓自知罪不敢诉。郡从事高直温,夏竦子婿也。竦邸店最广,故加谮于穆,且谓湛伐木若干株。昔之民居侵越官道,木在道侧,既正其侵地,则木在中衢,固宜蓊去。又湛种楸桐千余本,课户贮水,以严火禁。又于民居得众汲旧井四,废而复兴,人得其利。道傍之井,反在民居之下,其侵越岂不白乎?望诏执政大臣辨正湛、穆是非,明垂奖黜。若谓湛已行之命,惮于追改,是伤风败俗,贻患于后,不若追改之愈也。湛守大郡,于湛不为重轻,但国家举错有所未安,奉职者将何以劝邪?”未几,卒。

湛为人脱易,少威仪,然善射弩,虽隔屋亦中的云。

徐的字公准,建州建安人。擢进士第,补钦州军事推官。钦土烦郁,人多死瘴疠。的见转运使郑天监,请曰:“徙州濒水可无患,请转而上闻。”从之,天监因奏留的使办役。的短衣持梃,与役夫同劳苦,筑城郭,立楼橹,以备战守。画地居军民,为府舍、仓库、沟渠、廛肆之类,民皆便之。

迁大理寺丞、知吴县,移梁山军,通判常州。属岁饥,出米为糜粥以食饿者。累迁尚书屯田员外郎、知临江军,擢广南西路提点刑狱。安化州蛮攻杀将吏,所部卒畏诛,谋欲叛。的驰至宜州,慰晓之曰:“尔曹亡惧,能出力讨贼,犹可立功以自赎。若朝叛则夕死,非计也。”众皆敛手听命。奏复澄海、忠敢军,后皆获其用。改知舒州,徙荆湖北路转运使。辰州蛮彭士义为寇,的开示恩信,蛮党悔过自归。

摄江陵府事,城中多恶少年,欲为盗,辄夜纵火,火一夜十数发。的籍其恶少年姓名,使相保任,曰:"尔辈递相察,不然,皆尔罪也。"火遂息。太子洗马欧阳景猾横不法,为里人害,的发其奸,窜之岭外。以兵部员外郎为淮南、江、浙、荆湖制置发运副使。奏通泰州海安、如皋县漕河,诏未下,的以便宜调兵夫浚治之,出滞盐三百万,计得钱八百万缗。遂为制置发运使。

军贼王伦起山东,转掠淮南,的团兵待之。会青州改遣裨将傅永吉追杀入历阳,的与赏,迁工部郎中。复治泰州西溪河,发积盐,加直昭文馆。区希范、蒙赶寇衡湘,命的招抚之。既至,再宿,会蛮酋相继出降。三司以郊祠近,宜召还计事,既还,蛮复叛。除度支副使、荆湖南路安抚使,至桂阳,降者复众。其钦景、石砫、华阴、水头诸洞不降者,的皆讨平之,斩其酋熊可清等千余级。卒于桂阳。

论曰:宋承平时,书生知兵者盖寡,偕、沿数上书言边事,策画论议,有得有失,固皆一时之俊。敱由将家子力学第进士,再讨猺贼,前胜后败,兵家之常也。杞、的俱以征宜州蛮立功,杞则杀降失信,的则招徕以恩,其优劣概可见矣。湛强敏,所至有治绩,史称善射,抑亦文臣之习武事者欤。鼎性孝友,自奉甚约,而疏于财,居官清辨,土俗有生子不举者辄禁之,独发擿吏奸贻众怒,或以"虎"目之,岂其然乎?

姚仲孙字茂宗,本曹南著姓,曾祖仁嗣,陈州商水令,因家焉。父晔,举进士第一,官至著作佐郎。仲孙早孤,事母孝。擢进士第,补许州司理参军。民妇马氏夫被杀,指里胥尝有求而其夫不应,以为里胥杀之,官捕系辞服。仲孙疑其枉,知州王嗣宗怒曰:"若敢以身任之耶?"仲孙曰:"幸毋遽决,冀得徐辨。"后两月,果得杀人者。
调邢州推官,徙资州。转运使檄仲孙诣富顺监按疑狱,全活数十人。资州更二守,皆惛老,事多决于仲孙。改大理寺丞、知建昌县。初,建昌运茶抵南康,或露积于道,间为霖潦所败,主吏至破产不能偿。仲孙为券,吏民输山木,即高阜为仓,邑人利之。徙通判彭州。尝以天下久无事,不可以弛兵备,因上前世御戎料敌之策,名《防边龟鉴》。通判睦州,徙滁州。岁旱饥,有诏发官粟以赈民,而主吏不时给。仲孙既至州,立劾主吏,于索丁籍尽给之。累迁尚书屯田员外郎。

王翼守益州,辟通判州事。召为右司谏。入内都知阎文应求为都知,仲孙数其罪,白上曰:"方帝齐宿太庙,而文应叱医官,声闻行在。郭皇后暴薨,中外莫不疑文应置毒者。"出文应为泰州兵马钤辖,又称疾留,复论奏,乃亟去。

以起居舍人知谏院,管勾国子监,以尚书户部员外郎兼侍御史知杂事。时谏议大夫十二员,仲孙曰:"谏议大夫盖朝廷之选,不宜以岁月序进。今诸寺卿至前行郎中三十五员,贴近职者犹不在数,若以年劳授,则数年之外,谏议大夫员益多。请艰其选,以处材望之臣,余悉次补卿监。"乃诏当选者奏听旨。先是,诸路复提点刑狱,还朝多擢为省府官。仲孙请第其课为三等计黜之,即诏仲孙司考课之法。

历三司户部、度支、盐铁副使,进天章阁待制、河北都转运使。大修城垒兵备,仁宗赐诏褒之。权知澶州,河坏明公埽,绝浮桥,仲孙亲总役堤上,埽一夕复完。权知大名府,夜领禁兵塞金堤决河。是岁,澶、魏虽大水,民不及患。进礼部郎中、龙图阁学士,徙陕西都转运使,未行,权三司使事。属西北备边,募兵益屯及赏赐、聘问之费,不可胜计。仲孙悉心经度,虽病,未尝辄废事。坐小吏诈为文符,出知蔡州。因母忧丧一目,卒。

陈太素字仲华,河南缑氏人。中进士第。尝为大理评断官,入审刑为详议官,权大理少卿,又判大理事。任刑法二十余年,朝廷有大狱疑,必召与议。太素为推原人情,以傅法意,众皆释然,自以为不及。虽号明习法令,然所论建,亦或有不中。每临案牍,至忘寝食,大寒暑不变。子弟或止之,答曰:"囹圄之苦,岂不甚于我也。"历知江阴军、兖州、明州，有治迹。在大理，耳疾，数求罢，执政以为任职，弗许。累官至尚书兵部郎中，卒。

太素家行修治，尤喜论刑名。常以为有司议法，当据文直断，不可求曲当法；求曲当法，所以乱也。

同时有马寻者，须城人。举《毛诗》学究，累判大理寺，以明习法律称。历提点两浙、陕西刑狱，广东、淮南、两浙转运使，知湖、抚、汝、襄、洪、宣、邓、滑八州。襄州饥，人或群入富家掠囷粟，狱吏鞫以强盗，寻曰：“此脱死尔，其情与强盗异。”奏得减死，论著为例。终司农卿。

又有杜曾者，濮州人。为吏号知法，尝言：“国朝因唐大中制，故杀人虽已伤未死、已死更生，皆论如已杀。夫杀人者死，伤人者刑，先王不易之典。律虽谋杀已伤则绞，盖甚其处心积虑，阴致贼害尔。至于故杀，初无杀意，须其已死，乃有杀名；苟无杀名而用杀法，则与谋杀孰辨？自大中之制行，不知杀几何人矣。请格勿用。”又言：“近世赦令，杀人已伤未死者，皆得原减，非律意。请伤者从律保辜法，死限内者论如已杀，勿赦。”皆著为令。

李虚己字公受，五世祖盈，自光州从王潮徙闽，遂家建安。父寅，有清节，仕江南李氏，至诸司使。江南国除，授殿前承旨，辞不拜。时伪官皆入留京师，而寅母独在江南，乃遣其长子归养。举进士，起家为衢州司理参军。母老，弃官以归。虚己亦中进士第，历沈丘县尉，知城固县，改大理评事，累迁殿中丞，提举淮南茶场。召知荣州，未行，改遂州。

时太宗励精政事，尝手书累二十余纸，曰：“公勤洁己，奉法除奸，惠爱临民者，乃可书为劳绩，月给奉以实钱。”命有司择群臣以治最闻者赐之，仍谕曰：“除奸之要，在乎奉法，不可因以生事。”时虚己被赐，因献诗自陈父子遭遇，荣及祖母。帝悦，为批其纸尾曰：

"虚己学古入官,荣亲事生,奉书为郡,欲布新规,朕得良二千石矣。"遂赐五品服,又赐其祖母钱五十万,命翰林学士张洎会两制、三馆儒臣遍阅所批诏。其后以南郊恩封群臣母妻,虚己又请罢其妻封以授祖母,诏悉封之,世以为荣。

　　会遣使察川峡吏能否,而州多不治,唯虚己与薛颜、邵晔、查道数人,以能任职称。再迁尚书屯田员外郎。以便亲,请通判洪州。是时寅已谢归,春秋高,寅母尚无恙,虚己双舆迎侍。寅至豫章,乐其山水,曰:"此可以终吾身也。"遂临州之东湖,筑第宇以居。虚己为侍御史,出提点荆湖南路刑狱,徙淮南转运副使,累迁兵部郎中,为龙图阁待制,历判大理寺。久之,求补外,真宗称其雅循谨,特迁右谏议大夫。数月,出知河中府。召权御史中丞。未几,以疾辞,进给事中、知洪州。迁尚书工部侍郎,徙池州。求分司南京,卒。初,寅之请老,年未六十。虚己分司而归,年六十九。其季虚舟仕至余干县令,坐法免官,不复言仕。

　　初,太宗既赐虚己钱,翌日,以语宰相曰:"虚己诗思可嘉,予钱五十缗矣。"宰相对以所予乃五十万,帝知其误,由是诏群臣以章献者阁门勿受,皆由是中书门下阅而上之。然论者谓虚己父子笃行,家甚贫,虽人主一时之误,殆天赐也。寅事亲孝,治家有法,闺门之内肃如也。虚己、虚舟又孝以友清慎世其家。虚舟之子宽,为尚书金部郎中;定,为司农少卿,为吏颇有能名。

　　虚己喜为诗,数与同年进士曾致尧及其婿晏殊唱和。初,致尧谓曰:"子之词诗虽工,而音韵犹哑。"虚己未悟。后得沈休文所谓"前有浮声,则后须切响",遂精于格律。有《雅正集》十卷。

　　张傅字岩卿,唐初功臣公谨之裔。祖播,为亳州团练副使,子孙因为谯人。傅进士及第,稍迁秘书省著作佐郎、知奉符县。时方修会真宫、天书观及增治岳祠,以办事称,赐钱二十万。宰相向敏中册东岳帝号还,荐之,知楚州。会岁饥,贻书发运使求贷粮,不报。因叹曰:"民转死沟壑矣,报可待邪?"乃发上供仓粟赈贷,所活以万计，因拜章待罪，诏奖之。

提点江西刑狱，徙江东，就除转运使，入权三司盐铁判官。会河决济北，民多被害，命安抚京东。累迁工部郎中，出为两浙转运使，改荆湖北路，复为盐铁判官，再迁兵部，为陕西转运使，徙江、淮发运使，未至，召还。属西京奏兵食乏，因言冯翊、华阴积粟多，可运二十万石，由三门下济之。遂留为侍御史知杂事，判吏部流内铨，进三司度支副使。以疾请外，迁太常少卿、知应天府。逾月，为右谏议大夫，徙青州，迁给事中、知郓州，复知应天府，遂以工部侍郎致仕，卒。

傅强力治事，七为监司，所至审核簿书，勾核奸隐，州县惮之。傅曰："奚为我惮哉。吾所以事事致察者，正所以爱州县也。吏不敢慢，则州县不复犯法矣。"人亦以为然。天禧中，有术士自言数百岁，少时尝游秦悼王家，历见唐肃宗、代宗朝，由是出入禁中，见尊重，人无敢诘其伪。傅见之，讯以唐事，术士语屈。

俞献卿字谏臣，歙人。少与兄献可以文学知名，皆中进士第。献可有吏称，历吏部郎中、龙图阁待制。献卿起家补安丰县尉。有僧贵宁，积财甚厚，其徒杀之，诣县给言师出游矣。献卿曰："吾与宁善，不告而去，岂有异乎？"其徒色动，因执之，得其所瘗尸，一县大惊。再调昭州军事推官，会宜州陈进乱，象州守不任事，转运使檄献卿往佐之。及至，守谋弃城，献卿曰："临难苟免，可乎？贼至，尚当力击；不胜，有死而已，奈何弃去。"初，昭州积缗钱钜万，献卿尽平籴，至积谷数万，及是大兵至，赖以馈军。改大理寺寺丞，为本寺详断官。历知慎、仁和二县，再迁太常博士、知南雄州，徙潮州。

除殿中侍御史，为三司盐铁判官。上言："天下谷帛日益耗，价日益高，欲民力之不屈，不可得也。今天下谷帛之直，比祥符初增数倍矣。人皆谓稻苗未立而和籴，桑叶未吐而和买。自荆湖、江、淮间，民愁无聊，转运务刻剥以增其数，岁益一岁。又非时调率营造，一切费用，皆出于民，是以物价积高，而民力积困也。陛下诚以景德中西、北二边通好最盛之时一岁之用较之,天禧五年,凡官吏之要冗,财用之盈缩,力役之多寡,贼盗之增减,较然可知其利害也。况自天禧以来,日侈一日,又甚于前。夫卮不盈者漏在下,木不茂者蠹在内。陛下宜知其有损于彼,无益于此,与公卿大臣,朝夕图议而救正之。"帝纳其言,为罢诸宫观兵卫,又命官除无名之费以钜万计。

淮、浙盐利不登,命献卿往经度之,更立新法,岁增盐课缗钱甚众。会其兄为盐铁副使,徙开封府判官。朝廷择陕西转运使,宰相连进数人,不称旨。他日,献卿在所拟中。帝曰:"此可以除陕西转运使。"时边吏多因事邀功,泾原路钤辖擅于武英州凿边壕、置堡砦,献卿度必招寇患,亟檄罢之。未几,贼果至,杀将士,塞所凿壕而去。徙京西。因入对,基言赵振堪将帅,范仲淹、明镐可大用,及条上边策甚备。

除福建转运使,还判三司盐铁勾院,累迁尚书刑部郎中、直史馆、知浙南,历户部、度支、盐铁副使,以右谏议大夫、集贤院学士知杭州。暴风,江潮溢决堤,献卿大发卒凿西山,作堤数十里,民以为便。还,勾当三班院,知通进、银台司,最后知应天府,以刑部侍郎致仕,卒。

陈从易字简夫,泉州晋江人。进士及第,为岚州团练推官,再调彭州军事推官。王均盗据成都,连陷绵、汉诸郡,彭人谋杀兵马都监以应之。时从易摄州事,斩其首谋者,召余党晓以祸福,贳之,众皆呼悦。乃率厉将吏,修严守械,戒其家僮积薪舍后,曰:"吾力不足以守,当死于此。"贼闻其有备,不敢入境。贼平,安抚使王钦若以状闻,召为秘书省著作佐郎、大理寺详断官。迁太常博士,出知邵武军。预修《册府元龟》,改监察御史。真宗宴近臣崇和殿,召从易预,赋诗称旨。迁侍御史,改刑部员外郎、直史馆、知虔州。会岁大饥,有持杖盗取民谷者,请一切减死论,凡生者千余人。

天禧中,坐荐送别头进士失实,降工部员外郎。以父老,求乡郡。宰相寇准恶其疏己，除吉州，从易因对自言改福州。未行，遭父丧，服除，纠察在京刑狱，出为湖南转运使，徙知荆南，擢太常少卿、直昭文馆、知广州。又坐尝课校太清楼书字非伪误而从易妄判之，降直史馆。明年复职。在广三年，以清德闻。入为左司郎中、知制诰。

初，景德后，文士雕靡相尚，一时学者乡之，而从易独守不变。与杨大雅相厚善，皆好古笃行，时朝廷矫文章之弊，故并进二人，以风天下，兼史馆修撰，迁左谏议大夫。命使契丹，以年老，辞不行。又辞职请补郡，进龙图阁直学士、知杭州，卒。

从易好学强记，为人激直少容，喜别白是非，多面折人，或尤其过，从易终不变。王钦若最善之，尝谓人曰："数日不见简夫，辄匆匆不怿。"及废居南京，时丁谓方用事，人畏谓，无敢往见钦若者。从易将使湖南，欲过之，遇汴水旱涸，遂告谓曰："从易愿使湖外者，非独为贫也，亦以王公在宋，故就省之尔。今汴涸，义不可从他道进，幸公许少留。"谓即大喜曰："王公之门，独君为知我者。"留权纠察刑狱，从易不敢当，乃听归馆，须汴通乃行。时寇准贬道州，谓又谓从易曰："庐陵之事，可以释憾矣。"从易对曰："当以故相事之尔。"谓有愧色。其行志多类此。所著《泉山集》二十卷，《中书制藁》五卷，《西清奏议》三卷。

杨大雅字子正，唐靖恭诸杨虞卿之后。虞卿孙承休，唐天右初，以尚书刑部员外郎为吴越国册礼副使，杨行密据江、淮，道阻不克归，遂家钱塘。大雅，承休四世孙也。钱俶归朝，挈其族寓宋州。大雅素好学，日诵数万言，虽饮食不释卷。进士及第，历新息、鄢陵县主簿，改光禄寺丞、知新昌县，徙知浔州，监在京商税，再迁秘书丞。

咸平中，交阯献犀，因奏赋，召试，迁太常博士。久之，又上书自荐，献所为文，复召试。直集贤院，出知筠、袁二州，提举开封府界诸县镇事，为三司盐铁判官，知越州，提点淮南路刑狱。还，考试国子监生，坐失荐，迭降监陈州酒。徙知常州，判三司都磨勘司、户部勾院。迁集贤殿修撰、知应天府。还，纠察在京刑狱，以兵部郎中知制诰。大雅初名侃，至是，避真宗藩邸讳，诏改之。居二岁，拜右谏议大夫、集贤院学士、知亳州，卒。

大雅朴学自信，无所阿附，直集贤院二十五年不迁，有出其后者，往往致荣显。或笑其违世自守，大雅叹曰："吾不学乎世，而学乎圣人，由是以至此。吾之所有，不敢以荐于人，而尝自献乎天子矣。"天禧中，使淮南，循江按部，过金陵境上，遇风覆舟，得傍卒拯之，及岸，冠服尽丧。时丁谓镇金陵，遣人遗衣一袭，大雅辞不受，谓以为憾。宰相王钦若亦不悦之。晚与陈从易并命知制诰。大雅尝因转对，上《原治》十七篇。所著《大隐集》三十卷，《西垣集》五卷，《职林》二十卷，《两汉博闻》十二卷。

论曰：仲孙以才力自奋于时，论事著效，号为能吏。太素、寻、曾能知法意，理官之良也。虚己、献卿立朝虽微，卓荦大节，及为他官，所至有吏称。若从易拒释憾之言，大雅辞袭衣之遗，卒使权奸愧歉，抑又可尚哉。

宋史卷三〇一
列传第六〇

边肃　梅询　马元方　薛田
寇瑊　杨日严　李行简
章频　陈琰　李宥　张秉
张择行　郑向　郭稹　赵贺
高觌　袁抗　徐起　张旨
齐廓　郑骧

　　边肃字安国,应天府楚丘人。进士及第,除大理评事、知于潜县,累迁太常博士。三司使魏羽荐为户部判官,祀南郊,超荐尚书度支员外郎。帝以三司钩取无法,至道初,置行帐司,以会财用之数,命肃主之。帐成,迁工部郎中。

　　真宗幸大名府,命肃经度行在粮草。改判开拆司,出知曹州,徙邢州。会契丹大入,先是地屡震,城堞摧圮,无守备,帝在澶州,密诏肃:"若州不可守,听便宜南保他城。"肃匿诏不发,督丁壮乘城而辟诸门,悉所部兵阵以代之。骑傅城下,肃与战小胜,契丹莫测也,居三日,引去。时镇、魏、深、赵、磁、洺六州闭壁不出,老幼趋城者,肃悉开门纳之。

　　擢枢密直学士,徙宣州。车驾朝陵,徙河南府。还,勾当三班院。

出知天雄军,徙真定府,累迁给事中。以王嗣宗代肃。嗣宗与肃有旧隙,讽通判东方庆讼肃前在州,私以公钱贸易规利,遣吏强市民羊,买女口自入。嗣宗上其事,帝以肃近臣,不欲属吏,遣刘综、任中正以章示之,肃引伏。以守城功,止夺三官,贬岳州团练副使。久之,徙武昌、安远军节度副使,起知光州,以泰宁军节度副使徙泗州,又徙泰州,卒。

子调,终尚书兵部员外郎、福建路转运使。

梅询字昌言,宣州宣城人。少好学,有辞辨。进士及第,为利丰监判官。后以秘书省著作佐郎、御史台推勘官,预考进士于崇政殿,真宗过殿庐,奇其占对详敏,召试中书,除集贤院。

李继迁攻灵州急,吴淑上书请遣使谕秦、陇以西诸戎,使攻继迁。询亦请以朔方授潘罗支,使自攻取。帝问谁可使罗支者,询请行,未至而灵州陷。还,为三司户部判官。询自以为遇主知,屡上书陈论西北事。时契丹数侵河北,询请遣大臣临边督战,募游手击贼。又论曹玮、马知节才可用,傅潜、杨琼败当诛,田绍斌、王荣等可责其效以赎过,凡数十事,其言甚壮。

帝欲命知制诰,李沆力言其险薄望轻,不可用。后断田讼失实,降通判杭州,知苏州,就徙两浙转运副使,判三司开拆司。坐议天书,出知濠州。为湖北转运使,擅假驿马与邵晔子省亲,疾而马死,夺官一级,降通判襄州。知鄂州,徙苏州,为陕西转运使。坐荐举朱能,贬怀州团练副使。又以善寇准,徙池州。起知广德军,历楚、寿、陕州。复直集贤院,改直昭文馆、知荆南,擢龙图阁待制,纠察在京刑狱。历龙图阁直学士、枢密直学士,知通进银台司,判流内铨,为翰林侍读学士、群牧使。累迁给事中、知审官院。

仁宗御迩英阁,读《正说养民篇》,览历代户口登耗之数,顾谓侍臣曰:"今天下民籍几何?"询对曰:"先帝所作,盖述前代帝王恭俭有节,则户口充羡;赋敛无艺,则版图衰减。炳然在目,作鉴后王。自五代之季,生齿凋耗,太祖受命,而太宗、真宗休养百姓,天下户口之数,盖倍于前矣。"因诏三司及编修院检阅以闻。病足,出知许州,卒。故事,侍读学士无出外者。天禧中,张知白罢参知政事,领此职,始出知大名府。非历二府而出者自询始。

询性卞急好进,而侈于奉养,至老不衰。然数为朝廷言兵。在濠州,梦人告曰:"吕丞相至矣。"既而吕夷简通判州事,故待之甚厚。其后,援询于废斥中,以至贵显,夷简力也。

马元方字景山,濮州鄄城人。父应图,尝知顿丘县,太宗攻幽州,应图部刍粮,没虏中。元方去发为浮屠,间行求父尸,不得,诉于朝。上哀之,为官其兄元吉。

元方,淳化三年进士及第,为韦城县主簿,改大理寺评事、知万年县。诸将讨李继迁,关辅转饷逾瀚海,多失亡,独元方所部全十九。以劳,迁本寺丞,为御史台推勘官,迁殿中丞。户部使陈恕奏为判官,元方言:"方春民贫,请预贷库钱,至夏秋,令以绢输官。"行之,公私果便,因下其法诸路。

知徐州,改太常博士、梓州路转运使。后知郓州,量括牧地数千顷。为京东转运副使,迁转运使。按部至濮州,被酒殴知州蒋信,降知宿州,下诏切责之。徙滑州,为京西转运使,知应天府,累迁太常少卿。擢右谏议大夫、权三司使公事,众论不以为允。真宗谓宰臣曰:"元方在三司,何多谤也?"王旦曰:"元方尽心营职,然其性卞急,且不纳僚属议,而丑言诋之,所以贾怨。"帝曰:"僚属顾不有贤俊邪!"岁余,以烦苛罢。进给事中、权知开封府。以枢密直学士知并州,留再任,赐白金五百两,诏中书谕以委属之意。官至兵部侍郎,卒。

薛田字希稷,河中河东人。少师事种放,与魏野友善。进士,起家丹州推官。李允正知延州,辟为从事,向敏中至,亦荐其材。改著作佐郎、知中江县。真宗祀汾阴,田时居父丧,经度制置使陈尧叟奏,起通判陕州。还,拜监察御使,以母忧去。会祀太清宫,又用丁谓奏，起通判亳州。迁殿中侍御史、权三司度支判官，改侍御史、益州路转运使。民间以铁钱重，私为券以便交易，谓之"交子"，而富家专之，数致争讼。田请置交子务，以榷其出入，未报。及寇瑊守益州，卒奏用其议，蜀人便之。

就除陕西转运使，进直昭文馆、知河南府，复入度支为副使。使契丹。还，擢龙图阁待制、知天雄军。未几，擢知开封府，以枢密直学士知益州，累迁左司郎中。代还，知审刑院。羌人内寇，特迁右谏议大夫、知延州。久之，以疾徙同州，又徙永兴军，辞不行，卒。

田性颇和厚，初以干敏数为大臣所称，后屡更任使，所治无赫赫名。

寇瑊字次公，汝州临汝人。初，母梦神人授珠，吞之而娠，生而眉目美秀。擢进士，授蓬州军事推官。李顺余党谢才盛等复起为盗，瑊设方略，擒送京师。

徙开封推官。会施州蛮叛，专运使移瑊权领施州。先是，戍兵仰他州馈粮，瑊至，请募人入米，偿以盐，军食遂足，而民力纾。复招谕高州刺吏田彦伊子承宝入朝，得给印纸为高州官族。未几，溪南蛮复内寇，瑊率众擒其酋领戮之，以白芳子弟数百人筑栅，守其险要。

就除大理寺丞、知开州，迁殿中丞、通判河南府。坐解送诸料失实，降监晋州税。以太常博士通判并州，改监察御史。真宗祀汾阴，王嗣宗知永兴，辟权通判，专领祠事。迁殿中侍御史，为开封府判官。尝奏事，帝询施州备御之术，因谕之曰："东川控蛮夷，尔功已试，其为朕镇抚之。"命为梓州路转运使。

晏州多刚县酋斗望劫泸州，烧淯井监，杀官吏。瑊趋富顺监，命部兵多张旗帜，逾山西北趋戎州，尽取公私舟载粮甲，具音乐，合两路兵至江安，诱溪、蓝、顺史个松，南广移、悦等州刺吏及八姓乌蛮首领，使断贼径。用夷法，植竹为誓门，横竹系猫、犬、鸡各一于其上，老夷人执刀剑，谓之打誓，呼曰："誓与汉家同心击贼。"即刺牲血和酒而饮。瑊给盐及酒食、针梳、衣服等，付以大榜，约大军至，揭榜以别逆顺，"不杀汝老少，不烧汝栏栅。"夷人大喜。

帝遣内殿崇班王怀信议攻讨招辑之宜，瑊奏："夷人尝于二年春烧淯井监，杀吏民。既赦贷其罪，复来寇边，声言朝廷且招安，得酒食衣服矣。若不讨除，则戎、泸、资、荣、富顺监诸夷竞起为边害矣。"诏发陕西兵，益以白芳子弟合六千三百人，缘淯井溪转斗，凡十一阵，破之。夷人相率来附，纳牛羊、铜鼓、器械甚众，而斗望犹旅拒不从。瑊命怀信分兵拔其栅，与都巡检使符承顺进战思晏江口，斗望等始惊遽，势稍却。明日，复分三道来拒王师，怀信等格战，瑊乘其后，大破之。斗望众万余，嚣不能军，溺死者众，遂降。因籍军之勇悍千人，分五都以隶禁军，为宁远指挥，使守淯井监。更建砦栅，浚三壕以环之。就加侍御史，召为三司盐铁判官，逾月，出为河北转运使。

天禧中，河决澶渊。瑊视役河上，堤垫数里，众皆奔溃，而瑊独留自若，须臾，水为折去，众颇异之。迁工部郎中，上言："契丹约和以来，河北减戍卒之半，而复刺士兵，其实益三分之一，而塞下军储不给。请行入中、凿头、便籴三说之法。"入为三司度支副使。未几，以右谏议大夫、集贤院学士知益州。

仁宗即位，迁给事中。瑊与丁谓厚善，帝谓辅臣曰："瑊有吏干，毋深谴也。"徙郑州，坐失举，降少府监、知金州，复右谏议大夫。会河决，徙知滑州，总领修河。既而以岁饥罢役，瑊言："病民者特楗刍耳，幸调率已集，若积之经年，则朽腐为弃物，后复兴工敛之，是重困也。"乃再诏塞河。河平，擢枢密直学士。

明年，复给事中、知秦州，又坐失举夺一官。召权三司使，复其官如故。时有议茶法者，帝访以利害，瑊曰："议者未知其要尔。河北入中兵食，皆仰给于商旅。若官尽其利，则商旅不行，而边民困于馈运，茶法岂可以数更？"帝然之。权知开封府，戚里有殴妻至死，更赦事发者。太后怒曰："夫妇齐体，奈何殴致死邪？"瑊对曰："伤居限外，事在赦前，有司不敢乱天下法。"卒免死。天圣末，再使契丹，未行而卒。

　　瑊少孤，鞠于祖母王氏，及登朝，以妻封邑回授之，朝臣得回封祖母自瑊始。性颇疏财，通音律，知术数。初附丁谓，故少达，及谓败左迁，郁郁不自得，秘书丞彭齐赋《丧家狗》以刺之。

　　杨日严字垂训，河南人。进士及第，试秘书省校书郎、知安丘县。三司辟为检法官，迁大理寺丞，又为本寺检法官，监都进奏院，通判亳、陈二州，判吏部南曹兼登闻鼓院。出知襄州，徙卢、郸二州，入为开封府判官。

　　使契丹还，为两浙转运副使。未行，会青、徐饥，改京东转运使。因请江、淮、陕西转粟五十万，以赈贫民；又开清河八十里抵暖水河，并堤起仓廪，以便漕运。加直史馆，徙益州转运使，又徙江、淮制置发运使。还，历三司户部、度支、盐铁副使。累迁太常少卿，以右谏议大夫、集贤院学士知河中府，加枢密直学士、知益州。

　　时用兵伐元昊，三司急财用，有诏析户版为十等，第赋役；民以岁租占佃官田庐者，高其估，募输钱就市为已业，人苦其扰。又陕西奏收市益、梓、利路溪洞马，而不知其实无马也。日严皆奏罢之。迁勾当三班院、知通进银台司。闻后为守者，其政不便蜀人，因进对，犹从容言："远方所宜抚安之，无容变法以生事。"迁给事中，以龙图阁学士知澶州。召权知开封府，吏械囚不谨，囚自杀，坐是罢府事。判太常、司农寺，同知审官院，卒。

　　日严初为益州转运使，无他治能，及知益州，颇为蜀人所信爱。兄日华，历官至太常少卿、三司副使。

　　李行简字易从，同州冯翊人。家贫，刻志于学，读《六经》每至夜分，寒暑不易。又聚木叶学书，笔法遒劲。与里中富人杨士元同学，既而同时中进士第，士元资遗行简，谢不取。起家陇州司理参军，徙彭州军事推官。陵州富民陈子美父死，继母诈为父书逐出之，累诉不得直，转运使檄行简劾正其狱。改秘书省著作郎，再迁太常博士、知坊州。御史中丞王嗣宗荐为监察御史，王旦数称其才，真宗雅亦知之，再迁侍御史。

陕西旱蝗，命往安抚，发仓粟救乏绝，又蠲耀州积年逋租。还，擢龙图阁待制，历尚书刑部郎中。帝数幸龙图阁，命讲《周易》，间访大臣能否，行简所对无怨昵，各道其所长，人以为长者。久之，拜右谏议大夫、集贤院学士。乾兴初，改给事中，以足疾请外，得知河中府，徙虢州，卒。

章频字简之，建州浦城人。与弟顿皆以进士试礼部预选，会诏兄弟毋并举，频即推其弟，弃去。后六年，乃擢第。自试秘书省校书郎、知南昌县，改大理寺丞、知九陇县，迁殿中丞。

眉州大姓孙延世伪为券夺族人田，久不能辨，转运使使按治之。频视券墨浮朱上，曰：“是必先盗印然后书。”既引伏，狱未上，而其家人复诉于转运使，更命知华阳县黄梦松覆按，无所异。梦松用此入为监察御史，频坐不时具狱，降监庆州酒，徙知长洲县。

天禧初，增置谏官、御史十二人，频以选得召对，称旨，擢监察御史。陈、亳间民讹言兵起，老幼皆奔，命安抚京西。还，为三司度支判官。青州麻士瑶杀从子温裕，并其财，遣往按治，士瑶伏诛。又诏鞫邛州牙校讼盐井事。皇城使刘美依倚后家受赇，使人市其狱，频请捕系，真宗以后故不问。忤旨，出知宣州，改殿中侍御史，迁侍御史。

频雅善丁谓，谓贬，左迁尚书比部员外郎、监饶州酒。起知信州，进刑部员外郎、知福州。王氏时，赋民官田，岁输租税而已。至是，或谓鬻之可得缗钱二十余万，频疏以为不可。徙知潭州。改广西转运使，适宜州守贪暴不法，既罢去，反讼频子许尝被刑，而冒奏为秘书省校书郎，频坐谪知饶州。复入为度支判官，累迁刑部郎中。

使契丹，至紫蒙馆卒。契丹遣内侍就馆奠祭，命接伴副使吴克荷护其丧，以锦车驾橐驼载至中京，敛以银饰棺，又具鼓吹羽葆，吏士持甲兵卫送至白沟。诏遣其子访乘传扈其枢以归。访官三班奉职,即许也。

陈琰字伯玉,澶洲临河人。进士及第,历溧阳、栾城县主簿,迁大理寺丞、监真定府税,知金堂、夏津二县。再迁太常博士。转运使卢士伦,曹利用婿也,怙势听狱不以直,讼者不已,付琰评决,琰直之。御史知杂韩亿闻其事,奏为监察御史。丁父丧,哀毁,坟木连理。忧除,迁殿中侍御史。

天圣五年祀南郊,中外以为丁谓复还,琰上疏曰:"乱常肆逆,将而必诛,阴怀奸恶,有杀无赦。丁谓因缘险佞,据窃公台。贿赂包苴,盈于私室;威权请谒,行彼公朝。引巫师妖术,厌魅宫闱;易神寝龙冈,冀消王气。今禋柴展礼,涣汗推恩,必虑谓潜输琛货,私结要权,假息遐荒,冀移善地。李德裕止因朋党,不获生还;卢多逊曲事王藩,卒无牵复。请不原赦。"帝然之。

为三司度支判官,迁侍御史。历京西、河东、河北转运副使,三司户部、度支、盐铁副使。汴仓纳粮纲,概量不实,操舟者坐亡失所载,或杖背徒重役。琰始奏选官监视,谓之"定计斗面"。积迁至尚书工部郎中,卒。

李宥字仲严,唐之后裔,自吴徙青,遂为青人。祖成,五代末,以诗酒游公卿间,善摹写山水,至得意处,疑非笔墨所成。人欲求者,先为置酒,酒酣落笔,烟景万状,世传以为宝。父觉,见《儒林传》。

宥幼孤,不好弄,长读书属文,不杂交游。举进士,调火山军判官。入馆校勘书籍,迁集贤校理,遂直院。知蕲州,岁凶人散,委婴孩而去者,相属于道。宥令吏收取,计口给谷,俾营妇均养之,每旬阅视,所活甚众。或杀人,以米十石给佣者,使就狱,曰:"我重贿吏,尔必不死。"宥得其情,论如法。

提点荆湖刑狱,权户部判官,利州转运使,判户部勾院,知制诰,纠察在京刑狱,同判太常寺。旧宗庙五飨,辅臣摄事,中废且久,止差从官。宥因对力言,遂复故事。以谏议大夫知江宁府。民有告人杀其子者,曰:"吾子去家时,巾若巾,今巾是矣。"民自诬服。宥疑,召问,卒伸其枉。府舍火,宥畏兵乱,阖门不救,降秘书监致仕。起分司南京,改太子宾客,判留司御史台,卒。

宥性清介,然与物无忤,好奖拔士人。外族甚贫,宥有别业,以券畀之。既死,家无余财,官赐钱十万。

张秉字孟节,歙州新安人。父谔,字昌言,南唐秘书丞、通判鄂州。宋师南伐,与州将许昌裔叶议归款,太祖召见,劳赐良厚,授右赞善大夫。蜀平,选知阆州。太平兴国中,即除西川转运副使。先是,土人罕习舟楫,取峡江中竞渡者给漕运役,覆溺常十四五。谔建议置威棹军分隶管勾,自是无覆舟之患。累迁荆湖、江、浙等道制置茶盐副使,卒。

秉举进士,仪状丰丽,属词敏速,善书翰,太宗喜之,擢置甲科。解褐将作监丞、通判宣州。迁监察御史,深为宰相赵普所器,以弟之子妻之。会有荐其才,得知郑州。召还,直昭文馆,迁右司谏。会以赵昌言为制置茶盐使,秉与薛映副之。入为右计司河南西道判官,俄换盐铁判官、度支员外郎,知制诰、判吏部铨、知审官院。唐朝故事,南省首曹罕兼掌诰,多退为行内诸曹郎。至是,用此制,其后进改,多优迁首曹,遂隳旧制矣。迁工部郎中,依前知制诰。

真宗嗣位,进秩兵部郎中、判昭文馆。时草叙用官制,有"顷因微累,谪于遐荒"之语,上览之曰:"若此,则是先朝失刑矣。"遂除秉左谏议大夫,连知颍、襄二州。徙凤翔府,诉以母老贫婆,诏给装钱,未行,改江陵。丁母忧,起复,知河南府。景德初,徙河阳,换澶州。车驾将幸河上,又徙知滑州。道出韦城,秉迎谒境上,俾预从侍食;遣与齐州马应昌、濮州张晟往来河上,部丁夫凿凌,以防契丹南渡。

召归阙,复拜吏部铨,拜工部侍郎、同知审官院、通进银台司,纠察在京刑狱。复与周起同试东封路服勤辞学、经明行修举人。出知永兴军府,会祀汾阴,为东京留守判官,转礼部侍郎,加枢密直学士,复知并州。将行,恳求御诗为饯,上为作五言赐之。徙相州。九年,复纠察在京刑狱,暴疾卒。

秉典藩府,无显赫誉,及再至太原,临事少断,多与宾佐博奕。虽久践中外,然无仪检,好谐戏,人不以宿素称之。好饬衣服,洁馔具,每公宴及朋友家集会,多自挈肴膳而往,家甚贫,常质衣以给费焉。

张择行字行先,青州益都人。进士起家,历北海、临沂主簿,自宣州观察推官为大理寺丞。初,石亭县掾橛将陵塞决河,众欲登舟以济,择行独以为不可,皆笑其怯。既而舟果覆,择行坐堤上董役,塌卒不溃。

除监察御史、殿中侍御史,改言事御史、右司谏。与唐介、包拯共论张尧佐除节度、宣抚两使不当,语甚切。又论河北兵多、财不足,愿分兵就食内地,不报。迁侍御史知杂事,擢天章阁待制、知谏院,累迁吏部员外郎。御史皆言宰相陈执中嬖妾笞小婢,死外舍。择行以为主命妾笞婢,于律不当坐,御史固迫之,因中风不能语。除户部郎中、集贤殿修撰,提举兖州仙源县景灵宫,逾年而卒。

郑向字公明,开封陈留人。举进士中甲科,为大理评事、通判蔡州,累迁尚书屯田员外郎、知濠州,徙蔡州。召试集贤院,未几,除三司户部判官,修起居注。迁度支员外郎,为盐铁判官。出为两浙转运副使,疏润州蒜山漕河抵于江,人以为便。复为盐铁判官,擢知制诰、同勾当三班院。使契丹,再迁兵部郎中、提点诸司库务,以龙图阁直学士知杭州,卒。

五代乱亡,史册多漏失,向著《开皇纪》三十卷,摭拾遗事,颇有补焉。

郭稹字仲微,开封祥符人。世寓郑州,举进士中甲科,为河南县主簿。除国子监直讲,议者以其资浅,罢还河南。时孙奭、冯元判监事,因奏稹学问通博,他选莫能及,乃得留。居二岁,陈尧咨知大名,辟签书府判官事,改大理寺丞。奭等复荐为直讲。奭出知兖州,又荐稹与贾昌朝赴中书试讲说,而稹固辞。召试学士院,为集贤校理。冯元知河阳,辟为通判,徙通判河南府。入为三司度支、户部判官,累迁尚书刑部员外郎,同修起居注。

康定元年使契丹,告用兵西鄙。契丹厚礼之,与同出观猎,延稹射。稹一发中走兔,众皆愕视,契丹主遗以所乘马及他物甚厚。既还,转兵部,知制诰,判吏部流内铨,擢龙图阁直学士、权知开封府。暴感风眩卒。

稹性和易,文思敏赡,尤刻意于赋,好用经语对,颇近于谐。聚古书画,不计其资购求之。妇张悍嫉,无子。初,稹幼孤,母边更嫁王氏,既而母亡,稹解官服丧。知礼院宋郊,言稹服丧为过礼,请下有司博议,用冯元等奏,听解官申心丧,语在《礼志》。

论曰:肃之守邢,以赢兵却勍敌,开门纳避难之民,功在王府。元方为并州,有勤留之命,其宜民可知。宥在蕲,则活饥氓;在江宁,则直冤狱。吏之良者欤,然皆不能无小累也。日严、行简临政,视秉、择行、向稹虽无瑕可指,亦皆无赫赫名。询以厚吕夷简,复致贵显;珹、频坐善丁谓,并遭斥谪,固无足议者。琰言谓奸邪,不当用南郊恩牵复,与唐袁高论执卢杞正相类,识者韪之。

赵贺字余庆,开封封丘人。少时,尝丧明,久之,遇异医辄愈。喜饮酒,至终日不乱。事继母至孝。举《毛诗》及第,补临朐县主簿。贺有干力,知州寇准且知贺。淳化中,调丁壮塞澶州决河,众多逸去,独贺全所部而归。临朐父老张乐迎贺,准使由谯门过,曰:"旌贺之能也。"改大理评事。盐池吏欺缩钱,选贺往解州钩校出入,贺悉得其奸。

契丹入寇,真宗决策澶渊,遣使八人省州县,贺以太子中舍安抚京东。改殿中丞,历通判明州、宿州。徙知汉州,蜀吏喜弄法,而贺精明,吏不敢欺,事更贺所,多被究诘,人目为"赵家关",谓如关梁不可越也。

召权三司户部判官，真补度支判官，出为京东转运副使，徙京西。又徙益州路转运使，寻纠察在京刑狱，累迁尚书工部郎中、提举诸司库务，为江、淮制置发运使。发运司占隶三司军将，分部漕舡，旧皆由主吏白遣，受赇不平，或数得诣富饶郡，因以商贩，贫者至不能堪其役。贺乃籍诸州物产厚薄，分剧易为三等，视其功过自裁定，由是吏巧不得施，岁漕米溢常数一百七十万。

苏州太湖塘岸坏，及并海支渠多湮废，水侵民田。诏贺与两浙转运使徐奭兼领其事，伐石筑堤，浚积潦，自吴江东赴海。流民归占者二万六千户，岁出苗租三十万。迁刑部郎中，历三司户部、度支、盐铁副使，知延、同、秦三州、江陵府，累迁光禄卿，入判大理寺，以右谏议大夫知永兴军，徙邓州。岁余，判宗正寺，出知越州。坐失举，降知濠州，改庐州。迁给事中，复判宗正寺，知郑、蔡、寿三州，卒。

在临朐时，用转运使李中庸荐改官。中庸没，无子，贺为主葬，图其象，岁时祠于家。子宗道，终集贤校理。

高觌字会之，宿州蕲人。进士起家，为嘉兴县主簿。后以孙奭荐，改秘书省著作佐郎，累迁尚书屯田员外郎、通判泗州。诏定淮南场茶法，觌陈说利害，不报。擢提点利州路刑狱，召为三司户部判官，安抚河北。还，为京西转运使。徙益州。彭州广碏、丽水二峡地出金，宦者挟富人请置场，募人夫采取之。觌曰：“聚众山谷间，与夷獠杂处，非远方所宜，且得不偿失。”奏罢之。王蒙正恃章献太后亲，多占田嘉州，诏勿收赋，觌又极论其不可。坐失察嘉州守张约受赇，贬通判杭州，徙知福州。入为三司盐铁判官，历陕西、河北转运使，累迁兵部郎中，复入户部、盐铁为副使，迁右谏议大夫、河东都转运使，加集贤院学士，判尚书刑部，进给事中、知单州，卒。

子秉常，为梓州路转运使。

袁抗字立之，洪州南昌人。举进士，得同学究出身，调阳朔县主簿,荐补桂州司法参军。抚水蛮寇融州,转运使俞献可檄抗权融州推官,督兵粮与谋军事。蛮治舟且至,抗即杨梅、石门两隘建水栅二,据其冲,贼不得入,后因置戍不废。事平,特迁衡州推官,改大理寺丞,累迁国子博士、知南安军,擢提点广南东路刑狱。浙东叛卒鄂邻钞闽、越,转南海,与广州兵逆战海中。值大风,有告邻溺死者,抗独曰:"是日风势趣占城,邻未必死。"后果得邻于占城。

还,为度支三司判官,以尚书金部员外郎为梓州路转运使,徙益州路。时三司岁市上供绫锦、鹿胎万二千匹,抗言:"蜀民困惫,愿少纾其力,以备秦中他日之用。"是年郊祀,蠲其数之半。黎州岁售蛮马,诏择不任战者却之。抗奏:"朝廷与蛮夷互市,非所以取利也。今山前后五部落仰此为衣食,一旦失利侵侮,不知费直几马也。臣念蜀久安,不敢奉诏。"寻如旧制。除江、淮发运使,召为三司盐铁副使。时抗老矣,为御史所劾,罢知宣州。累迁光禄少卿,分司南京。明堂覃恩,改少府监,卒。

抗喜藏书,至万卷,江西士大夫家鲜及也。抗子陟,少刻历好学,善为诗,终殿中丞。

徐起字豫之,濮州鄄城人。举进士,试秘书省校书郎、知隰川县,积官尚书都官员外、知楚州。枢密直学士张宗象荐之,擢提点广南西路刑狱。入判三司开拆司,历开封、三司度支判官。馆伴契丹使,还奏:"所过州县,使者既去,官吏将校皆出郊旅贺,燕饮久之,城邑为之空。"乃下约束禁止之。出为荆湖北路转运使,部有戍卒杀人系狱,其徒欲劫之。起闻,亟往按诛之,分其徒隶他州。

徙江西,知徐州,就为转运使。募富室得米十七万斛,振饿殍,又移粟以赡河北、京西者,凡三百万。与安抚使刘夔不相能,徙京西。又徙江东,起请开长淮旧浦,以便漕运。知洪州,徙兖州。有都巡检虐所部,而部兵百余人,持兵至庭下。州人大恐,起不为动,以祸福开谕之,众感泣听命。因按致其首,奏罢都巡检。复为度支判官,累迁秘书监、知湖州,卒。

张旨字仲微，怀州河内人。父延嘉，颇读书，不愿仕，州上其行，赐号嵩山处士。旨进保定军司法参军，上书转运使钟离瑾，愿补一县尉，捕剧贼以自效。瑾壮其请，为奏徙安平尉，前后捕盗二百余人。尝与贼斗，流矢中臂，不顾，犹手杀数十人。擢试秘书省校书郎、知遂城县，迁著作佐郎。

明道中，淮南饥，自诣宰相陈救御之策。命知安丰县，大募富民输粟，以给饿者。既而浚淠河三十里，疏泄支流注芍陂，为斗门，溉田数万顷，外筑堤以备水患。再迁太常博士、知尉氏县，徙通判忻州。

元昊反，特迁尚书屯田员外郎、通判府州。州依山无外城，旨将筑之，州将曰：“吾州据险，敌必不来。”旨不听。城垂就，寇大至，乃联巨木补其罅，守以强弩。中外不相闻者累日，人心震恐。库有杂彩数千段，旨矫诏赐守城卒，卒皆东望呼万岁，贼疑以救至也。州无井，民取河水以饮，贼断其路。旨夜开门，率兵击贼少却，以官军壁两旁，使民出汲。复以渠泥覆积草，贼望见，以为水有余。督居民乘城力战，贼死伤者众，随解去。以功迁都官员外郎，徙知莱州。

叶清臣举材堪将帅，召对，改知邢州，擢提点河东路刑狱。范仲淹、欧阳修复言其鸷武有谋略，除阁门使，固辞。进工部郎中、知凤翔府，加直史馆、知梓州，以直龙图阁知荆南。入判尚书刑部，累迁光禄卿，知潞、晋二州。以老疾，权判西京御史台，寻卒。

齐廓字公辟，越州会稽人。举进士第，自梧州推官累迁太常博士、知审刑详议官，知通、泰州。提点荆湖南路刑狱。潭州鞫系囚七人为强盗，当论死。廓讯得其状非强，付州使劾正，乃悉免死。平阳县自马氏时税民丁钱，岁输银二万八千两，民生子，至壮不敢束发，廓奏蠲除。历三司度支、开封府判官，出为江西、淮南转运使。时初兼按察，同时奉使者，竞为苛刻邀声名，独廓奉法如平时，人以为长厚。入判盐勾院，加史馆、知荆南府，徙明、舒、湖三州，积官光禄卿、直秘阁,以疾分司南京,改秘书监,卒。

廓宽柔恭谨,人犯之不校。弟唐,为吉州司理参军,博览强记,尝举贤良方正,对策入等。越州蒋堂奏廓及唐父母垂老,穷居乡里,二子委而之官,唐复久不归省。于是罢唐,令归侍养。廓方使湖南,虽置不问,然士论薄之。

郑骧字士龙,河南人。登进士第,更庆、汝、郑、秦州推官,改秘书省著作郎、知垣曲县。康继英辟签书卫州判官事,刘从德代继英,又表骧有善状,进一官。寻监左藏库,迁太常博士、知乾州,提点益州路刑狱,为三司度支判官。建言:“蜀人引江水溉田,率有禁,岁旱利不均,宜弛其禁。”又言:“京西旱,旧禁粟无出国门,可且勿禁。”

庆历中,与鱼周询刺陕西民兵十余万。除陕西转运、按察使兼三门发运使,加直史馆、河北转运使,入为度支副使。河决德州,入王纪口,议欲徙州,诏骧往视之,还言州不当徙,已而州果无患。又为河北转运使。王则反,讨平之。除天章阁待制、知凤翔府。先是,皇甫泌、夏安期皆为转运使,泌先谪去,安期后至,不及赏,骧因辞不受,愿命推功与二人。复为河北都转运使,累迁尚书工部郎中,以疾知华州,卒。

论曰:历观数子,风迹虽不同,其为政爱民,谦已利物,有古道焉。若旨浚漈河,觊罢采金,抗论互市,起振穷戢暴,骧推功与人,皆无所愧矣。赵贺不忘李中庸,而齐廓兄弟弃亲以徇荣,用心何其不同哉!

宋史卷三〇二
列传第六一

王臻 鱼周询 贾黯 李京
吴鼎臣附 **吴景初** 马遵附 **吴及**
范师道 李绚 何中立
沈邈

　　王臻字及之,颍州汝阴人。始就学,能文辞。曾致尧知寿州,有时名,臻以文数十篇往见,致尧览之,叹曰:"颍、汝固多奇士。"举进士中第,为大理评事,历知舒城、会昌县,通判徐、定二州,以殿中丞知兖州,特迁监察御史。

　　中使就营景灵宫、太极观,臻佐助工费有劳,迁殿中侍御史,擢淮南转运副使。时发运司建议浚淮南漕渠,废诸堰,臻言:"扬州召伯堰,实谢安为之,人思其功,以比召伯,不可废也。浚渠亦无所益。"召为三司度支判官,而发运司卒浚渠以通漕,臻坐前异议,降监察御史、知睦州。道复官,徙福州。闽人欲报仇,或先食野葛,而后趋仇家求斗,即死其处,以诬仇人。臻辨察格斗状,被诬者往往释去,俗为之少变。又民间数以火讹相惊,悉捕首恶杖之,流海上,民乃定。

　　仁宗即位,迁提举在京诸司库务,历三司户部、度支副使,擢龙图阁待制、权知开封府,累迁尚书工部郎中。奸人伪为皇城司刺事卒，吓民以取赇，臻购得其主名，黥窜三十余人，都下肃然。以右谏议大夫权御史中丞，建言："三司、开封府诸曹参军及赤县丞尉，率用贵游子弟，骄惰不习事。请易以孤寒登第、更仕宦书考无过者为之。"又言："在京百司吏人入官，请如《长定格》，归司三年。"皆可其奏。未几，卒。臻刚严善决事，所至有风迹。

　　鱼周询字裕之，开封雍丘人。早孤，好学。举进士中第，为大理评事，历知南华、分宜、静海县三，迁太常博士、通判汉州。城中夜有火，部众救之，植剑于前曰："攘一物者斩！"火止，民无所失亡。以尚书屯田员外郎知真州，徙提点荆湖南路刑狱。求便郡，知安州，徙蔡州，召为侍御史。陕西用兵，科敛烦数，命安抚京西路，还赐绯衣银鱼。为开封府判官，又使陕西刺民兵，判三司理欠、凭由司。进起居舍人、知谏院，固辞，乃以尚书户部员外郎兼侍御史知杂事，为三司盐铁副使。时渭州城水洛，尹洙、郑戬争未决，诏周询与都转运使程戡相利害。周询是戬议，遂城之。迁吏部员外郎，擢天章阁待制、知成德军，徙河北都转运使，拜右谏议大夫、权御史中丞。

　　庆历八年，手诏近臣访天下之务。周询对曰：

　　　　陛下患西陲御备，天下绎骚，趣募兵士，急调军食，虽常赋有增，而经用不足。臣以谓唐季及五代，强臣专地，中国所制，疆域非广。及祖宗有天下，俘吴、楚、蜀、晋，北捍獯粥，西服羌戎，所用甲兵，所入租赋，比之于今，其数尚寡。然而摧坚震敌，军府无空虚之弊，县官无烦费之劳，盖赏信罚必，将选兵精之效也。

　　　　近元昊背惠，西方宿帅。朝廷用空疏阘茸者为偏裨，以游惰怯懦者备行伍，故大举即大败，小战辄小奔。徒日费千金，度支不给，卖官鬻爵，淆杂仕流，以铁为钱，斁坏国法。而又官立盐禁，驱民齐犇，荡析恒产，怨咨盈路。去秋水旱继作，今春饥馑相属，生灵重困，于兹为剧。今元昊幼子新立，乃朝廷宽财用、惜民力之时也，速宜经度，以纾匮乏。愿委安抚使与本路守边、掌计臣僚同议，裁减冗兵，节抑浮费，禁止横敛，廪假贫民，去武臣之庸懦，出守宰之贪残。仍冀特发宸衷，出内帑钱助关陕费，使通盐商之利，改钱币之法，宣布德泽，与民休息。然后劝勉农桑，隐括税籍，收遗利，抑兼并，则公有羡财，私有余力矣。

陛下患承平寝久，仕进多门，人污政滥，员多阙少，滋长奔竞，靡费廪禄。臣以谓国家于制举、进士、明经之外，复有任子、流外之补，负瑕衅、服舆台者，亦真班列。历年既久，纷猥塞路，求人任事，适用者鲜，而又亟更数易，交错道涂，额置有常，诏除无限，凡守一阙。动逾再期。预阃籍、服武弁者，坐费水衡之给，虚计岁考之期；赴铨调、守选格者，居多困乏之叹，行寡廉耻之风。官冗之弊，一至于此！愿陛下特诏，进士先取策论，诸科兼通经义，中第解褐，无令过多。其文武班奏荐并流外出官者，权停五七年，自然名器不滥，奔竞衰息矣。

陛下患牧守之职，罕闻奏最。臣闻汉宣帝勉历二千石，其有治效者，增秩赐金，或爵至关内侯，公卿缺，则以次用之，故良吏为盛。国家鉴诸侯专地之患，一切用郡守治之。而班行浸冗，序迁者众。乃有地处藩宣，秩为卿监，而未历省府提转，则为沈抑。内重外轻，何以求治？改弦易辙，正在此时。愿诏两府大臣，选委两制、台谏官参举，如两任通判可充知州军京朝官，依次除补。若治状尤异，即升省府提转。其常例入知州者，一切停罢，则进擢得人，牧守重矣。

陛下患将帅之任，艰于称职。臣闻晏子荐司马穰苴曰："文能附众，武能威敌。"是知将帅之材，非文武兼备，则不可为。我朝自二边款附，久不用兵。近岁有西北之警，补授帅臣，出于遽猝，非自卒伍，即恩泽侯。无信义以结士心，无庄严以正师律，退则奔北，进则被擒，亏损威灵，取侮夷狄，命将之失，未有若今之甚也。愿择名臣，选举深博有谋、知兵练武之士，不限资级，试以边任，临轩敦遣，假以威权，如祖宗朝任郭进、李汉超辈,阃外之事,俾得专之,无以谤谗轻有迁徙,使其足以取重,则安有不称职之忧乎?

陛下患西北多故,边情叵测,献奇谲空言者多,陈悠久实效者少,备豫不虞,理当先物。臣闻国家和约北戎,爵命西夏,偃革止戈,逾四十载。而守边多任庸人,不严武备,因循姑息,为敌所窥,致元昊悖逆,耶律张皇。未免屈已为民,息兵讲好,皆用苟安之谋,而无经远之策。此班固所谓"不选武略之臣,恃吾所以待寇而货赂,割剥百姓以奉寇雠"者也。愿陛下特义减三路兵马之驽冗者,以纾经费,以息科敛。然后选将帅,择偏裨,使戢肃骄兵,饬利戎器,识山川形胜,用兵奇正。河朔旷平,可施车阵,亦宜讲求其法。虽二边异时侵轶,恃吾有以待之,庶几无患矣。

时执政及近臣所对多疏阔,仁宗颇嘉周询详敏。知恩州张得一诛,坐失举,出知永兴军;数日,改知成德军,未行,卒。帝嗟悼之,特赠尚书工部侍郎。

周询性和易,闻见该洽,明史事。在安州时,园吏见大蛇垂阑楯,即视之,乃周询醉而假寐,世传其异。

贾黯字直孺,郑州穰人。擢进士第一,起家将作监丞、通判襄州。还为秘书省著作佐郎、直集贤院,迁左正言、判三司开拆司。

黯自以年少遭遇,备位谏官,果于言事。首论韩琦、富弼、范仲淹可大用。杜枢覆张彦方狱,将驳正,忤执政意,执政以他罪绌枢。黯言:"枢无罪,且旨从中出,不因臣下弹奏。恐自此贵幸近习,言一得入,则将阴肆谗毁,害及善良,不可不察。"时言者或论事亡状,辄戒励穷诘。黯奏:"谏官、御史,迹既疏远,未尝预闻时政,不免采于传闻,一有失言,而诘难沮辱随之,非所以开广言路。请如唐太宗用王圭、魏征故事,每执政奏事,听谏官一人随入。"执政又患言事官旅进,论议上前不肯止。乃诏:"凡欲合班上殿者,皆禀中书俟旨。"黯论以为:"今得进见言事者,独谏官、御史,若然,言路将壅,陛下不得闻外事矣。请如故便。"皆弗许。

侬智高反，余靖知桂州，杨畋安抚广南东、西路，皆许便宜行事。黯言："二人临事，指纵不一，则下将无所适从。又靖专节制西路若贼东向，则非靖所统，无以使众，不若并付靖经制两路。"从之。皇佑四年，同修起居注，从判盐铁勾院，迁左司谏。建言天下复置义仓，下其说诸路，而论者不一，黯亦反复辨析，卒不果行。宰相刘沆请中外荐举陈乞，一切以诏令从事，毋用例。论者以为非便，黯奏罢之。狄青除枢密副使，黯言："国初武臣宿将，扶建大业，平定列国，有忠勋者，不可胜数。然未有以卒伍登帷幄者。"不报。会灵观灾，又言："天意所欲废，当罢营缮，赦守卫者罪，以示儆惧修省之意。"擢知制诰。

初，仁宗视事退，御迩英阁，召侍臣讲读，而修起居注官独先出。黯言："君臣访对，动关政体，而史臣不得预闻，请并召侍经筵。"许之。初，迩英、延义二阁，讲读官自有记注。至是，乃罢焉。直龙图阁钱延年擢天章阁待制，黯当命辞，即诋延年不才，不宜污侍从，封词目还中书，命遂寝。

判吏部流内铨。益州推官乘泽父留乡里，死三年矣。泽为弗知者而调京师，既觉而去。黯奏劾，废终身。福州推官刘抃挟数术，言人祸福，多游公卿门，黯奏以为灵台郎。

时诏两制、两省官惟公事许至中书、枢密院见执政，群臣心知其非，而嫌于自言。后黯知许州，乃言："他官皆得见执政，而侍从近臣，反疏斥疑间如此。尝闻先朝用王禹偁请，百官候谒宰相，并于政事堂；枢密使亦须聚坐接见，以防请托。令下，左正言谢泌上书，以谓非人主推赤心待大臣，大臣展四体报人主之谊。"即时追寝前诏。

徙襄州，迎父之官，而父有故人在部中，遣直厅卒致问。黯辄笞卒，父恚，一夕归乡里。他日，疾且亟，黯内怀不自安，请徙郡及解官就养。不报，乃弃官去。而御史吴中复等劾黯辄委州印，挠朝廷法，绌知郢州。未及行，父死。服除，勾当三班院，为翰林学士。唐介等坐言陈升之不当柄用，皆外补。黯奏介等敢言，请宽之。以疾请郡，改侍读学士、知郑州。未行，疾愈，复以为翰林学士、知审官院。

时官吏有以祖父嫌名，援律为请授他官。黯言："礼不讳嫌名，二名不偏讳，律：'府号、官称犯祖父名而冒荣居之，又上书若奏事犯祖庙讳，罪皆有差。'又曰'若嫌名及二名偏犯者，不坐。'今官吏许避嫌名，则或有如此而不自言者，可坐以冒荣之律乎？国朝雍熙中，尝诏："除官犯私讳者三省御史台五品、文班四品以上，许用式奏改，余不在此制。'请约雍熙诏书，自某品而上，以礼律从事。"诏非嫌名及二名，不以品秩高下皆听避。

累迁尚书左司郎中、权知开封府。两军狱囚岁瘐死者众，而吏不任其责。黯言："吏或急于视囚，饥渴疾病，因以致死，请岁计死者多少而赏罚之。"府史额七百人，以罪废复叙者，皆数外补之，黯请叙者须有阙乃补。然所断治，或出己见，人不以为允。御史中丞王畴与其属陈经、吕海、傅尧俞，谏官司马光、龚鼎臣、王陶，皆言黯刚愎自任，敕书下府，罪应释者反重行之。罢为同提举在京诸司库务。

英宗即位，迁中书舍人。受诏撰《仁宗实录》，权知审刑院，为群牧使。时封拜皇子，并除检校太傅。黯言："太师、太傅、太保，是为三师，天子之所师法。子为父师，于义不可，盖前世因循弗思之过。请自今皇子及宗室属卑者，皆毋兼师傅官，随其迁序，改授三公。"下两制议，请如黯奏。而中书亦谓："自唐以来，亲王无兼师傅者。国朝以三师、三公皆虚名，故因而授之，宜正其失。"诏可。

迁给事中、权御史中丞。未几，以吕海知杂事，海尝弹治黯，逡巡引避。黯言尝荐海为御史，知其方正谨厚，一时公言，非有嫌怨，愿终与共事，海乃就职。

时帝初即位，王广洲、周孟阳以藩邸之旧，数召对。黯言："俊人满朝，未有一被召者，独亲近一二旧人，示天下以不广。请如太宗故事，召侍从馆阁之臣，以备顾问。"帝尝从容谓黯曰："朕欲用人，少可任者。"黯对："天下未尝之人，顾所用如何尔。"退而上五事：一、知人之明，二、养育以渐，三、材不求备，四、以类荐举，五、择取自代。

后与两制合议，请以濮王为皇伯，执政弗从，数诣中书争论。会大雨水，时黯已被疾，疏言："简宗室，逆天时，则水不润下。今二三执政，知陛下为先帝后，乃阿谀容说，违背经义，建两统贰父之说，故七庙神灵震怒，天降雨水，流杀人民。"既病，求出，以翰林侍读学士知陈州。未行，卒，年四十四。口占遗奏数百言，尤以濮王议为请。赠尚书礼部侍郎。

初，黯母陈归宗，继母史在堂，后迎陈归，二母不相善，黯能安以事之。黯修洁自喜，在朝数言事，或从或否，人称其介直。然下急，初通判襄州，疑忧人戏已，以人菡唊之。在开封，为罪人所訾，又唊以人菡，言者亦以是诋之。

李京字伯升，赵州人。进士中第，历平定军判官、冀州推官，改大理寺丞、知魏县。奉法严正，吏不便，欲以苛中京，遂相率遁去。监司果议以苛刻斥京，知府任布曰："如此，适堕吏计中。"京赖以免。徙永昌县，通判赵州。王拱辰荐为监察御史里行，迁监察御史。

时，太史言日当食不食，群臣皆贺。京上疏曰："陛下因天之戒，恐惧修省，避正殿，减常膳，故精意感格，日当食而阴云蔽亏。虽宋景公之荧惑退舍，商大戊之桑谷并枯，无以异也。然臣区区穷有所疑者，自宝元初，定襄地震，坏城郭，覆卢舍，压死者以数万人。殆今十年，震动不已，岂非西、北二边，有窥中国之意乎、二月雷发声，在《易》为《豫》，言万物出地，皆悦豫也。八月收声，在《易》为《归妹》，言雷声入地，避群阴之害也。今孟夏雷未发声，岂非号令不信乎？愿陛下饬边臣备夷狄，戒辅臣慎出命，以压祸于未形。又尚美人弃外馆多年，比闻复召入，臣虑假媚道以为蛊惑，宜亟绝之。苗继宗嫔御子弟，乃缘恩私，为府界提点。宜割帷薄之爱，重名器之分，庶几不累圣政。"仁宗嘉纳，授右正言、直集贤院、同管勾国子监，加史馆修撰。

数上书论事，宰相贾昌朝不悦。京尝属侍御史吴鼎臣荐推直官李实，鼎臣希昌朝意，以告中丞高若讷。若讷为鼎臣上京简，谪京太常博士、监鄂州税。既至，引令狐峘、钱徽事言：“臣为御史谏官，首尾五年，凡六上章、四亲对，自陈疾故，恳求外补。臣之出处，粗有本末。向者在台，见《入阁图》，三院御史立班各异。闻元日将入阁，而御史王赞、何郯皆告归。会推直官李实岁将满，因简鼎臣宜留实补御史，鼎臣亦谓议协公望，不意逾两月，乃诬臣与实为朋党。臣初被黜，阅诸橐中，鼎臣所遗私书别纸故在，臣令男谌及悉焚毁。臣与实僚友，鼎臣乡曲之旧，鼎臣为御史，臣廷誉推引，实有力焉。待之不疑，因以诚告，岂谓倾险包藏，甘为鹰犬，惟陛下察之。”未几，卒官。诏录谌为郊社斋郎。

鼎臣，棣州人。既逐京，会昌朝罢，夏竦自北京召为相。鼎臣先论竦在并州杖杀私仆，复与谏官、御史言竦论议与陈执中异，不可共事。竦既罢，遂以刑部员外郎知谏院。上言：“朝廷方与契丹保誓约，而杨怀敏增广塘水，辄生事，民或怨叛，虽斩怀敏，无及矣”。遂为河北体量安抚，令经度塘水利害，而鼎臣更顾望，依违不能决。昌朝与都转运使施昌言议河事不合，鼎臣自度支副使拜天章阁待制，代昌言，数月卒。

吕景初字冲之，开封酸枣人。以父荫试秘书省校书郎，举进士，历汝州推官，改著作佐郎、知夏阳县，佥书河南府判官，通判并州。高若讷荐为殿中侍御史。

张贵妃死，有司请依荆王故事，辍视朝五日，或欲更增日，听上裁，乃增至七日。景初言：“妃一品当辍朝三日，礼官希旨，使恩礼过荆王，不可以示天下。”妃既追册为皇后，又诏立忌，景初力争，乃罢。

时兵冗，用度乏，景初奏疏曰：“圣人在上，不能无灾，而有救灾之术。今百姓困穷，国用虚竭，利源已尽，惟有减用度尔。用度之广，无如养兵。比年招置太多，未加拣汰。若兵皆通健，能捍寇敌，竭民膏血以啗之，尤为不可，况羸疾老怯者，又常过半，徒费粟帛，战则先奔,致勇者亦相牵以败。当祖宗时,四方割据,中国才百余州,民力未完,耕植未广,然用度充足者,兵少故也,而所征皆克。自数十年来,用数倍之兵,所向必败。以此,知兵在精,不在众也。议者屡以为言,陛下不即更者,由大臣偷安避怨,论事之臣,又复缄默,则此弊何时而息。望诏中书、枢密院,议罢招补,而汰冗滥。"

又言:"坐而论道者,三公也。今辅臣奏事,非留身求罢免,未尝从容独见,以评讲治道。虽愿治如尧、舜,得贤如稷、契,而未至于治者,抑由此也。愿陛下于辅臣、侍从、台谏之列,择其忠信通治道者,屡诏而数访之,幸甚!"又与言事御史马遵、吴中复奏弹梁适与刘宗孟连姻,而宗孟与冀州富人共商贩。下开封府劾治,所言不实,皆坐谪,景初通判江宁府。徙知衡州,复召还台。

嘉祐初,大雨水,景初曰:"此阴盛阳微之诚也。乃上疏称:"商、周之盛,并建同姓;两汉皇子,多封大国;有唐宗室,出为刺史;国朝二宗,相继尹京。是欲本支盛强,有磐石之安,则奸雄不敢内窥,而天下有所倚望矣。愿择宗子之贤者,使得问安侍膳于宫中,以消奸萌,或尹京典郡,为夹辅之势。"时狄青为枢密使,得士卒心,议者忧其为变。景初奏疏曰:"天象谪见,妖人讹言,权臣有虚声,为兵众所附,中外为之汹汹。此机会之际,间不容发,盖以未立皇子,社稷有此大忧。惟陛下蚤为之计,则人心不摇,国本固矣。"数诣中书白执政,请出青。文彦博以青忠谨有素,外言皆小人为之,不足置意。景初曰:"青虽忠,如众心何,盖为小人无识,则或以致变。大臣宜为朝廷虑,毋牵闾里恩也。"知制诰刘敞亦论之甚力,卒出青知陈州。

李仲昌以河事败,内遣中人置狱。景初意贾昌朝为之,即言:"事无根原,不出政府,恐阴邪用此,以中伤善良。"乃更遣御史同讯。迁右司谏,安抚河北。还,奏比部员外郎郑平占籍真定,有田七百余顷,因请均其徭役,著限田令。以户部员外郎兼侍御史知杂事,判都水监,改度支副使,迁吏部员外郎,擢天章阁待制、知谏院,以病,未入谢而卒。

马遵者字仲涂,饶州乐平人。尝以监察御史为江、淮发运判官,就迁殿中侍御史为副使。入为言事御史,谪知宣州,后复为右司谏,以礼部员外郎兼侍御史知杂事,改吏部,直龙图阁,卒。性乐易,善议论,其言事不为激讦,故多见推行,杜衍、范仲淹皆称道之。

吴及字几道,通州静海人。年十七,以进士起家,为候官尉。闽俗多自毒死以诬仇家,官司莫能辨,及悉为谳正,前后活五十三人,提点刑狱移其法于一路。辟大理寺检法官,徙审刑院详议,累迁太常博士。

是时,仁宗春秋既高,无子,及因推言阉寺,以及继嗣事。至和元年,上疏曰:

臣闻"官师相规,工执艺事以谏。"臣幸得待罪法吏,辄原刑法之本,以效愚忠。切惟前世肉刑之设,断支体,刻肌肤,使终身不息。汉文感缇萦之言,易之鞭棰,然已死而笞未止,外有轻刑之意,其实杀人。祖宗鉴既往之弊,蠲除烦苛。始用折杖之法,新天下耳目,兹盖旷古圣贤,思所未至。陛下深恻民隐,亲览庶狱。历世用刑,无如本朝之平恕,宜乎天降之祥。而方当隆盛之时,未享继嗣之庆,臣穷惑焉。

或者宦官太多,而陛下未悟也。何则?肉刑之五,一曰宫,古人除之,重绝人之世。今则宦官之家,竞求他子,勠绝人理希求爵命。童幼何罪,陷于刀锯,因而夭死者,未易悉数。夫有疾而夭,治世所羞,况无疾乎?有罪而宫,前王不忍,况无罪乎?臣闻汉永平之际,中常侍四员,小黄门十人尔。唐太宗定制,无得逾百员。且以祖宗近事较之,祖宗时宦官凡几何人。今凡几何人?臣愚以以谓胎卵伤而凤凰不至,宦官多而继嗣未育也,伏望顺阳春生育之令,浚发德音,详为条禁。进献宦官。一切权罢,擅宫童幼,实以重法。若然,则天心必应,圣嗣必广,召福祥、安宗庙之策,无先于此。

书奏,帝异其言,欲用为谏官,而及以父忧去。

嘉祐三年，始擢秘阁校理，俞月，改右正言。复上疏曰："帝王之治，必敦骨肉之爱，而以至亲夹辅王室。诗曰：'怀德惟宁，宗子惟城。'故同姓者，国家之屏翰；储副者，天下之根本。陛下以海宇之广，宗庙之重，而根本未立，四方无所系心，上下之忧，无大于此。谓宜发自圣断，择宗室子以备储副。以服属议之，则莫如亲，以人望言之，则莫如贤。既兼亲贤，然后优封爵以宠异之，选重厚朴茂之臣以教导之，听入侍禁中，示欲为后，使中外之人悚然瞻望，曰：'宫中有子矣。'陛下他日有嫡嗣，则异其恩礼，复令归邸，于理无嫌，于义为顺，弭觊觎之心，属天下之望，宗庙长久之策也。"既而又言："开宝诏书：'内侍臣年三十无养父者，听养一子为嗣，并以名上宣征院，违者抵死。'比年此禁益弛，夭绝人理，阴累圣嗣。愿诏大臣明示旧制，上顺天意，以绥福佑。"明年，遂权罢内臣进养子。

管勾登闻检院。又上书论政事，谓："仓廪空虚，内外匮乏，其弊在于官多兵冗。请汰冗兵，省冗官，然后除民之疾苦。"因条上十余事，多施用之。建请择馆职，分校馆阁书，并求遗书于天下，语在《艺文志》。

明年，日食三朝，及言："日食者，阴侵阳之戒。在人事，则臣陵君，妻乘夫，四夷侵中国。今大臣无姑息之政，非所谓臣陵君，失在陛下渊默临朝，使阴邪未尽屏也。后妃无权横之家，非所谓妻乘夫，失在左右亲幸，骄纵亡节也。疆场无虞，非所谓四夷侵中国。失在将帅非其人，为敌所轻也。"因言孙沔在并州，苛暴不法，燕饮无度；庞籍前在并州，轻动寡谋，辄兴堡砦，屈野之衄，为国深耻。沔由此坐废。

又言："春秋有告籴，陛下恩施动植，视人如伤。然州郡官司各专其民，擅造闭籴之令，一路饥，则邻路为之闭籴。一郡饥，则邻郡为之闭籴。夫二千石以上，所宜同国休戚，而坐视流离，岂圣朝子育兆民之意哉！"遂诏："邻州、邻路灾伤而辄闭籴，论如违制律。"

久之，迁右司谏、管勾国子监。在职数年，以劲正称，遇事无小大辄言。尝请毋纳群臣上尊号，出后宫私身及非执事人，毋以御宝白札子赐近幸家人冠帔及比丘尼紫衣；并责执政大臣因循苟简，畏避怨谤，宜用唐李吉甫故事，选拔贤俊，约杜预遗法，旌擢守令；复置将作监官属，专领营造；论入内都知任守忠陵轹驸马都尉李玮及干求内降。

会谏官陈升之建请裁节班行补授，下两制、台谏官集议。主铁冶者，旧得补班行。至是。议罢之。既定藁，及与御史沈起轹增注兴国军磁湖铁冶如旧制。主磁湖冶者，大姓程叔良也。翰林学士胡宿等即劾及与起职在台谏，而为程氏经营占锢恩例，请诏问状，皆引伏。及出为工部员外郎、知卢州，进户部、直昭文馆、知桂州。卒，录其弟齐为太庙斋郎。

及当官有守，初为检法官，三司请重铸铁钱法至死。下有司议，及争不可，主者恚曰：“立天下法，当由一检法邪？”及曰：“义理为先，安有高下？”卒不为诎。

范师道字贯之，苏州长洲人。进士及第，为抚州判官，后知广德县。县有张王庙，民岁祠神，杀牛数千，师道禁绝之。通判许州，累迁都官员外郎，吴育举为御史。奏请罢内降推恩，择宰相久其任，选宗室贤者养宫中备储贰。

初，皇祐中，贾昌朝上议置五辅郡，设京几转运使、提点刑狱，号为“拱辅京师”，而论者谓宦官谋广亲事亲从兵，欲取京几财赋赡之，因以收事柄。师道力奏非便，遂复旧制。又以四年贡举，士苦淹久，请易为三年。宰相刘沆护葬温成皇后，礼官议称“陵”，师道以为非典制，数以争，沆恶之，引著令“台官满二年当补外”，出知常州。台谏官共言师道不当去，不报。徙广南东路转运使。旧补摄官皆委吏胥，无先后远近之差，师道为置籍次第之。召为盐铁判官，道改两浙转运使。迁起居舍人、同知谏院，管勾国子监。

后宫周氏、董氏生公主，诸阁女御多迁擢。师道上疏曰：“礼以制情，义以夺爱，常人之所难，惟聪明睿哲之主然后能之。近以宫人数多而出之，此盛德事也。然而事有系风化治乱之大，而未以留意，臣敢为陛下言之。窃闻诸阁女御,以周、董育公主,御宝白札并为才人,不自中书出诰。而掖庭,觊觎迁拜者甚多,周、董之迁可矣,女御何名而迁乎?才人品秩既高,古有定员,唐制止七人而已。祖宗朝宫闱给侍不过二三百,居五品之列者无几,若使诸阁皆迁,则不复更有员数矣。外人不能详知,止谓陛下于宠幸太过,恩泽不节耳。夫妇人女子,与小人之性同,宠幸太过,则渎慢之心生,恩泽不节,则无厌之怨起,御之不可不以其道也。且用度太烦,须索太广,一才人之奉,月直中户百家之赋,岁时赐予不在焉。况诰命之出,不自有司,岂盛时之事耶?恐斜封、墨敕,复见于今日矣。"

时大星陨东南,有声如雷。又上疏曰:"《汉》、《晋天文志》:'天狗所下,为破军杀将,伏尸流血。'《甘氏图》:'天狗移,大贼起。'今朝廷非无为之时也,而备边防盗,未见其至。虽有将帅,不老则愚,士卒虽多,劲勇者少。小人思乱,伺隙乃作,必有包藏险心,投隙而动者。宜拣拔将帅,训练卒伍,诏天下预为备御。"仁宗晚年尤恭俭,而四方无事,师道言虽过,每优容之。迁兵部员外郎,兼侍御史知杂事、判都水监。与谏官、御史数奏枢密副使陈升之不当用,升之罢,师道亦出知福州。顷之,以工部郎中入为三司盐铁副使。感风眩,迁户部,直龙图阁、知明州,卒。

师道厉风操,前后在言责,有闻即言,或独争,或列奏。如陈执中家人杀婢,卒坐免;夺王拱辰宣徽使、李淑翰林学士;及王德用、程戡领枢密,宦官石全彬、阎士良升进,皆尝奏数其罪焉。

李绚字公素,邛州依政人。少放荡亡检,兄绚教之书,严其课业而出,绚邀自若,比暮绚归,绚徐取书视之,一过辄诵数千言,绚奇之。稍长,能属文,尤工歌诗。尝以事被系,既而逸去。

擢进士第,再授大理平事、通判邠州。元昊犯延州,并边皆恐。邠城陴不完,绚方摄守,即发民治城,僚吏皆谓当言上逮报,绚不听。帝闻之喜,因诏他州悉治守备。还为太子中允、直集贤院,历开封府推官、三司度支判官,为京西转运使。是时,范雍知河南,王举正知许州,任中师知陈州,任布知河阳,并二府旧臣,绚皆以不才奏之。

未几,召修起居注,纠察在京刑狱。时宰相杜衍各拔知名士实台省,恶衍者指绚为其党。绚尝举陆经,经坐赃贬;而任布又言绚在京西苛察,出知润州。改太常丞,徙洪州。时五溪蛮寇湖南,择转运使,帝曰:"有馆职善饮酒者为谁,今安在?"辅臣未谕,帝曰:"是往岁城邠州者,其人才可用。"辅臣以绚对,遂除湖南转运使。绚乘驿至邵州,戒诸部按兵毋得动,使人谕蛮以祸福,蛮罢兵受约束。

复修起居注,权判三司盐铁勾院,复纠察在京刑狱。以右正言、知制诰奉使契丹,知审官院,迁龙图阁直学士、起居舍人、权知开封府,治有能名。绚夜醉,晨奏事酒未解,帝曰:"开封府事剧,岂可沉湎于酒邪?"改提举在京诸司库务,权判吏部流内铨。初,慈孝寺亡章献太后神御物,盗得,而绚误释之,诎知苏州,未行,卒。

绚疏明乐易,少周游四方,颇练世务。数上书言便宜。仁宗春秋高,未有继嗣,绚因祀高禖还献赋,大指言宜远嬖宠,近贤良,则神降之福,子孙繁衍,帝嘉纳之。性嗜酒,终以疾死。

何中立字公南,许州长社人。幼警迈,与狄遵度游,遵度曰:"美才也!"其父棐遂以女妻之。进士及第,授大理评事,历金书镇安、武胜二镇节度判官,迁殿中丞,召试学士院,为集贤校理。改太常傅士、修起居注,迁祠部员外郎、知制诰,权发遣开封府事。

初,有盗慈孝寺章献皇太后神御服器者,既就系,李绚以属吏,考掠不得其情,辄释去。中立至,人复执以来,中立曰:"此真盗也。"穷治之,卒伏罪。迁兵部员外郎,纠察在京刑狱。除龙图阁直学士、知秦州。言者以为非治边才,改庆州。奏曰:"臣不堪于秦,则不堪于庆矣,愿守汝。"不报。戍卒有告大校受赃者,中立曰:"是必挟他怨也。"鞭卒窜之。或曰:"贷奸可乎?"中立曰:"部曲得持短长以制其上,则人不自安矣。"还判太常寺,迁刑部郎中,进枢密直学士、知许州,改陈州。讹言大水至,居人皆恐,中立捕诛之。又徙杭州,暴中风卒。

中立颇以文词自喜,然嗜酒无行。庆历中,集贤校理苏舜钦监进奏院,为赛神会,预者皆一时知名士,中立亦在召中。已而辞不往,后舜钦等得罪,中立有力焉。

沈邈字子山,信州弋阳人。进士及第,起家补大理评事、知候官县,通判广州,累迁都官员外郎,历知真州、福州。庆历初,为侍御史。

时吕夷简罢相,辅臣皆进官,邈言:"爵禄所以劝臣下,非功而授则为滥。今边鄙屡警,未闻庙堂之谋有以折外侮,无名进秩,臣下何劝焉。"又论:"夏竦除枢密使,而竦阴交内侍刘从愿。使从愿内济狡谲,竦外专机务,奸党得计,人主之权去矣。"其言甚切。权盐铁判官,转兵部员外郎。时选诸路转运加按察使,邈与张昷之、王素首被选。邈加直史馆,使京东。岁余,入为侍御史知杂事。未几,擢天章阁待制、知澶州,徙河北都转运使,又徙陕西,岁中,加刑部郎中、知延州,卒。

邈疏爽有治才,然性少检。在广州时,岁游刘王山,会宾友纵酒,而与闾里妇女,笑言无间。

论曰:庆历以来,任谏官、御史,名有风采,见推于时者,由臻、京之辈,凡数十八,观其所陈,盖不虚得。及之论阉宦,真仁人之言,其最优乎!绚、中立、邈亦有美才,致位通显,然皆以酒失自累,故不能无贬焉。

宋史卷三〇三
列传第六二

张昷之　　魏瓘 _{弟琰}　　滕宗谅

_{刘越附}　李防　　赵湘　　唐肃

_{子询}　张述　　黄震　　胡顺之

陈贯 _{子安石}　　范祥 _{子育}　　田京

　　张昷之字景山。父秘,自有传。昷之进士及第,补乐清尉,润州观察推官,校勘馆阁书籍,迁集贤校理,通判常州,知温州。

　　蔡齐荐其材可用,擢提点淮南路刑狱。杨崇勋知亳州,恃恩为不法,诬蒙城知县王申罪,械送狱。昷之廉得冤状,乃出申,配奸吏若干人。徙广南东路转运使。夷人有犯,其酋长得自治而多惨酷,请一以汉法从事。权度支判官,为京西转运使,加直史馆,徙河北。被边诸州发卒斩西山木,卒逃入契丹者岁数百人,敌既利其所开地,又得亡卒,故不争。昷之戒斩伐毋得深入北地,卒亦不敢逃。

　　还,为盐铁副使,擢天章阁待制、河北都转运按察使。保州、广信、安肃军自五代以来别领兵万人,号缘边都巡检司,亦曰策先锋,以知州、军为使,置副二人,分所领卒为三部,使援邻道。太祖尝用之有功,诏每出巡别给粮钱以优之。其后州将不复出,内侍为副,数出巡,部卒偏得廪赐,军中以为不均。通判保州石待举言于昷之,请合三部兵更出入,季一出即别给钱粮,余悉罢,仍请以武臣代内侍。

时杨怀敏方任边事,尤不悦巡检司。云翼卒恶石待举,遂杀之以作乱。昷之自魏弛至城下,召诸将部分攻城,使人请怀敏曰:"不即来,当以军法从事。"既至,又以兵自卫,昷之曰:"诸将方集,独敢以兵随,将欲反邪!"叱去卫者。城开,田况潜杀降兵数百人,昷之预知其谋。除户部副使,既而坐前事夺职,知虢州。

王则反贝州,有言昷之在河北捕得妖人李教不杀,使得逸去,今乃为则主谋,事平,无其人。会冀州人段得政诣阙,自言"尝为叔父屯田郎中昙赋免缘坐",且言"昙以书属昷之",乃下御史按劾,虽不得书,犹三夺官,监鄂州税。知汉阳军,稍迁刑部郎中,复待制、知湖州,徙扬州。以光禄卿臻仕,卒。昷之喜吏事,所至有声。退居筑家庙,率子弟岁时奉祠。

魏瓘字用之。父书奏补秘书省校书郎、监广积仓,知开封府仓曹参军。持法精审,明吏事。上元起采山,阙前张灯,与宦者护作,宦者挟气,视瓘年少,辄诛索侵扰。瓘密以闻,诏杖宦者遣之。

瓘门人魏纲上疏诋天书,流海岛,瓘亦坐是停官。复监郑州税、鄂州茶,以大理寺丞知衡山县,通判寿州,历知循、随、安州,提点广南西路刑狱。邕州獠户缘逋负没妇女为庸者一千余人,悉奏还其家。就除转运使。刘铱时计口以税,虽舟居皆不免,至是而雷、化、钦、廉、高州犹未除,瓘为除之。减柳州无名役四百人。召权度支判官。寻以罪降知洪州,徙梓州路转运使,还知蔡州、潭州,为京西转运使,江、淮制置发运使,自主客郎中迁太常少卿,知广州。筑州城环五里,疏东江门,凿东西澳为水闸,以时启闭焉。拜右谏议大夫,再任临江军判官。

史沆性险诐,尝为瓘所劾免。会广州封送贡余椰子煎等饷京师,辄邀留之,飞奏指以为珍货,诏遣内侍发验无有,沆坐不实废,瓘亦降知鄂州。未逾年,复为陕西转运使,徙河北。以给事中知开封府,政事严明,吏民惮之。内东门索命妇车,得赂遗掖庭物,付府验治,狱未上,内降释罪。谏官吴奎言法当执奏,而瓘不即奏行,请以废法论，降知越州。

侬智高寇广东、西，独广州城坚守不能下。于是论筑城功，迁工部侍郎、集贤院学士，复知广州，兼广东经略安抚使，给禁卒五千，听以便宜从事。属狄青已破贼，召还，纠察在京刑狱。议者请开六塔河，塞商胡北流，宰相主其说，命瓘按视，还奏以为不可塞。下溪州蛮彭士义叛，将发兵讨除。进龙图阁直学士、知荆南。瓘以为"五溪之险，师行鸟道，诸将贪功生事，于国家何所利？因条上三策，以招徕为上，守御为下，功取为失。不报。后卒如瓘议。徙澶州、滑州。又徙郑州，不行，请老，以吏部侍郎致仕，卒。

瓘所至整办，与人置对未尝屈。史沆、王逵以善讼名天下，瓘既废沆，又尝奏抵逵罪，专任机数，不称循吏。弟琰。

琰字子浩，以父恩授秘书省正字，为吏强敏，名齐于瓘。尝通判陈州，适岁饥，百姓相率强取人粟，坐死者甚众，琰曰："此迫于穷饿，岂得已者。"坐其首黥之。历知寿、润、滁、安州。寿州盗杀寺童子，有司执僧笞服，琰廉其非罪，命脱械纵去，一府争以为不可，后数日得真盗。富人犯法当死而死狱中，琰曰："是尝欺匿异籍孤弱者财，所以自毙，觊不可穷治尔，其吏受赇而为之谋乎？"后有告者如琰所料。累官司农卿、知福州，徙广州。以疾告，得知江宁府。晚昏，纵私人乱法，日笞扑无罪吏卒。监司劾奏，召判刑部，乃致仕，进卫尉卿，卒。

滕宗谅字子京，河南人。与范仲淹同年举进士，其后仲淹称其才，乃以泰州军事推官召试学士院。改大理寺丞，知当涂、邵武二县，迁殿中丞，代还。会禁中火，诏劾火所从起，京谅与秘书丞刘越皆上疏谏。宗谅曰："伏见掖庭遗烬，延炽宫闱，虽沿人事，实系天时。诏书丞下，引咎涤瑕，中外莫不感动。然而诏狱未释，鞫讯尚严，恐违上天垂戒之意，累两宫好生之德。且妇人柔弱，棰楚之下，何求不可，万一怀冤，足累和气。祥符中，宫掖火，先帝尝索其类实之法矣,若防患以刑而止,岂复有今日之虞哉。况变警之来,近在禁掖,诚愿修政以禳之,思患以防之。凡逮系者特从原免,庶灾变可销而福祥来格也。"疏奏,仁宗为罢诏狱。时章献太后犹临朝,宗谅言国家以火德王,天下火失其性由政失其本,因请太后还政,而越亦上疏。太后崩,擢尝言还政者,越已卒,赠右司谏,而除宗谅左正言。

刘越者字子长,大名人。少孤贫,有学行,亦宗谅同年进士。尝知襄城、固始二县,有能名。既赠官,又官其一子,赐其家钱十万。

宗谅后迁左司谏,坐言宫禁事不实,降尚书祠部员外郎、知信州。与范讽雅相善,及讽贬,宗谅降监池州酒。久之,通判江宁府,徙知湖州。元昊反,除刑部员外郎、直集贤院、知泾州。葛怀敏军败于定州,诸郡震恐,宗谅顾城中兵少,乃集农民数千戎服乘城,又募勇敢,谍知寇远近及其形势,檄报旁郡使为备。会范仲淹自环庆引蕃汉兵来援,时天阴晦十余日,人情忧沮,宗谅乃大设牛酒迎犒士卒;又籍定州战没者于佛寺祭酹之,厚扶其孥,使各得所,于是边民稍安。

仲淹荐以自代,擢天章阁待制,徙庆州。上言:"朝廷既授范仲淹、韩琦四路马步军都总管、经略安抚招讨使,而诸路亦带招讨称号,非所宜。"诏罢之。御史梁坚劾奏宗谅前在泾州费公钱十六万贯,及遣中使检视,乃始至部日,以故事犒赍诸部属羌,又间以馈遗游士故人。宗谅恐连逮者众,因焚其籍以灭姓名。仲淹时参知政事,力救之,止降一官,知虢州。御史中丞王拱辰论奏不已,复徙岳州,稍迁苏州,卒。

宗谅尚气,倜傥自任,好施与,及卒,无余财。所莅州喜建学,而湖州最盛,学者倾江、淮间。有谏疏二十余篇。

李防字智周,大名内黄人。举进士,为莫州军事推官。随曹彬入契丹,授忠武军节度推官。括磁、相二州逃户田,增租赋十余万。因请均定田税,又请县有破逃五十户者令佐降下考,百户殿三选,二百户停所居官,能招携者旌赏之。改秘书省著作佐郎、通判潞判,迁秘书丞。体量二浙民饥，建言逃户田宜即召人耕种，使人不敢轻去坍亩，而官赋常在。又请京师置折中仓，听人入粟，以江、浙、荆湖物偿之。擢开封府推官，请与判官间三五日即府司军巡院察冤狱。出为陕路转运副使。先是沿江水师，岁役民丁甚众，颇废农作，防悉以城卒代之。会分川、峡为四路，徙防梓州路转运使，累迁尚书工部员外郎，为三司户部判官。

景德初，江南旱，诏与张知白分东、西路安抚。上言："秦义尝增江、淮、两浙、荆湖榷酤钱，民颇烦扰。江南以岁饥权罢，而淮南、荆湖未被德音。"诏悉罢之，仍诏义等毋得复增榷酤之利。遂为江南转运。淮南旧不禁盐，制置司请禁盐而官自鬻之，使兵夫輦载江上，且多漂失之患。防请令商人入钱帛京师，或输刍粮西北边，而给以盐，则公私皆利，后采用之。徙知应天府，凿府西隍口为斗门，泄汴水，淤旁田数百亩，民甚利之。又徙兴元府，入为三司盐铁判官，失举免官。后起通判河南府，徙知宿、延、亳三州，为利州路转运使，累迁兵部郎中，纠察刑狱，擢右谏议大夫、知永兴军，进给事中，复知延州，更耀、潞二州，卒。

防好建明利害，所至必有论奏，朝廷颇施行之。其精力过人。防在江南，晏殊以童子谒见，防命赋诗，使还荐之，后至宰相。

赵湘字巨源，华州人。进士甲科，历彰武、永兴、昭武三军节度推官，迁秘书省著作佐郎、知新繁县。以吏最，命知商州，徙陇州、兴元府，再迁太常博士。上《补政忠言》十篇，召判宗正寺，赐白金二百两。久之，上书言："元德李太后母育圣躬，请祔太宗庙室。"后用其说。册赵德明，假尚书礼部员外郎，为官告副使。

擢殿中侍御史，权判三司勾院，上言："汉章帝以《月令》冬至之后有顺阳助生之文，而无鞫狱断刑之政，遂定令毋以十一月、十二月报囚。今季冬诞圣之月而决大辟不废。愿诏有司，自仲冬留大辟弗决，俟孟春临轩阅视，情可矜恻者贷之，他论如法。"真宗曰："此固善矣，然虑系囚益淹久，吏或因缘为奸尔。"湘又上书请封禅。未几,命管勾南北宅事,东封泰山,为东京留守推官,礼成迁侍御史。升州火,命湘往致词兼问民疾苦。还言转运使刘炤弛职不按部,知洪州马景病不任事,皆罢黜之。

纠察刑狱,改尚书刑部外郎兼侍御史知杂事。湘又言:"旧制文武常参官日趋朝,并赴待漏院俟禁门癖,今则辰漏上始放外朝,故朝者多后时乃入。望敕正衙门主者察晚至,以惩其慢。若风雨寒暑托病不朝者罪之。"时帝亲制五箴以自儆,湘因言:"宗室风化所本,宜有以训厉,愿特制铭以赐南北邸。"帝悦,为制宗室座右铭,赐宁王元偓以下并及湘,且谕之曰:"卿宗姓也,故赐卿。"

祀汾阴,为考制度副使,请如《周官》置土训,录所过州县山川与俗好恶,日上奏御。兼判宗正寺。历三司户部、度支副使。祀太清宫,管勾留司三司事。为盐铁副使,再迁工部郎中,直昭文馆出知河南府,徙河中府,为京转运使。又徙凤翔府、延州,迁太常少卿、知襄州。又知应天府,进右谏议大夫,复知河南,为集贤院学士,以疾徙虢州,卒。

唐肃字叔元,杭州钱塘人。当钱俶时,始七岁,能诵《五经》,名闻其国中。后与孙何、丁谓、曹商游,学者慕之。举进士,调郿县主簿,徙泰州司理参军。有商人寓逆旅,而同宿者杀人亡去,商人夜闻人声,往视之,血沾商人衣,为捕吏所执,州趣狱具。肃探知其冤,持之,后数日得杀人者。后守雷有终就避为观察推官。迁秘书省著作佐郎,历知闻喜、福昌县,通判陕州。召拜监察御史。或荐肃为群牧判官,真宗曰:"朕欲别用肃。"遂提点梓州路刑狱。迁殿中侍御史,入为三司户部判官,出知舒州,迁侍御史,为福建路转运使,判三司开拆司再迁工部郎中、知洪州。寻为江南东路转运使,擢三司度支副使。奉使契丹,还,迁刑部。为龙图阁待制、登闻检院,知审刑院,卒。子询。

询字彦猷,以父任为将作监主簿。天圣中,诏许天下士献文章,应诏者百数，有司第其善者，询数人而已，诏赐进士及第、知长兴县。

后以太常博士知归州，用翰林学士吴育荐为御史，未至，丧母。服除，育方参政事，宰相贾昌朝与询有亲嫌，育数与昌朝言，询用故事当罢御史，昌朝欲留询，不得已，以知卢州。凡官外徙者皆放朝辞，而询独不用，比入见，中丞张方平乃奏留询，育争不能得，询由是怨育而附昌朝。昌朝雅不善育，询希其旨上奏曰："贤良方正、直言极谏、茂才异等科，汉、唐皆不常置。若天见灾异，政有阙失，则诏在位荐之，不可与进士同进设科。若因灾异非时举擢，宜如汉故事亲策当世要务，罢秘阁之试。"育亦奏言："三代以来，取士之盛，莫如汉、唐。汉诏举贤文学直言极谏之士，非有灾异而举。唐制科之盛，固不专于灾异也。况灾异之出，或称年所无，则此举奚设？或频岁而有，则于事太烦。令礼部进士数年一举，因以制科随之，则事与时宜。又从而更张之，使遗材绝望，非所以广贤路也。"仁宗是育言，诏礼部："自今制科随进士贡举，其著为令。"时育由制科进，帝以为得人，故询力肆排诋，意在育不在制科也。

育弟妇故驸马都尉李遵冒妹，有六子而寡。询又奏育弟妇久寡不使更嫁，欲用此附李氏自进。后询终以故事罢御史，除尚书工部员外郎、直史馆、知湖州，徙江西转运使。

会诏淮南、江浙、荆湖六路转司移文发运使如所属，询争以为不可，乃移福建路。还，为三司户部判官，又判磨勘司，出为江东转运使。上言："执政纯取科名显者修起居注，非故事。"未几，起居注阙人，帝特用询，遂知制诰。以参知政事曾公亮亲嫌，出知苏州，徙杭、青二州，进翰林侍读学士，累迁右谏议大夫。召还，勾当三班院，判太常寺，进给事中，卒，赠礼部侍郎。有集三十卷。

询少刻励自修，已而不固所守，及知湖州，悦官妓取以为妾。好畜砚，客至辄出而玩之，有《砚录》三卷。子埛，附王安石为监察御史里行，自有传。

论曰：宋承平日久，吏多以严刻为治。昷之辨冤狱，配奸吏，奏还妇女为佣者若干人；琰吏事不下于瓘，脱械纵囚，审知奸弊何其明且决也。宗谅、刘越以孤生立朝，请太后还政。越年不逮用，声名与宗谅同矣。防请罢榷酤，兴水利，湘廉问疾苦，按不称职者，肃明于狱讼：皆不多见也。然昷之以杀降而夺官，瓘以能置对而兴谤，询傅会喜进，窃非其据，虽列侍从，君子所不与也。

张述字绍明，遂州小溪人。举进士，调咸阳县主簿，改大理寺丞，迁太常博士。皇祐中，仁宗未有嗣，述上书曰：“生民之命，系于宗庙社稷，而继嗣为之本。匹夫有百金之产，犹能定谋托后，事出于素；况有天下者哉。陛下承三圣之业，传之千万年，斯为孝矣。宗庙社稷未有托焉，此臣所以夙夜彷徨而为陛下忧也，谓宜慎择宗亲才而贤者，异其礼秩，试以职务，俾内外知圣心有所属，则天下大幸。”至和元年，复上疏曰：“臣闻明两作离，大人以继明照四方。离为日，君象也。二明相继故能久照，东升西没，昼夜迭运，数之常也。陛下御天下且三纪矣，是日之正中也，而未闻以继照为虑，臣窃疑之。历观前世或令出宫闱，或谋起阉寺，或奸臣首议，利幼主以专政，假后宫以盗权，安危之机发于顷刻。朝议恬然，曾不为计，此臣拳为陛下言也。”述前后七上疏，最后语尤激，仁宗终不以为罪。

述慷慨喜论事，历通判延州，知泗州，皆有政迹。后以尚书职方员外郎为江、浙、荆湖、福建、广南路提点坑治铁钱事，行至万州，道病卒。

黄震字伯起，建州浦城人。进士及第，累迁著作佐郎、通判遂州。尝给两川军士缗钱，诏至西川，而东川独不及，军士谋为变。震白主者曰：“朝廷岂忘东川邪？殆诏书稽留。”即开州帑给钱如西川，众乃定，明日诏至。累迁尚书都官员外郎、提点湖北路刑狱，还，判三司磨勘司，擢江、淮发运使。

先是，李溥自三司小吏为发运使十余年，奸赃狼籍，丁谓党之，无敢言者。震将行,上书自陈,辞颇愤激,真宗知其意在溥也,谕之曰:"卿当与人和。"震对曰:"廉正公忠,臣职也。负陛下任使者,臣不敢与之和。"既至,发溥奸贼数十事,溥坐废;而震亦为溥讼,夺一官。罢,畏谓权,不敢自直,及谓贬,乃复官,知饶州,徙广东转运使。广南岁进异花数千本,至都下枯死者十八九,道路苦其烦扰,震奏罢之。震在真宗朝数论事,既卒,诏进其官一等。

胡顺之字孝先,原州临泾人。登进士第,试秘书省校书郎、知休宁县。民有汪姓者豪横,县不能制,岁租赋常不入,适以讼逮捕,不肯出。顺之曰:"令不行何以为政。"命积薪环而焚之,豪大骇,少长趋出,叩头伏辜,推其长械送州,致之法。为青州从事。高丽入贡,中贵人挟以为重,使州官旅拜于郊。顺之曰:"青,大镇也。在唐押新罗、渤海,奈何卑屈如此?"独不拜。大姓麻士瑶阴结贵侍,匿兵械,服用拟尚方,亲党仆使甚多,州县被陵蔑,莫敢发其奸。会士瑶杀兄子温裕,其母诉于州,众相视曰:"孰敢往捕者?"顺之持檄径去,尽得其党。有诏鞫问,士瑶论死,其子弟坐流放者百余人。改著作佐郎、知常熟县,迁秘书丞,分司南京。

仁宗即位,迁太常博士。天圣、明道间,再上宰相书,乞太后还政,宰相匿不以闻。太后崩,顺之附疾置自言,求其书,出宰相家,仁宗嘉其忠,特迁尚书屯田员外郎。其后数论朝廷事,仲淹爱其才,然挟术尚权,喜纵横捭阖。以目失明废,州里皆惮焉。

陈贯字仲通,其先相州安阳人,后葬其父河阳,因家焉。少倜傥,数上疏言边事。举进士,真宗识贯名,擢置高第。为临安县主簿,以秘书省著作佐郎为刑部详覆官,改和书丞,为审刑院详议官,历知卫州、泾州。督察盗贼,禁戢不肖子弟,簿书管库,赋租出入,皆自检核。尝谓僚属曰:"视县官物如己物,容有奸乎?"州人惮其严,擢利州路转运使。岁饥出职田粟赈饥者,又帅富民令计口占粟,悉发其余。徙陕西,累迁尚书度支员外郎,入为三司盐铁判官。领河北转运使，请疏徐、鲍、曹、易四水，兴屯田。徙河东，历三司户部、盐、铁副使，以刑部郎中直昭文馆，知相州。还朝卒。

贯喜言兵，咸平中，大将杨琼、王荣丧师而归，贯上书曰："前日不斩傅潜、张昭允，使琼辈畏死不畏法，请自今合战而奔者，主校皆斩；大将战死，裨校无伤而还，与奔军同。军衅城围，别部力足救而不至者，以逗留论。"真宗嘉纳之。又尝上《形势》、《选将》、《练兵论》三篇，大略言：

地有六害。今北边既失古北之险，然自威虏城东距海三百里，沮泽硗确，所谓天设地造，非敌所能轻入。由威虏西极狼山不百里，地广平，利驰突，此必争之地。凡争地之利，先居则佚，后起则劳，宜有以待之。

昔李汉超守瀛州，契丹不敢视关南尺寸地。今将帅大抵用恩泽进，虽谨重可信，卒与敌遇，方略何从而出邪？故敌势益张，兵折于外者二十年。

方国家收天下材勇以备禁旅，赖廪给赐予而已，恬于休息，久不识战，可以卫京师，不可以戍边境。请募土人隶本军，籍丁民为府兵，使北捍契丹，西捍夏人。敌之情伪，地势之险易，彼皆素知，可不战而屈人之兵矣。

后以疾卒。著《兵略》，世颇称之。子安石。

安石字子坚，以荫锁厅及第。嘉祐中，为夔、峡转运判官。民蓄蛊毒杀人，捕诛其魁并得良药图，由是遇毒者得不死。提点陕西刑狱，摄帅鄜延，能用谍者，敌动静辄先闻。尝敕边民戒严，既而数万骑奄至，无所获而去，玺书嘉之。历使京西、河东、淮南、京东，知苏州、邠州、河中府。户部副使韩绛镇太原，议行盐法，与监司多不合，加安石集贤殿修撰，为河东都转运使，议始定。谓其僚曰："兴事当有渐，急则扰。"乃出盐付民而俾之券，使随所得贸易，鬻毕而归券，私贩为减。进天章阁待制。

官军西征时，遣县令佐督饷，安石谓文吏畏怯，武人邀功，乃但取敢行者。申约束以防众溃，曰："事不豫警，俟其犯而诛之，是罔民也。"王中正帅东师而西，报安石持四十日粮，而师驻白草平弥月。安石深念曰："吾顿兵益久，而秦甲未至，倘不足于食，将以乏军兴罪我。"即擅发民再饷，乃以闻。李舜举劾其专，诏置狱于潞，安石自麟州会逮，俄而他路馈粮多不继，神宗察其无罪赦之。

尚书省初建，召为户部侍郎。尝与右曹李定同奏事，帝目留之曰："卿岂非在淮南日不肯保李定持服者乎？"对曰："诏问臣，臣不敢不以实奏。"帝曰："以实事君，朕所与也。"进吏部侍郎。选人将改京官，须次久，临当引对，率困于刑寺审问，或沮以微文，则一跌不复。安石则罢再问，以绝暴弊，遂为后法。出知永兴军、邓襄陈郑州、河阳，至龙图阁直学士。绍圣元年，卒，年八十一。

范祥字晋公，邠州三水人。进士及第，自乾州推官稍迁殿中丞、通判镇戎军。元昊围城急，祥帅将士拒退之。请筑刘璠堡、定川砦，从之。历知庆、汝、华三州，提举陕西银铜坑冶铸钱。祥晓达财利，建议变盐法，后人不敢易，稍加损益，人辄不便，语在《食货志》。提点本路刑狱，制置解盐，累迁度支员外郎，权转运副使。古渭州距秦州三百里，道经哑儿峡，边城数请诚之，朝廷以馈饷之艰不许。祥权领州事，骤请修筑，未报，辄自兴役。蕃部惊扰，青唐族羌攻破广吴领堡，围哑儿峡砦，官军战死者千余人，坐削一官，知唐州。后复官，提举陕西缘边青、白盐，改制置解盐使，卒。

嘉祐中，包拯言："祥通陕西盐法，行之十年，岁减榷货务使缗钱数百万，其劳可录。"官其子孙景郊社斋郎。熙宁中，平洮、岷、叠、宕、河州数千里，置郡县，以古渭为通远军。权陕西转运副使张诜奏："朝廷复洮、陇故地，自将帅至裨佐悉有功赏。臣见洮、渭父老言，皇佑中，转运使祥因熟羌数被寇掠，其部族愿输土置以为守御，乃即古渭为砦。祥此举足以消沮边隙，可谓知攻守利矣。兵出少挫，身黜谋废，臣窃悲之。冀推原旧功，少赐褒郓，使天下知祥死犹被恩，且舒祥忠义之气。"诏赠秘书，录一子未官者。子育。

　　育字巽之，举进士，为泾阳令。以养亲谒归，从张载学。有荐之者，召见，授崇文校书、监察御史里行。神宗喻之曰："《书》称'塈谗说殄行'，此朕任御史之意也。"育请用《大学》诚意、正心以治天下国家，因荐载等数人。西夏入环庆，诏育行边，还言："宝元、康定间，王师与夏人三大战而三北，今再举亦然。岂中国之大，不足以支夏人数郡乎？由不察彼已，妄举而骤用之尔。昨荔原之役，夏人声言：'我自修垒，不与汉争'。三犯之，然后掩杀，虽追奔亦不至境。由是观之，其情大可见矣。"又使河东，论韩绛筑啰兀二砦："始调外郡稍远边城前后三十万夫，辽州最为穷僻，然犹上户配夫四百三十四，就直计三千缗，下者十六人，其直十万。辇运所经二十二驿，宣抚司不先告期，转运使临时督办，致民皆破产，上下莫敢言。独辽守李宏能约民力所胜，而馈不失期，顾以诉其实，翻令鞫罪。愿贷被劾官吏，其刍粮在道者随所至受之，使之困之民咸蒙德泽。"神宗皆从之。坐劾李定新丧匿服，罢御史，检正中书户房，固辞，乃知韩城县。

　　诏往鄜延议画地界，育言："保疆不如持约，持约不如敦信。前日疆场尝严矣，一旦约败兵拿，斗者跌于前，耕者侵于后，是对沟不足恃也。使人左去而兵革右兴，金缯朝委而烽烟夕举，是持约不足恃也。今我见利而加兵，当讲好之后，复自立界，不亦愧乎！"安南行营郭逵、赵离以兵十万伐交阯，行及长沙，病死相属，逵、离又不辑睦，育疏其不便，不从。久之，知河中府，加直集贤院，从凤翔，以直龙图阁镇秦州。

　　元祐初，召为太常少卿，改光禄卿、枢密都承旨。刘安世暴其闺门不肃，出知熙州。时又议弃质孤、胜如两堡，育争之曰："熙河以兰州为要塞，此两堡者兰州之蔽也。弃之则兰州危，兰州危则熙河有腰膂之忧矣。"又请城李诺平、汝遮川，曰："此赵充国屯田古榆塞之地也。"不报。入为给事中、户部侍郎，卒。高宗绍兴中，采其抗论弃地及进筑之策，赠宝文阁学士。

　　田京字简之,世居沧州,其后徙亳州鹿邑。举进士,调蜀州司法参军,自秦州观察推官改秘书省著作佐郎,为大理寺详断官。

　　赵元昊反,侍读学士李仲容荐京知兵法,召试中书,擢通判镇戎军。夏守斌为陕西经略使,奏兼管勾随军粮料。入对,陈方略,赐五品服。寻为经略安抚判官。守斌既罢,以武略应运筹决胜科,及试秘阁,与他科偕试六论,京自以记诵非所长,引去。

　　又参夏竦军事。会遣翰林学士晁宗悫即军中问攻守孰便,众欲大举入讨,京曰:“夏人之不道久矣,未易破也。今欲驱不习之师,深入敌境,与之角胜负,此兵家所忌,师出必败。”或曰:“不如讲和。”京曰:“敌兵未尝挫,安肯降我哉?”未几,元昊使黄延德叩廷州乞降,以奇兵出原、渭,败大将任福。夏竦素不悦京,坐是改通判卢州,徙知邵武军,提点河北路刑狱事。乃上言:“请择要官守沧、卫,凿西山石白废道以限戎马,义勇聚教,复给粮,置卒守烽燧,用奇正法训兵,徙战马内地以息边费。”凡十余事,仁宗颇嘉纳之。

　　入为开封府判官,坐械囚送狱道死,出知蔡州,徙相、邢二州,复提点河北刑狱事。王则处恩州反,京缒城趣南关,入骁健营抚士卒。保州振武兵焚民居欲应贼,京搏斩之事定,贼遣其党崔象伪出降,京以其持妖言惑众,又斩以徇,由是营兵二十六指挥在外者皆慑服,不敢叛,州之南关,民众多如城中,得不陷贼,京有功焉,京督士攻城甚力,贼系京妻子乘城迫使呼曰:毋亟攻,城中将屠我辈矣。京叱诸军益进攻,注矢仰射,杀其家四人。贼知京无所顾,乃牵妻去,恩州平,以不能预察贼,降监郓州税。

　　先是驻泊都监田斌亦以贼发不能捕,待罪兵间,及城破,从诸将入,以功迁宫苑副使,而京独被谪。御史言失察贼过轻,忘家为国义独重,不宜左迁,乃徙通判兖州,又徙知江阴军,知密州,历提点淮南刑狱事,京西转运使,累迁兵部员外郎,直史馆,知沧州转运使。

　　京能招辑流民,为之给田除税租,凡增户七千,特迁工部郎中。

然傅者谓流民之数多不实，又强为人田非其所乐，侵民税地，仿古屯田法，其后法不成，所给种钱牛价，民多不偿，鞭笞督责。至累年不能平，公私皆患之，擢天章阁待制陕西都转运使，改兵部郎中，复知沧州，拜右谏议大夫，卒。京喜论议，然语繁而迂，颇通兵战，历算、杂家之术，为人尚气节少时与常山董士廉、汾阴郭京相友善，俱以倜傥闻，著《天人流术》《通儒子》十数书，又有奏议十卷。

　　论曰：人臣之职，当奋不顾身，而庸人怯夫于国事则噎暗而不言，若胡越肥瘠之不相干，如张述者其亦忠且果矣。黄震指李溥忤权臣，胡顺之击强宗，为众人所不敢为；陈贯论兵事，范祥画边计，皆一时俊士。妖盗窃发，京出孤力保城南，置妻孥之忧，先登示贼，其勇盖可壮也。

宋史卷三〇四
列传第六三

周渭　梁鼎　范正辞 子讽
刘师道　王济　方偕
曹颖叔　刘元瑜　杨告
赵及　刘湜　王彬　仲简

　　周渭字得臣,昭州恭城人。幼孤,养于诸父。力学,工为诗。刘
铱掳五岭,昭州皆其地也。政繁赋重,民不聊生。渭率乡人六百逾
岭,将避地零陵。未至,贼起,断道绝粮,复还恭城,则卢舍煨烬,遂
奔道州。为盗所袭,渭脱身北上。

　　建隆初,至京师,为薛居正所礼。上书言时务,召试,赐同进士
出身,解褐白马主簿。县大吏犯法,渭即斩之。上奇其才,擢右赞善
大夫。时魏帅符彦卿专恣,朝廷选常能官强干者莅其属邑,以渭知
永济县。彦卿郊迎,渭揖于马上,就馆始与相见,略不降屈。县有盗
伤人而逸,渭捕获,并暴匿者按诛之,不以送府。

　　乾德中,通判兴州。州领罝口砦多戍兵,监军傲狠,纵其下为
暴,居人苦之。渭驰往谕以祸福,斩其军校,众皆慑服。诏书嘉奖,
命兼本砦钤辖。开宝元年,凤州七房冶主吏盗隐官银,择渭往代。周
岁,羡课数倍,赐绯鱼,又适知棣州。殿直傅延翰为监军,谋作乱走
契丹,为部下所告,渭擒之以闻;命械至阙下,鞫得实,斩于西市。渭

在郡以简肃称，及还，吏民遮道泣留，俄诏赐钱百万。

太平兴国二年，为广南诸州转运副使。初，渭之入中原，妻子留恭城。开宝三年，平广南，诏昭州访求，赐钱米存恤之。及是，渭始还故里，乡人以为荣。渭奏去刘铱时税算之繁者，重定田赋，兴学校。迁殿中丞。属有事交趾，主将逗挠无功。有二败卒擐甲先至邕州市，夺民钱，渭捕斩之。后至者悉令解甲以入，讫无敢犯。移书交阯，谕朝廷威信，将刻日再举。黎桓惧，即遣使入贡。就加监察御史，在岭南凡六年。徙知扬州，进殿中侍御史，改两浙东、西路转运使，入为盐铁判官。迁侍御史，历判户部、度支二勾院，出知亳州，赐金紫，俄换宋州。加职方员外郎，为益州转运使。坐从子违诏市马，黜为彰信军节度副使。咸平二年，真宗闻其清节，召还，将复用，诏下而卒，年七十七，上闵其贫不克葬，赙钱十万，以其子建中为乘氏主簿。

渭妻莫荃，贤妇人也。渭北走时，不暇与荃诀，二子孩幼，荃尚少，父母欲嫁之。荃泣誓曰："渭非久困者，今违难远适，必能自奋。"于是亲蚕绩碓春，以给朝夕，二子皆毕婚娶。凡二十六年，复见渭，时人异之。朱昂著《莫节妇传》纪其事。

梁鼎字凝正，益州华阳人。祖铖，仕蜀为剑门关使。父□□，乘氏令。鼎，太平兴国八年进士甲科，解褐大理评事、知秭归县，再迁著作佐郎。端拱初，献《圣德征号颂》万余言，试文，迁殿中丞、通判歙州，以能声闻，有诏嘉奖。徙知吉州，民有萧甲者，豪猾为民患，鼎暴其凶状，杖脊黥面徙远郡。太宗尤赏其强干，代还，赐绯鱼，旧例当给银宝瓶带，太宗特以犀带赐之，记其名于御屏。

淳化中，上言曰："《书》云：'三载考绩，三考黜陟幽明。'此乃尧、舜氏所以得贤人治天下也。三代而下，典章尚存，两汉以还，沿革可见。至于唐室，此道尤精，有考功之司，明考课之令，下自簿尉，上至宰臣，皆岁计功过，较定优劣，故人思激厉，绩效著闻。五代兵革相继，礼法陵夷，顾惟考课之文，祗拘州县之辈，黜陟既异，名存实亡。且夫古之知州,即今之刺史。治状显著者朝迁不知,方略蔑闻者,任用如故。大失劝惩之理,浸成苟且之风。是致水旱荐臻,狱讼填溢,欲望天下承平,岂可得也。伏惟陛下继二圣之丕图,为亿兆之司牧,念百官之未乂,思四海之未康,特诏有司,申明考绩之法,庶几官得其人,民受其赐矣。”

俄为开封府判官,迁太常博士、三司右计判官,又为总计判官,会复三部,换度支判官。至道初,鼎洎陈尧叟建议兴三白渠,及陈、许、邓、颖、蔡、宿、亳州用水利垦田,事具《食货志》。迁都官员外郎、江南转运使,就改起居舍人,徙陕西。二年,五将分道击李继迁,李继隆擅出赤柽路无功,还奏军储失期,鼎坐削三任复为殿中丞,领职如故。以母老求郡,历知徐、密二州。真宗践位,复旧官。咸平四年,迁兵部员外郎、知制诰,赐金紫。时三司督逋负严急,有久被留系者,命鼎与薛映按籍详定,多所蠲免。逾月,拜右谏议大夫、度支使。

时西鄙未宁,建议陕西禁解池盐,所在官鬻,诏从之。以鼎为制置使,杨覃为转运使,张贺副之,又以内殿崇班杜承睿同制盐事。议者多言:“边民旧食青盐,其价甚贱。洎禁青盐以困贼,令商贾入粟,运解盐于缘边,价直与蕃盐不相远,故蕃部齐监至者,不能货鬻。今若禁解池盐,与内地同价,则民必冒禁复市青盐,乃资盗粮也。”时刘综为陕西转运使,鼎奏罢之。综归朝,亦密陈其非便。鼎既行,即移文禁止盐商,所在约束乖当,延州刘廷伟、庆州郑惟吉皆不从规画。

又鼎奏运咸阳仓粟以实边,粟已陈腐,鼎即与民,俟秋收易新粟,朝廷闻而止之,上封章密陈其烦扰者甚众,鼎始谋多沮,遂令林特乘传与永兴张咏会鼎等同议可否,于是依旧通盐商。鼎坐首议改作蚩是,诏罢度支使,守本官。未几,丁内邓,起复。景德初,知三班院、通进银台司兼门下封驳事,出知凤翔府。以居忧哭泣伤目,表求判西京司御史台。三年,卒,年五十二,赐二子出身。

鼎伟姿貌,磊落尚气,有介节,居官峻厉,名称甚茂。好学,工

篆、籀、八分。尝著《隐书》三卷,《史论》二十篇,《学古诗》五十篇。子
申甫、吉甫。

范正辞字直道,齐州人。父劳谦,获嘉令。正辞治《春秋》、《公
羊》、《谷梁》,登第,调补安阳主簿。开宝中,判入等,迁国子监丞、知
戎州,改著作佐郎。代还,治通欠于淄州,转运使称其能,转左赞善
大夫,就知淄州。太宗征河东,诸州部粮多不及期,正辞所部长山县
吏张秀督民输,受钱二千,即杖杀之,郡中畏服。

太平兴国中,改殿中丞,通判棣、深二州,迁国子博士。御史中
丞刘保勋奏充台直,会有言饶州多滞讼,选正辞知州事,至则宿系
皆决遣之,胥吏坐淹狱停职者六十三人。会诏令料州兵送京师,有
王兴者,怀土惮行,以刃故伤其足,正辞斩之。兴妻诣登闻上诉,太
宗召见正辞,廷辨其事。正辞曰:“东南诸郡,饶实繁盛,人心易动。
兴敢扇摇,苟失控驭,则臣无待罪之地矣。”上壮其敢断,特迁膳部
员外郎,充江南转运副使,赐钱五十万。

饶州民甘绍者,积财钜万,为群盗所掠,州捕系十四人,狱具,
当死。正辞按部至,引问下,囚皆泣下,察其非实,命徙他所讯鞫。既
然而民有告群盗所在者,正辞潜召监军王愿掩捕之。愿未至,盗遁
去,正辞即单骑出郭二十里,追及之。贼挖弦持梃来逼,正辞大呼,
以鞭击之,中贼双目,执之。贼自刃不殊,余贼渡江散走,追之不获,
旁得所弃赃。贼尚有余息,正辞即载归,令医傅药,创既愈,按其奸
状伏法,而前十四人皆得释。

端拱二年,代归,与洛苑副使綦仁泽、西京作坊副使尹宗谔同
监折中仓。先是,令商人输米豆而以茶盐酬其直,谓之“折中”,复有
言其弊,罢之,至是复置焉。迁仓部员外郎,同知幕府州县官考课,
改判刑部,历户部、盐铁二判官,迁考功员外郎,通判定、扬、杭三
州。真宗即位,迁膳部郎中,召判三司勾院,俄复为盐铁判官。咸平
二年,出为河东转运使。三年,以本官兼侍御史知杂事。

时,李昌龄自忠武行军起知梓州,董俨知寿州,王德裔、杨缄皆

任转运使,后失官宰几邑。正辞上言:"昌龄辈贪墨著闻,愿陛下罢其民政。"诏追还俨敕,余悉代之。又言:"治民之官,牧宰为急。"举吴奋等五人堪任大郡,复请令奋等各举知县、县令,从之。坐鞫任懿狱,贬滁州转练副使。会赦,复为仓部考功员外郎、通州郓州,知淮阳军,复膳部郎中,以年老,求监兖州商税。大中祥符三年四月,卒,年七十五。子识、讽,并进士及第。

讽字补之,以荫补将作监主簿,献《东封赋》,迁太常寺奉礼郎。又献所为文,召试入等,出知平阴县。会河决王陵埽,水去而土肥,失阡陌,田讼不能决,讽分别疆畔,著为券,民持去不复争。讽辨数激昂,喜为名声,然亦操持在已,吏不敢欺。为县存视贫弱,至豪猾大家,峻法治之。

举进士第,迁大理评事、通判淄州。岁旱蝗,他谷皆不立,民以蝗不食菽,犹可艺,而患无种,讽行县至邹平,发官廪货民。县令争不可,讽曰:"有责,令无预也。"即出货三万斛;比秋,民皆先期而输。徙知梁山军,以母老不行,得通判郓州。时知州李迪贬衡州副使,宰相丁谓戒使者持诏书促上道,讽辄留迪数日,为治装祖行。诏塞决河,州募民入刍楗,而城邑农户等,讽曰:"贫富不同而轻重相若,农民必大困。且诏书使度民力,今则均取之,此有司误也。"即改符,使富人输三之二,因请下诸州以郓为率,朝廷从其言。

徙知广济军,民避水堤居,凡给徭于官者,讽悉纵使护其家,奏除其租赋。累迁太常博士,以疾监舒州军灵仙观。尚御药张怀德至观齐祠,讽颇要结之,怀德荐于章献太后,遂召还。问所欲言,对曰:"今权臣骄悍,将不可制。"盖指曹利用也。利用贬,拜右司谏、三司支判官。百官转对,敕近臣阅视其可行者,类次以闻。讽奏曰:"非上亲览决可否,则谁肯为陛下极言者,王清昭应宫灾,下有司治火所起。讽曰:"此天之戒告,乃复置狱以穷治之,非所以应天也。"狱由是得解。议者疑复修,讽上书谏:"山木已尽,人力已竭,宫必不成。臣知朝廷亦不为此,其如疑天下何。宜诏示四方,使明知之。"

于是下诏罢修。改尚书礼部员外郎兼侍御史知杂事。

钱惟演自许州来朝，图相位，讽奏："惟演尝为枢密使，以皇太后姻属罢之，示天下以不私，固不可复用。"遂以惟演守河南。使契丹，道过幽州北，见原野平旷，慨然曰："此为战地，不亦信哉。"辽人相目不敢对。擢天章阁待制、知审刑院，出知青州，再迁户部郎中。时山东饥，宰相王曾，青人，家积粟多，讽发取数千斛济饥民，因请遣使安抚京东。入为右谏议大夫、权御史中丞。又请益漕江、淮米百万，自河阳、河阴东下以赈货之。钱惟演倡议献、懿二太后宜祔真宗庙室，讽弹奏之；及言其在太后时权宠甚盛，且与后族连姻，请绌去。仁宗不听，讽袖告身以对曰："陛下不听臣言，臣今奉使山陵，而惟演守河南，臣早暮忧刺客。愿纳此，不敢复为御史中丞矣。"帝不得已可之，讽乃趋出，遂贬惟演随州。

陈尧佐罢参知政事。有王文吉者，告尧佐谋反，仁宗遣中官讯问，复以属讽。夜中被旨究诘，旦得其诬状奏之。时上章懿皇后谥，宰相张士逊、枢密使杨崇勋日中有赴慰班，讽弹士逊与崇勋，俱罢。讽尝侍对，帝语及郭后亡子。讽言亡子大义当废，阴合帝旨，以龙图阁直学权三司使。时狄棐为直学士已久，讽盛气凌棐，宰相李迪右之，遂特诏班棐上，论者非之。寻转阁学士，以疾免三司使，改翰林侍读学士，管勾祥源观。徙会灵观，复改阁学士、给事中、知兖州。

既至郡，而庞籍为广南东路转运使，未行，上言："向为侍御史，尝奏弹讽以三司使曲为左藏监库吴守则奏课迁官。尚美人同父弟娶守则女，讽以银鞍勒遗守则相结纳。既出兖州，乃给言贫，假翰林白金器数千两自随，而增产于齐州，市官田亏平估。"置狱于南京劾之，讽坐方听旨擅弛驿还兖州，当赎。籍所奏有不实，当免官。宰相吕夷简嫉讽诡激，特贬讽武昌军节度行军司马；货籍，止降官知临江军。由是宰相李迪等坐亲善讽皆斥。

岁中徙保信军，听居舒州持母丧，又许归齐州。日饮酒自纵，为时所讥。服除，改将作少监、知淮阳军，迁光禄卿、知陕州，道改潞州。入见帝言："元昊不可击，独以兵守要害，捍侵掠，久当自服。倘内修百度,躬节俭,如祖宗故事,则疆事不足忧。"复给事中,卒。

讽尝建议朝廷当差择能臣,留以代大臣之不称职者。大臣闻而恶之。又数短参知政事王随于帝前,因奏:"外人谓臣逐随将取其位,愿先出臣,为陛下引奸邪去,而朝廷清矣。"又尝与张士逊议事不合,讽曰:"世谓大事未易可议,小事不足为,所为终何事邪?"及为庞籍讼,人谓大臣阴讽籍焉。

讽类旷达,然捭阖图进,不守名检,所与游者辄慕其所为,时号"东州逸党。"山东人颜太初作《逸党诗》刺之,而姜潜者又尝贻书以疏其过云。

子宽之,终尚书刑部郎中、知濠州。

刘师道字损之,一字宗圣,开封东明人。父泽,右补阙。师道,雍熙二年举进士,初命和州防御推官,历保宁、镇海二镇从事,凡十年。王化基、吕佑之、乐史荐于朝,擢著作佐郎,才一月,会考课,又迁殿中丞,出知彭州,就加监察御史。转运使刘锡、马襄上其治迹,召归。会浦洛之败,奉诏劾白守荣辈,狱成,太宗奖其勤,面赐绯鱼。

川陕豪民多旁户,以小民役属者为佃客,使之如奴隶,家或数十户,凡租调庸敛,悉佃客承之。时有言李顺之乱,皆旁户鸠集,请择旁户为耆长迭主之,畴岁劳则授以官,诏师道使两川议其事。师道以为迭使主领则争忿滋多,署以名级又重增扰害。廷奏非便,卒罢之。改祠部员外郎,出为京东转运使。真宗嗣位,进秩度支。咸平初,范正辞荐其材堪长民,徙知润州。三年,改淮南转运副使兼淮南、江、浙、荆湖发运使。四年,以漕事入奏,特迁司对,俄为正使,改工部郎中,代道为三司度支副使。七月,擢枢密直学士,掌三班。俄拟权三司使,从幸澶洲,判随驾三司,充都转运使。

师道弟几道,举进士礼部奏名,将廷试,近制悉糊名较等,陈尧咨当为考官,教几道于卷中密为识号。几道既擢第,事泄,诏落其籍,永不预举。师道固求辨理,诏曹利用、边肃、阎承翰诣御史府推治之。坐论奏诬罔,责为忠武军行军司马,尧咨免所居官,为郓州团练副使。二年,以郊祀恩,起为工部郎中、知复州,换秀州。

大中祥符二年,以兵部郎中知潭州,迁太常少卿。师道敏于吏事,所至有声,吏民畏爱。长沙当湖、岭都会,剖烦析滞,案无留事。岁满,复加枢密直学士,换左司郎中,留一任。七年,李应机代还。应机未至郡,六月,师道暴病卒,年五十四,录几道为试秘书省校书郎。

师道性慷慨尚气,善谈世务。与人交敦笃。工为诗,多与杨亿辈酬唱,当时称之。

王济字巨川。其先真定人,祖卿,有词辨,赵王镕召置幕府。镕政衰,卿惧祸,避地深州饶阳,遂为县人。父恕,后唐时童子及第,开宝中,知秀州。会盗起,城陷,为盗所杀,将并害济。济伏柩号动,谓贼曰:"吾父已死,吾安用生为,但恨力不能杀汝,以报父仇尔!"贼义之,舍去。济携父骨匿山谷间。既而官军大集,济脱身谒其帅朱乙,陈讨贼之计。乙嘉之,遗以束帛,奏假驿置遣归。

先是,济母终于岳阳,权窆佛舍。至是,乃并护二丧还饶阳。州将以闻,太祖召见,以其尚少,且俾就学。雍熙中,上书自陈死事之孤,得试学士院,补龙溪主簿。时调福建输鹤翎为箭羽。鹤非常有物,有司督责急,一羽至直数百钱,民甚苦之。济谕民取鹅翎代输,乃驿奏其事,因诏旁郡悉如济所陈。县有陂塘数百顷,为乡豪擅其利,会岁旱,济悉导之,分溉民田。汀州以银冶构讼,十年不决,逮系数百人,转运使使鞫之,才七日情得,止坐数人。

再调胙城尉,徙临河主簿。转运使王嗣宗被诏举法官,以济名闻。迁光禄寺丞、权大理丞,改刑部详覆官、通判镇州。牧守多勋旧武臣,倨贵陵人,济未尝挠屈。戍卒颇恣暴不法,夜或焚民舍为盗。一夕,报有火,济部壮士数士潜往侦伺,果得数辈并所盗物,即斩之。驰奏其事,太宗大悦。都校孙进使酒无赖,殴折要齿,济不俟奏,杖脊登闻鼓院,拜监察御史。上疏陈统天下之术、节民物之道,大者有十:择左右,别贤愚,正名器,去冗食,加奉禄,谨政教,选良将,分兵戌,修民事,开仕进。其言切于时,词多不载。

咸平初,济以刑纲尚繁,建议请删定制敕,乃命张齐贤领其事,济预焉。《刑统》旧条:持伏行劫,不以赃有无,悉抵死。齐贤议贷不得财者,济曰:"刑,期于无刑。以死惧之,尚不畏,况缓其死乎?"因与齐贤廷争数四。济词气甚厉,目齐贤为腐儒。然卒从齐贤议,人以济为刻。改盐铁判官。

车驾巡师大名,调丁夫十五万修黄、汴河,济以为劳民,诏济弛往经度,还奏省十六七。齐贤时为相,以河决为忧。因对,并召济见,齐贤请令济署状保河不决,济曰:"河决亦阴阳灾沴,宰相苟能和阴阳,弭灾沴,为国家致太平,河之不决,臣亦可保。"齐贤曰:"若是,则今非太平邪?"济曰:"北有契丹,西有继迁,两河、关右岁被侵扰。以陛下神武英略,苟用得其人,可以驯致,今则未也。"上动容,独留济问边事。济曰:"陛下承二圣之基,拥百万之众,蠢兹丑虏,敢尔翊陵,盖谋谟当国之人未有如昔之比。臣谓国家所恃,独一洪河耳!此诚急贤之秋;不然,臣惧敌人将饮马于河渚矣。"又著《备边策》十五条以献。

三年,选官判大理寺,上曰:"法寺宜择当官不回者,苟非其人,或有冤滥,即感伤和气。王济近数言事,似有操持,可试之。"遂令济权判大理寺事。福津尉刘莹集僧舍,屠狗群饮,杖一伶官致死,济论以大辟,遇赦从流。时王钦若知审刑,与济素不相得,又以济尝忤齐贤,乃奏莹当以德音原释。齐贤、王钦若议济坐故入,停官。逾年,复为监察御史、通判河南府。

景德初,徙知河中府。契丹南侵,上幸澶渊,诏缘河断桥梁,毁船舫,稽缓者论以军法。济曰:"陕西有关防隔阂,舳舻远属,军储数万,一旦沉之,可惜;又动摇民心。"因密奏寝其事,上深嘉欢,遣使褒谕。

未几,召拜工部员外郎兼侍御史知杂事。三年,判司农寺。时周伯星见,济乘间言曰:"昔唐太宗以丰年为上瑞。臣愿陛下日慎一日,居安臣危,则天下幸甚。"受诏与刘综改定茶法,颇易旧制,由是忤丁谓、林特、刘承规辈,因与钦若迭诋訾之。

四年,拜本曹郎中,出知杭州。上面加慰谕,仍戒以朝廷阙失许密上言。迁刑部郎中。郡城西有钱塘湖,溉田千余顷,岁久湮塞。济命工浚治,增置斗门,以备溃溢之患,仍以白居易旧记刻石湖侧,民颇利之。睦州有狂僧突入州廨,出妖言,与转运使陈尧佐按其实,斩之,上嘉其能断。大中祥符三年,徙知洪州,兼江南西路安抚使。属岁旱民饥,躬督官吏为糜粥,日亲尝而给之;录饥民为州兵,全活甚众。是岁卒,年五十九,遗奏大旨以进贤退谀佞、罢土木不急之费为言。

济颇涉经史,好读《左氏春秋》,性刚直,无所畏避。少时,深州刺史念金锁一见器之,且托后于济。金销没,济抚其孤援实禄仕。素与内臣裴愈有隙,愈坐事,上怒甚,命宪府鞫之,济适知杂事,力为辨理,遂获轻典。子孝杰,国子博士。

论曰:渭有清节,临事多从便文。鼎好规画。师道喜论功务。正辞按贪吏,辨冤狱。济议论挺特,无所畏避。五臣者,仕不过监司、郡守,而名称甚茂,可尚哉。

方偕字齐古,兴化莆田人。年二十,及进士第,为温州军事推官。岁饥,民欲录军就廪食,州不敢擅募。偕乃诣提点刑狱吕夷简曰:"民迫流亡,不早募之,将聚而为盗矣。"夷简从之,籍为军者七千人。后迁汀州判官。权知建安县。县产茶,每岁先社日,调民数千鼓操山旁,以达阳气。偕以为害农,奏罢之。

迁秘书省著作佐郎,历知福清、资阳县。累迁尚书屯田员外郎,为御史台推直官。沣州逃卒佣民家自给,一日,诬告民事摩驼神,岁杀十二人以祭。州逮其族三百人系狱,久不决。偕被诏就劾,令卒疏所杀主名,按验皆亡状,事遂辨,卒以诬告论死。知杂事庞籍荐为御史里行,再迁侍御史。南京鸿庆宫灾,偕引汉罢原庙故事,请勿复修。

元昊寇塞门，鄜延副总管赵振逗挠不出救，诏偕往按之，法当斩。偕奏："兵寡不敌，苟出以饵贼，无益也。"振由是得不死。为开封府判官、江南安抚。三司岁出乳香、绵绮下州郡配民，偕罢之。更盐铁判官，迁兵部员外郎兼御史知寺，改度支副使，擢天章阁待制、江淮制置发运使、知杭州，迁刑部郎中。

偕以吏事进，治杭州有能声。喜饮酒，至酣宴无节。数月，暴中风，以太常少卿分司西京，迁光禄卿，卒。

曹颖叔字秀之，亳州谯人。初名熙，尝梦之官府，见颖叔名，遂更名颖叔，进士及第，历威胜军判官、渭州军事推官。御史中丞蔡齐荐为台主簿，改大理寺丞。韩亿知亳州，避金书节度判官事，通判仪州。韩琦、文彦博荐其才，徙夔州，路转运判官。夔、峡尚淫祠，人有疾，不事医而专事神，颖叔悉禁绝之，乃教以医药。提点陕西都刑狱，夏人纳疑，诏与户部副使夏安期、转运使柳灏减戍卒吏员之冗者。为开封府判官，时御史宋禧鞫卫士狱于内侍省，禧不能辨，及狱具，内侍使禧自为牒，颖叔言禧为制使辱命，请定之法。元昊死，为夏国祭奠使。除直史馆、知凤翔府，徙益州路转运使，权度支副使。

侬智寇岭南，朝议以闽中久弛兵备，拟天章阁待制、知福州。累迁右司郎中，为陕西都转运使。自庆历铸大铁钱行陕西，民盗铸不已，三司上榷铁之议。颖叔曰："铁钱轻而货重，不可久行，况官自榷铁乎？请罢铸诸郡铁钱，以三铁钱当铜钱之一。"从之。两川和买绢给陕西兵，而蜀人苦于烦敛，颖叔为岁出本路缗钱五十万，以易军衣之余者，两川之民始无扰焉。进龙图阁直学士、知永兴军；然年老，渐昏毛，事颇壅积，人或嘲诮之，卒于官。

刘元瑜字君玉，河南人。进士及第，补舞阳县主簿，改秘书省著作佐郎、知雍丘县，通判显、并二州，知郢州。以太常博士为监察御史，上言："考课之法，自朝廷至员外郎、郎中，少卿，须清望官五人保任始得迁，故浮薄辈日趋权门，非所以养廉耻也。"诏罢之。

提举河北便籴。会永宁云翼军士谋为变,吏穷捕,党与谋劫囚以反,百姓窃知多逃避。元瑜弛至,斩为首者,其余皆释去不问。历京西、河东转运使,迁右司谏。劾奏:"集贤校理陆经谪官在河南日,杖死争田寡妇,且贷民镪,监司列荐其才,投托权要,遂复馆职,请重实于法,并坐保荐者。"诏属吏,遂窜经袁州。

又疏"李用和、曹宗、李昭亮不可典军;梁适不当除翰林学士;范仲淹以非罪贬,既复天章阁待制,宜在左右;尹洙、余靖、欧阳修皆以朋党斥逐。此小人恶直丑正者也。"既而与靖等相失,反言:"前除夏竦为枢密使,谏臣数人摭其旧过,召至都门而罢之。自此以进退大臣为已任,激讦阴私为忠直,荐延轻薄,列之馆阁,以唱和为朋比。近除两府,出自圣断,独党人以进用不出于已,议论纷然,臣恐复被疏罢矣。前日孙甫荐叶清臣,婚丁度,效此也。"因论:"靖知制诰不宜兼领谏职,且奉使契丹,对契丹主效六国语,辱国命,请加罪。"修、靖深恶之,由是论者以元瑜为奸邪。

后除三司盐铁副使,以天章阁待制知潭州。傜人数为寇,元瑜使州人杨谓入梅山,说酋长四百余人出听命,因厚犒之,籍以为民,凡千二百户。徙桂州固辞,降邓州。坐在潭州擅补画工易元吉为画助教,降知随州。又失保任,改信州,徙襄州。富人子张锐少孤弱,同里车氏规取其财,乃取锐父弃妾他姓子养之。比长,使自诉,阴赇吏为助,州断使归张氏,锐莫敢辩。即同居逾年,车即导令求析居。元瑜察知,穷治得奸状,黥车窜之,人伏其明。历河中府,以左谏议大夫知青州,卒。

元瑜性贪,至窃贩禁物,亲与小人争权,时论鄙之。

杨告字道之,其先汉州绵竹人。父允恭,西京左藏库使,数任事有功。既死,赐告同学究出身,调卢江尉。时张景笞吏死而吏捕急,逃归告,惧告不见纳,告曰:"君勿忧也,吾死生以之。"景卒免。改丰城主簿,邑有贼杀人,投尸于江,人知主名,而畏不敢言。告闻,亲往擒贼。有言贼欲报怨者,告不为动。既而果乘夜欲刺告,告又捕得,致于法，境内肃然。

再调南剑州判官，知南安、六合、钱塘、宁国县，改大理寺丞、通判江宁州。盗杀商人，凿舟沉尸江中。有被诬告者笞服，狱具，告疑其无状，后数日，果得真盗。徙知池州，累迁尚书司封员外郎、开封府推官、开拆司。为赵元昊旌节官告使，元昊专席自尊大，告徙坐即宾位，莫之屈也。除京西转运副使。属部岁饥，所至发公廪，又募富室出粟赈之。民伐桑易粟，不能售，告命高其估以给酒，官民获济者甚众。以疾，权管勾西京留台。顷之，判三司冯由、理欠司，为淮南转运使，徙制置发运使，除三司户部副使，更度支，安抚河东，改盐铁副使。历祠部、度支、司封郎中，以少府监复为制置发运使。拜右谏议大夫、知郑州，徙江宁府、寿州。

告晓法令，颇知财利，而不务苛刻，时号能吏，然喜事权贵以要进。一子，力学有文，数为近臣荐，召试，赐同进士出身，未几卒。告悲伤之，寻卒。

赵及字希之，其先幽州良乡人。父的，事契丹为蔚州灵丘令，雍熙中，王师北征，乃归，授偃师令，因家焉。及举进士，为慈州军事推官，徙广信军判官，改秘书著作佐郎、知魏县，徙九陇，以母老监叶县税，厉黄河、御河催纲，通判青州、大名府，累迁尚书屯田员外郎，被举为殿中御史、权宗正丞。诏劾夏守恩狱，内侍岑守中用贿挠法，及劾正其罪。迁侍御史，夏守斌经略西鄙还，及言其无功，不可复枢府。又疏罢郭承佑团练使。

未几，请知怀州，徙徐州，还为三司户部判官，迁兵部员外郎、京东转运按察使。知莱州张周物贪暴，及劾奏，贬周物岭外。擢兼侍御史杂事，数论时政，权判吏部流内铨。初，铨吏匿员阙，与选人为市，及奏阙至即榜之，吏部榜阙自及始。迁户部副使，以疾，改刑部郎中、直昭文馆、知卫州，召为盐铁副使。又以疾，请知汝州，岁余，复召为副使，不赴。徙知河中府，特拜天章阁待制、右司郎中。祀明堂，迁右谏议大夫。还判大理寺、流内铨。出知徐州，疾甚，求解近职，还州事，乃以本官管勾南京留司御史台，未赴，卒。

及和厚谦退，内行尤笃，所治有声，民吏爱之。

刘湜字子正，徐州彭城人。举进士，为澶州观察推官，再调湖南节度推官，改秘书省著作佐郎、知益都县，徙阴平。再迁太常博士、通判剑州。审阅州狱，活死囚七人。王尧臣安抚陕西，荐之耀州。富平有盗掠人子女者，既就擒，阳死，伺间逸去；捕得，复阳死，守者以报，湜趣焚其尸。拜监察御史，王德用自随州诏还，近臣言其有反相，湜保右之。厉开封府推官、三司盐铁判官，迁殿中侍御史。上言：“转运使掎摭郡县，苛束官吏，人不得骋其材，宜稍宽假，不为改者绳治之。”诏诣谓州劾尹洙私用公使钱，颇传致重法，以故洙坐废。还，为尚书礼部员外郎兼侍御史知杂事，同判吏部流内铨，除盐铁副使。议者谓湜探宰相意，深致洙罪，故得优擢焉。

明年，宴紫宸殿，副使当坐殿东庑，湜不即坐，趣出。阁门奏之，坐谪知沂州，徙兖州。又坐沂州误出囚死罪，降知海州。起为河东转运使，迁户部员外郎，复为盐铁副使兼领河渠事。汴水绝，凿河阴新渠，通漕运如故。

会江南饥，擢天章阁待制、知江宁府，奏运苏州米五十万斛，以贷饥民。除户部郎中、知广州。侬智高初平，湜练士兵，葺械器，作铁锁断江路。有盗掳山，敕贷罪招之，不肯降。湜知并山民资之食，即徙民绝饷，盗困蹙乞降，民安之。居二年，母老求内徙，遂徐州。湜喜曰：“昔布衣随计，今以侍从官三品复典乡郡，过始望矣。”又以左司郎中知郓州，迁龙图阁直学士、知庆州。

湜少贱，母更嫁营卒，既登第，具袍笏趋卒舍迎母，里人观叹。然嗜酒，持法少恕，改知密州，以病卒。

王彬，光州固始人。祖彦英，父仁品，从其族人潮入闽。潮有闽土，彦英颇用事，潮恶其逼，阴欲图之。彦英觉之，挈家浮海奔新罗。新罗长爱其材，用之，父子相继执国政。彬年十八，以宾贡入太学。

淳化三年，进士三年，进士及第，历雍丘尉。皇城司阴遣人下几县刺史。多历民，令佐至与为宾主。彬至捕鞫之，得所受赂，致之法，自是诏新事官毋得出都城。易右班殿直，辞不受。后以秘书省著作佐郎通判筠州，历知抚州。

抚州民李甲、饶英恃财武断乡曲，县莫能制。甲从子晋县令，人告甲语斥乘舆。彬按治之，索其家得所藏兵械，又得服器有龙凤饰，甲坐大逆弃市。并按英尝强取人孥，配岭南，州里肃然。

擢提点荆湖南路刑狱，徙知潭州，入判三司户部勾院，出为京西转运使，徙河北。部吏马崇正倚章献太后姻家豪横不法，彬发其奸赃，下吏。忤太后意，徙京东，又徙河东、陕西。复为三司盐铁判官，判都理欠，冯由司，累迁太常少卿。卒。

仲简字畏之，扬州江都人。以贫，佣书杨亿门下，亿教以诗赋，遂举进士。历通判郑州、河南府推官。改秘书省著作佐郎、知芜湖县，通判楚州，累迁尚书都官员外郎。改侍御史、安抚京东，迁知真州，入为三司度支判官。经制陕西粮草，就迁兵部员外郎、直史馆、知陕州。徙江东转运使，除侍御史知杂事，为三司盐铁副使、工部郎中。奉使陕西，多任喜怒，以马棰击军士流血，仁宗面诘之，不能对，出为河东转运使。

逾年，复为盐铁副使，再迁兵部，擢天章阁待制、知广州。侬智高犯邕州，沿江而下，人告急。简辄囚之，仍榜于道，敢妄言惑众者斩，以是人不复为避贼计。比智高至，始令民入城，民争道，竞以金帛遗阍者，相蹂践至死者甚多，其不得入者，皆附贼。贼既去，以其能守城，徙知荆南。既而言者论之，遂落职，又降刑部郎中、知筠州。复为兵部郎中，徙洪州，卒。

论曰：士抱一艺者，思奋励以功名自效，况其设施见于政事者乎？方偕、曹颖叔、杨告、赵及、王彬之流皆文史，能推恩行利，划烦去蠹，其治不下古人。刘元瑜、刘湜辈亦不减此数人，然而元瑜讥诋余靖,湜文致尹洙,公议所不与也。仲简小才,所谓斗筲之器也。何足道哉!

宋史卷三〇五
列传第六四

杨亿 _{弟伟 从子纮}　　晁迥 _{子宗悫}
刘筠　薛映

　　杨亿字大年,建州浦城人。祖文逸,南唐玉山令。亿将生,文逸梦一道士,自称怀玉山人来谒。未几,亿生,有毛被体,长尺余,经月乃落。能言,母以小经口授,随即成诵。七岁,能属文,对客谈论,有老成风。雍熙初,年十一,太宗闻其名,诏江南转运使张去华就试词艺,送阙下。连三日得对,试诗赋五篇,下笔立成。太宗深加赏异,命内侍都知王仁睿送至中书,又赋诗一章,宰相惊其俊异,削章为贺。翌日,下制曰:“汝方髫龀,不由师训,精爽神助,文字生知。越景绝尘,一日千里,予有望于汝也。”即授秘书省正字,特赐袍笏。俄丁外艰,服除,会从祖徽之知许州,亿往依焉。务学,昼夜不息,徽之间与语,叹曰:“兴吾门者在汝矣。”

　　淳化中,诣阙献文,改太常寺奉礼郎,仍令读书秘阁。献《二京赋》,命试翰林,赐进士第,迁光禄寺丞。属后苑赏花曲宴,太宗召命赋诗于坐侧,又上《金明池颂》,太宗诵其警句于宰相。明年三月,苑中曲宴,亿复以诗献。太宗讶有司不时召,宰相言:“旧制,未贴职者不预。”即以亿直集贤院。表求归乡里,赐钱十五万。至道初,太宗亲制九弦琴、五弦阮,文士奏颂者众,独称亿为优,赐绯鱼。二年春,迁著作佐郎,帝知其贫,屡有沾赉,尝命为越王生辰使,时公卿章疏,多假文于亿,名称益著。

真宗在京府，徽之为首僚，邸中书疏，悉亿草定。即位初，超拜左正言。诏钱若水修《太宗实录》，奏亿参预，凡八十卷，而亿独草五十六卷。书成，乞外补就养，知处州。真宗称其才长于史学，留不遣，固请，乃许之任。郡人周启明笃学有文，深加礼待。召还，拜左司谏、知制诰，赐金紫。

咸平中，西鄙未宁，诏近臣议灵州弃守之事。亿上疏曰：

臣尝读史，见汉武北筑朔方之郡，平津侯谏，以为罢敝中国，以奉无用之地，愿罢之。上使辩士朱买臣等发十策以难平津，平津不能对。臣以为平津为贤相，非不能折买臣之舌，盖所以将顺人君之意尔。旧称朔方，地在要荒之外，声教不及。元朔中，大将军卫青奋兵掠地，列置郡县。今灵州盖朔方之故墟，僻介西鄙，数百里间无有水草，烽水亭障不相望。当其道路不壅，饷馈无虞，犹足以张大国之威声，为中原之捍蔽。自边境屡惊，凶党猖炽，爵赏之而不恭，讨罚之而无获。自曹光实、白宁荣、马绍忠及王荣之败，资粮俳屡，所失至多，将士丁夫，相枕而死。以至募商人输帛入谷，赏价数倍；孤壤筑城，边民绎骚，国帑匮乏，不能制边人之命，及济灵武之急。数年之间，凶党逾盛。灵武危埃，岿然仅存，河外五城，继闻隐没。但坚壁清野，坐食糗粮，闭垒枕戈，苟度朝夕，未尝出一兵弛一骑，敢与之角。此灵武之存无益，明矣。平津所言罢敝中国以奉无用之地，正今日谓也。

臣以为存有大害，弃有大利，国家挽粟之劳，士卒流离之苦，悉皆免焉。尧、舜、禹，圣之盛者也，地不过数千里，而明德格天，四门穆穆。武丁、成王，商、周之明主也，然地东不过江、黄，西不过氐、羌，南不过蛮荆，北不过太原，而颂声并作，号为至治。及秦、汉穷兵拓土，肝脑涂地，校其功德，岂可同年而语哉！昔西汉贾捐之建议弃朱崖，当时公卿，亦有异论，元帝力排众说，奋乎独见，下诏废之，人颂其德。故其诏曰："议者以弃朱崖羞威不行，夫通于时变，忧万民之饥饿，危孰大焉。且宗庙之祭，凶年不备，况乎避不嫌之辱哉?"臣以为类于灵武也。必以失地为言，即燕蓟八州，河湟五郡，所失多矣，何必此为?

臣窃惟太祖命姚内斌领庆州，董遵诲领环州，统兵裁五六千，悉付以阃外之事，士卒效命，疆场晏然，朝廷无盱食之忧，疆场无羽书之警。臣乞选将临边，赐给廪赋，资以策略，许以便宜而行。傥寇扰内属，挠之以劲兵，示之以大信，怀荒振远，谕以赏格，彼则奔溃众叛，安能与大邦为敌哉?若欲谋成庙堂，功在漏刻，臣以为彼众方黠，积财犹丰，未可以岁月破也。直须弃灵州，保环庆，然后以计困之尔。如臣之策，得骁将数人，提锐兵一二万，给数县赋以资所用，令分守边城，则寇可就擒，而朝廷得以无虞矣。

景德初，以家贫，乞典郡江左，诏令知通进、诏令知通进、银台司兼门下封驳事。时以吏部铨主事前宜黄簿王太冲为大理评事，亿以丞吏之贱，不宜任清秩，即封诏还。未几，太冲补外。俄判史馆，会修《册府元龟》，亿与王钦若同总其事。其序次体制，皆亿所定，群僚分撰篇序，诏经亿窜定方用之。三年，召为翰林学士，又同修国史，凡变例多出亿手。大中祥符初，加兵部员外郎、户部郎中。

五年，以疾在告，遣中使致太医视之，亿拜章谢，上作诗批纸尾，有"副予前席待名贤"之句。以久疾，求解近职，优诏不许，但权免朝直。亿刚介寡合，在书局，唯与李维、路振、刁衎、陈越、刘筠辈厚善。当时文士，咸赖其题品，或被贬议者，退多怨诽。王钦若骤贵，亿素薄其人，钦若衔之，屡抉其失；陈彭年方以文史售进，忌亿名出其右，相与毁訾。上素重亿，皆不惑其说。亿有别墅在阳翟，亿母往视之，因得疾，请归省，不待报而行。上亲缄药剂，加金帛以赐。亿素体赢，至是，以病闻，请解官。有嗛宪官劾亿不俟命而去，授太常少卿，分司西京，许就所居养疗。尝作《君可思赋》，以抒忠愤。《册府元龟》成，进秩秘书监。

七年，病愈，起知汝州。会加上玉皇圣号，表求陪预，即代还，以为参详仪制副使，知礼仪院，判秘阁、太常寺。天禧二年冬，拜工部侍郎。明年，权同知贡举，坐考较差谬，降授秘书监。丁内艰，属行郊礼，以亿典司礼乐，未卒哭，起复工部侍郎，令视事。四年，复为翰林学士，受诏注释御集，又兼史馆修撰、判馆事，权景灵宫副使。十二月，卒，年四十七，录其子纮为太常寺奉礼郎。

亿天性颖悟，自幼及终，不离翰墨。文格雄健，才思敏捷，略不凝滞，对客谈笑，挥翰不辍。精密有规裁，善细字起草，一幅数千言，不加点窜，当时学者，翕然宗之。而博览强记，尤长典章制度，时多取正。喜诲诱后进，以成名者甚众。人有片辞可纪，必为讽诵。手集当世之述作，为《笔苑时文录》数十篇。重交游，性耿介，尚名节。多周给亲友，故廪禄亦随而尽。留心释典禅观之学，所著《括苍》《武夷》《颍阴》《韩城》《退居》《汝阳》《蓬山》《冠鳌》等集、《内外制》、《刀笔》，共一百九十四卷。弟倚，景德中举进士，得第三等及第；以亿故，升为第二等。亿无子，以从子纮为后。弟伟。

伟字子奇，幼学于亿。天禧元年献颂，召试学士院，赐进士及第。以试秘书省校书郎知衢州龙游县，再补蕲州录事参军，国子监荐为直讲。驸马都尉李遵勖守澶州，辟签书镇宁军节度判官事。迁大理寺丞、知河间县，再迁太常博士。用近臣荐，为集贤校理、通判单州。会巡检部卒李素合州卒二百余人，谋杀巡检使，入鼓角门，州将不敢出。伟挺身往问曰："若属何为而反？"俱曰："将有诉于州，非反也。"伟曰："持兵来，非反而何？若属皆有父母妻子，以一朝忿而欲鱼肉之乎？"悉令投兵，坐籍首恶得十余人，斩之。徙知祥符县、提点开封府界诸县镇公事，权开封府判官，又判三司开拆司，累迁尚书兵部员外郎、同修起居注。

伟清慎，无治剧才，常秉小笏以朝。知制诰缺，中书以伟名进。仁宗曰："此非秉小笏者邪？"遂命知制诰，权谏院。尝曰："谏臣宜陈列大事，细故何足论。"然当时讥其亡补。迁刑部郎中，为翰林学士。祀明堂，迁右司郎中、判太常寺，为群牧使兼侍读学士，进中书舍人。卒，赠尚书礼部侍郎。

纮字望之,以荫历官知鄞县。鄞滨海,恶少贩鱼盐者,群居洲岛,或掠商人财物入海,吏不能禁。纮至,设方略,使识者质恶少船,及归,始给还,且戒谕之,由是不敢为盗,以亿文献,赐进士出身。通判越州,知筠州,提点江东刑狱,除转运、按察使。江东饥,纮开义仓振之,吏持不可。纮曰:"义仓,为民也,稍稽,人将殍矣。"

纮御下急,常曰:"不法之人不可贷。去之,止不利一家尔,岂可使郡邑千万家,俱受害邪?"闻者望风解去,或过期不敢之官。与王鼎、王绰号"江东三虎"。坐降知衡州,徙越州。为荆南转运使,徙福建,不赴,知湖州,复为江东转运使。官至太常少卿,卒。纮性严,虽家居,儿女不敢妄言笑。聚书数万卷,手抄事实,名《窥豹篇》。

晁迥字明远,世为澶州清丰人,自其父佺,始徙家彭门。迥举进士,为大理评事,历知岳州录事参军,改将作监丞,稍迁殿中丞。坐失入囚死罪,夺二官。复将作丞,监徐、婺二州税,迁太常丞。真宗即位,用宰相吕端、参知政事李沆荐,擢右正言、直史馆。献《咸平新书》五十篇,又献《理枢》一篇。召试,除右司谏、知制诰,判尚书刑部。

帝北征,雍王元份留守京师,加右谏议大夫,为判官,进翰林学士。未几,知审官院,为明德、章穆二园陵礼仪使,同修国史。知大中祥符元年贡举。封泰山,祀汾阴,同太常详定仪注,累迁尚书工部侍郎。使契丹,还,奏《北庭记》,加史馆修撰、知通进银台司。献《玉清昭应宫颂》,其子宗操继上《景灵宫庆成歌》。帝曰:"迥父子同献歌颂,搢绅间美事也。"

史成,擢刑部侍郎,进承旨。时朝廷方修礼文之事,诏令多出迥手。尝夜召对,帝令内侍持烛送归院。方盛暑,为蠲宿直,令三五日一至院;迥辞以非故事,乃听俟秋还直。迁兵部侍郎,请分司西京,特拜工部尚书、集贤院学士、判西京留司御史台。赐一子官河南,以就养。

仁宗即位，迁礼部尚书。居台六年，累章请老，以太子少保致仕，给全奉，岁时赐赉如学士。天圣中，迥年八十一。召宴太清楼，免舞蹈。子宗悫为知制诰，侍从同预宴。迥坐御史与丞之南，中宰臣同赐御飞白大字。既罢，所以宠赉者甚厚，进太子少傅。后复召对延和殿，帝访以《洪范》雨旸之应。对曰："比年灾变存臻，此天所以警陛下。愿陛下修饬王事，以当天心，庶几转乱而为祥也。"既而献《斧扆》、《慎刑箴》、《大顺》、《审刑》、《无尽灯颂》，凡五篇。及感疾，绝人事，屏医药，具冠服而卒，年八十四。罢朝一日，赠太子太保，谥文元。

迥善吐纳养生之术，通释老书，以经传傅致，为一家之说。性乐易宽简，服道履正，虽贵势无所屈，历官临事，未尝挟情害物。真宗数称其好学长者。杨亿尝谓迥所作书命无过褒，得代言之体。喜质正经史疑义，标括字类。有以术命语迥，迥曰："自然之分，天命也。乐天不忧，知命也。推理安常，委命也。何必逆计未然乎？"所著《翰林集》三十卷，《道院集》十五卷，《法藏碎金录》十卷，《耆智余书》、《随因纪述》、《昭德新编》各三卷。子宗悫。

宗悫字世良，以父荫为秘书省校书郎。屡献歌颂，召试赐进士及第。又除馆阁校勘，三迁大理寺丞、集贤校理兼注释御集检阅官。迥领西台，宗悫求便养，通判许州。仁宗即位，迁殿中丞、同修起居注。天圣中，百官转对，宗悫请减上供，垦闲田，择狱官，令监司举县令。累迁尚书祠部员外郎、知制诰。宋绶尝谓："自唐以来，唯杨于陵身见其子嗣复继掌书命，今始有晁氏焉。"父忧，夺丧，管勾会灵观，入翰林为学士。母亡，又起复，兼龙图阁学士、权发遣开封府事，辨雪疑狱有能名。

元昊反，关中久宿师，以宗悫安抚陕西，与夏竦议攻守策。未还。道拜右谏议大夫、参知政事。会朝廷以金饰胡床及汲器赐唃厮啰，宗悫曰："仲叔于奚辞邑请繁缨，孔子曰：'不如多与之邑。'繁缨，诸侯之马饰，犹不可与陪臣，况以乘舆之器赐外臣乎？必欲优其礼，不若加赐金帛。"后从帝郊祠感疾，数求罢，除资政殿学士、给事中，数日，卒。赠工部尚书，谥文庄。

宗愍性敦厚，事父母孝，笃故旧，凡任子恩皆先其族人。在翰林，一夕草将相五制，褒扬训戒，人得所宜。尝密诏访边策，陈七事，颇施用之。

刘筠字子仪，大名人。举进士，为馆陶县尉。还，会诏知制诰杨亿试选人校太清楼书，擢筠第一，以大理评事为秘阁校理。真宗北巡，命知大名府观察判官事。自边鄙罢兵，国家闲暇，帝垂意篇籍，始集诸儒考论文章，为一代之典。筠预修图经及《册府元龟》，推为精敏。真宗将祀汾睢，屡得嘉雪，召筠及监察御史陈从易崇和殿赋歌诗，帝数称善。车驾西巡，又命筠纂土训。是时四方献符瑞，天子方兴礼文之事，筠数上赋颂。及《册府元龟》成，进左正言、直史馆、修起居注。尝属疾，予告满，辄再予，积三百日，每诏续其奉。

迁左司谏、知制诰，加史馆修撰，出知邓州，徙陈州。还，纠察在京刑狱，知贡举，迁尚书兵部员外郎。复请邓州，未行，进翰林学士。初，筠尝草丁谓与李迪罢相制，既而谓复留，令别草制，筠不奉诏，乃更召晏殊。筠自院出，遇殊枢密院南门，殊侧面而过，不敢揖，盖内有所愧也。帝久疾，谓浸擅权，筠曰："奸人用事，安可一日居此。"请补外，以右谏议大夫知卢州。

仁宗即位，迁给事中，复召为翰林学士。俞月，拜御史中丞。先是，三院御史言事，皆先白中丞。筠榜台中，御史自言事，毋白丞杂。知天圣二年贡举，数以疾告，进尚书礼部侍郎、枢密直学士、知颍州。召还，复知贡举，进翰林学士承旨兼龙图阁直学士、同修国史、判尚书都省。祀南郊，为礼仪使，请宿齐太庙日，罢朝飨玉清昭应宫，俟礼成，备銮驾恭谢。从之。筠素爱卢江，遂筑室城中，构阁藏前后所赐书，帝飞白书曰"真宗圣文秘奉之阁"。再知卢州，营冢墓，作棺，自为铭刻之。既病，徙于书阁，卒。

筠，景德以来，居文翰之选，其文辞善对偶，尤工为诗。初为杨亿所识拔，后遂与齐名，时号"杨刘"。凡三入禁林，又三典贡部，以策论升降天下士，自筠始。性不苟合，临事明达，而其治尚简严。然晚为阳翟同姓富人奏求恩泽，清议少之。著《册府应言》、《荣遇》、《禁林》、《肥川》、《中司》、《汝阴》、《三人玉堂》凡七集。一子早卒，田卢没官。包拯少时，颇为筠所知。及拯显，奏其族子为后，又请还所没田卢云。

薛映字景阳，唐中书令元超八世孙，后家于蜀。父允中，事孟氏为给事中。归朝，为尚书都官郎中。映进士及第，授大理评事，历通判绵、宋升州，累迁太常丞。王化基荐为监察御史、知开封县。太宗召对，为江南转运使。改左正言，直昭文馆，为江、淮、两浙茶盐制置副使。改京东转运使，徙河东、兼河西随军。求便亲，知相州。再领漕京东，积迁尚书礼部郎中，擢知制诰，权判吏部流内铨兼制置群牧使。司梁颢安抚河北，还，权判度支。

映以右谏议大夫知杭州。映临决逢锐，庭无留事。转运使姚铉移属州："当直司毋得辄断徒以上罪。"映即奏："徒、流、笞、杖，自有科条，苟情状明白，何必系狱，以累和气。请诏天下，凡徒流罪于长吏前对辨，无所异，听遣决之。"朝廷施用其言。与铉既不协，遂发铉纳部内女口及鬻钅句器抑取其直，又广市绫罗不输税。真宗遣御史台推勘官储拱劾铉，得实，贬连州文学。映坐尝召人取告铉状，当赎金，帝特贳之。

在杭五年，入知通进、银台司兼门下封驳事。封泰山，为东京留守判官，迁给事中、勾当三班院，出知河南府。祀汾阴还，驻跸西京，以映有治状，赐御书嘉奖。

迁尚书工部侍郎、集贤院学士、判尚书都省，进枢密直学士、知升州。建言："州以牛赋民出租，牛死，租不得蠲。"帝览章矍然，曰："此朝廷岂知邪？"因令诸州条奏，悉蠲之。顷之，纠察在京刑狱，再判都省。历尚书左丞、知扬州。徙并州，又徙永兴军，拜工部尚书兼御史中丞。仁宗即位，迁礼部，再为集贤院学士、判院事、知曹州，分司南京。卒，赠右仆射，谥文恭。

映好学有文，该览强记，善笔札，章奏尺牍，下笔立成。为治严明，吏不能欺。每五鼓冠带，黎明摅案决事，虽寒暑，无一日异也。子耀卿秘阁校理，孙绅直龙图阁。

论曰：自唐末词气浸敝，迄于五季甚矣。先民有言："政庬土裂，大音不完，必混一而后振。"宋一海内，文治日起。扬亿首以辞章擅天下，为时所宗，盖其清忠鲠亮之气，未卒大施，悉发于言，宜乎雄伟而浩博也。刘筠后出，能与齐名，气象似尔，至于文体之今古，时习使然，遑暇议是哉。晁迥宽易，与物无忤，父子先后典书命，称为名臣。薛映学艺、史术俱优，而挟忿以抉人之私，君子病之。

宋史卷三〇六
列传第六五

谢泌　孙何 弟仅　朱台符
戚纶　张去华 子师德　乐黄目
柴成务

谢泌字宗源，歙州歙人。自言晋太保安二十七世孙。少好学，有志操。贾黄中知宣州，一见奇之。太平兴国五年进士，解褐大理评事、知清川县，徙彰明，迁著作佐郎。端拱初，为殿中丞，献所著文十编、《古今类要》三十卷，召试中书，以直史馆赐绯。时言事者众，诏阁门，非涉侥望乃许受之。由是言路稍壅。泌抗疏陈其不可，且言："边鄙有事，民政未乂，狂夫之言，圣人择焉。苟诘而拒之，四聪之明，将有所蔽。愿采其可者，拒其不可者，庶颙颙之情，得以上达。"复言："国家图书，多失次序。唐景龙中，尝分经、史、子、集为四库，命薛稷、沈佺期、武平一、马怀素分掌，望尊复故事。"遂令直馆分典四部，以泌知集库。改左正言，使岭南采访。

淳化二年，久旱，复上言时政得失。时王禹偁上言："请自今庶官候谒宰相，并须朝罢于政事堂，枢密使预坐接见，将以杜私请。"诏从之。泌上言曰："伏睹明诏，不许宰相、枢密使见宾客，是疑大臣以私也。《书》曰：'任贤勿贰，去邪勿疑。'张说谓姚元崇曰：'外则踪而接物，内则谨以事君。此真大臣之体。'今天下至广，万几至繁，陛下以聪明寄于辅臣，自非接下，何以悉知外事？若令都堂候见，则庶官请见咨事，略无解衣之暇。今陛下囊括宇宙，总揽英豪，朝廷无巧言之士，方面无姑息之臣，奈何疑执政，为衰世之事乎。玉禹偶昧于大体，妄有陈述。"太宗览奏，即追还前诏，仍以泌所上表送史馆。

会修正殿，颇施采缦，泌复上疏。亟命代以丹垩，且嘉其忠尽。拜左司谏，赐金紫、钱三十万。一日，得对便殿，太宗称其任直敢言，泌奏曰："陛下从谏如流，故臣得以竭诚。昔唐季孟昌图者，朝疏谏而夕去位，鉴于前代，取乱宜矣。"太宗动色久之。时，群臣升殿言事者，既可其奏，得专达于有司，颇容巧妄。泌请自今凡政事送中书，机事送枢密，金谷送三司，覆奏而行，从之。

俄判三司盐铁勾院。奉诏解送国学举人，黜落既多，群聚喧诟，怀甓以伺泌出。泌知之，潜由他涂入史馆，数宿不敢出，请对自陈。太宗问："何官驺导严肃，都人畏避？"有以台杂对者，即授泌虞部员外郎兼侍御史知杂事。上元观灯，泌特预召，自是为例。转金部员外郎，充盐铁副使。顷之，魏羽为使，即泌之外舅，以亲嫌，改度支副使。因郊祀，条上军士赏给之数。太宗曰："朕惜金帛，止备赏赐尔。"泌因曰："唐德宗朱泚之乱，后唐庄宗马射之祸，皆赏军不丰所致。今陛下薄于躬御，赏赐特优，实历代之所难也。"俄与王沔同磨勘京朝官。太宗孜孜为治，每御长春殿视事罢，复即崇政殿临决，日昃未进御膳。泌言："请自今长春罢政，既膳后御便坐。"不报。俄知三班、通进银台司，出知湖州。再迁主客郎中、知虢州。

真宗初，边人屡寇，泌上疏曰：

臣窃惟圣心所切者，欲天下朝夕太平尔。雍熙末，赵普录唐姚崇《太平十事》以献。未几，普复相，时称致治之策，无出于此。寻普病，又辽骑扰边，因循未行。今北边谧宁，继迁请命，则可行于今日矣。臣以为先朝未尽行者，俟陛下自临大宝，边不加兵，异西北肃然，民安岁登，则太平之象，复何远哉。至于省不争之务，削烦苛之政，抑奔竞，来直言，斯皆致太平之术，又岂让唐开元之治也。

议者或谓方今用兵，异于开元，且开元边戎孔炽，明皇卒与之和。至如汉高祖亦然。此皆屈已以宁天下，岂以轻大国而竞小忿乎。请以近事言，往岁讨交阯，王师一动，南方几摇。先皇以为得之无用，弃之实便，及授官为藩屏，则至今鼠伏。石晋之末，耻讲和契丹，遂致天下横流，岂得为强？或者有言，敌所嗜者禽色，所贪者财利，余无他智计，先朝平晋之后，若不举兵临之，但与财帛，则幽蓟不日纳土矣。察此，乃知其情古犹今也、汉祖、明皇所用之计，正可以饵其心矣。

臣伏睹近诏，以不逞之徒所陈述，皆闾阎事。臣闻古先哲王询于刍荛，察于迩言者，盖虑视听之蔽，故采此以达物情，亦罕行其事也。先朝有侯莫陈利用、陈廷山、郑昌嗣、赵赞之徒，喋喋利口，赖先帝圣聪，寻翦除之，然为患已深矣。

臣又闻辅时佐主，建万世之基，立不拨之策者，必倚老成之人。至如成、康刑措，由任周、召；文、景清静，不易萧、曹；明皇太平，亦资姚、宋。夫精练国政，斟酌王度，未闻市井之胥，走尘之吏，可当其任也。惟陛下察往古用贤致治之道，则贤者亦必尽忠竭力，以辅成太平之治矣。

咸平二年，徙知同州。代还，知鼓司、登闻院。五年，与陈恕同知贡举，复知通进、银台司，加刑部，出为两浙转运使。近制，文武官告老，皆迁秩，令录授朝官，并给半奉。泌言："请自今七十以上求退者，许致仕；因疾及历任犯赃者，听从便。"诏可。徙知福州，代还，民怀其爱，刻石以纪去思。转兵部郎中，复知审官院，直昭文馆。知荆南府，改襄州，迁太常少卿、右谏议大夫、判吏部铨。大中祥符五年，卒，年六十三。

泌性端直，然好方外之学，疾革，服道士服，端坐死。帝闻而嗟异，遣使临问恤赐，录其子衍为太常寺奉礼郎，衔将作监主簿。衍为太子中舍。

孙何字汉公，蔡州汝阳人。祖镒，唐末秦宗权据州，强以宾佐起之。镒伪疾不应，还家，以讲授为业。父庸，字鼎臣，显德中，献《赞

圣策》九篇，引唐贞观所行事，以魏玄成自况。得对，言曰："武不可
黜，敛不可厚，奢不可放，欲不可极。"世宗奇其言，命中书试，补开
封兵曹掾。建隆初，为河南簿。太平兴国六年，鸿胪少卿刘章荐其
材，改左赞善大夫。历殿中丞、知龙州而卒。

河十岁识音韵，十五能属文，笃学嗜古，为文必本经义，在贡籍
中甚有声。与丁谓齐名友善，时辈号为"孙丁"。王禹偁尤推重之。
尝作《两晋名臣赞》、《宋诗》二十篇、《春秋意》、《尊儒教议》，闻于
时。淳化三年举进士，开封府礼部俱首荐，及第又得甲科，解褐将作
监丞、通判陕州。召入直史馆，赐绯，迁秘书丞、京西转运副使。历
右正言，改右司谏。

真宗初，何献五议：其一，请择儒臣有方略者统兵；其二，请世
禄之家肄业太学，寒隽之士州郡推荐，而禁投赞自媒者；其三，请复
制举；其四，请行乡饮酒礼；其五，请以能授官，勿以恩庆例迁。上览
而善之。咸平二年，举入阁故事，何次当待制，献疏曰：

六卿分职，邦家之大柄也。有吏部辨考绩而育人材，有兵
部简车徒而治戎备，有户部正版图而阜货财，有刑部谨纪律而
诛暴强，有礼部祀神示而选贤俊，有工部缮宫室而修提防，六
职举而天下之事备矣。故周之会府，汉之尚书，立庶政之根本，
提百司之纲纪。令、仆率其属，丞、郎分其行，二十四司粲焉星
拱，郎中、员外判其曹，主事、令史承其事。四海九州之大，若网
在纲。

唐之盛时，亦不闻别分利权，创使额，而军须取足。及玄宗
侈心既萌，召发既广，租调不充，于是萧景、杨钊始以地官判度
支，而宇文融为租调地税使，始开利孔，以构祸阶。至于肃、代，
而有司之职尽废，而言利之臣，攘臂于其间矣。于是叛乱相仍，
经费不充，迫于军期，切于国计，用救当时之急，率以权宜裁
之。五代短促，曾莫是思。

今国家三圣相承，五兵不试，太平之业，垂统立制，在此时
也。所宜三部使额，还之六卿，慎择户部尚书一人，专掌盐铁使

事,俾金部郎中、员外郎判之。又择本行侍郎二人,分掌度支、户部使事,各以本曹郎中、员外郎分判之,则三使洎判官,虽省犹不省也。仍命左右司郎中、员外总知帐目,分勾稽违。职守有常,规程既定,则进无掊克之虑,退有详练之名,周官唐式,可以复矣。兹事非艰,在陛下行之尔。

是冬,从幸大名,诏访边事。何疏曰:

陛下嗣位以来,训师择将,可谓至多,以高祖之大度,兼萧王之赤心,神武于百王,精兵倍于前代。分阃仗钺者,固当以身先士卒为心,贼遗君父为耻。而列城相望,坚壁自全,手握强兵,坐违成算,遂使腥膻得计,蛇豕肆行,焚劫我郡县,系累我黎庶。陛下摅人神之愤怒,悯河朔之生灵,爰御六师,亲幸澶、魏,天声一振,敌骑四逃,虽镇、定道路已通,而德、棣烽尘未息,此殆将帅或未得人,边奏或有壅阏,邻境不相救援,糗粮须俟转输之所致也。

将帅者何?或恃勇无谋,或忌功玩寇,但全城堡,不恤人民。边奏者何?护塞之臣,固禄守位,城池焚劫,不以实闻,老幼杀伤,托言他盗。不救援者何?缘边州县,城垒参错,如辅车唇齿之相依,若头目手足之相卫,托称兵少不出,或待奏可乃行。俟辇输者何?敌骑往还,犬驰鸟逝,赢粮景从,万两方行,迨乎我来,寇已遁去。此四者,当今急务。择将帅,则莫若文武之内,参用谋臣;防壅阏,则莫若凡奏边防,陛见庭问;合救援,则莫若督以军令,听其便宜;运糗粮,则莫若轻赍疾驱,角彼趫捷。

今大驾既驻邺下,契丹终不敢萌心南牧,所虑荐食者,惟东北无备之城,缮完周防,不可不慎。且蜂虿有毒,豺狼无厌。今契丹西畏大兵,北无归路,兽穷则捕搏,物不可轻,余孽尚或稽诛,奔突亦宜预备。大河津济,处处有之,亦望量屯禁兵,扼其要害,则请和之使,不日可待。

真宗览而嘉之。及傅潜逗挠无功,何又请斩潜以徇。俄权户部判官，出为京东转运副使，又献疏请择州县守宰，省三司冗员，遴选法官，增秩益奉。未几，徙两浙转运使，加起居舍人。景德初，代还，判太常礼院。俄与晁迥、陈尧咨并命知制诰，赐金紫，掌三班院。何先已被疾，勉强亲职，一日，奏事上前，坠奏牍于地，俯而取之，复坠笏。有司劾以失仪，诏释之。何惭，上章求改少卿监，分司西京养疾，上不许，第赐告，遣医诊视。医勉其然艾，何答曰："死生有命。"卒不听。是冬，卒，年四十四。上在澶渊，闻之悯惜，录其子言为大理评事。

何乐名教，勤接士类，后进之有词艺者，必为称扬。然性卞急，不能容物。在浙右专务峻刻，州郡病焉。好学，著《驳史通》十余篇，有集四十卷。弟仪。

仪字怜几。少勤学，与何俱有名于时。咸平元年，进士甲科，兄弟连冠贡籍，时人荣之。解褐舒州团练推官，会诏举贤良方正之士，赵安仁以仪名闻。策入第四等，擢光禄寺丞直集贤院，俄知浚仪县。景德初，拜太子中允、开封府推官。赐绯。北边请盟，遣使交聘，仪首为国母生辰使。改本府判官，迁右正言、知制诰，赐金紫，同知审官院。是冬，永兴孙全照求代，真宗思择循良任之，御书边肃泊仪二名示宰相。或言仪尝倅京府，谙民政，乃命知永兴军府。仪纯厚长者，为政颇宽，尝诏戒焉。大中祥符元年，加比部员外郎。代还，知审刑院。顷之，拜右谏议大夫、集贤院学士、权知开封府。改左谏议大夫，出知河中府。归朝，复领审刑院。久次，进给事中。天禧元年正月，卒，年四十九。录其子大理评事和为卫尉寺丞。

仪性端悫，中立无竞，笃于儒学，士大夫推其履尚，有集五十卷。仪弟侑亦登进士第，至殿中丞。

朱台符字拱正，眉州眉山人。父赋，举拔萃，历度支判官，卒于殿中丞。台符少聪颖，十岁能属辞，尝作《黄山楼记》，士友称之。及长，善词赋。时太宗廷试贡士，多擢敏速者，台符与同辈课试，以尺晷成一赋。淳化三年,进士登甲科,解褐将作监丞、通判青州,召入直史馆,赐绯鱼,再迁秘书丞、知浚仪县。

咸平元年,与杨砺、李若拙、梁颢同知贡举,俄以京府旧僚,擢太常博士,出为京西转运副使。时北边为梗,台符上言曰:

臣闻蛮夷猾夏,《帝典》所载,商周而下,数为边害。或振旅薄伐,或和亲修好,历代经营,斯为良策。至于秦筑长城而黔首叛,汉绝大漠而海内虚,逞志一时,贻笑万代,此商鉴不远也。顷者,晋氏失御,中原乱离,太祖深鉴往古,酌取中道,与民休息,遣使往来。二十年间,罕闻入寇,大省戍边之卒,不兴出塞之兵。关防谧宁,府库充溢,信深得制御之道也。

幽蓟之地,实维我强,尚隔混同,所宜开拓。太宗平晋之后,因其兵势,将遂取之。人虽协谋,天未猒乱,蟭斧拒辙,用稽灵诛。重兴吊伐之师,又作迁延之役。自兹厥后,大肆凶锋,杀略军民,攻拨城砦,长驱深入,莫可禁止。当是时也。以河为塞,而赵、魏之间,几非国家所有。既阻欢盟,乃为备御,屯士马,益将帅,刍粟之飞挽,金帛之委输,赡给赏赐,不可胜数,由是国家之食货,匮于河朔矣。

陛下自天受命,与物更始,继迁授节,黎桓加爵,咸命使者镇抚其邦。惟彼契丹,未加渥泽,非所以柔远能迩,昭王道之无偏也。今祥禫将终,中外引颈观听德音。臣愚以为宜于此时赦契丹罪,择文武才略习知边境辨说之士,为一介使,以嗣位服除,修好邻国,往告谕之。彼十年以来,不复犯塞,以臣计之,力有不足,志欲归向,而未得其间也。今若垂天覆之仁,假来王之便,必欢悦慕义,遣使朝贡。因与之尽捐前恶,复寻旧盟,利以货财,许以关市,如太祖故事,使之怀恩畏威。则两国既和,无北顾之忧,可以专力西鄙,继迁自当革心而束手矣,是一举而两得也。

台符又自请往使,时论韪之。

咸平二年春,旱,诏求直言。台符上疏,请重农积谷,任将选兵,慎择守令，考课黜陟，轻徭节用，均赋慎刑，责任大臣，与图治道。奏入，优诏褒答。入为盐铁判官，改判户部勾院，拜工部员外郎，换度支判官。景德初，郑文宝为陕西转运，或言其张皇生事，徙台符代之，仍赐金紫。

台符俊爽好谋，然颇以刻碎为举职。与杨覃联事，覃颇欲因仍旧贯，台符则更革烦扰，议事违戾，交相掎奏，以不协闻，命御史视其状。九月，徙台符知郢州，覃知随州。三年，召还，会执政有不喜者，复出知洪州，卒于舟次，年四十二。赐其子公佐同学究出身，赙钱二十万。

台符好学，敏于属辞，喜延誉后进，有集三十卷。公佐及台符弟昌符，大中祥符中，举进士，廷试并得第五人。初，昌符登科，宰相言昌符即台符第，上因言台符有文学及著述可采，甚嗟悼之。公佐卒，又以次子寿隆试将作监主簿。昌符为屯田员外郎。

戚纶字仲言，应天楚丘人。父同文，字文约，自有传。纶少与兄维以文行知名，笃于古学，喜谈名教。太平兴国八年举进士，解褐沂水主簿。按版籍，得逋户脱口漏租者甚众。徙知太和县。同文卒于随州，纶徙步奔讣千里余。俄诏起复莅职。就加大理评事。江外民险悍多构讼，为《谕民诗》五十篇，因时俗耳目之事，以申规诲，老幼多传诵之。每岁时必与狱囚约，遣归祀其先，皆如期而还。迁光禄丞，坐鞫狱陈州失寮，免官。著《理道评》十二篇，钱若水、王禹偁深所赏重。久之，复授大理评事、知永嘉县。境有陂塘之利，浚治以备水旱。复为光禄寺丞，转运使又上其政绩，连诏褒之。

真宗即位，转著作佐郎、通判泰州。将行，秘书监杨徽之荐其文学纯谨，宜在馆阁，命为秘阁校理。受诏考校司天台职官，定州县职田条制。诏馆阁官以旧文献，上嘉纶所著，特改太常丞，俄判鼓司、登闻院。出内府缗帛市边粮，诏纶乘传往均市之。

景德元年，判三司开拆，赐绯鱼，改盐铁判官。上疏言边事，甚被嘉奖。十月，拜右正言、龙图阁待制，赐金紫。时初建是职，与杜镐并命,人皆荣之。纶久次州县,留意吏事,每便殿请对,语必移晷,或夜中召见,多所敷启。俄上奏曰:"夫出纳献替,王臣之任;章疏奏议,谏者之职。臣屡蒙召对,皆延数刻,屈万乘之尊,接一介之士,圣德渊深,包纳荒秽,体其至愚,不罪触犯,安敢循嘿不言。谨摭十事该治本者附于章左:一曰王畿关辅,二曰五等封建,三曰复制科,四曰崇国学,五曰辟旷土,六曰修贡举,七曰任大臣,八曰置平籴,九曰益廪军、减禁兵,十曰修《六典》令式。"词颇深切,上为嘉奖。

二年,与赵安仁、晁迥、陈充、朱巽同知贡举,纶上言取士之法,多所规制,并纳用焉。预修《册府元龟》,会置官总在京诸司之务,凡百三十司,命纶与刘承圭同领其事。判鸿胪寺。先是群臣诏葬,公私所费无定式。纶言其事,诏同晁迥、朱巽、刘承圭校品秩之差,定为制度,遂遵行之。纶以三公、尚书、九列之任,唐末以来,有司渐繁,纲目不一,谓宜采《通礼》、《六典》令式,比类沿革,著为大典,时论称之。进秩右司谏、兵部员外郎。时诏禁群臣匿名上封及非次升殿奏事,纶谓"忠谠之入,当开奖言路,若踪远之士,尤艰请对",上颇嘉之。

大中祥符元年,掌吏部选事。上初受灵文,纶上疏曰:"臣退稽载籍,历考秘文,验灵应之垂祥,顾天人之相接。陛下绍二圣丕业,启万世鸿基,勤行企道,恭默思玄,上天降鉴,瑞谋诏锡,韦示临民之戒,用恢奕叶之祥。乞诏有司,速修大祀,载命侍从,摹写祥符,勒于嘉玉,藏之太庙,别以副本秘于中禁,传示万叶,无敢怠荒。然臣恐流俗幼惑狂谋,以人鬼之妖辞,乱天书之真旨。伏望端守玄符,凝神正道,以答天贶,以惠蒸黎。"

是冬,封泰山,命纶同计度发运事。礼成,迁户部郎中、直昭文馆,待制如故。被诏,同编《东封祥瑞封禅记》。会峻待制之秩,又兼集贤殿修撰。建议修释奠仪,颁于天下;立常平仓,录司农寺,以平民籴,皆从之。尝宴钱惟演于龙图阁,诏近臣为序,上览纶所作,称其有史才。

三年,擢枢密直学士,上作诗宠之。祀汾阴,复领发运之职。居无何,出知杭州,就加左司郎中。属江潮为患,乃立埽岸,以易柱石之制,虽免水患,而众颇非其变法。胡则时领发运,尝居杭州,肆纵不检,厚结李溥,纶素恶之。通判吴耀卿,则之党也,伺纶动静,密以报则。则时为当涂者所昵,因共捃摭纶过,徙知扬州。惟扬亦溥、则巡内,持之益急,求改僻郡,徙徐州。

八年,与刘综并罢学士,授左谏议大夫。代还,复知青州。岁饥,发公廪以救饿殍,全安甚众。徙郓州,王遵海为劝农副使,尝任西边,寓家永兴,闺门不肃,事将发,知府寇准为平之。纶因戏谑语及准,遵海恚怒,以为污己,遂奏纶谤讪,坐左迁岳州团练副使,易和州。天禧四年,改保静军副使。是冬,以疾求归故里,改太常少卿,分司南京。五年,卒,年六十八。

纶笃于古学,善谈名理,喜言民政,颇近于阔。事兄维友爱甚厚,维卒,讣闻,哀恸不食者数日。与交游故旧,以信义著称。士子谒见者,必询其所业,访其志尚,随才诱诲之。云:"归老后,得十年在乡间讲习,亦可以恢道济世。"大中祥符中,继修礼文之事,纶悉参其议,与陈彭年并职,屡召对,多建条式,恩宠甚盛。乐于荐士,每一奏十数人,皆当时知名士。晚节为权幸所排,遂不复振。善训子弟,虽至清显,不改其纯俭。既没,家无余赀。张知白时知府事,辍奉以助其丧。家人于几阁间,得《遗戒》一篇,大率皆诱劝为学。有集二十卷。又前后奏议,有机务利害、备边均田之策,别为《论思集》十卷,分上下篇。天圣中,其子舜宾献之,诏赠左谏议大夫。舜宾,官太子中舍。

张去华字信臣,开封襄邑人。

父谊,字希贾。好学,不事产业。既孤,诸父使督耕陇上,他日往视之,见阅书于树下,怒其不亲稼事,诟辱之。谊谓其兄曰:"若不就学于外,素志无成矣。"遂潜诣洛阳龙门书院,与宗人沆、鸾、湜结友,故名闻都下。长兴中,和凝掌贡举,谊举进士,调补耀州团练推官。

晋天福初，代还。会凝由内署拜端明殿学士，署门不接宾客，谊闻之，即日致书于凝，以为"切近之职，实当顾问，四方利害，所宜询访，若不接宾客，聋瞽耳目，坐亏职业，虽为自安计，其可得乎？"凝大奇之，他日，荐于宰相桑维翰曰："凝门生中有张谊者，性介直，颇涉辞艺，可备谏职。"未几，超拜左拾遗。谊以晋室新造，典礼未完，数上章请复有唐故事。又言契丹有援立之助，所宜敦信谨备，不可自逸，以启衅端。改右补阙，充集贤殿修撰，历礼部员外郎、侍御史。改仓部、知制诰，加礼部郎中。

乾祐初，真拜中书舍人。时苏逢吉、杨邠、王章辈攀附汉祖，骤得大用，搢绅多附之，谊不为屈，故共嫉之。遣谊为吴越宣谕使，与兵部郎中马承翰同往赐官告。浙人每迓朝使，必列步骑以自夸诧，谊与承翰窃笑之。又乘酒，言词有轻发者，钱俶甚耻之，乃奏谊擅棰防援官。又夜集，与承翰使酒，语相侵，坐贬均州司户，改房州司马，岁余卒。

去华幼励学，敏于属辞，以荫补太庙齐郎。周世宗平淮南，去华时年十八，慨然叹曰："兵战未息，民事不修，非驭国持久之术。"因著《南征赋》、《治民论》，献于行在。召试，授御史台主簿。属三院议事，不得预坐，谓所亲曰："簿领之职，非壮夫所为。"即弃官归郑州，杜门不出者三载。

建隆初，始携文游京师，大为李昉所称。明年，举进士甲科，即拜秘书郎、直史馆。以岁满不迁，上章自诉，因言制诰张澹卢多逊、殿中侍御史师颂文学肤浅，愿得校其优劣。太祖立召澹辈与去华临轩策试，命陶谷等考之。澹以所对不应问，降秩，即擢去华为右补阙，赐袭衣、银带、鞍勒马。朝议薄其躁进，以是不迁秩者十六年。尝得对便殿，询及家世，遂诉父始忤权贵，困罗重贬。宰相薛居正亦为言之。太祖为之动容，且曰："汉室不道，奸臣擅权，此朕所亲见也。"刑湖平，命通判道州。去华上言："桂管为五岭冲要，今刘𬬮保境固守，赖之为捍蔽，若大军先克其城，以趋番禺，如践无人之境。"且言桂州可取之状，有诏嘉奖。代还，知磁、乾二州，选为益州通判，迁起居舍人、知凤翔府。

从太宗征太原，监随驾左藏库，就命为京东转运使。历左司员外郎、礼部郎中。太平兴国七年，为江南转运使。雍熙中，王师讨幽州，去华督宋州馈运至拒马河，就命掌河北转运使。三年，知陕州，未行，著《大政要录》三十篇以献，上览而嘉之，诏书褒美，赐采五十匹，因留不遣。

会许王尹京，命为开封府判官，殿中侍御使陈载为推官，并赐金紫。谓曰："卿等皆朝之端士，特加选用，其善佐吾子。"各赐钱百万。逾岁，就拜左谏议大夫，又令枢密使王显传旨，谕以辅成之意。未几，有卢州尼道安讼弟妇不实，府不为治，械系送本州。弟妇即徐铉妻之甥。道安伐登闻鼓，言铉以尺牍求请，去华故不为治。上怒，去华坐削一任，贬安州司马。岁余，召授将作少监、知兴元府，未行，改晋州。迁秘书少监、知许州。

真宗嗣位，复拜左谏议大夫。未几，迁给事中、知杭州。两浙自钱氏赋民丁钱，有死而不免者，去华建议请除之，有司以经费所仰，固执不许。咸平二年，徙苏州。顷之，以疾求分司西京。在洛葺园庐，作中隐亭以见志，景德元年，改工部侍郎致仕。三年，卒，年六十九。

去华美姿貌，善谈论，有蕴藉，颇尚气节。在营道得父同门生何氏二子，教其学问。受代，携之京师，尉荐馆谷，并登仕籍。尝献《元元论》，大旨以养民务穑为急，真宗深所嘉赏，命以缣素写其论为十八轴，列置龙图阁之四壁。然不饰边幅，颇为清议所贬，以是不登显用。有集十五卷。子师古至国子博士，师锡殿中丞，师颜国子博士。

师德，字尚贤。去华十子，最器师德。尝欲任以官，辞不就。去华曰："此儿必继吾志。"真宗祀汾阴，知河南府薛映荐其学行，又献《汾阴大礼颂》于行在。是岁，举进士亦为第一，时人荣之。除将作监丞、通判耀州。迁秘书省著作郎、集贤校理、判三司都理欠冯由司。建言："有逋负官物而被系，本非侵盗，若悍独贫病无以自偿，愿特蠲之。"帝用其言。尝奏事殿中,帝访以时事,而答对甚备。帝喜曰:"朕藩邸知卿父名,今又知卿才。"其后每遣使,帝辄曰:"张师德可用。"契丹、高丽使来,多以师德主之。天禧初,安抚淮南,苦风眩,改判司农寺。擢右正言、知制诰,判尚书刑部。顷之,出知颍州,迁刑部员外郎、判大理寺,为群牧使、景灵宫判官,再迁吏部郎中。以疾,知邓州,徙汝州,拜左谏议大夫,罢知制诰。

师德孝谨有家法,不交权贵,时相颇不悦之。然亦多病,在西掖九年不迁,卒于官,有文集十卷。子景宪,为太中大夫。

乐黄目字公礼,抚州宜黄人。世仕江左李氏。

父史,字子正。齐王景达镇临州,召掌钱奏,授秘书郎。入朝,为平原主簿。太平兴国五年,与颜明远、刘昌言、张观并以见任官举进士。太宗惜科第不与,但授诸道掌书记。史得佐武成军,既而复赐及第。上书言事,擢为著作佐郎、知陵州。献《金明池赋》,召为三馆编修。

雍熙三年,献所著《贡举事》二十卷,《登科记》三十卷,《题解》二十卷,《唐登科文选》五十卷,《孝弟录》二十卷,《续卓异记》三卷。太宗嘉其勤,迁著作郎、直史馆。转太常博士、知舒州,迁水部员外郎。淳化四年春,与司封员外郎、直昭文馆李虚同使两浙巡抚,加都官、知黄州。又献《广孝传》五十卷,《总仙记》一百四十一卷诏秘阁写本进内。史好著述,然博而寡要,以五帝、三王,皆云仙去,论者嗤其诡诞。

咸平初,迁职方,复献《广孝新书》五十卷,《上清文苑》四十卷。出知商州。史前后临民,颇以贿闻。俄以老疾为言,听解职,分司西京。五年,郊祀华,奉留守司表入贺,因得召对。上见其矍铄不衰,又知笃学,尽取所著书藏秘府,复授旧职,与黄目同在文馆,人以为荣。出掌西京磨勘司,黄目为京西转运。改判留司御史台。车驾幸洛,召对,赐金紫。史久在洛,因卜居,有亭榭竹树之胜,优游自得。未几卒,年七十八。所撰又有《太平寰宇记》二百卷,《总记传》百三十卷，《坐知天下记》四十卷，《商颜杂录》、《广卓异记》各二十卷，《诸仙传》二十五卷，《宋齐丘文传》十三卷，《杏园集》、《李白别集》、《礼仙宫殿窟宅记》各十卷，《掌上华夷图》一卷。又编已所著为《仙洞集》百卷。

黄目淳化三年举进士，补伊阙尉。迁大理寺丞、知寿安县。咸平中，徙知壁州，未行，上章言边事，召对，拜殿中丞。久之，直史馆、知浚仪县。俄上言曰："伏以从政之原，州县为急；亲民之任，牧宰居先。今朝官以数任除知州，簿尉以两任入县令，虽功过易见，而能否难明。伏见唐开元二年选群官，有宏才通识、堪致理化者，授刺史、都督。又引新授县令于宣政殿，试理人策一道，惟鄄城令袁济及格，擢授醴泉令，余二百人，且令赴任，十余人并放令习学。臣欲望自今审官院差知州，铨曹注县令。候及三二十人，一次引见于御前，试时务策一道。察言观行，取其才识明于吏治、达于教化者充选；其有不分曲直、罔辨是非者，或黜之厘务，或退守旧资。如此，则官得其人，事无不治。"上颇嘉其好古。历度支、盐铁判官，迁太常博士、京西转运使。丁内艰，时真宗将幸洛，以供亿务繁，起令泣职。史寻卒，上复诏权夺。

大中祥符中，使契丹还，改工部员外郎、广南西路转运使。就拜起居郎，改陕西转运使，赐金紫。陈尧咨知永兴，好以气凌黄目，因表求解职，不许。尧咨多纵恣不法，有密言其事者，诏黄目察之，得实以闻，尧咨坐罢龙图阁职，徙知邓州。八年，黄目入判三司三勾院。天禧初，马元方奏黄目职事不举，遂分三勾院，以三人掌之。黄目罢任，奉朝请。逾月，拜兵部员外郎、知制诰，充会灵观判官。黄目属辞淹缓，朝议以为不称职。时以盛度知京府，辞不拜，即迁黄目右谏议大夫、权知开封府，度为会灵观判官，两换其任。

仁宗升储，拜给事中兼左庶子。入内副都知张继能，尝以公事请托黄目，至是未申谢，事败，降左谏议大夫、知荆南府。明年，复为给事中，徙潭州。长沙月给，减于荆渚，特诏增之，又谕以兵赋繁综寄任之意。五年，代还，知审官院。黄目以风疾题品乖当，改知通进、银台司兼门下封驳事。数月，求外任，得知亳州。俄而幼子死，闻讣痛绝，所疾加甚，卒，年五十六。录其子理国为卫尉寺丞，定国为大理评事。

黄目面柔简默，为吏处剧，亦无败事。有集五十卷，又撰《学海搜奇录》四十卷，《圣朝郡国志》二十卷。黄目兄黄裳，弟黄庭，黄裳孙滋，并进士及第。黄裳、黄庭皆至太常博士。

柴成务字宝臣，曹州济阴人也。父自牧，举进士，能诗，至兵部员外郎。成务乾德中京府拔解，太宗素知其名，首荐之，遂中进士甲科，解褐峡州军事推官。改曹、单观察推官，迁大理寺丞。太平兴国五年，转太常丞，充陕西转运副使，赐绯，再迁殿中侍御史。八年，与供奉官葛彦恭使河南，案行遥堤。历知果、苏二州，就为两浙转运使，改户部员外郎、直史馆，赐金紫。入为户部判官，迁本曹郎中。太宗选郎官为少卿监，以成务为光禄少卿。

俄奉使高丽，远俗尚拘忌，以月日未利拜恩，稽留朝使。成务贻书，往反开谕大体，国人信服，事具《高丽传》。淳化二年，为京东转运使。会宋州河决，成务上言：“河水所经地肥淀，愿免其租税，劝民种艺。”从之。召拜司封郎中、知制诰，赐钱三十万。时吕蒙正为宰相，尝与之联外姻，避嫌辞职，不许。俄与魏详同知京朝官考课。四年，又与详同知给事中事，凡制敕有所不便者，许封驳以闻。

蜀寇平，使峡路安抚，改左谏议大夫、知河中府。时银、夏未宁，蒲津当馈挽之冲，事皆办集，得脱户八百家以附籍。府城街陌颇隘狭，成务曰：“国家承平已久，如车驾临幸，何以驻千乘万骑邪？”乃奏撤民庐以广之。其后祀汾阴，果留跸河中，衢路显敞，咸以为便。

真宗即位，迁给事中、知梓州。未几代还，又遣知青州表求俟永熙陵复土毕之任。旋受诏与钱若水等同修《太宗实录》，书成，知扬州。入判尚书刑部，本司小吏倨慢，成务怒而笞之，吏击登闻鼓诉冤，有诏问状。成务叹曰：“忝为长官，杖一胥而被劾，何面目据堂决事邪！”乃求解职。景德初，卒，年七十一。

　　成务有词学,博闻稽古,善谈论,好谐笑,士人重其文雅。然为郡乏廉称,时论惜之。文集二十卷。成务年六十六始有子,比卒,裁六岁,授奉礼郎,名贻范,后为国子博士。

　　论曰:泌述唐、汉之治,台符陈商、周之鉴,历布腹心,奏议反覆论当世事,尽言无隐。何建五议,纶摅十事,皆切于辅治。何勤接士类,纶乐于荐士,皆足以仪表当世者也。去华颇尚气节,而能作成后进,黄目属辞淹缓,而著述浩瀚;成务寡清白之操,而专对不辱,俱有足称者焉。

宋史卷三〇七
列传第六六

乔维岳 王陟附 张雍 黄俨
魏廷式 卢琰 宋搏 凌策
杨覃 陈世卿 李若拙 子绛
陈知微

　　乔维岳字伯周,陈州南顿人。治《三传》。周显德初登第,授太湖主簿。四年,迁平舆令。开宝中,右拾遗刘穑荐其才,擢为太子中舍、知高邮军,通判扬州,徙常州。金陵平,又移升州,改殿中丞。太平兴国初,徙襄州,俄丁内艰。三年,陈洪进表纳疆土,以其子文显为泉州,留后,朝廷议择能臣关掌郡事,即起维岳为通判。会盗起仙游莆田县、百丈镇,众十余万攻城,城中兵裁三千,势甚危急。监军何承矩、王文宝欲尽屠其民,燔府库而遁。维岳挺然抗议,以为:"朝廷寄以绥远,今惠泽未布,盗贼连结,反欲屠城,岂诏意哉。"承矩等因复坚守,既而转运使杨克让率福州兵破贼,围遂解,诏褒之。

　　归朝,为淮南转运副使,迁右补阙,进为使。淮河西流三十里曰山阳湾,水势湍悍,运舟多罹覆溺。维岳规度开故沙河,自末口至淮阴磨盘口,凡四十里。又建安北至淮澨,总五堰,运舟所至,十经上下,其重载者皆卸粮而过,舟时坏失粮,纲卒缘此为奸,潜有侵盗。维岳始命创二斗门于西河第三堰,二门相距俞五十步,覆以厦屋,设县门积水，俟潮平乃泄之。建横桥岸上，筑土累石，以牢其址。自是弊尽革，而运舟往来无滞矣。

尝按部至泗州，虑狱，法掾误断囚至死。维岳诘之，法掾俯伏，且泣曰："有母年八十余，今获罪，则母不能活矣。"维岳悯之，因谓曰："他日朝制按问，第云转运使令处兹罪。"卒如其言，获免；维岳坐赎金百二十斤，罢使职，权知楚州。迁户部员外郎。代还，为度支判官，转本曹郎中，出为两浙转运使，历知怀州、沧州。

会考课京朝官，召还。属真宗以寿王尹京，精择府僚，留为开封府推官。或言维岳在淮南，决狱不平允，左右有知其事者辨之，太宗特加赏异。储闱建，兼左谕德，转太常少卿。京府事繁，维岳评处详敏。有王陟为司录，真宗亦称其明干。及践祚，即命维岳与毕士安权知开封府，拜给事中、知审官院。维岳体肥年衰，艰于拜趋，陈乞外迁小州。上嘉其静退特授海州刺史。

咸平初，知苏州。素病风，上以吴中多食鱼蟹，乃徙寿州，乃命太医驰疗之。四年，卒，年七十六，赠抹部侍郎，官给其葬。大中祥符中，录其孙世昌、献之，并赐同学究出身。维岳明习吏事，有治剧才。在怀州，王钦若始举进士，维岳知其贵；又善待陈彭年，自刺郡连奏为通判，皆称荐之。

王陟者，潞州上党人。淳化三年举进士，补岚州团练推官。内侍罗怀嗣言其督运有劳，迁晋州观察推官。至道初，度支判官李择言荐为著作佐郎、同判大名府，留知开封府司录参军。前司录阎仲卿喜云为，屡升殿奏事，真宗尹京时颇不悦。及陟代之，以谨干闻，尤被待遇。即位，召赐绯鱼袋，改著作郎、开封府推官，乘传陕西，与转运使督馈灵武刍粮。

咸平初，迁太常博士，出为河东转运使，赐金紫。时赵保吉纳款，屡遣与内侍张崇贵裁度边事，正其经界，又副崇贵使夏州赐告命。代归，会温仲舒知贡举，命陟与刑部员外郎董龟正同考试及封印卷首。俄改工部员外郎、知隶州。

五年,召归,判三司盐铁勾院。初,上以京府之旧,颇隆眷遇,将加擢用。会有言其在贡部,举子纳贿成名者,恃恩庞,希显要,儗大第以居,事遂寝。六年,卒。上甚悯之,录其子若拙为奉礼郎,若谷为太庙斋郎。后陟妻卒,又命给其子奉,使终丧制。若拙官国子博士。

张雍,德州安德县人。治《毛氏诗》。开宝六年中第,释褐东关尉。太平兴国初,有荐其材者,召归,改将作监丞、知南雄州。迁太子右赞善大夫、知开封府司录参军事,俄为秘书丞,充推官。

京城民王元吉者,母刘早寡,有奸状,为姻族所知,忧悸成疾。又惧元吉告之,遂遣侍婢诉元吉实董食中以毒己,病将死。事下右军巡按之,未得实;移左军巡,推吏受刘赂掠治,元吉自诬伏。俄而刘死,府虑囚,元吉始以实对。又移付司录,尽捕元推吏,稍见诬构之迹。且以逮捕者众,又狱已累月未能决,府中惧其淹,列状引见,诏免死决徙。元吉大呼曰:"府中官吏悉受我赂,反使我受刑乎?"府不敢决,元吉历陈所受赂主名,又令妻张击登闻鼓诉之。上召张临轩顾问,尽得其枉状,立遣中使捕元推官吏,付御史鞫治。时滕中正为中丞,雍妻父也,诏供奉官蔚进别鞫之。雍坐与知府刘保勋、判官李继凝初虑问,元吉称冤,徙左军巡,雍戒吏止令鞫其毒母状,致吏讯掠惨暴。上怒,雍及左右军巡判官韩昭裔、宋廷煦悉坐免所居官,保勋、继凝各夺一季奉,左右军巡使殿直庞则、王荣并降为殿前承旨。

雍熙初,雍复为秘书丞、御史台推直官,改盐铁推官,迁右补阙,充判官。端拱初,转工部郎中、判度支勾院。未几,又为盐铁判官兼判勾院。逾年,以本官兼侍御史知杂事。月余,出为淮南转运使。淳化初,选为太府少卿。二年,加右谏大夫,徙两浙转运使,入知审刑院。三年,充户部使,出知梓州,就命为西川转运使,俄复知梓州。

五年,蜀州青城民王小波、李顺作乱,众至万人。雍训练士卒,得城中兵三千余人，又募疆勇千余守城，辇绵州金帛以实帑藏。推官陈世卿治戎器，掌书记施谓、榷盐院判官谢涛伐山木为竿，销铜钟为箭镝，纽布为索，守械悉备，遣推官盛梁请兵于朝。

未几，益绵邛彭汉州、永康军悉陷于贼。顺入成都，僭号大蜀王，势甚盛，遣其党杨广将十万众寇剑门，相里贵帅众十万围梓潼。雍与监军卢斌登堞望之，贼所出兵，皆老弱疲惫，无铠甲，斌笑请开北门击之，雍曰："不可，贼或诈见老弱，设伏伺我。又城中吏民心未定，脱为伏兵所突，则堕其奸计，非良策也。"言未毕，果有卒依敌楼呼啸，与外应和，雍亟斩以徇。贼大设梯冲火车，昼夜鼓操，攻城益急，城中大恐，雍命发机石碎之，火箭杂下，贼稍退，复治攻具城西北隅，雍绐曰："军士趣治装，吾将开东门击贼。"阳遣步骑五百临东门。贼升牛头山瞰城内，信然，伏精兵万余之东隅以待我。雍即召敢死士百辈縋而下，尽焚其攻具，自午达申殆尽，贼以为神。凶党数乘城进战，皆不利。一日，北风尽晦，贼乘风纵火，急攻北门。雍与卢斌等领兵掳门，立矢石间，固守不动。贼为之少却。长围八十余日，会王继恩遣石知颙来援，贼始溃去。遣施谓入奏，上手诏褒美，擢雍给事中，斌西京作坊使、领诚州刺史，世卿掌书记，谓节度判官涛观察推官。又以通判将作监丞赵贺为太子中舍，监军供奉官辛规为内殿崇班。

至道二年，改工部侍郎。明年召归，复知永兴军，转礼部侍郎，改刑部，充度支使。咸平四年，迁盐铁使。上以雍龊龊小心，三司事重，宜有裁制，乃用王嗣宗代之。又以其无过，特拜户部侍郎，复知审刑院，出知秦州，徙凤翔府。

景德初，权知开封府事。上览奏狱，京府囚二百余人，以为淹系，遣给事中董俨、直昭文馆韩国华同虑问，决遣之。三年，改兵部侍郎、同知审官院。明年，车驾朝陵，判留司尚书省，出知邓州。大中祥符元年，请老，以尚书右丞致仕，告命未至而卒，年七十。

雍性鄙吝，位事勤恪，善为米盐苛察以肃下，恃其清干，受遇于时，益矫厉以取名誉。所至藩镇宴犒，率皆裁节；聚公钱为羡余，以输官帑;集会宾佐,粝食而已。在三司置簿籍,有《柁前急》《马前急》《急中急》之目,颇为时论所诮。雍姿貌鲁朴,始登科,为滕中正婿,中正子锡、世宁咸笑之。中正曰:"此人异日必显达寿考,非汝曹所及。"赐兄弟虽有名,然终不越郎署,亦无耆年者。子太冲,官殿中丞。

董俨字望之,河南洛阳人。太平兴国三年进士,解褐大理评事、通判饶州,加著作佐郎。五年,授左拾遗、直史馆。转右补阙,充淮南西路转运副使。会罢使,就命知光州。俨狂躁务进,不乐外郡,上书乞还京师。太宗怒,降为秘书丞,削史馆职,徙知忠州。复为右补阙,俄复直史馆。会并水陆发运为一,俨与王继升同领其事,就转刑部员外郎。

端拱初,进郎中、三司度支副使。坐翟马周事,左授海州团练副使,移知泰州。逾年,以户部员外郎知泉州,召为京东转运使。时三司改易制度,置三计使,因留拜右谏议大夫,充右计使。使罢,出知扬州,迁右谏议大夫。徙潭州,转给事中,历知广岳洪三州、江陵府。

景德中,归朝。会开封府系囚二百余人,朝议以其稽滞,命俨与韩国华、张雍同虑问,裁决之。俄判吏部铨,加工部侍郎。时黄观罢西川转运归阙,严与知杂御史王济姻家,因托济言于观,求荐己知益州。未几,观复领陕西转运,得对便殿,俨谓其必荐己。他日,面陈:"自以孤直不为权要所容,况黄观庸浅无操持,恐为执政所使,妄有论荐,俾臣远适,惟陛下察。"真宗不之诘。数日,王济得对,因述俨尝有私托,且言:"俨性本矫诈,臣语观不可许之。"真宗不欲暴其事,乃出俨知青州。俨复请对,言为权臣所挨,上慰遣之,久而不去,乃谓之曰:"尔自告黄观求知益州,复有何人排斥乎?"俨即蹴然,且言:"观、济尝议益州须得臣往弹压之。"上以其词不类,因令条析以闻,复遣使陕西质问黄观。观具述俨托王济求荐之事,且言俨素待臣非厚。初,淳化中,俨为计使,观为判官。俨知观不饮酒,一日聚食,亲酌以劝观,观为强饮之。有顷,都监赵赞召观议事,观即往。赞曰:"饮酒耶?"观以实对。翌日,俨与赞密奏以嗜酒废职,故观因是及之。乃诏枢密直学士刘综与御史杂治之,俨方引伏,坐责授山南东道节度行军司马,不署州事。

大中祥符初,会赦,起知郢州,病疽卒,年五十四。俨俊辩有才干,不学无操行,所至厚纳货赂,尝令引赞吏改制朱衣,每夕纳俨第,而潜以轻帛制易之。在铨司,命胥吏市物,及请其直,则呵责之,其鄙屑如此。又广畜姬媵,颇事豪侈,用倾狡图位,终以是败,士大夫丑之。东封恩,复其官。子仲容、仲宗,并为太子中舍。兄伟至殿中丞致仕。

魏廷式字君宪,大名宗城人。少明法学。尝客游赵州,舍于临军魏咸美之廨,廨有西堂,素凶,咸美知廷式有胆气,命居之,卒无恙,来京师,咸美弟信延置馆舍,以同宗善待之。太平兴国五年中第,释褐朗州法曹掾。转运使李惟清以其吏材奏,知桃源县,迁将作监丞。端拱初,改著作佐郎、通判颍州。

淳化二年,始命李昌龄判审刑院,以廷式明练刑章,奏为详议官。屡进对,太宗悦其明辨,迁太子左赞善大夫。时初较廷臣殿最,命廷式与枢密都承旨赵熔、李著同勾当三班,多所规制。越王生日,令持礼物赐之,超拜主客员外郎、判三司都勾院,换河南东道判官,改户部员外郎、知利州。

李顺为盗,就命充陕西至益州路转运使。后入奏事,太宗谓曰:"有事当曰中书。"廷式曰:"臣三千七百里外乘驿而至,以机事上闻,愿取断宸衷,非为宰相来也。"即不时召对,问方略称旨,赐钱五十万,令还任。贼平,知宁州,未至,召入判大理寺。

至道初,乘传河朔决狱,复出知宋、潭二州。湖南土衍沃,民喜讼产,有根柢巧伪难辨者,廷式立裁之。吏民咸服。转吏部员外郎、知桂州,历工部郎中。真宗即位,改刑部。会王继恩有罪下吏,命廷式同按之。俞宿而狱具。俄知审官院、通进银台封驳司,拜右谏议大夫、知审刑院,出知泾州。咸平二年卒,年四十九。录其子摄太常寺太祝,舜卿为太祝,禹卿同学究出身。

廷式所至,以严明称,刚果敢言,为人主厚遇,然性倾险,喜中伤人,士君子惮其口而鄙其行。

卢琰字锡圭,淄州淄川人。父浚,右谏议大夫。琰,太平兴国八年进士举,解褐历城主簿。历大理评事、知安吉县。三迁太常丞、通判并州。至道中,就加太常博士。咸平二年,选为开封府判官,与推官李防并命。真宗谓宰相曰:"人之有材,难得尽知,但历试而后可见。"占谢日,特升殿,谕以天府事繁慎选之意,仍赐缗钱。会狱空,有诏奖之。迁工部员外郎,为河北转运副使。

时北鄙未宁,调发军储,粮道不绝。以职务修举,召入,迁秩刑部,赐金紫,复遣之任。会城祁州,命专董其役。契丹入边,车驾幸澶州,琰自定州随军至大名,即单骑赴行在。召对,劳问久之。其子士宗时为隰州推官,特迁大理寺丞。契丹请和,琰上言领职六年,求归阙,许之。以使劳,优拜吏部员外郎、判三司三勾院。会宋搏使契丹,命权户部副使。时议东封,又权京东转运使,往营顿置。加户部郎中,复判三勾院。

大中祥符二年,以本官兼侍御史知杂事。数月,授三司度支副使。祀汾阴岁,命与鲍中和同判留守司三司,加吏部郎中,俄拜右谏议大夫、知永兴军府。五年,再为河北转运使。琰勤于吏职,所至以干集闻。颇知命,尝语亲旧曰:"官五品,服三品,天不与者寿尔。"明年被疾,诏遣中使将太医诊视。六年,卒,年五十九。时琰母八十余,无恙,上悯之,以士宗为太常博士,特命知怀州;又以次子秘书丞士伦为太常博士,给禄终丧。士伦至工部郎中、度支副使,士宗自有传。

宋搏字鹏举,莱州掖人。治《毛氏诗》。开宝八年,宋准典贡部,得第,调补遂宁尉。历潍州司理参军改白龙令。膳部员外郎鞠砺荐其能,迁右赞善大夫、知利丰监,徙知藤州。改殿中丞、通判洪州。复有荐者,召还,命提点河北西路刑狱,未行,改监左藏库。迁国子博士、通判西京留守司,得对便坐,赐钱三十万。久之,徙江南转运使,就迁度支员外郎。

真宗嗣位,迁司封员外郎、河东转运使。上言:"大通监冶铁盈积,可备诸州军数十年鼓铸,愿权罢采以纾民。"又请科诸州丁壮为兵,以增戎备。在任凡十一年。河东接西北境,时边事未息。屯师甚广,搏经制漕运,以干治称。连他徙,州郡辄乞留,有诏褒饬。两至夏州界部发居民,数诣阙奏事称旨。屡以秩满请代,朝议以搏善职,就加祠部郎中,赐金紫。尝荐代州承受使臣王白,上以本置此职,止于视军政、察边事,搏不应保奏。因诏诸路,自今勿得举承受使臣。

景德四年,入判三司勾院,逾月,为户部副使。大中祥符初,进秩刑部郎中,俄使契丹,会疾,契丹主以车迎之。二年,卒,年六十六。子可法至太子中舍,舜元登进士第。搏卒,舜元自筠州判官改著作佐郎。又赐其孙出身。

凌策字子奇,宣州泾人。世给事州县。策幼孤,独厉志好学,宗族初不加礼,因决意渡江,与姚铉同学于庐州。雍熙二年举进士,起家广安军判官。改西川节度推官,以强干闻。淳化三年,就命为光禄寺丞,签书两使判官。代还,拜左赞善大夫、通判定州,赐朱衣、银章、御书历,给以实奉。李顺之乱,川陕选官多惮行,策自陈三莅蜀境,谙其民俗,即命知蜀州。又以巴西当益之饷道,徙绵州,加太常博士。

还朝,会命为广南西路转运使,进屯田员外郎。入为户部判官,迁都官。先是岭南输香药,以邮置卒万人,分铺二百,负檐抵京师,且以烦役为患。诏策规制之,策请陆运至南安,泛舟而北,止役卒八百,大省转送之费。卢之翰任广州,无廉称,以策有干名,拜职方员外郎、直史馆,命代之,赐金紫。广、英路自吉河趣板步二百里,当盛夏时瘴起,行旅死者十八九。策请由英州大源洞伐山开道,直抵曲江，人以为便。

代还，知青州。东封，以供亿之勤，超拜都官郎中，入判三司三勾院，出知扬州。属江、淮岁俭，颇有盗贼，以策领淮南东路安抚使。驾旋，使停，进秩司封，时洪州水，知州李玄病，上与宰直历选朝士，将徙策代之。上曰："南昌水潦艰殆，长吏当便宜从事，不必禀于外计也。"王旦言："策莅事和平，可寄方面，望即以江南转运使授之，乃诏谕差选之意。"饶州产金，尝禁商市鬻，或有论告，逮系满狱。策请纵民贩市，官责其算，人甚便之。五年，召拜右谏大夫、集贤殿学士，知益州。初，策登第，梦人以六印加剑上遗之，其后往剑外凡六任，时以为异。策勤吏职，处事精审，所至有治迹。

九年，自蜀代还，上颇有意擢用，会已病，命知通进、银台司兼门下封驳事，纠察在京刑狱。真宗尝对王旦言："策有才用，治蜀敏而有断。"旦曰："策性淳质和，临事强济。"上深然之。是秋，拜给事中、权御史中丞。时榷茶之法弊甚。诏与翰林学士李迪、知杂御史吕夷简同议经制，稍宽其旧。

明年疾甚，不能朝谒，累遣中使挟医存问，赐名药。复表求典益，寻迁工部侍郎，从其请。天禧二年三月，卒，年六十二。录其子将作监主簿瑾、琬并为奉礼郎，续给其奉。策兄简，官国子博士，分司南京。

杨覃字申锡，汉太尉震之后。唐有京兆尹冯居履道坊，仆射于陵居新昌坊，刑部尚书汝士居靖恭坊，时称"三杨"，皆为盛门，而靖恭尤著。汝士弟虞卿、汉公、鲁士皆显名。虞卿至工部侍郎、京兆尹，生堪，为太子少师。堪生承休，昭宗朝，以兵部员外郎使吴越，会杨行密据淮甸，绝其归路，因留浙中，承休生岩，即覃祖也。署为镇海军节度副使，奏领春州刺史。岩生郁，早卒。

覃少献书于嗣王叔，叔私署著作佐郎，从叔归朝，为禹城尉。太平兴国八年，举进士擢第，授徐州观察推官，改著作佐郎、知戎州。再迁太常博士，使陕西，蠲逋负。覃本名蟫，至是，太宗为改焉。淳化中，转屯田员外郎、同判寿州。巡抚使潘慎修上其政绩，有诏嘉奖，就命知州事。数月，召还，未上道，会丁内艰，州民列状乞留，转运使以闻，有诏夺情。

时田重进为永兴节度，选覃与林特同判军府事，赐覃绯鱼，仍赐御书历，给以实奉。重进不法，覃事多抗执，重进颇不悦，形于辞色。覃表求徙任，不许，就转都官外郎。时讨李继迁，调发刍粮，覃、特皆以苛急促办为务。覃令钳手，特令即械颈，虽衣冠旧族不免，人用怨嗟，改职方员外郎。

咸平初。迁屯田郎中、三门发运使。吕蒙正在河南，荐其材，诏入判三司磨勘、冯由、理欠司。四年春，旱，覃上言："古之用刑，皆避三统之月，汉旧章断狱报重，尽三冬之月。又唐太宗凡断重刑日，救减膳撤乐。今春物方盛，时雨尚愆，葬毂之下，狱系甚繁。望诏有司，死罪未得论决，俟雨降，乃复常典。仍望自今凡决重刑日，依唐故事，以彰至仁之德。"尝献《时务策》五篇：一曰御戎，二曰用兵，三曰为政，四曰选贤，五曰刑罚。文多不载。

明年，权同知贡举，出为陕西转运使，赐金紫。会边臣言继迁死，愿乘此时深入致讨。覃建议："伐丧非礼，且其子尚在，当为之备。请诏边臣谨守疆候，毋得轻举，俟其众叛亲离，则亡无日矣。"时西鄙屯兵，调役甚繁，副使朱台符务有为，而覃务循旧，且言边事不宜更张。初，寇准知青州，台符为通判，至是，准作相，覃意台符冯恃僚旧，密以上闻。坐不协，徙知随州。王超节制汉东，覃移唐州。

景德二年，召归。属河北兵革之后，命覃诣澶、滨、棣、德、博州巡抚振给之。出知潭州，王师讨宜贼，军须多出长沙，曹利用以闻，诏书褒劳，加刑部郎中。大中祥符二年，代冯亮为淮南、江、浙、荆湖制置发运使。月余，改太常少卿、直昭文馆、知广州。

覃勤于吏事，所至以干济称。南海有蕃舶之利，前后牧守或致谤议，惟覃以廉著，远人便之。加右谏议大夫。四年，卒，年五十四。遣其长子奉礼郎文友乘传赴丧，诏本州护柩还其家，官给所费。录其次子文敏为扬州司士参军。覃从弟蜕及从子侃、傅，并登进士第。

蜕官司封员外郎，侃后名大雅，自有传。

陈世卿字光远，南剑人。雍熙二年，登进士第，解褐衡州推官。再调东川节度推官。会李顺寇两川，知州张雍以州兵马为数部，使官分领。世卿素善射，当城一面，亲射中数百人。贼浸盛，同幕皆图全计。世卿正色曰：“食君禄，当委身报国，奈何欲避难为他图耶？”及出白雍曰：“此徒皆懦懦，存之适足惑众，不若遣出求援。”雍从之。贼既引去，世卿适丁外艰，雍表其材，诏追出视事，就改掌书记。凡七年，归朝，为秘书郎，迁太常丞、知新安县。或荐其堪任台宪，即召归，会张鉴出知广州，表为通判。将行，召见，赐绯，加太常博士。

景德初，徙知建州。真宗知其材干，逾月，授福建转运使，规画南剑州安仁等银场，岁增课羡，诏奖之。俄代姚铉为两浙路转运使，厉祠部员外郎，判三司三勾院。大中祥符四年，改度支员外郎，出为荆湖北路转运使。属澧州慈利县下溪等四州蛮人侵县境地四百余里，朝命世卿与阁门祗候史方、知澧州刘仁霸同领兵讨之，遂还所侵地，标正经界，取其要领，又令纳所掠汉口千余，复置澧川、武口等砦以控制之，自是平定，有诏嘉奖。还朝，屡述溪洞利害，召对，真宗器其材，复自言愿效用于烦剧。会邵晔知广州，被疾，乃授世卿秘书少监代之，加赐金紫。郡有计口买盐之制，人多不便，至，即奏除之。九年，卒，年六十四。录其了南安主簿俨为太祝。

李若拙字藏用，京兆万年人。父光赞，贝、冀观察判官。若拙初以荫补太庙齐郎，复举拔萃，授大名府户曹参军。时府彦卿在镇，光赞居幕下，若拙得以就养。俄又举进士，王祐典贡举，擢上第，授密州防御推官。登贤良方正直言极谏科，太祖喜其敏赡，改著作佐郎。故事，制策中选者除拾遗、补阙。若拙以恩例不及，上书自陈，执政恶之，出监商州坑冶。迁太子左赞善大夫，以官称与父名同，辞，不许。太平兴国二年，知乾州，会李飞雄诈乘驿称诏使，事败伏法。太宗以若拙与飞雄父若愚连名，疑其昆弟，命殿直卢令珣即捕系狱，乃与若愚同宗,通家非亲,不知其谋,犹坐削籍流海岛。岁余,起授卫尉寺丞、知陇州。

四年,复旧官。以政闻,超授监察御史、通判泰州。同帅宋偓年老政弛,又徙若拙通判焉。未几,御史中丞滕中正荐之,召归台。顷之,改右补阙。时诸王出阁,若拙献颂称旨,召见,赐绯鱼,同勾当河东转运兼云、应等八州事。尝诣阙言边事,太宗嘉之。又同掌水陆发运司。

雍熙三年,假秘书监使交州。先是,黎桓制度逾僭。若拙既入境,即遣左右戒以臣礼,由是桓听命,拜诏尽恭。燕飨日,以奇货异物列于前,若拙一不留眄。取先陷蛮使邓君辩以归,礼币外,不受其私觌。使还,上谓其不辱命。迁起居舍人,充盐铁判官。

淳化二年,出为两浙转运使。契丹寇边,改职方员外郎,徙河北路,赐金紫。五年,直昭文馆,迁主客郎中、江南转运使。若拙质状魁伟,尚气有干才,然临事太缓。宰相以为言,罢使知泾州。至道二年,黎桓复侵南鄙,又诏若拙充使,至,则桓复禀命。

使还,真宗嗣位,召见慰问,进秩金部郎中。召试学士院,改兵部郎中,充史馆修撰,俄知制诰。咸平初,同知贡举,被疾,改右谏议大夫。车驾北巡,判留司御史台。明年,使河朔按边事,知升、贝二州。四年,卒,年五十八。子绎。

绎字纵之。幼谨愿自修。初,以父使交阯有劳,补太庙斋郎,改太常寺太祝。举进士中第,除将作监丞。累迁尚书屯田员外郎、知华州。蒲城民李蕴诉人盗其从子亡去,绎问曰:"若有仇耶?"曰:"无有。"曰:"有失亡邪?"曰:"无有。"绎挥蕴去,因密刺蕴。蕴有阴罪,佴觉之,惧事暴,杀之以灭口。遂收蕴致法。擢提点河北刑狱,权知贝州。岁旱,绎为酒务,市民薪草溢常数,饿者皆以樵采自给,得不死,官入亦数倍。边民岁输防城火牛草十余万,委积久,辄腐败,绎奏罢之。三迁本曹郎中,为利州路转运使。

河北经费不支,仁宗问谁可任者,参知政事薛奎荐绎,遂徙河北。进刑部郎中、直史馆、知延州，改兵部，为江、淮制置发运使。内出绢五十万匹，责贸于东南。绎曰："百姓饥，不宜重扰。"辄奏罢之。甫半年，漕课视常岁增五之一。迁太常少卿，再知延州。绎所至颇称治，自以久宦在外，意不自得，作《五知先生传》，谓知时、知难、知命、知退、知足也。尝两知凤翔府，至是，又徙凤翔。寻为右谏议大夫，卒。

陈知微字希颜，高邮人。咸平五年，进士甲科，解褐将作监丞、通判歙州。擢为著作佐郎、直史馆，俄充三司户部判官。奉使契丹，迁太常博士、判三司都磨勘司，再为户部判官，出为京东转运副使，奏还东平监所侵民田六百八十家。又决古广济河通运路，罢夹黄河，岁减夫役数万计。

迁右司谏，徙荆湖南路转运使。召还，拜比部员外郎、知制诰。淮南饥，遣知微巡抚，所至按视储粮，察诸官吏能否。使还，判吏部铨，兼刑部。知微词藻虽无奇采，而平雅适用。一日，进改群官，除目纷委，适当知微次直，思亦敏速。又判司农寺，纠察在京刑狱。天禧二年，加玉清昭应宫判官，俄以疾闻，真宗遣中贵挟太医往视之。卒，年五十。录其子舜卿为太常寺奉礼郎，给奉终丧，又假官船载其枢还乡里。

知微仪状甚伟，沉厚有材干，不务皦察，时人许其处剧，惜其母老不克终养。有集三十卷。子尧卿，大中祥符五年，进士及第。

论曰：维岳明习吏事，才足以治剧，而能曲全法掾，其仁恕蔼然。雍虽素称鄙吝，而勤恪清干，观其捍守，亦可见矣。俨务进渎货，廷式倾险忌刻，自不容于清议。若琰、搏经制漕运有方，策之处事精详，治迹昭著，覃之律身廉洁，兼勤吏事，世卿之安远，若拙之专对，皆为时论所许。绎以谨愿，克世其家，知微敦实有材干，不辱其职，亦可尚也。至若王陟以谨干称，而取士以谤致污，惜哉！

宋史卷三〇八
列传第六七

上官正　卢斌　周审玉
裴济　李继宣　张旦　张煦
张佶

　　上官正字常清,开封人。少举《三传》,后为郦州摄官。雍熙中,召授殿前承旨,屡遣鞫狱,迁供奉官、阁门祗候、天雄监军。淳化中,转作坊副使、剑门都监。李顺之乱,分其党趋剑门,时疲兵数百人,正奋励士气以御之。会成都监军宿翰领兵投剑门,与正兵,合因迎击,大破贼数千众,斩首殆尽。奏至,太宗嘉之,诏书奖饬,并赐袭衣、金带,超正为六宅使、剑州刺史、充剑门部署,翰自供奉官擢崇仪使、领昭州刺史。数月,正被疾,请寻医,至阙。疾愈,入对,上劳问久之,复遣还任所,赐以金丹、良药、衣带、白金千两、马三匹,授以方略,令招抚残孽,慰勉遣之。

　　初,川贼甚盛,朝议深以栈路为忧,正以孤军力战挫贼锋,自是阁道无壅,王师得以长驱而入。贼众三百余,败归成都,顺怒其惊众,尽斩之,然自此沮气矣。后贼既诛,余寇匿山谷,恃险结集,剽劫为患。王继恩百计召诱不至,正谕以朝廷恩信,皆相率出降。未几,加峰州团练使,与雷有终并为西川招安使,代王继恩。

　　正木强好凌人,自谓平贼有劳,受人主知,无所顾忌。数面攻两川官吏之短而暴扬之,众积怨怒,多上章诉其不法者。太宗谓近臣曰："人臣可任用者,朕常欲保全。正婞直而失于谦和,每谤书至,朕虽力与明辩,然众怒难犯,恐其不能自全。"乃赐手札戒谕曰:"言者,君子之枢机,枢机之发,荣辱之主,不可不慎也。夫遇事辄发,悔不可及。傥自恃无瑕,而好面攻人之短,岂谓喜怒不形于色耶?当以和辑远民为念,斯尽善矣。"正上表谢。

真宗即位,改庄宅使。是秋,广武叛卒刘旰啸聚数千辈,逐都巡检使韩景祐,略汉蜀邛州、怀安永康军。正与钤辖马知节领兵趋新津,抵方井,击败之,斩旰,平其党。迁南作坊使,赐锦袍、金带。咸平初,召还,擢拜东上阁门使、勾当军头引见司,俄权户部使。二年,出知沧州,徙高阳关副都部署,真拜洺州团练使。车驾北巡,以为行营先锋钤辖。

寻知青州,未行,会王均叛蜀,命为峡路都钤辖,移知梓州。又历沧、瀛、镇、贝四州,高阳关部署。以足疾,求知磁州,手诏慰勉。会邢州地震,民居不安,徙正典之。移潞州。景德中,以河北新经兵革,慎择守臣,以正知贝州,迁洺州防御使,复知沧州,移同州。再表引年,授左龙武军大将军、平州防御使,分司西京。寻以本官致仕,赐全奉,仍以见缗给之。四年,卒,年七十五。子璨至内殿崇班。

卢斌,开封人。以笔札事晋邸,太宗即位,补殿直。雍熙中,领兵屯霸州。会大举北伐,令以五千骑随曹彬抵祁沟。时契丹据河,王师乏水,斌请以千弩斫砦,契丹遁去,遂移军夹河。既克涿州,令斌以万人戍守,会食尽,大兵将还,斌因恳言:"涿州深在北境,外无援兵,内无资粮,丁籍残失,守之无利。今若还师,必须结阵而去,以一阵之役,比于固守,其利百矣。"复虑辽人乘便剽袭,宜为之备。彬以为然,遂令斌拥城中老幼,并狼山南还易州。彬之旋也,无复行伍,果为契丹所乘。诸将皆以失律被遣,斌亦下枢密院问状,太宗闻其尝建议弃涿州,遂释不问。以为霸州破虏军缘边巡检。

端拱中,又为永兴军、华州巡检。时大贼侯和尚、刘渥劫兴平、栎阳,杀捕贼官二人。斌率兵掩袭,且追且斗,薄南山,渡渭水,抵凤翔,复至耀州,擒斩并尽。以劳,改供奉官。召还,面加奖慰,授阁门祗候,又赐白金、缗钱、衣带。寻为梓、遂十二州都巡检使,太宗谕之曰:"川峡人情易摇,设有寇攘,虽他境亦当袭逐,仍许便宜从事,不须中覆。"淳化二年,贼任诱等寇昌、合州。斌率兵顿昌州南牛斗山,侦知贼在龙水镇,值大雨,斌驰马四十里,骑从数十人,遂斩诱等百余级,贼众悉平。

三年,富顺监蛮掠荣州,斌晨夜倍道以赴,得州兵千人,署随军粮料以张其势。蛮乃遁,追至地头镇东南八十里,树栅,招其酋甫羌一阿奴纲,谕以朝旨,歃血刻石为盟而遣之。俄而荣戎资州、富顺监贼十五队钞乡邑,斌擒三百人,部送阙下,余悉临敌斩戮。

四年,贼王尽复起荣、资,斌击灭之,尽缚以献。迁内殿崇班。是冬,李顺为乱,斌即率兵六百抵成都,斗战连月,杀数万人。明年,成都不守,斌还梓州,集十州兵赴援,知州张雍委以监护之任。会江水泛溢,毁子城。斌劝谕州民,翌日,畚锸大集,自城西大濠中掘堑深丈,决西河水,注之以环城。二月,贼渠相里贵众二十一万傅城下,城中兵裁三千。斌曰:"军法倍兵不战,然狂丑鸟合,非训练之师,以吾仗天子威灵,必可歼荡。"即感厉士伍,负土塞南北门,为固守之计。又突出与贼战,击刺三十余合,贼稍却。俄复大设机石、连弩、冲车、云梯,四面鼓噪乘城,矢石乱下,斌与州将随机设备。长围八十日,会王继恩令石知颙率兵来援,斌出东门迎劳王师,贼不战而溃。斌乘胜追斩及纳降二万余。五月,贼数万围阆州,斌领千兵赴之,斩首五千,围遂解。又至蓬州老鸦山,贼众三千为阵拒斌,斌击败之,至城下,贼复大集,斩三千级。蓬州平,斌传诏安抚蓬、阆、渠、达四州,擢授西京作坊使,领诚州刺史。

斌在川峡六年,以孤军御寇,累立战功,表求入奏。太宗遣使谕之曰:"俟妖孽尽殄,当召汝。"既而贼党集梓、绵、汉三州境上,斌往平之。未几,代还,太宗亲加劳问。拜东上阁门使、检校左仆射,加食邑三百户,赐白金千两、袍笏、金带。上言:"葭萌路出师讨贼,可直入利州。若寇焚栈道,剑门之险不足固也,请置砦栅。"从之。

寻命为银、夏兵马钤辖，遣与李继隆等五路出师讨李继迁。斌求对，恳言曰："羌夷之族，马骄兵悍，往来无定，败则走他境，疾战沙漠，非天兵所利。不若坚保灵州，于内地多积刍粮，以师援送。苟其至也，会兵首尾击之，庶几无枉费，而不失固围之策矣。"时业已出师，不从其议。改授灵环路钤辖，领兵二万为前锋，令于乌、白池与诸军会。斌谓李继隆曰："灵州抵乌、白池，月余方至。若自环州橐驼路，裁十日程。"即不俟诏而往，与诸将失期，不见贼而还。俄徙屯宁州，以疾召归，勾当军头引见司。咸平初，卒，年五十，子文质殿中丞。

周审玉，开封人。父勋，以亲校事唐明宗，累立战功，太平兴国中，至隰州团练使。周显德初，审玉荫补殿直，从世宗平瓦桥关，甚见亲信。太祖受禅，为供奉官，未几，加阁门祗候。累迁崇仪、洛苑副使，西京作坊使。雍熙中，契丹犯塞，潘美屯师定州，审玉为监军。尝与敌战，而先锋刘绪陷贼，审玉跃马趣击，拔绪而还，以勇敢闻。

淳化中，知贝州。有骁捷卒戍州者三十七人，同谋杀审玉，劫库兵而叛，推虞候赵咸雍为首。审玉觉之，与转运使王嗣宗率兵悉擒其党，斩十五级，磔咸雍于市。先是，咸雍父镳，晋天福中，尝诱契丹屠州城。至是五十年，而其子戮于都市，旧老犹记其事，咸异之。审玉以功领顺州刺史。

至道初，徙并州钤辖。咸平初，知凤翔府。有桑门乘传而西，以市木为名，威动府县。审玉曰："此有所倚而为也。"因按诘之，尽得其奸状，杖其背，械送阙下。以目疾，代还，奉朝请，俄丁内艰。既而谓亲友曰："仆齿发迟暮，而未能辞禄仕者，良以慰母心尔，今可行其志矣"。乃拜章请老，得千牛卫大将军致仕。三年，卒，年七十四。审玉晚年，好读《神农本草》，留意方术。少长兵间，习知攻守之法。真宗尝召至便坐，示以攻战器。方奏对，疾作，诏遣使就第，赐白金慰恤之。子允迪，为虞部员外郎。

　　裴济字仲溥,绛州闻喜人。唐相耀卿八世孙,后徙家河中,济少事晋邸,同辈有忮悍者,济屡纠其过失,被谮,出补太康镇将。未几,谮济者坐法。太宗知济可任,会即位,补殿直,为天威军兵马监押。及平太原,征幽蓟,济迎谒陪扈,令监军易州,契丹攻城不能下。以劳,迁西头供奉官。

　　太平兴国末,江表盗起,命为巡检,迁崇仪副使。召还,迁崇仪使。监戍兵于威虏军,淀次镇州,夜有贼骑扣城门,大呼曰:“官军至矣。”州将然之,促守吏开关,济遽止之曰:“此必妄也。”及旦,果有敌兵遁去。太宗嘉之,迁西上阁门使、定州都监,就加行营钤辖,寻知定州。契丹三万骑来攻,济逆击于徐河,斩数千级,获牛马、铠仗甚众。

　　淳化初,与周莹同判四方馆,未几,为镇州行营钤辖。又与李继隆击贼于唐河,济短兵陷阵,贼大败走,优诏褒美。初,继隆以济性刚,不悦之;及是役,抚济恨相知之晚。改四方馆使,复知定州,徙天雄军钤辖。迁客省使,复知定州。

　　至道二年,改内客省使、知镇州。立春日,出土牛以祭,酌奠始毕,有卒挟牛去。济察其举止,知欲为变,亟命擒之,果有窃发者数十人,已劫鄘闉矣,悉搜捕腰斩之,军民肃然。济在镇、定凡十五年,威绩甚著。召还,知天雄军。

　　咸平初,李继迁叛,以济领顺州团练使、知灵州兼都部署。至州二年,谋缉八镇,兴屯田之利,民甚赖之。其年,清远军陷,夏人大集,断饷道,孤军绝援,济刺指血染奏,求救甚急,兵不至,城陷,死之。上闻嗟悼,特赠镇江军节度。三子并优进秩。济在诸使中甚有声望,及没,夏人皆惜之。景德中,济妻永泰郡君景氏卒,特诏追封平阳郡夫人,诸子给奉终丧。

　　子德谷虞部郎中,德基至如京使,德丰殿中丞。济兄丽泽,弟丽正,并进士及第。丽泽至右补阙,丽正至金部员外郎。丽正子德舆,为殿中丞。

　　李继宣，开封浚仪人。乾德中，补右班殿直，令与御带更直，裁十七岁。尝命往陕州捕虎，杀二十余，生致二虎、一豹以献。太平兴国初，掌南作坊使，改供奉官，出为邠、宁、庆三州巡检、都监。继宣本名继隆，与明德皇后兄同姓名。至是，太宗为改焉。

　　五年，召还，承受定州路奏事。奉诏修长城口、平塞威虏静戎军、保州，又领兵入敌境，获老幼千余，牛畜数百。又率兵捍契丹于乾宁泥姑海口。契丹寇静戎军，从崔彦进过拒马河接战，自午至申，大败之。又为贝州监军。

　　雍熙三年，曹彬北征，继宣从先锋李继隆至方城，力战三日，大军继至，遂克固州。进壁涿州东，又与敌斗，乘胜攻北门，克之。日领轻骑度涿河，觇敌势，又将五千骑援米信，因率劲骑追至新城北，大败之，斩其酋贺恩相公，继宣亦中流矢。大军还雄州取刍粮，遇契丹新城，疾战至暮，继宣中十创，剑及兜鍪。明日复战，继隆为敌所邀，继宣以所部拨之，且战且行，夺涿河，数日，乃至涿州。及弃州保歧沟关，又战拒马上，追奔至孤山，契丹乃引去。留屯满城，俄还贝州。

　　召入，以功超授崇仪使，代王继恩为易州驻泊都监，赐钱五十万，白金五百两。又领骑兵五千戍北平，押大阵东偏，受田重进节度，屯长城口。敌至大沟，继宣进满城。敌至定州，夺唐河桥，重进召继宣泊田绍斌赴援，绍斌为敌所败，继宣独按部转斗入定州。敌兵北去，重进命将五千骑蹑其后，抵拒马河。及敌据杨疃，继宣径掩击之，遂焚庐舍而遁。

　　雍熙四年，为高阳关行营都监。端拱初，契丹骑至瀛、镇，继宣率步骑万人入敌境，抵胜务，焚聚落，获生口，契丹乃引还。时易州候骑不至，继宣于易州、平塞军、长城口、威虏静戎顺安军至高阳，为望橹七所，举烽以候警急。二年，为镇、定、高阳关三路排阵都监，押大阵西偏。与李继隆部刍粮抵威虏，还度徐河，为敌追袭。继宣驻军与斗，杀获甚众。又领骑二千，败契丹于保州西射城，追薄西山，有诏褒美。

　　淳化三年，徙知保州，又转庄宅使。筑关城，浚外濠，葺营舍千五百区；造船二百艘，入鸡距泉以运粮，人咸便之。数月，徙定州行营都监，戍深州，改高阳关行营都监。课军中劲弩，为入阵之备。五年，领高州刺史。会契丹泛海劫千乘县，继宣请于海口置砦以御之。

　　至道三年，迁北作坊使，俄召还，加南作坊使，出为镇州行营铃辖。契丹寇定州，命主无地分马。敌至怀德桥，继宣领兵三千掩袭之。至，则契丹已坏桥，继宣横木而度，追奔五十余里。契丹焚镇州中渡、常山二桥，继宣领兵趣之，契丹保丰隆山砦，继宣伐木治常山桥，契丹闻之，大惧，拔砦遁走。

　　继宣锐于追袭，傅潜为部署，继宣诣潜请行，颇为所抑。及召潜属吏，诏继宣与高琼同主军事，逐敌越拒马河，复为镇州铃辖。受诏按视缘边城砦，权知威虏军，敌骑至城下，屡出兵设伏，斩获甚众。俄还镇州。

　　咸平四年，拜西上阁门使，领康州刺史，为前阵铃辖，与秦翰、杨延昭、杨嗣分屯静戎、威虏。敌至，会师于威虏，延昭、嗣轻骑先赴羊山，继宣与翰分左右队各整所部，翰全军亦往，继宣留壁赤虏，止以二骑继进。至，则延昭、嗣适为敌所乘。继宣即召赤虏之师，与翰师合势大战，敌走上羊山。继宣逐之，环山麓至其阴。继宣马连中矢毙，凡三易骑，进至牟山谷，大克捷。延昭、嗣、翰之师，初顿赤虏，既而退保威虏，继宣以所部独与敌角，薄暮，始至威虏。诏书称奖，特加检校官及食邑。

　　明年，徙定州铃辖，捍契丹于唐河。会缘边都巡检使杨延昭、杨嗣御敌师败，诏继宣与内殿崇班王汀代之。望都之败，敌骑剽郡县，继宣壁徐河，契丹数十队薄威虏，威虏魏能与战，走之，久而继宣始至。又寇静戎，汀请分兵自将袭契丹，继宣拒之，虽日出游骑侦敌势，屡徙砦而未尝出战。为能、汀所发，召还，令枢密院问状，降为如京副使。

　　景德初，加如京使、镇州铃辖。契丹乘秋来攻，时桑赞病足，郑诚赴定州，继宣独主镇州全师，历屯邢、赵。及与契丹和，命为高阳关钤辖。是冬，复为西上阁门使，领康州刺史。三年，兼知瀛州。继宣罕识字，上以河间郡事繁，虑狱讼有枉，命高继勋代之，止为钤辖。

大中祥符初，徙镇、定两路钤辖，进秩东上阁门使。召还，改郓州部署，加四方馆使。以疾，授西京水南都巡检使，每夕罕巡警，为留司所举，特诏增巡检一员，专主夜巡。六年，疾甚，求至京师寻医，卒，年六十四。子守忠，左侍禁、阁门祗候。

张旦，赵州人。勇敢善射，以经学中第，至国子博士。淳化中，知陵州。时李顺构乱，连下城邑。贼党数万攻陵州，州兵不满三百，旧不设城堑。旦修完战具，置鹿角砦，驱市人进战，大败之，杀五千余人，获器械万计。诏书褒之，特迁水部员外郎，赐绯鱼，由是知名。数月，四川招安使上官正言："雅州密迩蛮蜑，在于镇抚须得其人，伏见水部员外郎张旦，前守陵州，以孤军抗群寇，保全壁垒，至今剑外伏其威名。望改授诸司使，令知州事。"上以省郎之重，不欲换他职，乃授刑部员外郎，赐金紫。乘传之任，寇不敢犯。

真宗即位，迁兵部员外郎，改尚食使、知德清军。景德中，契丹入寇，陷军壁。旦与其子利涉率众奋击，并战没。上闻之惊悼，特赠左卫大将军、深州团练使，利涉崇仪副使。录其四子官。时有上封事者，言朝廷宜优加恩典，以劝忠臣。诏以恤旦事告谕天下。

又虎翼都虞候胡福戍军城，率兵力战，金创遍体，犹奋剑转斗，矢无虚发，麾下已尽，独挺刃杀数十人。副指挥使尚祚能运大树，所斩首拉胁者，亦百余人，众寡不敌，遂与指挥使张睿刘福、都头辅能等四人并死之。真宗嘉叹其忠勇，遣使访遗骸，唯得福尸，命其子厚葬之。赠福洺州团练使，祚滨州刺史，睿演州刺史，刘福临州刺史，能等并为诸卫率府副率。

又邯郸令李晦辞赴任，值道梗，留德清同拒敌；侍禁夏承皓部兵至大名界遇敌，皆战没。赠晦辞工部员外郎，承皓崇仪使。

时又赠受事河朔而没者，殿直刘超供备库使，入内高班内品李知顺为六宅副使，奉职胡度等三人为内殿崇班，仍各录其子，及赐其家金帛。

张煦字辅旸，开封人。开宝末，补府中牙职。雍熙二年，自陈太宗尹京尝事左右，命为殿前承旨，迁殿直、歙州监军。凶人黄行达弟坐法抵死，行达诬州将故入其罪，诏宣州通判姚铉与煦鞫之，即日决遣。还擢供奉官、阁门祗候。占谢日，又改内殿崇班，镇定、邢、赵、山西土门路都巡检使。契丹骑兵剽境上，煦以所部斩首数十，走之。葛霸、周莹、李继宣称其干举，有诏嘉奖。代还，拜供备库副使，权知环州。数月，改岢岚军使，又知保安军。

咸平中，王均乱蜀，以煦为绵、汉、剑门路都巡检使。又与雷有终进攻成都，煦主东砦，焚其郛及楼堞，均突围而遁。贼平，以功就迁正使，徙益州都监，与知州宋太初同提总本路诸军事。有战舰卒将谋扰动，煦即日斩之。

夏人寇边，改泾原仪渭都钤辖。又为邠宁环庆路钤辖兼巡检、安抚都监，累蹙寇入贼中，掩杀甚众，有诏嘉奖。会遣王超、张凝、秦翰援灵武，命煦为西路行营都监。至镇戎，闻灵武已陷，复还本任。与张凝入西夏境，出白豹镇，至柔远川，夏人七百余邀战，煦与庆州监军张纶击杀其众。清远故城有酋长，请以甲骑三万来降。煦语凝曰：“此诈也。”亟严兵以待之，果然。凝按部归环州，道为敌所邀。煦闻之，领所部锐兵自庆州赴之，一昔与凝会，射杀其大将，与凝同还。

景德元年，加领贺州刺史，复为泾原仪渭镇戎军钤辖，再知环州。四年，宜州戍卒陈进反，命副曹利用为广东西路安抚使。贼众拥判官宜州卢均，僭号南平王，围象州，煦以兵会利用斩之。初与利用同署纸，人持百枚，备给立功将士。及破贼，利用在前军无所给，煦在后而所给过半，真宗谓其太过。贼平，改如京使，知怀州。

东封岁，权河阳钤辖，迁文思使、知曹州。会江、淮灾歉，分命大藩长吏绥抚，以煦为江南西路安抚都监。俄还济阴，加北作坊使，又徙沧州,就转宫苑使,领康州刺史。大中祥符九年,加领昭州团练使、知鄜州。未几,复知沧州。天禧三年,拜西上阁门使,徙并代钤辖。以老疾求近郡,得知磁州。四年,卒,年七十三。煦明术数,善相宅,时称其妙。

　　张佶字仲雅,本燕人,后徙华州渭南。初名志言,后改焉。父昉,殿中少监。佶少有志节,始用荫补殿前承旨,以习儒业,献文求试,换国子监丞。迁著作佐郎、监三白渠、知泾阳县。端拱初,为太子右赞善大夫。曹州民有被诬杀人者,诏往按之,发摘奸伏,冤人得雪。寻通判忻州,迁殿中丞,兼御河督运。

　　至道中,通判陕州,再部送刍粮赴灵武,就改国子博士。咸平初,擢为陕西转运副使,赐绯鱼。至延安,遇夏人入寇,亲督兵击败之。三年,徙西川转运副使。时诏讨王均,以馈饷之劳,迁虞部员外郎。贼平,分川峡为四路,以佶为利州路转运使。有荐其武干者,召还,授如京使、泾原钤辖兼知镇戎军。徙麟府路钤辖,夏人来寇,佶率兵与战,亲射杀酋帅,俘获甚众,余党遁去。诏书褒之,赐锦袍、金带。景德中,徙益州钤辖,加宜州刺史,迁文思使。佶御军抚民,甚有威惠,蜀人久犹怀之。

　　大中祥符四年,车驾祀汾阴,以为西京旧城巡检、钤辖。礼成,加授北作坊使,充赵德明官告使。又为鄜延钤辖,会秦州李浚暴卒,上语近臣曰:“天水边要,宜速得人。”马知节称佶可任,上然之,遂改左骐骥使,就命知秦州。至州,置四门砦,开拓疆境,边部颇怨。又临渭置采木场,戎人不之争,移帐而去。佶不甚存抚,亦不奏加赉赐,边人追悔,引众劫掠,佶深入掩击,败走之。议者又欲加恩宗哥、立遵等族,以扼平夏,佶请拒绝之,事具《吐蕃传》。朝廷始务宁边,以佶轻信易事,徙邠宁路钤辖。天禧初,召为契丹国信副使,再任邠宁,兼知邠州,迁宫苑使。未逾月,擢拜西上阁门使,复为泾原钤辖。四年,卒,年六十九。

　　佶涉猎书史,好吟咏,勇敢善射,有方略,其总戎护塞,以威名自任。子宗象,兵部员外郎、直史馆、度支判官。

　　论曰:自古盛德之世,未尝无边圉之患,要在得果毅之臣以捍御之。昔人有言"谁能去兵",汉祖亦云"安得猛士",盖为此也。李顺叛蜀,攻陷郡邑,正捍剑门,斌守梓潼,其绩最多。契丹入寇,审玉、继宣,拔陷将于重围之中,固有余勇,佶、煦宣力西南,勤干威惠,亦皆可取。济、旦以孤城捍强寇,援绝战死,一代死事之表表者,其可泯诸。

宋史卷三〇九

列传第六八

王延德　常延信　程德玄
王延德　魏震　张质
杨允恭　秦羲　谢德权
阎日新　靳怀德

　　王延德，开封东明人。曾祖芝，濮阳令。祖璋，相州录事参军。父温。晋末契丹内寇，温率乡豪捍蔽境内，里人德之。宣祖掌畿甸兵，与温厚善，延德方总角，宣祖爱其谨重，召置左右。太宗尹京，署为亲校，专主庖膳，尤被倚信。

　　太平兴国初，授御厨副使，数月，迁正使。从征太原，未几，加尚食使，赐浚仪县寿昌坊宅一区。俄领蓟州刺史，兼掌武德司，改皇城使，掌御辇院、左藏库。延德所领凡五印，因对恳让，遂罢左藏、御厨。八年，兼充亲王诸宫使。延德素谨慎，以旧恩，每延访外事。端拱初，领本州团练使。淳化中，当进秩，延德与王继恩、杜彦钧使额已极，特置昭宣使，以延德等为之。至道二年，加领平州防御使。

　　真宗嗣位，改领怀州。永熙复土，提点缘路供顿。咸平初，出知华州，占谢日，面请罢昭宣使，从之。实以御侮正秩，奉给优厚故也。上幸大名，为东京旧城都巡检使。明年，以风痹请告，遣还本郡，是冬卒，年六十四。赠邕州观察使。

廷德所至，好撰集近事。掌御厨则为《司膳录》，掌皇城司则为《皇城纪事录》，从郊祀为行宫使则为《南郊录》，奉诏修内则为《版筑记》，从灵驾则为《永熙皇堂录》《山陵提辖诸司记》，及治郡则为《下车奏报录》。先是，诏史官修《太祖》《太宗实录》多以国初事访延德，又上《太宗南宫事迹》三卷。子应昌，庄宅使、端州团练使。

常延信，并州平晋人。祖思，仕周历昭义、归德、平卢三镇节度，延信皆补牙职，领和州刺史。思卒，入为六宅使，领郡如故。

建隆初，改领平州，坐与妻族相讼，左授右监门卫副率，领护滑州黄河堤。开宝中，为京新城外汴河南巡检，出为潼关监军。延信以关路岩险，奏易道路及填禁坑，役工四十余万。又监通许镇兵，改梓、遂十二州都巡检使，赐袍带、钱百万。太平兴国初，秩满，留再任，赐钱四十万。时亡命卒多以山林为寇，延信尝领徒捕杀三百余人。又为唐、邓都巡检使，代还，继改右清道、右司御二副率。

雍熙三年，命督镇州以北至军前刍粮。是冬，为全、邵六州都巡检使，令疾置之任。就充羊状六砦都钤辖，迁右卫副率。会诚州蛮归款，命延信驰入溪洞，索其要领。又逐蛮直趣古镇，过西延、大木诸洞，蛮人慑伏。

淳化中，历襄、邓、宋、曹等州都巡检使，改左监门卫将军，屡部徙修护河防，改左领军、左屯卫二将军，充西京水南都巡检使。有盗掠彭婆镇及甲马营，延信驰以往，悉擒之。咸平中，历太康、巩县二监军。景德二年，卒，年六十四。

程德玄字禹锡，郑州荥泽人。善医术。太宗尹京邑，召置左右，署押衙，颇亲信用事。太祖大渐之夕，德玄宿信陵坊，夜有扣关疾呼趣赴宫邸者。德玄遽起，不暇盥栉，诣府，府门尚关。方三鼓，德玄不自悟，盘桓久之。俄顷，见内侍王继恩驰至，称遗诏迎太宗即位。德玄因从以入，拜翰林使。

太平兴国二年，陈洪进来朝，命德玄迎劳之。船舰度淮，暴风起,众恐,皆请勿进。德玄曰:"吾将君命,岂避险?"以酒祝而行,风浪遽止。三年,迁东上阁门使,兼翰林司事。是秋,领代州刺史。从征太原,为行宫使,师还,以功改判四方馆事。俄迁领本州团练使,又加领本州防御使。

五年,坐市秦、陇竹木联筏入京师,所过矫制免算,又高其估以入官,为王仁赡所发,责授东上阁门使,领本州刺史。陕府西南转运使、左拾遗韦务升,京西转运使、起居舍人程能,判官、右赞善大夫时载,坐纵德玄等于部下私贩鬻,务升洎能并责授右赞善大夫,载将作监丞。是冬,车驾幸魏府,命总御营四面巡检,掌给诸军资粮。

德玄攀附至近列,上颇信其言,由是趋附者甚众。或言其交游太盛,遂出为崇信军节度行军司马。逾年,复拜慈州刺史,移知环州。时西鄙酋豪相继内附,诏以空名告敕百道付德玄,得便宜补授。顷之,以疾求致仕,优诏不许。淳化三年,改本州团练使、知邠州。未半岁,复典环州。李顺之寇西蜀,移知凤州,兼领凤、成、阶、文等州驻泊兵马事,徙庆州。咸平中,入朝,真宗命坐抚劳,访以边事。俄出知并州兼并代副都部署,移镇州,受代归阙。景德初,卒,年六十五。大中祥符中,其子继宗上章,恳祈赠典,上悯之,特赠郑州防御使。

兄德元同仕王府,至内酒坊副使。继宗,东头供奉官、阁门祗候,次子继忠,内殿崇班。德元子贲,大中祥符五年举进士,累迁太常博士。

王延德,大名人。少给事晋邸。太平兴国初,补殿前承旨,再迁供奉官。六年,会高昌国遣使朝贡,太宗以远人输诚,遣延德与殿前承旨白勋使焉。自夏州渡河,经沙碛,历伊州,望北庭万五千里。雍熙二年,使还,撰《西州程记》以献,授崇仪副使,掌御厨。明年,拜正使,出知庆州。

淳化三年,代还,监折博仓。延德与张齐贤善,因国子博士朱贻业通言齐贤,求免掌庾,希进用。齐贤为言之,上怒曰:"延德愿掌仓以自效，未逾月，又祷宰相求免，何也？"因召延德诘责，自言未尝遣贻业诣相府有所求请。上疑齐贤不实，召贻业至，贻业又讳之，齐贤耻自辩，因顿首称罪。上怒，即以延德领懿州刺史以宠之。五年，提点三司衙司、磨勘凭由司。未几，拜左屯卫大将军、枢密都承旨，俄授度支使。

真宗即位，转左千牛卫上将军，充使如故。延德前使西域，冒寒不汗，得风痹疾，艰于步履。咸平初，出为舒州团练使、知郓州，徙青州，坐市物有剩利，降授左武卫将军。久病落籍，遣家人代诣登闻鼓院求休致，上以其久事先帝，复授左千牛卫上将军致仕。景德三年，卒，年六十八。

延德以攀附得官，倾险好进，时人恶之。兄延之，乾德六年进士，至屯田郎中致仕。

魏震，不知何许人。祖浩，赡国军榷盐制置使。父铖，蒲台令。震初用祖荫，当补廷职，自以习词业，不屑就。姚恕尝与铖蒲台交代，及为皇子教授，太宗在藩邸，恕尝称震之材，因召实邸中。即位，补殿直、庐寿八州巡检。从征河东，掌行在左藏库，改供奉官。雍熙初，温州进瑞木成文，震作诗赋以献，拜崇仪副使，赐白金二千两，掌内弓箭库。出知保州，会诸将北伐，为幽州西北路钤辖。下飞狐、蔚州，以功就迁崇仪使、知蔚州。复知保州，移秦州钤辖。端拱中，召拜西上阁门使，俄知庐州，徙澶州。淳化二年，进东上阁门使、知凤州，坐事免。至道初，起为洛苑使、知洪州。二年，复为东上阁门使，知定、代二州并兼行营钤辖。咸平元年，卒。子致恭，殿中丞。

张质字守朴，博州高唐人。少孤，养于兄赞。赞为枢密院典谒，质因得隶兵房，颇为赵普、曹彬所知。太宗征河东，还驻镇阳，彬方典枢务。一夕，议调发屯兵，时，军载簿领，阻留在道。质潜计兵数，部分军马，及得兵籍较之，悉无差谬。淳化中，累迁本房副都承旨。

咸平初，授左监门卫将军、枢密副都承旨。先是，枢密吏皆以年劳次补,有至主事而懵其职者。景德三年夏,内出公事三条,令主事以下详决之,命质与礼房副承旨尹德润宿御书院考第。翌日,上亲临阅视,凡选补四十余人,不中式除崇班、供奉官、奉职者十余人。以质为左屯卫大将军,加给月奉,历右神武军、右卫二大将军。

大中祥符七年,转都承旨。在枢要仅五十年,练习事程,精敏端悫,未尝有过。旧,本院吏罕有迁至都承旨者,上素知质廉谨,故以授之。尝召问五代以降洎国初军籍更易之制,且命条具利害,质纂为三篇,目曰《兵要》以进,上览而称善。

好养生之术,老而不衰,以是多接隐人方士,然语不及公家事。每大祀巡幸,质多为行宫使,或领巡检提点供顿之务。天禧元年九月,方候对承明殿,暴中风眩,舆归卒,年七十四。录其子大理评事纯为卫尉寺丞,孙思道为三班奉职。

杨允恭,汉州绵竹人。家世豪富,允恭少倜傥任侠。乾德中,王师平蜀,群盗窃发,允恭裁弱冠,率乡里子弟砦于清泉乡,为贼所获,将杀之。允恭曰:“苟活我,当助尔。”贼素闻其豪宗,乃释之。阴结贼帅子,日与饮博,阳不胜,偿以赀,使伺贼。贼将害允恭,其子以告,因遁去。内客省使丁德裕讨贼至州,允恭以策干之,署绵、汉招收巡检,贼平,补殿前承旨。

太平兴国中,以殿直掌广州市舶。自南汉之后,海贼子孙相袭,大者及数百人,州县苦之。允恭因部运入奏其事,太宗即命为广、连都巡检使。又以海盐盗入岭北,民犯者众,请建大庾县为军,官摧盐市之。诏建为南安军,自是冒禁者少。贼有叶氏者,众五百余,往来海上。允恭集水军,造轻舠,掩袭其首,斩之。余党弃船走,伏匿山谷,允恭伐木开道,悉歼焉。贼寇每遇风涛,则遁止洲岛间。允恭领众涉海,捕之殆尽,贼皆望风奔溃。又抵漳、泉贼所止处,尽夺先所劫男女六十余口还其家。诏书嘉奖,赐钱十万,转供奉官。诏归,改内殿崇班。

时缘江多贼,命督江南水运,因捕寇党。行及临江军,择骁卒拿

轻舟伺下江贼所止,夜发军城,三鼓,遇贼百余,拒敌久之,悉枭其
首。又趣通州境上蹑海贼,贼系众舟,张幕,发劲弩、短炮。允恭兵
刃所向,多为幕所萦,炮中允恭左肩,流血及袖,容色弥壮。徐遣善
泅者以绳连铁钩散掷之,坏其幕,士卒争进,贼赴水死者太半,擒数
百人。自是江路无剽掠之患。以功转洛苑副使,江、淮、两浙都大发
运、擘画茶盐捕贼事;赐紫袍、金带、钱五十万。先是,三路转运使各
领其职,或廪庾多积,而军士舟楫不给,虽以官钱雇丁男挽舟,而土
人惮其役,以是岁上供米,不过三百万。允恭尽籍三路舟卒与所运
物数,令诸州择牙吏,悉集,允恭乃辨数授之。江、浙所运,止于淮、
泗,由淮、泗输京师,行之一岁,上供者六百万。

　　淳化五年,转西京作坊使。初,产茶之地,民输赋者悉计其直,
官售之,精粗不校,咸输榷务。商人弗肯售,久即焚之。允恭曰:“竭
民利而取之,积腐而弃之,非善计也。”至道初,刘式建议请废缘江
榷务,许商人过江,听私货鬻。允恭以为诸州新陈相糅,两河诸州风
土,各有所宜,非杂以数品,即商人少利。请依旧江北置务,均色号,
以年次给之。事下三司,盐铁使陈恕等以允恭议为是,诏从之。即
命允恭为发运使,始改“擘画”为“制置”,以西京作坊副使李廷遂、
著作佐郎王子舆并为同发运使。

　　巢、庐江二县旧隶庐州,道远多寇,民输劳费。允恭请以二县建
军,诏许之,以无为为额。淮南十八州军,其九禁盐地,则上下其直,
民利商盐之贱,故贩者益众,至有持兵器往来为盗者。允恭以为行
法宜一,即奏请悉禁,而官遣吏主之。事下三司,三司言其不可,允
恭再三为请,太宗始从之。是岁,收利巨万。允恭与王子舆、秦羲同
主茶盐之任,多作条制,遂变新法。

　　真宗即位,改西京左藏库使。又言川峡铁钱之弊,曰:“凡民田
之税,昔输铜钱之一,今输铁钱亦一;而吏卒奉旧给铜钱之一,今给
铁钱五;及行用交易,则铁钱之十,为铜钱之一。且民入田税,以一
为十,官失其九矣;吏卒奉给,增一为五,官又失其四矣;吏卒得五
用十,复失其半矣。臣在先朝,尝陈其事,愿变法以革其弊,先帝方

议行之,会贼顺叛扰而止。今陛下继成先烈,可遂建其法,使民不失所。且饶、信之铜,积数千万,若遣运于荆,达于蜀,蜀素多铜,俾夔、益、遂各置监鼓铸,岁用均给,不十年,悉用铜钱矣。"议虽未用,然自是吏卒奉给,始改用十铁钱易铜钱之一。

俄知通利军,兼黄、御河发运使。会议减屯兵,以息转饷,召允恭与崇仪副使窦神宝、阁门祗候李允则驰往经度,图上郡县山川之形胜。允恭因建议曰:"自环州入积石,抵灵武七日程,刍粟之运,其策有三。然以人以驴,其费颇烦,而所载数鲜。莫若用诸葛亮木牛之制,以小车发卒分铺运之。每一车四人挽之,旁设兵卫,加戈刃于其上,寇至则聚车于中,合士卒之力,御寇于外。"寻为议者所沮而止。复遣之任,又议,江、淮盐铁使陈恕力争,诏从允恭之议。加领康州刺史。

咸平初,以北边卖马,未有定直,命允恭主平其估,乃置估马司,铸印以为常制。王均之乱,上虑南方有聚寇,命允恭为荆湖、江、浙都巡检使,内殿崇班杨守遵副之,赐与其厚。二年夏,以疾闻,遣其子大理评事可乘传侍疾。七月,卒于升州,年五十六。赐其次子告同学究出身,赙钱二十万、绢百匹。又以钱五万、帛五十匹给其家。命扬州官造第一区赐之。

允恭有胆干,能以方略捕贼。王小波之乱也,李顺之兄自荣据绵竹,土人多被胁从。允恭兄允升、弟允元,率乡里子弟并力破之;又为王师乡导,执自荣诣剑门以献。王继恩表其事,诏赐允升学究出身,授本县令,允元什邡令。明年,召赴阙,授允升右赞善大夫,允元大理评事。

可,咸平元年进士,喜属文,有吏干,累召试,历户部、盐铁判官,知洪、宣、润、寿、潭州,至都官员外郎。告,虞部员外郎。

秦羲字致尧,江宁人。世仕江左。曾祖本,岳州刺史。祖进远,宁国军节度副使。父承裕,建州监军使、知州事。李煜之归朝也,承裕遣羲诣阙上符印,太祖召见,悦其趋对详谨,补殿直,令督广济漕船。太平兴国中,有南唐军校马光琏等亡命荆楚,结徒为盗。羲受诏,缚光琏以献,太宗壮之。积劳改西头供奉官,决狱于淮南诸州。

淳化中,又督洛南采铜。雷有终称其有心计,遣监兴国军茶务。会杨允恭改茶盐法,荐羲掌真州榷务,寻提点淮南西路茶盐,得羡余十余万,遂与允恭同为江、淮制置,擢授阁门祗候,兼制置矾税。

咸平初,入奏,真宗面加慰劳。淮南榷盐,二岁增钱八十三万余贯,以劳改内殿崇班,又兼制置荆湖路。江南群盗久为民患,羲讨捕皆尽。四年,领发运使事,改供备库副使,献议增榷酤岁十八万缗,所增既多,尤为刻下。会岁旱,诏罢之。景德初,迁供备库库使、知江陵府。坐举官不如状,削秩。

大中祥符初,起授供备库副使、宿州监军,稍迁东染院副使。明年,广州言澄海兵尝捕宜贼,颇希恩杰桀骜,军中不能制,部送阙下。上以远方大镇,宜得材干之臣镇抚之。宰相厉言数人,皆不称旨。上曰:"秦羲可当此任。"复授供备库使,充广州钤辖。历东染院使、知苏州,改崇仪使、提举在京诸司库务。因对,求典藩郡,迁内园使、知泉州。天禧四年,代还。道病卒,年六十四。

羲知书,好为诗,喜宾客,颇有士风。历财货之任,凡十余年,精勤练习,号为称职。

谢德权字士衡,福州人。父文节,初仕王氏,为候官令。后入南唐,为忠烈都虞候、饶州团练使,以骁勇闻。周世宗南征,文节独撺甲度大江,潜觇敌垒,吴人号为"铁龙"。后守鄂州,拒宋师,战没。

德权初以父死事,李煜署庄宅副使。归宋,诣登闻检院自荐,补殿前承旨,迁殿直、陕西巡检,以劳就改右侍禁。咸阳浮桥坏,转运使宋大初命德权规画,乃筑土实岸,聚石为仓,用河中铁牛之制,缆以竹索,由是无患。

咸平二年,宜州溪蛮叛,命陈尧叟往经度之,德权预其行,以单骑入蛮境,谕以朝旨,众咸听命。尧叟以闻,加阁门祗候、广韶英雄连贺六州都巡检使。代归,提点京城仓草场。先是,窖积多患地下湿,德权累甓为台以藉之,遂无败腐。

　　京城衢巷狭隘,命德权广之。既受诏,则先撤贵要邸舍,群议纷然。有诏止之,德权面请曰:"臣已受命,不可中止,今沮事者皆权豪辈,吝屋室僦资耳,非有他也。"上从之。因条上衢巷广袤及禁鼓昏晓之制。

　　会有凶人刘晔、僧澄雅讼执政与许州民阴构西夏为叛者,诏温仲舒、谢泌鞫问,令德权监之。既而按验无状,翌日,对便殿,具奏其妄。泌独曰:"追摄大臣,狱状乃具。"德权曰:"泌欲陷大臣耶!若使大臣无罪受辱,则人君何以使臣,臣下何以事君?"仲舒曰:"德权所奏甚善。"上乃可之。

　　六年,命城新乐县,迁供奉官。又命浚北平砦濠,葺蒲阴城。一日,遽乘传诣阙求对,且言:"边民多挈族入城居止。前岁契丹入塞,傅潜闭垒自固,康保裔被擒,王师未有胜捷。臣以为今岁契丹必寇内地,令边兵聚屯一处,尤非便利,愿速分戍镇、定、高阳三路。天雄城垒阔远,请急诏葺之,仍葺澶州城,北治德清军城渐,以为豫备。臣实虑蒲阴工作未讫,寇必暴至。"上慰遣之,既而契丹果围蒲阴。及闻有诏修河北行宫,德权又驿奏,请车驾毋度河,及至澶州,德权单马间道赴行在。

　　未几,迁内殿崇班、提辖三司衙司。德权为设条制,均其差使。有大将隶内侍主藏,内侍为奏留,规免烦重之役。德权携奏白上,极言侥幸,上称其有守。又命提总京城四排岸,领护汴河兼督辇运。前是,岁役浚河夫三十万,而主者因循,提防不固,但挑沙拥岸址,或河流汛滥,即中流复填淤矣。德权须以沙尽至土为垠,弃沙堤外,遣三班使者分地以主其役。又为大锥以试筑堤之虚实,或引锥可入者,即坐所辖官吏,多被谴免者。植树数十万以固岸。建议废京师铸钱监,徙西窑务于河阴,大省劳费。改崇仪副使,兼领东西八作司。先时,每营造患工少,至终岁不成。德权按其役,皆克日而就。

　　大中祥符元年,议东封,命与刘承圭、戚纶同计度发运,迁供备库使。预修玉清昭应宫。时,累徙民舍以广宫地。刘承圭议掘地及丈，加筑以壮基址。德权患其劳役过甚，日与忿争，不能夺，遂求罢，复领京城仓草场。导金水河，自皇城西环太庙，凡十余里。三年，出知泗州，占谢日，自陈："臣久领京务，颇虑中外观听，谓臣负遣外迁，愿稍进其秩。"诏改西染院使遣之。至任，逾月卒，年五十八。以其子平为定远主簿，给奉终丧。

德权清苦干事，好兴功利，多所经画。见官吏徇私者，必面斥之，所至整肃。然喜采察纤微，以闻于上，朝论恶之。

阎日新，宿州临涣人。少为本州牙职，补三司使役吏。淳化中，选录寿王府，主邸中记簿。真宗即位，擢为供奉官，提点雄、霸、静戎军榷场。咸平元年，迁内殿崇班、永兴军驻泊都监，徙剑门关兼知剑门县，就加供备库副使、庆州都监。景德初，命管勾邠、宁、环州驻泊兵马。时，部署张凝屡入边界焚族帐，日新皆提兵应援。俄知泾州，未几，移庆州。上言："野溪、三门等族恃险隘，桀黠难制，请开古川道，东至乐业镇，西出府城。"从之。就转供备库使、知环州兼邠宁环庆路钤辖、缘边都巡检使、安抚都监。俄换泾原仪渭路。二年，迁如京使，领万州刺史。上朝陵、东封，皆命为行宫使。

大中祥符初，改文思使。日新起胥史，好云为以进取，尝上言："群臣子弟以荫得官，往往未童龀以受奉，望自今年二十以上，乃给廪。又京城百官早朝，而学士、丞、郎、舍人以上，导从呵止太盛，难于趋避，望令裁减。"又屡请对，多所建白。且自陈筋力尚壮，愿正授刺郡，守边城以效用。

俄真拜坊州刺史、知渭州兼泾原路驻泊钤辖。将祀汾阴，故改知同州事，俨信顿即日新所部，车驾至，迎谒献方物。劳问久之，遂从祀睢上，赐以袭衣、金带。还过新市镇，又设彩楼乐伎以迎驾。明年，徙知徐州。代还，以足疾，改右领军卫大将军、昭州团练使、知单州。疾益甚，许还京师。天禧初，卒，年六十八。

靳怀德，博州高唐人。祖昌范，殿中丞。父隐，禹城令。怀德太平兴国中明法,解褐广安军判官,秩满,授鸿胪寺丞。历著作佐郎、太子左赞善大夫、通判相州,改殿中丞、通判广州,迁国子博士、通判沧州。历虞部、比部员外郎,又通判莫州,知德州。

咸平中,契丹入寇,怀德固守城壁,又转运使刘通言其善政,连有诏褒之。徙知密州会留后孔守正之镇,代还。盐铁使陈恕、判官王济荐其武干,换如京使、知邛州。怀德本名湘,素游寇准之门,准父名湘,景德中,准方为相,怀德乃改名焉。俄知沧州。大中祥符初,召还,复遣之任,吏民诣转运使李士衡借留怀德,士衡以闻。未几,迁文思使。三年秋,以江左旱歉,命为洪、虔十州安抚都监。未至任,改知曹州。

明年春,选为益州钤辖,加领长州刺史。怀德历官以强干称,然酗酒多失,将行,别诏戒勖。真宗又面谕之。就迁北作坊使。在剑外,军民甚畏爱之。复以善职入拜西上阁门使,改领昭州刺史、知澶州。是州居水陆之要,怀德悉心抚治,颇著政绩,使车往复,多称誉焉。又知陕州,逾年,归阙而卒,时天禧元年,年七十三。

论曰:世乏全材,则各录其所长而用焉,亦皆可以集事功。允恭有心计,好言事,是时摘山煮海,方舟之漕,规制未备,故因其建白而从之,利甚博焉。羲亦精心敏职,士大夫许其醖藉。德权清廉强忮,矫名好威,然其斥谢泌以大臣非可受辱,识堂陛之分,长者之言哉。延德而下,遘会进陟,迭居事任,其指使治迹,各有可取者焉。

宋史卷三一〇

列传第六九

李迪　子柬之　肃之　承之　及之　孙孝基　孝寿

孝称　王曾　弟子融　张知白

杜衍

　　李迪字复古，其先赵郡人，后徙幽州。曾祖在钦，避五代乱，又
徙家濮。迪深厚有器局，尝携其所为文见柳开，开奇之曰："公辅材
也。"

　　举进士第一，授将作监丞，历通判徐、兖州。改秘书省著作郎、
直史馆，为三司监铁判官。东封泰山，复通判兖州，坐尝解开封府进
士失当，谪监海州税。改右司谏，起知郓州，召纠察在京刑狱，迁起
居舍人，安抚江、淮，以尚书吏部员外郎为三司监铁副使，擢知制
诰。

　　真宗幸亳，为留守判官，遂知亳州。亡卒群剽城邑，发兵捕之，
久不得。迪至，悉罢所发兵，阴听察知贼区处，部勒骁锐士，擒贼，斩
以徇。代归，会唃厮啰叛，帝忧关中，召对长春殿，进右谏议大夫、集
贤院学士、知永兴军。城中多无赖子弟，喜犯法，迪奏取其甚者，部
送阙下。徙陕西都转运使，入为翰林学士。

　　尝归沐，忽传诏对内东门，出三司使马元方所上岁出入材用数
以示迪。时频岁蝗旱，问何以济，迪请发内藏库以佐国用，则赋敛
宽，民不劳矣。帝曰："朕欲用李士卫代元方，俟其至，当出金帛数百

万借三司。"迪曰:"天子于财无内外,愿下诏赐三司,以示恩德,何必曰借。"帝悦。又言:"陛下东封时,敕所过毋伐木除道,即驿舍或州治为行宫,裁令加涂墍而已。及幸汾、亳,土木之役,过往时几百倍。今蝗旱之灾,殆天意所以儆陛下也。"帝深然之。

他日,又召对龙图阁,命迪草诏,徐谓迪曰:"曹玮在秦州屡请益兵,未及遣,遽辞州事,第怯耳。谁可代玮者?"迪对曰:"玮知啰厮啰欲入寇,且窥关中,故请益兵为备,非怯也。且玮有谋略,诸将皆非其比,何可代?陛下重发兵,岂非将上玉皇圣号,恶兵出宜秋门邪?今关右兵多,可分兵赴玮。"帝因问关右兵几何,对曰:"臣向在陕西,以方寸小册书兵粮数备调发,今犹置佩囊中。"帝令自探取,自黄门取纸笔,具疏某处当留兵若干,余悉赴塞下。帝顾曰:"真所谓颇、牧在禁中矣。"

未久,唃厮啰果犯边。秦州方出兵,复召迪问曰:"玮此举胜乎?"对曰:"必胜。"居数日,奏至,玮与敌战三都谷,果大胜。章曰:"卿何以知玮必胜?"迪曰:"唃厮啰兵远来,使谍者声言以某日下秦州会食,以激怒玮。玮勒兵不动,坐待敌至,是以逸待劳也。臣用此知其胜。"帝益重之,自是欲大用矣。

初,上将立章献后,迪屡上疏谏,以章献起于寒微,不可母天下。章献深衔之。天禧中,拜给事中、参知政事。周怀政之诛,帝怒甚,欲责及太子,群臣莫敢言。迪从容奏曰:"陛下有几子,乃欲为此计。"上大寤,由是独诛怀政等。仁宗为皇太子,除太子太傅,迪辞以太宗时未尝立保傅,止兼太子宾客,诏皇太子礼宾客如师傅。加礼部侍郎。寇准罢,帝欲相迪,迪固辞。一日,对滋福殿,有顷,皇太子出拜曰:"陛下用宾客为宰相,敢以谢。"帝顾谓迪曰:"尚可辞邪!"拜吏部侍郎兼太子少傅、同中书门下平章事、景灵宫使、集贤殿大学士。

初,真宗不豫,寇准议皇太子总军国事,迪赞其策,丁谓以为不便,曰:"即日上体平,朝廷何以处此?"迪曰:"太子监国,非古制邪?"力争不已。于是皇太子于资善堂听常事,他皆听旨。准既贬,谓浸擅权用事，至除吏不以闻。迪愤然语同列曰："迪起布衣至宰相，有以报国，死犹不恨，安能附权幸为自安计邪！"自此不协。时议二府皆进秩兼东宫官，迪以为不可。谓又欲引林特为枢密副使，而迁迪中书侍郎兼尚书左丞。故事，宰相无为左丞者。既而帝御长春殿，内出制书置榻前，谓辅臣曰："此卿等兼东宫官制书也。"迪进曰："东宫官属不当增置，臣不敢受此命。宰相丁谓罔上弄权，私林特、钱惟演而嫉寇准。特子杀人，事寝不治，准无罪罢斥，惟演姻家使预政，曹利用、冯拯相为朋党。臣愿与谓俱罢，付御史台劾正。"帝怒，留制不下，左迁迪户部侍郎。谓再对，传口诏入中书复视事，出迪知郓州。

仁宗即位，太后预政，贬准雷州，以迪朋党傅会，贬衡州团练副使。谓使人迫之，或讽谓曰："迪若贬死，公如士论何？"谓曰："异日诸生记事，不过曰'天下惜之'而已。"谓败，起为秘书监、知舒州，历江宁府、兖州、青州复兵部侍郎、知河南府。来朝京师，时太后垂帘。语迪曰："卿向不欲吾预国事，殆过矣。今日吾保养天子至此，卿以为何如？"迪对曰："臣受先帝厚恩，今日见天子明圣，臣不知皇太后盛德，乃至于此。"太后亦喜。以尚书左丞知河阳，迁工部尚书。太后崩，召为资政殿学士、判尚书都省。未几，复拜同中书门下平章事、集贤殿大学士。

景祐中，范讽得罪，迪坐姻党，罢为刑部尚书，知亳州，改相州。既而为资政殿学士、翰林侍读学士，留京师。迪素恶吕夷简，因奏夷简私交荆王元俨，尝为补门下僧惠清为守阙鉴义。夷简请辨，诏讯之，乃迪在中书所行事，夷简以斋祠不预。降太常卿、知密州。复刑部尚书、知徐州。迪奏所部邻兖州，欲行县因祠岳为上祈年、祷皇子。仁宗语辅臣曰："大臣当为百姓访疾苦，祈祷非迪所宜，其毋令往。"久之，改户部尚书、知兖州，复拜资政殿大学士。

元昊攻延州，武事久驰，守将或为他名以避兵。迪愿守边，诏不许，然甚壮其意。除彰信军节度使、知天雄军，徙青州。逾年，之本镇。请老，以太子太傅致仕，归濮州。后其子东之为侍御史知杂事，奉迪来京师。帝数遣使问劳，欲召见，以疾辞。薨，年七十七。赠司空、侍中，谥文定。帝篆其墓碑曰"遗直之碑"，又改所葬邓侯乡曰遗直乡。子柬之、肃之、承之、及之、孙孝寿、孝基、孝称。

柬之字公明，晓国朝典故。献文，召试，赐进士出身，为馆阁校勘、宣化军使。境上有废河故道，官收行者税，谓之"乾渡钱"，奏除之。进直集贤院、判吏部南曹、开封府推官、监铁判官，历知邢汉卢州、凤翔府，京东、陕西转运使，擢侍御史知杂事。

柬之自少受知于寇准，至是论准保护之功。仁宗恻然，即赐其碑曰"旌忠"。拜天章阁待制、河北都转运使，加龙图阁直学士。建言补荫之门太广，遂诏裁定，自二府而下，通三岁减入仕者二千人。知荆南、河阳、澶州，改集贤院学士，判西京留司御史台。

英宗即位，富弼荐其学行，复旧职，兼侍读。帝劳之曰："卿通议耆儒，方咨访以辅不逮，岂止经术而已。"帝颇欲肃正宫省，柬之柬曰："陛下，长君也，立自宗藩，众方观望，愿曲为容覆。"赐颍王生日礼物，故事，王拜赐竟，即退。帝谕王令留柬之食，冀其从容也。王即位未几，柬之请老，自工部尚书拜太子太保致仕。旧无阁门谢辞式，特赐对延和，命之坐，仍置宴资善堂，遣使谕之曰："以先帝梓宫在殡，朕不得为诗。"令讲读官皆赋诗，劝劳甚渥，又敕王圭叙其事。柬之出都门，即幅巾白衣以见客。再迁少师。熙宁六年，卒，年七十八。

有李受者，字益之，长沙之浏阳人也。仕于治平中，至右谏议大夫、天章阁待制兼侍读。屡以老乞骸骨，不听。神宗立，进给事中、龙图阁直学士。复言："臣在先帝时，年已七十，不敢窃禄以自安。今又加数年，筋力惫矣，惟陛下哀之。"于是拜刑部侍郎致仕，赐宴赋诗及序，如柬之礼。相去数月，故时称"二李"。卒年八十，赠工部尚书。

肃之字公仪，迪弟子也。以迪荫，监大名府军资库。大河溢，府橄修冠氏堤，功就弗扰，民悦之，请为宰。邑多盗，时出害人。肃之令比户置鼓，有盗，辄击鼓，远近皆应，盗为之衰止。为御河催纲。横陇之决，使者橄护金堤，满岁无河患。

通判澶州。契丹泛使将过郡，而楼堞坏记，肃之谓郡守曰："吾州为景德破敌之地，当示雄疆，今保郭若是，且奈何？"遂鸠工构城屋，凡千区。已而中贵人衔命来视，规置一新，惊赏嗟异，闻之朝。擢知德州，提点开封府界内县镇、麋路、湖南刑狱。侬蛮暴岭外，肃之亲捍诸境，会蒋偕失利，亟率兵往蹀于监贺，贼引去。狄青、孙沔交荐之，徙湖北转运使。辰阳彭仕羲叛，讨平之，犹以过左迁，知齐州。改江东、两浙、河北转运使，进度支副使，江淮发运使。

神宗初即位，谅祚寇大顺城。肃之入奏，帝访以西夏事，奏对称旨。以为右谏议大夫、知庆州；数日，徙瀛州。大雨地震，官舍民卢推陷。肃之出入泥潦中，结草禾以储庚粟之暴露者，为茇舍以居民，启廪振给，严儆盗窃，一以军法从事。天子闻而嘉之，遣使劳赐。迁天章阁待制、知开封府，出知定州。还，权三司使，又出为永兴军、青齐二州。元丰二年，复知开封，为枢密都承旨，加龙图阁直学士、知郓州。四年，提举太极观。卒，年八十二。

肃之内行修饬，母丧，庐墓三年，不入城郭。季弟承之，生而孤，鞠育海道，至于成人，遂相继为侍从。帝称其一门忠孝云。

承之字奉世，性严重，有忠节。从兄柬之将仕以官，辞不受，而中进士第，调明州司法参军。郡守任情执法，人莫敢忤，承之独毅然力争之。守怒曰："曹掾敢如是邪？"承之曰："事始至，公自为之则已，既下有司，则当循三尺之法矣。"守惮其言。

尝建免役议，王安石见而称之。熙宁初，以为条例司检详文字，得召见。神宗语执政曰："承之言制置司事甚详，非他人所及也。改京官。他日，谓之曰："朕即位以来，不轻与人改秩，今以命汝，异恩也。"

检正中书刑房，察访淮浙常平、农田水利、差役事，还奏《役书》

二十篇,加集贤校理。又察访陕西,时郡县昧于奉法,敛羡余过制。承之曰:"是岂朝廷意邪?"悉裁正其数。迁集贤殿修撰,擢宝文阁待制,为同郡牧使,纠察在京刑狱兼枢密都承旨,出知延州,入权三司使。

蔡确治相州狱,多引朝士,皆望风自折服。承之为帝言其险诐之状,帝意始悟,趣使诘竟。迁龙图阁直学士,恳辞,乞授兄肃之,曰:"臣少鞠于兄,且兄为待制十年矣。"帝曰:"卿兄弟孝友,足历风俗。肃之亦当迁也。"即并命焉。

商人犯禁货北珠,乃为公主售,三司久不敢决。承之曰:"朝廷法令,畏王姬乎?"亟索之。帝闻之曰:"有司当如此矣。"进枢密直学士。坐补吏不当,降待制、知汝州。未几,为陕西都转运使,召拜给事中、吏部侍郎、户部尚书,复以枢密直学士知青州。历应天府、河阳、陈郓扬州而卒。

及之字公达,亦迪弟之子。由荫登第,通判安肃军。康定中,夏人犯边,契丹复发兵并塞,疆候戒严。及之言:"契丹以与夏人甥舅之故,特此慰其心,且姑张虚势以疑我,必不失誓好,愿毋过虞。"已而果然。

徙通判河南府。亡卒张海倚山啸聚,白昼掠城市。及之督捕,单骑与海语,谕使归命,当奏贷其死。海感动驰备,奏方上,而众兵集,悉获之。知信州,灵验山浮屠,犯法者众,及之治其奸,流数十人,乃自劾。朝廷嘉之,释不问。入判刑部。尝撰次唐史有益治体者,为《君臣龟监》八十卷。王尧臣上其书,并表其学行,韩琦亦以馆职荐之。召试,除直秘阁,历开封府判官、知泾晋陕三州。

及之吏事精明,所居官皆称职。以太中大夫致仕,再转正议大夫。卒,年八十五。

柬之子孝基,及之子孝寿、孝称。

孝基字伯始。进士高第,唱名至墀下,仁宗顾侍臣曰:"此李迪孙邪？能世其家，可尚也。"晏殊、富弼荐其材任馆阁，欲一见之。孝基曰："名器可私谒邪？"竟不往。

知汝阴、雍丘县，通判阆州、舒州，知随州。所治虽剧，然事来亟断，不为登左回枉，甫日中，庭已空矣。或问其术，曰："无他，省事耳。"阆中江水齿城几没，郡吏多引避，孝基率其下决水归旁谷，城赖以全。舒吏受赂鬻狱，以杀人罪加平民，孝基劾治三日，得其情，乃抵吏罪。以亲须养，求监崇福宫，判西京国子监。凡就闲十年，累官光禄卿，与父东之同谢事，才年五十，士大夫美之，以比二疏。

孝基为人冲澹，善养生，平居轻安。弟孝称进对，帝问起居状，叹曰："度越常人远矣。"后十一年，无疾卒。

孝寿字景山，为开封府户曹参军。元符中，吕嘉问知府事，受章惇、蔡卞指，锻炼上书人，命孝寿摄司录事，成其狱。徽宗即位，嘉问先已得罪，孝寿亦削秩。蔡京为政，以为府推官，迁大理、太仆卿，擢显谟阁待制，为开封尹。

前此，闾里亡赖子，自断截臂腕，托废疾凌良民，无所惮畏。孝寿悉搜出之，部付旁郡，一切治理。加直学士，出知兴仁、开德府。京起苏州章绹狱，还孝寿开封，使往即讯。至苏州，穷治铸钱，逮击俞千数，方冬惨掠囚，堕指脱足不可计，死则投于垣外。日夜锻炼款未就，京犹嫌其缓，召使还。其后，绹兄弟竟用此黥窜。又知虢、兖二州。坐守兴仁日与巡检戏射狂人张立死，除名。居无何，起知苏州。

政和初，拜刑部侍郎，复改开封尹。奉宸库吏吕寿盗金，系狱而逃。孝寿尽执守兵，论为故纵，非任事之吏与不上直者，亦以不即追掩绳之。凡配录四十人，阴赂杖者使加重，六七人才出关而死。帝闻之，命悉还余人。于是谏议大夫毛注论其残忍苛虐，乞加谴，不听。孝寿犹以狱空上表贺。

孝寿虽亡状，亦时有可观。有举子为仆所凌，忿甚，具牒欲送府，同舍生劝解，久乃释。戏取牒效孝寿花书判云："不勘案，决杖二十。"仆明日持诣府，告其主仿尹书判私用刑。孝寿即追至，备言本末,孝寿幡然曰:"所判正合我意。"如数与仆仗,而谢举子。时都下数千人,无一仆敢肆者,时以此称之。明年,以疾,罢为龙图阁学士、提举醴泉观。卒赠正奉大夫。

孝称字彦闻,以荫登朝。值郊恩得封父,及之已官通议大夫,有司限以格,孝称言,恐非朝廷所以推恩优老之意,诏特许之,遂为著令。

崇宁中,提举湖北、京西常平,提点京西南路刑狱。蔡京之姻宋乔年为京畿转运使,有囚逸,捕得之。孝称上其功,乔年受赏,而孝称用是得工部员外郎。不阅月,迁大理少卿。连奏狱空,进为卿,且数增秩,擢工部、户部二侍郎,为开封尹。

陈瓘之子正汇在杭州上书,告京不利社稷。郡守蔡薿执送京师,并逮瓘诣狱。孝称胁使证其子,瓘不可。暨狱上,竟窜正汇海岛。京愈德之,进刑部尚书,而以其兄孝寿代为尹。孝称请班兄下,不许。避亲嫌,徙工部。卒,赠光禄大夫。

王曾字孝先,青州益都人。少孤,鞠于仲父宗元,从学于里人张震,善为文辞。咸平中,由乡贡试礼部、廷对皆第一。杨亿见其赋,欢曰:"王佐器也。"以将作监丞通判济州。代还,当召试学士院,宰相寇准奇之,特试政事堂,授秘书省著作郎、直史馆、三司部判官。

景德初,始通和契丹,岁遣使致书称南朝,以契丹为北朝。曾曰:"从其国号足矣。"业已遣使,弗果易。迁右正言、知制诰兼史馆修撰。时瑞应沓至,曾尝入对,帝语及之。曾奏曰:"此诚国家承平所致,然愿推而弗居,异日或有灾沴,则免舆议。"及帝既受符命,大建玉清昭应宫,下莫敢言者,曾陈五害以谏。旧用郎中官判大理寺,帝欲重之,特命曾。且曾陈五害以谏。旧用郎中官判大理寺,帝欲重之,特命曾。且谓曾曰:"狱,重典也,今以屈卿。"曾顿首谢。仍赐钱三十万,因请自避僚属,著为令。迁翰林学士。帝尝晚坐承明殿,召对久之,既退,使内侍谕曰:"向思卿甚,故不及朝服见卿,卿勿以我为慢也。"其见尊礼如此。

知审刑院。旧违制无故失,率坐徙二年,曾请须亲被旨乃坐。既而有犯者,曾乃以失论。帝曰:"如卿言,是无复有违制者。"曾曰:"天下至广,岂人人尽晓制书,如陛下言,亦无复有失者。"帝悟,卒从曾议。再迁尚书主客郎中,知审官院、通进银台司,勾院三班院,遂以右谏议大夫参知政事。

时宫观皆以辅臣为使。王钦若方挟符瑞,傅会帝意,又阴欲排异己者,曾当使会灵,因以推钦若,帝始疑曾自异。及钦若相,会曾市贺皇后家旧第,其家未徙去,而曾令人舁土置门外,贺氏诉禁中。明日,帝以语钦若,乃罢曾为尚书礼部侍郎、判都省,出知应天府。天禧中,民间讹言有妖起若飞帽,夜搏人,自京师以南,人皆恐。曾令夜开里门,敢倡言者即捕之,卒无妖。徙天雄军,复参知政事,迁吏部侍郎兼太子宾客。

真宗不豫,皇后居中预政,太子虽听事资善堂,然事皆决于后,中外以为忧。钱惟演,后戚也。曾密语惟演曰:"太子幼,非宫中不能立。加恩太子,则太子安;太子安,所以安刘氏也。"惟演以为然。因以白后。帝崩,曾奉命入殿卢草遗诏:"以明肃皇后辅立皇太子,权听断军国大事。"丁谓入,去"权"字。曾曰:"皇帝冲年,太后临朝,斯已国家否运。称'权',犹示后。且增减制书有法,表则之地,先欲乱之邪?"遂不敢去。仁宗立,迁礼部尚书。群臣议太后临朝仪,曾请如东汉故事,太后坐帝右,垂帘帘奏事。丁谓独欲帝朔望见群臣,大事则太后召对辅臣决之,非大事令入内押排雷允恭传奏禁中,画可下。曾曰:"两宫异处,而柄归宦官,祸端兆矣。"谓不听。既而允恭坐诛,谓亦得罪。自是两宫垂帘,辅臣奏事如曾议。

谓初败,任中正言:"谓被先帝顾托,虽有罪,请如律议功。"曾曰:"谓以不忠得罪宗庙,尚何议邪!"时真宗初崩,内外汹汹,曾正色独立,朝廷倚以为重。拜中书侍郎兼本官、同中书门下平章事、集贤殿大学士、会灵观使。王钦若卒,曾以门下侍郎兼户部尚书为昭文馆大学士、监修国史、玉清昭应宫使。曾以帝初即位,宜近师儒,即召孙奭、冯元劝讲崇政殿。天圣四年夏，大雨。传言汴口决，水且大至，都人恐，欲东奔。帝问曾，曾曰："河决，奏未至，第民间妖言尔，不足虑也。"已而果然。陕西转运使置醋务，以榷其利，且请推其法天下，曾请罢之。

曾方严持重，每进见，言利害事，审而中理；多所荐拔，尤恶侥幸。帝问曾曰："比臣僚请对，多求进者。"曾对曰："惟陛下抑奔竞而崇恬静，庶几有难进易退之人矣。"曹利用恶曾班已上，尝怏怏不悦，语在《利用传》。及利用坐事，太后大怒，曾为之解。太后曰："卿尝言利用强横，今何解也？"曾曰："利用素恃恩，臣故尝以理折之。今加以大恶，则非臣所知也。"太后意少释，卒从轻议。

始，太后受册，将御大安殿，曾执以为不可，及长宁节上寿，止共张便殿。太左右姻家稍通请谒，曾多所裁抑，太后滋不悦。会玉清昭应宫灾，乃出知青州。以彰信军节度使复知天雄军，契丹使者往还，敛车徒而后过，无敢哗者，人乐其政，为画像而生祠之。改天平军节度使、同中书门下平章事、判河南府。景佑元年，为枢密使。明年，拜右仆射兼门下侍郎、平章事、集贤殿大学士，封沂国公。

曾进退士人，莫有知者。范仲淹尝问曾曰："明扬士类宰相之任也。公之盛德，独少此耳。"曾曰："夫执政者，恩欲归已，怨使谁归？"仲淹服其言。初，吕夷简参知政事，事曾谨甚，曾力荐为相。及夷简位曾上，任事久，多所专决，曾不能堪，论议间有异同，遂求罢。仁宗疑以问曾曰："卿亦有所不足邪？"时外传谓秦州王继明纳赂夷简，曾因及之。帝以问夷简，曾与夷简交论帝前。曾言亦有过者，遂与夷简俱罢，以左仆射、资政殿大学士判郓州。宝元元年冬，大星晨坠其寝，左右惊告。曾曰："后一月当知之。"如期而薨，年六十一。赠侍中，谥文正。

曾资质端厚，眉目如画。在朝廷，进止皆有常处，平居寡言笑，人莫敢干以私。少与杨亿同在侍从，亿喜谈试，凡僚友无不狎侮。至与曾言，则曰："余不敢以戏也。"平生自奉甚俭，有故人子孙京来告别，曾留之具馔，食后，合中送数轴简纸，启视之，皆它人书简后裁取者也。皇佑中，仁宗为篆其碑曰"旌贤之碑"，后又改其乡曰旌贤乡。大臣赐碑篆自曾始。仁宗既袝庙，诏择将相配享，以曾为第一。曾无子，养子曰绛。又以弟子融之子绎为后，尚书兵部郎中、秘阁校理致仕，卒。

子融字熙仲。初以曾奏，为将作监主簿。祥符进士及第，累迁太常丞、同知礼院。献所为文，召试，直集贤院。尝论次国朝以来典礼因革，为《礼阁新编》上之。以其书藏太常。

权三司度支、监铁判官。任布请铸大钱，行之京城。三司使程琳集官议，子融曰："今军宫营半在城外，独行大钱城中，可乎？"事遂寝。权同纠察刑狱、知河阳。又集五代事，为《唐余录》六十卷以献。进直龙图阁，累迁太常少卿、权判大理寺，乃取谳狱轻重可为准者，类次以为断例。

拜天章阁待制、尚书吏部郎中、知荆南。盗张海纵掠囊、邓，至荆门，子融阅州兵，将迎击之，贼引去。迁右谏议大夫、知陕州，徙河中府。既而勾当三班院，迁给事中，以尚书工部侍郎、集贤院学士知兖州。不赴，改刑部侍郎致仕。英宋即位，进兵部，卒。

本名皞，字子融。元昊反，请以字为名。性俭啬，街道卒除道，侵子融邸店尺寸地，至自诣开封府诉之。然教饬子孙，严厉有家法。晚学佛氏，从僧怀琏游。

张知白字用晦，沧州清池人。幼笃学，中进士第，累迁河阳节度判官。咸平奏疏，言当今要务，真宗异之，召试舍人院，权右正言。献《凤扆箴》，出知剑州。逾年，召试中书，加直史馆，面赐五品服，判三司开拆司。

江南旱，与李防分路安抚。及还，权管勾京东转运使事。周伯星见，司天以瑞奏，群臣伏贺称贺。知白以为人君当修德应天，而星之见伏无所系，因陈治道之要。帝谓宰臣曰："知白可谓乃心朝廷矣。"东封，进右司谏。又言："咸平中，河湟未平，臣尝请罢郡国所上祥瑞,今天下无事,灵贶并至,望以《泰山诸瑞图》置玉清昭应宫,其副藏秘阁。"

陕西饥,命按巡之。寻知邓州。会关右流佣至境,知白既发仓廪,又募民出粟以济。擢龙图阁待制、知审官院,再迁尚书工部郎中,使契丹。知白以朝廷制官,重内轻外,为引唐李峤议迁台阁典藩郡,乃自请补外,不许,遂命纠察在京刑狱,固请,知青州。还京师,求领国子监。帝曰:"知白岂倦于处剧邪?"宰臣言:"知自更践中外,未曾为身谋。"乃迁谏议大夫、权御史中丞,拜给事中、参知政事。

郊礼成,迁尚书工部侍郎。时同列王曾迁给事中,犹班知白上,知白心不能平,累表辞之。曾亦固请列知白下,乃加知白金紫光禄大夫,复为给事中、判礼仪院。曾罢,还所辞官。时王钦若为相,知白论议多相失,因称疾辞位,罢为刑部侍郎、翰林侍读学士、知大名府。及钦若分司南京,宰相丁谓素恶钦若,徙知白南京留守,意其报怨。既至,待钦若加厚。谓怒,复徙知白亳州,迁兵部。仁宗即位,进尚书右丞,为枢密副使,以工部尚书同中书门下平章事、会灵观使、集贤殿大学士。时进士唱第,赐《中庸篇》,中书上其本,乃命知白进读,至修身治家之道,必反复陈之。

知白在相位,慎名器,无毫发私。常以盛满为戒,虽显贵,其清约如寒士。然体素赢,忧畏日侵,在中书忽感风眩,舆归第。帝亲问疾,不能语,薨。为罢上已宴,赠太傅、中书令。礼官谢绛文谥文节,御史王嘉言:"知白守道徇公,当官不挠,可谓正矣,谥文正。"王曾曰:"文节,美谥矣。"遂不改。

知白九岁,其父终邢州,殡于佛寺。及契丹寇河北,寺宇多颓废,殡不可辨。知白既登第,徙行访之,得佛寺殿基,恍然识其处。既发,其衣衾皆可验,众叹其诚孝。尝过陕州,与通判孙何遇,读道旁古碑凡数千言,及还,知白略无所遗。天圣中,契丹大阅,声言猎幽州,朝廷患之。帝以问二府,众曰:"备乘练师,以备不虞。"知白曰:"不然,契丹修好未远,今其举者,以上初政,试观朝廷耳,岂可自生衅邪!若终以为疑,莫如因今河决,发兵以防河为名,彼亦不虞也。"

未几,契丹果罢去。无子,以兄子子思后,仕至尚书工部侍郎致仕。

杜衍字世昌,越州山阴人。父遂良,仕至尚书度支员外郎。衍总发苦志厉操,尤笃于学。擢进士甲科,补扬州观察推官,改秘书省著作佐郎、知平遥县。使者荐之,通判晋州。

诏举良吏,擢知乾州。陈尧咨安抚陕西,有诏藩府乃赐宴,尧咨至乾州,以衍贤,特赐宴,仍俾衍权知凤翔府。及罢归,二州民邀留境上,曰:"何夺我贤太守也?"以太常博士提点河东路刑狱,迁尚书祠部员外郎。按行潞州,折冤狱,知州王曙为作《辨狱记》。高继升知石州,人告继升连藩族谋变,逮捕击治,久不决,衍辩其诬,抵告者罪。宁化军守将鞫人死罪,不以实,衍覆正之。守将不伏,诉之,诏为置狱,果不当死。徙京西路,又徙知扬州。有司奏衍辨狱法当赏,迁刑部章献太后遣使安抚淮南,使远,未及他语,问杜衍安否,使者以治状对。太后叹曰:"吾知之久矣。"

徙河东转运副使、陕西转运使。召为三司户部副使,擢天章阁待制、知江陵府。未行,会河北乏军费,选为都转运使,迁工部郎中,不增赋于民而用足。还,为枢密直学士。求补外,以右谏议大夫知天雄军。

始,衍为治谨密,不以威刑督吏,然吏民亦惮其清整。仁宗特召为御史中丞。奏言:"中书、枢密,古之三事大臣,所谓坐而论道者也。止又日对前殿,何以尽天下之事?宜迭召见,赐坐便殿,以极献替可否,其他,不必亲烦陛下也。"又议常平法曰:"岁在丰凶,谷有贵贱,官以法平之,则农有余利矣。今豪商大贾,乘时贱收,水旱,则稽伏而不出,冀其翔踊,以图厚利,而困吾民也。请量州郡远近,户口众寡,严赏罚,课责官吏,出纳无壅,增损有宜。公籴未充,则禁争籴以规利者;籴毕而储之,则察其以供军为名而假借者。州郡阙母钱,愿出官帑助之。否则劝课之官,家至日见,亦奚益于事哉"。

兼判吏部流内铨。选补科格繁长,主判不能悉阅,吏多受赇,出缩为奸。衍既视事,即敕吏函铨法,问曰:"尽乎?"曰:"尽矣。"力阅视，具得本末曲折。明日，令诸吏无得升堂，各坐曹听行文书，铨事悉自予夺，由是吏不能为奸利。数月，声动京师。改知审官院，其裁制如判铨时。迁尚书工部侍郎、知永兴军。民有昼亡其妇者，为设方略捕，立得杀人贼，发所瘗毙，并得贼杀他妇人尸二，秦人大惊。徙并州。元昊反，以太原要冲，加龙图阁学士。

宝元二年，迁刑部侍郎、复知永兴军。时方用兵，民苦调发，吏因缘为奸。衍区处计书，量道里远近，宽其期会，使民得次第输官，比他州费，省钱过半。召还，权知开封府，权近闻衍名，莫敢干以私。拜同知枢密院事，改枢密副使。夏竦上攻守策，守相欲用出师。衍曰："侥幸成功，非万全计。"争议久之，求罢不许，赐手诏敦勉。为河东宣抚使，拜吏部侍郎、枢密使。每内降恩，率寝格不行，积诏旨至十数，辄纳帝前。谏官欧阳修入对，帝曰："外人知杜衍封还内降邪？凡有求于朕，每以衍不可告之而止者，多于所封还也。"

契丹与元昊战黄河外，参知政事范仲淹宣抚河东，欲以兵自从。衍曰："二国方交斗，势必不来，我兵不可妄出。"仲淹争议帝前，诋衍，语甚切。仲淹尝父行事衍，衍不以为恨。契丹婿刘三嘏避罪来归，辅臣议厚馆之，以诘契丹阴事。谏官欧阳修亦请留三嘏，帝以问衍。衍曰："中国主忠信，若自违誓约，纳叛亡，则不直在我。且三嘏为契丹近亲，而遭逃来归，其谋身若此，尚足与谋国乎！纳之何益，不如还之。"乃还三嘏。拜同平章事、集贤殿大学士兼枢密使。

衍好荐引贤士，而沮止侥幸，小人多不悦。其婿苏舜钦，少年能文章，论议稍侵权贵，监进奏院，御前例，祠神以伎乐娱宾。集贤校理王益柔为衍所知，或言益柔尝戏作《傲歌》，御史皆劾奏之，欲因以危衍，谏官孙甫言："丁度因对求大用，请属史。"度知甫所奏误，力求置对。衍以甫方奉使契丹，寝甫奏，度深衔之。及衍罢，度草制指衍为朋比。时范仲淹、富弼欲更理天下事，与用事者不合，仲淹、弼既出宣抚，言者附会，益攻二人之短。帝欲罢仲淹、弼政事，衍独左右之，然衍平日议论，实非朋比也。以尚书左丞出知兖州。庆历七年，衍甫七十，上表请还印绶，乃以太子少师致仕。

衍为宰相,贾昌朝不喜,议者谓故相一上章得请,以三少致仕,皆非故事,盖昌朝抑之也。皇佑元年,特迁太子太保,召陪祀明堂,仍诏应天府敦遣就道,都亭驿设账具几杖待之,称疾固辞。进太子太傅,赐其子同进士出身,又进太子太师。知制诰王洙谒告归应天府,有诏抚问,对祁国公。

衍清介不殖私产,既退,寓南都凡十年,第室卑陋,才数十楹,居之裕如也。出入从者十许人,乌帽、皂绨袍、革带。或劝衍为居士服,衍曰:"老而谢事,尚可窃高士名邪!"善为诗,正书、行、草皆有法。病革,帝遣中使赐药,挟太医往视,不及。卒,年八十。赠司徒兼侍中,谥正献。戒其子努力忠孝,敛以一枕一席,小圹庳冢以葬。自作遗疏,其略曰:"无以久安而忽边防,无以既富而轻财用,宜早建储副,以安人心。"语不及私。

论曰:李迪、王曾、张知白、杜衍,皆贤相也。四人风烈,往往相似。方仁宗初立,章献临朝,颇挟其才,将有专制之患。迪、曾正色危言,能使宦近习,不敢窥觎;而仁宗君德日就,章献亦全令名,古人所谓社稷臣,于斯见之。知白、衍劲正清约,皆能靳惜名器,裁抑侥幸,凛然有大臣之概焉。宋之贤相,莫盛于真、仁之世,汉魏相,唐宋璟、杨绾,岂得专美哉!

宋史卷三一一
列传第七○

晏殊　庞籍 _{孙恭孙} 王随
章得象　吕夷简 _{子公绰　公弼}
_{公孺} 张士逊

　　晏殊字同叔，抚州临川人。七岁能属文，景德初，张知白安抚江南，以神童荐之。帝召殊与进士千余人并试廷中，殊神气不慑，援笔立成。帝嘉赏，赐同进士出身。宰相寇准曰："殊江外人。"帝顾曰："张九龄非江外人邪？"后二日，复试诗、赋、论，殊奏："臣尝私习此赋请试他题。"帝爱其不欺，既成，数称善。擢秘书省正字，秘阁读书。命直史馆陈彭年察其所与游处者，每称许之。

　　明年，召试中书，迁太常寺奉礼郎。东封恩，迁光禄寺丞，为集贤校理。丧父，归临川，夺服起之，从祀太清宫。诏修宝训，同判太常礼院。丧母，求终服，不许。再迁太常寺丞，擢左正言、直史馆，为升王府记室参军。岁中，迁尚书户部员外郎，为太子舍人，寻知制诰，判集贤院。久之，为翰林学士，迁左庶子。帝每访殊以事，率用方寸小纸细书，已答奏，辄并稿封上，帝重其慎密。

　　仁宗即位，章献明肃太后奉遗诏权听政。宰相丁谓、枢密使曹利用，各欲独见奏事，无敢决其议者。殊建言："群臣奏事太后者，垂帘听之，皆毋得见。"议遂定。迁右谏议大夫兼侍读学士，太后谓东宫旧臣。恩不称，加给事中。预修《真宗实录》。进礼部侍郎，拜枢密副使。上疏论张耆不可为枢密使，忤太后旨。坐从幸玉清昭应宫从者持笏后至，殊怒，以笏撞之折齿，御史弹奏，罢知宣州。

数月，改应天府，延范仲淹以教生徒。自五代以来，天下学校废，兴学自殊始。召拜御史中丞，改资政殿学士、兼翰林侍读学士、兵部侍郎、兼秘书监，为三司使，复为枢密副使，未拜，改参知政事，加尚书左丞。太后谒太庙，有请服衮冕者，太后以问，殊以《周官》后服对。太后崩，以礼部尚书罢知亳州，徙陈州，迁刑部尚书，以本官兼御史中丞，复为三司使。

陕西方用兵，殊请罢内臣监兵，不以阵图授诸将，使得应敌为攻守；及募弓箭手教之，以备战斗。又请出宫中长物助边费，凡他司之领财利者，悉罢还度支。悉为施行。康定初，知枢密院事，遂为枢密使。进同中书门下平章事。庆历中，拜集贤殿学士、同平章事，兼枢密使。

殊平居好贤，当世知名之士，如范仲淹、孔道辅皆出其门。及为相，益务进贤材，而仲淹与韩琦、富弼皆进用，至于台阁，多一时之贤。帝亦奋然有意，欲因群材以更治，而小人权幸皆不便。殊出欧阳修为河北都转运，谏官奏留，不许。孙甫、蔡襄上言："宸妃生圣躬为天下主，而殊尝被诏志宸妃墓，没而不言。"又奏论殊役官兵治僦舍以规利。坐是降工部尚书、知颍州。然殊以章献太后方临朝，故志不敢斥言；而所役兵，乃辅臣例宣借者，时以谓非殊罪。

徙陈州，又徙许州，稍复礼部、刑部尚书。祀明堂，迁户部，以观文殿大学士知永兴军，徙河南府，迁兵部。以疾，请归京师访医药。既平，复求出守，特留侍经筵，诏五日一与起居，仪从如宰相。逾年，病寝剧，乘舆将往视之。殊即驰奏曰："臣老疾，行愈矣，不足为陛下忧也。"已而薨。帝虽临奠，以不视疾为恨，特罢朝二日，赠司空兼侍中，谥元献，篆其碑首曰："旧学之碑。"

殊性刚简，奉养清俭。累典州，吏民颇畏其悁急。善知人，富弼、杨察，皆其婿也。殊为宰相兼枢密使，而弼为副使，辞所兼，诏不许，其信遇如此。文章赡丽，应用不穷，尤工诗，闲雅有情思，晚岁笃学不倦。文集二百四十卷，及删次梁、陈以后名臣述作，为《集选》一百卷。子知止，为朝请大夫。

　　庞籍字醇之，单州武成人。及进士第。为黄州司理参军，知州夏竦以为有宰相器。调开封府兵曹参军，知府薛奎荐为法曹。迁大理寺丞、知襄邑县。

　　预修《天圣编敕》，为刑部详覆官。擢群牧判官，因转对言："旧制不以国马假臣下，重武备也。枢密院以带甲马借内侍杨怀敏，群牧覆奏，乃赐一马，三日，乃复借之，数日而复罢。枢密掌机命，反覆乃如此。平时，百官奏事上前，不自批章，止送中书、枢密院。近岁玺书内降，寝多于旧，无以防偏请、杜幸门矣。往者，王世融以公主子驱府吏，法当赎金，特停任。近作坊料物库主吏盗官物，辄自逃避。以宫掖之亲，三司遽罢追究。今日圣断乃异于昔，臣窃惑焉。祥符令检下稍严，胥吏相率空县而去，令坐罢免。若是，则清强者沮矣。"

　　久之，出知秀州。召为殿中侍御史，章献太后遗诰：章惠太后议军国事；籍请下阁门，取垂帘仪制尽燔之。又奏："陛下躬亲万几，用人宜辨邪正、防朋党，擢进近列，愿采公论，毋令出于执政。"孔道辅谓人曰："言事官多观望宰相意，独庞醇之，天子御史也。"为开封府判官，尚美人遣内侍称教旨免工人市租。籍言："祖宗以来，未有美人称教旨下府者，当杖内侍。"诏有司："自今宫中传命，毋得辄受。"数劾范讽罪，讽善李迪，皆寝不报，反坐言宫禁事不得实，以祠部员外郎罢为广南东路转运使。又言范讽事有不尽如奏，讽坐贬，籍亦降太常博士、知临江军。寻复官，徙福建转运使。

　　景祐三年，为侍御史，改刑部员外郎、知杂事，判大理寺，进天章阁待制。元昊反，为陕西体量安抚使。坐令开封府吏冯士元市女口，降知汝州。徙同州，就除陕西都转运使。文彦博鞫黄德和狱，未上，诏籍同案。籍言曰："德和退怯当诛。刘平力战而没，宜加恤其子孙。"又建言："频岁灾异，天久不雨。宫中费用奢靡，出纳不严，须索烦多,有司无从钩校虚实。臣窃谓凡乘舆所费,官中所用,宜务加裁抑,取则先帝,修德弭灾之道也。今宿兵西鄙,将士力战,弗获功赏;而内官、医官、乐官,无功劳,享丰赐,天下指目,谓之'三官'。愿少裁损,无厚赉予,专励战功,寇不足平也。”

进龙图阁直学士、知延州,俄兼鄜延都总管、经略安抚缘边招讨使。明年,改延州观察使,力辞,换左谏议大夫。自元昊陷金明、承平、塞门、安远、栲栳砦,破五龙川,边民焚掠殆尽,籍至,稍葺治之。戍兵十万元璧垒,皆散处城中,畏籍,莫敢犯法。金明西北有浑州川,土沃衍。川尾曰桥子谷寇出入之隘道。使部将狄青将万余人,筑招安砦于谷旁,数募民耕种,收粟以赡军。周美袭取承平砦,王信筑龙安砦,悉复所亡地,筑十一城。及开乢名、平戎道,通永和、乌仁关,更东西阵法为方阵,颇损益兵械。元昊遣李文贵赍野利旺荣书来送款,籍曰:“此诈也。”乃屯青涧城。后数月,果大寇定川,籍召文贵开谕之,遣去。既而元昊又以旺荣书来,会帝厌兵,因招怀之,遣籍报书,使呼旺荣为太尉。籍曰:“太尉三公,非陪臣所得称,使旺荣当之,则元昊不得臣矣,今其书自称'宁令'或'谟宁令',皆其官名也,于义无嫌。”朝廷从之。

会敌新破泾原城砦,方议修复。使者往返。逾年,又遣贺从勖来,改名曰曩霄,称男不称臣。籍不敢闻,从勖曰:“子事父,犹臣事君也。若得至京师,天子不许,更归议之。”籍送使者阙下,因陈便宜,言:“羌久不通和市,国人愁怨。今辞理寖顺,必有改事中国之心,请遣使者申谕之。”朝廷采用其策。

元昊既臣,召籍为枢密副使。籍言:“自陕西用兵,公私俱困,请并省官属,退近塞之兵就食内地。”从之,于是颇省边费。改参知政事,拜工部侍郎、枢密使,迁户部,拜同中书门下平章事、昭文馆大学士、监修国史。籍初入相,且独员,而遽为昭文馆大学士,出殊拜也。

侬智高反,师数不利,遣狄青为宣抚使。谏官韩绛谓武人不宜专任,帝以问籍。籍曰:“青起行伍,若以文臣副之,则号令不专,不如不遣。"诏岭南诸军,皆受青节度。既而捷书至,帝喜曰:"青破贼,卿之力也。"遂欲以青为枢密使、同平章事,籍力争之,不听。岭南平,二广举人推恩者六百九十一人,论者以为过。

顷之,齐州学究皇甫渊以捕贼功,法当赏钱,数上书求用。道士赵清贶与籍姊家亲,给为渊白籍,乃与堂吏共受渊赂。小吏诉之,下开封府,捕清贶,刺配远州,道死。韩绛言籍阴讽府杖杀清贶以灭口,覆之无状。言不已,乃罢知郓州。居数月,加观文殿大学士。拜昭德军节度使、知永兴军,改并州。

仁宗不豫,籍尝密疏,请择宗室之贤者为皇子,其言甚切。坐擅听麟州筑堡白草平,而州将武戡等为夏人所败,复为观文殿大学士、户部侍郎、知青州。迁尚书左丞,不拜。徙定州,召还京师,上章告老,寻以太子太保致仕,封颍国公。薨,年七十六。时仁宗不豫,废朝、临奠皆不果,第遣使吊赗其家。赠司空,加侍中,谥庄敏。

籍晓律令,长于吏事。持法深峭,军中有犯,或断斩刲磔,或累笞至死,以故士卒畏服。治民颇有惠爱,及为相,声望减于治郡时。子元英,朝散大夫。孙恭孙。

恭孙字德孺,以荫,补通判施州。崇宁中,部蛮向文强叛,诏转运使王蘧领州事致讨,恭孙说降文强而斩之。蘧上其功,进三秩,知涪州,遂以开边为己任。诱珍州骆文贵、承州骆世华纳土,费不赀。转运判官朱师古劾恭孙生事,诏黜师古而以恭孙代,于是溱、播、溪、思、费等州相继降。每开一城,辄褒迁,五年间,至徽猷阁待制。威州守乞通保、霸二州,进恭孙直学士、知成都府,委以招纳。未几,其酋董舜咨、董彦博来纳土,诏遣赴阙,皆拜承宣使,赐第京师,更名保州祺州、霸州亨州,使恭孙进筑之。言者论其贪纵,究治如章,谪保静军节度副使。才逾月,起知陈州,复待制,帅泸州。又以筑思州,进学士。前后在西南二十年,所得州县,多张名簿,实瘠卤不毛地,缮治转饷,为蜀人病,无几时皆废。宣和中,卒。

王随字子正,河南人。登进士甲科,为将作监丞、通判同州,迁秘书省著作郎、直史馆、判三司磨勘司。

为京西转运副使,陛辞,且言曰:"臣父母家洛中,乃在所部,得奉汤药,圣主之泽也。"真宗因赐诗宠行,以羊酒束帛令过家为寿。迁淮南转运使,父忧,起复。时岁比饥,随敕属部出库钱,贷民市种粮,岁中约输绢以偿,流庸多复业。徙河东转运使,三迁刑部员外郎兼侍御史知杂事。擢知制诰,以不善制辞,出知应天府。一日,帝谓宰相曰:"随治南京太宽。"王旦曰:"南京都会之地,随临事汗漫,无以弹厌。"改知扬州。再加右谏议大夫、权知开封府。

仁宗为太子,拜右庶子,仍领府事。周怀政诛,随自陈尝假怀政白金五十两,夺知制诰,改给事中、知杭州。乾兴初,复降秘书少监,徙通州。以州少学者,徙孔子庙,起学舍,州人喜,遣子弟就学。母丧,起复光禄卿、知润州,徙江宁府。岁大饥,转运使移府发常平仓米,计口日给一升,随置不听,曰:"民所以饥者,由兼并闭籴,以邀高价也。"乃大出官粟,平其价。

复给事中,为龙图阁直学士、知秦州。秦卒有负罪逃入蕃部者,戎人辄奴畜之,小不如意,复执出求赏,前此坐法多死。随下教能自归者免死,听复隶军籍,由是多来归者。又建请增蕃落卒,给废陷马地,募民耕种。坐事,徙河南府。入为御史中丞,同知礼部贡举,迁尚书礼部侍郎、翰林侍读学士。

明道中,为江淮安抚使,还拜户部侍郎、参知政事,请与同列日献前代名臣规谏一事。议者谓非辅弼之职,其事遂寝。加吏部侍郎知枢密院事,为壮惠皇太后园陵监护使,拜门下侍郎、同中书门下平章事、昭文馆大学士、监修国史。自薛居正后,故事,初相无越迁门下侍郎者,学士丁度之失也。

顷之,以疾在告,诏五日一朝,入中书视事。为相一年,无所建明。与陈尧佐、韩亿、石中立同执政,数争事。会灾异屡发,谏官韩琦言之,四人俱罢。随以彰信军节度使、同中书门下平章事判河阳。薨,赠中书令,谥章惠,后改文惠。

随外若方严,而治失于宽。晚更卞急,辄嫚骂人。性喜佛,慕裴休之为人,然风迹弗逮也。

章得象字希言,世居泉州。高祖仔钧,事闽为建州刺史,遂家浦城。得象母方娠,梦登山,遇神人授以玉象;及生,父奂复梦家庭积笏如山。长而好学,美姿表,为人庄重。进士及第,为大理评事、知玉山县,迁本寺丞。

真宗将东封泰山,以殿中丞签书兖州观察判官事,知台州,历南雄州,徙洪州。杨亿以为有公辅器,荐之,或问之,亿曰:"闽士轻狭,而章公深厚有容,此其贵也。"得象尝与亿戏博李宗谔家,一夕负钱三十万,而酣寝自如。他日博胜,得宗谔金一奁;数日博又负,即反奁与宗谔,封识未尝发也。其度量宏廓如此。

未几,召试,为直史馆、安抚京东,权三司度支判官,累迁尚书刑部郎中,使契丹,遂以兵部朗中知制诰。逾年,为翰林学士,迁右谏议大夫,以给事中为群牧使,迁礼部侍郎兼龙图阁学士,进承旨兼侍讲学士,擢同知枢密院事,迁户部侍郎,遂拜同中书门下平章事、集贤殿大学士。帝谓得象曰:"向者太后临朝,群臣邪正,朕皆默识之。卿清忠无所附,且未尝有所干请,今日用卿,职此也。"

陕西用兵,加中书侍郎兼工部尚书兼枢密使,辞所加官。明年,以工部尚书为昭文馆大学士。庆历五年,拜镇安军节度使、同平章事,封郇国公,徙判河南府,守司空致仕,薨。故事,致仕官乘舆不临奠,帝特往焉。赠太尉兼侍中,谥文宪。皇祐中,改谥文简。

得象在翰林十二年,章献太后临朝,宦官方炽,太后每遣内侍至学士院,得象必正色待之,或不交一言。在中书凡八年,宗党亲戚,一切抑而不进。仁宗锐意天下事,进用韩琦、范仲淹、富弼,使同得象经画当世急务,得象无所建明,御史孙抗数言之,得象居位自若。既而章十上请罢,帝不得已,许之。初,闽人谣曰:"南台江合出宰相。"至得象相时,沙涌可涉云。

论曰:殊、籍、随、得象皆起孤生,致位宰相。籍通晓法令,随练习民事,皆能用其所长。然籍终至绌免,随数遭谴斥,何其才之难得也。得象浑厚有容,殊喜荐拔人物,乐善不倦,方之诸人,殊其最优乎!

吕夷简字坦夫,先世莱州人。祖龟祥知寿州,子孙遂为寿州人。夷简进士及第,补绛州军事推官,稍迁大理寺丞。祥符中,试材识兼茂明于体用科,或言六科所以求阙政,今封禅告成,何阙政之求,罢之。通判通州,徙濠州,再迁太常博士。

河北水,选知滨州。代还奏:"农器有算,非所以劝力本也。"遂诏天下农器皆勿算。擢提点两浙刑狱,迁尚书祠部员外郎。时京师大建宫观,伐材木于南方。有司责期会,工徒至有死者,诬以亡命,收系妻子。夷简请缓其役,从之。又言:"盛冬挽运艰苦,须河流渐通,以卒番送。"真宗曰:"观卿奏,有为国爱民之心矣。"擢刑部员外郎兼侍御史知杂事。

蜀贼李顺叛,执送阙下,左右称贺。既而属御史台按之,非是,贺者趣具顺狱,夷简曰:"是可欺朝廷邪?"卒以实奏,忤大臣意。岁蝗旱,夷简请责躬修政,严饬辅相,思所以共顺天意;及奏弹李溥专利罔上。寇准判永兴,黥有罪者徙湖南,道由京师,上准变事。夷简曰:"准治下急,是欲中伤准尔,宜勿问,益徙之远方。"从之。赵安仁为御史中丞,夷简以亲嫌,改起居舍人、同勾当通进司兼银台封驳事。使契丹,还,知制诰。两川饥,为安抚使,进龙图阁直学士,再迁刑部郎中、权知开封府。治严办有声,帝识姓名于屏风,将大用之。

仁宗即位,进右谏议大夫。雷允恭擅徙永定陵地,夷简与鲁宗道验治,允恭诛,以给事中参知政事,因请以祥符天书内之方中。真宗祔庙,太后欲具平生服玩如宫中,以银罩覆神主。夷简言:"此未足以报先帝。今天下之政在两宫,惟太后远奸邪,奖忠直,辅成圣德,所以报先帝者,宜莫若此也。"故事,郊祠毕,辅臣迁官,夷简与同列皆辞之,后为例。迁尚书礼部侍郎、修国史,进户部,拜同中书门下平章事、集贤殿大学士、景灵宫使。玉清昭应宫灾,太后泣谓大臣曰:"先帝尊道奉天而为此,今何以称遗旨哉。"夷简意其将复营构也,乃推《洪范》灾异以谏,太后默然。因奏罢二府兼宫观使。进吏部,拜昭文馆大学士、监修国史,史成,辞进官。

天圣末,加中书侍郎。章懿主后为顺容,薨,宫中未治丧,夷简朝奏事,因曰:"闻有宫嫔亡者。"太后矍然曰:"宰相亦预宫中事邪!"引帝偕起。有顷独出,曰:"卿何间我母子也?"夷简曰:"太后他日不欲全刘氏乎?"太后意稍解。有司希太后旨,言岁月葬未利。夷简请发哀成服,备仪仗葬之。

大内火,百官晨朝,而宫门不开。辅臣请对,帝御拱辰门,百官拜楼下,夷简独不拜。帝使人问其故,曰:"宫庭有变,群臣愿一望清光。"帝举帘见之,乃拜。诏以为修大内使。内成,进尚书右仆射兼门下侍郎,辞仆射,乃兼吏部尚书。

初,荆王子养禁中,既长,夷简请出之。太后欲留使从帝诵读,夷简曰:"上富春秋,所亲非儒学之臣,恐无益圣德。"即日命还邸中。太后崩,帝始亲政事,夷简手疏陈八事,曰:"正朝纲,塞邪径,禁货赂,辨佞壬,绝女谒,疏近习,罢力役,节冗费。其劝帝语甚切。

帝始与夷简谋,以张耆、夏竦皆太后所任用者也。悉罢之,退告郭皇后。后曰:"夷简独不附太后邪?但多机巧、善应变耳。"由是夷简亦罢为武胜军节度使、检校太傅、同中书门下平章事、判陈州。及宣制,夷简方押班,闻唱名,大骇,不知其故。而夷简素厚内侍副都知阎文应,因使为中诇,久之,乃知事由皇后也。岁中而夷简复相。

初,刘涣上疏请太后还政,太后怒,使投岭外,属太后疾革,夷简请留之。至是,涣以前疏自言,帝擢涣右正言,顾谓夷简:"向者枢密院亟欲投涣,赖卿以免。"夷简谢,因曰:"涣由疏外故敢言,大臣或及此,则太后必疑风旨自陛下,使子母不相安矣。"帝以夷简为忠。

郭后以怒尚美人,批其颊,误伤帝颈。帝以爪痕示执政大臣,夷简以前罢相故,遂主废后议。仁宗疑之,夷简曰:"光武,汉之明主也,郭后止以怨怼坐废,况伤陛下颈乎?"夷简将废后,先敕有司,无得受台谏章奏。于是御史中丞孔道辅、右司谏范仲淹率台谏诣阁门请对,有旨令台谏诣中书,夷简乃贬出道辅等,后遂废。宗室子益众,为置大宗正纠率,增教授员。加右仆射,封申国公。

王曾与夷简数争事,不平,曾斥夷简纳赂市恩。夷简乞置对。帝问曾,曾语屈,于是二人皆罢。夷简以镇安军节度使、同平章事判许州,徙天雄军。未几,以右仆射复入相,逾年,进位司空,辞不拜,徙许国公。时方饬兵备,以判枢密院事,而谏官田况言总判名太重,改兼枢密使。

契丹聚兵幽蓟,声言将入寇,议者请城洛阳。夷简谓:"契丹畏壮侮怯,遽城洛阳,亡以示威,景德之役,非乘舆济河,则契丹未易服也。宜建都大名,示将亲征以伐其谋。"或曰:"此虚声尔,不若修洛阳。"夷简曰:"此子襄城郢计也。使契丹得渡河,虽高城深池,何可恃耶?"乃建北京。

未几,感风眩,诏拜司空、平章军国重事。疾稍间,命数日一至中书,裁决可否。夷简力辞,复降手诏曰:"古谓髭可疗疾,今翦以赐卿。"三年春,帝御延和殿召见,敕乘马至殿门,命内侍取兀子舆以前。夷简引避久之,诏给扶母拜。乃授司徒、监修国史,军国大事与中书、枢密同议。固请老,以太尉致仕,朝朔望。既薨,帝见群臣,涕下,曰:"安得忧国忘身如夷简者!"赠太师、中书令,谥文靖。

自仁宗初立,太后临朝十余年,天下晏然,夷简之力为多。其后元昊反,四方久不用兵,师出数败;契丹乘之,遣使求关南地。颇赖夷简计画,选一时名臣报使契丹、经略西夏,二边以宁。然建募万胜军,杂市井小人,浮脆不任战斗。用宗室补环卫官,骤增奉赐,又加遗契丹岁缯金二十万,当时不深计之,其后费大而不可止。郭后废,孔道辅等伏阁进谏,而夷简谓伏阁非太平事,且逐道辅。其后范仲淹屡言事,献《百官图》论迁除之敝,夷简指为狂肆,斥于外。时论以此少之。

夷简当国柄最久,虽数为言者所诋,帝眷倚不衰。然所斥士,旋复收用，亦不终废。其于天下事，屈伸舒卷，动有操术。后配食仁宗庙，为世名相。始，王旦奇夷简，谓王曾曰："君其善交之。"卒与曾并相。后曾家请御篆墓碑，帝因惨然思夷简，书"情忠之碑"四字以赐之。有集二十卷。子公绰、公弼、公著、公孺。公著自有传。

公绰字仲裕，荫补将作监丞、知陈留县。天圣中，为馆阁对读。召试，直集贤院，辞，改校理，迁太子中允。夷简罢相，复为直集贤院、同管勾国子监，出知郑州。尝问民疾苦，父老曰："官籍民产，第赋役重轻，至不敢多畜牛，田畴久芜秽。"公绰为奏之，自是牛不入籍。还判吏部南曹，累迁太常博士、同判太常寺。请复太医局，及请设令、丞、府史如天官医师。钧容直假太常旌纛、羽龠，为优人戏，公绰执不可，遂罢之。

纠察在京刑狱。虎翼卒刘庆告变，下吏案验，乃庆始谋，众不从，庆反诬众以邀赏。因言："京师卫兵百万，不痛惩之，则众心摇。"遂斩庆以徇。迁尚书工部员外郎，为史馆修撰。时夷简虽谢事，犹领国史，公绰辞修撰。夷简薨，还兵部员外郎，复为修撰。服除，复同判太常寺兼提举修祭器。

公绰以郊庙祭器未完，制度多违礼，请悉更造。故事，荐新诸物，礼官议定乃荐，或后时陈败。公绰采《月令》诸书，以四时新物及所当荐者，配合为图。又以岁大、中、小祠凡六十一，禘祫二，裸献兴俯，玉帛尊彝，菁茅醢醴，钟石歌奏，集为《郊祀总仪》上之。又言："古者，天地、宗庙、日月、五方、百神之祀，咸有尊垒，五齐三酒，分实其中，加明水、明酒，以达阴阳之气。今有司徒设尊垒，而酌用一尊，非礼神之意。宜按《周礼》实齐酒，取火于日，取水于月，因天地之洁气。"初谥诸后，皆击祖宗谥，而真宗五后独曰"庄"。公绰曰："妇人从夫之谥，真宗谥章圣，而后曰'庄'，非礼也。愿更为'章'。"多施行之。

历知制诰、龙图阁直学士、集贤殿修撰、知永兴军，改枢密直学士、知秦州。安远砦、古谓州诸羌来献地，公绰顾其属曰："天下之大,岂利区落尺寸地以为广邪?"却之。弓箭手马多阙,松绰谕诸砦户为三等,凡十丁为社,至秋成,募出金帛市马,马少,则先后给之。祀明堂,迁刑部郎中,召为龙图阁学士、权知开封府。岁余,愿罢府事,进翰林侍读学士、知审刑院兼判太常寺。

初,公绰在开封府,宰相庞籍外属道士赵清贶受赂,杖脊道死。至是,御史以为公绰受籍旨,杖杀清贶以灭口,左迁龙图阁学士、知徐州。方杖清贶时,实非公绰所临。顷之,公绰亦自辨,复侍读学士,徙河阳,留侍经筵。时久不雨,帝顾问:"何以致雨?"曰:"狱久不决,即有冤者,故多旱。"帝亲虑囚,已而大雨。迁右司郎中,未拜,卒。赠左谏议大夫。

公绰通敏有才,父执政时,多涉干请,喜名好进者趋之。尝漏泄除拜以市恩,时人比之窦申。

公弼字宝臣。赐进士出身,积迁直史馆、河北转运使。自宝元、庆历以来,宿师备边。既西北撤警,而将屯如故,民疲馈饷。公弼始通御河,漕粟实塞下;冶铁以助经费;移近边屯兵就食京东;增城卒,给板筑;蠲冗赋及民逋数百万。夷简之亡也,仁宗思之,问知公弼名,识于殿柱。至是,益材其为。擢都转运使,加龙图阁直学士、知瀛州,入权开封府。尝奏事退,帝目送之,谓宰相曰:"公弼甚似其父。"

改同群牧使,以枢密直学士知渭、延二州,徙成都府。其治尚宽,人疑少威断。营卒犯法当杖,捍不受,曰:"宁以剑死。"公弼曰:"杖者国法,剑汝自请。"杖而后斩之,军府肃然。英宗罢三司使蔡襄,召公弼代之。初,公弼在群牧时,帝居藩,得赐马颇劣,欲易不可。至是,帝谓曰:"卿曩岁不与朕马,是时固已知卿矣。蔡襄主计,诉讼不时决,故多留事。卿继其后,将何以处之?"公弼顿首谢,对曰:"襄勤于事,未尝有旷失,恐言之者妄耳。"帝以为长者。

拜枢密副使。时言事者数与大臣异议去,公弼谏曰:"谏官、御史,为陛下耳目,执政为股肱。股肱耳目,必相为用,然后身安而元首尊。宜考言观事,视其所以而进退之。"彗出营室,帝忧之,同列请饬边备。公弼曰:"彗非小变,陛下宜侧身修德,以应天戒,臣恐患不在边也。"

神宗立,司马光劾内侍高居简,帝未决。公弼曰:"光与居简,势不两立。居简,内臣耳,而光中执法,愿陛下择其重者。"帝曰:"然则当奈何?"公弼曰:"迁居简一官,而解其近职,光当无争。"从之。进枢密使。议者欲并环庆、鄜延为一路,公弼曰:"自白草西抵定远,中间相去千里,若合为一路,猝有缓急,将何以应?"又欲下边臣使议之,公弼曰:"庙堂之上不处决,而诱边吏,可乎?"乃止。

王安石知政事,嗛公弼不附已,白用其弟公著为御史中丞以逼之。公弼不自安,立上章避位,不许。陈升之建议,卫兵年四十以上,稍不中程者,减其牢廪,徙之淮南。公弼以为非人情,帝曰:"是当退为剩员者,今故为优假,何所害?"对曰:"臣不敢生事邀名,正恐误国耳。既使去本土,又削其廪,傥二十万众皆反侧,为之奈何?"韩绛议复肉刑,公弼力陈不可,帝皆为之止。

安石立新法,公弼数言宜务安静,又将疏论之。从孙嘉问窃其稿示安石,安石先白之,帝不乐,遂罢为观文殿学士、知太原府。韩绛宣抚秦、晋,将取罗兀城,令河东发兵二万,趣神堂新路。公弼曰:"虏必设覆以待我。永和关虽回远,可安行无患。"乃由永和。既而新路援兵果遇覆,诏褒之。麟州无井,唯沙泉在城外,欲拓城包之,而土善陷,夏人每至围城,人皆忧渴死。公弼用其僚邓子乔计,仿古拔轴法,去其沙,实以末炭,墐土于其上,板筑立,遂包泉于中。自是城坚不陷,而州得以守。

俄以疾,请知郑州。王韶取熙河,朝廷谋秦凤帅,帝曰:"公弼在河东,方出师仓卒时,有绥御之能,宜使往。"乃拜宣徽南院使、判秦州。帝疑其不肯行,公弼闻命即治装,帝喜,召之入对,慰劳而遣之。既赴镇,羌董毡辄治书称敕,公弼却之,曰:"藩臣安得妄称敕?"董毡惧,自是不复敢。才旬月,复以疾求解,为西太一宫使。薨,年六十七。赠太尉,谥曰惠穆。

　　公孺字稚卿。任为奉礼郎，赐进士出身，判吏部南曹。占对详敏，仁宗以为可用。知泽、颍、卢、常四州，提点福建、河北路刑狱，入为开封府推官。民鬻薪为盗所夺，逐之遭伤，尹包拯命笞盗。公孺曰："盗而伤主，法不止笞。"执不从，拯善其守。及使三司，而公孺为判官，事皆咨决之。判都水监，未几，改陕西转运使。

　　神宗得绥州，遣使议守弃之便，久未决。命公孺往，与郭逵议合，遂存绥州。常平法行，公孺请以青苗、免役归提刑司。徙知渭州，再徙郓州。坐失入死刑，责知蔡州。

　　元丰初，帝召公孺，慰之曰："长安谋帅，无以易卿。"命知永兴军。徙河阳，洛口兵千人，以久役思归，奋斧锤排关，不得入，西走河桥，观听汹汹，诸将请出兵掩击，公孺曰："此皆亡命，急之，变且生。"即乘马东去，遣牙兵数人迎谕之曰："汝辈诚劳苦，然岂得擅还？一度桥，则罪不赦矣！太守在此，愿自首者止道左。"皆伫立以俟。公孺索倡首者，黥一人，余复送役所。语其校曰："若复偃蹇者，斩而后报。"众帖息。乃自劾专命，诏释之。

　　知审官东院，出知秦州。李宪以诏出兵，欲尽驻原、渭，公孺不可，与宪相论奏，坐徙相州，更陈、杭、郑、瀛四州。元祐初，加龙图阁直学士，复以为秦州，固辞，改秘书监。迁刑部侍郎、知开封府，为政明恕。幕人迁醮坐设，毁其角，法当徒，公孺请罪，数十人皆以杖免。原庙亡珠，系治典吏久，公孺曰："主者番代不一，曷尝以珠数相授受，岁时讳日，宫嫔狎至，奈何专指吏卒乎？"请之，得释。擢户部尚书，以病，提举醴泉观。卒，年七十，赠右光禄大夫。

　　公孺廉俭，与人寡合。尝护曹修丧，得厚饷，辞不受，谈者清其节焉。

　　张士逊字顺之。祖裕，尝主阴城盐院，因家阴城。士逊生百日始啼。淳化中，举进士，调郧乡主簿，迁射洪令。转运使檄移士逊治郪，民遮马首不得去，因听还射洪。安抚使至梓州，问属吏能否，知州张雍曰："射洪令，第一也。"改襄阳令，为秘书省著作佐郎、知邵武县，以宽厚得民。前治射洪，以旱，祷雨白崖山陆史君祠，寻大雨，士逊立廷中，须雨足乃去。至是，邵武旱，祷欧阳太守庙，庙去城过一舍，士逊撤盖，雨沾足始归。改秘书丞、监折中仓，历御史台推直官。

翰林学士杨亿荐为监察御史。贡举初用糊名法，士逊为诸科巡铺官，以进士有姻党，士逊请避去，真宗记名于御屏，自是有亲嫌者皆移试，著为令。中书拟人充江南转运使，再拟辄见却，帝独用士逊。再迁侍御史，徙广东，又徙河北。河侵棣州，诏徙州阳信，议者患粮多，不可迁。士逊视濒河数州方艰食，即计余以贷贫者，期来岁输阳信，公私利之。

仁宗出阁，帝选僚佐，谓宰臣曰："翊善、记室，府属也，王皆受拜。今王尚少，宜以士逊为友，令王答拜。"于是以户部郎中直昭文馆，为寿春郡王友，改升王府谘议参军，迁右谏议大夫兼太子右庶子，改左庶子。士逊言："诣资善堂，升阶列拜，而皇太子犹跪受，宜诏皇太子坐受之。"帝不许。诏士逊等遇太子侍驾出入许陪从。判史馆，知审刑院，以太子宾客、枢密直学士判集贤院。既而二府大臣皆领东宫官，遂换太子詹事，擢枢密副使，迁给事中兼詹事，累迁尚书左丞，遂拜礼部尚书、同中书门下平章事、集贤殿大学士。

曹汭狱事起，宦者罗崇勋、江德明方用事，因潜利用。帝疑之，问执政，众顾望未有对者。士逊徐曰："此独不肖子为之，利用大臣，宜不知状。"太后怒，将罢士逊。帝以其东宫旧臣，加刑部尚书、知江宁府，解通犀带赐之。后领定国军节度使、知许州。

明道初，复入相，进中书侍郎兼兵部尚书。明年，进门下侍郎、昭文馆大学士、监修国史。是岁旱蝗，士逊请如汉故事册免，不许。及帝自损尊号，士逊又请降官一等，以答天变，帝慰勉之。群臣上章懿谥册，退而入慰，士逊，与同列过杨崇勋园饮，日中不至。御史中丞范讽劾士逊以尚书左仆射判河南府，崇勋亦以使相判许州。翌日入谢，班崇勋下，帝问其故，士逊曰："崇勋为使相，臣官仆射，位当下。"遂为山南东道节度使、同中书门下平章事、判许州,以崇勋知陈州。时士逊罢已累日,制犹用宰相衔,有司但奉行制书,不复追改。徙河南府。

宝元初,复以门下侍郎、兵部尚书入相,封郢国公。士逊与辅臣奏事,帝从容曰:"朕昨放宫人,不独闵幽闭,亦省浮费也。近复有献李女者,朕却而弗受。"士逊曰:"此盛德事也。"帝徐曰:"近言者至有毁大臣,揭君过者。"士逊曰:"陛下审察邪正,则险诈之人,宜自戒惧矣。"冯士元狱既具,帝以决狱问士逊。士逊曰:"台狱阿徇,非出自宸断,何以惬中外之论邪?"帝曰:"君子小人各有党乎?"士逊曰:"有之,第公私不同尔。"帝曰:"法令必行,邪正有别,则朝纲举矣。"

康定初,士逊言禁兵久戍边,其家在京师,有不能自存者。帝命内侍条指挥使以下为差等,出内藏缗钱十万赐之。士逊又请遣使安抚陕西,帝命遣知制诰韩琦以行。于是诏枢密院,自今边事,并于士逊等参议。及简辇官为禁军,辇官携妻子遮宰相,枢密院喧诉,士逊方朝,马惊堕地。时朝廷多事,士逊亡所建明,谏官韩琦论曰:"政事府岂养病之地邪?"士逊不自安,累上章请老,乃拜太傅,封郑国公致仕。诏朔望朝见及大朝会,缀中书门下班,与一子五品服。士逊辞朝朔望。间遣中使劳问,御书飞白"千岁"字赐之,士逊因建千岁堂。尝请买城南官园,帝以赐士逊。宰相得谢,盖自士逊始。就第凡十年,卒,年八十六。帝临奠,赠太师、中书令,谥文懿,御篆其墓碑曰"旧德之碑。"

士逊生七日,丧母,其姑育养之。既长,事姑孝谨,姑亡,为行服,徙跣扶柩以葬,追封南阳县太君。初,陈尧佐罢参知政事,人有挟怨告尧佐谋反,复有诬谏官阴附宗室者。士逊曰:"险人构陷善良,以摇朝廷,奸伪一开,亦不能自保矣。"帝悟,抵告者以罪,诬谏官事亦不下。然曹利用在枢府,藉宠肆威,士逊居其间,无所可否,时人以"和鼓"目之。士逊尝纳女口宫中,为御史杨偕所劾。

子友直字益之。初补将作监主簿，再迁为丞。士逊为请馆阁校勘，仁宗曰："馆阁所以待英俊，不可。"乃令馆阁读书，诏校甚毋得增员。后编三馆书籍，迁秘阁校理、同知礼院，赐进士出身，知襄州。坐军贼张海剽劫不能制，罢归。后除史馆修撰，御史何郯言："史馆修撰，故事，皆试知制诰，友直不当得。"改集贤殿修撰。以天章阁待制知陕州，同勾当三班院。侍宴集英殿，犹衣绯衣，仁宗顾见之，乃赐金紫。累迁工部郎中、知越州。州民每春敛财，大集僧道士女，谓之"祭天"，友直下令禁绝，取所敛财，建学以延诸生。卒官。士逊尝记帝东宫旧事，而史官未之见，友直纂为《资善录》上之。

幼子友正字义祖，杜门不治家事，居小阁学书，积三十年不辍，遂以书名。神宗评其草书，为本朝第一。

论曰：吕夷简、张士逊皆以儒学起家，列位辅弼。仁宗之世，天下承平，因时制宜，济以宽厚，相臣预有力焉。士逊练习民事，风迹可纪，而依违曹利用以取讥，方夷简在下僚，诸父蒙正以宰相才期之。及其为相，深谋远虑，有古大臣之度焉。在位日久，颇务收恩避怨，以固权利，郭后之废，遂成其君之过举、咎莫大焉。虽然，吕氏更执国政，三世四人，世家之大盛，则未之有也。

宋史卷三一二
列传第七一

韩琦 子忠彦　曾公亮 子孝宽　孝广
孝蕴　陈升之　吴充　王珪
从父罕　从兄琪

　　韩琦字稚圭，相州安阳人。父国华，自有传。琦风骨秀异，弱冠举进士，名在第二。方唱名，太史奏日下五色云见，左右皆贺。授将作监丞、通判淄州，入直集贤院、监左藏库。时方贵高科，多径去为显职，琦独滞管库，众以为非宜，琦处之自若。禁中需金帛，皆内臣直批旨取之，无印可验，琦请复旧制，置传宣合同司，以相防察。又每纲运至，必俟内臣监莅，始得受，往往数日不至，暴露庑下。衙校以为病，琦奏罢之。

　　历开封府推官、三司度支判官，拜右司谏。时宰相王随、陈尧佐，参知政事韩亿、石中立，在中书罕所建明，琦连疏其过，四人同日罢。又请停内降，抑侥幸。凡事有不便，未尝不言，每以明得失、正纪纲、亲忠直、远邪佞为急，前后七十余疏。王曾为相，谓之曰："今言者不激，则多畏顾，何补上德？如君言，可谓切而不迂矣。"曾闻望方崇，罕所奖与，琦闻其语，益自信。权知制诰。

　　益、利岁饥，为体量安抚使。异时郡县督赋调繁急，市上供绮绣诸物不予直，琦为缓调籴给之，逐贪残不职吏，汰冗役数百，活饥民百九十万。赵元昊反，琦适自蜀归，论西师形势甚悉，即命为陕西安抚使。刘平与贼战，败，为所执，时宰入他诬，收系平子弟，琦辨直其冤。

进枢密直学士,副夏竦为经略安抚、招讨使。诏遣使督出兵,琦亦欲先发以制贼,而合府固争,元昊遂寇镇戎。琦画攻守二策驰入奏,仁宗欲用攻策,执政者难之。琦言:"元昊虽倾国入寇,众不过四五万人,吾逐路置重兵自为守,势分力弱,遇敌辄不支。若并出一道,鼓行而前,乘贼骄惰,破之必矣。"乃诏鄜延、泾原同出征。既还营,元昊来求盟。琦曰:"无约而请和者,谋也。"命诸将戒严,贼果犯山外。琦悉兵付大将任福,令自怀远城趋德胜砦出贼后,如未可战,即据险置伏,要其归。及行,戒之至再。又移檄约,敬违节度,虽有功,亦斩。福竟为贼诱,没于好水川。竦使人收散兵,得琦檄于福衣带间,言罪不在琦。琦亦上章自劾,犹夺一官,知秦州,寻复之。

会四路置帅,以琦兼秦凤经略招讨安抚使。庆历二年,与三帅皆换观察使,范仲淹、庞籍、王沿不肯拜,琦独受不辞。未几,还旧职,为陕西四路经略安抚、招讨使,屯泾州。琦与范仲淹在兵间久,名重一时,人心归之,朝廷倚以为重,故天下称为"韩范"。东兵从宿卫来,不习劳苦,琦奏增土兵以代戍,建德顺军以蔽萧关、鸣沙之道。方谋取横山,规河南,而元昊称臣,召为枢密副使。

元昊介契丹为援,强邀索无厌,宰相晏殊等厌兵,将一切从之。琦陈其不便,条所宜先行者七事:一曰清政本,二曰念边计,三曰擢材贤,四曰备河北,五曰固河东,六曰收民心,七曰营洛邑。继又陈救弊八事,欲选将帅,明按察,丰财利,遏侥幸,进能吏,退不才,谨入官,去冗食。谓:"数者之举,谤必随之,愿委计辅臣,听其注措。"帝悉嘉纳。遂宣抚陕西,讨平群盗张海、郭邈山;禁卒羸老不任用者,悉汰之;尽修鄜延城障,须敌悉归所侵地,乃许和。归陈西北四策,以为:"今当以和好为权宜,战守为实务。请缮甲厉兵,营修都城,密定讨伐之计。"

时二府合班奏事,琦必尽言,虽事属中书亦陈其实。同列或不悦,帝独识之,曰:"韩琦性直。"琦与范仲淹、富弼皆以海内人望,同时登用,中外跂想其勋业。仲淹等亦以天下为已任,群小不便之,毁言日闻。仲淹、弼继罢，琦为辨析，不报。尹洙与刘沪争城水洛事，琦右洙，朝论不谓然。乃请外，以资政殿学士知扬州，徙郓州、成德军、定州。兼安抚使，进大学士，又加观文殿学士。

初，定州兵狃平贝州功，需赏赉，出怨语，至欲操城下。琦闻之，以为不治且乱，用军制勒习，诛其尤无良者。士死攻战，则赏赙其家，籍其孤嫠继廪之，威恩并行。又仿古三阵法，日月训齐之，由是中山兵精劲冠河朔。京师发龙猛卒戍保州，在道为人害，至定，琦悉留不遣，易素教者使之北，又振活饥民数百万。玺书褒激，邻道视以为准。

拜武康军节度使、知并州。承受廖浩然，怙中贵势贪恣，既诬逐前帅李昭亮，所为益不法，琦奏还之，帝命鞭诸本省。契丹冒占天池庙地，琦召其酋豪，示以曩日彼所求修庙檄，无以对，遂归我斥地。既又侵耕阳武砦地，琦凿堑立石以限之。始，潘美镇河东，患寇钞，令民悉内徙，而空塞下不耕，于是忻、代、宁化、火山之北多废壤。琦以为此皆良田，今弃不耕，适足以资敌，将皆为所有矣。逐请距北界十里为禁地，其南则募弓箭手居之，垦田至九千六百顷，久之，求知相州。

嘉祐元年，召为三司使，未至，迎拜枢密使。三年六月，拜同中书门下平章事、集贤殿大学士。六年闰八月，迁昭文馆大学士、监修国史，封仪国公。帝既连失三王，自至和中得疾，不能御殿。中外惴恐，臣下争以立嗣固根本为言，包拯、范镇尤激切。积五六岁，依违未之行，言者亦稍息。至是，琦乘间进曰：“皇嗣者，天下安危之所系。自昔祸乱之起，皆由策不早定。陛下春秋高，未有建立，何不择宗室之贤者，以为宗庙社稷计？”帝曰：“后宫将有就馆者，姑待之。”已又生女。

一日，琦怀《汉书·孔光传》以进，曰：“成帝无嗣，立弟之子。彼中材之主，犹能如是，况陛下乎。愿以祖之心为心，则无不可者。”又与曾公亮、张升、欧阳修极言之。会司马光、吕诲皆有请，琦进读二疏，未及有所启，帝遽曰：“朕有意久矣。谁可者？”琦皇恐对曰：“此非臣辈所可议,当出自圣择。"帝曰:"宫中尝养二子,小者甚纯,近不慧,大者可也。"琦请其名,帝以宗实告。宗实,英宗旧名也。琦等逐力赞之,议乃定。

英宗居濮王丧,议起知宗正,琦曰:"事若行,不可中止。陛下断自不疑,乞内中批出。"帝意不欲宫人知,曰:"只中书行足矣。"命下,英宗固辞。帝复问琦,琦对曰:"陛下既知其贤而选之,今不敢遽当,盖器识远大,所以为贤也。愿固起之。"英宗既终丧,犹坚卧不起。琦言:"宗正之命初出,外人皆知必为皇子,不若遂正其名。"乃下诏立为皇子。明年,英宗嗣位,以琦为仁宗山陵使,加门下侍郎,进封卫国公。

琦既辅立英宗,门人亲客,或从容语及定策事,琦必正色曰:"此仁宗圣德神断,为天下计,皇太后内助之力,臣子何与焉。"英宗暴得疾,太后垂帘听政。帝疾甚,举措或改常度,遇宦官尤少恩。左右多不悦者,乃共为谗间,两宫遂成隙。琦与欧阳修奏事帘前,太后呜咽流涕,具道所以。琦曰:"此病固尔,病已,必不然。子疾,母可不容之乎?"修亦委曲进言,太后意稍和,久之而罢。后数日,琦独见上,上曰:"太后待我无恩。"琦对曰:"自古圣帝明主,不为少矣。然独称舜为大孝,岂其余尽不孝耶?父母慈爱而子孝,此常事不足道;惟父母不慈,而子不失孝,乃为可称。但恐陛下事之未至尔,父母岂有不慈者哉。"帝大感悟。及疾愈,琦请乘舆因祷雨具素服以出,人情乃安。太后还政,拜琦右仆射,封魏国公。

夏人寇大顺,琦议停岁赐,绝和市,遣使问罪。枢密使文彦博难之,或举宝元、康定事,琦曰:"谅祚,狂童也,非有元昊智计,而边备过当时远甚。亟诘之,必服。"既而谅祚上表谢,帝顾琦曰:"一如所料。"帝寝疾,琦入问起居,言曰:"陛下久不视朝,愿早建储,以安社稷。"帝颔之,即召学士草制,立颍王。

神宗立,拜司空兼侍中,为英宗山陵使。琦执政三世,或病其专。御史中丞王陶劾琦不赴文德殿押班为跋扈。琦请去,帝为黜陶。永厚陵复土,琦不复入中书,坚辞位。除镇安武胜军节度使、司徒兼侍中、判相州。入对，帝泣曰："侍中必欲去，今日已降制矣。"赐兴道坊宅一区，擢其子忠彦秘阁校理。琦辞两镇，乃但领淮南。

会种谔擅取绥州，西边侦扰，改判永兴军，经略陕西。琦言："边臣肆意妄作，弃约基乱，愿召二府亟决之。"琦入辞，曾公亮等方奏事，乞与琦同议。帝召之，琦曰："臣前日备员政府，所当共议。今日，藩臣也，不敢预闻。"又言："王陶指臣为跋扈，今陛下乃举陕西兵柄授臣，复有劾臣如陶者，则臣赤族矣。"帝曰："侍中犹未知朕意邪？"琦初言绥州不当取，已而夏人诱杀杨定。琦复言："贼既如此，绥今不可弃。"枢密院以初议诘之，琦具论其故，卒存之。

熙宁元年七月，复请相州以归。河北地震、河决，徙判大名府，弃安抚使，得便宜从事。王安石用事，出常平使者散青苗钱，琦亟言之。帝袖其疏以示宰臣，曰："琦真忠臣，虽在外，不忘王室。朕始谓可以利民，今乃害民如此。且坊郭安得青苗，而亦强与之乎？"安石勃然进曰："苟从其欲，虽坊郭何害。"明日，称疾不出。当是时，新法几罢，安石复出，持前议益坚。琦又恳奏，安石下之条例司，令其属疏驳，刊石颁天下。琦申辨愈切，不克从。于是请解四路安抚使，止领一路，安石欲沮琦，即从之。六年，还判相州。

契丹来求代北地，帝手诏访琦，琦奏言：

臣观近年以来，朝廷举事，似不以大敌为恤。彼见形生疑，必谓我有图复燕南意，故引先发制人之说，造为衅端。所以致疑，其事有七：高丽臣属北方，久绝朝贡，乃因商舶诱之使来，契丹知之，必谓将以图我。一也。强取吐蕃之地以建熙河，契丹闻之，必谓行将及我。二也。遍植榆柳于西山，冀其成长以制蕃骑。三也。创围保甲。四也。诸州筑城凿池。五也。置都作院，颁弓刀新式，大作战车。六也。置河北三十七将。七也。契丹素为敌国，因事起疑，不得不然。

臣昔年论青苗钱事，言者辄肆厚诬，非陛下之明，几及大戮。自此。闻新法日下，不敢复言。今亲被诏问，事系安危，言及而隐，死有余罪。臣尝窃计，始为陛下谋者，必曰治国之本，当先聚财积谷,募兵于民,则可以鞭笞四夷。故散青苗钱,使民出利;为免役之法,次第取钱;迨置市易务,而小商细民,无所措手。新制日下,更改无常,官吏茫然,不能详记,监司督责,以刻为明。今农怨于畎亩,商叹于道路,长吏不安其职,陛下不尽知也。夫欲攘斥四夷,以兴太平,而先使邦本困摇,众心离怨,此则为陛下始谋者大误也。

臣今为陛下计,谓宜遣使报聘,具言向来兴作,乃修备之常,岂有他意;疆土素定,悉如旧境,不可持此造端,以随累世之好。以可疑之形,如将官之类,因而罢去。益养民爱力,选贤任能,疏远奸谀,进用忠鲠,使天下悦服,边备日充。若其果自败盟,则可一振威武,恢复故疆,摅累朝之宿愤矣。

疏上,会安石再入相,悉以所争地与契丹,东西七百里,论者惜之。八年,换节永兴军,再任,未拜而死,年六十八。前一夕,大星陨于治所,枥马皆惊。帝发哀苑中,哭之恸。辍朝三日,赐银三千两,绢三千匹,发两河卒为治冢,瑑其碑曰"两朝顾命定策元勋。"赠尚书令,谥曰忠献,配享英宗庙庭。常令其子若孙一人官于相,以护丘墓。故事,三省长官,惟尚书令为尤重,赠者必兼他官。至琦,乃单赠。后又诏,虽当追策,不复更加师保,盖贵之也。

琦早有盛名,识量英伟,临事喜愠不见于色,论者以重厚比周勃,政事比姚崇。其为学士临边,年甫三十,天下已称为韩公。嘉祐、治平间,再决大策,以安社稷。当是时,朝廷多故,琦处危疑之际,知无不为。或谏曰:"公所为诚善,万一蹉跌,岂惟身不自保,恐家无处所。"琦叹曰:"是何言也。人臣尽力事君,死生以之。至于成败,天也,岂可豫忧其不济,遂辍不为哉。"闻者愧服。在魏都久,辽使每过,移牒必书名,曰:"以韩公在此故也。"忠彦使辽,辽主问知其貌类父,即命工图之,其见重于外国也如此。

琦天资朴忠,折节下士,无贵贱,礼之如一。尤以奖拔人才为急,傥公论所与,虽意所不悦,亦收用之,故得人为多。选饬群司,皆使奉法循理。其所建请,第顾义所在,无适莫心。在相位时,王安石有盛名，或以为可用，琦独不然之。及守相，陛辞，神宗曰："卿去，谁可属国者，王安石何如？"琦曰："安石为翰林学士则有余，处辅弼之地则不可。"上不答。其镇大名也，魏人为立生祠。相人爱之如父母，有斗讼，传相劝止，曰："勿挠吾侍中也。"与富弼齐名，号称贤相，人谓之"富韩"云。徽宗追论琦定策勋，赠魏郡王。子五人：忠彦、端彦、纯彦、粹彦。端彦右赞善大夫。纯彦，官至徽猷阁学士。粹彦为吏部侍郎，终龙图阁学士。嘉彦尚神宗女齐国公主，拜驸马都尉，终瀛海军承宣使。

忠彦字师朴，少以父任，为将作监簿，复举进士。琦罢政，忠彦以秘书丞召试馆职，除校理、同知太常礼院，为开封府判官、三司盐铁判官。出通判永宁军，召还，为户部判官。

琦死，服除，为直龙图阁，擢天章阁待制、知瀛州。朝廷以夏人囚废其主秉常，用兵西方，既下米脂等城砦数十，夏人求救于辽，辽人移书继至。会遣使贺辽主生辰，神宗以命忠彦，遂以给事中奉使。辽遣赵资睦迓之，语及西事，忠彦曰："此小役也，何问为？"辽主使其臣王言敷燕于馆，言敷问："夏国胡罪，而中国兵不解？无失两朝之欢，则善矣。"忠彦曰："问罪西夏，于二国之好何预乎？"

使还。时官制行，章惇为门下侍郎，奏："给事中东省属官，封驳宜先禀而后上。"忠彦奏："朝廷之事，执政之所行也。事当封驳，则与执政固已异矣，尚何禀议之有。"诏从其请。左仆射王珪为南郊大礼使，事之当下者，自从其所画旨。忠彦以官制驳之曰："今事于南郊者，大礼使既不从中画旨，处分出一时者，又不从中书奏审。官制之行，曾未期月，而庙堂自渝之，后将若之何？"乃诏事无钜细，必经三省而后行。拜礼部尚书，以枢密直学士知定州。

元祐中，召为户部尚书，擢尚书左丞。弟嘉彦尚主，改同知枢密院事，迁知院事。哲宗亲政，更用大臣，言者观望，争言垂帘时事。忠彦言："昔仁宗始政，当时亦多讥斥章献时事，仁宗恶其持情近薄，下诏戒饬。陛下能法仁祖用心，则善矣。"以观文殿学士知真定府，移定州。忠彦在西府,以用兵西方非是,愿以所取之地弃还之,以息民力。至是,言者以为言,降资政殿学士,改知大名府。徽宗即位,以吏部尚书召拜门下侍郎。忠彦陈四事:一曰广仁恩,二曰开言路,三曰去疑似,四曰戒用兵。俞月,拜尚书右仆射兼中书侍郎。上用忠彦言,数下诏蠲天下逋责,尽还流人而甄叙之,忠直改言若知名之士,稍见收用。

　　进左仆射兼门下侍郎,封仪国公。而曾布为右相,多不协,言事者助布排忠彦,以观文殿大学士知大名府。又以钦圣欲复废后,为忠彦罪,再降太中大夫,怀州居住。又论忠彦在相位,不应弃湟州,谪崇信军节度副使,济州居住。逮复湟、鄯,又谪磁州团练副使。复太中大夫,遂以宣奉大夫致仕。卒。年七十二。子治,徽宗时,为太仆少卿,出知相州。以疾丐祠,命其子肖胄代之,别有传。

　　论曰:琦相三朝,立二帝,厥功大矣。当治平危疑之际,两宫几成嫌隙,琦处之裕如,卒安社稷;人服其量。欧阳修称其“临大事,决大议,垂绅正笏,不动声色,措天下于泰山之安,可谓社稷之臣。”岂不信哉! 忠彦世济其美,继登相位,宜矣。

　　曾公亮字明仲,泉州晋江人。举进士甲科,知会稽县。民田镜湖旁,每患湖溢。公亮立斗门,泄水入曹娥江,民受其利。坐父买田境中,谪监湖州酒。久之,为国子监直讲,改诸王府侍讲。岁满,当用故事试馆职,独献所为文,授集贤校理、天章阁侍讲、修起居注。擢天章阁待制,赐金紫。先是,待制不改服。仁宗面锡之,曰:“朕自讲席赐卿,所以尊宠儒臣也。”遂知制诰兼史馆修撰,为翰林学士、判三班院。三班吏丛猥,非赇谢不行,贵游子弟,多倚势请谒。公亮掇前后章程,视以从事,吏不能举手。以端明殿学士知郑州,为政有能声,盗悉窜他境,至夜户不闭。尝有使客亡橐中物,移书诘盗,公亮:“吾境不藏盗,殆从者之廋耳。”索之,果然,复入为翰林学士、知开封府。未几,擢给事中、参知政事。加礼部侍郎,除枢密使。嘉佑六年，拜吏部侍郎、同中书门下平章事、集贤殿大学士。

公亮明练文法，更践久，习知朝廷台阁典宪，首相韩琦每咨访焉。仁宗末年，琦请建储，与公亮等共定大议。密州民田产银，或盗取之，大理当以强。公亮曰："此禁物也，取之虽强，与盗物民家有间矣。"固争之，遂下有司议，比劫禁物法，盗得不死。初，东州人多用此抵法，自是无死者。

契丹纵人渔界河，又数通盐舟，吏不敢禁，皆谓："与之校，且生事。"公亮言："萌芽不禁，后将奈何？雄州赵滋勇而有谋，可任也。"使谕以指意，边害讫息。英宗即位，加中书侍郎兼礼部尚书，寻加户部尚书。帝不豫，辽使至不能见，命公亮宴于馆，使者不肯赴。公亮质之曰："锡宴不赴，是不虔君命也。人主有疾，而必使亲临，处之安乎？"使者即就席。神宗即位，加门下侍郎兼吏部尚书。

熙宁二年，进昭文馆大学士，累封鲁国公。以老避位，三年九月，拜司空兼侍中、河阳三城节度使、集禧观使。明年，起判永兴军。先是，庆卒叛，既伏诛，而余党越佚，自陕以西皆警备。阅义勇，益边兵，移内地租赋，人情骚然。公亮一镇以静，次第奏罢之，专务裁抑冗费。长安豪喜造飞语，声言营卒怨减削，谋以上元夜结外兵为乱，邦人大恐。或劝毋出游，公亮不为动，张灯纵观，与宾佐竟夕乃归。居一岁，还京师。旋以太保致仕。元丰元年卒，年八十。帝临哭，辍朝三日，赠太师、中书令，谥曰宣靖，配享英宗庙庭。及葬，御其碑首曰："两朝顾命定策亚勋之碑。"

公亮方厚庄重，沈深周密，平居谨绳墨，蹈规矩；然性吝啬，殖货至钜万，帝尝以方张安世。初荐王安石，及同辅政，知上方向之，阴为子孙计，凡更张庶事，一切听顺，而外若不与之者，尝遣子孝宽参其谋，至上前略无所异，于是帝益信任安石。安石德其助已，故引擢孝宽至枢密以报。苏轼尝从容责公亮不能救正，公亮曰："上与介甫如一人，此乃天也。"世讥其持禄固宠云。子孝宽，从子孝广、孝蕴。

孝宽字令绰，以荫知桐城县。选知咸平县，民诣府诉雨伤麦，府以妄杖之。孝宽躬行田，辨其实，得蠲赋。除秘阁修撰、提点开封府界镇县。

保甲法行，民相惊言且籍为兵。知府韩维上言，乞候农隙行之。孝宽榜十七县，揭赏告捕扇惑者，民兵不敢诉，维之言不得行。入知审官东院、判刑部。

熙宁五年，迁枢密都承旨，承旨用文臣，自孝宽始。擢拜枢密直学士、签书枢密院。丁父忧，除丧，以端明殿学士知河阳，徙郓。郓有孟子庙，孝宽请于朝，得封邹国公。配享孔子。连徙镇，以吏部尚书召，道卒，年六十六。赠右禄大夫。

孝广字仲锡。元丰末，为北外都水丞。元佑中，大臣议复河故道，召孝广问之，言不可，出通判保州。久之，复为都水丞。前此，班行使臣部木伐至者，须校验无所失亡，乃得送铨，监吏领赇谢，不时遣。孝广治籍疏姓名，谨其去留，一岁中，归选者百辈。

除京西转运判官，入为水部员外郎。河决内黄，诏孝广行视，遂疏苏村，凿钜野，导河北流，纾澶、滑、深、瀛之害。迁都水使者。洛水频岁溢涌，浸啮北岸，孝广按河堤，得废汏口遗迹，曰："此昔人所以杀水势也。"即日浚决之，累石为防，自是无水患。出提点永兴路刑狱，陕西、京西转运副使，还为左司郎中，擢户部侍郎、进尚书。坐钱帛不给费，罢为天章阁待制、知杭州。又以前聘契丹失奉使体，夺职。寻复之，移知潭州，加显谟阁直学士、知郓州。

孝广与胡安国、邹浩善，皆大观中忤时相，御史论之，复夺职知饶州。俞年，徙广州，历成德军、太原府，得故职以卒，年六十，赠正议大夫。孝广莅官以严称，获盗，辄碎其手焉。

孝蕴字处善，绍圣中，管干发运司荛采事，建言扬之瓜洲，润之京口，常之奔牛，易堰为闸，以便漕运、商买。既成，公私便之。提举两浙常平，改转运判官，知临江军，召为左司员外郎，迁起居舍人。

时京邑有盗，徽宗怒，期三日不获，坐尹罪。孝蕴奏："求盗急则遁益远，小缓当自出。"从其言，得盗。崇宁建殿中省，擢为监。居数月，言者论其与张商英善，以集贤殿修撰出知襄州，徙江、浙、荆、淮发运。泗州议开直河，以避涨溢沙石之害，孝蕴以淮、汴不相接，不可成。既而工役大集，竟成之，策勋第赏，辞不受，未几，河果塞。召为户部侍郎，帝尝问右曹储物几何，疾作不能对。徙工部，以显谟阁待制知杭州。其后坐累，连削黜，至贬安远军节度副使。

宣和二年，始复天章阁待制、知歙州。方腊起青溪，孝蕴约救郡内，无得奔扰，分兵守扼塞，有避贼来归者，获罪，使出境，人稍恃以安。会移青州，既行而歙陷，道改杭州，时贼已破杭，孝蕴单车至城下。城既克复，军士多杀人，孝蕴下令，胁从者得自首，无辄杀，皆束手不敢鸷。论功，进显谟阁直学士，又加龙图阁学士。卒，年六十五，赠通议大夫。

陈升之字旸叔，建州建阳人。举进士，历知封州、汉阳军，入为监察御史、右司谏，改起居舍人、知谏院。时俗好藏去交亲尺牍，有讼，则转相告言，有司据以推诘。升之谓："此告讦之习也，请禁止之。"又言："三馆为搢绅华途，近者用人益轻，遂为贵游进取之阶，请严其选。"诏自今臣僚乞子孙恩者，毋得除馆阁。

著作佐郎王瓘遇殿帅郭承祐于道，诃怒不下马，执送府，升之言，京官不宜为节度使下马，因劾承佑骄恣，解其任。张尧佐缘后宫亲，为三司使，寻为宣徽使；内侍王守忠领两镇留后，求升正班；御史张昪补郡，久不召；彭思永论事，令穷问所从来；唐介击宰相，斥岭南；升之皆极谏。迁侍御史知杂事。凡任言责五年，所上数十百事，然持论不坚，以故不尽施用。

擢天章阁侍制、河北都转运使，知瀛州、真定府，加龙图阁直学士，复知谏院。上言："天下州县治否，朝廷不能周知，悉付之转运使。今选用不精，又无考课，非暗滞罢懦，则凌肆刻薄，所以疾苦愁叹，壅于上闻。必欲垂意元元，宜从此始。"乃诏翰林学士承旨孙抃、权御史中丞张昪,与之同领磨勘转运使及提点刑狱功务。

升之初为谏官时,尝请抑绝内降,诏许有司执奏勿下。至是,申言之。诏委三省劾正其罪,仍揭于朝堂。文彦博乞罢相,升之虑枢密使贾昌朝复用,疏论其邪,昌朝卒罢去。迁枢密直学士、知开封府。岁余,拜枢密副使。于是谏官御史唐介、范师道、吕诲、赵抃、王陶交章论升之阴结宦者,故得大用。仁宗以示升之,升之丐去。帝谓辅臣曰:"朕选用执政,岂容内臣预议邪。"乃两罢之。以升之为资政殿学士、知定州,徙太原府。

治平二年,复拜枢密副使。神宗立,以母老请郡,为观文殿学士、知越州。熙宁元年,徙许,中道改大名府,过阙,留知枢密院。故事,枢密使与知院事不并置。时文彦博、吕公著既为使,帝以升之三辅政,欲稍异其礼,故特命之。明年,同制置三司条例司,与王安石共事。数月,拜中书门下平章事、集贤殿大学士。升之既相,遂请免条例司,其说以为宰相无所不统,所领职事,岂可称司。安石曰:"古之六卿,即今之执政,有司马、司徒、司空,各名一职,何害于理?"升之曰:"若制置百司条例则可,但今制置三司一官,则不可。"由是忤安石,称疾归卧逾十旬,帝数敦谕,乃出。会母丧,去位;终制,召为枢密使。足疾不能立朝,七年,冬祀,又不能相礼。拜镇江军节度使、同平章事、判扬州,封秀国公。卒,年六十九。赠太保、中书令,谥曰成肃。

升之深狡多数,善傅会以取富贵。王安石用事,患正论盈庭,引升之自助。升之心知其不可,而竭力为之用,安石德之,故使先己为相。甫得志,即求解条例司,又时为小异,阳若不与之同者。世以是讥之,谓之"筌相"。升之初名旭,避神宗嫌名,改焉。

吴充字冲卿,建州浦城人。未冠,举进士,与兄育、京、方皆高第。调谷熟主簿,入为国子监直讲、吴王宫教授。等辈多与宗室狎,充齿最少,独以严见惮,相率设席受经。充作《六箴》以献,曰视,曰听,曰好,曰学,曰进德,曰崇俭。仁宗命缮写赐皇族,英宗在藩邸,书之坐右。

除集贤校理、判吏部南曹。选入胡宗尧者,翰林学士宿之子,坐小累,不得改京官。判铨欧阳修为之请,仇家潜修以为党宿,诏出修同州。充言:"修以忠直擢侍从,不宜用谗逐。若以为私,则臣愿与修同贬。"于是修复留,而充改知太常礼院。张贵妃死,治丧越式,判寺王洙命史以印张行文书,不令同僚知。充移开封治吏罪,忤执政意,出知高邮军。还为群牧判官、开封府推官,历知陕州,京西、淮南、河东转运使。

英宗立,数问充所在,会入观,语其为吴王宫教授时事,嘉劳之。寻权盐铁副使。熙宁元年,知制诰神宗谕以任用意,曰:"先帝知卿久矣。"遂同知谏院。言:"士大夫亲没,或藁殡数十年,伤败风化,宜限期使葬。"诏著为令。河北水灾、地震,为安抚使。使还,王安石参知政事,充子安持,其婿也,引嫌解谏职,知审刑院,权三司使,为翰林学士。三年,拜枢密副使。王韶取洮州,蕃酋木征遁去,充请招还故地,縻以爵秩,使自领所部,永为外臣,无庸列置郡县,殚财屈力。时方以开拓付韶,充言不用。

八年,进检校太傅、枢密使。充虽与安石连姻,而心不善其所为,数为帝言政事不便。帝察其中立无与,欲相之,安石去,遂代为同中书门下平章事、监修国史。充欲有所变革,乞召还司马光、吕公著、韩维、苏颂,乃荐孙觉、李常、程颢等数十人。光亦以充可告语,与之书曰:"自新法之行,中外汹汹。民困于烦苛,迫于诛敛,愁怨流离,转死沟壑。日夜引领,冀朝廷觉悟,一变敝法,几年于兹矣。今日救天下之急,苟不罢青苗、免役、保甲、市易,息征伐之谋,而欲求成效,犹恶汤之沸,而益薪鼓橐也。欲去此五者,必先别利害,以悟人主之心。欲悟人主之心,必先开言路。今病虽已深,犹未至膏盲,失今不治,遂为痼疾矣。"充不能用。

王珪与充并相,忌充,阴掣其肘。而充素恶蔡确,确治相州狱,捕安持及亲戚、官属考治,欲钩致充语,帝独明其亡他。及确预政,充与议变法于前,数为所讪。安南师出无功,知谏院张璪又谓充与郭逵书,止其进兵,复置狱。充既数遭同列困毁,素病瘤,积忧畏,疾益侵。元丰三年三月,舆归第,罢为观文殿大学士、西太一宫使。逾月,卒,年六十。赠司空兼侍中,谥曰正宪。

充内行修饬,事兄甚谨。为相务安静,性沉密,对家人语,未尝及国家事,所言于上,人莫知者。将终,戒妻子勿以私事干朝廷,帝益悲之。世谓充心正而力不足,讥其知不可而弗能勇退也。子安诗、安持。安诗在元祐时为谏官、起居郎。安持为都水使者,迁工部侍郎,终天章阁待制。安诗子储、安持子伃,官皆员外郎,坐与妖人张怀素通谋,诛死。

王珪字禹玉,成都华阳人,后徙舒。曾祖永,事太宗为右补阙。吴越纳土,受命往均赋,至则悉除无名之算,民皆感泣。使还,或言其多弛赋租。帝诘之,对曰:“使新附之邦,蒙天子仁恩,臣虽得罪,死不恨。”帝大悦。

珪弱岁奇警,出语惊人。从兄琪读其所赋,嗒曰:“骐骥方生,已有千里之志,但兰筋未就耳。”举进士甲科,通判扬州。吏民皆少珪,有大校嫚不谨,捽置之法。王伦犯淮南,珪议出郊掩击之,贼遁去。召直集贤院,为盐铁判官、修起居注。接伴契丹使,北使过魏,旧皆盛服入。至是,欲便服。妄云衣冠在后乘,珪命取授之,使者愧谢。遂为贺正旦使。进知制诰、知审官院,为翰林学士、知开封府。遭母忧,除丧,复为学士,兼侍读学士。

先是,三圣并侑南郊,而温成庙享献同太室。珪言:“三后并配,所以致孝也,而渎乎飨帝。后宫有庙,所以广恩也,而僭乎飨亲。”于是专以太祖侑于郊,而改温成庙为祠殿。嘉祐立皇子,中书召珪作诏,珪曰:“此大事也,非面受旨不可。”明日请对,曰:“海内望此举久矣,果出自圣意乎?”仁宗曰:“朕意决矣。”珪再拜贺,始退而草诏。欧阳修闻而叹曰:“真学士也。”帝宴宝文阁,作飞白书分侍臣,命珪识岁月姓名。再宴群玉,又使为序,以所御笔、墨、纸、砚赐之。

英宗立,当撰先帝谥,珪言:“古者贱不诔贵,幼不诔长,故天子称天以谏之，制谥于郊，若云受之于天者。近制，唯词臣撰议，庶僚不得参闻，颇违称天之义。请令两制共议。"从之。濮王追崇典礼，珪与侍从、礼官合议宜称皇伯，三夫人改封大国，执政不以为然。其后三夫人之称，卒如初议。始，珪之请对而作诏也，有密谮之者。英宗在位之四年，忽召至蕊珠殿，传诏令兼端明殿学士，锡之盘龙金盆，谕之曰："秘殿之职，非直器卿于翰墨间，二府员缺，即出命矣。曩有谗口，朕今释然无疑。"珪谢曰："非陛下至明，臣死无日矣。"神宗即位，迁学士承旨。珪典内外制十八年，最为久次，尝因展事齐宫，赋诗有所感，帝见而怜之。熙宁三年，拜参知政事。九年，进同中书门下平章事、集贤殿大学士。

元丰官制行，由礼部侍郎超授银青光禄大夫。五年，正三省官名，拜尚书左仆射兼门下侍郎，以蔡确为右仆射。先是，神宗谓执政曰："官制将行，欲新旧人两用之。"又曰："御史大夫，非司马光不可。"珪、确相顾失色。珪忧甚，不知所出。确曰："陛下久欲收灵武，公能任责，则相位可保也。"珪喜，谢确。帝尝欲召司马光，珪荐俞充帅庆，使上平西夏策。珪意以为既用兵深入，必不召光，虽召，将不至。已而光果不召。永乐之败，死者十余万人，实珪启之。

八年，帝有疾，珪白皇太后，请立延安郡王为太子。太子立，是为哲宗。进珪金紫光禄大夫，封岐国公。五月，卒于位，年六十七。特辍朝五日，赙金帛五千，赠太师，谥曰文恭。赐寿昌甲第。

珪以文学进，流辈咸共推许。其文闳侈瑰丽，自成一家，朝廷大典策，多出其手，词林称之。然自执政至宰相，凡十六年，无所建明，率道谀将顺。当时目为"三旨相公"，以其上殿进呈，云"取圣旨"；上可否讫，云"领圣旨"；退谕禀事者，云"已得圣旨"也。绍圣中，邢恕谤起，黄履、叶祖洽、刘拯交论珪元丰末命事，以为当时两府大臣，尝议奏请建储，珪辄语李清臣云："他自家事，外庭不当管。"恕又诱教高道裕子士京上奏，言珪欲立雍王，遣士京故兄士充，传道言语于禁中。珪由是得罪，追贬万安军司户参军，削诸子籍。徽宗即位，还其官封。蔡京秉政，复夺赠谥。政和中，又复之。珪季父罕，从兄琪。

罕字师言，以荫知宜兴县。县多湖田，岁诉水，轻重失其平。罕躬至田处，列高下为图，明年诉牒至，按图示之，某户可免，某户不可免，众皆服。范仲淹在润，奏下其式于诸道。西方用兵，仍年科箭羽于东南，价踊贵，富室至豫贮以待鬻。罕白郡守，倍其直市之，而令民输钱。旁州闻之，皆愿如常州法。累迁户部判官。修太宗别庙，中贵人大虑材，将一新之，罕白是特岁久丹漆黯暗，但当致饰耳，榱栌皆如故，唯易一楹，省缗钱十万。

出为广东转运使。侬智高入寇，罕行部在潮，广州守仲简自围中遣书邀罕，罕报曰：“吾家亦受困，非不欲归，顾独归无益，当求所以相济者。”遂还惠州。州之恶少年正相率为盗，里落惊扰，惠人要罕出城，及郊，遮道求救护者数千计。罕择父老可语者问以策，曰：“吾属皆有田客，欲给以兵，使相保聚。”罕曰：“有田客者如是，得矣，无者奈何？”乃呼耆长发里民，补壮丁，每长二百人；又令邑尉增弓手二千。已时下令，约申而集。募有方略者，许以官秩、金帛，使为甲首。久之，无至者。有妇人诉为仆夺钗珥，捕得之，并执夺攘者十八辈，皆枭首决口置道左，传曰：“此耆长发为壮丁不肯行者也。”观者始有怖色。至期，得六百人，尉所部亦至。于是染库帛为旗，授之。割牛革为盾形，柔之汤中，每盾削竹签十六，穿于革，以木为鼻，使持之自蔽。断苦竹数千，铦其末，使操为兵。悉出公私戎器。檄告属城，仿而行之。

数日，众大振，向之恶少年，皆隶行伍，无敢动。乃简卒三千，方舟建旗，伐鼓作乐，顺流而下。将至广，悉众登岸，斩木为鹿角，积高数仞，营于南门。智高戴黄盖临观，相去三十步，见已严备，不敢犯。罕徐开门而入，智高遂解去。时南道邮驿断绝，罕上事，不得通；而提点刑狱鲍轲遁处南雄，数具奏。及贼平，轲受赏，罕谪监信州酒。安抚使孙沔言罕实有功，复以为西路转运使。或传智高不死，走火峒，侬宗旦据险聚众，邕守萧注谋击之。罕呼宗旦子新谓之曰：“汝父内为交阯所仇,外为边将希赏之饵,非计也。汝归报,择利而为之。"于是父子俱降。

徙知潭州。擢户部、度支副使,复为潭州。为政务适人情,不加威罚。有狂妇数诉事,出言无章,却之则勃骂,前守每叱逐之。罕独引至前,委曲徐问,久稍可晓,乃本为人妻,无子,夫死,妾有子,遂逐妇而据家资,屡诉不得直,因愤恚发狂。罕为治妾而反其资,妇良愈,郡人传为神明。监司上治状,敕书褒谕,赐绢三百。徙知明州。以光禄卿卒,年八十。兄之子珪少孤,罕教养有恩,后珪贵,每予书,必以盛满为戒云。

琪字君玉,儿童时已能为歌诗。起进士,调江都主簿。上时务十二事,请建义仓,置营田,减度僧,罢鬻爵,禁锦绮、珠贝,行乡饮、籍田,复制科,兴学校。仁宗嘉之,除馆阁校勘、集贤校理。

帝宴太清楼,命馆阁臣作《山水石歌》,琪独蒙褒赏。诏通判舒州。岁饥,奏发廪救民,未报,先振以公租,守以下皆不听,琪挺身任之。知复州,民殴佃客死,吏论如律。琪疑之,留未决,已而新制下,凡如是者听减死。历开封府推官、直集贤院、两浙淮南转运使、修起居注、盐铁判官、判户部勾院、知制诰。尝入对便殿,帝从容谓曰:"卿雅有心计,若三司缺使,当无以易卿。"

会奉使契丹,因感疾还,上介诬其诈,责信州团练副使。久之,以龙图阁待制知润州。转运使欲浚常、润漕河,琪陈其不便,诏寝役。而后议者卒请废古城堞,破古函管而浚之,河反狭,舟不得方行,公私交病。徙知江宁。先是,府多火灾,或托以鬼神,人不敢救。琪召令厢逻,具为作赏捕之法,未几,得奸人,诛之,火患遂息。复知制诰,加枢密直学士、知邓州,徙扬州,入判太常寺,又出知杭州,复为扬州、润州。以礼部侍郎致仕。卒,年七十二。

琪性孤介,不与时合。数临东南名镇,政尚简静。每疾俗吏饰厨传以沽名誉,故待宾客颇阔略。间造飞语起谤,终不自恤。葬于真州。诏真、扬二州发卒护其窆,盖异数也。

　　论曰：公亮静重镇浮，练达典宪，与韩琦并相，号称老成。升之自为言官，即著直声。然皆挟术任数，公亮疾琦专任，荐王安石以间之，升之阴助安石，阳为异同，以避清议，二人措虑如此，岂诚心谋国者乎？新法之行，何望其能正救也。及安石去位，充、珪实代之，天下喁喁，思有所休息。充力不逮心，同僚左击右伺，至鞅鞅以死，伤哉，其不足与有行也。珪容身固位，于势何所重轻，而阴忌正人，以济其患失之谋，鄙夫可与事君也与哉！

宋史卷三一三
列传第七二

富弼 子绍庭　　文彦博

富弼字彦国,河南人。初,母韩有娠,梦旌旗鹤雁降其庭,云有天赦,已而生弼。少笃学,有大度,范仲淹见而奇之,曰:"王佐才也。"以其文示王曾、晏殊,殊妻以女。

仁宗复制科,仲淹谓弼:"子当以是进。"举茂材异等,授将作监丞、签书河阳判官。仲淹坐争废后事贬,弼上言:"上一举而二失也,纵未能复后,宜还仲淹。"不听。通判绛州,迁直集贤院。赵元昊反,弼疏陈八事,乞斩其使者。召为开封府推官、知谏院。康定元年,日食正旦,弼请罢宴撤乐,就馆赐北使酒食。执政不可,弼曰:"万一契丹行之,为朝廷羞。"后闻契丹果罢宴,帝深悔之。时禁臣僚越职言事,弼因论日食,极言应天变莫若通下情。遂除其禁。元昊寇鄜延,破金明。钤辖庐守勤不救,内侍黄德和引兵走,大将刘平战死,德和诬其降贼。弼请按竟其狱,德和坐要斩。夏守斌为陕西都部署,又以内都知王守忠为钤辖。弼言:"用守斌既为天下笑,今益以守忠,殆与唐监军无异守勤、德和覆车之辙,可复蹈乎!"诏罢守忠。又请令宰相兼领枢密院。时西夏首领二人来降,但补借奉职。弼言当厚赏以劝来者。事下中书,宰相初不知也。弼叹曰:"此岂小事,而宰相不知邪!"更极论之,于是从弼言。除盐铁判官、史馆修撰,奉使契丹。庆历二年,为知制诰,纠察在京刑狱。堂吏有伪为僧牒者,开封不敢治。弼白执政,请以吏付狱,吕夷简不悦。

会契丹屯兵境上，遣其臣萧英、刘六符来求关南地。朝廷择报聘者，皆以其情叵测，莫敢行，夷简因是荐弼。欧阳修引颜真卿使李希烈事，请留之，不报。弼即入对，叩头曰："主忧臣辱，臣不敢爱其死。"帝为动色，先以为接伴。英等入境，中使迎劳之，英托疾不拜。弼曰："昔使北，病卧车中，闻命辄起。今中使至而君不拜，何也？"英矍然起拜。弼开怀与语，英感悦，亦不复隐其情，遂密以其主所欲得者告曰："可从，从之；不然，以一事塞之足矣。"弼具以闻。帝唯许增岁币，仍以宗室女嫁其子。

进弼枢密直学士，辞曰："国家有急，义不惮劳，奈何逆以官爵赂之。"遂为使报聘。既至，六符来馆客。弼见契丹主问故，契丹主曰："南朝违约，塞雁门，增塘水，治城隍，籍民兵，将以何为？群臣请举兵而南，吾以谓不若遣使求地，求而不获，举兵未晚也。"弼曰："北朝忘章圣皇帝之大德乎？澶渊之役，苟从诸将言，北兵无得脱者。且北朝与中国通好，则人主专其利，而臣下无获；若用兵，则利归臣下，而人主任其祸。故劝用兵者，皆为身谋耳。"契丹主惊曰："何谓也？"弼曰："晋高祖欺天叛君，末帝昏乱，土宇狭小，上下离叛，故契丹全师独克，然壮士健马物太半。今中国提封万里，精兵百万，法令修明，上下一心，北朝欲用兵，能保其必胜乎？就使其胜，所亡士马，群臣当之欤，抑人主当之欤？若通好不绝，岁币尽归人主，群臣何利焉？"契丹主人大悟，首肯者久之。弼又曰："塞雁门者，以备元昊也。塘水始于何承矩，事在通好前。城隍皆修旧，民兵亦补阙，非违约也。"契丹主曰："微卿言，吾不知其详。然所欲得者，祖宗故地耳。"弼曰："晋以卢龙赂契丹，周世宗复取关南，皆异代事。若各求地，岂北朝之利哉？"

既退，六符曰："吾主耻受金帛，坚欲十县，何如？"弼曰："本朝皇帝言，朕为祖宗守国，岂敢妄以土地与人。北朝所欲，不过租赋尔。朕不忍多杀两朝赤子，故屈已增币以代之。若必欲得地，是志在败盟，假此为词耳。澶渊之盟，天地鬼神实临之。今北朝首发兵端，过不在我，天地鬼神，其可欺乎！"明日，契丹主召弼同猎，引弼马自近,又言得地则欢好可久。弼反覆陈必不可状,且言:"北朝既以得地为荣,南朝必以失地为辱。兄弟之国,岂可使一荣一辱哉?"猎罢,六符曰:"吾主闻公荣辱之言,意甚感悟。今惟有结婚可议耳。"弼曰:"婚姻易生嫌隙。本朝长公主出降,赍送不过十万缗,岂若岁币无穷之利哉?"契丹主谕弼使归,曰:"俟卿再至,当择一受之,卿其遂以誓书来。"

弼归复命,复持二议及受口传之词于政府以往。行次乐寿,谓副使张茂实曰:"吾为使者而不见国书,脱书词与口传异,吾事败矣。"启视果不同。即驰还都,以晡时入见,易书而行。及至,契丹不复求婚,专欲增币,曰:"南朝遗我之辞当曰'献',否则曰'纳'。"弼争之,契丹主曰:"南朝既惧我矣,于二字何有?若我拥兵而南,得无悔乎!"弼曰:"本朝兼爱南北,故不惮更成,何名为惧?或不得已至于用兵,则当以曲直为胜负,非使臣之所知也。"契丹主曰:"卿勿固执,古亦有之。"弼曰:"自古唯唐高祖借兵于突厥,当时赠遗,或称献纳。其后颉利为太宗所擒,岂复有此礼哉!"弼声色俱厉,契丹知不可夺,乃曰:"吾当自遣人议之。"复使刘六符来。弼归奏曰:"臣以死拒之,彼气折矣,可勿许也。"朝廷竟以"纳"字与之。始受命,闻一女卒;再命,闻一子生,皆不顾。又除枢密直学士,迁翰林学士,皆恳辞,曰:"增岁币非臣本志,特以方讨元昊,未暇与角,故不敢以死争,其敢受乎!"

三年,拜枢密副使,辞之愈力,改授资政殿学士兼侍读学士。七月,复拜枢密副使。弼言:"契丹既结好,议者便谓无事,万一败盟,臣死且有罪。愿陛下思其轻侮之耻,坐薪尝胆,不忘修改。"以诰纳上前而罢。逾月,复申前命,使宰相谕之曰:"此朝廷特用,非以使辽故也。"弼乃受。帝锐以太平责成宰辅,数下诏督弼与范仲淹等,又开天章阁,给笔札,使书其所欲为者;且命仲淹主西事,弼主北事。弼上当世之务十余条及安边十三策,大略以进贤退不肖、止侥幸、去宿弊为本,欲渐易监司之不才者,使澄汰所部吏,于是小人始不悦矣。

元昊遣使以书来，称男不称臣。弼言："契丹臣元昊而我不臣，则契丹为无敌于天下，不可许。"乃却其使，卒臣之。四年，契丹受礼云中，且发兵会元昊伐呆儿族，于河东为近，帝疑二边同谋。弼曰："兵出无名，契丹不为也。元昊本与契丹约相左右，今契丹独获重币，元昊有怨言，故城威塞以备之。呆儿屡寇威塞，契丹疑元昊使之，故为是役，安能合而寇我哉？"或请调发为备，弼曰："如此正堕其计，臣请任之。"帝乃止，契丹卒不动。夏竦不得志，中弼以飞语。弼惧，求宣抚河北，还，以资政殿学士出知郓州。岁余。谗不验，加给事中，移青州，兼京东路安抚使。

河朔大水，民流就食。弼劝所部民出粟，益以官廪，得公私庐舍十余万区，散处其人，以便薪水。官吏自前资、待缺、寄居者，皆赋以禄，使即民所聚，选老弱病疾者廪之，仍书其劳，约他日为奏请受赏。率五日，辄遣人持酒肉饭糗慰藉，出于至诚，人人为尽力。山林陂泽之利可资以生者，听流民擅取。死者为大冢葬之，目曰"丛冢"。明年，麦大熟，民各以远近受粮归，凡活五十余万人，募为兵者万计。帝闻之，遣使褒劳，拜礼部侍郎。弼曰："此守臣职也。"辞不受。前此，救灾者皆聚民城郭中，为粥食之，蒸为疾疫，及相蹈藉，或待哺数日不得粥而仆，名为救之，而实杀之。自弼立法简便周尽，天下传以为式。

王则叛，齐州禁兵欲应之，或诣弼告。齐非弼所部，恐事泄变生，适中贵人张从训御命至青，弼度其可用，密付以事，使驰至齐，发吏卒取之，无得脱者。即自劾擅擅之罪，帝益嘉之，复以为礼部侍郎，又辞不受。迁大学士，徙知郑、蔡、河阳，加观文殿学士，改宣徽南院使、判并州。至和二年，召拜同中书门下平章事、集贤殿大学士，与文彦博并命。宣制之日，士大夫相庆于朝。帝微觇知之，以语学士欧阳修曰："古之命相，或得诸萝卜，岂若今日人情如此哉？"修顿首贺。帝弗豫，大臣不得见，中外忧栗。弼、彦博入问疾，因托襥袯事止宿连夕，每事皆关白乃行，宫内肃然，语在《彦博传》。嘉佑三年，进昭文馆大学士、监修国史。

　　弼为相,守典故,行故事,而傅以公议,无容心于其间。当是时,百官任职,天下无事。六年三月,以母忧去位,诏罢春宴。故事,执政遭丧皆起复。帝虚位五起之,弼谓此金革变礼,不可施于平世,卒不从命。英宗立,召为枢密使。居二年,以足疾求解,拜镇海军节度使、同中书门下平章事、判扬州,封祁国公,进封郑。

　　熙宁元年,从判汝州。诏入觐,许肩舆至殿门。神宗御内东门小殿,令其子掖以进,且命毋拜,坐语,从容访以治道。弼知帝果于有为,对曰:“人主好恶,不可令人窥测;可测,则奸人得以傅会。当如天之监人,善恶皆所自取,然后诛赏随之,则功罪无不得其实矣。”又问边事,对曰:“陛下临御未久,当布德行惠,愿二十年口不言兵。”帝默然。至日昃乃退。欲以集禧观使留之,力辞赴郡。明年二月,召拜司空兼侍中,赐甲第,悉辞之,以左仆射、门下侍郎同平章事。

　　时有为帝言灾异皆天数,非关人得失所致者。弼闻而叹曰:“人君所畏惟天,若不畏天,何事不可为者!此必奸人欲进邪说,以摇上心,使辅拂谏争之臣,无所施其力。是治乱之机,不可以不速救。”即上书数千言,力论之。又言:“君子小人之进退,系王道之消长,愿深加辨察,勿以同异为喜怒、喜怒为用舍。陛下好使人伺察外事,故奸险得志。又多出亲批,若事事皆中,亦非为君之道;脱十中七八,积日累月,所失亦多。今中外之务渐有更张,大抵小人惟喜生事,愿深烛其然,无使有悔。”是时久旱,群臣请上尊号及用乐,帝不许,而同天节契丹使当上寿,故未断其请。弼言此盛德事,正当以此示之,乞并罢上寿。帝从之,即日雨。弼上疏,愿益畏天戒,远奸佞,近忠良。帝手诏褒答之。

　　王安石用事,雅不与弼合。弼度不能争,多称疾求退,章数十上。神宗将许之,问曰:“卿即去,谁可代卿者?”弼荐文彦博,神宗默然,良久曰:“王安石何如?”弼亦默然。拜武宁节度使、同中书门下平章事、判河南,改亳州。青苗法出,弼以谓如是则财聚于上,人散于下,持不行。提举官赵济劾弼格诏旨,侍御史郑绾又乞付有司鞫治,乃以仆射判汝州。安石曰:"弼虽责,犹不失富贵。昔鲧以方命殛,共工以象恭流,弼兼此二罪,止夺使相,何由沮奸?"帝不答。弼言:"新法,臣所不晓,不可以治郡。愿归洛养疾。"许之。遂请老,加拜司空,进封韩国公致仕。弼虽家居,朝廷有大利害,知无不言。郭逵讨安南,乞诏逵择利进退,以全王师;契丹争河东地界,言其不可许;星文有变,乞开广言路;又请速改新法,以解倒县之急。帝虽不尽用,而眷礼不衰,尝因安石有所建明,却之曰:"富弼手疏称'老臣无所告诉,但仰屋窃叹'者,即当至矣。"其敬之如此。

元丰三年,王尧臣之子同老上言:"故父参知政事时,当仁宗服药,尝与弼及文彦博议立储嗣,会翌日有瘳,其事遂寝。"帝以问彦博,对与同老合,帝始知至和时事。嘉弼不自言,以为司徒。六年八月,死,年八十。手封遗奏,使其子绍庭上之。其大略云:

> 陛下即位之初,邪臣纳说图任之际,听受失宜,上误聪明,浸成祸患。今上自辅臣,下及多士,畏祸图利,习成敝风,忠词谠论,无复上达。臣老病将死,尚何顾求?特以不忍上负圣明,辄倾肝胆,冀哀怜愚忠,曲垂采纳。

> 去年永乐之役,兵民死亡者数十万。今久戍未解,百姓困穷,岂讳过耻败不思救祸之时乎?天地至仁,宁与羌夷校曲直胜负?愿归其侵地,休兵息民,使关陕之间,稍遂生理。兼陕西再团保甲,又葺教场,州县奉行,势侔星火,人情惶骇,难以复用,不若寝罢以绥怀之。臣之所陈,急于济事。若夫要道,则在圣人所存,与所用之人君子、小人之辨耳。陛下审观天下之势,岂以为无足虑邪?

帝览奏震悼,辍朝三日,内出祭文致奠,赠太尉,谥曰文忠。

弼性至孝,恭俭好修,与人言必尽敬,虽微官及布衣谒见,皆与之亢礼,气色穆然,不见喜愠。其好善嫉恶,出于天资。常言:"君子与小人并处,其势必不胜。君子不胜,则奉身而退,乐道无闷。小人不胜,则交结构扇,千岐万辙,必胜而后已。迨其得志,遂肆毒于善良,求天下不乱,不可得也。"其终身皆出于此云。元祐初,配享神宗庭庭。哲宗篆其碑首曰："显忠尚德"，命学士苏轼撰文刻之。绍圣中，章惇执政，谓弼得罪先帝，罢配享。至靖康初，诏复旧典焉。

　　绍庭字德先，性靖重，能守家法。弼死，两女与婿及甥皆同居，绍庭待之与父时不殊，一家之事毫发不敢变，族里称焉。历宗正丞、提举三门白波辇运、通判绛州。建中靖国初，除提举河北西路常平，辞曰："熙宁变法之初，先臣以不行青苗被罪，臣不敢为此官。"徽宗嘉之，擢祠部员外郎。未几，出知宿州。卒，年六十八。子直柔，绍兴中，同知枢密院事，别有传。

　　文彦博字宽夫，汾州介休人。其先本敬氏，以避晋高祖及宋翼祖讳改焉。少与张昇、高若讷从颍昌史照学，照母异之，曰："贵人也。"待之甚厚。及进士第，知翼城县，通判绛州，为监察御史，转殿中侍御史。

　　西方用兵，偏校有临陈先退、望敌不进者，大将守著令皆申覆。彦博言："此可施之平居无事时尔。今拥兵数十万，而将权不专，兵法不峻，将何以济？"仁宗嘉纳之。黄德和之诬刘平虏也，以金带赂平奴，使附已说以证。平家二百口皆械系。诏彦博置狱于河中，鞫治得实。德和党援盛，谋翻其狱，至遣他御史来。彦博拒不纳，曰："朝廷虑狱不就，故遣君。今案具矣，宜亟还，事或弗成，彦博执其咎。"德和并奴卒就诛，以直史馆为河东转运副使，麟州饷道回远，银城河外有唐时故道，废弗治，彦博父洎为转运使日，将复之，未及而卒。彦博嗣成父志，益储粟。元昊来寇，围城十日，知有备，解去。迁天章阁待制、都转运使，连进龙图阁、枢密直学士、知秦州，改益州。尝击球钤辖廨，闻外喧甚，乃卒长杖一卒，不伏。呼入问状，令引出与杖，又不受，复呼入斩之，竟球乃归。召拜枢密副使、参知政事。

　　贝州王则反，明镐讨之，久不克。彦博请行，命为宣抚使，旬日贼溃，槛则送京师。拜同中门下平章事、集贤殿大学士。荐张环、韩

维、王安石等恬退守道,乞褒劝以历风俗。与枢密使庞籍议省兵,凡
汰为民及给半廪者合八万,论者纷然,谓必聚为盗,帝亦疑焉。彦博
曰:"今公私困竭,正坐兵冗。脱有难,臣请死之。"其策讫行,归兵亦
无事。进昭文馆大学士。御史唐介劾其在蜀日以奇锦结宫掖,因之
登用。介既贬,彦博亦罢为观文殿大学士、知许州,改忠武军节度
使、知永兴军。至和二年,复以吏部尚书同中书门下平章事、昭文馆
大学士,与富弼同拜,士大夫皆以得人为庆,语见《弼传》。

　　三年正月,帝方受朝,疾暴作,扶入禁中。彦博呼内侍史志聪问
状,对曰:"禁密不敢漏言。"彦博叱之曰:"尔曹出入禁闼,不令宰相
知天子起居,欲何为邪?自今疾势增损必以告,不尔当行军法。"又
与同列刘沆、富弼谋启醮大庆殿,因留宿殿庐。志聪曰:"无故事。"
彦博曰:"此岂论故事时邪?"知开封府王素夜叩宫门上变,不使入;
明旦言,有禁卒告都虞候欲为乱。沆欲捕治,彦博召都指挥使许怀
德,问都虞候何如人,怀德称其愿可保。彦博曰:"然则卒有怨,诬之
耳。当亟诛之以靖众。"乃请沆判状尾,斩于军门。

　　先是,弼用朝士李仲昌策,自澶州商湖河穿六漯渠,入横垅故
道。北京留守贾昌朝素恶弼,阴约内侍武继隆,令司天官二人俟执
政聚时,于殿庭抗言国家不当穿河于北方,致上体不安。彦博知其
意有所在,然未有以制之。后数日,二人又上言,请皇后同听政,亦
继隆所教也。史志聪以其状白执政。彦博视而怀之,不以示同列,
而有喜色,徐召二人诘之曰:"汝今日有所言乎?"曰:"然。"彦博曰:
"天文变异,汝职所当言也。何得辄预国家大事?汝罪当族!"二人
惧,色变。彦博曰:"观汝直狂愚耳,自今无得复然。"二人退,乃出状
示同列。同列皆愤怒曰:"奴敢尔僭言,何不斩之?"彦博曰:"斩之,
则事彰灼,于中宫不安。"众皆曰:"善。"既而议遣司天官定六漯方
位,复使二人往。继隆白请留之,彦博曰:"彼本不敢妄言,有教之者
耳。"继隆默不敢对。二人至六漯,恐治前罪,更言六漯在东北,非正
北也。帝疾愈,彦博等始归第。当是时,京师业业,赖彦博、弼持重,
众心以安。沆密白帝曰:"陛下违豫时,彦博擅斩告反者。"彦博闻

之，以沆判呈，帝意乃解。御史吴中复乞召还唐介。彦博因言，介顷为御史，言臣事多中臣病，其间虽有风闻之误，然当时责之太深，请如中复奏。时以彦博为厚德。久之，以河阳三城节度使同平章事、判河南府，封潞国公，改镇保平、判大名府。又改镇成德，迁尚书左仆射、判太原府。俄复镇保平、判河南。丁母忧，英宗即位，起复成德军节度使，三上表乞终丧，许之。

初，仁宗之不豫也，彦博与富弼等乞立储嗣。仁宗许焉，而后宫将有就馆者，故其事缓。已而彦博去位，其后弼亦以忧去。彦博既服阕，复以故官判河南，有诏入觐。英宗曰："朕之立，卿之力也。"彦博辣然对曰："陛下入继大统，乃先帝圣意，皇太后协赞之力，臣何力之有？兼陛下登储纂极之时，臣方在外，皆韩琦等承圣志受顾命，臣无与焉。"帝曰："备闻始议，卿于朕有恩。"彦博逊避不敢当。帝曰："暂烦西行，即召还矣。"寻除侍中，徙镇淮南、判永兴军，入为枢密使、剑南四川节度使。

熙宁二年，相陈升之，诏："彦博朝廷宗臣，其令升之位彦博下，以称遇贤之意。"彦博曰："国朝枢密使，无位宰相上者，独曹利用尝在王曾、张知白上。臣忝知礼义，不敢效利用所为，以紊朝著。"固辞乃止。夏人犯大顺，庆帅李复圭以陈图方略授钤辖李信等，趣使出战。及败，乃妄奏信罪。彦博暴其非，宰相王安石曲诔信等，秦人冤之。庆州兵乱，彦博言于帝曰："朝廷行事，务合人心，宜兼采众论，以静重为先。陛下厉精求治，而人心未安，盖更张之过也。祖宗法未必皆不可行，但有偏而不举之敝尔。"安石知为已发，奋然排之曰："求去民害，何为不可？若万事堕肵，乃西晋之风，何益于治？"御史张商英欲附安石，挟枢密使他事以摇彦博，坐不实贬。彦博在枢府九年，又以极论市易司监卖果实，损国体敛民怨，为安石所恶，力引去。拜司空、河东节度使、判河阳，徙大名府。身虽在外，而帝眷有加。

时监司多新进少年，转运判官汪辅之辄奏彦博不事事，帝批其奏以付彦博曰："以待中旧德，故烦卧护北门，细务不必劳心。辅之小臣,敢尔无礼,将别有处置。"未几,罢去。初,选人有李公义者,请以铁龙爪治河,宦者黄怀信沿其制为浚川杷,天下指笑以为儿戏,安石独信之,遣都水丞范子渊行其法。子渊奏用杷之功,水悉归故道,退出民田数万顷。诏大名核实,彦博言:"河非杷可浚,虽甚愚之人,皆知无益,臣不敢雷同罔上。"疏至,帝不悦,复遣知制诰熊本等行视,如彦博言。子渊乃请觐,言本等见安石罢,意彦博复相,故傅会其说。御史蔡确亦论本奉使无状。本等皆得罪,独彦博勿问。寻加司徒。

元丰三年,拜太尉,复判河南。于是王同老言至和中议储嗣事,彦博适入朝,神宗问之,彦博以前对英宗者复于帝曰:"先帝天命所在,神器有归,实仁祖知子之明,慈圣拥佑之力,臣等何功?"帝曰:"虽云天命,亦系人谋。卿深厚不伐善,阴德如丙吉,真定策社稷臣也。"彦博曰:"如周勃、霍光,是为定策。自至和以来,中外之臣献言甚众,臣等虽尝有请,弗果行。其后韩琦等讫就大事,盖琦功也。"帝曰:"发端为难,是时仁祖意已定,嘉祐之末,止申前诏尔。正如丙吉、霍光,不相掩也。"遂加彦博两镇节度使,辞不拜。将行,赐宴琼林苑,两遣中谒者遗诗祖道,当世荣之。

王中正经制边事,所过称受密旨募禁兵,将之而西。彦博以无诏拒之,中正亦不敢募而去。久之,请老,以太师致仕,居洛阳。元祐初,司马光荐彦博宿德元老,宜起以自辅。宣仁后将用为三省长官,而言事者以为不可,乃命平章军国重事,六日一朝,一月两赴经筵,恩礼甚渥。然彦博无岁不求退,居五年,复致仕。绍圣初,章惇秉政,言者论彦博朋附司马光,诋毁先烈,降太子少保。卒,年九十二。崇宁中,预元祐党籍。后特命出籍,追复太师,谥曰忠烈。

彦博逮事四朝,任将相五十年,名闻四夷。元祐间,契丹使耶律永昌、刘霄来聘,苏轼馆客,与使入觐,望见彦博于殿门外,却立改容曰:"此潞公邪?"问其年,曰:"何壮也!"轼曰:"使者见其容,未闻其语。其综理庶务,虽精练少年有不如;其贯穿古今,虽专门名家有不逮。"使者拱手曰:"天下异人也。"既归洛,西羌首领温溪心有名马,请于边吏,愿以馈彦博,诏许之。其为外国所敬如此。

彦博虽穷贵极富,而平居接物谦下,尊德乐善,如恐不及。其在洛也,洛人邵雍、程颢兄弟皆以道自重,宾接之如布衣交。与富弼、司马光等十三人,用白居易九老会故事,置酒赋诗相乐,序齿不序官,为堂,绘像其中,谓之"洛阳耆英会",好事者莫不慕之。神宗导洛通汴,而主者遏绝洛水,不使入城中,洛人颇患苦之。彦博因中使刘惟简至洛,语其故,惟简以闻。诏令通行如初,遂为洛城无穷之利。

彦博八子,皆历要官。第六子及甫,初以大理事评事直史馆,与邢恕相善。元祐初,为吏部员外郎,以直龙图阁知同州。彦博平章军国,及甫由右司员外郎引嫌改卫尉、光禄少卿。彦博再致仕,及甫知河阳,召为太仆卿,权工部侍郎,罢为集贤殿修撰、提举明道宫。蔡渭、邢恕持及甫私书造梁焘、刘击之谤,逮诣诏狱,及甫有憾于元祐,从而实之,亦坐夺职。未几,复之,卒。

论曰:国家当隆盛之时,其大臣必有耆艾之福,推其有余,足庇当世。富弼再盟契丹,能使南北之民数十年不见兵革。仁人之言,其利博哉!文彦博立朝端重,顾盼有威,远人来朝,仰望风采,其德望固足以折冲御侮于千里之表矣。至于公忠直亮,临事果断,皆有大臣之风,又皆享高寿于承平之秋。至和以来,共定大计,功成退居,朝野倚重。熙、丰而降,弼、彦博相继以老,险人无忌,善类沦胥,而宋业衰矣!《书》曰:"番番良士,旅力既愆,我尚有之。"岂不信然哉!

宋史卷三一四
列传第七三

范仲淹　子纯祐　纯礼　纯粹　范纯仁
子正平

范仲淹字希文，唐宰相履冰之后。其先，邠州人也，后徙家江南，遂为苏州吴县人。仲淹二岁而孤，母更适长山朱氏，从其姓，名说。少有志操，既长，知其世家，乃感泣。辞母，去之应天府，依戚同文学。昼夜不息，冬月惫甚，以水沃面；食不给，至以糜粥继之，人不能堪，仲淹不苦也。举进士第，为广德军司理参军，迎其母归养。改集庆军节度推官，始还姓，更其名。

监泰州西溪盐税，迁大理寺丞，徙监楚州粮料院，母丧去官。晏殊知应天府，闻仲淹名，召置府学。上书请择郡守，举县令，斥游惰，去冗僭，慎选举，抚将帅，凡万余言。服除，以殊荐，为秘阁校理。仲淹泛通《六经》，长于《易》，学者多从质问，为执经讲解，亡所倦。尝推其奉以食四方游士，诸子至易衣而出，仲淹晏如也。每感激论天下事，奋不顾身，一时士大夫矫厉尚风节，自仲淹倡之。

天圣七年，章献太后将以冬至受朝，天子率百官上寿。仲淹极言之，且曰："奉亲于内，自有家人礼，顾与百官同列，南面而朝之，不可为后世法。"且上疏请太后还政，不报。寻通判河中府，徙陈州。时方建太一宫及洪福院，市材木陕西。仲淹言："昭应、寿宁，天戒不远。今又侈土木，破民产，非所以顺人心、合天意也。宜罢修寺观，减常岁市木之数，以蠲除积负。"又言："恩幸多以内降除官，非太平之政。"事虽不行,仁宗以为忠。

太后崩,召为右司谏。言事者多暴太后时事,仲淹曰:"太后受遗先帝,调护陛下者十余年,宜掩其小故,以全后德。"帝为诏中外,毋辄论太后时事。初,太后遗诰以太妃杨氏为皇太后,参决军国事。仲淹曰:"太后,母号也,自古无因保育而代立者。今一太后崩,又立一太后,天下且疑陛下不可一日无母后之助矣。

岁大蝗旱,江、淮、京东滋甚。仲淹请遣使循行,未报。乃请间曰:"宫掖中半日不食,当何如?"帝恻然,乃命仲淹抚江、淮,所至开仓振之,且禁民淫祀,奏蠲庐舒折役茶、江东丁口盐钱,且条上救敝十事。

会郭皇后废,率谏官、御史伏伏阁争之,不能得。明日,将留百官揖宰相廷争,方至待漏院,有诏出知睦州。岁余,徙苏州。州大水,民田不得耕,仲淹疏五河,导太湖注之海,募人兴作,未就,寻徙明州,转运使奏留仲淹以毕其役,许之。拜尚书礼部员外郎、天章阁待制,召还,判国子监,迁吏部员外郎、权知开封府。

时吕夷简执政,进用者多出其门。仲淹上《百官图》,指其次第曰:"如此为序迁,如此为不次,如此则公,如此则私。况进退近臣,凡超格者,不宜全委之宰相。"夷简不悦。他日,论建都之事,仲淹曰:"洛阳险固,而汴为四战之地,太平宜居汴,即有事必居洛阳。当渐广储蓄,缮宫室。"帝问夷简,夷简曰:"此仲淹迂阔之论也。"仲淹乃为四论以献,大抵讥切时政。且曰:"汉成帝信张禹,不疑舅家,故有新莽之祸。臣恐今日亦有张禹,坏陛下家法。"夷简怒诉曰:"仲淹离间陛下君臣,所引用,皆朋党也。"仲淹对益切,由是罢知饶州。

殿中侍御史韩渎希宰相旨,请书仲淹朋党,揭之朝堂。于是秘书丞余靖主言曰:"仲淹以一言忤宰相,遽加贬窜,况前所言者在陛下母子夫妇之间乎?陛下既优容之矣,臣请追改前命。"太子中允尹洙与仲淹师友,且尝荐已,愿从降黜。馆阁校勘欧阳修以高若讷在谏官,坐视而不言,移书责之。由是,三人者偕坐贬。明年,夷简亦罢,自是朋党之论兴矣。仲淹既去,士大夫为论荐者不已。仁宗谓宰相张士逊曰:"向贬仲淹,为其密请建立皇太弟故也。朋党称荐如此,奈何?"再下诏戒敕。仲淹在饶州岁余,徙润州,又徙越州。元昊反,召为天章阁待制、知永兴军,改陕西都转运使。会夏竦为陕西经略安抚、招讨使,进仲淹龙图阁直学士以副之。夷简再入相,帝谕仲淹使释前憾。仲淹顿首谢曰:"臣乡论盖国家事,于夷简无憾也。"

延州诸寨多失守,仲淹自请行,迁户部郎中兼知延州。先是,诏分边兵:总管领万人,钤辖领五千人,都监领三千人。寇至御之,则官卑者先出。仲淹曰:"将不择人,以官为先后,取败之道也。"于是大阅州兵,得万八千人,分为六,各将三千人,分部教之,量贼众寡,使更出御贼。时塞门、承平诸寨既废,用种世衡策,城青涧以据贼冲,大兴营田,且听民得互市,以通有无。又以民远输劳苦,请建鄜城为军,以河中、同、华中下户税租就输之。春夏徙兵就食,可省籴十之三,他所减不与。诏以为康定军。

明年正月,诏诸路入讨,仲淹曰:"正月塞外大寒,我师暴露,不如俟春深入,贼马瘦人饥,势易制也。况边备渐修,师出有纪,贼虽猖獗,固已慑其气矣。鄜、延密迩灵、夏、西羌必由之地也,第按兵不动,以观其衅,许臣稍以恩信招来之。不然,情意阻绝,臣恐偃兵无期矣。若臣策不效,当举兵先取绥、宥据要害。屯兵营田,为持久计,则茶山、横山之民,必挈族来归矣。拓疆御寇,策之上也。"帝皆用其议。仲淹又请修承平、永平等寨,稍招还流亡,定堡障,通斥候,城十二寨,于是羌汉之民,相踵归业。

久之,元昊归陷将高延德,因与仲淹约和,仲淹为书戒喻之。会任福败于好水川,元昊答书语不逊,仲淹对来使焚之。大臣以为不当辄通书,又不当辄焚之,宋庠请斩仲淹,帝不听。降本曹员外郎、知耀州,徙庆州,迁左司郎中,为环庆路经略安抚、缘边招讨使。初,元昊反,阴诱属羌为助,而环庆酋长六百余人,约为乡道,事寻露。仲淹以其反复不常也,至部即奏行边,以诏书犒赏诸羌,阅其人马,为立条约:"若仇已和断,辄私报之及伤人者,罚羊百、马二,已杀者斩。负债争讼,听告官为理,辄质缚平人者,罚羊五十、马一。贼马入界,追集不赴随本族,每户罚羊二,质其首领。贼大入,老幼入保本寨,官为给食;即不入寨,本家罚羊二;全族不至,质其首领。"诸羌皆受命,自是始为汉用矣。

改邠州观察使,仲淹表言:"观察使班待制下,臣守边数年,羌人颇亲爱臣,呼臣为'龙图老子',今退而与王兴、朱观为伍,第恐为贼轻矣。"辞不拜。庆之西北马铺寨,当后桥川口,在贼腹中。仲淹欲城之,度贼必争,密遣子纯祐与蕃将赵明先据其他,引兵随之。诸将不知所向,行至柔远,始号令之。版筑皆具,旬日而城成,即大顺城是也。贼觉,以骑三万来战,佯北,仲淹戒勿追,已而果有伏。大顺既城,而白豹、金汤皆不敢犯,环庆自此寇益少。

明珠、灭臧劲兵数万,仲淹闻泾原欲袭讨之,上言曰:"二族道险,不可攻,前日高继嵩已丧师。平时且怀反侧,今讨之,必与贼表里,南入原州,西扰镇戎,东侵环州,边患未艾也。若北取细腰、胡卢众泉为堡障,以断贼路,则二族安,而环州、镇戎径道通撤,可无忧矣。"其后,遂筑细腰、胡卢诸寨。

葛怀敏败于定川,贼大掠至潘原,关中震恐,民多窜山谷间。仲淹率众六千,由邠、泾援之,闻贼已出塞,乃还。始,定川事闻,帝按图谓左右曰:"若仲淹出援,吾无忧矣。"奏至,帝大喜曰:"吾固知仲淹可用也。"进枢密直学士、右谏议大夫。仲淹以军出无功,辞不敢受命,诏不听。

时已命文彦博经略泾原,帝以泾原伤夷,欲对徙仲淹,遣王怀德喻之。仲淹谢曰:"泾原地重,第恐臣不足当此路。与韩琦同经略泾原,并驻泾州,琦兼秦凤,臣兼环庆。泾原有警,臣与韩琦合秦凤、环庆之兵,掎角而进;若秦凤、环庆有警,亦可率泾原之师为援。臣当与琦练兵选将,渐复横山,以断贼臂,不数年间,可期平定矣。愿诏庞籍兼领环庆,以成首尾之势。秦州委文彦博,庆州用滕宗谅总之。孙沔亦可办集。渭州,一武臣足矣。"帝采用其言,复置陕西路安抚、经略、招讨使,以仲淹、韩琦、庞籍分领之。仲淹与琦开府泾州,而徙彦博帅秦,宗谅帅庆,张亢帅渭。

仲淹为将，号令明白，爱抚士卒，诸羌来者，推心接之不疑，故贼亦不敢辄犯其境。元昊请和，召拜枢密副使。王举正懦默不任事，谏官欧阳修等言仲淹有相材，请罢举正用仲淹，遂改参知政事。仲淹曰："执政可由谏官而得乎？"固辞不拜，愿与韩琦出行边。命为陕西宣抚使，未行，复除参知政事。会王伦寇淮南，州县官有不能守者，朝廷欲按诛之。仲淹曰："平时讳言武备，寇至而专责守臣死事，可乎？"守令皆不得诛。

帝方锐意太平，数问当世事，仲淹语人曰："上用我至矣，事有先后，久安之弊，非朝夕可革也。"帝再赐手招，又为之开天章阁，召二府条对，仲淹皇恐，退而上十事：

> 一曰明黜陟。二府非有大功大善者不迁。内外须在职满三年，在京百司非选举而授，须通满五年，乃得磨勘，庶几考绩之法矣。二曰抑侥幸。罢少卿、监以上乾元节恩泽；正郎以下若监司、边任，须在职满二年，始得荫子；大臣不得荐子弟任馆阁职，任子之法无冗滥矣。三曰精贡举。进士、诸科请罢糊名法，参考履行无阙者，以名闻。进士先策论，后诗赋，诸科取兼通经义者。赐第以上，皆取诏裁。余优等免选注官，次第人守本科。选进士之法，可以循名而责实矣。四曰择长官。委中书、枢密院先选转运使、提点刑狱、大藩知州；次委两制、三司、御史台、开封府官；诸路监司，举知州通判；知州、通判举知县、令。限其人数，以举主多者从中书选除。刺史、县令，可以得人矣。五曰均公田。外官廪给不均，何以求其为善耶？请均其入，第给之，使有以自养，然后可以责廉节，而不法者可诛废矣。六曰厚农桑。每岁预下诸路，风吏民言农田利害，堤堰渠塘，州县选官治之。定劝课之法以兴农利，减漕运。江南之圩田，浙西之河塘，堕废者可兴矣。七曰修武备。约府兵法，募几辅强壮为卫士，以助正兵。三时务农，一时教战，省给赡之费。几辅有成法，则诸道皆可举行矣。八曰推恩信。赦令有所施行，主司稽违者，重置于法；别遣使按视其所当行者，的成无废格上恩

者矣。九曰重命令。法度所以示信也，行之未几，旋即厘改。请政事之臣之参议可以久行者，删去烦冗，裁为制敕行下，命令不至于数变更矣。十曰减徭役。户口耗少而供亿滋多，省县邑户少者为镇，并使、州两院为一，职官白直，给以州兵，其不应受役者悉归之农，民无重困之忧矣。

天子方信响仲淹，悉采用之，宜著令者，皆以诏书画一颁下；独府兵法，众以为不可而止。

又建言："周制，三公分兼六官之职，汉以三公分部六卿，唐以宰相分判六曹。今中书，古天官冢宰也，枢密院，古夏官司马也；四官散于群有司，无三公兼领之重。而二府惟进擢差除，循资极，议赏罚，检用条例而已。上非三公论道之任，下无六卿佐王之职，非治法也。臣请仿前代，以三司、司农、审官、流内铨、三班院、国子监、太常、刑部、审刑、大事、群牧、殿前马步军司，各委辅臣兼判其事。凡官吏黜陟、刑法重轻、事有利害者，并众辅臣予夺；其体大者，二府佥议奏裁。臣请自领兵赋之职，如其无补，请先黜降。"章得象等皆曰不可。久之，乃命参知政事贾昌朝领农田，仲淹领刑法，然卒不果行。

初，仲淹以忤吕夷简，放逐者数年，士大夫持二人曲直，交指为朋党。及陕西用兵，天子以仲淹士望所属，拔用之。及夷简罢，召还，倚以为治，中外想望其功业。而仲淹以天下为己任，裁削幸滥，考覆官吏，日夜谋虑，兴致太平。然更张无渐，规摹阔大，论者以为不可行。及按察使出，多所举劾，人心不悦。自任子之恩薄，磨勘之法密，侥幸者不便，于谤毁稍行，而朋党之论浸闻上矣。

会边陲有警，因与枢密副使富弼请行边。于是，以仲淹为河东、陕西宣抚使，赐黄金百两，悉分遗分将。麟州新罗大寇，言者多请弃之，仲淹为修故寨，招还流亡三千余户，蠲其税，罢榷酤予民。又奏免府州商税，河外遂安。比去，攻者益急，仲淹亦自请罢政事，乃以为资政殿学士、陕西四路宣抚使、知邠州。其在中书所施为，亦稍稍沮罢。

以疾请邓州，进给事中。徙荆南，邓人遮使者请留，仲淹亦愿留邓，许之。寻徙杭州，再迁户部侍郎，徙青州。会病甚，请颍州，未至而卒，年六十四。赠兵部尚书，谥文正。初，仲淹病，帝常遣使赐药存问，既卒，嗟悼久之。又遣使就问其家，既葬，帝亲书其碑曰"褒贤之碑。"

仲淹内刚外和，性至孝，以母在时方贫，其后虽贵，非宾客不重肉。妻子衣食，仅能自充。而好施予，置义庄里中，以赡族人。泛爱乐善，士多出其门下，虽里巷之人，皆能道其名字。死之日，四方闻者，皆为叹息。为政尚忠厚，所至有恩，邠、庆二州之民与属羌，皆画像立生祠事之。及其卒也，羌酋数百人，哭之如父，斋三日而去。四子：纯祐、纯仁、纯礼、纯粹。

纯祐字天成，性英悟自得，尚节行。方十岁，能读诸书；为文章，籍籍有称。父仲淹守苏州，首建郡学，聘胡瑗为师。瑗立学规良密，生徒数百，多不率教，仲淹患之。纯祐尚未冠，辄白入学，齿诸生之末，尽行其规，诸生随之，遂不敢犯。自是苏学为诸郡倡。宝元中，西夏叛，仲淹连官关陕，皆将兵。纯祐与将卒错处，钩深摘隐，得其才否。由是仲淹任人无失，百屡有功。仲淹帅环庆，议城马铺寨，寨逼夏境，夏惧扼其冲，侵挠其役。纯祐率兵驰掳其地，夏众大至，且战且役，数日而成，一路恃之以安。纯祐事父母孝，未尝违左右，不应科第。及仲淹以谗罢，纯祐不得已，荫守将作院主簿，又为司竹监，以非所好，即解去。从仲淹之邓，得疾昏废，卧许昌。富弼守淮西，过省之，犹能感慨道忠义，问弼之来公耶私耶，弼曰："公"。纯祐曰"公则可"。凡病十九年卒，年四十九。子正臣，守太常寺太祝。

纯礼字彝叟，以父仲淹荫，为秘书省正字，签书河南府判官，知陵台令兼永安县。永昭陵建，京西转运使配木石博甓及工徒于一路，独永安不受令。使者以白陵使韩琦，琦曰："范纯礼岂不知此？将必有说。"他日，众质之，纯礼曰："陵寝皆在邑境，岁时缮治无虚日，今乃与百县均赋,曷若置此,使之奉常时用乎。"琦是其对。还朝,用为三司盐铁判官,以比部员外郎出知遂州。

泸南有边事,调度苛棘,纯礼一以静待之,辨其可具者,不取于民。民图像于庐,而奉之如神,名曰"范公庵。"草场火,民情疑怖,守吏惕息俟诛。纯礼曰:"草湿则生火,何足怪!"但使密赏之。库吏盗丝多罪至死,纯礼曰:"以棼然之丝而杀之,吾不忍也。"听其家趣买以赎,命释其株连者。除户部郎中、京西转运副使。

元祐初,入为吏部郎中,迁左司。又迁太常少卿、江淮荆浙发运使。以光禄卿召,迁刑部侍郎,进给事中。纯礼凡所封,驳正名名纪纲,皆国体之大者。张来除起居舍人,病未能朝。而令先供职。纯礼批敕曰:"臣僚未有以疾谒告,不赴朝参先视事者。来能供职,岂不能见君?坏礼乱法,所不当为。"闻者皆悚动。御史中丞击执政,将遂代其位。先以讽纯礼。纯礼曰:"论人而夺之位,宁不避嫌邪?命果下,吾必还之。"宰相即徙纯礼刑侍郎,而后出命。转吏部,改天章阁待制、枢密都承旨,去知亳州、提州明道宫。

徽宗位,以龙图阁直学士知开封府,前尹以刻深为治,纯礼曰:"宽猛相济,圣人之训。今处深文之后,若益以猛,是以火济火也。方务去前之苛,犹虑未尽,岂有宽为患也。"由是一切以宽处之。中旨鞫享泽村以谋逆,纯礼审其故,此民入戏场观优,归途见匠者作桶,取而戴于首曰:"与刘先主如何?"遂为匠擒。明日入对,徽宗问何以处之,对曰:"愚人村野无所知,若以叛逆蔽罪,恐辜好生之德,以不应为杖之,足矣。"曰:"何以戒后人?"曰:"正欲外间知陛下刑宪不滥,足以为训尔。"徽宗从之。

拜礼部尚书,擢尚书右丞。侍御史陈次升乞除罢言官并自内批,不由三省进拟,右相曾布力争不能得,乞降黜次升。纯礼徐进曰:"次升何罪?不过防柄臣各引所亲,且去不附已者尔。"徽宗曰:"然。"乃寝布议。

吕惠卿告老,徽宗问执政,执政欲许之。纯礼曰:"惠卿尝辅政,其人固不足重,然当存国体。"曾布奏:"议者多忧财用不足,此非所急也,愿陛下勿以为虑。"纯礼曰:"古者无三年之蓄,曰国非其国。今大农告匮,帑庾枵空,而曰不足虑,非面谩邪?"因从容谏曰:"迩者朝廷命令,莫不是元丰而非元祐。以臣观之,神宗立法之意固善,吏推行之,或有失当,以致病民。宣仁听断,一时小有润色,盖大臣识见异同,非必尽怀邪为私也。今议论之臣,有不得志,故挟此藉口,以元丰为是,则欲贤元丰之人;以元祐为非,则欲斥元祐之士。其心岂恤国事?直欲快私忿以售其奸,不可不深察也。"

又曰:"自古天下汩乱,系于用人。祖宗于此,最得其要。太祖用吕余庆,太宗用王禹偁,真宗用张知白,皆从下列实诸要途。人君欲得英杰之心,固当不次饬拔。必待荐而后用,则守正特立之士,将终身晦亦矣。"左司谏江公望率继述事当执中道,不可拘一偏。徽宗出示其疏,纯礼赞之曰:愿陛下以晓中外,使知圣意所响,亦足以革小人徇利之情。乞褒迁公望,以劝来者。"

纯礼沉毅刚正,曾布惮之,激驸马都尉王诜曰:"上欲除君承旨,范右丞不可。"诜怒。会诜馆辽使,纯礼主宴,诜诬其辄斥御名,罢为端明殿学士、知颍昌府,提举崇福宫。崇宁中,启党禁,贬试少府监,分司南京。又贬静江军节度副使,徐州安置,徙单州。五年,复左朝议大夫,提举鸿庆宫。卒,年六十七。

纯粹字德孺,以荫迁至赞善大夫、检中正书刑房,与同列有争,出知滕县,迁提举成都诸路茶场。元丰中,为陕西转运判官。时五路出师伐西夏:高遵裕出环庆,刘昌祚出泾原,李宪出熙河,种谔出鄜延,王中正出河东。遵裕怒昌祚后期,欲按诛之,昌祚忧恚病卧,其麾下皆愤焉。纯粹恐两军不协,致生他变,劝遵裕往问昌祚疾,其难遂解。神宗责诸将无功,谋欲再举。纯粹奏:"关陕事力单竭,公私大困,若复加骚动,根本可忧,异时言者必职臣是咎,臣宁受尽言之罪于今日,不忍默默以贻后悔。"神宗纳之,进为副使。

吴居厚为京东转运使,数献羡赋。神宗将以徐州钱二十万缗助陕西,纯粹语其僚曰:"吾部虽急,忍复取此膏血之余?"即奏:"本路得钱诚为利,自徐至边,劳费甚矣。"恳辞弗受。入为右司郎中。哲宗立,居厚败,命纯粹以直龙图阁往代之,尽革其苛政。时苏轼自登州召还,纯粹与轼同建募役之议,轼谓纯粹讲此事尤为精详。

复代兄纯仁知庆州。时与夏议分疆界,纯粹请弃所取夏地,曰:"争地未弃,则边隙无时可除。如河东葭芦、吴堡,鄜延之米脂、义合,浮图,环庆之安疆,深在夏境,于汉界地利形势,略无所益。而兰、会之地,耗蠹尤深,不可不弃。"所言皆略施行。纯粹又言:"诸路策应,旧制也。自徐禧罢策应,若夏兵大举,一路攻围,力有不胜,而邻路拱手坐观,其不拔者幸尔。今宜修明战守救援之法。"朝廷是之。及夏侵泾原,纯粹遣将曲珍救之,曰:"本道首建应援牵制之策,臣子之义,忘躯徇国,无谓邻路被寇,非我职也。"珍即日疾驰三百里,破之于曲律,捣横山,夏众遁去。元祐中,除宝文阁待制,再任,如为户部侍郎,又出知延州。

绍圣初,哲宗亲政,用事者欲开边衅,御史郭知间遂论纯粹元祐弃地事,降直龙图阁。明年,复以宝文阁制知熙州。章惇、蔡卞略西夏,疑纯粹不与共事,改知邓州。历河南府、滑州,旋以元祐党人夺职,知均州。徽宗立,起知信州,复故职,知太原,中龙图阁直学士,再临延州。改知永兴军。寻以言者落职,知金州,提举鸿庆宫,又责常州别驾,鄂州安置,锢子弟不得擅入都。会赦,复领祠。久之,以右文殿修撰提举太清宫。党禁解,复徽猷阁待制,致仕。卒,年七十余。

纯粹沉毅有干略,才应时须,尝论卖官之滥,以为:"国法固许进纳取官,然未尝听其理选。今西北三路,许纳三千二百缗买斋郎,四千六百缗买供奉职,并免试注官。夫天下士大夫服勤至于垂死,不沾世恩,其富民猾商,捐钱千万,则可任三子,切为朝廷惜之。"疏上,不听。凡论事剀切类此。

纯仁字尧夫,其始生之夕,母李氏梦儿堕月中,承以衣裾,得之,遂生纯仁。资警悟,八岁,能讲所授书。以父任为太常寺太祝。

中皇祐元年进士第,调知武进县,以远亲不赴;易长葛,又不往。仲淹曰:"汝昔日以远为言,今近矣,复何辞?"纯仁曰:"岂可重于禄食,而轻去父母邪?虽近,亦不能遂养焉。"仲淹门下多贤士,如胡瑗、孙复、石介、李觏之徒,纯仁皆与从游。昼夜肄业,至夜分不寝,置灯账中,账顶如墨色。

仲淹没,始出仕,以著作佐郎知襄城县。兄纯祐有心疾,奉之如父,药膳居服,皆躬亲时节之。贾昌朝守北都,请参幕府,以兄辞。宋详荐试馆职,谢曰:"辇毂之下,非兄养疾地也。"富弼责之曰:"台阁之任岂易得?何庸如是。"卒不就。襄城民不蚕织,劝使植桑,有罪而情轻者,所植多寡除其罚,民益赖慕,后呼为"著作林"。兄死,葬洛阳。韩琦、富弼贻书洛尹,使助其葬,既葬,尹讶不先闻。纯仁曰:"私室力足办,岂宜恩公为哉?"

签书许州观察判官、知襄邑县。县有牧地,卫士牧马,以践民稼,纯仁捕一人杖之。牧地初不隶县,主者怒曰:"天子宿卫,令敢尔邪?"白其事于上,劾治甚急。纯仁言:"养兵出于税亩若使暴民田而不得问,税安所出?"诏释之,且听牧地隶县。凡牧地隶县,自纯仁始。时旱久不雨,纯仁籍境内贾舟,谕之曰:"民将无食,尔所贩五谷,贮之佛寺,候食缺时吾为籴之。"众贾从命,所蓄十数万斛。至春,诸县皆饥,独境内民不知也。

治平中,擢江东转运判官,召为殿中侍御史,迁侍御史。时方议濮王典礼,宰相韩琦、参知政事欧阳修等议尊崇之。翰林学士王珪等议,宜如先朝追赠期亲尊属故事。纯仁言:"陛下受命仁宗而为之子,与前代定策入继之主异,宜如王珪等议。"继与御史吕诲等更论奏,不听。纯仁还所授告敕,家居待罪。既而皇太后手书尊王为皇,夫人为后。纯仁复言:"陛下以长君临御,奈何使命出房闼,异日或为权臣矫托之地,非人主自安计。"寻诏罢追尊,起纯仁就职。纯仁请出不已,遂通判安州,改知蕲州。历京西提点刑狱、京西陕西转运副使。

召还,神宗问陕西城郭、甲兵、粮储如何,对曰:"城郭粗全,甲兵粗修，粮储粗备。”神宗愕然曰：“卿之才朕所倚信，何为皆言粗？”
对曰：“粗者未精之辞，如是足矣。愿陛下且无留意边功，若边臣观
望，将为他日意外之患。”拜兵部员外郎，兼起居舍人、同知谏院。奏
言：“王安石变祖宗法度，掊克财利，民心不宁。《书》曰：‘怨岂在明，
不见是图。’愿陛下图不见之怨。”神宗曰：“何谓不见之怨？”杜牧所
谓‘天下之人，不敢言而敢怒’是也。’”神宗嘉纳之，曰：“卿善论事，
宜为朕条古今治乱可为监戒者。”乃作《尚书解》以进，曰：“其言，皆
尧、舜、汤、文、武之事也。治天下无以易此，愿深究而力行之。”加直
集贤院、同修起居注。

　　神宗切于求治，多延见疏逖小臣，咨访缺失。纯仁言：“小人之
言，听之若可采，行之必有累。盖知小忘大，贪近昧远，愿加深察。”
富弼在相位，称疾家居。纯仁言：“弼受三朝眷倚，当自任天下之重，
而恤已深于恤物，忧疾过于忧邦，致主处身，二者胥失。弼与先臣素
厚，臣在谏省，不敢私谒以致忠告，愿示以此章，使之自省。”又论吕
海不当罢御史中丞，李师中不可守边。

　　及薛向任发运使，行均输法于六路。纯仁言：“臣尝亲奉德音，
欲修先王补助之政。今乃效桑羊均输之法，而使小人为之，掊克生
灵，敛怨基祸。安石以富国强兵之术，启迪上心，欲求近功，忘其旧
学。尚法令则称商鞅，言财利则背孟轲，鄙老成为因循，弃公论为流
俗，异已者为不肖，合意者为贤人。刘琦、钱颢等一言，便蒙降黜。在
廷之臣，方大半趋附，陛下又从而驱之，其将何所不至。道远者理当
驯致，事大者不可速成，人材不可急求，积敝不可顿革。傥欲事功及
就，必为险佞所乘，宜速还言者而退安石，答中外之望。”不听。遂求
罢谏职，改判国子监，去意愈确。执政使谕之曰：“毋轻去，已议除知
制诰矣。”纯仁曰：“此言何为至于我哉，言不用，万钟非所顾也。”

　　其所上章疏，语多激切。神宗悉不付外，纯仁尽录申中书，安石
大怒，乞加重贬。神宗曰：“彼无罪，姑与一善地。”命知河中府，徙知
都路转运使。以新法不便，戎州县未得遽行。安石怒纯仁沮格，因
谗者遣使欲捃摭私事，不能得。使者以他事鞭伤传言者，属官喜谓

纯仁曰："此一事足以塞其谤，请闻于朝。"纯仁既不奏使者不过，亦不折言者之非。后竟坐失察僚佐燕游，左迁知和州，徙邢州。未至，加直龙图阁、知庆州。

过阙入对，神宗曰："卿父在庆著威名，今可谓世职。卿随父既久，兵法必精，边事必熟。"纯仁揣神宗有功名心，即对曰："臣儒家，未尝学兵，先臣守边时，臣尚幼，不复记忆，且今日事势宜有不同。陛下使臣缮治城垒，爱养百姓，不敢辞；若开拓侵攘，愿别谋帅臣。"神宗曰："卿之才何所不能，顾不肯为朕悉心尔。"遂行。

秦中方饥，擅发常平粟振贷，僚属请奏而须报，纯仁曰："报至无及矣，吾当独任其责。"或谤其所全活不实，诏遣使按视。会秋大稔，民欢曰："公实活我，忍累公邪？"尽夜争输还之。使者至，民无所负。邠、宁间有丛冢，使者曰："全活不实之罪，于此得矣。"发冢籍骸上之。诏本路监司穷治，乃前帅楚建中所封也。朝廷治建中罪，纯仁上疏言："建中守法，申请间不免有殍死者，已坐罪罢去。今缘按臣而及建中，是一罪再刑也。"建中犹赎铜三十斤。环州种古执熟羌为盗，流南方，过庆呼冤，纯仁以属吏，非盗也。古避罪谮讼，诏御史治于宁州。纯仁就逮，民万数遮马涕泗，不得行，至有自投于河者。狱成，古以诬告谪。亦加纯仁以他过，黜知信阳军。

移齐州。齐俗凶悍，人轻为盗劫。或谓："此严治犹不能戢，公一以宽，恐不胜其治矣。"纯仁曰："宽出于性，若强以猛，则不能持久；猛而不久，以治凶民，取玩之道也。"有西司理院，系囚常满，皆屠贩盗窃而督赏者。纯仁曰："此何不保外使输纳邪？"通判曰："此释之，复衮，官司往往待其以疾毙于狱中，是与民除害尔。"纯仁曰："法不至死，以情杀之，岂理也邪？"尽呼至庭下，训命名自新，即释去。期岁，盗减比年大半。

丐罢，提举西京留司御史台。时耆贤多在洛，纯仁及司马光，皆好客而家贫，相约为真率会，脱粟一饭，酒数行，洛中以为胜事。复知河中，诸路阅保甲妨农，论救甚力。录事参军宋儋年暴死，纯仁使子弟视丧，小殓，口鼻血出。纯仁疑其非命，按得其妾与小吏奸，因会,置毒鳖肉中。纯仁问食肉在第几巡,曰:"岂有既中毒而尚能终席者乎?"再讯之,则僧年素不食鳖,其曰毒鳖肉者,盖妾与吏欲为变狱张本,以逃死尔。实僧年醉归,毒于酒而杀之。遂正其罪。

哲宗立,复直龙图阁、知庆州。召为右谏议大夫,以亲嫌辞,改天章阁待制侍讲,除给事中,时宣仁后垂帘,司马光为政,将尽改熙宁、元丰法度。纯仁谓光:"去其泰甚者可也。差役一事,尤当熟讲而缓行,不然,滋为民病。愿公虚心以延众论,不必谋自己出,谋自己出,则谄谀得乘间迎合矣。役议或难回,则可先行之一路,以观其究竟。"光不从,持之益坚。纯仁曰:"是使人不得言尔。若欲媚公以为容悦,何如少年合安石以速富贵哉。"又云:"熙宁按问自首之法,既已改之,有司立文太深,四方死者视旧数倍,殆非先王宁失不经之意。"纯仁素与光同志,及临事规正,类如此。初,种古因诬纯仁停任。至是,纯仁荐为永兴军路钤辖,又荐知隰州。每自咎曰:"先人与种氏上世有契义,纯仁不肖,为其子孙所讼,宁论曲直哉。"

元祐初,进吏部尚书,数日,同知枢密院事。初,纯仁与议西夏,请罢兵弃地,使归所掠汉人,执政持之未决。至是,乃申前议,又请归一汉人予十缣。事皆施行。边俘鬼章献,纯仁请诛之塞上,以谢边人,不听。议者欲致其子,收河南故地,故赦不杀。后又欲官之,纯仁复固争,然鬼章子卒不至。

三年,拜尚书右仆射兼中书侍郎。纯仁在位,务以博大开上意,忠笃革士风。章淳得罪去,朝廷以其父老,欲畀便郡,既而中止。纯仁请置往咎而念其私情。邓绾帅淮东,言者斥之不已。纯仁言:"臣尝为绾诬奏坐黜,今日所陈为绾也,左降不宜录人之过太深。"宣仁后嘉纳。因下诏:"前日希合附会之人,一无所问。"

学士苏轼以发策问为言者所攻,韩维无名罢门下侍郎补外。纯仁奏轼无罪,维尽心国家,不可因谮黜官。及王觌言事忤旨。纯仁虑朋党将炽,与文彦博、吕公著辨于帘前,未解。纯仁曰:"朝臣本无党,但善恶邪正,各以类分。彦博、公著皆累朝旧人,岂容雷同罔上。昔先臣与韩琦、富弼同庆历柄任,各举所知。当时飞语指为朋党,三人相继补外。造谤者公相庆曰：'一网打尽。'此事未远，愿陛下戒之。"因极言前世朋党之祸，并录欧阳修《朋党论》以进。

知汉阳军吴处厚傅致蔡确安州《车盖亭诗》，以为谤宣仁后，上之。谏官欲实于典宪，执政右其说，唯纯仁与左丞王存以为不可，争之未定，闻太师文彦博欲贬于岭峤，纯仁谓左相吕大防曰："此路自乾兴以来，荆棘近七十年，吾辈开之，恐自不免。"大防遂不敢言。及确新州命下，纯仁于宣仁后廉前言："圣朝宜务宽厚，不可以语言文字之间暧昧不明之过，诛窜大臣。今举动宜与将来为法，此事甚不可开端也。且以重刑除恶，如以猛药治病，其过也，不能无损焉。"又与王存谏于哲宗，退而上疏，其略云："盖如父母之有逆子，虽天地鬼神不能容贷，父子至亲，主于恕而已。若处之必死之地，则恐伤恩。"确卒贬新州。

大防奏确党人甚盛，不可不问。纯仁面谏朋党难辨，恐误及善人。遂上疏曰："朋党之起，盖因趣向异同，同我者谓之正人，异我者疑为邪党。即恶其异我，则逆耳之言难至；即喜其同我，则迎合之佞日亲。以至真伪莫知，贤愚倒置，国家之患，率由此也。至如王安石，止因喜同恶异，遂至黑白不分，至今风俗，犹以观望为能，后来柄臣，固合永为商鉴。今蔡确不必推治党人，旁及枝叶。臣闻孔子曰：'举直错诸枉，能使枉者直'。则是举用正直而可以化枉邪为善人，不仁者自当屏迹矣。何烦分辨党人，或恐有伤仁化。"司谏吴安诗，正言刘安世交章击纯仁党确，纯仁迹力求罢。

明年，以观文殿学士知颍昌府。俞年，加大学士、知太原府。其境土狭民众，惜地不葬。纯仁遣僚属收无主烬骨，别男女异穴，葬者三千余。又推之一路，葬以万数计。夏人犯境，朝廷欲罪将吏。纯仁自引咎求贬。秋，有诏贬官一等，徙河南府，再徙颍昌。

召还，复拜右仆射。因入谢，宣仁后廉中谕曰："或谓卿必先引用王觌、彭汝砺，卿宜与吕大防一心。"对曰："此二人实有士望，臣终不敢保位蔽贤，望陛下加察。"纯仁将再入也，杨畏不悦，尝有言，纯仁不和，是大防约畏助，欲引为谏议大夫。纯仁曰："谏官当用正人，畏不可用。"大防曰："岂以畏尝言公邪？"纯仁始知之。后畏叛大防，凡有以害大防者，无所不至。宣仁后寝疾，召纯仁曰："卿父仲淹可谓忠臣。在明肃皇后垂帘时，唯劝明肃尽母道；明肃上宾，唯劝仁宗尽子道。卿当似之。"纯仁泣曰："敢不尽忠。"

宣仁后崩，哲宗亲政，纯仁乞避位。哲宗语吕大防曰："纯仁有时望，不宜去，可为朕留之。"且趣入见，问："先朝行青苗法如何？"对曰："先帝爱民之意本深，但王安石立法过甚，激以赏罚，故官吏急切，以致害民。"退而上疏，其要以为"青苗非所当行，行之终不免扰民也。"

是时，用二三大臣，皆从中出，侍从、台谏官，亦多不由进疑。纯仁言："陛下初亲政，四方拭目以观，天下治乱，实本于此。舜举皋陶，汤举伊尹，不仁者远。纵未能如古人，亦须极天下之选。"又群小力排宣仁后垂帘时事，纯仁奏曰："太皇保佑圣躬，功烈诚心，幽明共监，议者不恤国事，一何薄哉。"遂以仁宗禁言明肃垂帘事诏书上之。曰："望陛下稽仿而行，以戒薄俗。"

苏辙论殿试策问，引汉昭变武帝法度事。哲宗震怒曰："安得以汉武比先帝？"辙下殿待罪，众不敢仰视。纯仁从容言："武帝雄才大略，史无贬辞。辙以比先帝，非谤也。陛下亲事之始，进退大臣，不当如呵叱奴仆。"右丞郑润甫越次曰："先帝法度，为司马光、苏辙坏尽。"纯仁曰："不然，法本无弊，弊则当改。"哲宗曰："人谓秦皇、汉武。"纯仁曰："辙所论，事与时也，非人也。"哲宗为之少霁。辙平日与纯仁多异，至是乃服谢纯仁曰："公佛地位中人也。"辙竟落职知汝州。

全台言苏轼行吕惠卿告词，讪谤先帝，黜知英州。纯仁上疏曰："熙宁法度，皆惠卿附会王安石建议，不副先帝爱民求治之意。至垂帘之际，始用言者，特行贬窜，今已八年矣。言者多当时御史，何故畏避不即纳忠，今乃有是奏，岂非观望邪？"御史来之邵言高士敦任成都钤辖日不法事，及苏辙所谪太近。纯仁言："之邵为成都监司，士敦有犯，自当按发。辙与政累年，之邵已作御史，亦无纠正，今乃继有二奏,其情可知。”

纯仁凡荐引人材,必以天下公议,其人不知自纯仁所出。或曰:“为宰相,岂可不牢笼天下士,使知出于门下?”纯仁曰:“但朝廷进用不失正人,何必知出于我邪?”哲宗既召章淳为相,纯仁坚请去,遂以观文殿大学士加右正议大夫知颍昌府。入辞,哲宗曰:“卿不肯为朕留,虽在外,于是政有见,宜悉以闻,毋事形迹。”徙河南府,又徙陈州。初,哲宗尝言:“贬谪之人,殆似永废。”纯仁前贺曰:“陛下念及此,尧、舜用心也。”

既而吕大防等审岭表,会明堂肆赦,章淳先期言:“此数十人,当终身勿徙。”纯仁闻而忧愤,欲齐戒上疏申理之。所亲劝以勿为触怒,万一远斥,非高所年宜。纯仁曰:“事至于此,无一人敢言,若上心遂回,所系大矣。不然,死亦何憾?”乃疏曰:“大防等年老疾病,不习水土,炎荒非义处之地,又忧虞不测,何以自存。臣曾与大防等共事,多被排斥,陛下之所亲见。臣之激切,止是仰后圣德。向来章淳、吕惠卿虽为贬谪,不出里居。臣向曾有言,深蒙陛下开纳,陛下以一蔡确之故,常轸圣念。今赵彦若已死贬所,将不止一蔡确矣。愿陛下断自渊衷,将大防等引赦原放。”疏奏,忤淳意,诋为同罪,落职知随州。

明年,又贬武安军节度副使,永州安置。时疾失明,闻命怡然就道。或谓近名,纯仁曰:“七十之年,两目俱丧,万里之行,岂其欲哉?但区区之爱君,有怀不尽,若避好名之嫌,则无为善之路矣。”每戒子弟毋得小有不平,闻诸子怨章淳,纯仁必怒止之,江行赴贬所,舟覆,扶纯仁出,衣尽湿。顾诸子曰:“此岂章淳为之哉?”既至永,韩维责均州,其子诉维执政日与司马光不合,得免行。纯仁之子欲以纯仁与光议役法不同为请,纯仁曰:“吾用君实荐,以至宰相。昔同朝论事不合则可,汝辈以为今日之言,则不可也。有愧心而生者,不若无愧心而死。”其子乃止。

居三年,徽宗即位,钦圣显肃后同听政,即日授纯仁光禄卿,分司南京,邓州居住。遣中使至永赐茶药,谕曰:“皇帝在藩邸,太皇太后在宫中,知公先朝言事忠直,今虚相位以待,不知目疾如何,用何人医之。"纯仁顿首谢。道除右正议大夫、提举崇福宫。不数月,以观文殿大学士、中太一宫使诏之。有曰:"岂唯尊德尚齿,昭示宠优;庶几鲠论嘉谋,日闻忠告。"纯仁以疾,拜诏而泣曰:"上果用我矣,死有馀责。"徽宗又遣中使赐茶药,促入觐,仍宣渴见之意。

纯仁乞归许养疾,徽宗不得已许之。每见辅臣问安否,乃曰:"范纯仁,得一识面足矣。"遂遣上医视疾。疾小愈,丐以所得冠帔改服色酬医。诏赐医章服,令以冠帔与族侄。疾革,以宣仁后诬谤未明为恨。呼诸子口占遗表,命门生李之仪次第之。其略云:"盖尝先天下而忧,期不负圣人之学,此先臣所以教子,而微臣资以事君。"又云:"惟宣仁之诬谤未明,致保佐之忧勤不显。"又云:"未解疆埸之严,几空帑藏之积。有城必守,得地难耕。"凡八事。建中靖国改元之旦,受家人贺。明日,熟寐而卒,年七十五。诏赙白金三十两,敕许、洛官给其葬,赠开府仪同三司,谥曰忠宣,御书碑额曰"世济忠直之碑。"

纯仁性夷易宽简,不以声色加人,谊之所在,则挺然不少屈。自为布衣至宰相,廉俭如一,所得奉赐,皆以广义庄;前后任子恩,多先疏族。没之日,幼子、五孙犹未官。尝曰:"于平生所学,得之忠恕二字,一生用不尽。以至立朝事君,接待僚友,亲睦宗族,未尝须臾离此也。"每戒子弟曰:"人虽至愚,责人则明;虽有聪明,恕己则昏。苟能以责人之心责已,恕已之心恕人,不患不至圣贤地位也。"又戒曰:"《六经》,圣人之事也。知一字则行一字。要须'造次颠沛必于是',则所谓'有为者亦若是'尔。岂不在人邪?"

弟纯粹在关陕,纯仁虑其于西夏有立功意。与之书曰:"大辂与柴车争逐,明珠与瓦砾相触,君子与小人斗力,中国与外邦校胜负,非唯不可胜,兼亦不足胜,不唯不足胜,虽胜亦非也。"亲族有请教者,纯仁曰:"惟俭可以助廉,惟恕可以成德。"其人书于坐隅。有文集五十卷,行于世。子正平、正思。

　　正平字子夷，学行甚高，虽庸言必援《孝经》、《论语》。父纯仁卒，诏特增遗泽，官其子孙，正平推与幼弟。绍圣中，为开封尉，有向氏于其坟造慈云寺。户部尚书蔡京以向氏后戚，规欲自结，奏拓四邻田卢。民有诉者，正平按视，以为所拓皆民业，不可夺；民又挝鼓上诉，京坐罚金二十斤，用是蓄恨正平。

　　及当国，乃言正平矫撰父遗表。又谓李之仪所述《纯仁行状》，妄载中使蔡克明传二圣虚仁之意，遂以正平逮之仪、克明同诣御史府。正平将行，其弟正思曰：“议《行状》时，兄方营窆窆之事，参预笔削者，正思也，兄何为哉？”正平曰：“时相意属我，且我居长，我不往，兄弟俱将不免，不若身任之。”遂就狱，捶楚甚苦，皆欲诬服。独克明曰：“旧制，凡传圣语，受本于御前，请宝印出，注籍于内东门。”使从其家得永州传宣圣语本有御宝，又验内东门籍皆同。其遗表八事，诸子以朝廷大事防后患，不敢上之，缴申颍昌府印寄军资库。自颍昌取至，亦实。狱遂解。正平羁管象州，之仪羁管太平州。正平家属死者十余人。

　　会赦，得归颍昌。唐君益为守，表其所居为忠直坊，取所赐“世济忠直”碑额也。正平告之曰：“此朝廷所赐，施于金石，揭于墓隧，假宠于范氏子孙则可；若于通途广陌中为往来之观，以耸动庸俗，不可也。”君益曰：“此有司之事，君家何预焉？”正平曰：“先祖先君功名，人所知也。十室之邑，必有忠信，异时不独吾家诒笑，君亦受其责矣。”竟撤去之。正平退闲久，益工诗，尤长五言，著《荀里退居编》，以寿终，

　　论曰：自古一代帝王之兴，必有一代名世之臣。宋有仲淹诸贤。无愧乎此。仲淹初在制中，遗宰相书，极论天下事，他日为政，尽行其言。诸葛孔明草庐始见昭烈数语，生平事业备见于是。豪杰自知之审，类如是乎！考其当朝，虽不能久，然先忧后乐之志，海内固已信其有弘毅之器，足任斯责，使究其所欲为，岂让古人哉！纯仁位过其父，而几有父风。元祐建议攻熙、丰太急，纯仁救蔡确一事，所谓

谋国甚远,当世若从其言,元祐党锢之祸,不至若是烈也。仲淹谓诸子,纯仁得其忠,纯礼得其静,纯粹得其略。知子孰与父哉!

宋史卷三一五
列传第七四

韩亿 子综　韩绛 子宗师　韩维
韩缜 子宗武

　　韩亿字宗魏。其先真定灵寿人，徙开封之雍丘。举进士，为大理评事、知永城县，有治声。他邑讼不决者，郡守皇甫选辄属亿治之。通判陈州，会河决，治堤费万计，亿不赋民而营筑之。真宗尝欲召试，而与王旦有亲嫌，特召见，改一官知洋州。州豪李甲，兄死迫嫂使嫁，因诬其子为他姓，以专其赀。嫂诉于官，甲辄赂吏掠服之，积十余年，诉不已。亿视旧牒未尝引乳医为证，召甲出乳医示之，甲亡以为辞，冤遂辨。累迁尚书屯田员外郎、知相州。河北旱，转运使不以实闻，亿独言岁饥，愿贷民租。有诬其子纲请求受金者，亿请自置狱按之，事虽辨，犹降通判大名府。寻为殿中侍御史，迁侍御史，安抚淮、浙，除开封府判官，出为河北转运使。

　　仁宗初，进直史馆、知青州，以司封员外郎兼御史知杂事，判大理寺丞。吴植知临江军，使人纳金于宰相王钦若，因牙吏至京师，审之，语颇泄，钦若知不可掩，执吏以问。诏付台治，而植自言未尝纳金，反诬吏误以问所亲语达钦若。亿穷治之，盖植以病惧废，金未达而事已露也。植乃除名。并按钦若，诏释不问。三司更茶法，岁课不登，亿承诏劾之，由丞相而下皆坐失当之罚，其不挠如此。自薛奎后，亿独掌台务者逾年。

　　除龙图阁待制，奉使契丹。时副使者，章献外姻也，妄传皇太后旨于契丹，谕以南北欢好传示子孙之意，亿初不知也。契丹主问亿曰：“皇太后即有旨，大使何独不言？”亿对曰：“本朝每遣使，皇太后必在此戒之，非欲达于北朝也。”契丹主大喜，曰：“此两朝生灵之福也。”人谓副使既失辞，而亿更以为恩意，甚推美之。

知亳州，召知审刑院，再迁兵部郎中、同判吏部流内铨，以右谏议大夫、枢密直学士知益州。故事，益州岁出官粟六万石，振粜贫民。是岁大旱，亿倍数出粟，先期予民，民坐是不饥。又疏九升江口，下溉民田数千顷。维、茂州地接羌夷，蕃部岁至永康官场鬻马，亿虑其觇两川，奏徙场黎州境上。拜御史中丞，请如唐制，置御史裹行。

景祐二年，以尚书工部侍郎同知枢密院事。时承平久，武备不戒，乃请二府各列上才任将帅者数十人，稍试用之。又言武臣宜知兵，而书禁不传，请纂其要授之。于是帝亲集《神武秘略》，以赐边臣。

啰厮啰与赵元昊相攻，来献捷。朝廷议加唃厮啰节制。亿曰：“彼皆蕃臣也，今不能谕令解仇，乃因而加赏，非所以绥御四方也。”议遂寝。元昊岁遣人至京师，出入民间无他禁，亿请下诏为除馆舍礼之，官主贸易，外虽若烦扰，实羁防之。

知开封府范仲淹献《百官图》，指宰相吕夷简差除不平，而阴荐亿可用。仲淹既贬，帝以谕亿。亿曰：“仲淹举臣以公，臣之愚陛下所知；举臣以私，则臣委质以来，示尝交托于人。”遂除户部、参知政事。会忻州大震，谏官韩琦言宰相王随、陈尧佐非辅弼才，又言亿子综为群牧判官，不当自请以兄纲代之，遂与宰相□罢，知应天府，寻加资政殿学士、知成德军。改澶州，复知亳州，官至尚书左丞，以太子少傅致仕。卒，赠太子太保，谥忠献。

亿性方重，治家严饬，虽燕居，未尝有惰容。见亲旧之孤贫者，常给其昏葬。每见天下诸路有奏攟拾官吏小过者，辄颜色不怿，曰：“天下太平，圣主之心，虽昆虫草木，皆欲使之得所。今仕者大则望为公卿，次亦望为侍从、职司一千石，其下亦望京朝、幕职，奈何锢之于盛世？”八子：纲、综、绛、绎、维、缜、纬、缃。

纲,尚书水部员外郎。庆历中,知光化军,性苛急,不能抚循士卒。会盗张海剽劫至境上,纲帅禁兵乘城,给饼饵多不时,民具酒食犒军,辄收其羊豕,市钱制兵器,士皆愤怒。又尝命军校作阵图,不成,将斩之,众益骇。一日,士方食,军校邵兴叱众起勿食。纲怒,执数人系狱。兴惧,帅众劫库兵为乱,欲杀纲。纲擁妻子缒城,由汉江而下。兴等遂纵火掠城中,引众趋蜀道,为官兵所败,遂斩之,余党悉诛。纲坐弃城除名,编管英州。

综字仲文。荫补将作监主簿,迁大理评事。举进士中第,通判邓州、天雄军。会河溢金堤,民依丘塚者数百家。综令曰:“能济一人,予千钱。”民争操舟楫以救,已而丘塚多溃。吕夷简自北京入相,荐为集贤校理、同知太常院。历开封府推官,数月,迁三司户部判官、同修起居注。使契丹,契丹主问其家世,综言亿在先朝尝持礼来,契丹主喜曰:“与中国通好久,父子俱使我,宜酌我酒。”综率同使者五人起为寿,契丹主亦离席酹之,欢甚。既还,陈执中以为生事,出知滑州,徙许州。

殿前指挥使许怀德从妹亡,有别产在阳翟,以无子,籍于官,怀德欲私有之,讼未决。因杨仪为书属综,书至而转运使已徙狱他州矣。综坐得书不以闻,夺集贤校理,知袁州。未几,复为江东转运使。还,再修起居注,累迁刑部员外郎、知制诰,卒。

综尝为契丹馆伴使,使者欲为书称北朝而去契丹号。综曰:“自古未有建国而无号者。”使惭,遂不复言。其后朝迁择馆伴契丹使者,帝曰:“孰有如韩综者乎?”子宗道,为户部侍郎、宝文阁待制。

纲子宗彦,字钦圣。荫补将作监主簿。举进士甲科,累迁太常博士。以大臣荐,召试,为集贤校理。历提点京西、京东刑狱。应天府失入平民死罪,狱成未决,通判孙世宁辨正之。狱吏当坐法,而尹刘沆纵弗治;宗彦往按举,沆复沮止之。宗彦疏沆于朝,抵吏罪。仁宗春秋高,未不嗣。宗彦上书曰:“汉章帝诏诸怀妊者赐胎养谷,人三斗,复其夫勿算一岁,著为令。臣考寻世次,帝八子,长则和帝,而质、安以下诸帝皆其系胄,请修胎养之令。"且曰:"人君务蕃毓其民,则天亦昌衍其子孙矣。"以尚书兵部员外郎判三司盐铁勾院,卒。

综子宗道,历官至户部侍郎、宝文阁待制。

韩绛字子华。举进士甲科,通判陈州。直集贤院,为开封府推官。有男子冷青,妄称其母顷在掖庭得幸,有娠而出生已,府以为狂,奏流汝州。绛言,留之在外将惑众。追责穷治,盖其母尝执役宫禁,嫁民冷绪,生一女,乃生青,遂论弃市。

历户部判官。江南饥,为体量安抚使,行便民事数十条;宣州守廖询贪暴不法,下吏置诸理,民大悦。使还,同修起居注,擢右正言。仁宗谓绛曰:"用卿出自朕,卿凡论事,不宜沽激,当存朝廷大体,要令可行,毋使朕为不听谏者。"

入内都□知王守忠兼判内行省,绛言:"判名太重,且国朝以来,未有兼判两省者。"诏自今勿复除。道士赵清贶出入宰相庞籍家,以赇败,开封杖流之,道死。绛言籍讽府杀之,籍与尹俱谪去。未几复进,绛力不争不得,遂解言职。明年,知制诰,乞守河阳,召判流内铨。河决商胡,用李仲昌议,开六塔河而患兹甚,命绛安抚河北。是宰主仲昌,人莫敢异。绛劾其蠹国害民,罪不可贷,仲昌遂窜岭表。迁龙图阁学士、知瀛州。欧阳修率同列言:"绛宜在朝廷,瀛非所处也。"留知谏院,纠察在京刑狱。为翰林学士、御史中丞。

帝祷茅山求嗣,绛草祝辞,因劝帝汰出宫人,及限内臣养子,以重绝人之世,皆从之。掖庭刘氏通请谒为奸,绛以告帝。帝曰:"非卿言朕无由知。"不数日,出刘氏及他不谨者。真定守吕溱犯法,从官通章请贳之,绛曰:"法行当自贵者始,更相请援,则公道废矣。"并劾诸请者,溱遂绌。富弼用张茂实掌禁兵,绛言:"人谓茂实为先帝子,岂宜用典宿卫?"不报,阖门待罪,自言不敢复称御史中丞。诏召之,及出,不秉笏穿朝堂,谏官论之,罢知蔡州。

数月，以翰林侍读学士知庆州。熟羌据堡为乱，即日讨平之。加端明殿学士、知成都府。张咏镇蜀日，春粜米，秋粜盐，官给券以惠贫弱，历岁久，权归豪右；中人奉使至蜀，使酒吏主贸易，因附益以取悦，绛悉奏罢之。召知开封府，为三司使。请以川、陕职田谷输常平仓，而随其事任道里差次给直。帝叹曰："众方姑息，卿独不能徇时邪?!"即行之。内诸司吏数干恩泽，绛辄执不可，为帝言："身犯众怒，惧有飞语。"帝曰："朕在蕃邸日，颇闻有司以国事为人情。卿所守固善，何惮于谗?"

神宗立，韩琦荐绛有公辅器，拜枢密副使。始请建审官西院，掌武臣升朝者，以息吏奸。神宗尝问天下遗利，绛请尽地力。因言差役之弊，愿更定其法，役议自此始矣。代陈升之同制置三司条例，王安石每奏事，必曰："臣见安石所陈非一，皆至当可用，陛下宜省察。"安石恃以为助。

熙宁三年，参知政事。夏人犯塞，绛请行边，安石亦请往。绛曰："朝廷方赖安石，臣宜行。"乃以为陕西宣抚使。既，又兼河东，几事不可待报者，听便宜施行，授以空名告敕，得自除吏。十二月，即军中拜同中书门下平章事、昭文馆大学士，开幕府于延安。绛素不习兵事，注措乖方，选蕃兵为七军，用知青涧城种谔策，欲取横山，令诸将听命于谔，厚赏犒蕃兵，众皆怨望；又夺骑兵马以与之，有抱马首以泣者。既城啰兀，又冒雪筑抚宁堡，调发骚然。已而二城陷，趣诸道兵出援，庆卒遂作乱。议者罪绛，罢知邓州。明年，以观文殿学士徙许州，进大学士，徙大名府。

七年，复代王安石相，既专处中书，事多稽留不决，且数与吕惠卿争论，乃密请帝再用安石。安石至，颇与绛异。有刘佐者，坐法免，安石欲拔拭用佐，绛不可。议帝前未决，即再拜求去。帝惊曰："此小事，何必尔?"对曰："小事尚不伸，况大事乎!"帝为逐佐。未几，绛亦出知许州。

元丰元年，拜建雄军节度使、知定州。入为西太一宫使。六年，知河南府。夏，大雨，伊、洛间民被溺者十五六。绛发廪振恤，环城筑堤，数月，水复至，民赖以免。哲宗立，更镇江军节度使、开府仪同三司，封康国公，为北京留守。河决小吴，都水议傍魏城凿渠东趋金堤，役甚棘。绛言："功必不成，徒耗费国力，而使魏人流徙，非计也。"三奏，讫罢之。元祐二年，请老，以司空、检校太尉致仕。明年，卒，年七十七。赠太傅，谥曰献肃。

绛临事果敢，不为后虑。好延接士大夫，数荐司马光可用，终以党王安石复得政，是以清议少之。

子宗师，字传道，以父任历州县职。既登第，王安石荐为度支判官，提举河北常平。累官至集贤殿修撰、知河中府，卒。初，宗师在神宗朝，数赐对，常弗忍去亲侧，屡辞官不拜，世以孝与之。

韩维字持国。以进士奏名礼部，方亿辅政，不肯试大廷，受荫入官。父没后，闭门不出。宰相荐其好古嗜学，安于静退，召试学士院，辞不就。富弼辟河东幕府，史馆修撰欧阳修荐为检讨、知太常礼院。礼官议祫享东向位，维请虚室以待太祖。漫成后立庙用乐，维以为不如礼，请一切裁去。议陈执中谥，以为张贵纪治丧皇仪殿、追册位号，皆执中所建，宜曰荣灵。诏谥曰恭，维曰："责难于君谓之恭，执中何以得此？"议讫不行，乞罢礼院。以秘阁校理通判泾州。

神宗封淮阳郡王、颍王，维皆为记室参军。王每事谘访，维悉心以对，至拜起进趋之容，皆陈其节。尝与论天下事，语及功名。维曰："圣人功名，因事始见，不可有功名心。"王拱手称善。闻维引疾请郡，上章留之。时禁中遣使泛至诸臣家，为王择妃。维上疏曰："王孝友聪明，动履法度，方响经学，经观成德。今卜族授室，宜历选勋望之家，谨择淑媛，考古纳采、问名之义，以礼成之，不宜苟取华色而已。"

左、右史阙，英宗访除授例，执政曰："用馆阁久次及进士高第者。"帝曰："第择人，不必专取高科。"执政以维对，遂同修起居注、侍迩英讲。帝初免丧，简默不言。维上疏曰："迩英阁者，陛下燕闲之所也。侍于侧者，皆献纳论思之臣。陈于前者，非经则史。可以博咨访之义，穷仁义之道，究成败之原。今礼制终毕，臣下倾耳以听玉音，陛下之言，此其时也。臣请执笔以俟。"进知制诰、知通进银台司。

御史吕诲等以濮议得罪，维谏曰："诲等审议守职，不过欲陛下尽如先王之法而止尔。请追还前诏，令百官详议，以尽人情；复诲等职任，以全政体。"既而责命不由门下，维又言："罢黜御史，事关政体，而不使有司与闻，纪纲之失，无甚于此。乞解银台司。"不从，遂阖门侍罪。有诏举台官二人，维言："吕诲、范纯仁有已试之效，愿复其职。"翰林学士范镇作批答不合旨，出补郡。维言："镇所失只在文字，当涵容之。前黜钱公辅，中外以为太重，连退二近臣，而众莫知其所谓，自此谁敢尽忠者？"

颍王为皇太子，兼右庶子。神宗即位，维进言："百执事各有职位，当责任，若代之行事，最为失体。天下大事不可猝为，人君设施，自有先后。"因释滕文公问孟子居丧之礼，推后世礼文之变，以伸规讽，帝皆嘉纳。除龙图阁直学士。

御史中丞王陶弹宰相韩琦为跋扈，罢为翰林学士。维言："中丞之言是，宰相安得无罪？若其非是，安得止罢台职？今为学士，是迁也。"参知政事吴奎陶事，出知青州。维言进退大臣，不当如是。诏迁奎官。难又言："执政罢免，则为降黜；今复迁官，则为褒进。二者理难并行，此与王陶罢中丞而加学士何以异？"章上，奎还就职。维援前言求去，知汝州。数月，召兼侍讲、判太常寺。

初，僖祖主已迁，及英宗祔庙，中书以为僖祖与稷、契等，不应毁其庙。维言："太祖戡定大知，子孙遵业，为宋太祖，无可议者。僖祖虽为高祖，然仰迹功业，非有所因，若以所事稷、契事之，惧有所未安，宜如故便。"王安石方主初议，持不行。

熙宁二年，迁翰林学士、知开封府。明年，为御史中丞，以兄绛在枢府，力辞之。安石亦恶其言保甲事，复使为开封。始分置八厢决轻刑，縠下清肃。时吴充为三司使，帝曰："维、充以文学进，及任烦剧，而皆称职，可谓得人矣。"兼侍读学士，充群牧使。考试制举，孔文仲对策入等，以切直罢归。维言："陛下毋谓文仲为一贱士，黜之何损。臣恐贤俊解体，忠良结舌，阿谀苟合者将窥隙而进，为祸不细。"安石益恶之。

枢密使文彦博求去，帝曰："密院事剧，当除韩维佐卿。"明日，维奏事殿中，以言不用，请郡。帝曰："卿东宫旧人，当留以辅政。"对曰："使臣言得行，贤于富贵；若缘攀附旧恩以进，非臣之愿也。"遂出知襄州，改行州。

七年二月，召为学士承旨。入对，帝曰："天久不雨，朕日夜焦劳，奈何？"维曰："陛下忧闵旱灾，损膳避殿，此乃举行故事，恐不足以应天变。当痛自责已，广求直言。"退，又上疏曰："近几内诸县，督索青苗钱甚急，往往鞭挞取足，至伐桑薪以易钱货，旱灾之际，重罹此苦。若夫动甲兵，危士民，匮财用于荒夷之地，朝廷处之不疑，行之甚锐。至于蠲除租税，宽裕逋负，以救愁苦之民，则迟迟而不肯发。望陛下奋自英断行之，过于养人，犹愈过于杀人也。"上感悟，即命维草诏求直言。其略曰："意者听纳不得于理与？狱讼非其情与？情与？赋敛失其节与？忠言谠论郁于上闻，而阿庚雍蔽以成其私者众与？"诏出，人情大悦。有旨体量市易、免行利病，权罢方田、保甲，是日乃雨。

王安石罢，会绛入相，加端明殿学士、知河阳，复知许州。帝幸旧邸，进资政殿学士。曾巩当制，称其纯明亮直，帝令改命词。维知帝意，请提举嵩山崇福宫。

帝崩，赴临阙庭。宣仁后手诏劳问，维对曰："人情贫则思富，苦则思乐，困则思息，郁则思通。诚能常以利民为本，则民富；常以忧民为心，则民乐；赋役非人力所堪者去之，则劳困息；法禁非人情所便者益之，则郁塞通。推此而广之，尽诚而行之，则子孙观陛下之德，不待教而成矣。"

未几，起知陈州，未行，召兼侍读，加大学士。尝言："先帝以夏国主秉常废，故兴问罪之师。今既复位，有蕃臣礼，宜还其故地。"因陈兵不可不息者三，地不可不弃者五。又言："仁宗选建储嗣，一时忠动皆被宠禄;范镇首开此议赏独不及,愿褒显其功。"镇于是复起用。

元祐更役法,命维详定。时四方书疏多言其便,维谓司马光曰:"小人议论,希意迎合,不可不察。"成都转运判官蔡曚附会定差,维恶而劾之。执政欲废王安石《新经义》,维以当与先儒之说并行,论者服其平。拜门下侍郎,御史张舜民以言事罢,王岩叟救之,折简密询上官均。语泄,诏岩叟分析。维曰:"臣下折简聚谈,更相督责,乃是相率为善,何害于理?若琐琐责善,惧于国事元益也。"

维处东省逾年,有忌之者密为谗诉,诏分司南京。尚书右司王存抗声帝前曰:"韩维得罪,莫知其端,臣窃为朝廷惜。"乃还大学士、知邓州。兄绛为之请改汝州。久之,以太子少傅致仕,转少师。

绍圣中,坐元祐党,降左朝议大夫,再谪崇信军节度副使,均州安置。诸子乞纳官爵,听父里居。哲宗览奏恻然,许之。元符元年,以幸睿成宫,复左朝议大夫,是岁卒。年八十二。徽宗初,悉追复旧官。

韩缜字玉汝。登进士第,签书南京判官。仁宗以水灾求直言,缜上疏曰:"今国本未立,无以系天下之心,此阴盛阳微之应。"词极剀切。刘沆荐其才,命编修三班敕。前此,武臣不执亲丧。缜建言:"三年之服,古今通制;晋襄衰墨从戎,事出一时。"遂著令,自崇班以上听持服。为殿中侍御史。参知政事孙抃持禄充位;权陕西转运副使薛向赴阙,枢密院辄画旨除为真;刘永年以外戚除防御使;内侍史志聪私役皇城亲从:缜皆极论之。帝为罢抃,寝向与永年之命,而正志聪罪。迁侍御史、度支判官,出为两浙、淮南转运使,移河北。

夏谅祚死,子秉常嗣,遣使求封册。朝廷方责夏人不修职贡,欲择人诘其使。缜适陛辞,神宗命之往。缜至驿问罪,使者引服,追夜,奏上。帝喜,改使陕西。入知审官西院、直舍人院。以兄绛执政,改集贤殿修撰、盐铁副使,以天章阁待制知秦州。尝宴客夜归,指使傅勍被酒,误随入州宅,与侍妾遇,缜怒,令军校以铁裹杖棰杀之。勍妻持血衣，挝登闻鼓以诉，坐落职，分司南京。秦人语曰：“宁逢乳虎，莫逢玉汝。”其暴酷如此。久之，还待制、知瀛州。

熙宁七年，辽使萧禧来议代北地界。召缜馆客，遂服聘，令持图牒致辽主，不克见而还。知开封府，禧再至，复馆之。诏乘驿诣河东，与禧分画，以分水岭为界。复命，赐袭衣、金带，为枢密都丞旨，还龙图阁直学士。元丰五年，官制行，易大中大夫、同知枢密，进知院事。

哲宗立，拜尚书右仆射兼中书侍郎。首相蔡确与章淳谋诬东朝，及确为山陵使，缜暴其奸状，由是东朝及外廷悉知之。确使还，欲以其属高遵惠、张琏、韩宗文为美官。宣仁后以访缜，缜曰：“遵惠为太后从父；琏者，中书郎璪之弟；宗文，臣侄也。今擢用非次，则是君臣各私其亲，何以示天下？”乃止。

元佑元年，御史中丞刘击、谏官孙觉苏辙王觌，论缜才鄙望轻，在先朝为奉使，割地六百里以遗契丹，边人怨之切骨，不可使居相位。章数十上，罢为观文殿大学士、知颖昌府。移永兴、河南，拜安武军节度使、知太原府，易节奉宁军。请老，为西太一官使，以太子太保致仕。绍圣四年卒，年七十九。赠司空谥曰庄敏。

缜外事壮重，所至以严称。虽出入将相而寂无功烈，厚自奉养，世以比晋何曾云。子宗武。

宗武，第进士，韩宗彦镇瀛州，辟为河间令。值河溢，增堤护城，吏率兵五百伐材近郊，虽墓木亦不免，父老遮道泣，宗武入府白罢之。微宗即位，为秘书丞，因日食上疏言：“近世事有微渐而不可不察者五：大臣不畏公论，小臣趋利附下，一也。人主息于政事，威柄下移，怨蔶归上，二也。左右无辅拂之士，守边无御侮之臣，三也。开境土以速边患，耗赋财以弊民力，四也。岁谷不登，仓庾空竭，民人流亡，盗贼数起，五也。根治朋党，追复私怨，正士黜废，耆老歼亡，旋起大狱，害及善类。文章号令，衰于前世。大河决溢，饥馑荐臻。执政大臣，人怀异意，排去旧怨，以立新党，徒为纷纷，无忧国忘家之虑。诚愿躬揽权纲，收还威柄，敷言奏功，考察名实，不以侍御之好、钟鼓之娱为乐。仁祖恻怛至诚,以收天下之心;神宗历精不息,以举天下之事:皆所宜法。"不报。

哲宗将祔庙,中旨索省中书画甚急。宗武言:"先帝祔庙,陛下哀慕方深,而丹青之玩,取索不已,播之于外,惧损圣德。陛下践祚,如日初升,当讲劘典训,开广圣学,好玩易志,正古人所戒也。"疏入,皇太后见之,怒曰:"是皆内侍数辈所为尔。"欲尽加罚,帝委曲申救,乃已。明日,太后对宰相奖欢,令俟谏官员阙即用之。寻除都官员外郎,改开封府推官。丐外,为淮南转运判官。前使者贷上供钱,禁庭遣使来索。宗武奏具状,词极鲠切,坐贬秩,罢归。久之,蔡京欲以知颍州。帝语秘书事,京不敢复言,遂致仕。官累大中大夫年八十二,卒。

论曰:王俦曰:"昔袁安未尝以赃罪鞫人,史氏以其仁心,足以覃乎后昆。韩亿不悦擿人小过,而君子知其后必大,皆盛德事也。亿有子位公府,而行各有适。绛适于同,维适于正,缜适于严。呜呼,维其贤哉!"

宋史卷三一六
列传第七五

包拯　吴奎　赵抃 子屼
唐介　子淑问 义问 孙恕

　　包拯字希仁,庐州合肥人也。始举进士,除大理评事,出知建昌县。以父母皆老,辞不就。得监和州税,父母又不欲行,拯即解官归养。后数年,亲继亡,拯庐墓终丧,独徘徊不忍去,里中父老数来劝勉。久之,赴调,知天长县。有盗割人牛舌者,主来诉。拯曰:"第归,杀而鬻之。"寻复有来告私杀牛者,拯曰:"何为割牛舌而又告之?"盗惊服。徙知端州,迁殿中丞。端土产砚,前守缘贡,率取数十倍以遗权贵。拯命制者才足贡数,岁满不持一砚归。

　　归拜监察御史里行,改监察御史。时张尧佐除节度、宣抚两使,右司谏张择行、唐介与拯共论之,语甚切。又尝建言曰:"国家岁赂契丹,非御戎之策,宜练兵选将,务实边备。"又请重门下封驳之制,及废锢赃吏,选守宰,行考试补荫弟子之法。当时诸道转运加按察使,其奏劾官吏多摭细故,务苛察相高尚,吏不自安,拯于是请罢按察使。

　　去使契丹,契丹令典客谓拯曰:"雄州新开便门,乃欲诱我叛人,以刺疆事耶?"拯曰:"涿州亦尝开门矣,刺疆事何必开便门哉?"其人遂无以对。

　　历三司户部判官,出为京东转运使,改尚书工部员外郎、直集贤院,徙陕西,又徙河北,入为三司户部副使。秦陇斜谷务造船材木,率课取于民;又七州出赋河桥竹索,恒数十万,拯皆奏罢之。契丹聚兵近塞,边郡稍警,命拯往河北调发军食。拯曰:"漳河沃壤,人不得耕,邢、洺、赵三州民田万五千顷,率用牧马,请悉以赋民。"从之。解州盐法率病民,拯往经度之,请一切通商贩。

除天章阁待制、知谏院。数论斥权幸大臣,请罢一切内除曲恩。又列上唐魏郑公三疏,愿置之坐右,以为龟鉴。又上言天子当明听纳,辨朋党,惜人才,不主先入之说,凡七事;请去刻薄,抑侥幸,正刑明禁,戒兴作,禁妖妄。朝廷多施行之。

除龙图阁直学士、河北都转运使。尝建议无事时徙兵内地,不报。至是,请:"罢河北屯兵,分之河南兖、郓、齐、濮、曹、济诸郡,设有警,无后期之忧。借曰戍兵不可遽减,请训练义勇,少给粮粮,每岁之费,不当屯兵一月之用,一州之赋,则所给者多矣。"不报。徙知瀛州,诸州以公钱贸易,积岁所负十余万,悉奏除之。以丧子乞便郡,知扬州,徙庐州,迁刑部郎中。坐失保任,左授兵部员外郎、知池州。

复官,徙江宁府,召权知开封府,迁右司郎中。拯立朝刚毅,贵戚宦官为之敛手,闻者皆惮之。人以包拯笑比黄河清,童稚妇女,亦知其名,呼曰"包待制"。京师为之语曰:"关节不到,有阎罗包老。"旧制,凡讼诉不得径造庭下。拯开正门,使得至前陈曲直,吏不敢欺。中官势族筑园榭,侵惠民河,以故河塞不通,适京师大水,拯乃悉毁去。或持地券自言有伪增步数者,皆审验劾奏之。

迁谏议大夫、权御史中丞。奏曰:"东宫虚位日久,天下以为忧,陛下持久不决,何也?"仁宗曰:"卿欲谁立?"拯曰:"臣不才备位,乞豫建太子者,为宗庙万世计也。陛下问臣欲谁立,是疑臣也。臣年七十,且无子,非邀福者。"帝喜曰:"徐当议之。"请裁抑内侍,减节冗费,条责诸路监司,御史府得自举属官,减一岁休暇日,事皆施行。

张方平为三司使,坐买豪民产,拯劾奏罢之;而宋祁代方平,拯又论之;祁罢,而拯以枢密直学士权三司使。欧阳修言:"拯所谓牵牛蹊田而夺之牛,罚已重矣,又贪其富,不亦甚乎!"拯因家居避命,久之乃出。其在三司,凡诸管库供上物,旧皆科率外郡,积以困民。拯特为置场和市,民得无扰。吏负钱帛多缧系,间辄逃去,并械其妻子者,类皆释之。迁给事中,为三司使。数日,拜枢密副使。顷之,迁礼部侍郎,辞不受,寻以疾卒,年六十四。赠礼部尚书,谥孝肃。

拯性峭直,恶吏苛刻,务敦厚,虽甚嫉恶,而未尝不推以忠恕也。与人不苟合,不伪辞色悦人,平居无私书,故人、亲党皆绝之。虽贵,衣服、器用、饮食如布衣时。尝曰:"后世子孙仕宦,有犯赃者,不得放归本家,死不得葬大茔中。不从吾志,非吾子若孙也。"初,有子名繶,娶崔氏,通判潭州,卒。崔守死,不更嫁。拯尝出其媵,在父母家生子,崔密抚其母,使谨视之。繶死后,取媵子归,名曰綖。有奏议十五卷。

吴奎字长文,潍州北海人。性强记,于书无所不读。举《五经》,至大理丞,监京东排岸。庆历宿卫之变,奎上疏曰:"涉春以来,连阴不解,《洪范》所谓'皇之不极,时则有下伐上'者。今卫士之变,起于肘腋,流传四方,惊骇群听。闻皇城司官六人,其五已受责,独杨怀敏尚留。人谓陛下私近幸而屈公法,且获贼之际,传令勿杀,而左右辄屠之。此必其党欲以灭口,不然,何以不奉诏?"遂乞召对面论,仁宗深器之。再迁殿中丞,策贤良方正入等,擢太常博士、通判陈州。

入为右司谏,改起居舍人,同知谏院。每进言,惟劝帝禁束左右奸幸。内东门阑得赂遗物,下吏研治,而开封用内降释之。奎劾尹魏瓘,出瓘越州。彭思永论事,诏诘所从受。奎言:"御史法许风闻,若穷核主名,则后谁敢来告以事?是自涂其耳目也。"上为罢不问。郭承祐、张尧佐为宣徽使,奎连疏其不当,承祐罢使,出尧佐河中。

皇祐中,颇多灾异,奎极言其征曰:"今冬令反燠,春候反寒,太阳亏明,五星失度,水旱作沴,饥馑荐臻,此天道之不顺也。自东徂西,地震为患,大河横流,堆阜或出,此地道之不顺也。邪曲害政,阴柔蔽明,群小纷争,众情壅塞,西、北贰敌,求欲无厌,此人事之不和也。夫帝王之美,莫大于进贤退不肖。今天下皆谓之贤,陛下知之而不能进;天下皆谓之不肖,陛下知之而不能退。内宠骄恣,近习回挠,阴盛如此,宁不致大异乎?又十数年来下令及所行事,或有名而无实,或始是而终非,或横议所移,或奸谋所破,故群臣百姓,多不甚信,以谓陛下言之虽切而不能行,行之虽锐而不能久。臣愿谨守前诏,坚如金石,或敢私挠,必加之罪,毋为人所测度,而取轻于天下。”

唐介论文彦博,指奎为党,出知密州。加直集贤院,徙两浙转运使。入判登闻检院、同修起居注、知制诰。奉使契丹,会其主加称号,要入贺。奎以使事有职,不为往。归遇契丹使于涂,契丹以金冠为重,纱冠次之。故事,使者相见,其衣服重轻必相当。至是,使者服纱冠,而要奎盛服。奎杀其仪以见,坐是出知寿州。

至和三年,大水,诏中外言得失。奎上疏曰:“陛下在位二十四年,而储嗣未立。在礼,大宗无嗣,则择支子之贤者。以昭穆言,则太祖、太宗之曾孙,所宜建立,以系四海之望。俟有皇子则退之,而优其礼于宗室,谁曰不然?陛下勿听奸人邪谋,以误大事。若仓卒之际,柄有所归,书之史册,为万世叹愤。臣不愿以圣明之资,当危亡之比。此事不宜优游,愿蚤裁定。定之不速,致宗祀无本,郁结群望,推之咎罚,无大于此。”帝感其言,拜翰林学士,权开封府。

奎达于从政,应事敏捷,吏不敢欺。富人孙氏辜榷财利,负其息者,至评取物产及归女。奎发孙宿恶,徙其兄弟于淮、闽,豪猾畏敛。居三月,治声赫然。除端明殿学士、知成都府,以亲辞,改郓州。复还翰林,拜枢密副使。治平中,丁父忧,居丧毁瘠,庐于墓侧,岁时洁严祭祀,不为浮屠事。

神宗初立,奎适终制,以故职还朝。逾月,参知政事。时已召王安石,辞不至,帝顾辅臣曰:“安石历先帝朝,召不赴,颇以为不恭。今又不至,果病耶,有所要耶?”曾公亮曰:“安石文学器业,不敢为欺。”奎曰:“臣尝与安石同领群牧,见其护前自用,所为迂阔。万一用之,必紊乱纲纪。”乃命知江宁。

　　奎尝进言："陛下在推诚应天,天意无他,合人心而已。若以至诚格物,物莫不以至诚应,则和气之感,自然而致。今民力困极,国用窘乏,必俟顺成,乃可及他事。帝王所职,惟在于判正邪,使君子常居要近,小人不得以害之,则自治矣。"帝因言："尧时,四凶犹在朝。"奎曰："四凶虽在,不能惑尧之聪明。圣人以天下为度,未有显过,固宜包容,但不可使居要近地尔。"帝然之。御史中丞王陶,以论文德不押班事诋韩琦,奎状其过。诏除陶翰林学士,奎执不可。陶又疏奎阿附。陶既出,奎亦以资政殿大学士知青州。司马光谏曰："奎名望清重,今为陶绌奎,恐大臣皆不自安,各求引去。陛下新即位,于四方观听非宜。"帝乃召奎归中书。及琦罢相,竟出知青州。明年薨,年五十八。赠兵部尚书,谥曰文肃。

　　奎喜奖廉善,有所知辄言之,言之不从,不止也。少时甚贫,既通贵,买田为义庄,以周族党朋友。没之日,家无余资,诸子至无屋以居,当时称之。

　　赵抃字阅道,衢州西安人。进士及第,为武安军节度推官。人有赦前伪造印,更赦而用者,法吏当以死。抃曰："赦前不用,赦后不造,不当死。"谳而生之。知崇安、海陵、江原三县,通判泗州。濠守给士卒廪赐不如法,声欲变,守惧,日未入,辄闭门不出。转运使檄抃摄治之,抃至,从容如平时,州以无事。

　　翰林学士曾公亮未之识,荐为殿中侍御史,弹劾不避权幸,声称凛然,京师目为"铁面御史"。其言务欲朝廷别白君子小人,以谓："小人虽小过,当力遏而绝之;君子不幸违误,当保全爱惜,以成就其德。"温成皇后之丧,刘沆以参知政事监护,及为相,领事如初。抃论其当罢,以全国体。又言宰相陈执中不学无术,且多过失;宣徽使王拱辰平生所为及奉使不法;枢密使王德用、翰林学士李淑不称职:皆罢去。

　　吴充、鞠真卿、刁约以治礼院吏,马遵、吕景初、吴中复以论梁适,相继被逐。抃言其故,悉召还。吕溱、蔡襄、吴奎、韩绛既出守,欧阳修、贾黯复求郡。抃言："近日正人端士纷纷引去,侍从之贤如修辈无几,今皆欲去者,以正色立朝,不能诏事权要,伤之者众耳。"修、黯由是得留,一时名臣,赖以安焉。

请知睦州,移梓州路转运使,改益州。蜀地远民弱,吏肆为不法,州郡公相馈饷。抃以身帅之,蜀风为变。穷城小邑,民或生而不识使者,抃行部无不至,父老喜相慰,奸吏竦服。

召为右司谏。内侍邓保信引退兵董吉烧炼禁中,抃引文成、五利、郑注为比,力论之。陈升之副枢密,抃与唐介、吕诲、范师道言升之奸邪,交结宦官,进不以道。章二十余上,升之去位。抃与言者亦罢,出知虔州。虔素难治,抃御之严而不苛,召戒诸县令,使人自为治。令皆喜,争尽力,狱以屡空。岭外仕者死,多无以为归,抃造舟百艘,移告诸郡曰:"仕宦之家,有不能归者,皆于我乎出。"于是至者相继,悉授以舟,并给其道里费。

召为侍御史知杂事,改度支副使,进天章阁待制、河北都转运使。时贾昌朝以故相守魏,抃将按视府库,昌朝使来告曰:"前此,监司未有按视吾藏者,巩事无比,若何?"抃曰:"舍是,则他郡不服。"竟往焉。昌朝不悦。初,有诏募义勇,过期不能办,官吏当坐者八百余人。抃被旨督之,奏言:"河朔频岁丰,故应募者少,请宽其罪,以俟农隙。"从之。坐者获免,而募亦随足。昌朝始愧服。

加龙图阁直学士、知成都,以宽为治。抃向使蜀日,有聚为妖祀者,治以峻法。及是,复有此狱,皆谓不免。抃察其亡他,曰:"是特酒食过耳。"刑首恶而释余人,蜀民大悦。会荣諲除转运使,英宗谕諲曰:"赵抃为成都,中和之政也。"

神宗立,召知谏院。故事,近臣还自成都者,将大用,必更省府,不为谏官。大臣以为疑,帝曰:"吾赖其言耳,苟欲用之,无伤也。"及谢,帝曰:"闻卿匹马入蜀,以一琴一鹤自随,为政简易,亦称是乎?"未几,擢参知政事。抃感顾知遇,朝政有未协者,必密启闻,帝手诏褒答。

王安石用事,抃屡斥其不便。韩琦上疏极论青苗法,帝语执政,令罢之。时安石家居求去，抃曰："新法皆安石所建，不若俟其出。"既出，安石持之愈坚。抃大悔恨，即上言："制置条例司建使者四十辈，骚动天下。安石强辩自用，诋天下公论以为流俗，违众罔民，顺非文过。近者台谏侍从，多以言不听而去；司马光除枢密，不肯拜。且事有轻重，体有大小。财利于事为轻，而民心得失为重；青苗使于体为小，而禁近耳目之臣用舍为大。今去重而取轻，失大而得小，惧非宗庙社稷之福也。"

奏入，恳乞去位，拜资政殿学士、知杭州，改青州。时京东旱蝗，青独多麦，蝗来及境，遇风退飞，尽堕水死。成都以戍卒为忧，遂以大学士复知成都。召见，劳之曰："前此，未有自政府往者，能为朕行乎？"对曰："陛下有言，即法也，奚例之问？"因乞以便宜从事。

既至蜀，治益尚宽。有卒长立堂下，呼谕之曰："吾与汝年相若，吾以一身入蜀，为天子抚一方。汝亦宜清谨畏戢以率众，比戍还得余赀持归，为室家计可也。"人喜转相告，莫敢为恶，蜀郡晏然。剑州民私作僧度牒，或以为谋逆告，抃不畀狱吏，以意决之，悉从轻比。谤者谓其纵逆党，朝廷取具狱阅之，皆与法合。茂州夷剽境上，惧讨乞降，乃缚奴将杀之，取血以受盟。抃使易用牲，皆欢呼听命。

乞归，知越州。吴越大饥疫，死者过半。抃尽救荒之术，疗病埋死，而生者以全。下令修城，使得食其力。复徙杭，以太子少保致仕，而官其子岏提举两浙常平以便养。岏奉抃遍游诸名山，吴人以为荣。元丰七年，薨，年七十七。赠太子少师，谥曰清献。

抃长厚清修，人不见其喜愠。平生不治赀业，不畜声伎，嫁兄弟之女十数、他孤女二十余人，施德茕贫，盖不可胜数。日所为事，入夜必衣冠露香以告于天，不可告，则不敢为也。其为政，善因俗施设，猛宽不同，在虔与成都，尤为世所称道。神宗每诏二郡守，必以抃为言。要之，以惠利为本。晚学道有得，将终，与岏诀，词气不乱，安坐而没。宰相韩琦尝称抃真世人标表，盖以为不可及云。

岏字景仁。由荫登第，通判江州，改温州，代还，得见。时抃已谢事，神宗命为太仆丞，擢监察御史。以父老请外，提举两浙常平。元祐中，复为御史。上疏言："治平以前，大臣不敢援置亲党于要涂，子弟多处管库，甚者不使应科举，与寒士争进。自王安石柄国，持内举不避亲之说，始以子雱列侍从，由是循习为常。资望浅者，或居事权繁重之地；无出身者，或预文字清切之职，今宜杜绝其源。"

又言："台谏之臣，或稍迁其位，而阴夺言责；或略行其言，而退与善地；或两全并立，苟从讲解；或置而不问，外示包容。使忠鲠之士，蒙羞难退，皆朝廷所宜深察也。"傅尧俞、王岩叟、梁焘、孙升以事去，岋言："诸人才能学术，为世推称；忠言嘉谟，见于已试，宜悉召还朝。"所言皆切时务。

避执政亲嫌，改都官员外郎，出提点京东刑狱。元符中，历鸿胪、太仆少卿。曾布知枢密院，将白为都承旨，蔡卞摭其救傅尧俞事，遂不用。未几卒。

初，扑庐母墓三年，县榜其里曰"孝弟"。处士孙侔为作《孝子传》。及岋执父丧，而甘露降墓木。岋卒，子云又以毁死，人称其世孝。

唐介字子方，江陵人。父拱，卒漳州，州人知其贫，合钱以赗，介年尚幼，谢不取。擢第，为武陵尉，调平江令。民李氏赀而吝，吏有求不厌，诬为杀人祭鬼。岳守捕其家，无少长楚掠，不肯承。更属介讯之，无他验。守怒白于朝，遣御史方偕徙狱别鞫之，其究与介同。守以下得罪，偕受赏，介未尝自言。

知莫州任丘县，当辽使往来道，驿吏以诛索破家为苦。介坐驿门，令曰："非法所应给，一切勿与。稍毁吾什器者，必执之。"皆帖伏以去。沿边塘水岁溢，害民田，中人杨怀敏主之，欲割邑西十一村地潴涨潦，介筑堤阑之，民以为利。通判德州，转运使崔峄取库绢配民而重其估。介留牒不下，且移安抚司责数之。峄怒，数驰檄按诘，介不为动。既而果不能行。

入为监察御史里行，转殿中侍御史。启圣院造龙凤车，内出珠

玉为之饰。介言："此太宗神御所在，不可喧渎；后宫奇靡之器，不宜
过制。"诏亟毁去。张尧佐骤除宣徽、节度、景灵、群牧四使，介与包
拯、吴奎等力争之，又请中丞王举正留百官班庭论，夺其二使。无
何，复除宣徽使、知河阳。介谓同列曰："是欲与宣徽，而假河阳为名
耳，不可但已也。"而同列依违，介独抗言之。仁宗谓曰："除拟本出
中书。"介遂劾宰相文彦博守蜀日造间金奇锦，缘阉侍通宫掖，以得
执政；今显用尧佐，益自固结，请罢之而相富弼。又言谏官吴奎表里
观望，语甚切直。

帝怒，却其奏不视，且言将远窜。介徐读毕，曰："臣忠愤所激，
鼎镬不避，何辞于谪？"帝急召执政示之曰："介论事是其职。至谓彦
博由妃嫔致宰相，此何言也？进用冢司，岂应得预？"时彦博在前，介
责之曰："彦博宜自省，即有之，不可隐。"彦博拜谢不已，帝怒益甚。
梁适叱介使下殿，修起居注蔡襄趋进救之。贬春州别驾，王举正言
以为太重，帝旋悟，明日取其疏入，改置英州，而罢彦博相，吴奎亦
出。又虑介或道死，有杀直臣名，命中使护之。梅尧臣、李师中皆赋
诗激美，由是直声动天下，士大夫称真御史，必曰唐子方而不敢名。

数月，起监郴州税，通判潭州，知复州，召为殿中侍御史。遣使
赐告，趣诣阙下。入对，帝劳之曰："卿迁谪以来，未尝以私书至京
师，可谓不易所守矣。"介顿首谢，言事益无所顾。他日请曰："臣既
任言责，言之不行将固争，争之重以累陛下，愿得解职。"换工部员
外郎、直集贤院，为开封府判官，出知扬州，徙江东转运使。御史吴
中复言，介不宜久居外。文彦博再当国，奏："介向所言，诚中臣病，
愿如中复言。"然但徙河东。

久之，入为度支副使，进天章阁待制，复知谏院。帝自至和后，
临朝渊默。介言："君臣如天地，以交泰为理，愿时延群下，发德音，
可否万几，以幸天下。"又论：宫禁干丐恩泽，出命不由中书，宜有以
抑绝；赐予嫔御之费，多先朝时十数倍，日加无穷，宜有所朘损；监
司荐举，多得文法小吏，请令精择端良敦朴之士，毋使与恬薄者同
进；诸路走马承受凌扰郡县，可罢勿遣，以权归监司；兖国公主夜开

禁门,宜劾宿卫主吏,以严宫省。帝悉开纳之。

御史中丞韩绛劾宰相富弼,弼家居待罪,绛亦待罪。介与王陶论绛以危法中伤大臣,绛罢。介嫌于右宰相,请外,以知荆南。敕过门下,知银台司何郯封还之,留权开封府。旋以论罢陈升之,亦出知洪州。加龙图阁直学士、河北都转运使,枢密直学士、知瀛州。

治平元年,召为御史中丞。英宗谓曰:"卿在先朝有直声,故用卿,非由左右言也。"介曰:"臣无状,陛下过听,愿献愚忠。自古欲治之主,亦非求绝世惊俗之术,要在顺人情而已。祖宗遗德余烈,在人未远,愿览已成之业以为监,则天下蒙福矣。"明年,以龙图阁学士知太原府。帝曰:"朕视河东,不在中执法下,暂烦卿往耳。"夏人数扰代州边,多筑堡境上。介遣兵悉撤之,移谕以利害,遂不敢动。

神宗立,以三司使召。熙宁元年,拜参知政事。先时,宰相省阅所进文书于待漏舍,同列不得闻。介谓曾公亮曰:"身在政府而文书弗与知,上或有所问,何辞以对?"乃与同视,后遂为常。帝欲用王安石,公亮因荐之,介言其难大任。帝曰:"文学不可任耶? 吏事不可任耶? 经术不可任耶?"对曰:"安石好学而泥古,故论议迂阔,若使为政,必多所变更。"退谓公亮曰:"安石果用,天下必困扰,诸公当自知之。"中书尝进除目,数日不决,帝曰:"当问王安石。"介曰:"陛下以安石可大用,即用之,岂可使中书政事决于翰林学士? 臣近每闻宣谕某事问安石,可即行之,不可不行,如此则执政何所用,恐非信任大臣之体也。必以臣为不才,愿先罢免。"

安石既执政,奏:"中书处分札子,皆称圣旨,不中理者十八九,宜止令中书出牒。"帝愕然。介曰:"昔寇准用札子迁冯拯官不当,拯诉之,太宗谓:'前代中书用堂牒,乃权臣假此为威福。太祖时以堂帖重于敕命,遂削去之。今复用札子,何异堂帖?'张洎因言:'废札子,则中书行事,别无公式。'太宗曰:'大事则降敕,其当用札子,亦须奏裁。'此所以称圣旨也。如安石言,则是政不自天子出,使辅臣皆忠贤,犹为擅命,苟非其人,岂不害国?"帝以为然,乃止。介自是数与安石争论。安石强辩,而帝主其说。介不胜愤,疽发于背,薨,年六十。

介为人简伉，以敢言见惮。每言官缺，众皆望介处之，观其风采。神宗谓其先朝遗直，故大用之。然居政府，遭时有为，而扼于安石，少所建明，声名减于谏官、御史时。皆疾亟，帝临问流涕，复幸其第吊哭，以画像不类，命取禁中旧藏本赐其家。赠礼部尚书，谥曰质肃。子淑问、义问，孙恕。

淑问字士宪。第进士，至殿中丞。神宗以其家世，擢监察御史里行，谕以谨家法、务大体。淑问见帝初即位，锐于治，因言："中旨数下，一出特断，当谨出纳、别枉直，使命令必行。今诏书求直言，而久无所施用，必欲屈群策以起治道，愿行其言。"初，诏侍臣讲读。淑问言："王者之学，不必分章句、饰文辞。稽古圣人治天下之道，历代致兴亡之由，延登正人，博访世务，以求合先王，则天下幸甚。"河北饥，流人就食京师，官振廪给食，来者不止。淑问曰："出粟不继，是诱之失业而就死地也。"条三策上之。

滕甫为中丞，淑问力数其短，帝以为邀名，乃诏避其父三司使，出通判复州。久之，知真州，提点湖北刑狱，言新法不便，乞解使事，黜知信阳军，以病免。数年，起知宣州，徙湖州，入为吏部员外郎。又引疾求外，帝以为避事，降监抚州酒税。哲宗立，司马光荐其行己有耻，难进，召为左司谏，以病致仕，数月卒。

义问字士宣。善文辞，锁厅试礼部，用举者召试秘阁，父介引嫌罢之。熙宁中，辟京西转运司管勾文字。神宗览本道章奏，知义问所为。以其名访辅臣，因黄好谦领使事，谕之曰："唐义问风力强敏，行且用矣，可面诏之。"寻以为司农管当公事。方行手实法，所在骚然。义问言："今造簿甫二岁，民不堪命，不宜复改为。"从曾孝宽使河东，还奏事，记利害纲目于笏，帝取而熟视之，历举以问，应析如流。帝喜曰："欲见卿，非今日也。"擢湖南转运判官。一路敷免役钱，又分户五等，储其羡为别赋，号"家力钱"，义问奏除之。移使京西，文彦博守西都，义问求罢去。彦博告以再入相时，尝荐其父，晚同为执政，相得甚欢，故义问乃止。时陕西大举兵，多亡卒，所至成聚。义问请令诣官自陈，给券续食，人以为便。会有不悦之者，免归。

元祐中，起知齐州，提点京东刑狱、河北转运副使。属邑尉因捕盗误遗火，盗逸去，民家被焚，讼尉故纵火。郡守执尉，抑使服，义问辨出之，方旱而雨。用彦博荐，加集贤修撰，帅荆南，请废渠阳诸砦。蛮杨晟秀断之以叛，即拜湖北转运使，讨降之，复砦为州。进直龙图阁，以集贤殿修撰知广州。章惇秉政，治弃渠阳罪，贬舒州团练副使。后七年，复故官，知颍昌府，卒。

恕，崇宁初，为华阳令，以不能奉行茶法，忤使者，谢病免归。其弟意方为南陵令，亦以病自免，兄弟杜门躬耕。恕寻以宣教郎致仕。靖康元年，御史中丞许翰言其高行，诏起为监察御史。意亦以宰相吴敏荐，召对，而贫不能行，竟饿死江陵山中。

论曰：拯为开封，其政严明，人到于今称之。而不尚苛刻，推本忠厚，非孔子所谓刚者乎？奎博学清重，君子人也。抃所至善治，民思不忘，犹古遗爱。介敢言，声动天下，斯古遗直也。夫听谏者，明君所难，以唐文皇犹弗终于魏徵，观四臣面诤，鲠吭逆心，或不能堪，而仁宗容之无咈，诚盛德之主哉！峣世孝，淑问难进，义问强敏，恕高行不陨家声，有足美云。

宋史卷三一七
列传第七六

邵亢 从父必　冯京　钱惟演
从弟易　易子彦远　明逸　诸孙景谌　勰　即

邵亢字兴宗,丹阳人。幼聪发过人,方十岁,日诵书五千言。赋诗豪纵,乡先生见者皆惊伟之。再试开封,当第一,以赋失韵弗取。范仲淹举亢茂才异等,时布衣被召者十四人,试崇政殿,独亢策入等,除建康军节度推官。或言所对策字少,不应式,宰相张士逊与之姻家,故得预选,遂报罢。而士逊子实娶它邵,与亢同姓耳。士逊既不能与直,亢亦不自言。

赵元昊叛,亢言:"用兵在于择将,今天下久不知战,而所任多儒臣,未必能应变。武人得长一军,又已老,讵能身先矢石哉?间起故家恩幸子弟,彼安识攻守之计?况将与卒素不相附,又亡坚甲利兵之御。此不待两军相当,而胜败之机,固已形矣。"因献《兵说》十篇。

召试秘阁,授颍州团练推官。晏殊为首,一以事诿之。民税旧输陈、蔡,转运使又欲覆折缗钱,且多取之。亢言:"民之移输,劳费已甚。方仍岁水旱,又从而加取,无乃不可乎?"遂止。入为国子监直讲、馆阁校勘、同知太常礼院。张贵妃薨,立园陵,禁京城乐一月,亢累疏罢之。进集贤校理。仁宗继嗣未立,亢言:"国之外患在边围,然御之之术,不过羁縻勿绝而已。内患则不然,系社稷之安危,不可不蚤定也。"提点开封县镇公事。比有纵火者,一不获则主吏坐罪,民或自燔其居以中吏。亢请非延及旁舍者，虽失捕，得勿坐。徙为府推官，改度支判官。

契丹遣使贺乾元节，未至，仁宗崩。议者谓宜却，或欲俟其及国门而谕使之还，亢请令奉书至枢前，使见嗣君。从之。选为颍王府翊善，加直史馆。召对群玉殿，英宗访以世事，称之曰："学士真国器也。"擢同修起居注。建言："陛下初政，欲治国者先齐家，颍王且授室，愿采用古昏礼。公主下降，不宜厌舅姑之尊。"帝深纳之。他日，谕王曰："以翊善端直朴厚，辍为谏官矣。"王出道帝语，遂以知制诰知谏院。东宫建，为右庶子。

神宗立，迁龙图阁直学士。有谮之者曰："先帝大渐时，亢尝建垂帘之议。"御史吴申即论之。帝知其妄，置不问。亢自诉曰："方先帝不豫，群臣莫得进见，臣无由面陈，必有章奏。乞索之禁中，若得之，臣当伏诛；不然，则谮臣者，岂宜但已，愿下狱考实。"帝不许。时待制以上为帅、守，每他徙必迁职秩，亢请未满两岁者勿推恩。王陶劾韩琦，吴奎与之辨。亢诋奎所言颠倒，失大臣体，盖欲并撼琦。琦与奎竟同日去。

进枢密直学士、知开封府。亢遇事敏密，吏操辞牍至前，皆反复阅之。人或以为劳，亢曰："决是非于须臾，正当尔。初虽烦，后乃省也。"籍里间恶年少与吏之废停者，一有所犯，皆迁处之，几下斗讼为之衰止。拜枢密副使。

夏人诱杀知保安军杨定，朝廷谋西讨。亢曰："天下财力殚屈，未宜用兵，唯当降意抚纳，俟不顺命，则师出有名矣。"因条上其事。诏报之曰："中国民力，大事也。兵兴之后，不无掊率，人心一摇，安危所系。今动自我始，先违信誓，契丹闻之，将不期而自合，兹朕所深忧者。当悉如卿计。"未几，夏主谅祚死，国人执杀定者来请和。或欲乘此更取塞门地，亢以为幸人之丧，非义也，乃止。

亢在枢密逾年，无大补益，帝颇厌之，尝与谏官孙觉言，欲以陈升之代亢，而使守长安。觉遽劾亢荐升之，帝怒其希指，黜觉，亢亦引疾辞，以资政殿学士知越州。历郑、郓、亳三州。薨，年六十一。赠吏部尚书,即其乡赐以居宅,谥曰安简。从父必。

必字不疑。举进士,为上元主簿。国子监立石经,必善篆隶,召充直讲。选为《唐书》编修官。必以史出众手,非古人撰述之体,辞不就。进集贤校理、同知太常礼院。天子且亲祠,执事者习礼坛下。必言:"《周官·大宗伯》:'凡王之祷祠,肆仪为位。'郑康成释云:'若今肆司徒府。'古礼如此。今即祠所习之,为不敬。"乃徙于尚书省。张贵妃受册,礼官议命妇入贺仪未决,或曰:"妃为修媛时,命妇已不敢亢礼,况今日乎?"必曰:"宫省事秘不可知。既下有司议,惟有外一品南省上事百官班见之仪,然礼无不答。"众议乃定。

出知常州,召为开封府推官。坐在常州日杖人至死,责监邵武税,然杖者实不死。久之,知高邮军,提点淮南刑狱,为京西转运使。必居官震厉风采,始至郡,惟一赴宴集;行部,但一爱酒食之馈。以为数会聚则人情狎,多受馈则不能行事,非使者体也。入修起居注、知制诰。

雄州种木道上,契丹遣人夜伐去,又数渔界河中。事闻,命必往使,必以理折契丹,屈之。还,知谏院。编《仁宗御集》成,迁宝文阁直学士、权三司使,加龙图阁学士、知成都。卒于道,年六十四。遣中使护其丧归。

冯京字当世,鄂州江夏人。少隽迈不群,举进士,自乡举、礼部以至廷试,皆第一。时犹未娶,张尧佐方负宠掖势,欲妻以女。拥至其家,束之以金带,曰:"此上意也。"顷之,官中持酒肴来,直出奁具目示之。京笑不视,力辞。出守将作监丞、通判荆南军府事。还,直集贤院、判吏部南曹,同修起居注。吴充以论温成皇后追册事,出知高邮,京疏充言是,不当黜。刘沆请并斥京,仁宗曰:"京亦何罪?"但解其记注,旋复之。

试知制诰。避妇父富弼当国嫌,拜龙图阁待制、知扬州。改江宁府,以翰林侍读学士召还,纠察在京刑狱。为翰林学士、知开封府。数月不诣丞相府，韩琦语弼，以京为傲。弼使往见琦，京曰："公为宰相，从官不妄造请，乃所以为公重，非傲也。"出安抚陕西，请城古渭，通西羌唃氏，畀木征官，以断夏人右臂。除端明殿学士、知太原府。

神宗立，复为翰林学士，改御史中丞。王安石为政，京论其更张失当，累数千百言，安石指为邪说，请黜之。帝以为可用，擢枢密副使。河东麟、府、丰三州，城垒兵械不治，官吏皆受谴。京以先帅本道，上章自劾曰："使诸路帅臣，知其虽一时脱去，后能侥窃名位者，犹必行法，将不敢复惰旷职。"优诏不听。进参知政事。

数与安石论辨，又荐刘攽、苏轼掌外制。安石令保甲养马，京谓必不可行。会选人郑侠上书言时政，荐京可相，吕惠卿因是谮京与侠通，罢知亳州。未几，以资政殿学士知渭州。茂州夷叛，徙知成都府。蕃部何丹方寇鸡粽关，闻京兵至，请降。议者遂欲荡其巢窟，京请于朝，为禁侵掠，给稼器，饷粮食，使之归。夷人喜，争出犬豕割血受盟，愿世世为汉藩。

惠卿告安石罪，发其私书，有曰"勿令齐年知"，齐年谓京也，与安石同年生。帝以安石为欺，复召京知枢密院。京以疾未至，帝中夕呼左右语曰："适梦冯京入朝，甚慰人意。"乃赐京诏，有"渴想仪刑，不忘梦寐"之语。及入见，首以所梦告焉。顷之，以观文殿学士知河阳。

哲宗即位，拜保宁军节度使、知大名府，又改镇彰德。于是范祖禹言："京再执政，初与王安石不合，后为吕惠卿所倾，其中立不倚之操，为先帝称挹。且昭陵学士，独京一人存，若付以枢密，必允公论。"时京已老，乃以为中太一宫使兼侍讲，改宣徽南院使，拜太子少师，致仕。绍圣元年，薨，年七十四。帝临奠于第，赠司徒，谥曰文简。

始，京乡居，受恩通判南宫成，追贵，以郊恩官其子。尝过外兄朱适，出侍妾，询知为同年进士妻，亟请而嫁之。其为郡守，诸县公事至，即历究之，苟与县牒合而处断丽于法者，呼法吏决罪，不以付狱。报下捷疾，一无雍滞，人服其敏云。

钱惟演字希圣，吴越王俶之子也。少补牙门将，从俶归朝，为右屯卫将军。历右神武军将军。博学能文辞，召试学士院，以笏起草立就，真宗称善。改太仆少卿，献《咸平圣政录》。命直秘阁，预修《册府元龟》，诏与杨亿分为之序。除尚书司封郎中、知制诰，再迁给事中、知审官院。大中祥符八年，为翰林学士，坐私谒事罢之。寻迁尚书工部侍郎，再为学士、会灵观副使。又坐贡举失实，降给事中。复工部侍郎，擢枢密副使、会灵观使兼太子宾客，更领祥源观，累迁工部尚书。

仁宗即位，进兵部。王曾为相，以惟演尝位曾上，因拜枢密使。故事，枢密使必加检校官，惟演止以尚书充使，有司之失也。初，惟演见丁谓权盛，附之，与为婚。谓逐寇准，惟演与有力焉。及序枢密题名，独刊去准，名曰"逆准"，削而不书。谓祸既萌，惟演虑并得罪，遂挤谓以自解。

宰相冯拯恶其为人，因言："惟演以妹妻刘美，乃太后姻家，不可与机政，请出之。"乃罢为镇国军节度观察留后，即日改保大军节度使，知河阳。逾年，请入朝，加同中书门下平章事、判许州。未即行，冀复用，侍御史鞠永奏劾之，惟演乃亟去。天圣七年，改武胜军节度使。明年来朝，上言先垄在洛阳，愿守宫钥。即以判河南府，再改泰宁军节度使。

惟演雅意柄用，抑郁不得志。及帝耕籍田，求侍祠，因留为景灵宫使。太后崩，诏还河南。惟演不自安，请以庄献明肃太后、庄懿太后并配真宗庙室，以希帝意。惟演既与刘美亲，又为其子暖娶郭后妹，至是，又欲与庄懿太后族为婚。御史中丞范讽劾惟演擅议宗庙，且与后家通婚姻。落平章事，为崇信军节度使，归本镇。未几，卒，特赠侍中。太常张瓌按《谥法》敏而好学曰"文"，贪而败官曰"墨"，请谥文墨。其家诉于朝，诏章得象等复议，以惟演无贪黩状，而晚节率职自新，有惶惧可怜之意，取《谥法》追悔前过曰"思"，改谥曰思。

庆历间,二太后始升祔真宗庙室,子暖复诉前议,乃改谥曰文僖。

惟演出于勋贵,文辞清丽,名与杨亿、刘筠相上下。于书无所不读,家储文籍侔秘府。尤喜奖厉后进。初,真宗谥号称"文",惟演曰:"真宗幸澶渊御契丹,盟而服之,宜兼谥'武'。"下有司议,乃加谥"武定"。所著《典懿集》三十卷,又著《金坡遗事》、《飞白书叙录》、《逢辰录》、《奉藩书事》。惟演尝语人曰:"吾平生不足者,惟不得于黄纸上押字尔。"盖未尝历中书故也。子暖、晦、暄,从弟易。

晦字明叔,以大理评事娶献穆大长公主女,累迁东上阁门使、贵州团练使。王守忠领两使留后,移阁门定朝立燕坐位,晦因言:"天子大朝会,令宦者齿士大夫坐殿上,必为外夷所笑。"守忠更欲以礼服进酒,晦又以为不可。勾当三班院、群牧都监,授忠州防御使、知河中府。帝因戒曰:"陕西方罢兵,民困久矣。卿为朕爱抚,毋纵酒乐,使人呼为贵戚子弟也。"晦顿首谢。改颍州防御使,为秦凤路马步军总管。复还三班院,同提举集禧观。历霸州防御使,为群牧副使,卒。

暄字载阳,以父荫累官驾部郎中、知抚州,移台州。台城恶地下,秋潦暴集,辄圮溺,人多即山为居。暄为增治城堞,垒石为台,作大堤捍之。进少府监、权盐铁副使。暄钩考诸路遍租,两浙转运使负课当坐,暄上言:"浙部仍岁饥,故租赋不登籍,今使者获罪,必亟敛于民,民不堪矣。"神宗即诏释之。官制行,为光禄卿,出知郓州,拜宝文阁待制,卒。子景臻,尚秦、鲁国大长公主。景臻子忱,在《外戚传》。

易字希白。始,父俶嗣吴越王,为大将胡进思所废,而立其弟倧。倧归朝,群从悉补官,易与兄昆不见录,遂刻志读书。昆字裕之,举进士,为治宽简便民,能诗,善草隶书,累官右谏议大夫,以秘书监于家。

易年十七,举进士,试崇政殿,三篇,日未中而就。言者恶其轻俊,特罢之。然自此以才藻知名。太宗尝与苏易简论唐世文人,叹时无李白。易简曰:"今进士钱易,为歌诗殆不下白。"太宗惊喜曰:"诚然,吾当自布衣召置翰林。"值盗起剑南,遂寝。真宗在东宫,图山水扇,会易作歌,赏爱之。

易再举进士,就开封府试第二。自谓当第一,为有司所屈,乃上书言试《朽索之驭六马赋》,意涉讥讽。真宗恶其无行,降第三。明年,第二人中第,补濠州团练推官。召试中书,改光禄寺丞、通判蕲州。奏疏曰:"尧放四罪而不言杀,彼四者之凶,尚恶言杀,非尧仁之至乎?古之肉刑者劓、椓、黥、刖皆非死,尚以为虐。近代以来,断人手足,钩背烙筋,身见白骨而犹视息,四体分落乃方绝命。以此示人,非平世事也。今四方长吏竞为残暴,婺州先断贼手足,然后斩之以闻。寿州巡检使磔贼于阛阓之中,其旁犹有盗物者。使严刑可诫于众,则秦之天下,无叛民矣。臣以谓非法之刑,非所以助治,惟陛下除之。"帝嘉纳其言。

景德中,举贤良方正科,策入等,除秘书丞、通判信州。东封泰山,献《殊祥录》,改太常博士、直集贤院。祀汾阴,幸亳州,命修《车驾所过图经》,献《宋雅》一篇,迁尚书祠部员外郎。坐发国子监诸科非其人,降监颍州税。数月,召还。久之,判三司磨勘司。上言:"官物在籍,而三司移文厘正,或其数细微,辄历年不得报,徒扰州县。自今官钱百、谷斗、帛二尺以下,非欺绐者除之。"真宗雅眷词臣,其典掌诰命,皆躬自柬拔。擢知制诰、判登闻鼓院、纠察在京刑狱。累迁左司郎中,为翰林学士,僅直未满,卒。仁宗怜之,召其妻盛氏至禁中,赐以冠帔。

易才学赡敏过人,数千百言,援笔立就。又善寻尺大书行草,及喜观佛书,尝校《道藏经》,著《杀生戒》,有《金闺》、《瀛州》、《西垣制集》一百五十卷,《青云总录》、《青云新录》、《南部新书》、《洞微志》一百三十卷。子彦远、明逸,相继皆以贤良方正应诏。宋兴以来,父子兄弟制策登科者,钱氏一家而已。

彦远字子高，以父荫补太庙斋郎，累迁大理寺丞。举进士第，以殿中丞为御史台推直官。通判明州，迁太常博士。举贤良方正能直言极谏科，擢尚书祠部员外郎、知润州。上疏曰：

　　陛下即位以来，内无声色之娱，外无畋渔之乐，而前岁地震，雄、霸、沧、登，旁及荆湖，幅员数千里，虽往昔定襄之异，未甚于此。今复大旱，人心嗷嗷，天其或者以陛下备寇之术未至，牧民之吏未良，天下之民未安，故出谴告以示之。苟能顺天之戒，增修德业，宗社之福也。

　　今契丹据山后诸镇，元昊盗灵武、银、夏，衣冠车服，子女玉帛，莫不有之。往时，元昊内寇，出入五载，天下骚然。及纳款赐命，则被边长吏，不复铨择，高冠大裖，耻言军旅。一日契丹负恩，乘利入塞，岂特元昊之比耶？湖、广蛮獠劫掠生民，调发督敛，军须百出，三年于今，未闻分寸之效。惟陛下念此三方之急，讲长久之计，以上答天戒。

时旱蝗，民乏食，彦远发常平仓赈救之。部使者诘其专且摧价，彦远不为屈。召为右司谏，请勿数赦，择牧守，增奉入以养廉使，息土木以省功费。迁起居舍人、直集贤院、知谏院。会诸路奏大水，彦远言阴气过盛，在《五行传》"下有谋上之象"，请严宫省宿卫。未几，有挟刃犯谯门者。特赐五品服。又上书曰：

　　农为国家急务，所以顺天养财，御水旱，制蛮夷之原本也。唐开元户八百九十余万，而垦田一千四百三十余万顷。今国家户七百三十余万，而垦田二百一十五万余顷，其间逃废之田，不下三十余万，是国畴不辟，而游手者多也。劝课其可不兴乎？

　　本朝转运使、提点刑狱、知州、通判，皆带劝农之职，而徒有虚文，无劝导之实。宜置劝农司，以知州为长官，通判为佐，举清强幕职、州县官为判官。先以垦田顷亩及户口数、屋塘、山泽、沟洫、桑柘，著之于籍，然后设法劝课，除害兴利。岁终农隙，转运司考校之，第其赏罚。

杨怀敏妄言契丹主宗真死，乃除入内副都知；内侍黎用信以罪窜海岛,赦归,遽得环卫官致仕;许怀德;慎镛高年未谢事;杨景宗、郭承祐阘茸小人,宜废不用;历举劾之,多见听纳。彦远性豪迈,其任言职,数有建明。卒于官。

明逸字子飞。由殿中丞策制科,转太常博士。为吕夷简所知,擢右正言。首劾范仲淹、富弼:"更张纲纪,纷扰国经。凡所推荐,多挟朋党。乞早罢免,使奸诈不敢效尤,忠实得以自立。"疏奏,二人皆罢;其夕,杜衍亦免相。明逸盖希章得象、陈执中意也。

石元孙与夏人战没,以死事褒赠,既而生归,朝廷释不问。明逸请正其偾军之罪,乃窜之远方而夺其恩。进同修起居注、知制诰,擢知谏院,为翰林学士。自登科至是,才五年。加史馆修撰、知开封府。妄人冷青自称皇子,捕至府,明逸方正坐,青叱曰:"明逸安得不起?"明逸为起,坐尹京无威望;又狱吏榜妇人酆氏堕足死,罢为龙图阁学士、知蔡州。历扬青郓曹州、应天府,还,判流内铨、知通进银台司,复出知成德军、渭州。加端明殿学士、知秦州。

先是,于阗入贡,道邈川,唃厮啰留不遣。会其妻亡,前帅张方平请因而恤之,且诱其般次入贡,诏赙绢千匹。明逸言:"朝廷抚唃氏至厚,顷以招马为名,赂缯缊;邀请六事,既徇其五,百犹觖望。今壅遏荒服之贡,固有罪矣,岂可复加赐以辱国体?"从之。而于阗使与般次亦皆至。厮啰有子质于秦,别子木征居河州。殿侍程从简私与之盟,令过洮河,许以官,且归其质子。事不验,木征怒,留贡使。明逸械从简往诘,因斩之。木征惶惧,悉遣所留者。

治平初,复为翰林学士。神宗立,御史论其倾险憸薄,顷附贾昌朝、夏竦以陷正人,文辞浅缪,岂应冒居翰院?乃罢学士。久之,知永兴军。熙宁四年,卒,年五十七。赠礼部尚书,谥曰修懿。

藻字醇老,明逸之从子也。幼孤,刻厉为学。第进士,又中贤良方正科,为秘阁校理。慈圣后临朝,藻三上书乞还政。同修起居注、知制诰。加枢密直学士、知开封府。平居乐易无崖岸,而居官独守绳墨,为政简静有条理,不肯徇私取显。数求退,改翰林侍读学士、知审官东院。卒,年六十一。神宗知其贫,赙钱五十万,赠太中大夫。

景谌,景臻之兄也。由殿直巡辖两京马递,中进士第。初赴开封解试,时王安石得其文,以为知道者。既荐送之,又推誉于公卿间,自是执弟子礼。安石提点府界,景谌为属主簿,又以文荐之。执丧居许,闻安石得政,喜,因事来京师谒之。方盛夏,安石与僧智缘卧于地,一最亲者袒坐其侧。顾景谌襁服帽,未及它语,卒然问曰:"青苗、助役如何?"景谌曰:"利少害多,异日必为民患。"又问:"孰为可用之人?"曰:"居丧不交人事,而知人尤难事也。"遂辞出。

后调官复来,安石已作相,又往诣之。安石令先与弟安国相见。安国亦与之善,谓景谌曰:"相君欲以馆阁相处而任以事。"景谌曰:"百事皆可为,所不知者新书、役法耳。"及见安石,安石欲令治峡路役书,且委以戎、泸蛮事。景谌曰:"峡路民情,仆固不能知;而戎、泸用兵,系朝廷举动,一路生灵休戚,愿择知兵爱人者。"安石大怒,坐上客数十人,皆为之惧。退就谒舍,赏激之与诋以为矫者参半。景谌笑曰:"自古以来,好利者众,而顾义者寡,故天下万事,皆由人而不在于己。苟为利所动,而由于人,则盗亦可为也。夫盗之所以为盗者,利胜于义,而不知所以为之者耳。吾又何憾焉?"遂与安石绝。熙宁末,从张景宪辟知瀛州,终身为外官,仅至朝请郎而卒。

勰字穆父,彦远之子也。生五岁,日诵千言。十三岁,制举之业成。熙宁三年试应,既中秘阁选,廷对入等矣,会王安石恶孔文仲策,迁怒罢其科,遂不得第。以荫知尉氏县,授流内铨主簿。判铨陈襄尝登进班簿,神宗称之。襄曰:"此非臣所能,主簿钱勰为之耳。"明日召对,将任以清要官,安石使弟安礼来见,许用为御史。勰谢曰:"家贫母老,不能为万里行。"安石知不附己,命权盐铁判官,历提点京西、河北、京东刑狱。元丰定官制,勰方居丧。帝于左司郎中格自书其姓名,须终制日授之。

奉使吊高丽，外意颇谓欲结之以北伐，纲入请使指，帝曰："高丽好文，又重士大夫家世，所以选卿，无他也。"乃求吕端故事以行，凡馈饩非故所有者皆弗纳。归次紫燕岛，王遣二吏追饷金银器四千两。纲曰："在馆时既辞之矣，今何为者？"吏泣曰："王有命，徒归则死，且左番已受。"纲曰："左右番各有职，吾唯例是视，汝可死，吾不可受。"竟却之。还，拜中书舍人。

元祐初，迁给事中，以龙图阁待制知开封府。老吏畏其敏，欲困以事，道人诉牒至七百，纲随即剖决，简不中理者，缄而识之，戒无复来，阅月听讼，一人又至，呼诘之曰："吾固戒汝矣，安得欺我？"其人谰曰："无有。"纲曰："前诉云云，吾识以某字。"启缄示之，信然，上下皆惊咤。宗室、贵戚为之敛手，虽丞相府遣吏干请，亦械治之。积为众所憾，出知越州，徙瀛州。召拜工部、户部侍郎，进尚书，加龙图阁直学士，复知开封，临事益精。苏轼乘其据案时遗之诗，纲操笔立就以报。轼曰："电扫庭讼，响答诗简，近所未见也。"

哲宗莅政，翰林缺学士，章惇三荐林希，帝以命纲，仍兼侍读。以尝行惇谪词，惧而求去。帝曰："岂非'靰靰非少主之臣，硁硁无大臣之节'者乎？朕固知之，毋庸避也。"尝侍经幄，帝留与之语曰："台臣论徐邸事，其辞及郑、雍，小人离间骨肉如此。若雍有请，当付卿以美诏慰安之。"既而雍章至，纲答诏云："弗容群枉，规欲动摇，朕察其厚诬，力加明辨，夫何异趣，乃尔乞身。"帝见之，谓能道所欲言者。惇因是极意排诋，讽全台攻之，言不已。罢知池州，卒于官，年六十四。讣未至，帝犹即其从弟景臻问安否。元符末，追复龙图阁学士。

即字中道，吴越王诸孙也。第进士，为睦州推官。部使者有狱在衢，欬即以荐牍，使往治。即曰："吾宁老冗选中，岂忍以数十人易一荐乎？"至，则平反之。辟鄜延幕府。崇宁中，为陕西转运判官。王师复银州，转饷最。徽宗召对，问曰："灵武可取乎？"对曰："夏人去来飘忽，不能持久，是其所短；然其民皆兵，居不糜饮食，动不勤转饷,愿敕边臣先为不可胜以待衅,庶可得志。"帝曰:"大砦泉可取否?"对曰:"是所谓瀚海也。臣闻其地皆舄卤,无水泉,或以饮马,口鼻皆裂,正得之无所用。"帝然之。

除直龙图阁、知庆州。至镇,筑安边城、归德堡,包地万顷,纵耕其中,岁得粟数十万。徙知延安府,加集贤殿修撰,又进徽猷阁待制、显谟阁直学士。在延五年,童贯宣抚陕西,得便宜行事。时长安百物踊贵,钱币益轻,贯欲力平之,计司承望风旨,取市价率减什四,违者重置于法,民至罢市。徐处仁争之,得罪。又行均籴法,贱入民粟,而高金帛估以赏,下至蕃兵、射士之授田者,咸被抑配,关内骚然,几于生变。即亦屡抗章,极陈其害,贬永州团练副使,然籴害亦寝。

数月,还待制、知兴仁府,徙太原,以童贯宣抚本道辞,不许。居二年,以疾提举洞霄宫,复直学士。睦寇作,起知宣州。即自力上道,至则悉意应军须。贯上其功,进龙图阁学士。贯遂引为河北、河东参谋,以老固辞,乃转正奉大夫致仕。卒,赠金紫光禄大夫,谥曰忠定。

论曰:进士自乡举至廷试皆第一者才三人,王曾、宋庠为名宰相,冯京为名执政,风节相映,不愧其科名焉。邵亢知太常,裁损张贵妃恤典,颍王授室、公主下嫁,请用古典,可谓不愧其官守矣。邵必亦习礼者也,预修《唐书》而能力辞,以为史出众手,非古人撰述之体,岂非名言乎?钱惟演敏思清才,著称当时,然急于柄用,阿附希进,遂丧名节。钱氏三世制科,易、明逸皆掌书命,时人荣之。惜乎易以轻俊,明逸以倾险,并为时论所憾云。

宋史卷三一八
列传第七七

张方平　王拱辰　张升
赵概　胡宿　子宗炎　从子宗愈　宗回

　　张方平字安道，南京人。少颖悟绝伦，家贫无书，从人假三史，旬日即归之，曰："吾已得其详矣。"凡书皆一阅不再读，宋绶、蔡齐以为天下奇才。举茂材异等，为校书郎、知昆山县。又中贤良方正，选迁著作佐郎、通判睦州。

　　赵元昊且叛，为嫚书来，规得遣绝以激使其众。方平请："顺适其意，使未有以发，得岁月之顷，以其间选将厉士，坚城除器，为不可胜以待之。虽终于必叛，而兵出无名，吏士不直其上，难以决胜。小国用兵三年，而不见胜负，不折则破；我以全制其后，必胜之道也。"时天下全盛，皆谓其论出姑息，决计用兵。方平上《平戎十策》，以为："入寇当自延、渭，巢穴之守必虚。宜屯兵河东，卷甲而趋之，所谓攻其所必救，形格势禁之道也。"宰相吕夷简善其策而不果行。当召试馆职，仁宗曰："是非两策制科者乎？何试也？"命直集贤院，俄知谏院。

　　夏人寇边，方平首乞合枢密之职于中书，以通谋议。帝然之，遂以宰相兼枢密使。时调诸道弓手，刺其壮者为宣毅、保捷，方平连疏争之，弗听。既而两军骄甚，合二十余万，皆市人不可用，如方平言。

　　夏竦节制陕西并护诸将，四路以禀复失事机，且诏使出师，逗留不行。及丰州陷，刘平等覆师，主帅皆坐谴，竦独不预，方平劾罢之，而请四路帅臣，各自任战守。西师久未解，元昊亦困弊，方平言："陛下犹天地父母也，岂与犬豕豺狼较乎？愿因郊赦，引咎示信，开其自新之路。"帝喜曰："是吾心也。"是岁，改庆历赦书，敕边吏通其善意，元昊竟降。

既以修起居注使契丹。契丹主顾左右曰："有臣如此，佳哉！"骑而击球于前，酌玉卮饮之，且赠以所乘马。还，知制诰，权知开封府。府事丛集，前尹率书板识之，方平独默记决遣，无少差忘。进翰林学士。元昊既臣，而与契丹有隙，来请绝其使，议者不可。方平曰："得新附之小羌，失久和之强敌，非计也。宜赐元昊诏，使之审处，但嫌隙朝除，则封册暮下。如此，于西、北为两得矣。"时韪其谋。拜御史中丞，改三司使。

初，王拱辰议榷河北盐，方平见曰："河北再榷盐，何也？"帝曰："始立法耳。"方平曰："昔周世宗以盐课均之税中，今两税盐铁是也。岂非再榷乎？"帝惊悟，方平请直降手诏罢之。河朔父老迎拜于澶州，为佛老会七日，以报上恩，事具《食货志》。加端明殿学士、判太常寺。

禁中卫卒夜变，帝旦语二府，奖张贵妃扈跸功。夏竦即倡言："当求所以尊异之礼。"言平闻之，谓陈执中曰："汉冯婕好身当猛兽，不闻有所尊异；且皇后在而尊贵妃，古无是事。果行之，天下之责，将萃于公矣。"执中瞿然而罢。

帝以丰财省费访群臣，方平既条对，又独上数千言，大略以为："祥符以来，务为姑息，渐失祖宗之旧。取士、任子、磨勘、迁补之法坏，命将养兵，皆非旧律。国用既窘，则政出多门；大商豪民乘隙射利，而茶盐香矾之法乱。此治忽盛衰之本，不可以不急。"帝览对甚悦，且大用，会判官杨仪得罪，坐与交，出知滁州。顷之，知江宁府，入判流内铨。

以侍讲学士知滑州，徙益州。未至，或扇言侬智高在南诏，将入寇，摄守亟调兵筑城，日夜不得息，民大惊扰。朝廷闻之，发陕西步骑兵仗，络绎往戍蜀。诏趣方平行，许以便宜从事，方平曰："此必妄也。"道遇戍卒,皆遣归,他役尽罢。适上元张灯,城门三夕不闭,得邛部川译人始造此语者,枭首境上,而流其余党,蜀人遂安。

复以三司使召。方西鄙用兵,两蜀多所调发,方平为奏免横赋四十万,减铸铁钱十余万缗。又建言:"国家都陈留,当四通五达之道,非若雍、洛有山川足恃,特倚重兵以立国耳。兵恃食,食恃漕运,以汴为主,汴带引淮、江,利尽南海。天圣已前,岁调民浚之,故水行地中。其后,浅妄者争以裁减役费为功,汴日以塞,今仰而望焉,是利尺寸而丧丘山也。"乃画上十四策。富弼读其奏,漏尽十刻,帝称善。弼曰:"此国计大本,非常奏也。"悉如其说行之。

迁尚书左丞、知南京。未几,以工部尚书帅秦州。谍告夏人将压境,方平料简士马,声言出塞。已而寇不至,言者论其轻举,曾公亮曰:"兵不出塞,何名轻举?寇之不得至,有备故也。倘罪之,后之边臣,将不敢为先事之备矣。"方平不自安,请知南京。

英宗立,迁礼部尚书,请知郓州。还,为学士承旨。帝不豫,召至福宁殿,帝冯几言,言不可辨。方平进笔请,乃书云:"明日降诏,立皇太子。"方平抗声曰:"必颍王也,嫡长而贤,请书其名。"帝力疾书之,乃退草制。

神宗即位,召见,请约山陵费,帝曰:"奉先可损乎?"对曰:"遗制固云,以先志行之,可谓孝矣。"又请差减锡赉,以乾兴为准,费省什七八。方平进诏草,帝亲批之,曰:"卿文章典雅,焕然有三代风,又善以丰为约,意博而辞寡,虽《书》之训诰,殆无加也。"其见称重如此。

拜参知政事。御史中丞司马光疏其不当用,不听。光解中丞,曾公亮议用王安石,方平以为不可。数日,遭父忧,服阕,以观文殿学士留守西京。入觐,留判尚书都省,力请知陈州。

安石行新法,方平陛辞,极论其害,曰:"民犹水也,可以载舟,亦可以覆舟;兵犹火也,弗戢必自焚。若新法卒行,必有覆舟、自焚之祸。"帝忧然。

韩绛主西师,庆卒乱,京西转运使令一路各会兵于州,民大骇。

方平持檄不下而奏之，帝曰："守臣不当尔邪！"命罢诸郡兵。召为宣徽北院使，留京师。王安石深沮之，以为青州。未行，帝问祖宗御戎之要，对曰："太祖不勤远略，如灵夏、河西，皆因其酋豪，许之世袭；环州董遵诲、西山郭进、关南李汉超，皆优其禄赐，宽其文法。诸将财力丰而威令行，间谍精审，吏士用命，故能以十五万人而获百万之用。及太宗谋取燕蓟，又内徙李彝兴、冯晖，于是朝廷始盱食矣。真宗澶渊之克，与契丹盟，至今人不识兵革。三朝之事如此。近岁疆场之臣，乃欲试天下于一掷，事成徼利，不成贻患，不可听也。"帝曰："庆历以来，卿知之乎？元昊初臣，何以待之？"对曰："臣时为学士，誓诏封册，皆出臣手。"帝曰："卿时已为学士，可谓旧德矣。"

契丹泛使萧禧来议疆事，临当辞，卧驿中不起。方平谓枢密使吴充曰："但令主者日致馈勿问，且使边郡檄其国可也。"充启从之，禧即行。除中太一宫使。

王安石弛铜禁，奸民日销钱为器，边关海舶不复讥钱出，钱日耗。方平极论其害，请诘安石："举累朝之令典，一旦削除之，其意安在？"帝颇采其言，而方平求去。进使南院，判应天府。帝曰："朕欲卿与韩绛共事，而卿论政不同；欲置卿枢密，而卿论兵复异。卿受先帝末命，讫无以副朕意乎？"遂行。

高丽使过府，长吏当送迎，方平言："臣班视二府，不可为陪臣屈。"诏但遣少尹。王师征安南，方平言："举西北壮士健马，弃之炎荒，其患有不可胜言者。若师老费财，无功而还，社稷之福也。"后皆如其言。

新法鬻河渡坊场，司农并及祠庙，宋阏伯、微子庙皆为贾区。方平言："宋工业所基，阏伯封于商丘，以主大火；微子为始封之君，是二祠者，亦不得免乎？"帝震怒，批牍尾曰："慢神辱国，无甚于斯！"于是天下祠庙皆得不鬻。数请老，以太子少师致仕。官制行，废宣徽使，独命领之如故。哲宗立，加太子太保。元祐六年，薨，年八十五。赠司空。遗令毋请谥，尚书右丞苏辙为请，乃谥曰文定。

方平慷慨有气节，既告老，论事益切，至于用兵、起狱，尤反复言之。且曰："臣且死,见先帝地下,有以藉口矣。"平居未尝以言徇物、以色假人。守蜀日,得眉山苏洵与其二子轼、辙,深器异之。尝荐轼为谏官。轼下制狱,又抗章为请,故轼终身敬事之,叙其文,以比孔融、诸葛亮。晚,受知神宗。王安石方用事,嶷然不小屈,以是望高一时。守宋都日,富弼自亳移汝,过见之曰:"人固难知也。"方平曰:"谓王安石乎?亦岂难知者!方平顷知皇祐贡举,或称其文学,辟以考校。既入院,凡院中之事,皆欲纷更。方平恶其人,檄使出,自是未尝与语也。"弼有愧色,盖弼素亦善安石云。

王拱辰字君贶,开封咸平人。元名拱寿,年十九,举进士第一,仁宗赐以今名。通判怀州,入直集贤院,历盐铁判官、修起居注、知制诰。庆历元年,为翰林学士。

契丹使刘六符尝谓贾昌朝曰:"塘泺何为者?一苇可杭,投棰可平;不然,决其堤,十万土囊,即可路矣。"仁宗以问拱辰,对曰:"兵事尚诡,彼诚有谋,不应以语我,此夸言尔。设险守国,先王不废,而祖宗所以限敌人也。"至是,又使六符来,求关南十县,斥太宗伐燕为无名,举朝莫知所答。拱辰曰:"王师征河东,契丹既通使,而寇石岭关以援贼。太宗怒,遂回军伐之,岂谓无名?"乃作报书曰:"既交石岭之锋,遂有衡门之役。"契丹得报,遂继好如初。帝喜,谓辅臣曰:"非拱辰深练故实,殆难答也。"

权知开封府,拜御史中丞。夏竦除枢密使,拱辰言:"竦经略西师,无功称而归。今置诸二府,何以厉世?"因对,极论之。帝未省,遽起,拱辰前引裾,乃纳其说,竦遂罢。又言:"滕宗谅在庆州,所为不度,而但降秩守號,惧边臣则效,宜施重责。"未听,即家居,求自贬。乃徙宗谅岳州,敕拱辰赴台。入见,帝曰:"言事官第自举职,勿以朝廷未行为沮己,而轻去以沽名。自今有当言者,宜力陈毋避。"

僧绍宗以铸佛像惑众,都人竞投金冶中,宫掖亦出赀佐之。拱辰言:"西师宿边,而财费于不急,动士心,起民怨。"诏亟禁之。苏舜钦会宾客于进奏院,王益柔醉作《傲歌》,拱辰风其僚鲁周询、刘元瑜举劾之。两人既窜废，同席者俱逐。时杜衍、范仲淹为政，多所更张，拱辰之党不便。舜钦、益柔皆仲淹所荐，而舜钦，衍婿也，故因是倾之，由此为公议所薄。

复以翰林学士权三司使。坐举富民郑旭，出知郑州，徙澶、瀛、并三州。数岁还，为学士承旨兼侍读。帝于迩英阁置《太玄经》、蓍草，顾曰："朕每阅此。卿亦知其说乎？"拱辰具以对，且曰："愿陛下垂意《六经》，旁采史策，此不足学也。"

至和三年，复拜三司使。聘契丹，见其主混同江，设宴垂钓，每得鱼，必酌拱辰酒，亲鼓琵琶以侑饮。谓其相曰："此南朝少年状元也，入翰林十五年，故吾厚待之。"使还，御史赵抃论其辄当非正之礼，"异时北使援比以请，将何辞拒之？"湖南转运判官李章、知潭州任颛市死商真珠，事败，具狱上，拱辰悉入珠掖庭。抃并劾之。除宣徽北院使，抃言："宣徽之职，本以待勋劳者，唯前执政及节度使得为之，拱辰安得污此选？"乃以端明殿学士知永兴军，历泰定二州、河南大名府，积官至吏部尚书。

神宗登极，恩当转仆射，欧阳修以为此宰相官，不应序进，但迁太子少保。熙宁元年，复以北院使召还。王安石参知政事，恶其异己，乘二相有故，出为应天府。八年，入朝，为中太一宫使。

元丰初，转南院使，赐金方团带。再判大名，改武安军节度使。三路籍民为保甲，日聚而教之，禁令苛急，往往去为盗，郡县不敢以闻。拱辰抗言其害曰："非止困其财力，夺其农时，是以法驱之，使陷于罪罟也。浸淫为大盗，其兆已见。纵未能尽罢，愿财损下户以纾之。"主者指拱辰为沮法，拱辰曰："此老臣所以报国也。"上章不已。帝悟，于是第五等户得免。

哲宗立，徙节彰德，加检校太师。是年，薨，年七十四。赠开府仪同三司，谥懿恪。

论曰：方平、拱辰之才，皆较然有过人者，而不免司马光、赵抃之论，岂其英发之气，勇于见得，一时趋乡未能尽适于正与？及新法

行,方平痛陈其弊,拱辰争保甲,言尤剀切,皆谔谔不少贬,为国老
成,望始重矣。若方平识王安石于辟校贡举之时,而知其后必乱政,
其先见之明,无忝吕诲云。

张升字杲卿,韩城人。举进士,为楚丘主簿。南京留守王曾称
其有公辅器。累官度支员外郎。夏竦经略陕西,荐其才,换六宅使、
泾原秦凤安抚都监。未几,以母老,求归故官,得知绛州,改京西转
运使。知邓州,又以母辞。或指为避事,范仲淹言于朝曰:“张升岂
避事者?”乃许归养。历户部判官、开封府推官,至知杂御史。

张尧佐缘恩骤用,知开封府;内侍杨怀敏夜直禁中,而卫士为
变,皆极论之。升性质朴,不善择言,至斥张贵妃为一妇人,谓怀敏
得志,将不减刘季述。仁宗读之不怿,以语陈升之。升之曰:“此忠
直之言,不激切,则圣意不可回矣。”帝乃解。以天章阁待制知庆州,
改龙图阁直学士、知秦州。

初,青唐蕃部蔺毡,世居古渭,积与夏人有隙,惧而献其地。摄
帅范祥无远虑,呕城之。诸族畏其逼,举兵叛。升至,请弃勿城。诏
户部副使傅求审视之,以为不可弃,与升议殊。先是,副总管刘涣讨
叛羌,逗挠不时进,升命他将郭恩代之,羌乃溃去。涣黜其功,谰讼
恩多杀老稚,以撼升。朝廷命张方平守秦,徙涣泾原,亦徙升青州。
将罪升,方平辞曰:“涣、升有阶级,今互言而两罢帅,不可为也。”升
乃复留。

至和二年,召兼侍读,拜御史中丞。刘沆在相位,以御史范师
道、赵抃尝攻其恶,阴欲出之。升曰:“天子耳目之官,奈何用宰相怒
而斥?”上章力争之,沆竟罢去。帝见升指切时事无所避,谓曰:“卿
孤立,乃能如是。”对曰:“臣仰托圣主。致位侍从,是为不孤。今陛
下之臣,持禄养望者多,而赤心谋国者少,窃以为如陛下乃孤立
尔。”帝为之感动。

契丹主宗真遣使赍其画像来,求帝画像,未报而死。子洪基立,
以为请,诏升报聘,谕使更致新王像。契丹欲先得之,升曰:“昔文成

以弟为兄屈，尚先致敬，况今为伯父哉!"遂无以夺，乃复以洪基像来。嘉祐三年，擢枢密副使，迁参知政事、枢密使。升爱惜官资，凡内降所与，多持不下。见帝春秋高，前后屡进言储嗣事，卒与韩琦同决策。

英帝立，请老，帝曰："太尉勤劳王家，讵可遽去?"但命五日一至院，进见无蹈舞。司马光上疏言："近岁以来，大臣年高者皆不敢自安其位，言事者欲以为名，又从而攻之。使其人无可取，虽少壮何为? 果有益于时，虽老何伤? 升为人忠谨清直，不可干以私，若使且居其位，于事亦未有旷废也。"升请不已，始赐告，令养疾，遂以彰信军节度使、同中书门下平章事判许州，改镇河阳三城。拜太子太师致仕。熙宁十年，薨，年八十六。赠司徒兼侍中，谥曰康节。

赵概字叔平，南京虞城人。少笃学自力，器识宏远，为一时名辈称许。中进士第，通判海州，为集贤校理、开封府推官。奏事殿中，仁宗面赐银绯。

出知洪州，州城西南薄章江，有泛溢之虞，概作石堤二百丈，高五丈，以障其冲，水不为患。僚吏郑陶、饶奭挟持郡事，为不法，前守莫能制。州之归化卒，皆故时群盗。奭造飞语曰："卒得廪米陈恶，有怨言，不更给善米，且生变。"概不答。卒有自容州戍逃归而犯夜者，斩之以徇，因收陶、奭抵罪，阖府股栗。

加直集贤院、知青州。坐失举渑池令张诰免，久乃起，监密州酒。知滁州，山东有寇李二过境上，告人曰："我东人也，公尝为青州，民爱之如父母，我不忍犯。"率众去。

召修起居注。欧阳修后至，朝廷欲骤用之，难于越次。概闻，请郡，除天章阁待制、纠察在京刑狱，修遂知制诰。逾岁，概始代之。郊祀，当任子，进阶爵，乞回其恩，封母郡太君。宰相谓曰："君即为学士，拟封不久矣。"概曰："母年八十二，愿及今拜君赐以为荣。"乃许之，后遂为例。

苏舜钦等以群饮逐，概言："预会者皆馆阁名士，举而弃之，觖士大夫望，非国之福也。"不报。求知苏州，终母丧，入为翰林学士。聘契丹，契丹主会猎，请赋《信誓如山河诗》。诗成，亲酌玉杯为概劝，且授侍臣刘六符素扇，写之纳袖中，其礼重如此。还，兼侍读学士。谏官郭申锡论事忤旨，帝欲加罪，概曰："陛下始面谕申锡毋面从，今黜之，何以示天下？"乃止。

以龙图阁学士知郓州、应天府，代韩绛为御史中丞。绛以论张茂实不宜典宿卫罢，概至，首言之，茂实竟去。御药院内臣有寄资至团练使者，谓之暗转。概请明限以年，诏俟出院优迁之，勿得累寄。擢枢密使、参知政事。数以老求去。熙宁初，拜观文殿学士、知徐州。自左丞转吏部尚书，前此执政迁官，未有也。以太子少师致仕，退居十五年，尝集古今谏争事，为《谏林》百二十卷上之。神宗赐诏曰："请老而去者，类以声问不至朝廷为高。唯卿有志爱君，虽退处山林，未尝一日忘也。当置于坐右，时用省阅。"元丰六年，薨，年八十八。赠太子太师，谥曰康靖。

概秉心和平，与人无怨怒。虽在事如不言，然阴以利物者为不少，议者以比刘宽、娄师德。坐张诰贬六年，念之终不衰，诰死，恤其家备至。欧阳修遇概素薄，又躐知诰，及修有狱，概独抗章明其罪，言为仇者所中伤，不可以天下法为人报怨。修得解，始服其长者。为郓州时，吏按前守冯浩侵公使钱三十万，当以职田租偿。概知其贫，为代以已奉。其平生所为类此。概初名禋，尝梦神人金书名簿有"赵概"，遂更云。

胡宿字武平，常州晋陵人。登第，为扬子尉。县大水，民被溺，令不能救，宿率公私船活数千人。以荐为馆阁校勘，进集贤校理。通判宣州，囚有杀人者，将抵死，宿疑而讯之，囚惮棰楚不敢言。辟左右复问，久乃云："旦将之田，县吏缚以赴官，莫知其故。"宿取具狱翻阅，探其本辞，盖妇人与所私者杀其夫，而执平民以告也。

知湖州，前守滕宗谅大兴学校，费钱数十万。宗谅去，通判、僚吏皆疑以为欺，不肯书历。宿诮之曰："君辈佐滕侯久矣，苟有过，盍不早正？乃阴拱以观，俟其去而非之，岂昔人分谤之意乎？"坐者大惭谢。其后湖学为东南最，宿之力为多。筑石塘百里，捍水患，民号曰胡公塘，而学者为立生祠。

久之，为两浙转运使。召修起居注、知制诰。入内都知杨怀敏坐卫士之变，斥为和州都监，未几，召入复故职。宿封还词头，且言："怀敏得不穷治诛死，已幸，岂宜复在左右？"命遂寝。

庆历六年，京东、两河地震，登、莱尤甚。宿兼通阴阳五行灾异之学，乃上疏曰："明年丁亥，岁之刑德，皆在北宫。阴生于午，而极于亥。然阴犹强而未即伏，阳犹微而不能胜，此所以震也。是谓龙战之会，其位在乾。若西北二边不动，恐有内盗起于河朔。又登、莱视京师，为东北少阳之位，今二州置金坑，多聚民凿山谷，阳气耗泄，故阴乘而动。宜即禁止，以宁地道。"时以为迂阔。明年，王则果以贝州叛。

皇祐五年正月，会灵宫灾，是岁冬至，郊，以二帝并配。明年大旱，宿言："五行，火，礼也。去岁火而今又旱，其应在礼，此殆郊丘并配之失也。"即建言并配非古，宜用迭配如初。时议者谓士大夫言，七十当致仕，其不知止者，请令有司按籍举行之。宿以为非优老之义，当少缓其期法：武吏察其任事与否，勿断以年；文吏使得自陈而全其节。及言皇祐新乐与旧乐难并用；礼部间岁一贡士不便，当用三年之制。皆如其言。

唐介贬岭南，帝遣中使护以往。宿言："事有不可测，介如不幸道死，陛下受杀直臣之名。"帝悟，追还使者。迁翰林学士，知审官、制院。李仲昌开六塔河，民被害，诏狱薄其罪。宿请斩以谢河北，仲昌由是南窜。兖国公主下降，将行册礼。宿谏曰："陛下昔封两长主，未尝册命，今施之爱女，殆非汉明帝所谓有'我子岂得与先帝子等'之义也。"

泾州卒以折支不时给，出恶言，且欲相扇为乱。既置于法，乃命劾三司吏。三司使包拯护弗遣。宿曰："泾卒固悖慢，然当给之物，越八十五日而不与，计吏安得为无罪？拯不知自省，公拒制命，纪纲

益废矣。"拯惧，立遣吏。韩琦守并州，请复其节镇。宿言："参、商为
仇雠之星。国家受命于商丘，而参为晋地。今欲崇晋，非国之利也。
宋兴削平四方，并最后服，故太宗不使列于方镇，八十年矣，宜如故
便。"议遂止。后琦秉政，卒复之。

拜枢密副使。曾公亮任雄州，赵滋颛治界河事。宿言于英宗曰：
"忧患之来，多藏于隐微，而生于所忽。自滋守边，北人捕鱼伐苇，一
切禁绝，由此常与斗争。南北通好六十载，内外无患，近年边遽来
上，不过侵诬尺寸，此城砦之吏移文足以辩诘，何至于兴甲兵哉？今
搢绅中有耻燕蓟外属者，天时人事未至，而妄意难成之福。愿守两
朝法度，以惠养元元，天下幸甚。"宿以老，数乞谢事。治平三年，罢
为观文殿学士、知杭州。明年，以太子少师致仕，朱拜而薨，年七十
二。赠太子太傅，谥曰文恭。

宿为人清谨忠实，内刚外和，群居不哗笑，与人言，必思而后
对。故临事重慎，不辄发，发亦不可回止。居母丧三年，不至私室。
其当重任，尤顾惜大体。在审官、刑院，择详议官，有在选中者，尝监
征榷，以水灾负课。同列谓小累不足白，宿竟白之，而荐其才足用，
仁宗听纳。同列退而诮曰："公固欲白上，倘缘是不用，奈何？"宿曰：
"彼之得否，不过一详议官。宿平生以诚事主，今白首矣，忍以毫发
欺乎？为之开陈，听吾君自择尔。"少与一僧善，僧有秘术，能化瓦石
为黄金。且死，将以授宿，使葬之。宿曰："后事当尽力，他非吾所冀
也。"僧叹曰："子之志，未可量也。"其笃行自励，至于贵达，常如布
衣时。子宗炎，从子宗愈、宗回。

宗炎字彦圣，由将作监主簿锁厅登第。为国子大宗正丞、开封
府推官、考功吏部郎中。旧制，选人改京官，举将小绌吏议，辄尼不
行。宗炎请先引见，俟举者罪即追止，从之。

哲宗崩，辽使来吊祭，宗炎以鸿胪少卿逆境上。使者不易服，宗
炎以礼折之，须其听命，乃相见。暨还，升为卿。初，父宿使辽，辽人
重之。其后宗炎婿邓忠臣逆客，客问："中外尝有充使者否？"忠臣以

宿告，且言："前使鸿胪，其子也。"客叹："胡氏世不乏人。"俄以直龙图阁知颍昌府，历密州而卒。

宗炎善为诗，藻思清婉。欧阳修守亳，与客游郡圃，或诵其诗，修赏味不已，以为有鲍、谢风致。其重之如此。

宗愈字完夫，举进士甲科，为光禄丞。宿得请杭州，英宗问："子弟谁可继者？"以宗愈对。召试学士院。

神宗立，以为集贤校理。久之，兼史馆检讨，遂同知谏院。修内卒盗皇城器物，宗愈言："唐长孙无忌不解佩刀入东上阁门，校尉论当死。今禁卒为盗，而入内都知不能觉察，愿正其罪。"殿帅直庐在长庆门内，久而自置隶圉。宗愈曰："严禁旅，所以杜奸宄也。奈何令私人得为之？万一凶黠者窜名其间，将不可悔。请易募老卒。"

王安石用李定为御史，宗愈言："御史当用学士及丞、杂论荐，又须官博士、员外郎。今定以幕职不因荐得之，是殆一出执政意，即大臣不法，谁复言之？"苏颂、李大临不草制，坐绌；宗愈又争之，安石怒，出通判真州。历提点河东刑狱、开封府推官、吏部右司郎中。

元祐初，进起居郎、中书舍人、给事中、御史中丞。时更定役法，书成，衙校募不足者，听差入等户。宗愈言："法贵均一，若持两端，则于文有害。是乃差法，非募法也。请删之。"

哲宗尝问朋党之弊，对曰："君子指小人为奸，则小人指君子为党。君子，盖义之与比者。陛下能择中立之士而用之，则党祸熄矣。"明日，具《君子无党论》以进。拜尚书右丞。于是谏议大夫王觌论其不当，而刘安世、韩川、孙觉等合攻之，朝廷依违。逾年，出觏润州，而言者愈力。乃罢为资政殿学士、知陈州，徙成都府，蜀人安其政。召为礼部尚书，迁吏部，卒，年六十六。赠左银青光禄大夫。

宗回字醇夫，用荫登第，为编修敕令官、司农寺干当公事、京西转运判官、提点刑狱、京东陕西转运使、吏部郎中。绍圣初，以直龙图阁知桂州，进宝文阁待制。坐系平民死，降集贤殿修撰、知随州，改秦州、庆州,复为待制。

先是,熙河将王赡下邈川有功,帅孙路不乐赡,夺其兵与王愍。朝廷知之,以宗回代路,加直学士。时青唐瞎征内附,而心牟钦毡勒兵立别酋陇拶,还其地,势复张。征大惧,自髡为僧以祈免。王赡怨孙路,因言青唐不烦兵可下。至,则驻宗哥城不进。宗回怒,日夜檄趣之,且戒赡曰:"青唐兵甚弱,陇拶稚子,何能为,而怯懦逗留,吾将以军法从事。"又遣王愍复至邈川,声言代赡。赡惧,乃率步骑掩青唐,据之,陇拶降。诏以青唐为鄯州,邈川为湟州。未几,属羌郎阿章叛,拒官军。宗回遣将王吉、魏钊讨之,皆败死。又遣钤辖种朴往。朴言:"贼锋方锐,且盛寒,宜少缓师。"宗回不听,督之急。朴不得已,行,亦败死。于是转运判官秦希甫言湟、鄯难守,以为弃之便。事下宗回,宗回持不可,希甫罢去。会徽宗弃鄯州,于是任伯雨再疏其罪,夺职知蕲州。

还,为待制。历庆、渭、陈、延、澶州。兄宗愈入党籍,宗回亦罢郡。居亡何,录其坚守湟、鄯之议,起知秦州。进枢密直学士,徙永兴、郑州、成德军,复坐事去。大观中,卒,赠银青光禄大夫。

胡氏自宿始大,及宗愈仍世执政,其后子孙至侍从、九卿者十数,遂为晋陵名族。

论曰:张升清忠谅直,赵概雅量过人,胡宿学通天人之奥,考其立朝大节,皆磊落,为良执政。宗愈仍居右辖,而学术视宿则有间矣。宗回非边将材,其守河湟之议,盖以趣种朴于死,蕲合上意,以其责尔。若胡氏之世大也,殆脱万人于水死,而阴德之所致与。

宋史卷三一九
列传第七八

欧阳脩 子发 棐　 刘敞 弟攽
子奉世　曾巩 弟肇

　　欧阳脩字永叔，庐陵人。四岁而孤，母郑，守节自誓，亲诲之学，家贫，至以荻画地学书。幼敏悟过人，读书辄成诵。及冠，嶷然有声。

　　宋兴且百年，而文章体裁，独仍五季余习。镂刻骈偶，浸渍弗振，士因陋守旧，论卑气弱。苏舜元舜钦、柳开、穆脩辈，咸有意作而张之，而力不足。脩游随，得唐韩愈遗稿于废书簏中，读而心慕焉。苦志探赜，至忘寝食，必欲并辔绝驰而追与之并。

　　举进士，试南宫第一，擢甲科，调西京推官。始从尹洙游，为古文，议论当世事，迭相师友，与梅尧臣游，为歌诗相倡和，遂以文章名冠天下。入朝，为馆阁校勘。

　　范仲淹以言事贬，在廷多论救，司谏高若讷独以为当黜。脩贻书责之，谓其不复知人间有羞耻事。若讷上其书，坐贬夷陵令，稍徙乾德令、武成节度判官。仲淹使陕西，辟掌书记。脩笑而辞曰："昔者之举，岂以为己利哉？同其退不同其进可也。"久之，复校勘，进集贤校理。庆历三年，知谏院。

　　时仁宗更用大臣，杜衍、富弼、韩琦、范仲淹皆在位，增谏官员，用天下名士，脩首在选中。每进见，帝延问执政，咨所宜行。既多所张弛，小人翕翕不便。脩虑善人必不胜，数为帝分别言之。

　　初，范仲淹之贬饶州也，脩与尹洙、余靖皆以直仲淹见逐，目之曰"党人"。自是,朋党之论起,脩乃为《朋党论》以进。其略曰:"君子以同道为朋,小人以同利为朋,此自然之理也。臣谓小人无朋,惟君子则有之。小人所好者利禄,所贪者财货,当其同利之时,暂相党引以为朋者,伪也。及其见利而争先,或利尽而反相贼害,虽兄弟亲戚,不能相保,故曰小人无朋。君子则不然,所守者道义,所行者忠信,所惜者名节。以之脩身,则同道而相益,以之事国,则同心而共济,终始如一,故曰:惟君子则有朋。纣有臣亿万,惟亿万心,可谓无朋矣,而纣用以亡。武王有臣三千,惟一心,可谓大朋矣,而周用以兴。盖君子之朋,虽多而不厌故也。故为君但当退小人之伪朋,用君子之真朋,则天下治矣。"

脩论事切直,人视之如仇,帝独奖其敢言,面赐五品服。顾侍臣曰:"如欧阳脩者,何处得来?"同脩起居注,遂知制诰。故事,必试而后命,帝知脩,诏特除之。

奉使河东。自西方用兵,议者欲废麟州以省馈饷。脩曰:"麟州天险不可废,废之,则河内郡县,民皆不安居矣。不若分其兵,驻并河内诸堡,缓急得以应援,而平时可省转输,于策为便。"由是州得存。又言:"忻、代、岢岚多禁地废田,愿令民得耕之,不然,将为敌有。"朝廷下其议,久乃行,岁得粟数百万斛。凡河东赋敛过重民所不堪者,奏罢十数事。

使还,会保州兵乱,以为龙图阁直学士、河北都转运使。陛辞,帝曰:"勿为久留计,有所欲言,言之。"对曰:"臣在谏职得论事,今越职而言,罪也。"帝曰:"第言之,毋以中外为间。"贼平,大将李昭亮、通判冯博文私纳妇女,脩捕博文系狱,昭亮惧,立出所纳妇。兵之始乱也,招以不死,既而皆杀之,胁从二千人,分隶诸郡。富弼为宣抚使,恐后生变,将使同日诛之,与脩遇于内黄,夜半,屏人告之故。脩曰:"祸莫大于杀已降,况胁从乎?既非朝命,脱一郡不从,为变不细。"弼悟而止。

方是时,杜衍等相继以党议罢去,脩慨然上疏曰:"杜衍、韩琦、范仲淹、富弼,天下皆知其有可用之贤,而不闻其有可罢之罪。自古小人谗害忠贤，其说不远。欲广陷良善，不过指为朋党，欲动摇大臣，必须诬以颛权，其故何也？去一善人，而众善人尚在，则未为小人之利；欲尽去之，则善人少过，难为一一求瑕，唯指以为党，则可一时尽逐。至如自古大臣，已被主知而蒙信任，则难以他事动摇，唯有颛权是上之所恶，必须此说，方可倾之。正士在朝，群邪所忌，谋臣不用，敌国之福也。今此四人一旦罢去，而使群邪相贺于内，四夷相贺于外，臣为朝廷惜之。"于是邪党益忌脩，因其孤甥张氏狱傅致以罪，左迁知制诰、知滁州。居二年，徙扬州、颍州。复学士，留守南京，以母忧去。服除，召判流内铨，时在外十一年矣。帝见其发白，问劳甚至。小人畏脩复用，有诈为脩奏，乞澄汰内侍为奸利者。其群皆怨怒，谮之，出知同州，帝纳吴充言而止。迁翰林学士，俾脩《唐书》。奉使契丹，其主命贵臣四人押宴，曰："此非常制，以卿名重故尔。"

知嘉祐二年贡举。时士子尚为险怪奇涩之文，号"太学体"，脩痛排抑之，凡如是者辄黜。毕事，向之嚣薄者伺脩出，聚噪于马首，街逻不能制；然场屋之习，从是遂变。

加龙图阁学士、知开封府，承包拯威严之后，简易循理，不求赫赫名，京师亦治。旬月，改群牧使。《唐书》成，拜礼部侍郎兼翰林侍读学士。脩在翰林八年，知无不言。河决商胡，北京留守贾昌朝欲开横垄故道，回河使东流。有李仲昌者，欲导入六塔河，议者莫知所从。脩以为："河水重浊，理无不淤，下流既淤，上流必决。以近事验之，决河非不能力塞，故道非不能力复，但势不能久耳。横垄功大难成，虽成将复决。六塔狭小，而以全河注之，滨、棣、德、博必被其害。不若因水所趋，增堤峻防，疏其下流，纵使入海，此数十年之利也。"宰相陈执中主昌朝，文彦博主仲昌，竟为河北患。

台谏论执中过恶，而执中独迁延固位。脩上疏，以为"陛下拒忠言，庇愚相，为圣德之累。"未几，执中罢。狄青为枢密使，有威名，帝不豫，讹言籍籍，脩请出之于外，以保其终，遂罢知陈州。脩尝因水灾上疏曰："陛下临御三纪，而储宫未建。昔汉文帝初即位，以群臣之言,即立太子,而享国长久,为汉太宗。唐明宗恶人言储嗣事,不肯早定,致秦王之乱,宗社遂覆。陛下何疑而久不定乎?”其后建立英宗,盖原于此。

五年,拜枢密副使。六年,参知政事。脩在兵府,与曾公亮考天下兵数及三路屯戍多少、地理远近,更为图籍。凡边防久缺屯戍者,必加搜补。其在政府,与韩琦同心辅政。凡兵民、官吏、财利之要,中书所当知者,集为总目,遇事不复求之有司。时东宫犹未定,与韩琦等协定大议,语在《琦传》。英宗以疾未亲政,皇太后垂帘,左右交构,几成嫌隙。韩琦奏事,太后泣语之故。琦以帝疾为解,太后意不释,脩进曰:“太后事仁宗数十年,仁德著于天下。昔温成之宠,太后处之裕如;今母子间,反不能容邪?”太后意稍和,脩复曰:“仁宗在位久,德泽在人。故一日晏驾,天下奉戴嗣君,无一人敢异同者。今太后一妇人,臣等五六书生耳,非仁宗遗意,天下谁肯听从。”太后默然,久之而罢。

脩平生与人尽言无所隐。及执政,士大夫有所干请,辄面谕可否,虽台谏官论事,亦必以是非诘之,以是怨诽益众。帝将追崇濮王,命有司议,皆谓当称皇伯,改封大国。脩引《丧服记》以为:“‘为人后者,为其父母服。’降三年为期,而不没父母之名,以见服可降而名不可没也。若本生之亲,改称皇伯,历考前世,皆无典据。进封大国,则又礼无加爵之道。故中书之议,不与众同。”太后出手书,许帝称亲,尊王为皇,三夫人为后。帝不敢当。于是御史吕诲等诋脩主此议,争论不已,皆被逐。惟蒋之奇之说合脩意,脩荐为御史,众目为奸邪。之奇患之,则思所以自解。脩妇弟薛宗孺有憾于脩,造帷薄不根之谤摧辱之,展转达于中丞彭思永,思永以告之奇,之奇即上章劾脩。神宗初即位,欲深谴脩。访故宫臣孙思恭,思恭为辨释,脩杜门请推治。帝使诘思永、之奇,问所从来,辞穷,皆坐黜。脩亦力求退,罢为观文殿学士、刑部尚书、知亳州。明年,迁兵部尚书、知青州,改宣徽南院使、判太原府。辞不拜,徙蔡州。

脩以风节自持,既数被污蔑,年六十,即连乞谢事,帝辄优诏弗许。及守青州，又以请止散青苗钱，为安石所诋，故求归愈切。熙宁四年，以太子少师致仕。五年，卒，赠太子太师，谥曰文忠。

修始在滁州，号醉翁，晚更号六一居士。天资刚劲，见义勇为，虽机阱在前，触发之不顾。放逐流离，至于再三，志气自若也。方贬夷陵时，无以自遣，因取旧案反复观之，见其枉直乖错不可胜数，于是仰天叹曰："以荒远小邑，且如此，天下固可知。"自尔，遇事不敢忽也。学者求见，所与言，未尝及文章，惟谈吏事，谓文章止于润身，政事可以及物。凡历数郡，不见治迹，不求声誉，宽简而不扰，故所至民便之。或问："为政宽简，而事不弛废，何也？"曰："以纵为宽，以略为简，则政事弛废，而民受其弊。吾所谓宽者，不为苛急；简者，不为繁碎耳。"修幼失父，母尝谓曰："汝父为吏，常夜烛治官书，屡废而叹。吾问之，则曰'死狱也，我求其生，不得尔。'吾曰：'生可求乎？'曰：'求其生而不得，则死者与我皆无恨。夫常求其生，犹失之死，而世常求其死也。'其平居教他子弟，常用此语，吾耳熟焉。"修闻而服之终身。

为文天才自然，丰约中度。其言简而明，信而通，引物连类，折之于至理，以服人心。超然独骛，众莫能及，故天下翕然师尊之。奖引后进，如恐不及，赏识之下，率为闻人。曾巩、王安石、苏洵、洵子轼，辙，布衣屏处，未为人知，修即游其声誉，谓必显于世。笃于朋友，生则振掖之，死则调护其家。

好古嗜学，凡周、汉以降金石遗文，断编残简，一切掇拾，研稽异同，立说于左，的的可表证，谓之《集古录》。奉诏修《唐书》纪、志、表，自撰《五代史记》，法严词约，多取《春秋》遗旨。苏轼叙其文曰："论大道似韩愈，论事似陆贽，记事似司马迁，诗赋似李白。"识者以为知言。

子发字伯和，少好学，师事安定胡瑗，得古乐钟律之说，不治科举文词，独探古始立论议。自书契以来，君臣世系，制度文物，旁及天文、地理，靡不悉究。以父恩，补将作监主簿，赐进士出身，累迁殿中丞。卒,年四十六。苏轼哭之,以谓发得文忠公之学,汉伯喈、晋茂先之流也。

中子棐字叔弼,广览强记,能文词。年十三时,见脩著《鸣蝉赋》,侍侧不去。脩抚之曰:“儿异日能为吾此赋否?”因书以遗之。用荫,为秘书省正字,登进士乙科,调陈州判官,以亲老不仕。脩卒,代草遗表,神宗读而爱之,意脩自作也。服除,始为审官主簿,累迁职方员外郎、知襄州。曾布执政,其妇兄魏泰倚声势来居襄,规占公私田园,强市民货,郡县莫敢谁何。至是,指州门东偏官邸废址为天荒,请之。吏具成牍至,棐曰:“孰谓州门之东偏而有天荒乎?”却之。众共白曰:“泰横于汉南久,今求地而缓与之,且不可,而又可却邪?”棐竟持不与。泰怒,谮于布,徙知潞州,旋又罢去。元符末,还朝。历吏部、右司二郎中,以直秘阁知蔡州。蔡地薄赋重,转运使又为覆折之令,多取于民,民不堪命。会有诏禁止,而佐吏惮使者,不敢以诏旨从事。棐曰:“州郡之于民,诏令苟有未便,犹将建请。今天子诏意深厚,知覆折之病民,手诏止之。若有惮而不行,何以为长吏?”命即日行之。未几,坐党籍废,十余年卒。

论曰:三代而降,薄乎秦、汉,文章虽与时盛衰,而蔼如其言,晔如其光,皦如其音,盖均有先王之遗烈。涉晋、魏而弊,至唐韩愈氏振起之。唐之文,涉五季而弊,至宋欧阳脩又振起之。挽百川之颓波,息千古之邪说,使斯文之正气,可以羽翼大道,扶持人心,此两人之力也。愈不获用,脩用矣,亦弗克究其所为,可为世道惜也哉!

刘敞字原父,临江新喻人。举庆历进士,廷试第一。编排官王尧臣,其内兄也,以亲嫌自列,乃以为第二。通判蔡州,直集贤院,判尚书考功。

夏竦薨,赐谥文正。敞言:“谥者,有司之事,竦行不应法。今百司各得守其职,而陛下侵臣官。”疏三上,改谥文庄。方议定大乐,使中贵人参其间。敞谏曰:"王事莫重于乐。今儒学满朝,辨论有余,而使若赵谈者参之,臣具为袁盎笑也。"权度支判官,徙三司使。

秦州与羌人争古渭地。仁宗问敞:"弃守孰便?"敞曰:"若新城可以蔽秦州,长无羌人之虞,倾国守焉可也。或地形险利,贼乘之以扰我边鄙,倾国争焉可也。今何所重轻,而殚财困民,捐士卒之命以规小利,使曲在中国,非计也。"议者多不同,秦州自是多事矣。

温成后追册,有佞人献议,求立忌。敞曰:"岂可以私昵之故,变古越礼乎?"乃止。吴充以典礼得罪,冯京救之,亦罢近职。敞因对极论之。帝曰:"充能官,京亦亡它,中书恶其太直,不相容耳。"敞曰:"陛下宽仁好谏,而中书乃排逐言者,是蔽君之明,止君之善也。臣恐感动阴阳,有日食、地震、风霾之异。"已而果然。因劝帝收揽威权,无使聪明蔽塞,以消灾咎。帝深纳之,以同脩起居注。未一月,擢知制诰。宰相陈执中恶其斥己,沮止之,帝不听。宦者石全彬领观察使,意不惬,有愠言,居三日为真,敞封还除书,不草制。

奉使契丹,素习知山川道径,契丹导之行,自古北口至柳河,回屈殆千里,欲夸示险远。敞质译人曰:"自松亭趋柳河,甚径且易,不数日可抵中京,何为故道此?"译相顾骇愧曰:"实然。但通好以来,置驿如是,不敢变也。"顺州山中有异兽,如马而食虎豹,契丹不能识,问敞。敞曰:"此所谓驳也。"为说其音声形状,且诵《山海经》、《管子》书晓之,契丹益叹服。使还,求知扬州。

狄青起行伍为枢密使,每出入,小民辄聚观,至相与推诵其拳勇,至壅马足不得行。帝不豫,人心动摇,青益不自安。敞辞赴郡,为帝言曰:"陛下幸爱青,不如出之,以全其终。"帝颔之,使出谕中书,青乃去位。

扬之雷塘,汉雷陂也,旧为民田。其后官取潴水而不偿以它田,主皆失业。然塘亦破决不可漕,州复用为田。敞据唐旧券,悉用还民,发运使争之,敞卒以予民。天长县鞫王甲杀人,既具狱,敞见而察其冤,甲畏吏,不敢自直。敞以委户曹杜诱,诱不能有所平反,而传致益牢。将论囚,敞曰:"冤也。"亲按问之。甲知能为己直,乃敢告,盖杀人者,富人陈氏也。相传以为神明。

徙郓州,郓比易守,政不治,市邑攘夺公行。敞决狱讼,明赏罚,境内肃然。客行寿张道中,遗一囊钱,人莫敢取,以告里长,里长为守视,客还,取得之。又有暮遗物市中者,且往访之,故在。先是,久旱,地多蝗。敞至而雨,蝗出境。

召纠察在京刑狱。营卒桑达等醉斗,指斥乘舆。皇城使捕送开封,弃达市。敞移府,问何以不经审讯。府报曰:"近例,凡圣旨及中书、枢密所鞫狱,皆不虑问。"敞奏请一准近格,枢密院不肯行,敞力争之,诏以其章下府,著为令。

嘉祐裕享,群臣上尊号,宰相请撰表。敞说止不得,乃上疏曰:"陛下不受徽号且二十年。今复加数字,不足尽圣德,而前美并弃,诚可惜也。今岁以来,颇有灾异,正当寅畏天命,深自抑损,岂可于此时乃以虚名为累。"帝览奏,顾侍臣曰:"我意本谓当尔。"遂不受。

蜀人龙昌期著书传经,以诡僻惑众。文彦博荐诸朝,赐五品服。敞与欧阳脩俱曰:"昌期违古畔道,学非而博,王制之所必诛,未使即少正卯之刑,已幸矣,又何赏焉。乞追还诏书,毋使有识之士,窥朝廷深浅。"昌期闻之,惧不敢受赐。

敞以议论与众忤,求知永兴军,拜翰林侍读学士。大姓范伟为奸利,冒同姓户籍五十年,持府县短长,数犯法。敞穷治其事,伟伏罪,长安中欢喜。未及受刑,敞召还,判三班院,伟即变前狱,至于四五,卒之付御史决。

敞侍英宗讲读,每指事据经,因以讽谏。时两宫方有小人间言,谏者或讦而过直。敞进读《史记》,至尧授舜以天下,拱而言曰:"舜至侧微也,尧禅之以位,天地享之,百姓戴之,非有他道,惟孝友之德,光于上下耳。"帝竦体改容,知其以义理讽也。皇太后闻之,亦大喜。

积苦眩瞀,屡予告。帝固重其才,每燕见他学士,必问敞安否;帝食新橙,命赐之。疾少间,复求外,以为汝州,旋改集贤院学士、判南京御史台。熙宁元年,卒,年五十。

敞学问渊博,自佛老、卜筮、天文、方药、山经、地志,皆究知大略。尝夜视镇星,谓人曰:"此于法当得土,不然,则生女。"后数月,两公主生。又曰:"岁星往来虚、危间,色甚明盛,当有兴于齐者。"岁余而英宗以齐州防御使入承大统。尝得先秦彝鼎数十,铭识奇奥,皆案而读之,因以考知三代制度,尤珍惜之。每曰:"我死,子孙以此蒸尝我。"朝廷每有礼乐之事,必就其家以取决焉。为文尤赡敏。掌外制时,将下直,会追封王、主九人,立马却坐,顷之,九制成。欧阳脩每于书有疑,折简来问,对其使挥笔,答之不停手,脩服其博。长于《春秋》,为书四十卷,行于时。弟攽,子奉世。

攽字贡父,与敞同登科,仕州县二十年,始为国子监直讲。欧阳脩、赵概荐试馆职,御史中丞王陶有夙憾,率侍御史苏寀共排之,攽官已员外郎,才得馆阁校勘。熙宁中,判尚书考功、同知太常礼院。

诏封太祖诸孙行尊者为主,奉太祖后。攽言:"礼,诸侯不得祖天子,当自奉其国之祖。宜崇德昭、德芳之后,世世勿降爵,宗庙祭祀,使之在位,则所以褒扬艺祖者著矣。"后二王绍封,如攽议。

方更学校贡举法,攽曰:"本朝选士之制,行之百年,累代将相名卿,皆由此出,而以为未尝得人,不亦诬哉。愿因旧贯,毋轻议改法。夫士脩于家,足以成德,亦何待于学官程课督趣之哉。"

王安石在经筵,乞讲者坐。攽曰:"侍臣讲论于前,不可安坐,避席立语,乃古今常礼。君使之坐,所以示人主尊德乐道也;若不命而请,则异矣。"礼官皆同其议,至今仍之。考试开封举人,与同院王介争晷,为监察御史所劾罢。礼院廷试始用策,初,考官吕惠卿列阿时者在高等,讦直者反居下。攽覆考,悉反之。又尝诒安石书,论新法不便。安石怒摭前过,斥通判泰州,以集贤校理、判登闻检院、户部判官知曹州。曹为盗区,重法不能止。攽曰:"民不畏死,奈何以死惧之。"至,则治尚宽平,盗亦衰息。为开封府判官,复出为京东转运使。部吏罢软不逮者,务全安之。徙知兖、亳二州。吴居厚代为转运使,能奉行法令,致财赋,乃追坐攽废弛,黜监衡州盐仓。

哲宗初,起知襄州。入为秘书少监,以疾求去,加直龙图阁、知蔡州。于是给事中孙觉胡宗愈、中书舍人苏轼范百禄言:"敞博记能文章,政事侔古循吏,身兼数器,守道不回,宜优赐之告,使留京师。"至蔡数月,召拜中书舍人。请复旧制,违紫微阁于西省。竟以疾不起,年六十七。

敞所著书百卷,尤邃史学。作《东汉刊误》,为人所称。预司马光脩《资治通鉴》,专职汉史。为人疏俊,不修威仪,喜谐谑,数用以招怨悔,终不能改。

奉世字仲冯,天资简重,有法度。中进士第。熙宁三年,初置枢密院诸房检详文字,以太子中允居吏房。

先是,进奏院每五日具定本报状,上枢密院,然后传之四方。而邸吏辄先期报下,或矫为家书,以入邮置。奉世乞革定本,去实封,但以通函腾报。从之。神宗称其奉职不苟,加集贤校理、检正中书户房公事,改刑房,进直史馆、国史院编修官。大理治相州狱,详断官窦苹以白奉世,奉世曰:"君自以法从事,毋庸白。"后蔡确以是文致奉世罪,谪降蔡州粮料院。久之,为吏部员外郎。

元祐初,历度支左司郎中、起居郎、天章阁待制、枢密都承旨、户部吏部侍郎、权户部尚书。七年,拜枢密直学士,签书院事。哲宗亲政,用二内侍为押班,中书舍人吕希纯封还之。帝谓有近例,奉世曰:"虽有近例,奈人不可户晓,顾以率先施行为非耳。"帝为反命。既而章惇当国,奉世乞免去。

绍圣元年,以端明殿学士知成德军,改定州。逾年,知成都府。过都入觐,欲述朋党倾邪之状。帝将听其来,曾布曰:"元祐变先朝法,无一当者,奉世有力焉,最为漏网,恐不足见。"遂不许。明年,责光禄少卿,分司南京,居郴州。御史中丞邢恕劾奉世合刘挚倾害大臣,附吕大防、苏辙,遂登政府,再贬隰州团练副使。

徽宗立,尽还其官职,知定州、大名府、郓州。崇宁初,再夺职,责居沂、兖,以赦得归。政和三年,复端明殿学士。薨,年七十三。

奉世优于吏治，尚安静，文词雅赡，最精《汉书》学。常云："家世唯知事君，内省不愧，恃士大夫公论而已。得丧，常理也，譬如寒暑加人，虽善摄生者不能无病，正须安以处之。"

曾巩字子固，建昌南丰人。生而警敏，读书数百言，脱口辄诵。年十二，试作《六论》，援笔而成，辞甚伟。甫冠，名闻四方。欧阳脩见其文，奇之。

中嘉祐二年进士第。调太平州司法参军，召编校史馆书籍，迁馆阁校勘、集贤校理，为实录检讨官。出通判越州，州旧取酒场钱给募牙前，钱不足，赋诸乡户，期七年止；期尽，募者志于多入，犹责赋如初。巩访得其状，立罢之。岁饥，度常平不足赡，而田野之民，不能皆至城邑。谕告属县，讽富人自实粟，总十五万石，视常平价稍增以予民。民得从便受粟，不出田里，而食有余。又贷之种粮，使随秋赋以偿，农事不乏。

知齐州，其治以疾奸急盗为本。曲堤周氏拥赀雄里中，子高横纵，贼良民，污妇女，服器上僭，力能动权豪，州县吏莫敢诘，巩取置于法。章丘民聚党村落间，号"霸王社"，椎剽夺囚，无不如志。巩配三十一人，又属民为保伍，使几察其出入，有盗则鸣鼓相援，每发辄得盗。有葛友者，名在捕中，一日，自出首。巩饮食冠裳之，假以骑从，辇所购金帛随之，夸徇四境。盗闻，多出自首。巩外视章显，实欲携贰其徒，使之不能复合也。自是外户不闭。

河北发民浚河，调及它路，齐当给夫二万。县初按籍三丁出夫一，巩括其隐漏，至于九而取一，省费数倍。又弛无名渡钱，为桥以济往来。徙传舍，自长清抵博州，以达于魏，凡省六驿，人皆以为利。

徙襄州、洪州。会江西岁大疫，巩命县镇亭传，悉储药待求。军民不能自养者，来食息官舍，资其食饮衣衾之具，分医视诊，书其全失、多寡为殿最。师征安南，所过州为万人备。他吏暴诛亟敛，民不堪。巩先期区处猝集，师去，市里不知。加直龙图阁、知福州。

剑将乐盗廖恩既赦罪出降，余众溃复合，阴相结附，旁连数州，尤桀者呼之不至，居人慴恐。巩以计罗致之，继自归者二百辈。福多佛寺，僧利其富饶，争欲为主守，赇请公行。巩俾其徒相推择，识诸籍，以次补之。授帖于府庭，却其私谢，以绝左右徼求之弊。福州无职田，岁鬻园蔬收其直，自入常三四十万。巩曰："太守与民争利，可乎？"罢之。后至者亦不复取也。

徙明、亳、沧三州。巩负才名，久外徙，世颇谓偃蹇不偶。一时后生辈锋出，巩视之泊如也。过阙，神宗召见，劳问甚宠，遂留判三班院。上疏议经费，帝曰："巩以节用为理财之要，世之言理财者，未有及此。"帝以《三朝》、《两朝国史》各自为书，将合而为一，加巩史馆修撰，专典之，不以大臣监总，既而不克成。会官制行，拜中书舍人。时自三省百职事，选授一新，除书日至十数，人人举其职，于训辞典约而尽。寻掌延安郡王笺奏。故事命翰林学士，至是特属之。甫数月，丁母艰去。又数月而卒，年六十五。

巩性孝友，父亡，奉继母益至，抚四弟、九妹于委废单弱之中，宦学昏嫁，一出其力。为文章，上下驰骋，愈出而愈工，本原《六经》，斟酌于司马迁、韩愈，一时工作文词者，鲜能过也。少与王安石游，安石声誉未振，巩道之于欧阳脩，及安石得志，遂与之异。神宗尝问："安石何如人？"对曰："安石文学行义，不减扬雄，以吝故不及。"帝曰："安石轻富贵，何吝也？"曰："臣所谓吝者，谓其勇于有为，吝于改过耳。"帝然之。吕公著尝告神宗，以巩为人行义不如政事，政事不如文章，以是不大用云。弟布，自有传。幼弟肇。

肇字子开，举进士，调黄岩簿，用荐为郑州教授，擢崇文校书、馆阁校勘兼国子监直讲、同知太常礼院。太常自秦以来，礼文残缺，先儒各以臆说，无所稽据。肇在职，多所厘正。亲祠皇地只于北郊，盖自肇发之，异论莫能夺其议。

兄布以论市易事被责，亦夺肇主判。滞于馆下，又多希旨窥伺者，众皆危之，肇恬然无恤。

曾公亮薨，肇状其行，神宗览而嘉之。迁国史编修官，进吏部郎中,迁右司,为《神宗实录》检讨。元祐初,擢起居舍人。未几,为中书舍人。

论叶康直知秦州不当,执政讶不先白,御史因攻之。肇求去,范纯仁语于朝曰:"若善人不见容,吾辈不可居此矣。"力为之言,乃得释。

门下侍郎韩维奏范百禄事,太皇太后以为谗毁,出守邓。肇言:"维为朝廷辨邪正是非,不可以疑似逐。"不草制。谏议大夫王觌,以论胡宗愈,出守润,肇言:"陛下寄腹心于大臣,寄耳目于台谏,二者相须,阙一不可。今觌论执政即去之,是爱腹心而涂耳目也。"帝悟,加觌直龙图阁。

太皇受册,诏遵章献故事,御文德殿。肇言:"天圣初,两制定议受册崇政,仁宗特改焉,此盖一时之制。今帝述仁宗故事,以极崇奉孝敬之诚,可谓至矣。臣窃谓太皇当于此时特下诏扬帝孝敬之诚,而固执谦德,屈从天圣两制之议,止于崇政,则帝孝愈显,太皇之德愈尊矣。"坤成节上寿,议令百官班崇政。肇又言:"天圣三年,近臣班殿廷,百官止请内东门拜表。至九年,始御会庆。今太皇盛德,不肯自同章献,宜如三年之制。"并从之。

四年,春旱,有司犹讲春宴。肇同彭汝砺上疏曰:"天灾方作,正君臣侧身畏惧之时。乃相与饮食燕乐,巩无以消复天变。"翼日,有旨罢宴。蔡确贬新州,肇先与汝砺相约极论。会除给事中,汝砺独封还制书,言者谓肇卖友,略不自辨。以宝文阁待制知颍州,徙邓齐陈州、应天府。

七年,入为吏部侍郎。肇在礼院时,启亲祠北郊之议。是岁当郊,肇坚抗前说,既而合祭天地,乃自劾,改刑部。请不已,出知徐州,徙江宁府。帝亲政,更用旧臣,数称肇议礼,趣入对。肇言:"人主虽有自然之圣质,必赖左右前后得人,以为立政之本。宜于此时选忠信端良之士,置诸近班,以参谋议,备顾问。与夫深处法宫,亲近暬御,其损益相去万万矣。"贵近恶其语,出知瀛州,与兄布易地。时方治实录讪讪罪,降为滁州。稍复集贤殿修撰。历泰州、海州。徽宗即位，复召为中书舍人。

日食四月朔，当降诏求言。肇具述帝旨，诏下，投匦者如织。章惇恶之，欲因事去肇，帝不听。元祐臣僚被遣者，咸以赦恩甄叙。肇请并录死者，作训词，哀厚恻怛，读者为之感怆。迁翰林学士兼侍读。谏官陈瓘、给事中龚原以言得罪，无敢救，肇极力论解。时论者谓元祐、绍圣，均为有失，兄布传帝命，使肇作诏谕天下。肇见帝言："陛下思建皇极，以消弭朋党，须先分别君子小人，赏善罚恶，不可偏废。"开说备至。已而诏从中出。布之拜相，肇适当制，国朝学士弟草兄制，唯韩维与肇，为衣冠荣。

建中靖国元年，太史奏日又当食四月。肇请对言："比岁日食正阳，咎异章著。陛下简俭清净之化，或衰于前；声色服玩之好，或萌于心；忠邪贤不肖，或有未辨；赏庆刑威，或有未当。左右阿谀，壅蔽矫举，民冤失职，郁不得伸。此宜反复循省，痛自克责，以塞天变。"言发涕下，帝悚然顺纳。

兄布在相位，引故事避禁职，拜龙图阁学士、提举中太一宫。未几，出知陈州，历太原、应天府、扬定二州。崇宁初，落职，谪知和州，徙岳州，继贬濮州团练副使，安置汀州。四年，归润而卒，年六十一。

自熙宁以来四十年，大臣更用事，邪正相轧，党论屡起，肇身更其间，数不合。兄布与韩忠彦并相，日夕倾危之。肇既居久，移书告之曰："兄方得君，当引用善人，翊正道，以杜惇、卞复起之萌。而数月以来，所谓端人吉士，继迹去朝，所进以为辅佐、侍从、台谏，往往皆前日事惇、卞者。一旦势异今日，必首引之以为固位计，思之可为恸哭。比来主意已移，小人道长。进则必论元祐人于帝前，退则尽排元祐者于要路。异时惇、卞纵未至，一蔡京足以兼二人，可不深虑。"布不能从。未几，京得政，布与肇俱不免。

肇天资仁厚，而容貌端严。自少力学，博览经传，为文温润有法。更十一州，类多善政。绍兴初，谥曰文昭。子统，至左谏议大夫。

论曰：刘敞博学雄文，邻于邃古，其为考功，仁宗赐夏竦谥，上疏争之，以为人主不可侵臣下之官；及奉诏定乐，中贵预列，又谏曰："臣惧为袁盎所笑。"此岂事君为容悦者哉。敞虽疏俊，文埒于敞。奉世克肖，世称"三刘"。曾巩立言于欧阳脩、王安石间，纡徐而不烦，简奥而不晦，卓然自成一家，可谓难矣。肇以儒者而有能吏之才。宋之中叶，文学法理，咸精其能，若刘氏、曾氏之家学，盖有两汉之风焉。

宋史卷三二〇
列传第七九

蔡襄　吕溱　王素 从子靖
从孙震　余靖　彭思永　张存

　　蔡襄字君谟，兴化仙游人。举进士，为西京留守推官、馆阁校勘。范仲淹以言事去国，余靖论救之，尹洙请与同贬，欧阳修移书责司谏高若讷，由是三人者皆坐谴。襄作《四贤一不肖诗》，都人士争相传写，鬻书者市之，得厚利。契丹使适至，买以归，张于幽州馆。

　　庆历三年，仁宗更用辅相，亲擢靖、修及王素为谏官，襄又以诗贺，三人列荐之，帝亦命襄知谏院。襄喜言路开，而虑正人难久立也，乃上疏曰："朝廷增用谏臣，修、靖、素一日并命，朝野相庆。然任谏非难，听谏为难；听谏非难，用谏为难。三人忠诚刚正，必能尽言。臣恐邪人不利，必造为御之之说。其御之之说不过有三，臣请为陛下辨之。一曰好名。夫忠臣引君当道，论事唯恐不至，若避好名之嫌无所陈，则土木之人，皆可为矣。二曰好进。前世谏者之难，激于忠愤，遭世昏乱，死犹不辞，何好进之有？近世奖拔太速，但久而勿迁，虽死是官，犹无悔也。三曰彰君过。谏争之臣，盖以司过举耳，人主听而行之，足以致从谏之誉，何过之能彰。至于巧者亦然，事难言则暗而不言，择其无所忤者，时一发焉，犹或不行，则退而曰吾尝论某事矣，此之谓好名。默默容容，无所愧耻，躐资累级，以揖显仕，此之谓好进。君有过失，不救之于未然，传之天下后世，其事愈不可掩，此之谓彰君过。愿陛下察之，毋使有好谏之名而无其实。"

　　时有旱蝗，日食、地震之变，襄以为："灾害之来，皆由人事。数年以来，天戒屡至。原其所以致之，由君臣上下皆阙失也。不颛听断，不揽威权，使号令不信于人，恩泽不及于下，此陛下之失也。持天下之柄，司生民之命，无嘉谋异画以矫时弊，不尽忠竭节以副任使，此大臣之失也。朝有敝政而不能正，民有疾苦而不能去，陛下宽仁少断而不能规，大臣循默避事而不能斥，此臣等之罪也。陛下既有引过之言，达于天地神只矣，愿忠其实以应之。"疏出，闻者皆悚然。

　　进直史馆，兼修起居注，襄益任职论事，无所回挠。开宝浮图灾，下有旧瘗佛舍利，诏取以入，宫人多灼臂落发者。方议复营之，襄谏曰："非理之福，不可徼幸。今生民困苦，四夷骄慢，陛下当修人事，奈何专信佛法？或以舍利有光，推为神异，彼其所居尚不能护，何有于威灵。天之降灾，以示儆戒，顾大兴功役，是将以人力排天意也。"

　　吕夷简平章国事，宰相以下就其第议政事，襄奏请罢之。元昊纳款，始自称"兀卒"，既又译为"吾祖"。襄言："'吾祖'犹云'我翁'，慢侮甚矣。使朝廷赐之诏，而亦曰'吾祖'，是何等语邪？"

　　夏竦罢枢密使，韩琦、范仲淹在位，襄言："陛下罢竦而用琦、仲淹，士大夫贺于朝，庶民歌于路，至饮酒叫号以为欢。且退一邪，进一贤，岂遂能关天下轻重哉？盖一邪退则其类退，一贤进则其类进。众邪并退，众贤并进，海内有不泰乎！虽然，臣切忧之。天下之势，譬犹病者，陛下既得良医矣，信任不疑，非徒愈病，而又寿民。医虽良术，不得尽用，则病且日深，虽有和、扁，难责效矣。"

　　保州卒作乱，推懦兵十余辈为首恶，杀之以求招抚。襄曰："天下兵百万，苟无诛杀决行之令，必开骄慢暴乱之源。今州兵戕官吏、闭城门，不能讨，从而招之，岂不为四方笑。乞将兵入城，尽诛之。"诏从其议。

　　以母老，求知福州，改福建路转运使，开古五塘溉民田，奏减五代时丁口税之半。复修起居注。唐介击宰相，触盛怒，襄趋进曰：

"介诚狂愚,然出于进忠,必望全贷。"既贬春州,又上疏以为此必死之谪,得改英州。温成后追册,请勿立忌,而罢监护园陵官。

进知制诰,三御史论梁适解职,襄不草制。后每除授非当职,辄封还之。帝遇之益厚,赐其母冠帔以示宠,又亲书"君谟"两字,遣使持诏予之。迁龙图阁直学士,知开封府。襄精吏事,谈笑剖决,破奸发隐,吏不能欺。

以枢密直学士再知福州。郡士周希孟、陈烈、陈襄、郑穆以行义著,襄备礼招延,诲诸生以经学。俗重凶仪,亲亡或秘不举,至破产饭僧,下令禁止之。徙知泉州,距州二十里万安渡,绝海而济,往来畏其险。襄立石为梁,其长三百六十丈,种蛎于础以为固,至今赖焉。又植松七百里以庇道路,闽人刻碑纪德。

召为翰林学士、三司使,较天下盈虚出入,量力以制用。划剔蠹敝,簿书纪网纤悉皆可法。

英宗不豫,皇太后听政,为辅臣言:"先帝既立皇子,宦妾更加荧惑,而近臣知名者亦然,几败大事,近已焚其章矣。"已而外人遂云襄有论议,帝闻而疑之。会襄数谒告,因命择人代襄。襄乞为杭州,拜端明殿学士以往。治平三年,丁母忧。明年卒,年五十六。赠吏部侍郎。

襄工于书,为当时第一,仁宗尤爱之,制《元舅陇西王碑》文命书之。及令书《温成后父碑》,则曰:"此待诏职耳。"不奉诏。于朋友尚信义,闻其丧,则不御酒肉,为位而哭。尝饮会灵东园,坐客误射矢伤人,遽指襄。他日帝问之,再拜愧谢,终不自辨。

蔡京与同郡而晚出,欲附名阀,自谓为族弟。政和初,襄孙佃廷试唱名,居举首,京侍殿上,以族孙引嫌,降为第二,佃终身恨之。乾道中,赐襄谥曰忠惠。

吕溱字济叔,扬州人。进士第一。通判亳州,直集贤院,同修起居注。坐预进奏院宴饮,出知蕲、楚、舒三州。复修起居注。

侬智高寇岭南,诏奏邸毋得辄报。溱言:"一方有警,使诸道闻之，共得为备。今欲人不知，此何意也。"进知制诰，又出知杭州，入为翰林学士。疏论宰相陈执中奸邪，仁宗还其疏。溱曰："以口舌论人，是阴中大臣也。愿出以示执中，使得自辨。"未几，执中去，溱亦以侍读学士知徐州，赐宴资善堂，遣使谕曰："此特为卿设，宜尽醉也。"诏自今由经筵出者视为例。

徙成德军，时方开六塔河，宰相主其议。会地震，溱请罢之以答天戒。溱豪侈自放，简忽于事，与都转运使李参不相能，还，判流内铨。参劾其借官曲作酒，以私货往河东贸易，及违式受馈赆，事下大理议。溱乃未尝受，而外廷纷然谓溱有死罪。帝知其过轻，但贬秩，知和州。御史以为未抵罪，分司南京。起知池州、江宁府，复集贤院学士，加龙图阁直学士、知开封府。

时为京尹者比不称职，溱精识过人，辨讼立断，豪恶敛迹。尝以职事对，神宗察其有疾色，勉以近医药，已而果病。改枢密直学士、提举醴泉观，遂卒，年五十五。赠礼部侍郎。帝悼念之，诏中书曰："溱立朝最孤，知事君之节，绝迹权贵，故中废十余年，人无言者。方擢领要剧，而奄忽沦亡，家贫子幼，遭此大祸，必至狼狈。宜优给赙礼，官庇其葬，以厉臣节。"敕其妇兄护丧归。

溱开敏，善议论，一时名辈皆推许。然自贵重，在杭州接宾客，不过数语，时目为"七字舍人"云。

王素字仲仪，太尉旦季子也。赐进士出身，至屯田员外郎。御史中丞孔道辅荐为侍御史。道辅贬，出知鄂州。仁宗思其贤，擢知谏院。素方壮年，遇事感发。尝言："今中外无名之费，倍蓰于前，请省其非急者。"适皇子生，将进百僚以官，惠诸军以赏。素争曰："今西夏畔涣，契丹要求，县官之须，且日急矣。宜留爵秩以赏战功，储金缯以佐边费。"议遂已。

京师旱，素请帝祷于郊，帝曰："太史言月二日当雨，今将以旦日出祷。"素曰："臣非太史，然度是日必不雨。"帝问故，曰："陛下知其且雨而祷之，应天不以诚，故臣知不雨。"帝曰："然则明日诣醴泉观。”素曰："醴泉之近，犹外朝耳，岂惮暑不远出邪?"帝悚然。更诏诣西太一宫，谏官故不在属车间，乃命素扈从。日甚炽，埃氛翳空，比舆驾还，未薄城，天大雷电而雨。

王德用进二女子，素论之，帝曰："朕真宗皇帝之子，卿王旦之子，有世旧，非他人比也。德用实进女，然已事朕左右，奈何?"素曰："臣之忧正恐在左右尔。"帝动容，立命遣二女出。赐素银绯，擢天章阁待制、淮南都转运按察使。时新置按察，类多以苛为明。素独不摘细故，即有贪刻，必绳治穷竟，以故下吏爱而畏之。改知渭州，坐市木河东，有扰民状，降华州，又夺职徙汝。俄悉还其故，迁龙图阁直学士。

初，原州蒋偕建议筑大虫巉堡，宣抚使听之。役未具，敌伺间要击，不得成。偕惧，来归死。素曰："若罪偕，乃是堕敌计。"责偕使毕力自效。总管狄青曰："偕往益败，不可遣。"素曰："偕败则总管行，总管败，素即行矣。"青不敢复言，偕卒城而还。以枢密直学士知开封府。至和秋，大雨，蔡河裂，水入城。诏军吏障朱雀门，素曰："皇上不豫，兵民庐舍多覆压，众心怦怦然，奈何更塞门以动众。"违诏止其役，水亦不害。

出知定州、成都府。先是，牙校岁输酒坊钱以供厨传，日加厚，输者转困。素一切裁约之。铁钱布满两蜀，而鼓铸不止，币益轻，商贾不行，命罢铸十年，以权物价。凡为政，务合人情，蜀人纪其目，号曰"王公异断"。复知开封。素以三公子少知名，出入侍从将帅，久颇鞅鞅，厌倦剧烦，事多卤莽不治，盗贼数发。御史纠其过，出知许州。

治平初，夏人寇静边砦。召拜端明殿学士，复知渭州，于是三镇、泾原蕃夷故老皆欢贺，比至，敌解去。拓渭西南城，浚隍三周，积粟支十年。属羌奉土地来献，悉增募弓箭手。行陈出入之法，身自督训。其居旧穿土为室，寇至，老幼多焚死，为筑八堡使居之。其众领于两巡检，人莫得自便。素曰："是岂募民兵意邪?"听散耕田里，有警则聚，故士气感奋，精悍他道莫及。尝宴堂上，边民传寇至，惊入城。诸将曰："使奸人亦从而入,将必为内应,合拒勿内。"素曰:"若拒之东去,关中必摇。吾在此,敌必不敢犯我,此当有奸言。"乃下令:"敢称寇至者斩。"有顷,候骑从西来,人传果妄,诸将皆服其明。

换澶州观察使、知成德军,改青州观察使。熙宁初,还,以学士知太原府。汾河大溢,素曰:"若坏平晋,遂灌州城矣。"亟命具舟楫,筑堤以捍之。一夕,水骤至,人赖以安。入知通进、银台司,转工部尚书,仍故职致仕。故事,虽三公致仕,亦不带职。朝廷方新法制,素首以学士就第。卒,年六十七,谥曰懿敏。子巩,从子靖,从孙震。

巩有隽才,长于诗,从苏轼游。轼守徐州,巩往访之,与客游泗水,登魋山,吹笛饮酒,乘月而归。轼待之于黄楼上,谓巩曰:"李太白死,世无此乐三百年矣。"轼得罪,巩亦窜宾州。数岁得还,豪气不少挫。后历宗正丞,以跌荡傲世,每除官,辄为言者所议,故终不显。

靖字詹叔,早孤,自力于学,好讲切天下利害。以祖荫历通判阆州、知滁州,主管北京御史台。契丹数遣横使来,靖疏言:"彼利中国赐遗,挟虚声以济其欲,渐不可长,宜有以折之。"又请复明经科,加试贡士以策,观其所学,稍变声律之习。

擢利州路转运判官,提点陕西刑狱。乡户役于州县者,优则愿久留,劳则欲亟去,吏得权其迟速。靖一以岁月遣代,遂为令。徙河东长子县。贼杀人,捕治十数辈,不得实,皆释去。靖阅其牍曰:"此真盗也。"教吏曲折讯囚,果服罪。为开封府推官。曹、濮盗害,官吏久不获,靖受诏督捕,成擒者十八九。因言盗之不戢,由大姓为囊橐,请并坐之,著为令。

徙广南转运使。熙宁初,广人讹言交址且至,老幼入保。事闻,中外以为忧。神宗曰:"王靖在彼,可无念。"即拜太常少卿、直昭文馆、知广州。居二年,入为度支副使,卒。

子古,字敏仲,第进士。熙宁中,为司农主簿,使行淮、浙振旱灾,究张若济狱,劾转运使王廷老、张靓失职,皆罢之。连提举四路常平,王安礼欲用为太常丞,神宗谓古好异论,止以为博士。加上仁宗、英宗谥，因升祔四后，初议不发册，古言："发册之礼，虽为祔庙节文，而升祔之重，乃由册而后显。今既行升祔，则礼不可废。"乃诏用竹册，又定诸神祠封额、爵号之序。

出为湖南转运判官，提点淮东刑狱，历工部、吏部、右司员外郎，太府少卿。奉使契丹，异时北使所过，凡供张悉贷于民，古请出公钱为之，民得不扰。

绍圣初，迁户部侍郎，详定役法，与尚书蔡京多不合。京言："臣欲用元丰人额雇直，而古乃用司马光法。"诏徙古兵部，寻以集贤殿修撰为江、淮发运使，进宝文阁待制、知广州。言者论其常指平岁为凶年，妄散邦财，夺职知衰州。

徽宗立，复拜户部侍郎，迁尚书。与御史中丞，赵挺之偕领放欠，挺之言："古蠲除太多，欲尽倾天下之财，不可用。"遂改刑部。攻不已，以宝文阁直学士知成都。堕崇宁党籍，责衡州别驾，安置温州。复朝散郎，寻卒。

震字子发，以父任试铨优等，赐及第。上诸路学制，神宗称其才。以习学中书刑房公事，遂为检正。预修条例，加馆阁校勘，检正孔目吏房。

元丰官制行，震与吴雍从辅臣执笔入记上语，面授尚书右司员外郎，使自书除目，举朝荣之。兼修《市易敕》，帝谕之曰："朝廷造法，皆本先王之制，推行非人，故不能善后。且以钱贷民，有不能赏，辄籍其家，岂善政也。宜计其负几何，悉捐之。"震顿首奉诏。

进起居舍人，使行西边，还为中书舍人。元祐初，迁给事中，御史王岩叟劾之，以龙图阁待制知蔡州，历五郡。绍圣初，复为给事中，权吏部尚书，拜龙图阁直学士、知开封府。

震与章惇皆吕惠卿所荐，而素不相能。府奏狱空，哲宗疑不实。震谓惇抑己，于是颍昌盖渐有讼，许赂惇子弟，震捕渐掠治，颇得踪迹。惇惧，以狱付大理，而徙震为枢密都承旨，遂坐折狱滋蔓、倾摇大臣夺职，知岳州，卒。

　　余靖字安道,韶州曲江人。少不事羁检,以文学称乡里。举进士起家,为赣县尉,试书判拔萃,改将作监丞、知新建县,迁秘书丞。数上书论事,建言班固《汉书》舛谬,命与王洙并校司马迁、范晔二史。书奏,擢集贤校理。

　　范仲淹贬饶州,谏官御史莫敢言。靖言:"仲淹以刺讥大臣重加谴谪,倘其言未合圣虑,在陛下听与不听耳,安可以为罪乎?汲黯在廷,以平津为多诈;张昭论将,以鲁肃为粗疏。汉皇、吴主熟闻訾毁,两用无猜,岂损令德。陛下自亲政以来,屡逐言事者,恐钳天下口,不可。"疏入,落职监筠州酒税。尹洙、欧阳脩亦以仲淹故,相继贬逐,靖由是益知名。徙监泰州税,知英州,迁太常博士,复为校理、同知礼院。

　　庆历中,仁宗锐意欲更天下敝事,增谏官员,使论得失,以靖为右正言。时四方盗贼窃发,州郡不能制。靖言:"朝廷威制天下在赏罚,今官吏弛事,群盗蜂起,大臣龃龉守常,不立法禁,可为国家忧也。请严捕贼赏罚,及定为贼劫质、亡失器甲除名追官之法。"

　　司天言太白犯岁星,又犯执法。靖上疏请责躬修德,以谢天变。使契丹,辞日,以所奏事书笏,各举一字为目,凡数十事。帝顾见之,命悉条奏,日几昃,乃罢。进修起居注。

　　开宝寺灵感塔灾,复上疏言:"五行之占,本是灾变,朝廷所宜诚惧,以答天意。闻尝诏取旧瘗舍利入禁中阅视,道路传言舍利在内廷有光怪,窃恐巧佞之人,推为灵异,惑乱视听,再图营造。臣闻帝王之道,能勤俭厥德,感动人心,则虽有危难,后必安济。今自西垂用兵,国帑虚竭,民亡储蓄,十室九空。陛下若勤劳罪己,忧人之忧,则四民安居,海内蒙福。如不恤民病,广事浮费,奉佛求福,非天下所望也。若以舍利经火不坏,遽为神异,即本在土中,火所不及。若言舍利皆能出光怪,必有神灵凭之,此妄言也。且一塔不能自卫,为火所毁,况藉其福以庇民哉?"

　　靖在职数言事,尝论夏竦奸邪,不可为枢密使;王举正不才,不宜在政府;狄青武人,使之独守渭州,恐败边事;张尧佐以修媛故,除提点府界公事,非政事之美,且郭后之祸,起于杨、尚,不可不监。太常博士王翼西京治狱还,赐五品服,靖曰:"治狱而锡服,外人不知,必以为翼深文重法,以希陛下意,以取此宠,所损非细事也。尝有工部郎中吕觉以治狱赐对,祈易章绶,陛下谕之曰:'朕不欲因鞫囚与人恩泽。'觉退以告臣,臣尝书之起居注。陛下前日谕觉是,则今日赐翼非矣。是非与夺之间,贵乎一体。小人望风希进,无所不至,幸陛下每于事端,抑其奔竞。"其说多见纳用。

会西鄙厌兵,元昊请和,议增岁赐。靖言:"景德中,契丹举国兴师,直抵澶渊,先帝北征渡河,止捐金缯三十万与之。今元昊战虽累胜,皆由将帅轻敌易动之故。数年选将练兵,始知守战之备,而锐意解仇,所予至二十六万。且戎事有机,国力有限,失之于始,虽悔何追。夫以景德之患,近在封域之内,而岁赐如彼;今日之警,远在边鄙之外,而岁赐如此。若元昊使还,益有所许,契丹闻之,宁不生心,无厌之求,自此始矣。倘移西而备北,为祸更深。但思和与不和,皆有后患,则不必曲意俯徇,以贻国羞。"擢知制诰。

元昊既归款,朝廷欲加封册,而契丹以兵临西境,遣使言:"为中国讨贼,请止毋和。"朝议难之。会靖数言契丹挟诈,不可轻许,即遣靖往报,而留夏国封策不发。靖至契丹,卒屈其议而还。朝廷遂发夏册,臣元昊。西师既解严,北边亦无事。靖三使契丹,亦习外国语,尝为蕃语诗,御史王平等劾靖失使者体,出知吉州。

靖为谏官时,尝劾奏太常博士茹孝标不孝,匿母丧,坐废。靖既失势,孝标诣阙言靖少游广州,犯法受榜。靖闻之不自得,求侍养去。改将作少监,分司南京,居曲江。已而授左神武军大将军、雅州刺史、寿州兵马钤辖,辞不就。再迁卫尉卿、知虔州,丁父忧去。

侬智高反邕州,乘胜掠九郡,以兵围广州。朝廷方顾南事,就丧次起靖为秘书监、知潭州,改桂州,诏以广南西路委靖经制。智高西走邕州,靖策其必结援交阯而胁诸峒以自固,乃约李德政会兵击贼于邕州,备万人粮以待之;而诏亦给缗钱二万助德政兴师,且约贼平更赏以缗钱二万。又募侬、黄诸姓酋长，皆縻以职，使不与智高合。既而朝廷遣狄青、孙沔将兵共讨贼。青却交阯援兵不用，贼平。就迁靖给事中。御史梁蒨言赏薄，又迁尚书工部侍郎。

初，青兵未至前，戒部将勿战。靖迫钤辖陈曙出斗，败走。青至，按军法斩曙及指使袁用等于坐，靖矍然起拜。及诸将班师，独留靖广西，遣人入特磨道擒智高母子弟三人，生致之阙下。加集贤院学士，徙知潭州，又徙青州。

交阯蛮申绍泰寇邕州，杀五巡检。以靖安抚广西，至则召交阯用事臣费嘉祐诘问之，嘉祐至，绐以近边种落相侵报，误犯官军，愿悉推治，还所掠及械罪人以自赎。靖信之，厚谢遣去，嘉祐遂归，不复出。

知广州，官至工部尚书，代归，卒。三司使蔡襄为靖言，特赠刑部尚书，谥曰襄。靖尝梦神人告以所终官而死秦亭，故靖常畏西行。及卒，则江宁府秦淮亭也。

彭思永字季长，庐陵人。第进士，知南海、分宁县，通判睦州。台州大水败城，人多溺，往摄治焉。尽葬死者，作文祭之；民贫不能葺居，为伐木以助之，数月，公私之舍皆具，城筑高于前，而坚亦如之。

知潮州、常州。入为侍御史，论内降授官赏之弊，谓斜封非盛世所当有，仁宗深然之。皇祐祀明堂前一日，有传百姓皆进秩者。思永言不宜滥恩，以益侥幸。时张尧佐已贵而犹觊执政，王守忠已受宠而求旄节。思永率同列言之，或曰："俟命出，未晚也。"思永曰："先事而言，第得罪尔；命一出，不可止矣。"遂独抗疏曰："陛下覆此谬恩，岂为天下孤寒哉。不过为尧佐、守忠取悦众人耳。外戚秉政，宦侍用权，非社稷之福也。"帝怒，中丞郭劝、谏官吴奎为之请，乃以泛恩转司封员外郎而解台职，为湖北转运使。

下溪蛮彭仕羲作乱，先移书激骂辰州守。守将讨之，思永按部适至，仕羲惧，遣使迎谢，寝其谋。

加直史馆，为益州路转运使。成都府吏盗公钱，付狱已三岁，出入自如。思永摄府事甫一日，即具狱。民以楮券为市，藏衣带中，盗置刃于爪，捷取之，鲜败者。思永得一人诘之，悉黥其党隶兵间。中使岁祠峨眉，率留成都掊珍玩，价直数百万钱，悉出于民。思永朘其三之一，使怒去，而不能有所中伤也。

寻为户部副使，擢天章阁待制、河北都转运使、知瀛州。北俗以桑麻为产籍，民惧赋不敢艺，日益贫，思永始奏更之。徙知江宁府。

治平中，召为御史中丞。濮王有称亲之议，言事者争之，皆斥去。思永更上疏极论曰："濮王生陛下，而仁宗以陛下为嗣，是仁宗为皇考，而濮王于属为伯，此天地大义，生人大伦。如乾坤定位，不可得而变也。陛下为仁庙子，曰考曰亲，乃仁庙也；若更施于濮王，是有二亲矣。使王与诸父夷等，无有殊别，则于大孝之心亦为难安。臣以为当尊为濮国大王，祭告之辞，则曰'侄嗣皇帝书名昭告于皇伯父'。在王则极尊崇之道，而于仁庙亦无所嫌矣，此万世之法也。"疏入，英宗感其切至，垂欲施行，而中书持之甚力，卒不果。

神宗即位，御史蒋之奇纠欧阳修阴事，挽思永自助。思永以为帷薄之私，非外人所知，但其首建濮议，违典礼以犯众怒，不宜更在政府。诏问语所从来，思永不肯对，而极陈大臣专恣朋党。乃出知黄州，改太平州。熙宁三年，以户部侍郎致仕，卒，年七十一。

思永仁厚廉恕。为儿时，旦起就学，得金钗于门外，默坐其处。须臾亡钗者来物色，审之良是，即付之。其人欲谢以钱，思永笑曰："使我欲之，则匿金矣。"始就举，持数钏为资。同举者过之，出而玩，或坠其一于袖间，众相为求索。思永曰："数止此耳。"客去，举手揖，钏坠于地，众皆服其量。居母丧，蔬甚，乡人馈之，无所受。子卫，亦孝谨，以父老，弃官家居十余年，族里称之。

张存字诚之，冀州人。举进士，为安肃军判官。天禧中，诏铨司以身言书判取士，才得二人，存预其选。改著作佐郎，知大名府朝城县。寇准为守，异待之。御史中丞王曙，屡荐为殿中侍御史，迁侍御史。

仁宗初亲政，罢百官转对，存请复之。又言："前者曹修古辈同忤旨废黜，布衣林献可因上封事窜恶地，恐自今忠直之言，与夫理乱安危之机，蔽而不达。"因历引周昌、朱云、辛庆忌、辛毗事，以开帝意。历京东陕西河北转运使、户部度支副使。西边动兵，以天章阁待制为陕西都转运使。

黄德和之诬刘平也，存奏言："平与敌接战，自旦至暮，杀伤相当，因德和引却，以致溃败。方贼势甚张，非平搏战，其势必不沮；延州孤垒，非平解围，其城必不守。身既陷没，而不幸又为谗狡所困，边臣自此无复死节矣。"朝廷采其说，始遣文彦博按治，由是平得直，而德和诛。

元昊求款附，议者犹执攻讨之策。存建言："兵役不息，生民疲弊。敌既有悛心，虽名号未正，颇羁縻之。"迁龙图阁直学士，知延州。以母老惮行，徙泽州，还为待制。逾年，知成德军，复学士。

契丹与元昊结昏，阴谋相首尾，聚兵塞上而求关南。存言："河北城久不治，宜留意。"乃以为都运使，尽城诸州。入知开封府，复使河北。王则反，坐失察，降知汀州。

存胥李扬之弟李教，因醉为妖言，事觉自缢死。或言教不死，在贝州，父母私属以存故得免。御史案验无状，犹夺职知池州，又徙郴。久之，乃复职，以吏部侍郎致仕，凡十五年，积迁礼部尚书。

存性孝友，尝为蜀郡，得奇缯文锦以归，悉布之堂上，恣兄弟择取。常曰："兄弟，手足也；妻妾，外舍人耳。奈何先外人而后手足乎？"收恤宗属，嫁聘穷嫠，不使一人失所。家居矜庄，子孙非正衣冠不见。与宾友燕接，垂足危坐终日，未尝倾倚。枣强河决，势逼冀城，或劝使他徙，曰："吾家，众所望也，苟轻举动，使一州吏民何以自安。"讫不徙。卒，年八十八，谥恭安。

论曰：蔡襄、王素、余靖，皆昭陵贤御史也。襄数论治体，推韩琦、范仲淹之贤。素请罢不急之赏，论仁宗纳二女子为非。靖黜夏竦、王举正为不可用。盖仁宗锐于求治，数君子提纲振纪而扶持之，卒成庆历之治，良有以也。夫襄精于民事，吏不敢欺；靖用兵蛮徼，卒收功名；素在西边多惠政，其尹开封，虽颇厌烦剧，再为渭州，边民老幼，至相率称贺，其惠之在民者，深矣哉。若吕溱论陈执中，则不欲以口舌中人。彭思永名士，能识程颐之贤，而不能容欧阳脩之刚；蒋之奇之诬，竟坐是黜，士论憾之。刘平之死，众莫敢言，张存独处而明之。使忠义之气，死而复生，较之诸人，亦无忝焉。

宋史卷三二一
列传第八〇

郑獬　陈襄　钱公辅　孙洙
丰稷　吕诲　刘述　刘琦
钱颛　郑侠

郑獬字毅夫,安州安陆人。少负俊材,词章豪伟峭整,流辈莫敢望。进士第一。通判陈州,入直集贤院、度支判官、修起居注、知制诰。

英宗即位,治永昭山陵,悉用乾兴制度。獬言:"今国用空乏,近者赏军,已见横敛,富室嗟怨,流闻京师。先帝节俭爱民,盖出天性,凡服用器玩,极于朴陋,此天下所共知也。而山陵制度,乃欲效乾兴最盛之时,独不伤俭德乎?愿饬有司,损其名数。"又言:"天子初即位,郡国驰表称贺,例官其人,此出五代余习,因仍未改。今庶官猥众,充溢铨曹。况前日群臣进官,已布维新之泽,不须复行此恩,以开侥幸。"皆不报。

又上疏言:"陛下初临御,恭默不言,所与共政者七八大臣而已,焉能尽天下之聪明哉?愿申诏中外,许令尽言,有可采录,召与之对。至于臣下进见,访以得失,虚心求之,必能有益治道。"帝嘉纳之。时诏诸郡敦遣遗逸之士,至则试之秘阁,命以官。颇有谬举者,众论喧哗,旋即废罢。獬言:"古之荐士,以谓拔十得五,犹得其半,况今所失未至十五,而遽以浮言废之,可乎?愿复此科,使豪俊无遗滞之叹。"未及行,出知荆南。

治平中,大水求言,獬上疏曰:"陛下侧身思咎,念有以消复之,不知求忠言者,将欲用之邪,抑但举故事邪?观前世之君,因变异以求谏者甚众,及考其实,则能用其言而载于行事者,盖亦鲜矣。今诏发天下忠义之士,必有极其所蕴,以荐诸朝,一日万机,势未能尽览,不过如平时下之中书、密院,至于无所行而后止。如是则与前世之为空言者等尔。谓宜选官置属,掌所上章,与两府近臣从容讲贯,可则行之,否则罢之,有疑焉,则广询而决之。群臣得而众事举,此应天之实也。天下之进言也甚难,而上之受言也常忽。愿陛下采群臣之章疏,容而听之,史册大书,以为某年大水,诏求直言,用某人之辞而求某事,以出夫前世之为空言者,无令徒挂墙壁为虚文而已。"还,判三班院。

神宗初,召獬夕对内东门,命草吴奎知青州及张方平、赵抃参政事三制,赐双烛送归舍人院,外廷无知者。遂拜翰林学士。朝廷议纳横山,獬曰:"兵祸必起于此。"已而种谔取绥州,獬言:"臣窃见手诏,深戒边臣无得生事。今乃特尊用变诈之士,务为掩袭,如战国暴君之所尚,岂帝王大略哉!谔擅兴当诛。"又请因谅祚告哀,遣使立其嗣子,识者韪之。

权发遣开封府。民喻兴与妻谋杀一妇人,獬不肯用按问新法,为王安石所恶,出为侍读学士、知杭州。御史中丞吕诲乞还之,不听。未几,徙青州。方散青苗钱,獬言:"但见其害,不忍民无罪而陷宪纲。"引疾祈闲,提举鸿庆宫,卒,年五十一。家贫子弱,其柩藁殡僧屋十余年,滕甫为安州,乃克葬。

陈襄字述古,福州候官人。少孤,能自立,出游乡校,与陈烈、周希孟、郑穆为友。时学者沉溺于雕琢之文,所谓知天尽性之说,皆指为迂阔而莫之讲。四人者始相与倡道于海滨,闻者皆笑以惊,守之不为变,卒从而化,谓之"四先生"。

襄举进士,调浦城主簿,摄令事。县多世族,以请托胁持为常,令不能制。襄欲稍革其欲，每听讼，必使数吏环立于前，私谒者不得发，老奸束手。民有失物者，贼曹捕偷儿至，数辈相撑拄，襄语之曰："某庙钟能辨盗，犯者扪之辄有声，余则否。"乃遣吏先引以行，自率同列诣钟所祭祷，阴涂以墨，而以帷蔽之。命群盗往扪，少焉呼出，独一人手所污，扣之，乃为盗者；盖畏钟有声，故不敢触，遂服罪。

知河阳县，始教民种稻。富弼为郡守，一见即礼遇之。襄留意教化，进县子弟于学。或谗之于弼，谓其诱邑子以资过客，弼疑焉。人劝毁学舍以塞谤，不听。久之，弼以语襄，襄曰："自反而缩，虽千万人往矣。公苟有惑志，何名知己。"益讲说不少懈。弼由是愈益奇之，及入相，荐为秘阁校理、判祠部。译经僧死，遗表度十僧，列子庙三年度一道士，皆抑不行。

知常州，运渠横遏震泽，积水不得北入江，为常、苏二州病。襄度渠之丈尺与民田步亩，定其数，授以浚法。未几，遂削望亭古堰，水不复积。入为开封府推官、盐铁判官。神宗立，奉使契丹，以设席小异于常，不即坐。契丹移檄疆吏，坐出知明州。明年，同修起居注，知谏院，改侍御史知杂事。论青苗法不便，曰："臣观制置司所议，莫非引经以为言，而其实则称贷以取利，事体卑削，贻中外讥笑。是特管夷吾、商鞅之术，非圣世所宜行。望贬斥王安石、吕惠卿以谢天下。"又乞罢韩绛政府，以杜大臣争利而进者，且言韩维不当为中丞，刘述、范纯仁等无罪，宜复官。皆不听，而召试知制诰。襄以言不行，辞不肯试，顾补外。安石欲以为陕西转运使，帝惜其去，留修起居注。襄恳辞，手诏谕之，乃就职。逾年，为知制诰，安石又欲出之，帝不许。寻直学士院，安石益忌之，摘其书诏小失，出知陈州，徙杭州，以枢密直学士知通进、银台司兼侍读，判尚书都省。卒，年六十四，赠给事中。

襄莅官所至，必务兴学校。平居存心以讲求民间利病为急。既亡，友人刘寻视其箧，得手书累数十幅，盈纸细书，大抵皆民事也。在经筵时，神宗顾之甚厚，尝访人材之可用者。襄以司马光、韩维、吕公著、苏颂、范纯仁、苏轼至于郑侠三十三人对，谓光、维、公著皆股肱心膂之臣，不当久外；谓侠愚直敢言，发于忠义，投窜瘴疠，朝不谋夕，愿使得生还。帝不能尽用。

钱公辅字君倚，常州武进人。少从胡翼之学，有名吴中。第进士甲科。通判越州，为集贤校理、同判吏部南曹。历开封府推官、户部判官、知明州。衙前法以三等差次劳勤，应格者听指酒场以自补，富者足欲而贫者日困，充募益鲜；额有不足，至役乡民，破产不供费。公辅取酒场官鬻之，分轻重以给役者，不复调民。同修起居注，进知制诰。

英宗即位，陈《治平十议》，大要言采民政，分吏课，择守宰，置二府官属。又作《帝问》一篇上之。王畴为翰林学士未久，擢副枢密。公辅谓畴素望浅，不草制。帝以初政大臣，而公辅格诏，谪为滁州团练使。议者以为重，吕诲等上章救之，不得。逾年，起知广德军。神宗立，拜天章阁待制、知邓州，复知制诰。入见，帝劳苦之，使录《十议》以进，命知谏院。尝至中书白事，富弼谓曰："上求治如饥渴，正赖君辈同心以济。"公辅曰："朝廷所为是，天下谁敢不同！所为非，公辅欲同之，不可得已。"

王安石雅与之善，既得志，排异己者，出滕甫郓州。公辅数于帝前言甫不当去。薛向更盐法，安石主其议，而公辅谓向当黜，遂拂安石意，罢谏职，旋出知江宁府。明年，帝欲召还，安石言其助小人为异议，不宜在左右，但徙扬州。以病乞越，改提举崇福观，卒，年五十二。

孙洙字巨源，广陵人。羁丱能文，未冠擢进士。包拯、欧阳修、吴奎举应制科，进策五十篇，指陈政体，明白剀切。韩琦读之，太息曰："恸哭流涕，极论天下事，今之贾谊也。"再迁集贤校理、知太常礼院。

治平中求言，以洙应诏疏时弊要务十七事后多施行，兼史馆检讨、同知谏院，乞增谏员以广言路。凡有章奏，辄焚其稿，虽亲子弟不得闻。王安石主新法,多逐谏官御史,洙知不可,而郁郁不能有所言,但力求补外,得知海州。免役法行,常平使者欲加敛缗钱,以取赢为功,洙力争之。方春旱,发运使调民浚漕渠以通盐舸,洙持之不下,三上奏乞止其役。旱蝗为害,致祷于朐山,撤奠,大雨,蝗赴海死。

寻干当三班院。三班员过万数,功罪籍不明,前后抵牾,吏左右出入,公为欺奸。洙革其甚者八事,定为令。同修起居注,进知制诰。先是,百官迁叙,用一定之词,洙建言:“群臣进秩,事理各异,而同用一词;至或一门之内,数人拜恩,名体散殊,而格以一律。苟从简便,非所以畅王言、重命令也。”诏自今封赠荫补,敏大礼一易,他皆随等撰定。

元丰初,兼直学士院。澶州河平,作灵津庙,诏洙为之碑,神宗奖其文。擢翰林学士,才逾月,得疾。时参知政事阙,帝将用之,数遣中使、尚医劳问。入朝期日,洙小愈,在家习肆拜踢,债不能兴,于是竟卒,年四十九。帝临朝嗟惜,常赙外赐钱五十万。

洙博闻强识,明练典故,道古今事甚有条理。出语皆成章,虽对亲狎者,未尝发一鄙语。文词典丽,有西汉之风。士大夫共以丞辅期之,不幸早世,一时悯伤焉。

丰稷字相之,明州鄞人。登第,为谷城令,以廉明称。从安焘使高丽,海中大风,樯折,舟几覆,众惶扰莫知所为,稷独神色自若。焘叹曰:“丰君未易量也。”知封丘县,神宗召对,问:“卿昔在海中遭风波,何以不畏?”对曰:“巨浸连天,风涛固其常耳,凭仗威灵,尚何畏!”帝悦,擢监察御史。治参知政事章惇请托事,无所移挠,出惇陈州。徙著作佐郎、吏部员外郎,提点利州、成都路刑狱。

入为殿中侍御史。上疏哲宗曰:“陛下明足以察万事之统,而不可用其明;智足以应变曲当,而不可用其智。顺考古道,二帝所以圣;仪刑文王,成王所以贤。愿以《洪范》为元龟,祖训为宝鉴,一动一言,思所以为则于四海,为法于千载,则教化行,习俗美,而中国安矣。"刘奉世册立夏国嗣子乾顺，而乾顺来贺坤成节，奉世遽出境，稷劾之，奉世以赎论，迁右司谏。扬、荆二王为天子叔父，尊宠莫并，密令蜀道织锦茵。稷于正衙论曰："二圣以俭先天下，而宗王僭侈，官吏奉承，皆宜纠正。"既退，御史赵屼谓曰："闻君言，使屼汗流浃背。"

改国子司业、起居舍人，历太常少卿、国子祭酒。车驾幸太学，命讲《书·无逸篇》，赐四品服，除刑部侍郎兼侍讲。元祐八年春，多雪，稷言："今嘉祥未臻，沴气交作，岂应天之实未充，事天之礼未备，畏天之诚未孚欤？宫掖之臣，有关预政事，如天圣之罗崇勋、江德明，治平之任守忠者欤？愿陛下昭圣德，祗天戒，总正万事，以消灾祥。"帝亲政，召内侍居外者乐士宣等数人。稷言："陛下初亲万机，未闻登进忠良，而首召近幸，恐上累大德。"

以集贤院学士知颍州、江宁府，拜吏部侍郎，又出知河南府，加龙图阁待制。章惇欲困以道路，连岁亟徙六州。徽宗立，以左谏议大夫召，道除御史中丞。入对，与蔡京遇，京越班揖曰："天子自外服召公中执法，今日必有高论。"稷正色答曰："行自知之。"是日，论京奸状，既而陈瓘、江公望皆言之，未能动。稷语陈师锡等曰："京在朝，吾属何面目居此？"击之不已，京遂去翰林。又乞辨宣仁诬谤之祸，且言："史臣以王安石《日录》乱《神宗实录》，今方修《哲宗实录》，愿申饬之。"时宦官渐盛，稷怀《唐书·仇士良传》读于帝前，读数行，帝曰："已谕。"稷为若不闻者，读毕乃止。

曾布得助婪昵，将拜相，稷约其僚共论之。俄转工部尚书兼侍读，布遂相。稷谢表有佞臣之语，帝问为谁，对曰："曾布也。陛下斥之外郡，则天下事定矣。"改礼部。论宋用臣不当赐美谥，不为书敕。哲宗升祔，议功臣配享，稷以为当用司马光、吕公著。或谓二人尝得罪，不可用。稷曰："止论其有功于时尔，如唐五王岂非得罪于中宗，何嫌于配享？"又言："陛下以'建中靖国'纪元，臣谓尊贤纳谏，舍己从人，是谓'建中'；不作奇技淫巧，毋使近习招权，是谓'靖国'。以副体元谨始之义。"禁内织锦缘宫帘为地衣，稷言："仁宗衾褥用黄绋，服御用缣缯，宜守家法。"诏罢之。

　　稷尽言守正，帝待之厚，将处之尚书左丞，而积忤贵近，不得留，竟以枢密直学士守越。蔡京得政，修故怨，贬海州团练副使、道州别驾，安置台州。除名徙建州，稍复朝请郎。卒，年七十五。建炎中，追复学士，谥曰清敏。

　　初，文彦博尝品稷为人似赵抃，及赐谥，皆以"清"得名。稷三任言责，每草疏，必密室，子弟亦不得见。退多焚稿，未尝以时政语人。所荐士如张庭坚、马涓、陈瓘、陈师锡、邹浩、蔡肇，皆知名当世云。

　　论曰：熙宁行新法，轻进少年争趋竞进，老成知务者逡巡引退，何其见几之明耶？獬议论剀切，精练民事，青苗法行，獬独幡然求去，至窘迫不堪，弗恤也。襄奋起海隅，屡折不变，学者卒从而化，乃心民事，死犹不已。公辅以忤安石见黜，洙为谏官不能言，至免役取赢，洙方力争，所谓不揣其本者欤！稷劾蔡京，论司马光、吕公著当配享庙庭，盖亦名侍从也。

　　吕诲字献可，开封人。祖端，相太宗、真宗。诲性纯厚，家居力学，不妄与人交。进士登第，由屯田员外郎为殿中侍御史。时廷臣多上章讦人罪，诲言："台谏官许风闻言事，盖欲广采纳以补阙政。苟非职分，是为侵官。今乃诋斥平生，暴扬暧昧，刻薄之态浸以成风，请下诏惩革。"枢密副使程戡结贵幸，致位政地，诲疏其过，以宣徽使判延州。复上言："戡以非才罢，不宜更委边任；宣徽使地高位重，非戡所当得也。"兖国公主薄其夫，夜开禁门入诉。诲请并劾阁吏，且治主第宦者罪，悉逐之。御药供奉官四人遥领团练使，御前忠佐当汰复留，诲劾枢密使宋庠阴求援助，徇私紊法。诏罢庠而用陈升之为副使，诲又论之。升之既去，诲亦出知江州，时嘉祐六年也。

　　上疏请蚤建皇嗣，曰："窃闻中外臣僚，以圣嗣未立，屡有密疏请择宗人。唯陛下思忠言，奋独断，以遏未然之乱。又闻太史奏，彗躔心宿，请备西北。按《天文志》，心为天王正位，前星为太子，直则失势,明则见祥。今既直且暗,而妖彗乘之,臣恐咎证不独在西北也。自夏及秋,雨淫地震,阴盛之沴,固有冥符。近者宗室之中,讹言事露,流传四方,人心骇惑,窥觎之志,可不防其渐哉!愿为社稷宗庙计,审择亲贤,稽合天意,宸谋已定,当使天下共知。万一有奸臣附会其间,阳为忠实,以缓上心,此为患最大,不可不察也。"仁宗以诲章侍中书韩琦,由此定议。

召为侍御史,改同知谏院。英宗不豫,诲请皇太后日命大臣一员,与淮阳王视进药饵。都知任守忠用事久,帝之立非守忠意,数间谍东朝,播为恶言,内外汹惧。诲上两宫书,开陈大义,词旨深切,多人所难言者。帝疾小愈,屡言乞亲万几。太后归政,诲言于帝曰:"后辅佐先帝历年,阅天下事多矣。事之大者,宜关白咨访然后行,示弗敢专。"遂论守忠平生罪恶,并其党史昭锡窜之南方。内臣王昭明等为陕西四路钤辖,专主番部。诲言:"自唐以来,举兵不利,未有不自监军者。今走马承受官品至卑,一路已不胜其害,况钤辖乎?"卒罢之。

治平二年,迁兵部员外郎,兼侍御史知杂事。上言:"台谏者,人主之耳目,期补益聪明,以防壅蔽。旧三院御史,常有二十员,而后益衰减,盖执政者不欲主上闻中外之阙失。今台阙中丞,御史五员,惟三人在职,封章十上,报闻者八九。谏官二人,一他迁,一出使,言路壅塞,未有如今日之甚者。窃为陛下羞之。"帝览奏,即命邵必知谏院。

于是濮议起,侍从请称王为皇伯,中书不以为然,诲引义固争。会秋大水,诲言:"陛下有过举而灾沴遽作,惟濮王一事失中,此简宗庙之罚也。"郊庙礼毕,复申前议,七上章,不听;乞解台职,亦不听。遂劾宰相韩琦不忠五罪,曰:"昭陵之土未干,遽欲追崇濮王,使陛下厚所生而薄所继,隆小宗而绝大宗。言者论辨累月,琦犹遂非,不为改正,中外愤郁,万口一词。愿黜民在外藩,以慰士论。"又与御史范纯仁、吕大防其劾欧阳修"道天邪议以,枉道说人主,以近利负先帝,陷陛下于过举。"皆不报。已而诏濮王称亲,诲等知言不用,即上还告敕,居家待罪,且言与辅臣势难两立。帝以问执政,修曰:"御史以为理难并立,若臣等有罪,当留御史。"帝犹豫久之,命出御史,既而曰:"不宜责之太重。乃下迁诲工部员外郎、知蕲州。

神宗立,徙晋州,加集贤殿修撰,知河中府。召为盐铁副使,擢天章阁待制,复知谏院,拜御史中丞。初,中旨下京东买金数万两,又令广东市真珠,传云将备宫中十阁用度。诲言:"陛下春秋富盛,然聪明睿知,以天下为心,必不留神于此,愿亟罢之。"

王安石执政,时多谓得人。诲言其不通时事,大用之,则非所宜。著作佐郎章辟光上言,岐王颢宜迁居外邸。皇太后怒,帝令治其离间之罪。安石谓无罪。诲请下辟光吏,不从,遂上疏劾安石曰:"大奸似忠,大佞似信,安石外示朴野,中藏巧诈,陛不悦其才辨而委任之。安石初无远略,惟务改作立异,罔上期下,文言饰非,误天下苍生,必斯人也。如久居庙堂,必无安静之理。辟光之谋,本安石及吕惠卿所导。辟光扬言:'朝廷若深罪我,我终不置此二人。'故力加营救。愿察于隐伏,质之士论,然后知臣言之当否。"帝方注倚安石,还其章。诲求去,帝谓曾公亮曰:"'若出诲,恐安石不自安。'安石曰:"臣以身许国,陛下处之有义,臣何敢以形迹自嫌,苟为去就。"乃出诲知郑州。苏颂当制,公亮谓之曰:"辟光治平四年上书时,安石在金陵,惠卿临杭州酒税,安得而教之?"故制词云:"党小人交谮之言,肆罔上无根之语。"制出,帝以咎颂,以公亮之言告,乃知辟光治平时自言他事,非此也。

诲之将有言也,司马光劝止之,诲曰:"安石虽有时名,然好执偏见,轻信奸回,喜人佞已。听其言则美,施于用则疏,置宰辅,天下必受其祸。且上新嗣位,所与朝夕图议者,二三执政而已,苟非其人,将败国事。此乃腹心之疾,救之惟恐不逮,顾可缓耶?"诲既斥,安石益横。光由是服诲之先见,自以为不及也。

明年,改知河南,命未下而寝疾矣。旋提举崇福宫,以疾表求致仕曰:"臣本无宿疾,医者用术乘方,妄投汤剂,率任情意,差之指下,祸延四支。一身之微,固无足恤,奈九族之托何!"盖以身疾谕朝政也。

诲三居言责，皆以弹奏大臣而去，一时推其鲠直。居病困，犹旦夕愤叹，以天下事为忧。既革，司马光往省之，至则目已瞑。闻光哭，蹶然而起，张目强视曰："天下事尚可为，君实勉之。"光曰："更有以见属乎？"曰："无有。"遂卒，年五十八，海内闻者痛惜之。

元祐初，吕大防、范纯仁、刘挚表其忠，诏赠通议大夫，以其子由庚为太常寺太祝。自诲罢去，御史刘述、刘琦、钱颉皆以言安石被黜。

刘述字孝叔，湖州人。举进士，为御史台主簿，知温、耀、真三州，提点江西刑狱，累官都官员外郎，六年不奏考功课。知审官院胡宿言其沉静有守，特迁兵部员外郎，改荆湖南北、京西路转运使，再以覃恩迁刑部郎中。

神宗立，召为待御史知杂事，又十一年不奏课。帝知其久次，授吏部郎中。尝言去奢当自后宫始，章辟光宜诛，高居简宜黜，张方平不当恭大政，王拱辰不当除宣徽使。皆不报。滕甫为中丞，述将论之。甫闻，先请对。甫退，述乃言甫为言官无所发明，且适其隐慝。帝曰："甫遇事辄争，裨益甚多，但外人不知耳。甫谈卿美不辍口，卿无言也。"

王安石参知政事，帝下诏专令中丞举御史，不限官高卑，赵抃争之，弗得。述言："旧制，举御史官，须中行员外郎至太常博士，资任须实历通判，又必和翰林众学士与本台丞杂互举。盖从议佥举，则各务尽心，不容有偏蔽私爱之患。今专委中丞，则爱憎在于一已。若一一得人，犹不至生事；万一非其人，将受权臣属托，自立党援，不附已者得以中伤，媒蘖诬陷，其弊不一。夫变更法度，其事不轻，而止是参知政事二人，同书札子。且宰相富弼暂谒告，曾公亮已入朝，台官今不阙人，何至急疾如此！愿收还前旨，俟弼出，与公亮同议，然后行之。"弗听。

述兼判刑部，安石争谋杀刑名，述不以为是。及敕下，述对还中书,奏执不已。安石白帝,诏开封府推官王克臣劾述罪。于是述率御史刘琦、钱顗共上疏曰:"安石执政以来,未逾数月,中外人情嚣然胥动。盖以专肆胸臆,轻易宪度,无忌惮之心故也。陛下任贤求治,常若饥渴,故置安石政府。必欲致时如唐、虞,而反操管、商权诈之术,规以取媚。遂与陈升之合谋,侵三司利柄,取为已功;开局设官,用八人者分行天下,惊骇物职,动摇人心。去年因许遵文过饰非,妄议自首按问之法,安石任一偏之见,改立新议,以害天下大公。章辟光献岐邸迁外之说,疏间骨肉,罪不容诛。吕诲等连章论奏,乞加窜逐。陛下虽许其请,安石独进瞽言,荧惑圣听。陛下以为爱已,隐忍不行。先朝所立制度,自宜世世子孙,守而勿失;乃欲事事更张,废而不用。安石自应举历官,尊尚尧、舜之道,以倡率学者,故士人之心靡不归向,谓之为贤。陛下亦闻而知之,遂正位公府。遭时得君如此之专,乃首建财利之议,务为容悦,言行乖戾,一至于此。刚狠自任,则又甚焉。奸诈专权之人,岂宜处之庙堂,以乱国纪!原早罢逐,以慰安天下元元之心。鲁公亮位居丞弼,不能竭忠许国,反有畏避之意,阴自结援以固宠,久防贤路,亦宜斥免。赵抃则括囊拱手,但务依违大臣,事君岂当如是!"

疏上,安石奏先贬琦,顗监处,衢州盐务。公亮疑太重,安石曰:"蒋之奇亦降监,当从之。"司马光乃上疏曰:"臣闻孔子曰:'守道不如守官。'孟子曰:'有言责者,不得其言则去。'此古今通义,人臣之大节也。彼谋杀已伤自首刑名,天下皆知其非。朝廷既违众议而行之,又以守官之臣而罪之,臣恐失天下之心也。夫食鹰鹯者,求其鸷也。鸷而烹之,将安用哉!今琦、顗所坐,不过疏直,乃以迕犯大臣,狠加谴谪,恐臣不自此以言为讳。乞还其本资,以靖群听。"不报。

开封狱具,述三问下承。安石欲置之狱,光又与范纯仁争之,乃议贬为通判。帝不许,以知江州。逾岁,提举崇禧观。卒,年七十二。绍兴初,赠秘阁修撰。

刘琦字公玉,宣城人。博学强览,立志峻洁。以都官员外郎通判歙州。召为侍御史，建言："自城绥州，数致羌寇，宜弃之。"浙西开漕渠，役甚小，使者张大其事，以功迁官。言者论其非，诏琦就劾，官吏人人惴恐。琦但按首谋二人而已。既贬，通判郑州而卒，年六十一。

钱颢字安道，常州无锡人。初为宁海军节度推官，守孙沔用威严为治，属吏奔走听命。颢当官而行，无所容挠，遇不可，必争之，由是独见器重。知赣、乌程二县，皆以治行闻。

治平末，以金部员外郎为殿中侍御史裹行。许遵议谋杀案问刑名，未定而入判大理，颢以为："一人偏词，不可以汩天下之法，遵所见迂执，不可以当刑法之任。"不从。二年而贬，将出台，于众中责同列孙昌龄曰："平日士大夫未尝知君名，从以昔官金陵，媚事王安石，宛转荐君，得为御史。亦当少思报国，奈何专欲附会以求美官？颢今当还审，君自谓得策邪？我视君犬彘之不如也。"即拂衣上马去。

后自衢徙秀州。家贫母老，至丐贷亲旧以给朝晡，而怡然无谪官之色。苏轼遗以诗，有"乌府先生铁作肝"之句，世因"铁肝御史"。卒，年五十三。

郑侠字介夫，福州福清人。治平中，随父官江宁，闭户苦学。王安石知其名，邀与相见，称奖之。进士高第，调光州司法参军。安石居政府，凡所施行，民间不以为便。光有疑狱，侠谳议传奏，安石悉如其请。侠感为知已，思欲尽忠。

秩满，径入都。时初行试法之令，诜人中式者超京官，安石欲使以是进，侠以未尝习法辞。三往见之，问以所闻。对曰："青苗、免役、保甲、市易数事，与边鄙用兵，在侠心不能无区区也。"安石不答。侠退不复见，但数以书言法之为民害者。久之，监安上门。安石虽不悦，犹使其子雱来，语以试法。方置修经局，又欲辟为检讨，更命其客黎东美谕意。侠曰："读书无几，不足以寻检讨。所以来，求执经相君门下耳。而相君发言持论，无非以官爵为先，所以待士者亦浅矣。果欲援侠而成就之，取其所献利民便物之事，行其一二，使进而无愧，不亦善乎？"

是时，免役法出，民商咸以为苦，虽负水、舍发、担粥、提茶之属，非纳钱者不得贩鬻。税务索市利钱，其末或重于本，商人至以死争，如是者不一。侠因东美列其事。未几，诏小夫裨贩者免征，商之重者十损其七，他皆无所行。

是时，自熙宁六年七月不雨，至于七年之三月，人无生意。东北流民每风沙霾曀，扶携塞道，羸瘠愁苦，身无完衣。并城民买麻粕麦麸，合米为糜，或茹木实草根，至身被锁械而负瓦揭木，卖以偿官，累累不绝。侠知安石不可谏，悉绘所见为图，奏疏诣阁门，不纳。乃假称密急，发马递上之银台司。其略云："去年大蝗，秋冬亢旱，麦苗焦枯，五种不入，群情惧死；方春斩伐，竭泽而渔，草木于龟，亦莫生遂。灾患之来，莫之或御。愿陛不开仓廪赈贫乏，取有司掊克不道之政，一切罢去。冀下召和气，上应天心，延万姓垂死之命。今台谏充位，左右辅弼又皆贪猥近利，使夫抱道怀识之士，皆不欲与之言。陛下以爵禄名器，驾驭天下忠贤，而使人如此，甚非宗庙社稷之福也。窃闻南征北伐者，皆以其胜捷之势、山川之形，为图来献，料无一人以天下之民质妻鬻子，斩桑坏舍，流离逃散，遑遑不给之状上闻者。臣谨以逐日所见，绘成一图，但经眼目，已可涕泣。而况有甚于此者乎！如陛下行臣之言，十日不雨，即乞斩臣宣德门外，以正欺君之罪。"

疏奏，神宗反覆观图，长吁数四，袖以入。是夕，寝不能寐。翌日，命开封体放免行钱，三司察市易，司农发常平仓，三卫具熙河所用兵，诸路上民物流散之故。青苗、免役叹息追呼，方田、保甲并罢，凡十有八事。民间欢叫相贺。又下责躬诏求言。越三日，大雨，远近沾洽。辅臣入贺，帝示以侠所进图状，且责之，皆再拜谢。

安石上章求去，外间始知所行之由。群奸切齿，遂以侠付御史，治其擅发马递罪。吕惠卿，郑绾言于帝曰："陛下数年以来，忘寐与食,成此美政,天下方被其赐;一旦用狂夫之言,罢废殆尽,岂不惜哉?"相与环泣于帝前,于是新法一切如故。

安石去,惠卿执政,侠又上疏论之。仍取唐魏征、姚崇、宋璟、李林甫、卢杞传为两轴,题曰《正直君子邪曲小人事业图迹》。在位之臣暗合林甫辈而反于崇、璟者,各以其类,复为书献之。并言禁中有被甲、登殿等事。惠卿奏为谤讪。编管汀州。御史台吏杨忠信谒之曰:"御中缄默不言,而君上书不已,是言责在监门而台中无人也。"取怀中《名臣谏疏》二帙授侠曰:"以此为正人助。"惠卿暴其事,且嗾御史张琥并劾冯京为党与。侠行至太康,还对狱,狱成,惠卿议致之死。帝曰:"侠所言非为身也,忠诚亦可嘉,岂宜深罪?"但徙英州。既至,得僧屋将压者居之,英人无贫富贵贱皆加敬,争遣子弟从学,为筑室以迁。

哲宗立,始得归。苏轼、孙觉表言之,以为泉州教授。元符七年,再窜于英。徽宗立,赦之,仍还故官,又为蔡京所夺,自是不复出。布衣粝食,屏处田野,然一言一话,未尝忘君。

宣和元年,卒,年七十九。里人揭其闾为郑公坊,州县皆祀之于学。绍熙初,诏赠朝奉郎。官其孙嘉正为山阴尉。

论曰:诲以言三黜,述、琦、颛穷厄至死,皆充然无悔,身虽不偶,而声名则昭著于天下后世矣。侠以区区小官,虽未信而谏,能以片言悟主,殃民之法几于一举而空之,功虽不成,而此心亦足以白于天下后世。吕惠卿、郑绾之罪,可胜诛哉!

宋史卷三二二
列传第八一

何郯　吴中复 从孙择仁　陈荐
王猎　孙思恭　周孟阳
齐恢　杨绘　刘庠　朱京

　　何郯字圣从，本陵州人，徙成都。第进士，由太常博士为监察御史，转殿中侍御史，言事无所避。王拱辰罢三司使守亳，已而留经筵，郯乞正其营求之罪。石介死，枢密使夏竦谮其诈，朝廷下京东体实，郯与张昇极陈竦奸状，事得寝。杨怀敏以卫卒之乱，犹为副都知，郯又与昇及鱼周询论之。仁宗召谕云："怀敏实先觉变，宜有所宽假。"郯等皆言不可，卒出之。郯急辨尤力。帝曰："古有碎首谏者，卿能之乎？"对曰："古者君不从谏，则臣有碎首；今陛下受谏如流，臣何敢掠美而归过君父。"帝欣纳之。

　　夏竦倡张贵妃之功，谏官王贽遂言贼根本起于皇后阁，请究其事，异摇动中宫，而阴为妃地。帝以语郯，郯曰："此奸人之谋也。"乃止不究。竦负罪不去，郯等奏出知河南，竦乞留京师。郯言："佞人在君侧，为善政累，原勿革前命。"竦遂行。

　　是诏群臣陈左右朋邪、中外险诈，久而无所行。郯请阅实其是否，因言曰："诚以待物，特必应以诚。诚与疑，治乱之本也，不可以一臣诈而疑众臣，一士诈而疑众士。且择官者宰相之职，今用一吏，则疑其从私，故细务或劳于亲决，分阃者将帅之任，今专一事，则疑其异图，故多端而加羁制。博访者大臣之体，今见一士，则疑其请托。相先后者士之常，今进其类，则疑为朋党。君臣交疑，而欲天下无否塞之患，不可得矣。"

都知王守忠以修祭器劳，迁景福殿使，给两使留后奉。郯曰："守忠劳薄赏重。旧制，内臣遥领止于廉察。今虽不授留后，而先给其禄；既得其禄，必得其官；君又从之，则何求不可。"既又诏许如正班。守忠移阁门，欲缀本品坐宴，郯又言："祖宗之制，未有内臣坐殿上者。此弊一开，所损不细。"守忠闻之，不敢赴。知杂御史阙，执政欲进其党，帝以郯不阿权势，越次用之。郯历三院，有直声。晚节颇回畏，因地震言阴盛臣强，以讥切韩琦；又乞召还王陶以迎合上意，由是声名损于御史时也。

以母老求西归，加直龙图阁、知汉州。将行，上疏言："张尧佐缘后宫亲，叨窃非据，外廷窃议，谓将处以二府。若此命一出，言事之臣，必以死争之。倘罢尧佐则伤恩。黜言者则累德，累德、伤恩，皆为不可。臣谓莫若富贵尧佐而不假之以权，如李用和可也。"其后卒罢尧佐宣徽之命。进集贤殿修撰、知梓州，擢天章阁待制，还判银台司。时封驳之职，废郯乞准故事，凡诏敕并由门下，从之。唐介出荆南，敕过门下，郯封还之，介复留谏院。迁龙图阁直学士，为河东郡转运使。故相梁适帅太原，病不能事，内臣苏安静钤辖兵马，怙宠不法，皆劾奏之。

历知永与、河南。治平末，再知梓州。居三年，老而病，犹乞进用。神宗薄之，诏提举成都玉局观。从臣外祠自此始，遂以尚书右丞致仕。卒，年六十九。

吴中复字仲庶，兴国永兴人。父仲举，仕李煜为池阳令，曹彬平江南，仲举尝杀彬所招使者。城陷，彬执之，仲举曰："世禄李氏，国亡而死，职也。"彬义而不杀。

中复进士及第，知峨眉县。边夷民事淫祠太盛，中复悉废之。廉于居官，代还，不载一物。通判潭州，御史中丞孙抃荐为监察御史，初不相识也。或问之，抃曰："昔人耻为呈身御史，今岂有识面台官耶？"迁殿中侍御史。弹宰相梁适，仁宗曰："马遵亦言之矣。"且问中复曰："唐自天宝后治乱分，何也？"中复历引姚、宋、九龄、林甫、国忠用舍以对。适罢，中复亦通判虔州，未至，复还台。

富弼主李仲昌开六漯河，内臣刘恢密告所断冈与国姓上名同，贾昌朝阴助之，欲以摇弼。诏中复往治，促行甚急。中复言："狱起奸臣，非盛世所宜有。"驰至，较其名，乃赵征村也，亦无冈势，狱以故得止。又弹宰相刘沆，沆罢。改右司谏，同知谏院。迁御史知杂事、户部副使，擢天章阁待制，知泽州、瀛州，移河东都转运使，进龙图阁直学士、知江宁府。邮兵苦巡辖官苛刻，絷而鞭之。狱具，法不至死，中复以便宜戮首恶，流其余，入奏为令。历成德军、成都府、永兴军。

河北行青苗法，使者至，将先下州县。中复檄之曰："敛散自有期，今先事扰之，何也？"拒不听，且以报。安抚司韩琦方疏谏青苗，录其语以上。熙宁并省郡邑，以永康为县，中复言："永康控威、茂，不可废。"其后因夷竟复之。关内大旱，民多流亡。中复请加赈恤，执政恶之，遣使往视，谓为不实，削一阶，提举玉隆观。起知荆南，坐过用公使酒免。卒，年六十八。中复乐易简约，好周人之急，士大夫称之。从孙择仁。

择仁字智夫，以父任，为开封雍丘主簿。元祐中，金水河堤坏，十六县皆选属厐役，得诣朝堂白事。宰相范纯仁独异之，曰："簿领中乃有是人邪？"

建中靖国初，畿内饥，多盗，以择仁知太康县。始至，召令贼曹曰："民窃而盗，非天性也，我以静镇之。若亡命椎埋故犯，我一切诛之，毋得贷。"群盗相戒不入境。中贵人谭积奴犯法，按致于理。积羞恚造谮，徽宗召户部郎中宋乔年往鞠。乔年，优吏也，疾驱至。候者惶遽入白，择仁著衣冠坐厐下。乔年虑囚适隐，剔抉帑痍出入，不能得毫毛罪，乃归传舍。择仁上谒，乔年迎笑曰："所以来，为察君罪,顾乃得一奇士,吾今荐君矣。”居数日,召诣阙。

　　方有事青唐,擢熙河路转运判官,即以直秘阁为副使,从招讨使王厚领兵深入,克兰、廓城栅十三。加龙图,进集贤殿修撰,为京畿都转运使。郑州城恶,受命更筑之。或谗于帝曰:“新城杂以沙土,反不如故,且速圮。”帝怒,密遣取块城上,缄以来,令卫卒三投之,坚致如削铁,谗不能售。遂拜户部侍郎兼知开封府。故事,尹以三日听讼,右曹吏十辈列庭下,自占姓名,一人云“某人送某狱,某人当杖,某人去”,而尹无所可否。有窦鉴者,以捕盗宠,官诸司使,服金带。择仁视事,狃旧态来前,叱而械诸狱,一府大惊。卖珠人居民货久不返,度事急,匿宦官杨戬第,择仁迹取之,窜于远。

　　戬中以事,出为显谟阁直学士、知熙州,从永兴军。走马承受蓝从熙言其擅改茶法,夺职,免。再阅岁,以徽猷阁待制领江、淮发运,还直学士、知渭州。以病提举崇福宫,起知青州,不克拜,卒,年六十六。

　　陈荐字彦升,邢州沙河人。举进士,为华阳尉。盗杀人,弃尸民田。荐出验,有以移尸告者。田主又杀其母。县欲闻致杀二人,以诿荐失盗之责。荐不可,曰:“焉有诬人以自贳者邪!”已而获盗。

　　从韩琦定州、河东幕府。性木强简澹,独琦知之最深,每语人曰:“廉于进,勇于退,嫌疑间毫发不处,与人交久而不变,如彦升者,无几也。”琦辅政,荐为秘阁校理、判登闻检院、知太常礼院。

　　英宗诸王出阁,选为记室参军,直集贤院。颍王为皇太子,加右谕德;王即位,拜天章阁待制,进知制诰、知谏院。薛向首谋取横山,功不成,荐请以汉王恢之罪罪向。杨绘论曾公亮用人不当,言既行而迁侍读,罢谏职。荐曰:“此乃宰相欲杜绘言尔,所言是,宜责宰相。”疏入不报。

　　除龙图阁直学士、河北都转运使。河决枣强,水官议于恩、冀、深、瀛之间筑堤三百六十里,期一月就功,役丁夫八万。荐曰:“河未能为数州害,民力方困,愿以岁月为之。”还,判流风铨、太常寺。议学校贡举法,请会三年贡士数均之诸路,计口察孝廉如汉制。权主管御史台,言李定匿所生母丧,不宜为御史。罢台事。又以议典礼不合,出知蔡州。召为宝文阁学士兼侍读,进资政殿学士。

屡求退,以为本州,命两省燕饯资善堂。擢其子厚御史台主簿。未几,提举崇福宫。卒,年六十九,赠光禄大夫。

王猎字得之,长垣人。累应进士不第,乃治生积钱,既而叹曰:“此败吾志也。”悉以班诸亲族。

庆历用兵,诏求遗逸,范仲淹荐之,得出身为永兴蓝田主簿。府使之掌学。诸生有犯法者,猎自责数,以为教之不至,屏出之府。帅意其私,捕生下狱,猎前白曰:“此特年少不率教尔。致于理,不足以益美化,恐适贻士类辱。”帅悟而喜曰:“吾虑初不及此。”即释生而待猎加敬。徙林虑令,县依山,俗以搜田为生,不知学。猎立孔子庙,择秀民诲之。汉杜乔墓在境中,往奠谒,建祠其旁。居官无丝发扰,吏民爱信,共目为清长官。

入为吴王潭王宫教授、睦亲广亲宅讲书、诸王侍讲。凡在京藩十二年,宗室无高卑少长,各得其欢如一日。英宗在邸,尊礼之;入为皇子,即拜说书;及即位,拜天章阁待制兼侍讲。方议濮王称,以问猎,猎不可。帝曰:“王待侍讲厚,亦持此说邪?”对曰:“臣荷皇恩厚,不敢以非礼名号加于王,所以报王也。”帝大悟,自是不复议。以疾请谢事,不许。疾愈入见,帝喜曰:“侍讲乃欲舍朕去乎?”

神宗立,进龙图阁直学士。求知襄州,未行,改滑州。自工部郎中为本曹侍郎致仕,给全奉。后八年卒,年八十。诏赗绢千匹,官其二孙,赐家人冠帔,人以为宠。

孙思恭字彦先,登州人。擢第后,即遭父丧,不肯复从官,二十年间才三书吏考。为宛丘令,转运使以水灾时调春夫,争弗得,乃弃官去。吴奎荐其学行,补国子直讲,加秘阁校理。事神宗藩邸为说书,又为侍讲、直集贤院。以居中都久,力请补外,王奏留之。及即位，擢天章阁待制。

思恭性不忤物，犯而不校，笃于事上。有所见，必密疏以闻。帝亦间访以政。欧阳修初不知思恭，修出政府，思恭尽力救解。出知江宁府、邓州，以疾移单州，管干南京留司御史台。卒，年六十一。

思恭精关氏《易》，尤妙于《大衍》。尝修天文院浑仪，著《尧年至熙宁长历》，近世历数之学，未有能及之者。

周孟阳字春卿，其先成都人，徙海陵。醇谨夷缓。第进士，为潭王宫教授、诸王府记室。

英宗居环列，以其质厚，礼重之；会除知宗正寺，力辞，凡上十八表，皆孟阳为文。又从容陈古事以讽，英宗悚然起拜；及为皇子，愈坚卧不出。孟阳入见卧内，劝之曰："天子知太尉贤，参以天人之助，乃发德音。何为坚拒如此？"英宗曰："非敢徼福，以避祸也。"孟阳曰："今已有此迹，设固辞不拜，使中人别有所奉，遂得燕安无患乎？"时中使趣召十辈，又命宗谔倾一宫往请，不能动，及是，意乃决。

帝即位，命为皇子位说书，以尝侍藩邸，固辞。加直秘阁、同知太常礼院。数引对，访以时务。最后，召至隆儒殿，在迩英苑中，群臣未尝至。人疑且大用，帝亦谕以不次进擢意。孟阳称他人，使代己，乃迁集贤殿修撰、同判太常寺兼侍读。神宗初立，入奏事，方升殿，帝望见恸哭，左右皆泣下。拜天章阁待制。卒，年六十九。诏特官其婿及子孙二人，除其家负官缗钱数万。

齐恢字熙业，蒲阴人。唐宰相映之裔也。第进士，历通判陈州，提点成都府路刑狱三年，徙河东。凡公帑格外馈饷之物，一无所受。单车而东，入为户部判官。神宗出阁，精简宫僚，韩琦荐其贤，以直昭文馆，为颍王府翊善，进太子左谕德。帝即位，拜天章阁待制，知通进、银台司。出知相州，召知审官西院，纠察在京刑狱。卒，年六十六。恢居乡里，恂恂称君子；临政府，明白简约，不苛扰，所至人爱之。帝念旧僚，自谏议大夫特赠工部侍郎。

杨绘字元素，绵竹人。少而奇警，读书五行俱下，名闻西州。进士上第，通判荆南。以集贤校理为开封推官，遇事迎刃而解，诸吏惟日不足，绘未午率沛然。仁宗爱其才，欲超置侍从，执政见其年少，不用。以母老，请知眉州，徙兴元府。吏请摄穿窬盗库缣者，给就视之，踪迹不类人所出入，则曰："我知之矣。"呼戏沐猴者诘于庭，一讯具伏，府中服其明。在郡狱无系囚。

神宗立，召修起居注、知制诰、知谏院。诏遣内侍王中正、李舜举等使陕西，绘言："陛下新即位，天下拭目以观初政。馆阁、台省之士，朝廷所素养者不之遣，顾独遣中人乎？"向传范安抚京东西路，绘请易之，以杜外戚干进之渐。执政曰："不然，传范久领郡，有政声，故使守郓，非由外戚也。"帝曰："谏官言是，斯可窒异日妄求矣。"曾公亮请以其子判登闻鼓院，用所厚曾巩为史官。绘争曰："公亮持国，名器视如己物。向者公亮官越，占民田，为郡守绳治，时巩父易占亦官越，深庇之。用巩，私也。"帝为寝其命。绘亦解谏职，改兼侍读，绘固辞，滕甫言于帝。帝诏甫曰："绘抗迹孤远，立朝寡援，不畏强御，知无不为。朕一见许其忠荩，擢置言职，信之亦笃矣。今日之除，盖虽与宰相并立于轻重之间，姑令少避尔，卿其谕朕意。"绘曰："谏官不得其言则去，经筵非姑息之地。"卒不拜。未阅月，复知谏院，擢翰林学士，为御史中丞。

时安石用事，贤士多谢去。绘言："老成之人，不可不惜。当今旧臣多引疾求去：范镇年六十有三、吕诲五十有八、欧阳修六十有五而致仕；富弼六十有八而引疾，司马光、王陶皆五十而求散地，陛下可不思其故乎？"又言："方今以经术取士，独不用《春秋》，宜令学者以《三传》解经。"免役法行，绘陈十害。安石使曾布疏其说。诏绘分析，固执前议，遂罢为侍读学士、知亳州，历应天府、杭州，再为翰林学士。

议者欲加孔子帝号，绘以为非礼，又言不宜用辽历改置闰。悉从之。绘常荐属吏王永年,御史蔡承喜言其私通馈赂,坐贬荆南节度副使。详在《窦卞传》。数月,分司南京,改提举太平观,起知兴国军。元祐初,复天章阁待制,再知杭州。卒,年六十二。

绘为吏敏强,主爱利,而受性疏旷,讫以是见废斥。然表里洞达,一出于诚,为范祖禹所咨重。为文立就,有集八十卷。

刘庠字希道,彭城人。八岁能诗。蔡齐妻以子,用齐遗奏,补将作监主簿。复中进士第,为高密广平院教授。英宗求直言,庠上书论时事。帝以示韩琦,琦对之"未识",帝益嘉重,除监察御史里行。日食甫数日,苑中张具待幸,庠言非所以祗天戒,诏罢之。会圣宫修仁宗神御殿,甚宏丽。庠言:"天子之孝,在继先志,隆大业,不在宗庙之靡。宜损其制,以昭先帝俭德。"奉宸库被盗,治守藏吏。庠言:"皇城几察厉禁,实近侍主之,当并按。"仁宗外家李珣犯销金法,庠奏言,法行当自贵近始。帝不豫,储嗣未正,庠拜疏谓:"太子,天下本。汉文帝于初元即为无穷计。颍王长且贤,宜亟立,使日侍禁中,阅四方章奏。"帝皆行之。

神宗立,迁殿中侍御史,为右司谏。言:"中国御戎之策,守信为上。昔元昊之叛,五来五得志,海内为之困弊。今莫若示大信、舍近功,为国家长利。"奉使契丹。故事,两国忌日不相避。契丹张宴白沟,日当英宗祥祭,庠丐免,契丹义而听之。

除集贤殿修撰、河东转运使。庠计一路之产,铁利为饶,请复旧冶鼓铸,通隰州盐矾,博易以济用。又请募民入粟塞下,豫为足食。进天章阁待制、河北都转运使。契丹侵霸州土场,或言河北不可不备。庠上五策,料其必不动,已而果然。大河东流,议者欲徙而北。内侍程昉希功,请益兵济役。庠请迟以岁月,徐观其势而顺导之。朝廷是其议。移知真定府,又为河东都转运使,召知开封府。

庠不肯屈事王安石。安石欲见之,戒典谒者曰:"今日客至勿纳,惟刘尹来,即告我。"有语庠者曰:"王公意如此,盍一往见。"庠谓:"见之,何所言?自彼执政,未尝一事合人情。脱问青苗、免役,将何辞以对?"竟不往。奏论新法,神宗谕之曰:"奈何不与大臣协心济治乎?"庠曰:"臣子于君父各伸其志。臣知事陛下,不敢附安石。"会与蔡确争廷参礼,遂以为龙图阁直学士、知太原府。请复宪州募民子弟剽锐工技击者,籍为勇敢,仿汉谪戍法,黥流以下罪徙实河外。

契丹建牙云中,遣骑涉内地,边吏执之。契丹檄取纷然,又遣使议疆事。众疑其造兵端,欲大为备。庠奏言:"云朔岁俭,军无见粮。契丹张形示强,造端首祸,曲在彼不在我,愿勿听。宜先谕以理,然后饬兵观衅。"帝嘉使者辞顺,讫以黄嵬山分水岭立新疆。遭母丧,服终,知成都府。乞禁西山六州与汉人婚姻,勿蹈吐蕃取维州之害。徙秦州。坐失举,降知虢州,移江宁府、滁州,徙永兴军。时西征无功,关内骚动。庠过关,力言虚内事外,恐摇根本,帝感纳其忠。

元祐初,加枢密直学士、知渭州。卒,年六十四。宣仁闻之曰:"帅臣极难得,刘庠可惜也。"庠有吏能,淹通历代史,王安石称其博。卒后,苏颂论庠治平建储之功,诏褒录其子。

朱京字世昌,南丰人。父轼,有隐德。京博学淹贯,登进士甲科。教授亳州、应天府,入为太学录。神宗数召见论事,擢监察御史。时中丞及同僚多罢去,京抗疏曰:"御史假之则重,略之则轻。今耳目之官,屡进屡却,则言者不若静默为贤,直者不若柔从为智。偷安取容,虽得此百数,亦何益国邪?"他日入见,帝劳之曰:"昨览奏疏,所补多矣。"京风神峻整,见者惮之,目为真御史。

初,台臣奏,必先移阁门,得班乃入。京尝以名闻,翌旦既入,会有先之者,不及对而退。帝问京安在,左右以告,诏趣之入,辰漏且尽,为留班以须。未几,论大臣除拟有爱憎之私。中书言其失实,谪监兴国军盐税。历太常博士、湖北京西江东转运判官,提点淮西刑狱、司封员外郎。元符初,迁国子司业。京在元祐时,尝为《幸太学颂》,或讁其语有及先朝者,京亦固辞不拜。徽宗初立,复命之,逾月而卒。

　　论曰：何郯、吴中复，皆良御史也。郯出夏竦，阻王守忠，奸人庶几少戢矣。中复耻识面台官，其所守可见矣。荐之论李定，思恭之右欧阳修，绘请惜老成，庠不附新法，数子所见，何其同也。猎为令而兴孔子庙，孟阳以教授而参决大计，此其卓然者乎。恢临政简约，无可议者。京持论端确，竟以去位，君子惜之。

宋史卷三二三
列传第八二

蔚昭敏　高化　周美
阎守恭　孟元　刘谦
赵振　张忠　范恪
马怀德　安俊　向宝

蔚昭敏字仲明,开封祥符人。父兴,事周世宗,数战伐有功,又从太宗平太原,终龙尉都虞候。真宗为襄王,昭敏自东班殿侍选隶襄王府。帝即位,授西头供奉官,累迁崇仪使、冀贝行营兵马都监。契丹以五千骑突至冀州城南,昭敏帅部兵与战,败之,得其器甲,贼遁去,而师不失一人。

咸平四年,领顺州刺史、定州行营钤辖兼押大阵,又为镇、定、高阳关三路先锋。契丹入寇,帝北巡至大名,契丹退趋莫州,昭敏与范廷召追至莫州东三十里,斩首万余级,擒生口甚众,契丹委器甲遁去。拜唐州团练使,累迁至殿前副都指挥使,迁都指挥使、保静军节度使。以足疾,命入谒无拜。卒,赠侍中。

高化字仲熙,真定人。少沉勇有力,不事耕稼,学击剑,善射。契丹犯河北,应募转饷飞狐口。杨业留戏下,使捕贼酋大鹏翼,获之。会契丹又犯真定,乃辞业还家,家属尽为契丹所略去。从州将入京

师,遂隶禁军,选为襄王牵笼官。王尹京命,巡内外八厢,积获奸盗
甚众。盗有遗化金帛者,化弗受。一日,王趋急召出府门,马惊堕,
化掖之而起。王曰:"微尔,吾几殆。"益亲信之。

真宗即位,擢御龙弩直双员都头,累迁御龙骨朵直都虞候。乾
兴初,授天武右第二军都指挥使、荣州刺史,迁天武右厢都指挥使、
蜀州团练使。天圣六年夏,大雨,命护汴堤。夜驰至城西,堤欲坏,
督守兵负土不能遏。时夏守恩方典军,积材木城隅,化尽取以塞堤,
乃得无患。仁宗嘉之,进神龙卫四厢都指挥使、龚州防御使,为鄜延
路马步军副都总管,徙泾原路、权知渭州,迁捧日、天武四厢都指挥
使。

发兵袭明珠族,不利,降滑州总管。改兴州防御使、真定路副都
总管,徙高阳关路。修护章惠太后园陵,累拜殿前副都指挥使,历建
武军节度使。以老,辞管军。诏入朝,化又固请,改武安军节度使、
知沧州,未行,改相州。部有大狱已具,皆当论死。化疑之,遣移讯,
果出无罪者三人。逾年,复告老,以右屯卫上将军致仕。卒,年八十。
赠太尉,谥曰恭壮。

化谨质少过,驭军有法。虽起身行伍,然颇知民事焉。

周美字之纯,灵州回乐人。少隶朔方军,以材武称。赵保吉陷
灵州,美弃其族,间走归京师,天子召见,隶禁军。契丹犯边,真宗幸
澶州,御城北门,美慷慨自陈,愿假数骑缚契丹将至阙下,帝壮之,
常令宿卫。

天圣初,德明部落寇平凉方渠,美以军候戍边,与州将追战,破
之于九井原、乌仓河,斩首甚众。累迁天武都虞候。元昊反,陕西用
兵,经略使夏竦荐其材,擢供备库使、延州兵马都监。夏人既破金明
诸寨,美请于经略使范仲淹曰:"夏人新得志,其势必复来。金明当
边冲,我之弊也,今不亟完,将遂失之。"仲淹因属美复城如故。数
日,贼果来,其众数万薄金明,阵于延安城北三十里。美领众二千,
力战抵暮,援兵不至,乃徙军山北,多设疑兵。夏人望见,以为救至,

即引去。既而复出艾蒿寨，遂至郭北平，夜斗不解。美率众使人持一炬从间道上山，益张旗帜，四面大噪，贼惧走。获牛羊、橐驼、铠甲数千计，遂募兵筑万安城而还。敌复寇金明，美引兵由虞家堡北山而下，敌即引却。迁文思使，徙知保定军。经略使庞籍表留之，改东路都巡检使。败敌于金汤城，焚其族部二十一。

元昊大入，据承平寨。诸将会兵议攻讨，洛苑副使种世衡请赍三日粮直捣敌穴。美曰："彼知吾来，必设伏待我。不如间道掩其不意。"世衡不听。美独以兵西出芙蓉谷，大破敌。世衡等果无功。未几，敌复略土堆寨，美迎击于野家店，追北至拓跋谷，大败其众。以功迁右骐骥使。军还，筑栅于葱梅官道谷，以据敌路。令士卒益种营田，岁收谷六千斛。复率众繇厅子部西济大理河，屠札万多移二百帐，焚其积聚以归。籍、仲淹交荐之，除鄜延路兵马都监，迁贺州刺史。

初，美自灵武来，上其所服精甲，诏藏军器库。至是，加饰黄金，遣使即军中赐之。又破敌于无定河，乘胜至绥州，杀其酋豪，焚庐帐，获牛马、羊驼、器械三百计，因城龙口平砦。敌以精骑数千来袭，美从百余骑驰击破之。加本路钤辖，遂为副总管。迁龙神卫四厢都指挥使、通州刺史；进捧日、天武四厢都指挥使，陵州团练使。

庆历中，又城清水、安定、黑水、佛堂、北横山、乾谷、土明、柳谷、雕巢、卢儿、原安寨十一堡。安定之役，谍报敌数万将大至，经略使遣管勾机宜楚建中分诸将兵，趣城黑水以待。诸将惮敌且至，不肯与兵。美曰："兵常以寡击众，何自怯也。"卒以兵二千与建中，而敌亦引去。每边书至，诸将各择便利，独美未尝辞难，然所向辄克，诸将以此服之。历侍卫亲军马军殿前都虞候、眉州防御使、步军副都指挥使、遂州观察使、鄜延副都总管。召还，授耀州观察使，又进马军副都指挥使。卒，赠忠武军节度使，谥忠毅。

自陕西用兵，诸将多不利，美前后十余战，平族帐二百，焚二十一，招种落内附者十一族，复城堡甚多。在军中所得禄赐，多分其戏下，有余，悉飨劳之。及死，家无余赀。子畜卒，以孙永清为子，官至引进副使。

阎守恭,并州榆次人。父荣,倜傥有志略,刘继元欲召至帐下,辞以母老不就。守恭生而体貌奇伟,荣曰:"是必当事太平天子,吾无恨矣。"后十七年,刘氏平,徙太原民于大名府,因家焉。往来负贩于并、汾间,过西山,闻郭进为都巡检使,太宗甚宠遇之。乃慨然曰:"进不遇主,亦行伍尔,吾自度岂不及进邪?"遂应募,隶拱圣军,擢殿前押班。

咸平中,从幸河北,以功为捧日副指挥使,历拱圣、龙卫、捧日指挥使,累迁左第二军指挥使、乾州刺史。明道中,落军职,以德州刺史为永兴军兵马钤辖,徙并代路。

守恭性沉勇,御军严。虽家居如对宾客。常访求士大夫,取郭进事而师法之。所得奉禄悉散予人。在并州,因春社会宾客曰:"守恭,太原一贫民尔。徒步位刺史,老复官乡里,逾分多矣。今日与卿辈诀。"后十日卒。

孟元字善长,洺州人。性谨愿少过,颇喜读书。少隶禁军,以挽强选补殿侍,累迁散都头班指挥使,擢如京使、并代州兵马都监,改钤辖,徙高阳关路,又徙真定路。

王则据贝州反,元赴城下攻战,被数十创,又中机石,坠濠中。既出,战愈力。更募死士由永济渠穴地以进。贼平,改右骐骥使,徙大名府路钤辖。河朔饥,权知沧州。民鬻盐为生,岁荒盐多不售,民无以自给。元度军食有余,悉用易盐,由是民不转徙。

御史中丞郭劝言其贝州功而赏未当,乃擢普州刺史,迁宫苑使,专管勾麟府军马事。护筑永宁堡,敌不敢动。为龙神卫四厢都指挥使、忠州团练使、高阳关马步军总管,迁天武、捧日四厢都指挥使,又迁步军都虞候、眉州防御使、并代路副都总管。判北京贾昌朝奏为大名府路副都总管,徙定州路,迁马军都虞候,徙鄜延路,行至郑州卒,赠遂州观察使。

刘谦字汉宗,开封人。少补卫士,数迁至捧日右厢都指挥使,领嘉州团练使兼京城巡检。元昊反,改博州团练使、环庆路马步军总管兼知邠州。

谦不读书,然斗讼曲直,皆区处当理。前守者多强市民物以饰厨传,谦独无所挠,邠人颇爱之。夏竦奏为泾原路总管,徙知泾州,未行,会贼寇镇戎军,谦引兵深入贼境,破其聚落而还。以功擢龙神卫四厢都指挥使、象州防御使。暴疾卒,赠永清军节度观察留后。

赵振字仲威,雄州归信人。景德中,从石普于顺安军,获契丹阵图,授三班借职。后数年,为隰州兵马监押,捕盗于青灰山,杀获甚众。

高平蛮叛,徙湖北都巡检使兼制置南路。以南方暑湿,弓弩不利,别创小矢,激三百步,中辄洞穿,蛮遂骇散。

岁中,迁庆州沿边都巡检使。时,金汤李钦、白豹神木马儿、高罗跛臧三族尤悍难制,振募降羌,唻以利,令相攻,破十余堡。钦等诣振自归。振为置酒,先醯,取细仗,围财数分,植百步外共射。钦等百发不中,振十矢皆贯,钦等皆惊,誓不复敢犯。

明年,泾原属羌胡萨逋歌等叛,钤辖王怀信以兵数千属振游奕,屡捷。从数十骑诣怀信,遇贼十倍,射殪数十,余悉退散。数月,贼数万围平远寨,都监赵士龙战没。振出别道,力战抵寨,夺取水泉,率敢死士破围,贼走,追斩数千级。徙泾原都监,历知顺安保安广信军、霸州,改京东都大提举捉贼。明年,知环州,累迁象州防御使。

元昊将反,为金银冠佩隐饰甲骑遗属羌,振潜以金帛诱取之。以破其势,得冠佩银鞍三千、甲骑数百。告邻部俾以环为法,不听,于是东茭、金明、万刘诸族胜兵数万,悉为贼所有。及刘平等皆败,唯环庆无患。

自本路马步军副总管擢龙神卫四厢都指挥使、鄜延路副都总管、知延州，代范雍。寻改捧日、天武四厢。振谓将吏曰："今贼以我夷伤，必乘胜以进，势宜固守。尚虑诸城不能皆如吾谋，苟延州弗支，则陕西未可测，此天下安危之几也。"

未几，贼寇塞门寨。振有兵几八千，按甲不动。寨中兵才千人，屡告急，被围五月，才遣百余人赴之，寨遂陷。寨主高延德、监押王继元皆没于贼。振坐拥兵不救，为都转运使庞籍所奏，贬白州团练使、知绛州。未行，会延德、继元家复诉于朝，敕御史方偕就劾振。法当斩，再贬太子左清道率府率、潭州安置。逾年，复右武卫将军、惠州团练使、并代路兵马钤辖，就迁副总管、祁州团练使。

元昊既破丰州，将袭近寨，振率钤辖张亢、麦允言出麟州深柏堰，击破之，兼领岚、宪六州军事。河外饥，振设法通塞外商，得米数十万斛，军民以济。进博州防御使，改解州致仕。复起为左神武军大将军，卒。

振刚强自负，有武力，便弓马，喜谋画，轻财尚气，众乐为用。子珣、瑜，皆工骑射。

珣年十六，仁宗召试便殿，授三班借职。景祐中，有言珣艺益进，且习书史。复召见阅武技，又试策略于中书，条对数千言。自殿直进阁门祗候，未几，除濠州兵马都监。

初，珣随父在西边，访得五路徼外形胜利害，作《聚米图经》五卷。诏取其书，并召珣至，又上《五阵图》、《兵事》十余篇。帝给步骑使按阵，既成，临观之。陈执中招讨陕西，荐为缘边巡检使。吕夷简、宋庠为奏曰："用兵以来，策士之言以万计，无如珣者。"即擢通事舍人、招讨都监。珣自以年少新进，辞都监。授兵万人，御赐铠仗，令自择偏裨、参佐，居泾原，兼治笼竿城。

麻毡、党留百余帐处近塞为暴，珣白府，引兵二万，自静边历搽吴抵木宁袭贼，俘获数千计。静边将刘泸殿后，为贼所掩。珣登阪望见，从骑数百复入，拔泸之众以出，士皆叹服。瞎毡居龛谷无所属，珣与书招之，遗以绛绵，瞎毡听命。

改本路都监，诏追入朝。将行，适元昊大入，府檄留珣，会葛怀敏于瓦亭。怀敏已屯五谷口西至马栏城,闻夏人徙军新壕外,议欲质明掩袭。珣谓怀敏曰:"敌远来,众倍锋锐,莫若依马栏城布栅以扼其路,守镇戎城以便饷道,俟其衰击之,此必胜之道也。不然,必为贼所屠。"怀敏不听,兵遂逼镇戎城,越界壕,抵定川。未及阵,夏人引铁骑来犯,珣居阵西北,瑜亦在军中,战甚力。东壁兵辄溃,中军大扰,珣拥刀斧手前斗,夏众稍却,我军复阵。怀敏诘朝退走,就食镇戎。俄夏骑四合,珣被擒,瑜以身免。

珣美风仪,性劲特好学,恂恂类儒者。既没,人多惜之。赠莫州刺史,后卒贼中。瑜弟璞,亦知名。

张忠字圣毗,开封人。先世业农,忠慷慨不事生产。初隶禁军,累迁龙、神卫左第二军指挥使。仁宗即位,迁天武左第三指挥使、融州刺史,改天武右厢指挥使、潮州团练使。未几,真拜齐州团练使,擢知沧州、本路钤辖。

杨怀敏以忠御下急,因奏对言之,徙澶州总管。会河决商胡,诏留戍满卒以助堤役,辄群噪,将劫库兵为乱。州将恐,召忠议。忠潜捕倡前者数人,斩以徇。明年,以疾求医京师,卒。

范恪字许国,开封人。初名全,少隶军籍于许州,选入捧日军,又选为殿前指挥使,历行门、龙旗直、散原押班。康定元年,元昊数寇边。试武技,擢内殿崇班、庆州北路都巡检使,与攻白豹城,破之。既还,夏人遣骑袭其后。恪设伏崖险,敌半度,邀击之,斩首四百级,生获七十余人。以功迁内殿承制。

尝会诸道兵攻十二盘既咄当、迷子寨,中流矢,督战愈力。视炮石中有火爇者,恪取号于众曰:"贼矢石尽,用灶下甓矣。"于是士卒争奋,果先得城。迁供备库副使。

恪有弓胜一石七斗,其箭镞如铧,名曰铧弓。又于羽间识其官称、姓氏,凡所发必中,至一箭贯二人。他日,取蕉蒿寨归,恪独殿后,为数千骑所袭。恪视矢箙止有二铧,即为引满之势,贼遽却。尝与总管杜惟序、铃辖高继隆将兵分讨汉乞、薛马、都嵬等三寨，恪先破都嵬，而继隆围薛马不能下，恪驰往取之，既又援惟序下汉乞砦。改左骐骥副使。

虏犯大顺城，诸将皆闭城自守。恪率兵一千余，战克之。改宫苑副使、环庆路兵马都监，因特召见。仁宗谓曰："适有边奏，贼犯高平军刘璠堡，可乘驿亟往。"遂迁礼宾使、荣州刺史、环庆路钤辖，手诏令趣范仲淹麾下起兵赴援。恪昼夜兼行，皆至平凉，贼已解。顷之，迁洛苑使，权秦凤路兵马总管。

恪骁勇善射，临难敢前，故数有战功，自龙、神卫四厢都指挥使累迁至侍卫亲军马步军副都指挥使，历坊州刺史、解州防御、宣州观察使、保信军节度观察留后，以疾出为永兴军路副都总管，数月卒，赠昭化军节度使。

马怀德字得之，开封祥符人。父玉，东头供奉官，言怀德可试引弓、击剑、角抵，补三班奉职，为延州南安寨主、东路巡检。数以少击西贼，败其众。范仲淹知延州，修青涧城，奏怀德为兵马监押，以所部兵入贼境，破遮鹿、要册二寨，亲射杀其酋狗儿厢主，迁左班殿直。又率蕃汉烧荡贼海沟、茶山、龙柏、安化十七寨三百余帐，斩首数百级，虏马驼牛羊万数，迁右侍禁。

以范仲淹、韩琦荐，授阁门祗候，延州庞籍入奏为东路都巡检使。夷黑神、厥保等十八寨，贼以四万骑犯边，趋仆射谷。怀德以兵数千据谷旁高原待之，斩首二百级，得畜产、器械以千数。迁内殿崇班。又以兵修龙安城，虏不敢犯，遂为鄜延路都监。又城绥平，破贼青化、押班、吃当三寨，杀获甚众。

元昊为夏国主，命国子博士高良夫与怀德会西人画界。庞籍具论其前后功，迁供备库副使兼阁门通事舍人。时用兵久，民多亡散，怀德招辑有方，经略使梁适奏请推其法诸路。历知保安军、环州、环庆益利路钤辖。累迁至四方馆使、舒州团练使，徙鄜延路副都总管。

坐违法赇宦官阎士良，为安抚吕景初奏，降四方馆使、英州刺史。大名府路总管，侍卫亲军步军都虞候、象州防御使、鄜延路副都总管，迁马军都虞候，徙环庆路。环州蕃官苏恩以其属叛，往降之。又迁殿前都虞候、步军副指挥使、随州观察使。

英宗即位，迁静难军节度观察留后，召还，卒，赠安远军节度使。尝因战，流矢中其颡，镞入于骨，以弩弦击镞，发机而出之。

安俊字智周，其先太原人。祖赟，高州团练使。仁宗为皇太子，俊以将家子谨厚，选为资善堂祗候。及即位，补右班殿直，累迁东头供奉官、阁门祗候，为环州都监。破赵元昊吃咄、井那等诸寨，安抚使韩琦上其功，迁内殿崇班、环庆路都监，徙泾原。契丹欲渝盟，与狄青、范恪同召至京师，将使备北边，擢内园副使。翌日，改礼宾使。

会葛怀敏败，命为秦凤路钤辖，复徙泾原。因条上御戎十三事，改原州，徙麟州，迁六宅使、贵州刺史、知忻州，徙代州。为帅臣诬奏，降京东路钤辖。富弼知青州，为之辨理，真除虢州刺史，徙高阳关路，又迁原州刺史，知沧、泾、冀三州。秦州筑古渭城，蕃部大扰，徙秦凤路总官。历龙神卫、捧日天武四厢都指挥使，果州团练使，环庆路副总管；迁侍卫步军都虞候、陵州防御使。卒，赠阆州观察使。

俊久在边，羌人识之。环州得俘虏，知州种世衡问之曰："若属于吾将孰畏？"曰："畏安大保。"指俊于坐曰："此长髯将军是也。"

向宝，镇戎军人，为御前忠佐，换礼宾使，泾原、秦、凤钤辖。积劳，自皇城使带御器械，历真定、鄜延副总管，迁龙神卫四厢都指挥使、嘉州团练使，卒。

宝善骑射，年十四，与敌战，斩首二级。及壮，以勇闻。有虎踞五原卑邪床，东西百里断人迹，宝一矢殪之。道过潼关，巨盗郭邈山多载关中金帛、子女，宝射走之，尽得其所掠。尝至太原，梁适射弩再中的，授宝矢射之，四发三中。适曰："今之飞将也。"神宗称其勇，以比薛仁贵。及死，厚恤其家。

　　论曰：蔚昭敏、高化、周美，盖皆有功于边鄙者。化在蜀州，取军中积材以塞水患，又能平反冤狱，脱人于死，盖武人之知民事者。美败夏人，焚族部，城堡寨，未尝择便利，而所向辄胜；所得禄赐，悉分与麾下，士亦乐为之用，推古良将，何以加此。阎守忠慕郭进为人，而慷慨自效，起徒步至刺史，其志亦岂小哉。孟元、刘谦、马怀德、范恪皆经略西鄙，数战有功。其初起自卒伍，而能练习民事、招辑散亡，不独一武夫而已。赵震挽强使中，精晓兵机。塞门之败，振拥兵不救，何独暗于此邪？子珣年少习书史，阅武技，用兵以来，人以为无如珣者。笼竿一战，西人奔走不暇，从容而拔刘沪于死，英风义烈，何可少哉！葛怀敏以不用珣计而取败，珣亦力战而没，惜哉！安俊、向宝无多战功，夏人皆识其名而畏之。张忠区区，较之诸人，未可同日语也。

宋史卷三二四

列传第八三

石普　张孜　许怀德
李允则　张亢 兄奎
刘文质 子涣　沪　赵滋

石普,其先幽州人,自言唐河中节度雄之后,徙居太原。祖全,事周为铁骑军使。父通,事太宗于晋邸。

普十岁给事邸中,以谨信见亲,补寄班祗候,再迁东头供奉官。贼邢橐驼、贾秃指数百人寇掠永兴诸县,命普督兵往捕,悉获之。迁内殿崇班、带御器械。李顺叛,普为西川行营先锋,与韩守英、马知节诛斩之。迁西京作坊使、钦州刺史。顺余党复寇邛蜀,伪称邛南王。又为西川都提举捉贼使。时蜀民疑不自安,多欲为盗者,普因驰入对,面陈:"蜀乱由赋敛苛急,农民失业,宜稍蠲减之,使自为生,则不讨而自平矣。"帝许之。普即日还蜀,揭榜谕之,莫不悦服。贼平,赐白金三千两、袭衣、金带、鞍勒马。累迁洛苑使、富州团练使、延州缘边都巡检使。羌酋乜羽内寇,普追杀之。

从真宗幸大名,会王均叛,以为川峡路招安巡检使,佐雷有终率诸将进讨。至天回镇,贼出拒战,普领前阵力击破之。贼退保益州,王师围城数月不下,普缮车炮,又为地道攻城。城破,均夜半突围由南门遁,普引兵追击于富顺监,均自杀,余党皆平。迁冀州团练使,赐黄金三百两、白金三千两。故事,正任不兼带御器械,帝特以命普。

契丹犯边，为保州兵马钤辖、北面行营押策先锋，与契丹战廉良城，又战长城口，获俘馘器甲甚众。徙定州路副都总管。灵州失守，益兵备关中，徙永兴军副都总管。时军制疏略，凡号令进退，及呼召将佐、会合别屯，皆遣人驰告。普上请曰："臣尝将兵，辄破一钱，与别将各持半，用相合为信。"帝为置传信牌，漆木长六寸，阔三寸，腹背刻字而中分之，置凿枘令可合。又穿二窍，容笔墨，上施纸札，每临阵则分持，或传令则书其言，系军令之颈，至彼为合契。又献《御戎图》，请设堑以陷敌马，并上所置战械甚众。徙为莫州总管。

初，契丹南侵，败我兵于望都。既而谍者言复欲大入寇，帝自画军事，以手诏示辅臣曰：

镇、定、高阳三路兵宜会定州，夹唐河为大阵，立栅以守，量寇远近出军。俟敌疲则先锋出致师，用骑卒居中，环以步卒，接短兵而已，无远离队伍。

又分兵出三路：以六千骑屯威虏军，魏能、白守素、张锐领之；五千骑屯保州，杨延昭、张禧、李怀岊领之；五千骑屯北平塞，田敏、杨凝、石延福领之，以当贼锋。始至勿轻斗，待其气衰，背城以战。若南越保州，与大军遇，则令威虏之师与延昭会，使腹背受敌。若不攻定州，纵轶南侵，则复会北平田敏，合势入契丹界，邀其辎重，令雄、霸、破虏已来，互为声援。

又命孙全照、王德钧、裴自荣将兵八千屯宁边军，李重贵、赵守伦、张继旻将兵五千屯邢州，扼东西路。契丹将遁，则令定州大军与三路骑兵会击之，令普统军一万于莫州，卢文寿、王守俊监之，敌骑北去，则西趋顺安军袭击，断西山之路。如河冰已合，敌由东路，则刘用、刘汉凝、田思明以兵五千会普、全照为掎角，仍命石保吉将万兵镇大名，以张军势。

绘图以授诸将。

后数月，敕辅臣曰："北边已屯大兵，而边奏至，敌未有衅，且聚军虚费，民力何以给之？宜有制画，以为控遏。且静戎、顺安军界，先开营田、河道，可以扼黑卢口、三台、小李路，亦可通漕运至边。宜乘此用众浚治，使及军城，彼或挠吾役，即合兵击之。"李沆等曰："设险以制敌，守边之利也。"遂诏内侍阎文庆与静戎、顺安知军事王能、马济督其事，而徙普屯顺安之西，与威虏魏能、保州杨延昭、北平田敏为犄角。

内侍冯仁俊掌御剑于莫州，与普不叶。帝曰："勿穷治以骄将帅。"第召仁俊还。又令普率所部屯乾宁军，复迁普冀州团练使，徙本州总管。车驾幸澶渊，时王继忠已陷契丹，契丹欲请和，因继忠遣人持信箭为书遗普，且通密表。事平，迁容州观察使。向敏中为鄜延路都总管，以普副之。赵德明纳款，诏降制命，普言："不宜授以押蕃落使，使之总制属羌，则强横不可制矣。"乃止兼管内蕃落使。

未几，徙并代路，给公使钱二千五百缗，普援例岁给钱三千缗，枢密院言无此例。又言李汉超守河朔时，岁给以万计，今并代屯军多，不足以犒军。帝不纳。改桂州观察使、镇州路总管，迁保平军节度观察留后，赴本镇。帝祀汾阴，还至陕西，普请驻踊城中。因赐诗，令扈从至西京。拜河西军节度使、知河阳，徙许州。筑大流堰，引河通漕京师。上《军仪条目》二卷、《用将机宜要诀》二图。时方崇尚符瑞，而普请罢天下醮设，勾可省缗钱七十余万，以赡国用，由是忤帝意。

大中祥符九年，上言九月下旬日食者三；又言："商贾自秦州来言唃厮罗欲阴报曹玮，请以臣所献阵图付玮，可使玮必胜。"帝以普言逾分，而枢密使王钦若言普欲以边事动朝廷，帝怒，命知杂御史吕夷简劾之。狱具，集百官参验，九月下旬日不食。坐普私藏天文，下百官杂议，罪当死。议以官当，诏除名，贬贺州，遣使絷送流所。帝谓辅臣曰："普出微贱，性轻躁，干求不已。既憎文艺，而假手撰述，以揣摩时事。闻在系所思其幼子，时时泣下，可听挈家以行。"甫至贺州，授太子左清道率府副率、房州安置，增房州屯兵百护守。

稍复为左千牛卫将军，其妻表求普领小郡，迁左领军卫大将军。仁宗即位徙安州，迁左屯卫大将军，徙蔡州。坐失保任，降本卫将军。历迁左千牛、左领军卫大将军，起知信阳军，徙光州。以私用孔子庙钱，贬太子左监门率府副率，滁州安置。以左卫将军分司西京，给官第居蔡州，迁大将军，卒。

普倜傥有胆略，凡预讨伐，闻敌所在即驰赴之。两平蜀盗，大小数十战，摧锋与贼角，众推其勇。颇通兵书、阴阳、六甲、星历、推步之术。太宗尝曰："普性刚骜，与诸将少合。"然藉其善战，每厚遇之。后以罪废，每太宗忌日，必尽室诣佛寺斋荐，率以为常。

张孜，开封人。母微时生孜，后入宫乳悼献太子。孜方在襁褓，真宗以付内侍张景宗曰："此儿貌厚，汝谨视之。"景宗遂养以为子。荫补三班奉职、给事春坊司，转殿直。

皇太子即位，迁供奉官、阁门祗候。为陈州兵马都监，筑堤袁家曲捍水，陈以无患。五迁至供备库使，领恩州团练使、真定路兵马钤辖，历知莫、贝、瀛三州。转运使张昷之奏罢冀、贝骁捷军士上关银、鞋钱，事下孜议，孜言："此界河策先锋兵，有战必先登，故平时赐予异诸军，不可罢。"昷之犹执不已，遂奏罢保州云翼别给钱粮，军怨果叛。

契丹欲背盟，富弼往使，命孜为副，议论虽出弼，然孜亦安重习事。以劳迁西上阁门使、知瀛州，拜单州团练使、龙神卫四厢都指挥使、并代副总管。河东更铁钱法，人情疑贰，兵相率扣府欲诉，闭门不纳。是日几乱，孜策马从数卒往谕之，皆散还营。迁济州防御使、侍卫马军都虞候，又迁殿前都虞候，加桂州管内观察使，迁侍卫步军副都指挥使。虎翼兵教不中程，指挥使问状，屈强不肯对，乘夜，十余人大噪，趣往将害人，孜禽首恶斩之然后闻。迁昭信军节度观察留后、马军副都指挥使。

孜长于宫禁中，内外颇涉疑似，言者请罢孜兵柄，乃出为宁远军节度使、知潞州，徙陈州。仁宗以其无他，复召为马军副都指挥使。御史中丞韩绛又言："孜不当典兵，而宰相富弼荐引之，请黜弼。"弼引咎求罢政事。谏官御史皆言进拟不自弼。绛家居待罪，曰：

"不敢复称御史矣。"坐此谪知蔡州。而孜寻以罪罢,知曹州。卒,赠太尉,谥勤惠。孜初名茂实,避英宗旧名,改"孜"云。

许怀德字师古,开封祥符人。父均,磁州团练使。怀德长六尺余,善骑射击刺。少以父任为东西班殿侍,累擢至殿前指挥使、左班都虞候。

元昊寇边,选为仪州刺史、鄜延路兵马钤辖,迁副总管。夏人三万骑围承平寨,怀德时在城中,率劲兵千余人突围,破之。夏人复阵,有出阵前据鞍谩骂者,怀德引弓一发而踣,敌乃去。屠金明县,复进围延州。怀德遽还,夜遣裨将以步骑千余人,出不意击之,斩首二百级,遂解延州。迁凤州团练使,专领延州东路菱村一带公事。

徙秦凤路,未行,坐夏人破塞门寨不赴援,降宁州刺史。顷之,擢龙神卫四厢都指挥使、陵州团练使、本路副都总管。迁康州防御使,又坐当出讨贼逗留不进,所部兵夫弃随军刍粮,更赦,徙秦凤路副都总管,改捧日、天武四厢。又以贼侵掠属羌,亡十余帐,徙永兴军,又徙高阳关、并代路,历殿前都虞候、遂州观察使、侍卫亲军马军副都指挥使、武信军节度观察留后、殿前副都指挥使、宁远军节度使。会从妹亡,无子,怀德欲冒有其田,事觉,罢管军,知亳州,徙徐州。岁余,复为殿前副都指挥使。祀明堂,进都指挥使,更保宁、建雄二节度。

年八十犹生子,筋力过人。在宿卫十四年,数乞身,帝不许。怀德曰:"臣年过矣,倘为御史所弹,且不得善罢。"即诏为减数岁。卒,赠侍中,谥荣毅。

怀德自初擢守边,连以畏懦被谪,已而与功臣并进典军,及坐请托得罪,去而复还。时遭承平,保宠终禄。故事,节度使移镇加恩,皆别上表再辞,每降批答,遣内侍赍赐,必有所遗。怀德以祫享加恩,既又移镇,乃共为一表以辞。翰林学士欧阳修劾其慢朝命,诏以修章示之,怀德谢罪而已,不复别进表。其鄙吝如此。

　　李允则字垂范,济州团练使谦溥子也。少以材略闻,荫补衙内指挥使,改左班殿直。

　　太平兴国七年,幽蓟还师,始置榷场于静戎军,允则典其事。还,使河东路决系囚,原治逋欠。又使荆湖察官吏,与转运使检视钱帛、器甲、刑狱,遂擢阁门祗候。浚治京师诸河,创水门、郑州水硙。西川贼刘旰平,上官正议修城未决,命允则与王承衍、阎承翰往视。还,言西川以无城难守,宜如正议。又言兵分则缓急不为用,请并屯要害,以便馈饷。高溪州蛮田彦伊入寇,遣诣辰州,与转运使张素、荆南刘昌言计事。允则以蛮徼不足加兵,悉招辑之。

　　累迁供备库副使、知潭州。将行,真宗谓曰:“朕在南衙,毕士安尝道卿家世,今以湖南属卿。”初,马氏暴敛,州人出绢,谓之地税。潘美定湖南,计屋输绢,谓之屋税。营田户给牛,岁输米四斛,牛死犹输,谓之枯骨税。民输茶,初以九斤为一大斤,后益至三十五斤。允则请除三税,茶以十三斤半为定制,民皆便之。湖湘多山田,可以艺粟,而民惰不耕。乃下令月所给马刍,皆输本色,由是山田悉垦。湖南饥,欲发官廪先赈而后奏,转运使执不可,允则曰:“须报逾月,则饥者无及矣。”明年荐饥,复欲先赈,轩运使又执不可,允则请以家赀为质,乃得发廪贱粜。因募饥民堪役者隶军籍,得万人。转运使请发所募兵御邵州蛮,允则曰:“今蛮不搅,无名益戍,是长边患也。且兵皆新募,饥瘠未任出戍。”乃奏罢之。陈尧叟安抚湖南,民列允则治状请留,尧叟以闻。召还,连对三日,帝曰:“毕士安不谬知人者。”

　　迁洛苑副使、知沧州。允则巡视州境,浚浮阳湖,葺营垒,官舍间穿井。未几,契丹来攻,老幼皆入保而水不乏,斫冰代炮,契丹遂解去。真宗复召谓曰:“顷有言卿浚井葺屋为劳民者,及契丹至,始见善为备也。”转西上阁门副使、镇定高阳三路行营兵马都监,押大阵东面。请对,自陈武艺非所长,不可以当边剧。帝曰:“卿为我运筹策,不必当矢石也。”赐白金二千两,副以帏幄,什器,凡下诸路宣救,必先属允则省而后行。及王超败,人心震摇,允则劝超衰绖向师哭,以解众忿。真宗知允则始屡趣超进兵,手诏褒厉。

契丹通好,徙知瀛州,上言:"朝廷已许契丹和议,但择边将,谨誓约,有言和好非利者,请一切斥去。"真宗曰:"兹朕意也。"迁西上阁门副使。何承矩为河北缘边安抚、提点榷场,及承矩疾,诏自择代,乃请允则知雄州。初,禁榷场通异物,而逻者得所易珉玉带。允则曰:"此以我无用易彼有用也,纵不治。"迁东上阁门使、奖州刺史。河北既罢兵,允则治城垒不辍,契丹主曰:"南朝尚修城备,得无违誓约乎?"其相张俭曰:"李雄州为安抚使,其人长者,不足疑。"既而有诏诘之,允则奏曰:"初通好不即完治,恐他日颓圮因此废守,边患不可测也。"帝以为然。

城北旧有瓮城,允则欲合大城为一。先建东岳祠,出黄金百两为供器,道以鼓吹,居人争献金银。久之,密自撤去,声言盗自北至,遂下令捕盗,三移文北界,乃兴版筑,扬言以护祠。而卒就关城浚壕,起月堤,自此瓮城之人,悉内城中。始,州民多以草覆屋,允则取材木西山,大为仓廪营舍。始教民陶瓦甓,标里闬,置廊市、邸舍、水磑。城上悉累甓,下环以沟堑,莳麻植榆柳。广阎承翰所修屯田,架石桥,构亭榭,列堤道,以通安肃、广信、顺安军。

岁修禊事,召界河战棹为竞渡,纵北人游观,潜寓水战。州北旧多设陷马坑,城上起楼为斥堠,望十里;自罢兵,人莫敢登。允则曰:"南北既讲和矣,安用此为?"命撤楼夷坑,为诸军蔬圃,浚井疏洫,列畦陇,筑短垣,纵横其中,植以荆棘,而其地益阻隘。因治坊巷,徙浮图北原上,州民且夕登望三十里。下令安抚司,所治境有隙地悉种榆,久之榆满塞下。顾谓僚佐曰:"此步兵之地,不利骑战,岂独资屋材耶?"

上元旧不燃灯,允则结彩山,聚优乐,使民夜纵游。明日,侦知北酋欲间入城中观,允则与同僚伺郊外。果有紫衣人至,遂与俱入传舍,不交一言,出奴女罗侍左右,剧饮而罢。且置其所乘骡庑下,使遁去,即幽州统军也。后数日,为契丹所诛。

尝宴军中,而甲仗库火。允则作乐行酒不辍,副使请救,不答。

少顷火熄，命悉瘗所焚物，密遣吏持檄瀛州，以茗笼运器甲。不浃旬，兵数已完，人无知者。枢密院请劾不救火状，真宗曰："允则必有谓，姑诘之。"对曰："兵械所藏，儆火甚严，方而焚，必奸人所为。舍宴而救，事或不测。"

又得谍，释缚厚遇之，谍言燕京大王遣来，因出所刺缘边金谷、兵马之数。允则曰："若所得谬矣。"呼主吏按籍书实数与之。谍请加缄印，因厚赐以金，纵还。未几，谍遽至，还所与数，缄印如故，反出彼中兵马、财力、地里委曲以为报。

一日，民有诉为契丹民殴伤而遁者。允则不治，与伤者钱二千，众以为怯。逾月，幽州以其事来诘，答以无有。盖他谍欲以殴人为质验，比得报，以为妄，乃杀谍。云翼卒亡入契丹，允则移文督还，契丹报以不知所在。允则曰："在某所。"契丹骇，不敢隐，即归卒，乃斩以徇。历四方馆引进使、高州团练使。天禧二年，以客省使知镇州，徙潞州。仁宗即位，领康州防御使。天圣六年，卒。

允则不事威仪，间或步出，遇民有可语者，延坐与语，以是洞知人情。讼至，无大小面讯立断。善抚士卒，皆得其用。盗发辄获，人亦莫知所由。身无兼衣，食无重羞，不畜资财。在河北二十余年，事功最多，其方略设施，虽寓于游观、亭传间，后人亦莫敢隳。至于国信往来，费用仪式，多所裁定。晚年居京师，有契丹亡归者，皆命舍允则家。允则死，始寓枢密院大程官营。

张亢字公寿，自言后唐河南尹全义七世孙。家于临濮。少豪迈有奇节，事兄奎甚谨。进士及第，为广安军判官、应天府推官。治白沙、石梁二渠，民无水患。改大理寺丞、佥书西京判官事。

通判镇戎军，上言："赵德明死，其子元昊喜诛杀，势必难制，宜亟防边。"因论西北攻守之计，章数十上，仁宗欲用之，会丁母忧。既而契丹聚兵幽、涿间，河北增备，遂起为如京使、知安肃军。因入对曰："契丹岁享金帛甚厚，今其主孱而岁歉，惧中国见伐，特张言耳，非其实也。万一倍约，臣请擐甲为诸军先。"

元昊反，为泾原路兵马钤辖、知渭州，累迁右骐骥使、忠州刺史，徙鄜延路、知鄜州。上疏曰：

旧制，诸路总管、钤辖、都监各不过三两员，余官虽高，止不过一路。总管、钤辖不预本路事。今每路多至十四五员，少亦不减十员，皆兼本路分事，不相统制，凡有论议，互报不同。按唐总管，统军，都统，处置、制置使，各有副贰，国朝亦有经略、排阵使，请约故事，别置使名，每路军马事，止以三两员领之。

又泾原一路，自总管、钤辖、都监、巡检城寨所部六十余所，兵多者数千人，少者才千人，兵势既分，不足以当大敌。若敌以万人为二十队，多张声势以缀我军，后以三五万人大入奔突，则何以支？

又比来主将与军伍移易不定，人马强弱，配属未均。今泾原正兵五万，弓箭手二万，鄜延正兵不减六七万，若能预为团结，明定节制，迭为应援，以逸待劳，则乌合饥馁之众，岂能窥我浅深乎？请下韩琦、范仲淹分按，逐路以马步军八千已上至万人，择才位兼高者为总领。其下三将：一为前锋，一为策前锋，一为后阵。每将以使臣、忠佐三两人，分屯要害之地，敌小入则一将出，大入则大将出。

又量敌数多少，使邻路出兵应接，此所谓常山蛇势也。今万人已上为一大将，一路又有主帅，延州领三大将，鄜州一大将，保安军及西路巡检、德靖寨共为一大将，则鄜延路兵五万人矣。原渭州、镇戎军各一大将，渭州山外及瓦亭各一大将，则泾原路五万人矣。弓箭手、熟户不在焉。昨延州之败，盖由诸将自守，不相应援。请令边臣预定其法，敌寇某所，则某将为先锋，某将出某所为奇兵，某将出某所为声援，某城寨相近出敢战死士某所设覆，都、同巡检则各扼要害。

又令邻路取某路出应，仍潜用旗帜为号。昨刘平救延州，前锋陷贼者已二千骑，平犹不知。赵瑜部马军间道先进，而赵振与王遂趋塞门，至高头平路，白马报敌张青盖驻山东，振麾兵掩袭，乃瑜也。臣在山外策应，未尝用本指挥旗号，自以五行支干别为引旗。若甲子日本军相遇，则先见者张青旗，后见者以绯旗应之，此是干相生，其干相克及支相生克亦如之。盖兵马出入，昼则百步之外不能相知，若不预为之号，必误军事。国家承平日久，失于训练，今每指挥艺精者不过百余人，余皆瘦弱不可用。且官军所恃者，步军与强弩尔。臣知渭州日，见广勇军弤弩者三百五十人，引一石二斗者仅百人，余仅及七八斗，正欲阅习时易为力尔。臣以跳镫弩试，皆不能张，阅习十余日，裁得百余人。又教以小坐法，亦十余日，又教以带甲小坐法；五十余日始能服熟。若安前弊以应新敌，其有必胜之理乎？

又兵官务张边事，以媒进邀赏，刘平之败，正由贪功轻进。镇戎军最近贼境，每报贼骑至，不问多寡，凡主兵者皆出，至边壕则贼已去矣。盖权均势埒，各不相下，若不出，则恐得怯懦之罪。且诸路骑兵不能驰险，计其刍粟，一马之费，可养步军五人。马高不及格，宜悉还坊监，止留十之三，余以步兵代之。又比来禁卫队长，由年劳换前班者，或为诸司使副，白丁试武技，亦命以官，而诸路弓箭手生长边陲，父祖效命，累世捍贼，乃无进擢之路，何以激劝边民？

窃闻大帅议五路进师，且用兵以来，屡出无功，若一旦深入，臣切以为未可也。山界诸州城寨，距边止二三百里，夏兵器甲虽精利，其斗战不及山界部族，而财粮又尽出山界。若十月后令诸将分番出界，使夏人不得耕牧。然后出步兵，负十日粮，人日给米一升，马日给粟四升、草五分，贼界有草地，以半资放牧，亦可减挽运之半。王师既行，使啝厮罗及九姓回纥分制其后，必荡覆巢穴。

又言："陕西民调发之苦，数倍常岁，宜一切权罢，令安抚司与遂州长吏减省他役，颛应边须。及选殿侍军将各三十人，以驼、骡各二百，留其半河中，以运鄜、延、保安军军须，其半留乾州或永兴军，以运环、庆、原、渭、镇戎军军须,分一转运使专董其事。又鄜州四路半当冲要,尝以闲慢路递铺兵卒之半,贴冲要二路。驿百人,每三人挽小车,载二百五十斤至三百斤,若团并辇运,边计亦未至失备,而民力可以宽矣。"

初,亢请乘驿入对,诏令手疏上之,后多施用。进西上阁门使,改都钤辖,屯延州。又奏边机军政措置失宜者十事,言:

王师每出不利,岂非节制不立,号令不明,训练不至,器械不精?或中敌诡计,或自我贪功;或左右前后自不相救,或进退出入未知其便;或兵多而不能用,或兵少而不能避;或为持权者所逼,或因懦将所牵;或人马困饥而不能奋,或山川险阻而不能通:此皆将不知兵之弊也。未闻深究致败之由而为之措置,徒益兵马,未见胜术。一也。

去春敌至延州,诸路发援兵,而河东、秦凤各逾千里,泾原、环庆不减十程。去秋贼出镇戎,远自鄜延发兵,千里远斗,锐气已衰,如贼已退,乃是空劳师徒,异时更寇别路,必又如此,是谓不战而自弊。二也。

今鄜延副都总管许怀德兼管勾环庆军马,环庆副总管王仲宝复兼鄜延,其泾原、秦凤总管等亦兼邻路,虽令互相策应,然环州至延州十四五驿,径赴亦不下十驿;泾原至秦凤千里,若发兵互援,而山路险恶,人马之力已竭。三也。

四路军马各不下五六万,朝廷罄力供亿,而边臣但言兵少,每路欲更增十万人,亦未见功效。且兵无节制一弊,无奇正二弊,无应援三弊,主将不一四弊,兵分势弱五弊。有此五弊,如驱市人而战,虽有百万,亦无益于事。四也。

古人教习,须三年而后成,今之用兵已三年矣,将帅之材孰贤孰愚,攻守之术孰得孰失,累年败衄,而居边要者未知何谋。使更数年未罢兵,国用民力,何以克堪。若因之以饥馑,加之以他寇,则安危之策,未知如何。五也。

今言边事者甚众,朝廷或即奏可,或再详究以闻,或付有司。前条方行,后令即变,胥史有钞录之劳,官吏无商略之暇,边防军政,一无定制。六也。

夏竦、陈执中皆朝廷大臣,凡有边事,当付之不疑。今但主文书、守诏令,每有宣命,则翻录行下;如诸处申禀,则令候朝旨。如是,则何必以大臣主事?七也。

前河北用兵,减冗官以省费,今陕西日以增员,如制置青白盐使副、招抚蕃部使臣等十余员,所占兵士千余人,请给岁约万缗。复有都大提举马铺器甲之类,诸州并募克敌、致胜、保捷、广锐、宣毅等兵,久未曾团结训练,但费军廪,无益边备。八也。

今军有手艺者,管兵之官,每一指挥,抽占三之一。如延州诸将不出,即有兵二万,除五千守城之外,其余止一万五千。若有警急,三日内不能团集,况四十里外便是敌境,一有奔突,何以备之?九也。

陕西教集乡兵,共十余万人。市井无赖,名挂尺籍,必簿田夫,岂无奸盗杂于其中?苟无措置,他日为患不细。十也。既而复请面陈利害,不报。

会元昊益炽,以兵围河外。康德舆无守御才,属户豪乜罗叛去,导夏人自后河川袭府州,兵至近道才觉,而蕃汉民被杀掠已众。攻城不能下,引兵屯琉璃堡,纵游骑钞麟、府间,二州闭壁不出。民乏饮,黄金一两易水一杯。时丰州已为夏人所破,麟、府势孤,朝廷议弃河外守保德军未果,徙亢为并代都钤辖、管勾麟府军马事。单骑叩城,出所授敕示城上,门启,既入,即纵民出采薪刍汲涧谷。然夏人犹时出钞掠,亢以州东焦山有石炭穴,为筑东胜堡;下城旁有蔬畦,为筑金城堡;州北沙坑有水泉,为筑安定堡,置兵守之。募人获于外,腰镰与卫送者均得。

其时禁兵皆败北,无斗志,乃募役兵敢战者,夜伏隘道,邀击夏人游骑。比明,有持首级来献者,亢以锦袍赐之,禁兵始惭奋曰:"我顾不若彼乎?"又纵使饮博,方窘乏幸利,咸愿一战。亢知可用,始谋击琉璃堡,使谍伏敌寨旁草中,见老羌方炙羊髀占吉凶,惊曰:"明当有急兵,且趣避之。"皆笑曰:"汉儿皆藏头膝间,何敢!"亢知无备,夜引兵袭击,大破之。夏人弃堡去,乃筑宣威寨于步驼捍寇路。

时麟州馈路犹未通,敕亢自护赏物送麟州。敌既不得钞,遂以兵数万趋柏子寨来邀。亢所将才三千人,亢激怒之曰:"若等已陷死地,前斗则生,不然,为贼所屠无余也。"士皆感厉。会天大风,顺风击之,斩首六百余级,相蹂践赴崖谷死者不可胜计,夺马千余匹。

乃修建宁寨。夏人数出争,遂战于兔毛川。亢自抗以大阵,而使骁将孙岊伏短兵强弩数千于山后。亢以万胜军皆京师新募市井无赖子弟,罢耎不能战,敌目曰:"东军",素易之,而怯虎翼军勇悍。亢阴易其旗以误敌,敌果趋"东军",而值虎翼卒,搏战良久,伏发,敌大溃,斩首二千级。不逾月,筑清塞、百胜、中候、建宁、镇川五堡,麟、府之路始通。

亢复奏:"今所通特一径尔,请更增并边诸栅以相维持,则可以广田牧,壮河外之势。"议未下,会契丹欲渝盟,领果州团练使、知瀛州。葛怀敏败,迁四方馆使、泾原路经略安抚招讨使、知渭州,亢闻诏即行,及至,敌已去。郑戬统四路,亢与议不合,迁引进使,徙并代副都总管。御史梁坚劾亢出库银给牙吏往成都市易,以利自入,夺引进使,为本路钤辖。

及夏人与契丹战河外,复引进使、副都总管,知代州兼河东沿边安抚事。范仲淹宣抚河东,复奏亢前所增广堡寨,宜使就总其事。诏既下,明镐以为不可,屡牒止之。亢曰:"受诏置堡寨,岂可得经略牒而止耶?坐违节度,死所甘心,堡寨必为也。"每得牒,置案上,督役愈急。及堡成,乃发封自劾,朝廷置不问。蕃汉归者数千户,岁减戍兵万人,河外遂为并、汾屏蔽。

复知瀛州,因言:"州小而人众,缓急无所容,若广东南关,则民居皆在城中。"夏竦前在陕西,恶亢不附己,特沮其役,然卒城之。加领眉州防御使,复为泾原路总管、知渭州。会给郊赏,州库物良而估贱,三司所给物下而估高,亢命均其直,以便军人。转运使奏亢擅减

三司所估。会辣为枢密使，夺防御使，降知磁州。御史宋喜继言亢
尝以库银市易，复夺引进使，为右领卫大将军、知寿州。

后陕西转运使言亢所易库银非自入者，改将作监、知和州。坐
失举，徙筠州。久之，复为引进使、果州团练使，又复眉州防御使、真
定府路副都总管。迁客省使，以足疾知卫州，徙怀州。坐与邻郡守
议河事，会境上经夕而还。降曹州钤辖。改河阳总管，以疾辞，为秘
书监。未几，复客省使、眉州防御使、徐州总管，卒。

亢好施轻财，凡燕犒馈遗，类皆过厚，至遣人贸易助其费，犹不
足。以此人乐为之用。同学生为吏部，亢怜其老，荐为县令。后既
为所累，出筠州，还，所荐者复求济，亢又赠金帛，终不以屑意。驭军
严明，所至有风迹，民图像祠之。

奎字仲野，先亢中进士。历并、秀州推官，监衢州酒。徐生者殴
人至死，系婺州狱，再问辄言冤。转运使命奎复治。奎视囚籍印窾
伪，深探之，乃狱吏窜易，卒释徐生，抵吏罪，众惊伏。同时荐者三十
九人，改大理寺丞，知合肥县，徙南充县。

以殿中丞通判泸州，罢归。会秦州盐课亏缗钱数十万，事连十
一州。诏奎往按，还奏三司发钞稽缓，非诸州罪。因言：“盐法所以
足军费，非仁政所宜行。若不得已，令商人转贸流通，独关市收其
征，上下皆利。孰与设重禁雍阏之为民病？”于是悉除所负。未几，
知江州，徙楚州，迁太常博士，召为殿中侍御史、知滑州，徙邢州。母
病，辄割股肉和药以进，母遂愈。其后母卒，庐于墓，自负土植松柏。

服终，授度支判官，出为京东转运使，以侍御史为河东转运使，
进刑部外郎、知御史杂事。安抚京东，募民充军凡十二万，奏州县吏
能否数十人。还为户部副使。及分陕西为四路，擢天章阁待制、环
庆路经略安抚招讨使、知庆州，以父名余庆辞，不许。历陕西都转运
使、知永兴军、河东都转运使，加龙图阁直学士，知潭、青、徐、扬等
州，再迁吏部郎中。

时李宥知江宁府，府廨尽焚。谏官言金陵始封之地，守臣视火

不谨,宜择才臣缮治之。迁右谏议大夫、知江宁府。奎简材料工,一循旧制,不逾时复完。还,判吏部流内铨,徙审官院、知河南府。河南宫阙岁久颇摧圮,奎大加兴葺。又按唐街陌,分榜诸坊。初,全义守洛四十年,洛人德之,有生祠。及见奎伟仪观,曰:"真齐王孙也。"因复兴齐王祠。岁余,以能政闻,迁给事中,归朝。京东盗起,加枢密直学士、知郓州,数月,捕诸盗,悉平。

奎治身有法度,风力精强,所至有治迹,吏不敢欺,第伤苛细。亢豪放喜功名,不事小谨。兄弟所为不同如此,然皆知名一时。子燾,龙图阁直学士。

刘文质字士彬,保州保塞人,简穆皇后从孙也。父审琦,虎牢关使,从讨李重进战死。

文质幼从母入禁中,太宗授以左班殿直,迁西头供奉官、寄班祗候。帝颇亲信之,数访以外事。尝谓内侍窦神兴曰:"文质,朕之近亲,又忠谨,其赐白金百斤。"出为两浙走马承受公事,擢西京左藏库副使、岢岚军使,赐金带、名马。徙知麟州,改麟府浊轮寨兵马钤辖。击蕃酋万保移,走之。越河破契丹,拔黄太尉寨,杀获万计,赐锦袍、金带。徙知庆州。

李继迁入寇,文质将出兵,而官吏不敢发库钱。乃以私钱二百万给军,士皆感奋,遂大破贼。徙泾州,充麟州、清远军都监,又破敌于枝子平。咸平中,清远军陷,坐逗挠夺官,雷州安置。久之,起为太子率府率、杭州驻泊都监。封泰山,以内殿崇班为青、齐、淄、潍州巡检。进礼宾副使、石隰缘边同都巡检使,徙秦州钤辖。建小落门寨,亲率士版筑。会李浚浚知秦州,因就赐白金五百两。

天禧中,知代州。先是,蕃部获逃卒,给绢二匹、茶五斤,卒皆论死。时捕得百三十九人,文质取二十九人,以赦后论如法,余悉配隶他州。再迁内园使、知邠州,数从曹玮出战,筑堡障。复徙秦州钤辖,领连州刺史,再知代州,卒。厚赙其家,官子三人。

文质以简穆亲,又父死事,故前后赐予异诸将。真宗尝问保塞之旧，文质上宣祖、太祖赐书五函。仁宗亦以书赐之。然性刚，喜评刺短长，于贵近无所避，故不大显。子十六人，涣、沪皆知名。

涣字仲章，以父任为将作监主簿，监并州仓。天圣中，章献太后临朝久，涣谓天子年加长，上书请还政。后震怒，将黥隶白州，吕夷简、薛奎力谏得免。仁宗亲政，擢为右正言。郭后废，涣与孔道辅、范仲淹等伏阙争之，皆罚金。会河东走马承受奏，涣顷官并州，与营妓游，黜通判磁州，寻知辽州。

夏人叛，朝廷议遣使诣河西唃氏，涣请行。间道走青唐，谕以恩信。唃氏大集庭帐，誓死捍边，遣骑护出境，得其誓书与西州地图以献。加直昭文馆，迁陕西转运使，由工部郎中知沧州，改吉州刺史，知保州。州自戍卒叛后，兵益骄。涣至，虎翼军谋举城叛，民大恐。涣单骑徐叩营，械首恶者归，斩之，一军帖服。徙登州，益治刀鱼船备海寇，寇不敢犯，诏嘉奖之。

历知邢、恩、冀、泾、澶五州。恩承贼蹂践后，涣经理缮葺有叙，兵民犯法，一切用重典，威令大振。治平中，河北地震，民乏粟，率贱卖耕牛以苟朝夕。涣在澶，尽发公钱买之。明年，民无牛耕，价增十倍，涣复出所市牛，以元直与民，澶民赖不失业。历秦、凤、泾原、真定、定州路总管，四迁至镇宁军节度观察留后。熙宁中，还为工部尚书致仕。

涣有才略，尚气不羁，临事无所避，然锐于进取。方开拓兆、岷，讨安南，涣既老，犹露章请自效，不报。卒，年八十一。

沪字子浚，颇知书传，深沉寡言，有知略。以荫补三班奉职，累迁右侍禁。康定中，为渭州瓦亭寨监押，权静边寨，击破党留等族，斩一骁将，获马牛橐驼万计。时任福败，边城昼闭，居民畜产多为贼所掠，沪独开门纳之。

迁左侍禁，韩琦、范仲淹荐授阁门祗候。又破穆宁生氏。西南去洛阳二百里，中有城曰水洛，川平土沃，又有水轮、银、铜之利，环城数万帐,汉民之逋逃者归之,教其百工商贾,自成完国。曹玮在秦州,尝经营不能得。沪进城章川,收善田数百顷,以益屯兵,密使人说城主铎厮那令内附。会郑戬行边,沪遂召铎厮那及其酋属来献结公、水洛、路罗甘地,愿为属户。戬即令沪将兵往受地。既至而氐情中变,聚兵数万自围,夜纵火呼啸,期尽杀官军。沪兵才千人,前后数百里无援,沪坚卧,因令晨炊缓食,坐胡床指挥进退,一战氐溃,追奔至石门,酋皆稽颡请服。因尽驱其众隶麾下,以通秦、渭之路。又败临洮氐于城下。迁内殿崇班。

戬以三将兵遣董士廉筑城,功未半,会戬四路招讨使,而泾原路尹洙以为不便,令罢筑,且召沪,不听,日增版趣役。洙怒,使狄青械沪、士廉下狱。氐众惊,收积聚、杀吏民为乱,朝廷遣鱼周询、程戡往视,氐众诣周询,请以牛羊及丁壮助工役,复以沪权水洛城寨主。城成,终以违本路安抚使节制,黜一官,为镇戎军西路都巡检。复内殿崇班,疡发首,卒。弟渊将以其枢东归,居人遮道号泣请留,葬水洛,立祠城隅,岁时祀之。

经略司言,得熟户蕃官牛装等状,愿得沪子弟主其城。乃命其弟淳为水洛城兵马监押,城中有碑记沪事。

赵滋字子深,开封人。父士隆,天圣中,以阁门祗候为邠宁环庆路都监,战没。录滋三班奉职。

滋少果敢任气,有智略。康定初,以右侍禁选捕京西叛卒有功,迁左侍禁,后为泾原仪渭、镇戎军都巡检。会渭州得胜寨主姚贵杀监押崔绚,劫宣武神骑卒千余人叛,攻羊牧隆城。滋驰至,谕降八百余人,贵穷,走出寨。招讨使令滋给赐降卒及迁补将吏,滋以为如是是诱其为乱,藏其牒不用,还,为招讨使所怒,故赏弗行。

范仲淹、韩琦经略陕西,举滋可将领,得阁门祗候,为镇戎军西路都巡检。时京西军贼张海久未伏诛,命滋都大提举陕西、京西路捉贼,数月贼平。后为京东东路都巡检。富弼为安抚使,举再任登州。乳山寨兵叛,杀巡检,州将诛首恶数人,不穷按。滋承檄验治,驰入其垒,次第推问,得党与百余人付狱,众莫敢动。

在京东五年,数获盗,不自言,弼为言,乃自东头供奉官超授供备库副使、定州路驻泊都监。尝因给军食,同列言粟不善,滋叱之曰:"尔欲以是怒众耶?使众有一言,当先斩尔以徇。"韩琦闻而壮之,以为真将帅材。及琦在河东,又奏滋权并代路钤辖,改管勾河东经略司公事。建言:"代州、宁化军有地万顷,皆肥美,可募人田作,教战射,为堡寨。"人以为利。

累迁西上阁门副使,历知安肃军、保州。滋强力精悍,有吏能,所至称治。会契丹民数违约,乘小舟渔界河中,吏惮生事,累岁莫敢禁。后又遣大舟十余,自海口运盐入界河。朝廷患之,以滋可任,徙知雄州。滋戒巡兵,舟至,辄捕其人杀之,辇其舟,移文还涿州,渔者遂绝。契丹因使人以为言,而知瀛州彭思永、河北转运使唐介燕度,皆以滋生事,请罢之。朝廷更以为能,擢龙神卫四厢都指挥使、嘉州团练使,迁天武、捧日四厢都指挥使。

英宗即位,领端州防御使、步军都虞候,赐白金五百两,留再任。未几,卒,赠遂州观察使。

滋在雄州六年,契丹惮之。契丹尝大饥,旧,米出塞不得过三斗,滋曰:"彼亦吾民也。"令出米无所禁,边人德之。驭军严,战卒旧不服役,滋役之如厢兵,莫敢有言。缮治城壁、楼橹,至于簿书、米盐,皆有条法。性尤廉谨,月得公使酒,不以入家。然傲慢自誉,此其短也。

论曰:石普晓畅军事,习知民庸,然揣摩时政,终以罪废。张孜虽称持重,迹其所长,无足取者。许怀德以懦不任事,数遭贬斥,其不及普远矣。刘文质以私钱给军,且脱人于死,仕虽偃蹇,声名俱章章矣。涣以小官,能抗疏母后,辑暴弭奸,则其余事也。沪,水洛之战,从容退师,沪之才略,其最优者欤?赵滋有吏能,出米塞下以振契丹,亦仁人之用心。李允则在河北二十年,设施方略,不动声气,契丹至以长者称之。张亢起儒生,晓韬略,琉璃堡、兔毛川之捷,良快人意,区区书生,功名如此,何其壮哉！奎以治迹著称,其视亢盖所谓难为兄难为弟者欤？

宋史卷三二五
列传第八四

刘平 弟兼济 郭遵附　　任福 王珪 武英
桑怿 耿傅 王仲宝附

　　刘平字士衡，开封祥符人。父汉凝，从太宗征河东岢岚、宪州，累迁崇仪使。平刚直任侠，善弓马，读书强记。进士及第，补无锡尉，击贼杀五人，擢大理评事。知鄢陵县，徙南充。夷人寇淯井监，转运使以平权泸州事，平率土丁三千击走之。祠汾阴，迁本寺丞。还路，由安州，遇贼十数人，平发矢毙三贼，余骇散。以寇准荐，为殿中丞、知泸州，夷人惩前败，不敢扰边。

　　召拜监察御史，数上疏论事，为丁谓所忌。久之，除三司盐铁判官、河北安抚，改殿中侍御史、陕西转运使。与副使论事不合，徙知襄州。仁宗即位，迁侍御史。

　　初，真宗知其才，将用之。丁谓乘间曰："平，将家子，素知兵，若使将西北，可以制敌。"后章献太后思谓言，特改衣库使、知汾州。属户明珠、磨糜族数反覆，平潜兵杀数千人，以功领宾州刺史、鄜延路兵马钤辖，徙泾原路，兼知渭州。胡则为陕西都转运使，平奏曰："则，丁谓党，今隶则部，虑掎摭致罪。"徙汝州，改淮南、江、浙、荆湖制置发运副使，行数驿，召还，真拜信州刺史、知雄州。居四年，迁忻州团练使、知成德军。

　　景祐元年，拜龙神卫四厢都指挥使、永州防御使、知定州，徙环庆路副都总管，进侍卫亲步军都虞候。奏言："元昊势且叛，宜严备之。"寻坐被酒破锁入甲仗库，为转运使苏耆所劾，落管军，知同州。上疏自列，召入问状，复为步军都虞候、知澶州。时议塞河，而平言不知河事，乃徙沧州副都总管。

时吕夷简为宰相，台谏官数言政事阙失，平奏书曰："臣见范仲淹等毁誉大臣，此必有要人授旨仲淹辈，欲逐大臣而代其位者。臣于真宗朝为御史，顾当时同列，未闻有奸邪党与诈忠卖直，所为若此。臣虑小臣以浅文薄伎，偶致显用，不识朝廷典故，而论事浸淫，遂及管军将校。且武人进退，与儒臣异路，若掎摭短长，妄有举劾，则心摇而怨结矣。愿明论台谏官，毋令越职，仍不许更相引荐。或阙员，则朝廷自择忠纯耆德用之。"论者以谓希夷简意也。改高阳关副总管。

宝元元年，以殿前都虞候为环庆路马步军副总管。会元昊反，迁邕州观察使，为鄜延路副总管兼鄜延、环庆路同安抚使。顷之，兼管勾泾原路兵马，进步军副都指挥使、静江军节度观察留后。献攻守之策曰：

五代之末，中国多事，唯制西戎为得之。中国未尝遣一骑一卒，远屯塞上，但任土豪为众所伏者，封以州邑，征赋所入，足以赡兵养士，由是无边鄙之虞。太祖定天下，惩唐末蕃镇之盛，削其兵柄，收其赋入，自节度以下，第坐给奉禄，或方面有警，则总师出讨，事已则兵归宿卫，将还本镇。彼边方世袭，且异于此，而误以朔方李彝兴、灵武冯继业一切亦徙内地。自此灵、夏仰中国戍守，千里运粮，兵民并困。

其后灵武失守，而赵德明惧王师问罪，愿为藩臣。于时若止弃灵、夏、绥、银，与之限山为界，则无今日之患矣。而以灵、夏两州及山界蕃汉户并授德明，故蓄甲治兵，渐窥边隙，鄜延、环庆、泾原、秦陇所以不能弛备也。

今元昊嗣国，政刑惨酷，众叛亲离，复与唃厮罗构怨，此乃天亡之时。臣闻寇不可玩，敌不可纵。或元昊不能自立，别有酋豪代之，西与唃厮罗复平，北约契丹为表里，则何以制其侵

轶？今元昊国势未强，若乘此用鄜延、环庆、泾原、秦陇四路兵
马，分两道，益以蕃汉弓箭手，精兵可得二十万，三倍元昊之
众，转粮二百里，不出一月，可收山界洪、宥等州。招集土豪，縻
之以职，自防御使以下、刺史以上，第封之，给以衣禄金帛；又
以土人补将校，使勇者贪于禄，富者安于家，不期月而人心自
定。及遣使论唃厮啰，授以灵武节度，使挠河外族帐，以窘元
昊。复出麟、府、石州蕃汉步骑，猎取河西部族，招其酋帅，离其
部众，然后以大军继之，元昊不过鼠窜为穷寇尔，何所为哉！

且灵、夏、绥、银地不产五谷，人不习险阻，每岁资量，取足
洪、宥。而洪、宥州羌户劲勇善战，夏人恃此以为肘腋。我苟得
之，以山为界，凭高据险，下瞰沙漠，各列堡障，量以戎兵镇守，
此天险也。庙朝之谋，不知出此，而争灵、夏、绥、银，连年调发，
老师费财，以致中国疲弊，小丑猖獗，此议臣之罪也。

今朝廷或贷元昊罪，更示含容，不惟宿兵转多，经费尤甚。
万一元昊潜结契丹，互为掎角，则我一身二疾，不可并治。必轻
者为先，重者为后，如何减兵以应河北？请召边臣，与二府定守
御长策。

疏奏未报。

属元昊盛兵攻保安军，时平屯庆州，范雍以书召平，平率兵与
石元孙合军趋土门。既又有告敌兵破金明，围延州者，雍复召平与
元孙救延州。平素轻敌，督骑兵昼夜倍道行，明日，至万安镇。平先
发，步军继进，夜至三川口西十里止营，遣骑兵先趋延州争门。时鄜
延路驻泊都监黄德和将二千余人，屯保安北碎金谷，巡检万俟政、
郭遵各将所部分屯，范雍皆召之为外援，平亦使人趣其行。诘旦，步
兵未至，平与元孙还逆之。行二十里，乃遇步兵，及德和、万俟政、郭
遵所将兵悉至，将步骑万余结阵东行五里，与敌遇。

时平地雪数寸，平与敌皆为偃月阵相向。有顷，敌兵涉水为横
阵，郭遵及忠佐王信薄之，不能入。官军并进，杀数百人，乃退。敌
复蔽盾为阵，官军复击却之，夺盾，杀获及溺水死者几千人。平左

耳、右颈中流矢。日暮，战士上首功及所获马，平曰："战方急，尔各志之，皆当重赏汝。"语未已，敌以轻兵薄战，官军引却二十步。黄德和居阵后，望见军却，率麾下走保西南山，众从之，皆溃。平遣其子宜孙驰追德和，执辔语曰："当勒兵还，并力抗敌，奈何先奔？"德和不从，驱马遁赴甘泉。平遣军校杖剑遮留士卒，得千余人。转斗三日，贼退还水东。平率余众保西南山，立七栅自固。敌夜使人叩栅，问大将安在，士不应。复使人伪为戍卒，递文移平，平杀之。夜四鼓，敌环营呼曰："如许残兵，不卫何待！"平旦，敌酋举鞭麾骑，自山四出合击，绝官军为二，遂与元孙皆被执。

初，德和言平降贼，朝廷发禁兵围其家。及命殿中侍御史文彦博即河中府置狱，遣庞籍往讯焉，具得其实。遂释其家，德和坐腰斩。而延州吏民亦诣阙诉平战没状，遂赠朔方军节度使兼侍中，谥壮武，赐信陵坊第，封其妻赵氏为南阳郡太夫人，子孙及诸弟皆优迁，未官者录之。其后降羌多言平在兴州未死，生子于贼中。及石元孙归，乃知平战时被执，后没于兴州。弟兼济。

兼济字宝臣，以父荫补三班奉职。善骑射，读兵书知大旨。为襄州兵马监押。汉江暴涨，兼济解衣涉水，率众捍城，州赖以完。擢阁门祇候、雄霸军界河巡检，徙晋、绛、泽、潞都巡检使。岁饥，太行多盗，禽二百余人。改左侍禁、鄜延路兵马都监，权知保安军，历同提点陕西、河东刑狱，徙知笼竿城。

夏人寇边，众号数万，兼济将兵千余，转战至黑松林，败之。属其兄平战没于三川口，特授内殿崇班、知原州。入辞，仁宗慰勉之曰："国忧未弭，家仇未报，不可不力也。"属户明珠族叛，诸将欲亟讨。兼济第日纵饮击鞠，缪为不知，以疑其意。既而叛者自溃，乃追袭之，射杀其酋长，收余众以归。徙宁州，破靳斯袜寨，徙鄜州。

元昊既称藩，徙梓夔路钤辖，又徙知镇戎军。兼济御下严急，转运使言士心多怨，请徙诸内地。改泾原路钤辖，复知宁州，又知原州，徙冀州、广信军。累迁文思使、惠州刺史、河北缘边安抚副使，擢西上阁门使、同管勾三班院,出知雄州。

先是,边民避罪逃者,契丹辄纳之,守将畏事不敢诘,兼济悉移檄责还。徙冀州,逾月,改忻州,复管勾三班院,卒。

郭遵者,开封人也,家世以武功称。遵少隶军籍,稍迁殿前指挥使。乾兴中,改左班殿直、并代路巡检。迁右侍禁、庆州柔远寨兵马监押。召试骑射优等,迁左侍禁、阁门祗候。为秦州三阳寨主,徙延州西路都巡检使。

元昊寇延州,遵以裨将属刘平,遇敌,驰马入敌阵,杀伤数十人。敌出骁将扬言当遵,遵挥铁杵破其脑,两军皆大呼。复持铁枪进,所向披靡。会黄德和引兵先溃,敌战益急。遵奋击,期必死,独出入行间。军稍却,即复马以殿,又持大槊横突之。敌知不可敌,使人持大綦索立高处迎遵马,辄为遵所断。因纵遵使深入,攒兵注射之,中马,马踠仆地,被杀。特赠果州围团练使。以其父斌为太子右清道率府副率;母贺,封仁寿郡君;妻尹,安康郡君;弟青右侍禁,迁三班奉职。四子尚幼,仁宗悉为赐名,忠嗣西头供奉官,忠绍左侍禁,忠裔右侍禁,忠绪左班殿直。女旧为尼,亦赐紫方袍。

遵用铁杵、枪、槊共九十斤,其后耕者得其器于战处,皇祐中,乃并与其衣冠葬之河南。逡自有传。

任福字祐之,其先河东人,后徙开封。咸平中,补卫士,由殿前诸班累迁至遥郡刺史。元昊反,除莫州刺史、岚石隰州缘边都巡检使。既辞,奏曰:“河东地介大河,斥堠疏阔,愿严守备,以戒不虞。”仁宗善之,命知陇州,擢秦凤路马步军副总管。诏陕西增城垒、器械,福受命四十日,而战守之备皆具。以忻州团练使为鄜延路副总管、管勾延州东路蕃部事。

寻知庆州,复兼环庆路副总管。上言:“庆州去蕃族不远,愿勒兵境上,按亭堡,谨斥堠。”因经度所过山川道路,以为缓急攻守之备。帝益善之,听便宜从事。

　　夏人寇保安、镇戎军，福与子怀亮、侄婿成皓自华池凤川镇声言巡边，召诸将牵制敌势。行至柔远寨，犒蕃部，即席部分诸将，攻白豹城。夜漏未尽，抵城下，四面合击。平明，破其城，纵兵大掠，焚巢穴，获牛马、橐驼七千有余，委聚方四十里，平骨咩等四十一族。以功拜龙神卫四厢都指挥使、贺州防御使，改侍卫马军都虞候。

　　康定二年春，朝廷欲发泾原、鄜延两路兵西讨，诏福诣泾原计事。会安抚副使韩琦行边趋泾原，闻元昊谋寇渭州，琦亟趋镇戎军，尽出其兵，又募敢勇得万八千人，使福将之。以耿傅参军事，泾原路驻泊都监桑怿为先锋，钤辖朱观、都监武英、泾州都监王珪各以所部从福节制。琦戒福等并兵，自怀远城趋得胜寨，至羊牧隆城，出敌之后，诸寨相距才四十里，道近粮饷便，度势未可战，则据险设伏，待其归邀击之。

　　福引轻骑数千，趋怀远城掠龙川，遇镇戎军西路巡检常鼎、刘肃，与敌战于张家堡南，斩首数百。夏人弃马羊橐驼佯北，怿旨骑趋之，福踵其后。谍传敌兵少，福等颇易之。薄暮，与怿合军屯好水川，观、英屯龙落川，相距隔山五里，约翌日会兵川口。路既远，刍饷不继，士马乏食已三日。追奔至笼竿城北，遇夏军，循川行，出六盘山下，距羊牧隆城五里结阵，诸将方知堕敌计，势不可留，遂前格战。怿驰犯其锋，福阵未成列，贼纵铁骑突之，自辰至午，阵动，众傅山欲据胜地。俄伏发，自山背下击，士卒多坠崖堑，相覆压，怿、肃战死。敌分兵数千，断官军后，福力战，身被十余矢。有小校刘进者，劝福自免。福曰："吾为大将，兵败，以死报国尔。"挥四刃铁简，挺身决斗，枪中左颊，绝其喉而死。

　　乃并兵攻观、英。战既合，王珪自羊牧隆城引兵四千，阵于观军之西；渭州驻泊都监赵津将瓦亭骑兵二千继至。珪屡出略阵，阵坚不可破，英重伤，不能视军。敌兵益至，官军遂大溃，英、津、珪、傅皆死；内殿崇班耆贽、西头供奉官王庆、侍禁李简李禹亨刘钧亦战没；军校死者数十人，士死者六千余人。唯观以兵千余保民垣，四向纵射，会暮，敌引去，与福战处相距五里，然其败不相闻也。福子怀亮亦死之。

方元昊倾国入寇，福临敌受命，所统皆非素抚之兵，既又分出趋利，故至于甚败。奏至，帝震悼，赠福武胜军节度使兼侍中，赐第一区，月给其家钱三万，粟、麦四十斛。追封母为陇西郡太夫人，妻为琅琊郡夫人，录其子及从子凡六人。

王珪，开封人也。少拳勇，善骑射，能用铁杵、铁鞭。年十九，隶亲从官，累迁殿前第一班押班，擢礼宾副使、泾州驻泊都监。

康定初，元昊寇镇戎军，珪将三千骑为策先锋，自瓦亭至师子堡，敌围之数重，珪奋击披靡，获首级为多。叩镇戎城，请益兵，不许。城中惟缒糇粮予之。师既饱，因语其下曰：“兵法，以寡击众必在暮，我兵少，乘其暮击之，可得志也。”复驰入，有骁将持白帜植枪以詈曰：“谁敢与吾敌者！”枪直珪胸而伤右臂，珪左手以杵碎其脑。继又一将复以枪进，珪挟其枪，以鞭击杀之。一军大惊，遂引去。珪亦以马中箭而还，仁宗特遣使抚谕之；然以其下死伤亦多，止赐名马二匹，黄金三十两，裹创绢百匹；复下诏暴其功塞下，以励诸将。

是岁，改泾原路都监。明年，为本路行营都监，勒金字处置牌赐之，使得专诛杀。寻至黑山，焚敌族帐，获首级、马驼甚众。会敌大入，以兵五千从任福屯好水川，连战三日，诸将皆败。任福陷围中，望见麾帜犹在，珪欲援出之，军校有顾望不进者，斩以徇。乃东望再拜曰：“非臣负国，臣力不能也，独有死报尔。”乃复入战，杀数十百人，鞭铁挠曲，手掌尽裂，奋击自若。马中镞，凡三易，犹驰击杀数十人。矢中目，乃还，夜中卒。

珪少通阴阳术数之学，始出战，谓其家人曰：“我前后大小二十余战，杀敌多矣，今恐不得还。我死，可速去此，无为敌所仇也。”及敌攻瓦亭，购甚急，果如所料。镇戎之战，以所得二枪植山上，其后边人即其处为立祠。赠金州观察使，追封其妻安康郡君，录其子光祖为西头供奉官、阁门祗候，后为东上阁门使；光世，西头供奉官；光嗣，左侍禁。

武英字汉杰,太原人。父密,随刘继元归朝,仁至侍禁、镇定同巡检。与契丹战,没于望都,赠西京左坊使,录英为三班借职,以右班殿直为忻、代州同巡检。会州将出猎,因留帐饮,英曰:"今空郡而来,万一敌乘间入城,奈何?"既而敌百余骑果入寇,英领众左右驰射,悉擒获之。以功迁左班殿直、监雄州榷场,改右侍禁、阁门祗候,为环州都巡检使,徙洪德寨主,又徙庆州柔远寨。

元昊寇延州,英主兵攻后桥,以分敌势。擢内殿承制、环庆路驻泊都监。破党平族,又从任福破白豹城,迁礼宾副使,寻兼泾原行营都监。与任福合诸将战张家堡,斩首数十百,敌弃羊马伪遁。诸将皆趋利争进,英以为前必有伏,众不听,已而伏发。福等既败,英犹力战,自辰至申,矢尽遇害。赠邢州观察使。录其子三班奉职永符为东头供奉官、阁门祗候;永孚,西头供奉官;永昌,左侍禁。侄永保,右班殿直;永锡,三班奉职。

桑怿,开封雍丘人。勇力过人,善用剑及铁简,有谋略。其为人不甚长大,与人接,常祗畏若不自足,语言如不出其口,卒遇之,不知其勇且健也。兄憺,举进士,有名。怿以再举进士,不中。

尝遭大水,有粟二廪,将以舟载之,见百姓走避水者,遂弃其粟而载之,得皆不死。岁饥,聚人共食其粟,尽而止。后徙居汝、颍间,耕龙城废田数顷以自给。

诸县多盗,怿自请补耆长,得往来察奸,因召里中恶少年戒曰:"盗不可为,吾不汝容也。"有顷,里老父子死未敛,盗夜脱其衣去,父不敢告县。怿疑少年王生者,夜入其家,得其衣,不使之知也。明日,见而问之曰:"尔许我不为盗,今里中盗尸衣者,非尔邪?"少年色动,即推仆地,缚之,诘共盗者姓名,尽送县,皆伏辜。

尝之郏城,遇尉出捕盗,招怿饮酒。与俱行,至贼所藏,尉怯甚,阳为不知,将去。怿曰:"贼在此,欲何之?"乃下马,独格杀数人,因尽缚之。又闻襄城有盗十许人,独提一剑以往,杀数人,尽缚其余,汝旁县为之无盗。京西转运使奏其事，补郏城尉。

天圣中，河南诸县多盗，转运使奏移渑池尉。群盗保青灰山，时出攘剽。有宿盗王伯者，尤为民害，朝廷每授巡检使，必疏姓名使捕之。怿至官，巡检伪为宣头以示怿，牒招致之。怿不知其伪也。因挺身入贼中，与伯同卧起，十余日，伯遂与怿出至山口，为巡检伏兵所执，怿几不免。怿曰："巡检惧无功尔。"即以伯与巡检，使自为功。巡检俘献京师，而怿不复自言。朝廷知之，为黜巡检，擢怿右班殿直、永安县巡检。

明道末，京西旱蝗，有恶贼二十三人，枢密院召怿至京师，授以贼名姓，使往捕。怿曰："盗畏吾名，必溃，溃则难得矣，宜先示之以怯。"至则闭栅，戒军吏不得一人辄出。居数日，军吏不知所为，数请出自效，辄不许。夜，与数卒变为盗服以出，迹盗所尝行处。入民家，民皆走，独一媪留，为具饮食，如事群盗。怿归，闭栅三日，复往，自携具就媪馔，而以余遗媪，媪以为真盗。乃稍就媪，与语及群盗，一媪曰："彼闻桑殿直来，皆遁去。近闻闭营不出，知其不足畏，今皆还矣，某在某处。"怿又三日往，厚遗之，遂以实告曰："我桑殿直也，为我察其实而慎勿泄。"后三日复来，于是媪尽得居处之实以告。怿明日部分军士，尽擒诸盗。其尤强梁者，怿自驰马以往，士卒不及从，惟四骑追之，遂与贼遇，手杀三人。凡二十三人者，一日皆获。

还京师，枢密吏求银，为致阁门祗候。怿曰："用赂得官，非我欲，况贫无银；有，固不可也。"吏怒，匿其功状，止免其短使而已。除兵马监押，未行，会宜州蛮叛，杀海上巡检，官军不能制，因命怿往，尽手杀之。还，乃授阁门祗候。怿曰："是行也，非独吾功，位有居吾上者，吾乃其佐也。今彼留而我还，我赏厚而彼轻，得不疑我盖其功而自伐乎？受之，徒惭吾心。"将让其赏以归己上者。或讥以好名，怿叹曰："士顾其心如何尔，当自信其心以行，若欲避名，则善皆不可为也。"益辞之，不许。

宝元初，迁西头供奉官、广西驻泊都监。元昊反，参知政事宋庠荐其有勇略，迁内殿崇班、鄜延路兵马都监。逾月，徙泾原路，屯镇

戎军，与任福遇敌于好水川，力战而死。赠解州防御使；子湜皇城
使。

耿傅字公弼，河南人。祖昭化，为蜀州司户参军。盗据城，欲胁
以官，昭化大骂，至断手足，不屈而死。

傅少喜侠尚气，初以父荫为三班奉职，换伊县尉，历明州司理
参军，迁将作监丞、知永宁县。河南守宋绶荐其材，迁通判仪州，徙
庆州。时议进兵西讨，以傅督一道粮馈。

会元昊入寇，参任福行营军事，遇敌姚家川，诸将失利，敌骑益
至，武英劝傅避去，傅不答。英叹曰："英当死，君文吏，无军责，奈何
与英俱死？"朱观亦白傅少避贼锋，而傅愈前，指顾自若，被数创，乃
死。

始，傅与观营笼落川，夜作书遗福，以其戒小胜，前与敌大军
遇，深以持重戒之。自写题观名，以致福军中。傅死后，韩琦得其书
于随军孔目官彭忠，奏上之。诏赠傅右谏议大夫，官其子瑗为太常
寺太祝，璩为太常寺奉礼郎，璋为将作监主簿，珪试秘书省校书郎，
琬同学究出身。

王仲宝字器之，密州高密人。初为刑部史，补齐州章丘尉。以
捕群盗六十余人有功，用开封府判官鞠仲谋荐，召对，改右班殿直，
为镇、定、保、深、永宁、天雄六州军巡检。又以捕贼功，迁左班，徙河
北西路提举捉贼，擒磁州名贼王遇仙、博州孙流油辈，凡四十人。

夜有盗叩户外乞降，左右欲杀之，为首级论功，仲宝不可，纳舍
中使寝。擢阁门祗候，命乘驿捕登州海贼百余人，获之。还，为河北
提举捉贼，又捕斩百余人。知信安军，复为河北提举捉贼。有盗百
余依西山，官军不能捕，仲宝悉招出，隶军籍，奏以自随。徙泽、潞、
晋、绛、慈、隰，威胜军巡检使，至官才八日，获太行山宿贼八十人。
累赐金帛、缗钱。使契丹，积迁内殿承制。

天圣初，知镇戎军，改供备库副使。破康奴族，获首领百五十、

羊马七千,诏奖其功。凡五年,还,巡护惠民河堤岸,迁供备库使、麟府路兵马钤辖、知麟州。会镇戎军蕃族内寇,徙泾原路钤辖,复知镇戎军,又徙原、环二州。以西京左藏库使、惠州刺史知利州,徙并、代州钤辖,改西上阁门使。建言:"缘边博籴,属羌苦之,数逃去。请宽其法,使得复业,以捍边境。"久之,迁东上阁门使。

元昊寇延州,仲宝将兵至贺兰谷,以分兵势,败蕃将罗通于长鸡岭。迁四方馆使,领濮州团练使,为泾原路总管、安抚副使兼管勾秦凤路军马事。与西羌战六盘山,俘馘数百人。

时任福大败好水川,别将朱观被围于姚家堡,仲宝以兵救之,拔观出围,乘以从马。时诸将皆没,独仲宝与观得还。徙环庆路副都总管、知庆州。未几,兼本路经略安抚、招讨副使。破金汤城,复赐诏奖谕,徙澶州副总管。安抚使范仲淹以仲宝武干未衰,奏留之。明年,以磁州防御使知代州,除左屯卫大将军致仕,卒。

论曰:元昊乘中国弛备,悉众寇边,王师大衄者三,夫岂天时不利哉? 亦人谋而已。好水之败,诸将力战以死。噫,趋利以违节度,固失计矣;然秉义不屈,庶几烈士者哉!

宋史卷三二六
列传第八五

景泰　　王信　　蒋偕　　张忠
郭恩　　张岊　　张君平　　史方
卢鉴　　李渭　　王果　　郭谘
田敏　　侍其曙　　康德兴
张昭远

　　景泰字周卿,普州人。进士起家,补坊州军事推官。后以尚书屯田员外郎通判庆州,即上言:"元昊虽称臣,诚恐包藏祸心。当选主将,练士卒,修城池,储资粮,以备不虞。"三疏不报。俄元昊反,又上《边臣要略》二十卷。迁都官、知成州,奏《平戎策》十有五篇。

　　会有荐泰知兵者,召对称旨,换左藏库使、知宁州。任福败,徙原州。元昊众十万,分二道,一出刘璠堡,一出彭阳城,入攻渭州。葛怀敏援刘璠,战崆峒北,败没,敌骑逾平凉,至潘原。泰率兵五千,从间道赴原,而先锋左班殿直张迥逗留不进,泰斩以徇。遇敌彭阳西,裨将夏侯观欲退守彭阳,泰弗许,乃依山而阵。未成列,敌骑来犯,泰阴遣三百骑,分左右翼,张旗帜为疑兵。敌欲遁去,将校请进击,泰止之,遣士搜山,果得伏兵,与战,斩首千余级。以功迁西上阁门使、知镇戎军兼兵马钤辖。久之,领忠州刺史,徙秦凤路马步军总管,卒。

　　子思立,熙宁中屡有战功,为引进使、忠州防御使、知河州,与董毡部兵战,没。后思忠以左藏库副使、遂州驻泊都监击泸夷人,陷于罗个暮山下。兄弟继死王事,人皆怜其忠。

　　王信字公亮,太原人。家故饶财,少勇悍。大中祥符中,盗起晋、绛、泽、潞数州,信应募籍军,与其徒生擒贼七十人,累以功补龙、神卫指挥使。部使者表荐,召阅其艺,迁御前忠佐,领河中府、同干廊、延、丹、坊州庆成军管界捉贼,又迁龙卫都虞候兼鄜延巡检。

　　康定初,刘平、石元孙战于三川,信以所部兵薄贼,斩首数十级。迁捧日都虞候,改西京作坊使、知镇戎军,徙保安军兼鄜延路兵马都监。始至之夕,敌众号数万傅城,军吏气慑。信领劲兵二千,夜出南门与战,失其前锋,因按军不动。迟明,潜上东山整军,乘势而下,击走之,获首级、牛马居多。迁钤辖兼经略、安抚、招讨都监,领贵州刺史。葛怀敏战败,信出兵拒敌,俘斩甚众。进保州刺史,就迁马步军都总管。四路置招讨使,遂为本路招讨副使。累迁马步军都虞候、象州防御使,徙高阳关路。

　　王则反贝州,用安抚使明镐奏,为贝州城下都总管。城破,则遁,信率兵执则而还,余党自焚死。拜感德军节度观察留后,召为步军副都指挥使,未至,卒。赠武宁军节度兼侍中。

　　蒋偕字齐贤,华州郑县人。幼贫,有立志。父病,尝刲股以疗,父愈,诘之曰:“此岂孝邪?”曰:“情之所感,实不自知也。”举进士,补韶州司理参军,以秘书省著作佐郎为大理寺详断官。

　　密州豪人王澥使奴杀一家四人,偕当澥及奴皆大辟。宰相陈尧佐欲宽澥,判审刑院宋庠与偕持之不从,偕以是知名。

　　陕西用兵,数上书论边事,迁秘书丞、通判同州,计置陕西钱粮。逾年,为沿边计置青白盐使。用庞籍、范仲淹荐,改北作坊副使、环庆路兵马都监,历知汾、泾二州,徙原州。边民苦属户为钞盗,偕得数辈,腰斩境上,盗为息。迁北作坊使兼本路钤辖。明珠、康奴诸族数为寇,偕潜兵伺之,斩首四百,擒酋豪,焚帐落,获马、牛、羊千计。所俘皆剞割磔裂于庭下,坐客为废饮食,而偕语笑自若。徙华州兵马钤辖。

湖南蛮唐和内寇,徙潭州钤辖。贼平,知忻州,徙冀州。坐擅率粮草,降知霸州。逾年,徙恩州,领韶州刺史。属兵粮乏绝,朝廷方募民入粟,增虚直,给券诣京师射取钱货,谓之交钞,患未有应令者。偕使州仓谬为入粟数,辄作钞,遣属官持至京师转贸,得缗钱以补军食。为御史弹奏,降知坊州。

侬智高反,除宫苑使、韶州团练使,为广南东西路钤辖。贼方围广州,偕驰传十七日至城下。战士未集,会侬智高徙军沙头,安抚杨畋檄偕焚粮储,退保韶州。坐此,降潭州驻泊都监,再降北作坊使、忠州刺史。命未至,军次贺州太平场,贼夜入营,袭杀之。赠武信军节度观察留后。

初,偕入广州,即数知州仲简曰:"君留兵自守,不袭贼,又纵步兵虿平民以幸赏,可斩也。"简曰:"安有团练使欲斩侍从官?"偕曰:"斩诸侯剑在吾手,何论侍从!"左右解之,乃止。卒以轻肆败。

张忠,开封人。初隶龙骑备征,选为教骏。有军校恣掊敛,忠殴杀之,坐配鼎州。既遁去为盗,复招出,隶龙猛军,以材武补三班借职、陕西总管司指使。数攻破堡寨,杀剧贼张海、郭邈山。从平恩州,功第一,累迁如京使、资州刺史,历真定府、定州、高阳关、京东西路兵马钤辖。

侬智高反,就移广东,领英州团练使。初,智高围广州,时洪州驻泊都监蔡保恭及知英州苏缄以兵八千人据边渡村,扼贼归路,忠夺而将之。谓其下曰:"我十年前一健儿,以战功为团练使,若曹勉之。"于是不介骑而前。会先锋遇贼奔,忠手拉贼帅二人,马陷泞,不能奋,遂中标枪死。录其父率府副率致仕余庆为左监门卫大将军,赐第一区,给半俸终身;封其母为河内郡夫人;弟愿迁右班殿直、阁门祗候；官其子永寿、永吉、永德及其婿刘镎凡四人；封长女为清河县君。

郭恩，开封人。初隶诸班，出为左侍禁、阁门祗候，历延州西路都巡检、环州肃远寨主，累迁内殿承制、秦凤路兵马都监。开古渭州路，为前锋，斩首九百余级，擢崇仪副使。会掌乌族叛，又举兵攻讨，斩首八十五级，迁六宅副使。累劳，补崇仪使，为秦陇路兵马钤辖，徙并、代州钤辖，管勾麟府军马事。

夏人岁侵屈野河西地，至耕获时，辄屯兵河西以诱官军。经略使庞籍每戒边将，敛兵河东毋与战。嘉祐二年，自正月出屯，至三月然后去。通判并州司马光行边至河西白草平，数十里无寇迹。是时，知麟州武戡、通判夏倚已筑一堡为候望，又与光议曰："乘敌去，出不意可更增二堡，以据其地。请还白经略使，益禁兵三千、役兵五百，不过二旬，壁垒可城。然后废横戎、临寨二堡，撤其楼橹，徙其甲兵，以实新堡，列烽燧以通警急。从衙城红楼之上，俯瞰其地，犹指掌也。有急，则州及横阳堡出兵救之；敌来耕则驱之，种则蹂践之；敌盛则入堡以避。如是，则堡外必不敢耕种，州西五六十里之内晏然矣。"籍遂檄麟州如其议。

五月，恩及武戡、走马承受公事内侍黄道元等以巡边为名，往按视之。会谍者言，敌兵盛屯沙黍浪，恩欲止不行。道元怒，以言胁恩，夜率步骑一千四百余人，不甲者半，循屈野河北而行，无复部伍。夏人举火卧牛峰，戡指以谓恩曰："敌已知吾军至矣。"道元曰："此尔曹故欲沮我师。"及闻鼓声，道元犹不信。行至皆口，恩欲休军，须晓乃登山。道元奋衣起曰："几年闻郭恩名，今日懦怯与贾逵何殊？"恩亦愠曰："不过死耳！"乃行。比明，至忽里堆。敌数十人皆西走，相去数十步，止。恩等踞胡床，遣使骑呼之，敌不应，亦不动。俄而起火，敌骑张左右翼，自南北交至。堆东有堑，其中有梁，谓之"断道堰"。恩等东据梁口，与力战，自旦至食。时敌自两旁堑中攀缘而上，四面合击，恩众大溃。

夏倚方在红楼，见敌骑自西山大下，与推官刘公弼率城中诸军，闭门乘城。武戬走东山，趣城东，抉门以入。恩、道元及府州宁府寨兵马都监刘庆皆被执，使臣死者五人，军士三百八十七人，已剺耳鼻得还者百余人，亡失器甲甚众。恩不肯降，乃自杀。赠同州观察使，封其妻为京兆郡君，录其子弟有差，给旧俸三年。武戬坐弃军除名，编管江州。

张岊字子云，府州府谷人。以赀为牙将，有胆略，善骑射。天圣中，西夏观察使阿遇有子来归。阿遇寇麟州，虏边户，约还子然后归所虏。麟州还其子，而阿遇辄背约。安抚使遣岊诘问，岊径造帐中，以逆顺谕阿遇，阿遇语屈，留岊共食。阿遇袖佩刀，贯大胾啖岊，岊引吻就刀食肉，无所惮。阿遇复弦弓张镞，指岊腹而彀，岊食不辍，神色自若。阿遇抚岊背曰："真男子也。"翌日，又与岊纵猎，双兔起马前，岊发两矢，连毙二兔。阿遇惊服，遗岊马、橐驼，悉归所虏。州将补为来远寨主。手杀伪首领，夺其甲马。时年十八，名动一军。

元昊犯鄜延，诏麟府进兵。岊以都教练使从折继闵破浪黄、党儿两族，射杀数十人，斩伪军主敖保，以功补下班殿侍、三班差使。

时敌骑方炽，中人促赐军衣，至麟州，不得前。康德舆管勾军马司事，遣岊驰骑五十往护之。至青眉浪，遇贼接战，流矢贯双颊，岊拔矢，斗愈力，夺马十二匹而还。贼兵攻府州甚急，城西南隅库下，贼将登，众嚣曰："城破矣！"岊乘陴大呼搏贼，贼稍却，飞矢中右目，下身被三创，昼夜督守。又帅死士开关，护州人汲于河，讫围解，城中水不乏，以劳，迁右班殿直。

然贼尝往来邀夺馈运，以岊为麟、府州道路巡检。至深柏堰，遇贼数千，分兵追击，斩首百余级，夺兵械、马牛数百。近郊民田，比秋成未敢获，岊以计于张亢，得步卒九百人护之，大败贼于龙门川。从诸将通麟州粮道，破贼于柏子寨。改左班殿直。

内侍宋永诚传诏寨下，岊护永诚，遇贼三松岭。贼以精骑挑战，矢中岊臂，犹跃马左右驰射，诸将乘胜而进，贼皆弃溃。特改西头供奉官，又迁内殿崇班。贼破丰州，岊与诸将一日数战，破容州刺史耶布移守贵叄寨，俘获万计。迁礼宾副使。

明镐在河东，以岢岚军当云、朔路，奏岊为麟府路驻泊都监兼沿边都巡检使，驻岢岚。张亢修并塞堡障，初议置安丰寨于石台神，岊以为非要害之地，遂寨徙于生地骨堆以扼贼。左右亲信咸曰："擅易寨地可乎？"岊曰："苟利国家，得罪无憾也。"卒易之。已而本道上言，左迁绛州兵马都监。二州未解严，复麟府驻泊都监，屯安丰。累迁洛苑使。尝从数骑夜入羌中侦机事，既还，羌觉追之，岊随羌疾驰，效羌语，与羌俱数里，乃得脱。前后数中流矢，创发臂间，卒。

张君平字士衡，磁州滏阳人。以父承训与契丹战死，补三班差使殿侍、黔州指挥使。獠兵屡入寇，君平引兵击破之，以功迁奉职，除驻泊监押，徙容、白等州巡检。又以捕贼功，迁右班殿直。

谢德权荐君平河阴窨务，擢阁门祗候，管勾汴口。建言：岁开汴口，当择其地；得其地，则水湍驶而无留沙，岁可省功百余万。又请沿河县植榆柳，为令佐、使臣课最，及瘗汴河流尸。悉从其言。

天圣初，议塞滑州决河，以君平习知河事，命以左侍禁签书滑州事兼修河都监。既而河未塞，召同提点开封府界县镇公事。以尝护滑州堤有功，特迁内殿崇班。

君平以京师数罹水灾，请委官疏凿近畿诸州古沟洫，久之，稍完，遂诏畿内及近畿州县长吏，皆兼管勾沟洫河道。自畿至泗州，道路多群寇，君平请两驿增置使臣，专主捕盗，而罢夹河巡检，于是行者无患。复为滑州修河都监，迁供备库副使。河平，改西作坊使，就迁钤辖，卒。

君平有吏材，尤明于水利，自议塞河，朝廷每访以利害。河平，君平且死，论者惜之。录三子官。子巩，皇祐中，以尚书虞部员外郎为河阴发运判官，管勾汴口，嗣其父职云。

论曰：孔子谓："暴虎冯河，死而无悔者，不与也。"老氏曰："佳兵者不祥。"景泰辈或起书生，或奋行伍，或出亡命，非有将率之材也。泰、信以区区之卒，尝摧西夏之强锋，颇知持重以制敌耳。蒋、张轻肆自用，竟殒于乌合之寇。恩怵道元之势，身陷虎口，守义不屈，犹足尚也。岊之骁勇，固非临事而惧者。君平死战之子，乃明习水利，以吏材称，亦可谓善变矣。

史方字正臣，开封人。应《周易》学究不中，补西第二班殿侍，再迁三班奉职，为潭、澧、鼎沿边同巡检，改右班殿直、阁门祗候。会澧州民诉下溪州蛮侵其土地，遣乘驿往视。自竹疏驿至申文崖，复地四百余里，得所掠五百余人，又置澧州、武口、杨泉、索溪四寨，以扼贼冲。就知邵州，徙澧州，迁右侍禁。

天禧中，下溪州蛮彭仕汉寇辰州，杀巡检王文庆。方勒兵入溪洞讨捕，降其党李顺同等八百余人，诛其尤恶者社忽等十九人。迁西头供奉官、知辰州兼沿边溪洞都巡检使，修南、北江五寨，徙夔州。

时富、顺州蛮田彦晏寇施州，焚暗利寨。方领兵直抵富、顺，荡其巢穴，穷追彦晏至七女栅，降之。迁内殿崇班，改内殿承制，奉使契丹，以供备库副使知环州、环庆路兵马都监。

先是，磨娟、浪豆、托校、拔新、兀二、兀三六族内寇，方谕以恩信，乃传箭牵羊乞和。减禁兵五千，徙内地以省边费。徙庆州，迁礼宾使兼环庆路兵马钤辖，复知环州。岁余，迁爱州刺史，为益州钤辖，徙秦凤路，迁西京作坊使，卒。

卢鉴字正臣，金陵人。累举进士不中，授三班奉职、监坊州酒税，以右班殿直为鄜延路走马承受公事。李继迁寇边，与总管王荣败走之；又与钤辖张崇贵击贼，焚其积聚，斩首级而还。擢阁门祗候，为本路兵马都监。复出荡族帐，获羊牛万计。徙凤翔、秦、陇、阶、成等州提点贼盗公事，寻为都巡检使，徙利州都监。

初，继迁声言石陨帐前，有文曰："天诫尔勿为中国患。"鉴时为承受，入奏事，真宗问之，鉴曰："此诈为之以欺朝廷也，宜益为备。"至是，继迁陷灵武，帝思其言，特迁右侍禁，知仪州。州有制胜关，最号险要，继迁欲乘虚袭取之，放言将由此大入。谍者以告，有诏徙老幼、刍粟于内地。鉴曰："此奸谋也，且示虏弱，摇民心，臣不敢奉诏。"卒不徙，已而贼亦不至。再迁西头供奉官、知利州。

会岁饥，以便宜发仓粟振民。秩满，民请留，诏留一年。提点河东路刑狱，历知保州、广信军、原州，就为环庆路都监兼知庆州，徙环州。平磨媚族于合道镇。坐事徙知丹州。累迁西京左藏库使、恩州刺史，为环庆路钤辖兼知环州，改西上阁门使、秦州，卒。

李渭字师望，其先西河人，后家河阳。进士起家，为临颍县主簿，累民至太常博士。会河决滑州，天圣初，上治河十策，参知政事鲁宗道奉诏行河，奏渭换北作坊副使，与张君平并为修河都监。未几皆罢，以渭为郓州兵马都监，徙知宪州，又知凤州兼阶、成州钤辖。

初，属户寇陷阶州沙滩寨，渭至，诘所以然者，乃都校赵钊扰之，奏流钊道州，以恩信谕酋帅，复其寨。迁军器库副使，历知原、环、庆三州。时诏举勇略任边者，李谘以渭应诏。徙益利路兵马钤辖，领惠州刺史，迁东八作使，擢西上阁门使，徙鄜延路，再迁四方馆使。

宝元元年，元昊将山遇率其族来归，且言元昊反状，渭与知州郭劝谋，却之。既而元昊果反。又与劝奏，以为元昊表至犹称臣，可渐屈以礼。朝廷初以渭兼知鄜州，坐是贬为尚食使、知汝州，徙磁州。元昊犯边，言者益归罪于渭，复降右监门卫将军、白波兵马都监，卒。

王果字仲武，深州饶阳人。举明法，历大理寺详断官，迁光禄寺丞，以太子右赞善大夫为审刑院详议官，迁殿中丞。奏边策，试舍人院，改衣库副使、知永宁军，更尚食使、知保州。

契丹谋致书求关南地，使未至，果购谍者先得其稿，奏之，擢领贺州刺史兼高阳关路兵马钤辖。中官杨怀敏领沿边屯田事，大广塘水，边臣莫敢言，果独抗辨水侵民田，无益边备。怀敏怒，诉果以不法，左迁青州兵马都监。历永兴军兵马钤辖、知陇州。

俄诏还，迁皇城使、河北沿边安抚副使，徙知定州兼真定路兵马钤辖。叛卒据保州，果坐多伤士众，徙知密州。又知忻州、鄜州，权秦凤路兵马总管，迁西上阁门使，徙知沧州，卒。

郭谘字仲谋，赵州平棘人。八岁始能言，聪敏过人。举进士，历通利军司理参军、中牟县主簿，改大理寺丞、知济阴县。建言："澶、滑堤狭，无以杀大河之怒，故汉以来河决多在澶、滑。且黎阳九河之原，今若引河出汶子山下，穿金堤，与横垄合，以达于海，则害可息。"诏本道使者共议，弗合。部夫坐小法，监通利军税。

洺州肥乡县田赋不平，岁久莫治，转运使杨偕遣谘摄令以往。既至，闭阁数日，以千步方田法四出量括，遂得其数，除无地之租者四百家，正无租之地者百家，收逋赋八十万，流民乃复。偕奏其才，迁殿中丞、知馆陶县。

康定西征，谘上战略，献《拒马抢阵法》，其制利山川险隘，以骑士试上前，擢通判镇戎军，募兵教习。会三司议均税法，知谏院欧阳修言，惟谘方田法简而易行，诏谘与孙琳均蔡州上蔡县税。以母忧免官。用宰相吕夷简荐，起为崇仪副使、提举黄御河堤岸。

时富弼使契丹，谘入对，陈大水御戎之要。诏与杨怀敏、邓保信行河，其议"决黎阳大河，下与胡芦、滹沱、后唐河以注塘泊，混界河，使东北抵于海，上溢鹌鹊坡，下注北当城，南视塘泊，界截虏疆，东至海口，西接保塞。惟保塞正西四十里，水不可到，请立堡塞，以兵戍之。"诏储用兴役，会契丹约和而止。知丹、利二州。

王则叛，文彦博荐谘知冀州，运粮助攻讨。贼平，徙忻州，开渭渠，导汾水，兴水利，置屯田。转运使任颛言谘有巧思，自为兵械皆可用。诏以所作刻漏、圆楯、独辕弩、生皮甲来上，帝颇嘉之。除益州路兵马钤辖，累迁英州刺史，后为契丹祭奠副使、知汾州。未行，言独辕弩可试，改鄜延路兵马钤辖，许置弩五百，募土兵教之。既成，经略使夏安期言其便，诏立独辕弩军。以西上阁门使知潞州。言怀、保二郡旁山，可以植稻；定武唐河抵瀛、莫间，可兴水田。又作鹿角车、陷马枪，请广独辕弩于他道。

诏谘置弩千分给并、潞，谘因上疏曰："臣自冠武弁，未尝一日不思御戎之计。顷使契丹，观幽燕地方不及三百里，无十万人一年之费，且乌合之众，非二十万不敢举。若以术制之，使举不得利，居无以给，不逾数年，必弃幽州而遁。臣庆历初经画河北大水，界断敌疆，乃其术也。臣所创车弩可以破坚甲，制奔冲，若多设之，助以大水，取幽蓟如探囊中物尔。"

时三司议均田租，召还，谘陈均括之法四十条。复上《平燕议》曰："契丹之地，自瓦桥至古北口，地狭民少。自古北口至中原，属奚、契丹，自中原至庆州，道旁才七百余家。盖契丹疆土虽广，人马至少，倘或南牧，必率高丽、渤海、黑水、女真、室韦等国会战，其来既远，其粮匮乏。臣闻以近待远，以佚待劳，以饱待饥，用兵之善计。又闻得敌自至者胜，先据便地者佚。以臣所见，请举庆历之策，合众河于塘泊之北界，以限戎马，然后以景德故事，顿兵自守。步卒十二万，骑卒三万，岁计粮饷百八十三万六千斛。又傍河郡邑，可以水运以给保州。然后以拒马车三千，陷马枪千五百，独辕弩三万，分选五将，臣可以备其一，来则战，去则勿追。幽州粮储既少，敌不可久留，不半年间，当遁沙漠。则进兵断古北口，寨松亭关，传檄幽蓟，燕南自定。且彼之所恃者，惟马而已。但能多方致力，使马不获伸用，则敌可破，幽燕可取。"帝壮其言，诏置独辕弩二万，同提举百司及南北作坊，以完军器。

谘尝谓：作汴乘索河三十六陂之流，危京师，请自巩西山七里店孤柏岭下凿七十里，导洛入汴，可以四时行运。诏都水监杨佐同往计度。归，未及论功而卒。

　　田敏字子俊，本易州牙吏。雍熙中，王师讨幽蓟，曹彬进兵涿州，敌断其后。王继恩募勇士持书抵彬，敏应募，间行由祁沟关达涿州。彬得诏，选壮士五十人卫敏还，道遇贼，力战，四十八人死，敏与两人者，仅以身免。彬上其事，太宗召见，复令赍诏谕彬。师还，补敏易州静寨指挥使。

　　端拱初，以所部兵屯定州。契丹攻北唐河，大将李继隆遣部将逆战，为敌所乘，奄至水南。敏以百骑奋击，敌惧，退水北，遂引去。又出狼山，袭契丹，至满城，获首级甚众。既而敌陷易州，敏失其家所在。帝擢敏本军都虞候，赐白金三百两，使间行求其父母，得之以归。徙屯镇州，而升其指挥为内员僚直。

　　李继隆讨夏州，奏隶麾下。敏率兵至灵州橐驼口双堠西，遇敌，斩首三千级，获羊马、橐驼、铠仗数万计。继隆上其功，迁御前忠佐马步军副都军头。既而又从傅潜于定州。时契丹断蒲阴路，城中有神勇军士千余人，属敌兵盛，不敢战，敏轻锐援出之。真宗幸天雄军，诏敏隶高琼，使追贼至宁远军，以功领涿州刺史。王均乱西川，从招安使雷有终败贼于灵池山。贼平，迁马步军都军头。

　　咸平中，契丹复入寇，敏从王显为镇、定先锋，大败契丹于遂城西羊山，斩其酋长。真授单州刺史，后为邢州兵马钤辖。未几，从王起屯定州，遇契丹于望都，逆战，斩首二千余级。徙北平寨兵马钤辖，领骑兵五千以当其冲。

　　先是，两地供输民多为契丹乡道，敏自鱼台北悉驱南徙，凡七百余户，送定州。迁北平寨总管，赐御剑，听以便宜从事。至是，契丹复入寇，复与敌战杨村，败之。敏谍知契丹主去北平十里蒲阴驻寨，敏夜率锐兵，袭破其营帐。契丹主大惊，问挞览曰："今日战者谁？"挞览曰："所谓田厢使者。"契丹主曰："其锋锐不可当。"遂引众去。

　　敌攻瀛州不下，欲乘虚犯贝、魏，诏敏与魏能、张凝三路兵，入敌境纵击，以牵其势。敏出西路，抵易州南十里，屯师石村，虏获人畜、铠仗以万计。寻诏三路兵还定州，敏遇敌于镇州之北马头岭，复大破之。契丹请和，乃徙敏镇定路都钤辖，迁本州团练使，充镇定路管。徙永兴军、陕州，历鄜延、环庆、凤翔三路，久之，为环庆路都总管。

时后桥属羌数扰边，敏诛违命者十八族，又败罗骨于三店川，迁郑州防御使、泾原路总管，后徙环庆。坐与部豪往还纳赂为不法，降左屯卫大将军、昭州防御使。既而以虢州团练使知隰州，复为环庆路都总管、仪州防御使，卒。敏在边二十余年，凡迁授，多以功伐，虽晚不自饬，而朝迁亦优容之。

侍其曙字景升。父积，左监门卫大将军。曙少举进士，不第，以父任为殿前承旨，改右班殿直。咸平中，以阁门祗候为苏、杭、湖、秀等州都巡检使。迁左侍禁，领东西排岸司，与谢德权提举在京仓草场。尝于仓隙地牧牛羊，为德权所讼。真宗以问德权曰：“牛羊食仓粟邪？”曙闻而自劾，帝勉谕之。它日，召曙问：“汝才孰与德权？”对曰：“德权畏法慎事，臣乃敢于官仓牧牛羊，是不及也。”人多称之。

鄂州男子闻人若挫，告其徒永兴民李琰将作乱，命曙同度支判官李应机往按之。至则设方略，捕琰党三十余人，皆伏法。琰辞连已所不快者数十人，一切不问。青州卒庞德讼其校李绪谋以众叛，帝疑其诬，又命曙至青州，与通判魏德升同至劾，无验，遂弃德市。知青州张齐贤奏曙擅戮人，帝曰：“不尔，无以安被告者。”曙还，奏德惮绪治军严，故诬之。帝擢绪本军虞候，而进曙东头供奉官。初，太宗平河东，建塔于太原故城，塔毁，帝欲新之，遣内侍经度，计工二百万。帝疑，命曙往，减费十九。改内殿崇班。

祥符二年，黎州夷人为乱，诏曙乘驿往招抚，其酋首纳款，杀牲为誓。曙按行盐井，夷人复叛。曙率部兵百余，生擒首领三人，斩首数十级。因上言蛮阻险拒命，请必加讨。诏知庆州孙正辞、环庆驻泊都监张继勋领陕西兵，同曙俱进，所至皆降。曙又言：王师已至而方出，请诛之。真宗谓王旦曰：“已降而杀之，何以信四夷？”不许。夷人平，迁内殿承制，再迁如京副使、知登州。

会岁饥，请漕江、淮米以振贫乏，活者甚众。累迁西京作坊使、惠州刺史、知桂州，徙滑州，迁西上阁门使，徙郓州，提举在京诸司库务，卒。曙为人沈敏，有干略，善论利害事，朝迁数任使之。

康德舆字世基，河南洛阳人。父赞元，尝以作坊使从曹光实袭李继迁，获其母妻，擢崇仪使、武州刺史。赞元死，真宗追其功，录德舆三班奉职，迁右班殿直、泾原路走马承受，擢阁门祗候。河啮阳武埽，诏遣德舆完筑。历开封府西路都巡检、勾当榷货务，皆兼领埽事。改巡护开封府等六州黄河堤岸。

天圣中，使夏州，赐赵德明冬服。夏人谓曰："前康将军战灵武者，非先世邪？"德舆惧其复仇，绐曰："非也。"还，勾当汴口，改西头供奉官。用枢密使曹利用荐，迁内殿崇班、河阴兵马都监，建沿汴斗门以节水。会积雨，汴水将溢，德舆请自京西导水入护龙河，水得不溢。历知原州、庆州，益州路兵马钤辖，久之，领昭州刺史，徙并代兵马钤辖、管勾麟府路军马事。

有蕃部乜罗为殿侍，求锦袍、驿料，德舆不与，乜罗颇出怨言。后有谮乜罗与贼通，战则反射汉人，乜罗无以自明，乃谋附贼。指挥张岊闻之，召乜罗与饮，乜罗泣曰："我岂附贼者邪？盖逃死耳。"岊以告德舆："乜罗叛，信矣，不可不杀。"元昊方屡入寇，德舆不听，曰："今日岂杀蕃部时邪？"岊曰："叛者特乜罗，非众所欲也。请为君召与饮，仆崖谷中，声言堕马死，安知汉杀之？"德舆犹豫不决，以问所亲，所亲恶岊，短毁之，岊计不得行。

知府州折继闵闻贼将至，以告德舆，德舆怒曰："君不召之，可以知其来也！"贼果以乜罗为向导，自后河川入袭府州。蕃汉欲入城，德舆闭门不纳，或降贼，或为贼所杀，不可胜计。贼既围府州，德舆与马步军副总管王元、兵马钤辖杨怀忠按兵不出战，但移文转运司调军食。转运副使文彦博籍民辇运，至境以俟，而德舆等终不出。及陷丰州，才出屯州城数里，三日而还，居民望见，以谓寇复至，皆弃其所赍，入保城郭。然朝廷不悉闻，德舆止坐不出战，降为东染院使、河阳兵马都监。寻复昭州刺史、知保州,徙真定府定州路总管,历知代、石、仪三州,大名府路钤辖,提举金堤,累迁西上阁门使。

至和中,河决小吴埽,破东堤顿丘口,居民避水者趋堤上,而水至不得达,德舆以巨艘五十,顺流以济之,遂免垫溺。复领果州团练使、知冀州,徙赵州。有告云冀卒谋以上元夜劫库兵为乱,德舆会宾属燕饮自若,阴遣人捕首谋诛之。徙陈州钤辖,卒。

张昭远字持正,沧州无棣人。父凝,殿前都虞候、宁州防御使。契丹内寇,凝与康保裔伏兵瀛州,陷围中。昭远年十八,挺身掖出之,擢左班殿直、寄班祗候。每出使还,奏利害,多称旨。为忻州都巡检,改阁门祗候、知火山军,管勾河东缘边安抚司,再迁内殿崇班。

天禧初,阁门副使缺员,枢密院方奏拟人,真宗曰:"朕有人矣。张昭远知边略,曹仪习朝仪,可并除西上阁门副使。"俄为河北缘边安抚副使,寻知瀛州,改东上阁门副使、知定州,以引进副使复知瀛州,迁西上阁门使、知雄州。献言岁会四榷场入中银,帝谓辅臣曰:"先朝置榷场,所以通货,非所以计贸易之利也。"

会大雨,陂塘大溢,昭远勒兵筑长堤,以捍其冲。徙鄜延路兵马钤辖,进都钤辖,筑堡成平川。领忠州刺史、知成德军,迁四方馆使。滹沱河决,坏城郭,乃修五关城,外环以堤,民至今为利。擢捧日天武四厢都指挥使、新州防御使,历步军马军都虞候、嘉州防御使、知代州。召还,改莫州防御使,罢管军,授左龙武军大将军、昭州防御使,卒。特赠应州观察使。

论曰:郭谘以其智巧材略,自见于功利之间,有足称者。曙,抑其次也,余皆碌碌者矣。如方之御寇,鉴之料敌,王果持法峭深,治军严办,兹其长也。田敏屡有战功,而贪墨败度,幸容于时。李渭治无远略,一失机会,关中兵祸,数年不解。德舆闭城以弃其民,昭远计榷场所入,焉知圣人怀柔之意哉。

宋史卷三二七
列传第八六

王安石 子雱 唐坰附 王安礼
王安国

　　王安石字介甫,抚州临川人。父益,都官员外郎。安石少好读书,一过目终身不忘。其属文动笔如飞,初若不经意,既成,见者皆服其精妙。友生曾巩携以示欧阳修,修为之延誉。擢进士上第,签书淮南判官。旧制,秩满许献文求试馆职,安石独否。再调知鄞县,起堤堰,决陂塘,为水陆之利;贷谷与民,出息以偿,俾新陈相易,邑人便之。通判舒州。文彦博为相,荐安石恬退,乞不次进用,以激奔竞之风。寻召试馆职,不就。修荐为谏官,以祖母年高辞。修以其须禄养言于朝,用为群牧判官,请知常州。移提点江东刑狱,入为度支判官,时嘉祐三年也。

　　安石议论高奇,能以辨博济其说,果于自用,慨然有矫世变俗之志。于是上万言书,以为:"今天下之财力日以困穷,风俗日以衰坏,患在不知法度,不法先王之政故也。法先王之政者,法其意而已。法其意,则吾所改易更革,不至乎倾骇天下之耳目,嚣天下之口,而固已合先王之政矣。因天下之力以生天下之财,收天下之财以供天下之费,自古治世,未尝以财不足为公患也,患在治财无其道尔。在位之人才既不足,而闾巷草野之间亦少可用之才,社稷之托,封疆之守,陛下其能久以天幸为常,而无一旦之忧乎?愿监苟且因循之弊,明诏大臣,为之以渐,期合于当世之变。臣之所称,流俗之所不讲，而议者以为迂阔而熟烂者也。"后安石当国，其所注措，大抵皆祖此书。

俄直集贤院。先是，馆阁之命屡下，安石屡辞；士大夫谓其无意于世，恨不识其面，朝廷每欲畀以美官，惟患其不就也。明年，同修起居注，辞之累日。阁门吏赍敕就付之，拒不受；吏随而拜之，则避于厕；吏置敕于案而去，又追还之；上章至八九，乃受。遂知制诰，纠察在京刑狱，自是不复辞官矣。

有少年得斗鹑，其侪求之不与，恃与之昵辄持去，少年追杀之。开封当此人死，安石驳曰："按律，公取、窃取皆为盗。此不与而彼携以去，是盗也；追而杀之，是捕盗也，虽死当勿论。"遂劾府司失入。府官不伏，事下审刑、大理，皆以府断为是。诏放安石罪，当诣阁门谢。安石言："我无罪。"不肯谢。御史举奏之，置不问。

时有诏舍人院无得申请除改文字，安石争之曰："审如是，则舍人不得复行其职，而一听大臣所为，自非大臣欲倾侧而为私，则立法不当如此。今大臣之弱者不敢为陛下守法；而强者则挟上旨以造令，谏官、御史无敢逆其意者，臣实惧焉。"语皆侵执政，由是益与之忤。以母忧去，终英宗世，召不起。

安石本楚士，未知名于中朝，以韩、吕二族为巨室，欲藉以取重。乃深与韩绛、绛弟维及吕公著交，三人更称扬之，名始盛。神宗在颍邸，为记室，每讲说见称，辄曰："此非维之说，维之友王安石之说也。"及为太子庶子，又荐自代。帝由是想见其人；甫即位，命知江宁府。数月，召为翰林学士兼侍讲。熙宁元年四月，始造朝。入对，帝问为治所先，对曰："择术为先。"帝曰："唐太宗何如？"曰："陛下当法尧、舜，何以太宗为哉？尧、舜之道，至简而不烦，至要而不迂，至易而不难。但末世学者不能通知，以为高不可及尔。"帝曰："卿可谓责难于君，朕自视眇躬，恐无以副卿此意。可悉意辅朕，庶同济此道。"

一日讲席，群臣退，帝留安石坐，曰："有欲与卿从容论议者。"因言："唐太宗必得魏徵，刘备必得诸葛亮，然后可以有为，二子诚不世出之人也。"安石曰:"陛下诚能为尧、舜,则必有皋、夔、稷、离;诚能为高宗,则必有傅说。彼二子皆有道者所羞,何足道哉?以天下之大,人民之众,百年承平,学者不为不多。然常患无人可以助治者,以陛下择术未明,推诚未至,虽有皋、夔、稷、离、傅说之贤,亦将为小人所蔽,卷怀而去尔。"帝曰:"何世无小人,虽尧、舜之时,不能无四凶。"安石曰:"惟能辨四凶而诛之,此其所以为尧、舜也。若使四凶得肆其谗慝,则皋、夔、稷、离亦安肯苟食其禄以终身乎?"

登州妇人恶其夫寝陋,夜以刀斫之,伤而不死。狱上,朝议皆当之死,安石独援律辩证之,为合从谋杀伤,减二等论。帝从安石说,且著为令。

二年二月,拜参知政事。上谓曰:"人皆不能知卿,以为卿但知经术,不晓世务。"安石对曰:"经术正所以经世务,但后世所谓儒者,大抵皆庸人,故世俗皆以为经术不可施于世务尔。"上问:"然则卿所施设以何先?"安石曰:"变风俗,立法度,最方今之所急也。"上以为然。于是设制置三司条例司,命与知枢密院事陈升之同领之。安石令其党吕惠卿任其事。而农田水利、青苗、均输、保甲、免役、市易、保马、方田诸役相继并兴,号为新法,遣提举官四十余辈,颁行天下。

青苗法者,以常平籴本作青苗钱,散与人户,令出息二分,春散秋敛。均输法者,以发运之职改为均输,假以钱货,凡上供之物,皆得徙贵就贱,用近易远,预知在京仓库所当办者,得以便宜蓄买。保甲之法,籍乡村之民,二丁取一,十家为保,保丁皆授以弓弩,教之战阵。免役之法,据家赀高下,各令出钱雇人充役,下至单丁、女户,本来无役者,亦一概输钱,谓之助役钱。市易之法,听人赊贷县官财货,以田宅或金帛为抵当,出息十分之二,过期不输,息外每月更加罚钱百分之二。保马之法,凡五路义保愿养马者,户一匹,以监牧见马给之,或官与其直,使自市,岁一阅其肥瘠,死病者补偿。方田之法,以东、西、南、北各千步,当四十一顷六十六亩一百六十步为一方,岁以九月,令、佐分地计量,验地土肥瘠,定其色号,分为五等,以地之等，均定税数。又有免行钱者，约京师百物诸行利入厚薄，皆令纳钱，与免行户祗应。自是四方争言农田水利，古陂废堰，悉务兴复。又令民封状增价以买坊场，又增茶盐之额，又设措置河北籴便司，广积粮谷于临流州县，以备馈运。由是赋敛愈重，而天下骚然矣。

御史中丞吕诲论安石过失十事，帝为出诲，安石荐吕公著代之。韩琦谏疏至，帝感悟，欲从之，安石求去。司马光答诏，有"士夫沸腾，黎民骚动"之语，安石怒，抗章自辨，帝为巽辞谢，令吕惠卿谕旨，韩绛又劝帝留之。安石入谢，因为上言中外大臣、从官、台谏、朝士朋比之情，且曰："陛下欲以先王之正道胜天下流俗，故与天下流俗相为重轻。流俗权重，则天下之人归流俗；陛下权重，则天下之人归陛下。权者与物相为重轻，虽千钧之物，所加损不过铢两而移。今奸人欲败先王之正道，以沮陛下之所为。于是陛下与流俗之权适争轻重之时，加铢两之力，则用力至微，而天下之权，已归于流俗矣，此所以纷纷也。"上以为然。安石乃视事，琦说不得行。

安石与光素厚，光援朋友责善之义，三诒书反复劝之，安石不乐。帝用光副枢密，光辞未拜而安石出，命遂寝。公著虽为所引，亦以请罢新法出颍州。刺史刘述、刘琦、钱颙、孙昌龄、王子韶、程颢、张戬、陈襄、陈荐、谢景温、杨绘、刘挚，谏官范纯仁、李常、孙觉、胡宗愈皆不得其言，相继去。骤用秀州推官李定为御史，知制诰宋敏求、李大临、苏颂封还词头，御史林旦、薛昌朝、范育论定不孝，皆罢逐。翰林学士范镇三疏言青苗，夺职致仕。惠卿遭丧去，安石未知所托，得曾布，信任之，亚于惠卿。

三年十二月，拜同中书门下平章事。明年春，京东、河北有烈风之异，民大恐。帝批付中书，令省事安静以应天变，放遣两路募夫，责监司、郡守不以上闻者。安石执不下。

开封民避保甲，有截指断腕者，知府韩维言之，帝部安石，安石曰："此固未可知，就令有之，亦不足怪。今士大夫睹新政，尚或纷然惊异；况于二十万户百姓，固有戆愚为人所惑动者，岂应为此遂不敢一有所为邪?"帝曰:"民言合而听之则胜,亦不可不畏也。"

东明民或遮宰相马诉助役钱,安石白帝曰:"知县贾蕃乃范仲淹之婿,好附流俗,致民如是。"又曰:"治民当知其情伪利病,不可示姑息。若纵之使妄经省台,鸣鼓邀驾,恃众侥幸,则非所以为政。"其强辩背理率类此。

帝用韩维为中丞,安石憾暴言,指为善附流俗以非上所建立,因维辞而止。欧阳修乞致仕,冯京请留之,安石曰:"修附丽韩琦,以琦为社稷臣。如此人,在一郡则坏一郡,在朝廷则坏朝廷,留之安用?"乃听之。富弼以格青苗解使相,安石谓不足以阻奸,至比之共、鲧。灵台郎尤瑛言天久阴,星失度,宜退安石,即黥隶英州。唐坰本以安石引荐为谏官,因请对极论其罪,谪死。文彦博言市易与下争利,致华岳山崩。安石曰:"华山之变,殆天意为小人发。市易之起,自为细民久困,以抑兼并尔,于官何利焉。"阏其奏,出彦博守魏。于是吕公著、韩维,安石藉以立声誉者也;欧阳修、文彦博,荐己者也;富弼、韩琦,用为侍从者也;司马光、范镇,交友之善者也;悉排斥不遗力。

礼官议正太庙太祖东向之位,安石独定议还僖祖于桃庙,议者合争之,弗得。上元夕,从驾乘马入宣德门,卫士诃止之,策其马。安石怒,上章请逮治。御史蔡确言:"宿卫之士,拱扈至尊而已,宰相下马非其处,所应诃止。"帝卒为杖卫士,斥内侍,安石犹不平。王韶开熙河奏功,帝以安石主议,解所服玉带赐之。

七年春,天下久旱,饥民流离,帝忧形于色,对朝嗟叹,欲尽罢法度之不善者。安石曰:"水旱常数,尧、汤所不免,此不足招圣虑,但当修人事以应之。"帝曰:"此岂细事,朕所以恐惧者,正为人事之未修尔。今取免行钱太重,人情咨怨,至出不逊语。自近臣以至后族,无不言其害。两宫泣下,忧京师乱起,以为天旱更失人心。"安石曰:"近臣不知为谁,若两宫有言,乃向经、曹修所为尔。"冯京曰:"臣亦闻之。"安石曰:"士大夫不逞者以京为归,故京独闻此言,臣未之闻也。"监安上门郑侠上疏,绘所见流民扶老携幼困苦之状,为图以献,曰:"旱由安石所致。去安石,天必雨。"侠又坐窜岭南。慈圣、宣仁二太后流涕谓帝曰:"安石乱天下。"帝亦疑之,遂罢为观文殿大学士、知江陵府,自礼部侍郎转为吏部尚书。

吕惠卿服阕,安石朝夕汲引之,至是,白为参知政事,又乞召韩绛代己。二人守其成模,不少失,时号绛为"传法沙门",惠卿为"护法善神"。而惠卿实欲自得政,忌安石复来,因郑侠狱陷其弟安国,又起李士宁狱以倾安石。绛觉其意,密白帝请召之。八年二月,复拜相,安石承命,即倍道来。《三经义》成,加尚书左仆射兼门下侍郎,以子雱为龙图阁直学士。雱辞,惠卿劝帝允其请,由是嫌隙愈著。惠卿为蔡承禧所击,居家俟命。雱风御史中丞邓绾,复弹惠卿与知华亭县张若济为奸利事,置狱鞠之,惠卿出守陈。

十月,彗出东方,诏求直言,及询政事之未协于民者。安石率同列疏言:"晋武帝五年,彗出轸;十年,又有孛。而其在位二十八年,与《乙巳占》所期不合。盖天道远,先王虽有官占,而所信者人事而已。天文之变无穷,上下傅会,岂无偶合。周公、召公,岂欺成王哉!其言中宗享国日久,则曰'严恭寅畏,天命自度,治民不敢荒宁'。其言夏、商多历年所,亦曰'德'而已。禆灶言火而验,欲禳之,国侨不听,则曰'不用吾言,郑又将火'。侨终不听,郑亦不火。有如禆灶,未免妄诞,况今星工哉?所传占书,又世所禁,誊写讹误,尤不可知。陛下盛德至善,非特贤于中宗,周、召所言,则既阅而尽之矣,岂须愚瞽复有所陈。窃闻两宫以此为忧,望以臣等所言,力行开慰。"帝曰:"闻民间殊苦新法。"安石曰:"祁寒暑雨,民犹怨咨,此无庸恤。"帝曰:"岂若并祁寒暑雨之怨亦无邪?"安石不悦,退而属疾卧,帝慰勉起之。其党谋曰:"今不取上素所不喜者暴进用之,则权轻,将有窥人间隙者。"安石是其策。帝喜其出,悉从之。时出师安南,谍得其露布,言:"中国作青苗、助役之法,穷困生民。我今出兵,欲相拯济。"安石怒,自草敕榜诋之。

华亭狱久不成,雱以属门下客吕嘉问、练亨甫共议,取邓绾所列惠卿事,杂他书下制狱,安石不知也。省吏告惠卿于陈,惠卿以状闻,且讼安石曰:"安石尽弃所学,隆尚纵横之末数,方命矫令,罔上要君。此数恶力行于年岁之间,虽古之失志倒行而逆施者,殆不如此。"又发安石私书曰"无使上知"者。帝以示安石,安石谢无有,归以问雱,雱言其情,安石咎之。雱愤恚,疽发背死。安石暴缊罪,云"为臣子弟求官及荐臣婿蔡卞",遂与亨甫皆得罪。缊始以附安石居言职,及安石与吕惠卿相倾,缊极力助攻惠卿。上颇厌安石所为,缊惧失势,屡留之于上,其言无所顾忌;亨甫险薄,谄事雱以进,至是皆斥。

安石之再相也,屡谢病求去,及子雱死,尤悲伤不堪,力请解几务。上益厌之,罢为镇南军节度使、同平章事、判江宁府。明年,改集禧观使,封舒国公。屡乞还将相印。元丰二年,复拜左仆射、观文殿大学士。换特进,改封荆。哲宗立,加司空。

元祐元年,卒,年六十六,赠太傅。绍圣中,谥曰文,配享神宗庙庭。崇宁三年,又配食文宣王庙,列于颜、孟之次,追封舒王。钦宗时,杨时以为言,诏停之。高宗用赵鼎、吕聪问言,停宗庙配享,削其王封。

初,安石训释《诗》、《书》、《周礼》,既成,颁之学官,天下号曰"新义"。晚居金陵,又作《字说》,多穿凿傅会。其流入于佛、老。一时学者,无敢不传习,主司纯用以取士,士莫得自名一说,先儒传注,一切废不用。黜《春秋》之书,不使列于学官,至戏目为"断烂朝报"。

安石未贵时,名震京师,性不好华腴,自奉至俭,或衣垢不浣,面垢不洗,世多称其贤。蜀人苏洵独曰:"是不近人情者,鲜不为大奸慝。"作《辩奸论》以刺之,谓王衍、卢杞合为一人。

安石性强忮,遇事无可否,自信所见,执意不回。至议变法,而在廷交执不可,安石传经义,出己意,辩论辄数百言,众不能诎。甚者谓"天变不足畏,祖宗不足法,人言不足恤"。罢黜中外老成人几尽,多用门下儇慧少年。久之,以旱引去,洎复相,岁余罢,终神宗世不复召,凡八年。子雱。

雱字元泽。为人慓悍阴刻，无所顾忌。性敏甚，未冠，已著书数万言。年十三，得秦卒言洮、河事，叹曰："此可抚而有也。使西夏得之，则吾敌强而边患博矣。"其后王韶开熙河，安石力主其议，盖兆于此。举进士，调旌德尉。

雱气豪，睥睨一世，不能作小官。作策三十余篇，极论天下事，又作《老子训传》及《佛书义解》，亦数万言。时安石执政，所用多少年，雱亦欲预选，乃与父谋曰："执政子虽不可预事，而经筵可处。"安石欲上知而自用，乃以雱所作策及注《道德经》镂板鬻于市，遂传达于上。邓绾、曾布又力荐之，召见，除太子中允、崇政殿说书。神宗数留与语，受诏撰《诗》、《书义》，擢天章阁待制兼侍讲。书成，迁龙图阁直学士，以病辞不拜。

安石更张政事，雱实导之。常称商鞅为豪杰之士，言不诛异议者法不行。安石与程颢语，雱囚首跣足，携妇人冠以出，问父所言何事。曰："以新法数为人所阻，故与程君议。"雱大言曰："枭韩琦、富弼之头于市，则法行矣。"安石遽曰："儿误矣。"卒时才三十三，特赠左谏议大夫。

唐坰者，以父任得官。熙宁初，上书云："秦二世制于赵高，乃失之弱，非失之强。"神宗悦其言。又云："青苗法不行，宜斩大臣异议如韩琦者数人。"安石尤喜之，荐使对，赐进士出身，为崇文校书。上薄其人，除知钱塘县。安石欲留之，乃令邓绾荐为御史，遂除太子中允。数月，将用为谏官，安石疑其轻脱，将背己立名，不除职，以本官同知谏院，非故事也。

坰果怒安石易己，凡奏二十疏，论时事，皆留中不出。乃因百官起居日，扣陛请对，上令谕以他日，坰伏地不起，遂召升殿。坰至御坐前，进曰："臣所言，皆大臣不法，请对陛下一一陈之。"乃搢笏展疏，目安石曰："王安石近御坐，听札子。"安石迟迟，坰诃曰："陛下前犹敢如此，在外可知！"安石悚然而进。坰大声宣读，凡六十条，大略以"安石专作威福,曾布等表里擅权,天下但知惮安石威权,不复知有陛下。文彦博、冯京知而不敢言。王珪曲事安石,无异厮仆。"且读且目珪,珪惭俯首。"元绛、薛向、陈绎,安石颐指气使,无异家奴。张琥、李定为安石爪牙,台官张商英乃安石鹰犬。逆意者虽贤为不肖,附己者虽不肖为贤。"至诋为李林甫、卢杞。上屡止之,坰慷慨自若,略不退慑。读已,下殿再拜而退。侍臣卫士,相顾失色,安石为之请去。阁门纠其渎乱朝仪,贬潮州别驾。邓绾申救之,且自劾缪举。安石曰:"此素狂,不足责。"改监广州军资库,后徙吉州酒税,卒官。

论曰:朱熹尝论安石"以文章节行高一世,而尤以道德经济为己任。被遇神宗,致位宰相,世方仰其有为,庶几复见二帝三王之盛。而安石乃汲汲以财利兵革为先务,引用凶邪,排摈忠直,躁迫强戾,使天下之人,嚣然丧其乐生之心。卒之群奸嗣虐,流毒四海,至于崇宁、宣和之际,而祸乱极矣。"此天下之公言也。昔神宗欲命相,问韩琦曰:"安石何如?"对曰:"安石为翰林学士则有余,处辅弼之地则不可。"神宗不听,遂相安石。呜呼!此虽宋氏之不幸,亦安石之不幸也。

王安礼字和甫,安石之弟也。早登科,从河东唐介辟。熙宁中,鄜延路城罗兀,河东发民四万负饷,宣抚使韩绛檄使佐役,后帅吕公弼将从之。安礼争曰:"民兵不习武事,今驱之深入,此不为寇所乘,则东饿而死尔,宜亟罢遣。"公弼用其言,民得归,而他路遇敌者,全军皆覆,公弼执安礼手言曰:"四万之众,岂偶然哉。果有阴德,相与共之。"

初,绛专爵赏,既上最,多失实,公弼以状闻。诏即河东议功,公弼将受之。安礼曰:"宣抚使以宰相节制诸道,且许便宜,封授一有不题,人犹得非之。公藩臣,乃欲偷进功状于非其任邪?"公弼遽辞。遂荐安礼于朝,神宗召对,欲骤用之。安石当国,辞,以为著作佐郎、崇文院校书。他日得见,命之坐,有司言八品官无赐坐者,特命之。迁直集贤院,出知润州、湖州,召为开封府判官。尝偕尹奏事,既退,独留访以天下事,帝甚乡纳。直舍人院、同修起居注。

　　苏轼下御史狱,势危甚,无敢救者。安礼从容言:"自古大度之主,不以言语罪人。轼以才自奋,谓爵位可立取,顾录录如此,其心不能无觖望。今一旦致于理,恐后世谓陛下不能容才。"帝曰:"朕固不深谴也,行为卿贳之。卿第去,勿漏言,轼方贾怨于众,恐言者缘以害卿也。"李定、张璪皆摘使勿救,安礼不答,轼以故得轻比。

　　进知制诰。彗星见,诏求直言。安礼上疏曰:"人事失于下,变象见于上。陛下有仁民爱物之心,而泽不下究,意者左右大臣不均不直,谓忠者为不忠,不贤者为贤,乘权射利者,用力殚于沟瘠,取利究于园夫,足以干阴阳而召星变。愿察亲近之行,杜邪枉之门。至于祈禳小数,贬损旧章,恐非所以应天者。"帝览数嘉叹,谕之曰:"王珪欲使卿条具,朕尝谓不应沮格人言,以自壅障。今以一指蔽目,虽泰、华在前弗之见,近习蔽其君,何以异此,卿当益自信。"

　　以翰林学士知开封府,事至立断。前滞讼不得其情,及具按而未论者几万人,安礼剖决,未三月,三狱院及畿、赤十九邑,囚系皆空。书揭于府前,辽使过百见之,叹息夸异。帝闻之,喜曰:"昔秦内史廖从容俎豆,以夺由余之谋,今安礼能勤吏事,骇动殊邻,于古无愧矣。"特升一阶。

　　帝数失皇子,太史言民墓多迫京城,故不利国嗣,诏悉改卜,无虑数十万计,众汹惧。安礼谏曰:"文王卜世三十,其政先于掩骼埋胔,未闻迁人之冢以利其嗣者。"帝恻然而罢。

　　逻者连得匿名书告人不轨,所涉百余家。帝付安礼曰:"亟治之。"安礼验所指,皆略同,最后一书加三人,有姓薛者,安礼喜曰:"吾得之矣。"呼问薛曰:"若岂有素不快者耶?"曰:"有持笔来售者,拒之,鞅鞅去,其意似见衔。"即命捕讯,果其所为也。即枭其首于市,不逮一人,京师谓为神明。

　　宗室令铧以数十万钱买妾,久而斥归之,诉府督元直。安礼视妾,既火败其面矣,即奏言:"妾之所以直数十万者,以姿首也,今炙败之,则不复可鬻,此与炮烙之刑何异。请勿理其直而加厚谴,以为诫。"诏从之,仍夺令靸奉。

后宫造油箔,约三年损者反其价,才一年有损者,中官持诣府,请如约,词气甚厉。安礼曰:"庸讵非置之不得其地,为风雨燥湿所坏耶。苟如是,民将无复得直,约不可用也。"卒不追。以是宗室、中贵人皆惮之。

元丰四年,初分三省,置执政,拜中大夫、尚书右丞。转左丞。王师问罪夏国,泾原承受梁同奏:"转运使叶康直饷米,恶不可食。"帝大怒曰:"贵籴远饷,反不可用,徒弊民力于道路,康直可斩也。"安礼曰:"此一梁同之言,疑未必实,当按之。"乃遣判官张大宁与同参核,且械系康直以俟。既而米可用者什八九,帝意解,赦康直。

是时,伐夏不得志,李宪又欲再举。帝以访辅臣,王珪曰:"向所患者用不足,朝廷今捐钱钞五百万缗,以供军食有余矣。"安礼曰:"钞不可啖,必变而为钱,钱又变为刍粟。今距出征之期才两月,安能集事。"帝曰:"李宪以为已有备,彼宦者能如是,卿等独无意乎?唐平淮蔡,唯裴度谋议与主同。今乃不出公卿而出于阉寺,朕甚耻之。"安礼曰:"淮西,三州尔,有裴度之谋、李光颜李愬之将,然犹引天下之兵力,历岁而后定。今夏氏之强非淮蔡比,宪材非度匹诸将非有光颜、愬辈,臣惧无以副圣志也。"帝悟而止。后欲除宪节度使,安礼又以为不可。

御史中丞舒亶上章诋执政,且言:"尚书不置录目,有旨按吏罪。"安礼请取台录以为式,乃与省中同,遂并列亶他事,亶坐废。徐禧计议边事,安礼曰:"禧志大材疏,必误国。"及永乐败书闻,帝曰:"安礼每劝朕勿用兵,少置狱,盖为是也。"

久之,御史张汝贤论其过,以端明殿学士知江宁府,汝贤亦罢。元祐中,加资政殿学士,历扬、青、蔡三州。又为御史言,失学士,移舒州。绍圣初,还职,知永兴军。二年,知太原府。苦风痹,卧帐中决事,下不敢欺。卒,年六十二,赠右银青光禄大夫。

安礼伟风仪,论议明辨,常以经纶自任,而阔略细谨,以故数诒口语云。

王安国字平甫,安礼之弟也。幼敏悟,未尝从学,而文词天成。年十二,出所为诗、铭、论、赋数十篇示人,语皆警拔,遂以文章称于世,士大夫交口誉之。于书无所不通,数举进士,又举茂材异等,有司考其所献序言为第一,以母丧不试,庐于墓三年。

熙宁初,韩绛荐其材行,召试,赐及第,除西京国子教授。官满,至京师,上以安石故,赐对。帝曰:"卿学问通古今,以汉文帝为何如主?"对曰:"三代以后未有也。"帝曰:"但恨其才不能立法更制尔。"对曰:"文帝自代来,入未央宫,定变故俄顷呼吸间,恐无才者不能。至用贾谊言,待群臣有节,专务以德化民,海内兴于礼义,几致刑措,则文帝加有才一等矣。"帝曰:"王猛佐符坚,以蕞尔国而令必行,今朕以天下之大,不能使人,何也?"曰:"猛教坚以峻刑法杀人,致秦祚不传世,今刻薄小人,必有以是误陛下者,愿颛以尧、舜、三代为法,则下岂有不从者乎?"又问:"卿兄秉政,外论谓何?"曰:"恨知人不明,聚敛太急尔。"帝默然不悦,由是别无恩命,止授崇文院校书,后改秘阁校理。屡以新法力谏安石,又质责曾布误其兄,深恶吕惠卿之奸。

先是,安国教授西京,颇溺于声色,安石在相位,以书戒之曰:"宜放郑声。"安国复书曰:"亦愿兄远佞人。"惠卿衔之。及安石罢相,惠卿遂因郑侠事陷安国,坐夺官,放归田里。诏以谕安石,安石对使者泣下。既而复其官,命下而安国卒,年四十七。

论曰:安石恶苏轼而安礼救之,昵惠卿而安国折之,议者不以咎二弟也,惟其当而已矣。安礼为政,有足称者。安国早卒,故不见于用云。

宋史卷三二八
列传第八七

李清臣　　安焘　　张璪
蒲宗孟　　黄履　　蔡挺 兄抗
王韶 子厚 寀　薛向 子嗣昌　章楶

　　李清臣字邦直,魏人也。七岁知读书,日数千言,暂经目辄诵,
稍能戏为文章。客有从京师来者,与其兄谈佛寺火,清臣从傍应曰:
"此所谓灾也,或者其蠹民已甚,天固儆之邪?"因作《浮图灾解》。兄
惊曰:"是必大吾门。"韩琦闻其名,以兄之子妻之。
　　举进士,调邢州司户参军、和川令。岁满,荐者逾十数,应得京
官。适举将薛向有公事未竟,阁铨格,判铨张揿掤使自陈勿用。清
臣曰:"人以家保己而己舍之,薄矣。愿待之。"揿离席曰:"君能如
是,未可量也。"应材识兼茂科,欧阳修壮其文,以比苏轼。治平二
年,试秘阁,考官韩维曰:"荀卿氏笔力也。"试文至中书,修迎语曰:
"不置李清臣于第一,则谬矣。"启视如言。
　　时大雨霖,灾异数见,论者归咎濮议。及廷对,或谓曰:"宜以
《五行传》'简宗庙,水不润下'为证,必擢上第。"清臣曰:"此汉儒附
会之说也,吾不之信。民间岂无疾痛可上者乎?"即条对言:"天地之
大,譬如人一身,腹心肺腑有所攻塞,则五官为之不宁。民人生聚,
天地之腹心肺腑也;日月星辰,天地之五官也。善止天地之异者,不
止其异,止民之疾痛而已。"策入等,以秘书郎签书平江军判官,名

声籍甚。英宗知之，语王广渊曰："韩琦固忠臣，但避嫌太审。如李清臣者，公议皆谓可和，顾以亲抑之可乎？"既而诏举馆阁，欧阳修荐之，得集贤校理、同知太常礼院。

从韩绛使陕西。庆卒乱，家属九指挥应诛，清臣请于绛，配隶为奴婢。绛坐贬，清臣亦通判海州。久之，还故官，出提点京东刑狱。齐、鲁盗贼为天下剧，设耳目方略，名捕且尽。作《韩琦行状》，神宗读之曰："良史才也。"召为两朝国史编修官，撰《河渠》、《律历》、《选举》诸志，文直事详，人以为不减《史》、《汉》。同修起居注，进知制诰、翰林学士。元丰新官制，拜吏部尚书。清臣官右正言，当易承议阶，帝曰："安有尚书而犹承议郎者？"乃授朝奉大夫。六年，拜尚书右丞。哲宗即位，转左丞。

时熙、丰法度，一切厘正，清臣固争之，罢为资政殿学士、知河阳，徙河南、永兴。召为吏部尚书，给事中姚勔驳之，改知真定府。班行有王宗正者，致憾于故帅，使其妻诣使者，告前后馈饷过制，囚系数百人。清臣至，立奏解其狱，而窜宗正。帝亲政，拜中书侍郎，勔复驳之，不听。

绍圣元年，廷试进士，清臣发策曰："今复词赋之选而士不知劝，罢常平之官而农不加富，可差可募之说杂而役法病，或东或北之论异而河患滋，赐土以柔远也而羌夷之患未弭，驰利以便民也而商贾之路不通。夫可则因，否则革，惟当之为贵，圣人亦何有必焉。"主意皆绌元祐之政，策士悟其指，于是绍述之论大兴，国是遂变。

范纯仁去位，清臣独颛中书，亟复青苗、免役法，除诸路提举官。颛为相，顾苏辙轧己，乃摭辙尝以汉武比先帝激上怒，辙罢。时召章惇未至，清臣心益颛之。已而惇入相，复与为异，惇既逐诸臣，并籍文彦博、吕公著以下三十人，将悉窜岭表。清臣曰："更先帝法度，不为无过，然皆累朝元老，若从惇言，必大骇物听。"帝曰："是岂无中道耶？合揭榜朝堂，置余人不问。"鄜延亡金明寨，主将张兴战没，惇怒，议尽戮全军四千人。清臣曰："将死亦多端，或先登争利，或轻身入敌。今悉诛吏士，异时亡将必举军降虏矣。"于是但诛牙兵十六辈。

上幸楚王第，有狂妇人遮道叫呼，告清臣谋反，属吏捕治，本澶州娼而为清臣姑子田氏外妇者。清臣不能引去，用御史言，以大学士知河南，寻落职知真定府。

初，蔡确子渭上书诉父冤，廷奇潜以危刘挚等，清臣心知其诬，弗之省，坐夺学士。徽宗立，入为门下侍郎。仆射韩忠颜与之有连，惟其言是听，出范纯礼、张舜民，不使吕希纯、刘安世入朝，皆其谋也。寻为曾布所陷，出知大名府而卒，年七十一。赠金紫光禄大夫。

清臣蚤以词藻受知神宗，建大理寺，筑都城，皆命作记，简重宏放，文体各成一家。为人宽洪，不忮害。尝为舒亶所劾，及在尚书，亶以赃抵罪，独申救之，曰："亶信亡状，然谓之赃则不可。"再为姚勔所驳，当绍圣议贬，或激使甘心，汪臣为之言曰："勔以职事，所见或不同，岂应以臣故而加重？"帝悟，薄勔罪。起身穷约，以俭自持，至富贵不改。居官奉法，毋敢挠以私。然志在利禄，不公于谋国，一意欲取宰相，故操持悖谬，竟不如愿以死。后朝议以复孟后罪，追贬武安军节度副使，再贬雷州司户参军。

安焘字厚卿，开封人。幼警悟。年十一，从学里中，羞与群儿伍，闻有老先生聚徒，往师之。先生曰："汝方为诵数之学，未可从吾游，当群试省题一诗，中选乃置汝。"焘无难色。诗成，出诸生上，由是知名。

登第，调蔡州观察推官，至太常丞、主管大名府路机宜文字。用欧阳修荐，为秘阁校理、判吏部南曹、荆湖北路转运判官、提点刑狱兼常平、农田水利、差役事。时方兴新法，奉行之吏，或迎合求进。司农符檄日夜下，如免役增宽剩，造簿供手实，青苗责保任，追胥苛切，其类旁午。焘平心奉法，列其泰甚于朝。移使京东路，过阙入见，神宗伟其仪观，留检正中书孔目房、修起居注。

元丰初，高丽新通使，假焘左谏议大夫往报之。高丽迎劳，馆饩加契丹礼数等，使近臣言："王遇使者甚敬，出诚心，非若奉契丹苟免边患而已。"焘笑答曰:"尊中华,事大国,礼一也,特以罕至有加尔。朝廷与辽国通好久,岂复于此较厚薄哉!"使还,帝以为知礼,即授所假官,兼直学士院。

知审刑院,决剖滞讼五百余案。因言:"每蔽狱上省,轻重有疑,则必致驳,势既不敌,故法官顾避稽停,请自今以疑狱谳者,皆得轻论。"从之。求知陈州,还,为龙图阁直学士、判军器监。

命馆辽使。方宴近郊,使者不令其徒分坐庑下,力争之,使无以夺。至肄仪将见,又不使缀行分班,使者入,余皆坐门外,焘请令门见而出,众始愧悔。逮辞日,悉如仪。或谓细故无足较,焘曰:"契丹喜尝试人,其渐不可长也。"俄权三司使,改户部尚书。六年,同知枢密院。

夏人款塞,乞还侵疆。焘言:"地有非要害者固宜予,然羌情无厌,当使知吾宥过而息兵,不应示以厌兵之意。"哲宗立,复仍前议,二府遂欲并弃熙河。焘固争之,曰:"自灵武而东,皆中国故地。先帝有此武功,今无故弃之,岂不取轻于外夷?"于是但以葭芦等四寨归之。

蔡确辈更用事,焘循循其间,不能有所建明。元祐二年,进知院事。时复洮、河,擒鬼章青宜结,二边少清,而并塞犹苦寇掠。焘言:"为国者不可好用兵,亦不可畏用兵,好则疲民,畏则遗患。今朝廷每戒疆吏,非举国入寇毋得应之,则固畏用兵矣。虽仅保障戍,实堕其计中,愿复讲攻扰之策。且乾顺幼竖,梁氏擅权,族党酋渠多反侧顾望。若有以离间之,未必不回戈而复怨,此一奇也。"其后夏人自相携贰,使来修贡,悉如焘策。

宣仁太后患国用不足,颇裁冗费,宗室奉亦在议中。焘谏曰:"陛下虽痛抑外家,以示至公,然此举不可不深思而熟计。"太后悟,遂止。

大河北流,宰相主水官议,必欲回之东注。焘以河流入淀淀,久必淤浅,恐河朔无以御敌,遂上言曰:"自小吴未决之前,河虽屡徙,而尽在中国,故京师得以为北限。今决而西,则河尾益北,如此不已,将南岸遂属敌界。彼若建桥梁,守以州郡,窥兵河外,可为寒心。今水官之议,不过论地形,较功费;而献纳之臣,不考利害轻重,徒便于治河,而以设险为缓,非至计也。"帝虽然之,而回河之议纷起,东北萧然烦费,功亦不就。

三年,同列皆序迁,且新用执政,焘独如初。诏增其两秩,焘恳辞曰:"是虽有故事,窃意以一时同列超升之故,特用是以慰安其心尔。今日愿自臣革之,使朝廷不为姑息,而大臣稍敦廉耻之风,庶或有补。"竟不受。以母忧去,卒丧,拜观文殿学士、知郑州,徙颍昌及河南府,入为门下侍郎。

宣仁之丧,宗室既为三年服,才越岁,章惇拜相,欲革为期。焘争之曰:"上以先后保佑之久,追崇如恐不尽,兹用明道故实耳。遽改之,播诸天下,非佳声也。"乃止。焘与惇布衣交,觊其助己,焘不肯少下之。阳翟民盖渐有财讼,而与谏官来之邵交通,开封得其事。惇右之邵,欲薄其罪,焘不可;复欲并劾开封,焘又不可,遂与惇隙。明堂斋祠,为仪仗使,后官有绝驰道穿仗而过者,焘方举劾,谏官常安民又言,教坊不当于相国寺作乐。帝怒,欲逐安民,焘为救释。惇遂谮其相表里,出知郑州,徙大名。

父日华,本三班院吏,以焘恩封光禄大夫,至是卒,年九十余。焘免丧,徽宗立,复知枢密院。旧制,内侍出使,以所得旨言于院,审实乃得行。后多辄去,焘请按治之。都知阎守懃领他职,祈罢不以告,亦劾之,帝敕守懃诣焘谢。郝随得罪,或揣上意且起用,欲援赦为阶,亦争之。

以老避位,帝将宠以观文殿大学士,有间之者曰:"是宰相恩典也。"但以学士知河南。将行,上疏曰:"自绍圣、元符以来,用事之臣,持绍述之名,诳惑君父,上则固宠位而快恩仇,下则希进用而肆朋附。彼自为谋则善矣,未尝有毫发为公家计者也。夫听言之道,必以其事观之。臣不敢高谈远引,独以神考之事切于今者为证。熙宁、元丰之间,中外府库,以不充衍,小邑所积钱米,亦不减二十万。绍圣以还,倾竭以供边费,使军无见粮,吏无月俸,公私虚耗,未有甚于此时，而反谓绍述，岂不为厚诬哉！愿陛下监之，勿使饰偏辞而为身谋者复得行其说。”又言：“东京党祸已萌，愿戒履霜之渐。”语尤激切。

初，建青唐邈川为湟州，戍守困于供亿。焘在枢府，因议者以为可弃，奏还之。崇宁元年议其罪，降端明殿学士，再贬宁国军节度副使，汉阳军安置。湟州复，又降祁州团练副使。鄯州之复，又移建昌军，然弃鄯州时，焘居忧不预也，终不敢自明。阅再岁，始复通议大夫，还洛卒，年七十五。后五岁，悉还其官职。

子扶，靖康时为给事中。金人入京师，责取金帛，扶与梅执礼、陈知质、程振皆见杀。

张璪初名琥，字邃明，滁州全椒人，洎之孙也。早孤，鞠于兄环，欲任以官，辞不就。未冠登第，历凤翔法曹、缙云令。

王安石与环善，既得政，将用之，而环已老，乃引璪同编修中书条例，授集贤校理、知谏院、直舍人院。杨绘、刘挚论助役，安石使璪为文诘之，辞，曾布请为之，由是忤安石意。神宗欲命璪知制诰，安石荐用布，以璪同修起居注。自县令至是，才岁余。坐奏事不实，解三职，已而复之。

时建议武学，璪言：“古之太学，舞干习射，受成献功，莫不在焉。文武之才，皆自此出，未闻偏习其一者也。请无问文武之士，一养于太学。”朝廷既复河、陇，欲因势戡定爨、蜀、荆、广诸夷，璪言：“先王务治中国而已。今生财未尽有道，用财未尽有礼，不宜遽及狙征之事。”皆不听，以集贤殿修撰知蔡州，复知谏院兼侍御史知杂事。

卢秉行盐法于东南，操持峻急，一人抵禁，数家为黥徒，且破产以偿告捕，二年中犯者万人。璪条列其状。又言：“行役法以来，最下户亦每岁纳钱，乞度宽羡数均损之，以惠贫弱。”后皆施行。

郑侠事起，璪媚吕惠卿，劾冯京与侠交通有迹，深其辞，致京等于罪。判司农寺，出知河阳，元丰初，入权度支副使，遂知制诰、知谏院。判国子监,荐蔡卞可为直讲。建增博士弟子员,月书、季考、岁校,以行艺次升,略仿《周官》乡比之法,立斋舍八十二。学官之盛,近代莫比,其议多自璪发之。

苏轼下台狱,璪与李定杂治,谋傅致轼于死,卒不克。详定郊庙奉祀礼文,议者多以国朝未尝躬行方泽之礼为非正,诏议更制。璪请于夏至之日,备礼容乐舞,以冢宰摄事。帝曰:"在今所宜,无以易此。"卒行其说。为翰林学士,详定官制,以寄禄二十四阶易前日省、寺虚名,而职事名始正。

四年,拜参知政事,改中书侍郎。哲宗立,谏官、御史合攻之,谓:"璪奸邪便佞,善窥主意,随势所在而依附之,往往以危机陷人。深交舒亶,数起大狱,天下共知其为大奸。小人而在高位,德之贼也。"疏入,皆不报。最后,刘挚言:"璪初奉安石,旋附惠卿,随王珪,党章惇,谄蔡确,数人之性不同,而能探情变节,左右从顺,各得其欢心,今过恶既章,不可不速去。"如是逾岁,乃以资政殿学士知郑州,徙河南、定州、大名府,进大学士,知扬州以卒。赠右银青光禄大夫,谥曰简翼。

蒲宗孟字传正,阆州新井人。第进士,调夔州观察推官。治平中,水灾地震,宗孟上书,扩大臣及宫禁、宦寺。熙宁元年,改著作佐郎。神宗见其名,曰:"是尝言水灾地震者邪!"召试学士院,以为馆阁校勘、检正中书户房兼修条例,进集贤校理。

时三司新置提举帐司官,禄丰地要,人人欲得之。执政上其员,帝命与宗孟。命察访荆湖两路,奏罢辰、沅役钱及湖南丁赋,远人赖之。吕惠卿制手实法,然犹许灾伤五分以上不预。宗孟言:"民以手实上其家之物产而官为注籍,以正百年无用不明之版图而均齐其力役,天下良法也。然灾伤五分不预焉。臣以为使民自供,初无所扰,何待丰岁?愿诏有司,勿以丰凶弛张其法。"从之,民于是益病矣。

俄同修起居注、直舍人院、知制诰,帝又称其有史才,命同修两朝国史，为翰林学士兼侍读。旧制，学士唯服金带，宗孟入谢，帝曰：
"学士职清地近，非他官比，而官仪未宠。"乃加佩鱼，遂著为令。枢
密都承旨张诚一预书局事，颇肆横，挟中旨以胁同列。宗孟持其语
质帝前，皆非是，因叩头白其奸。帝察其不阿，欲大用，拜尚书左丞。

帝尝语辅臣，有无人才之叹，宗孟率尔对曰："人才半为司马光
邪说所坏。"帝不语，直视久之，曰："蒲宗孟乃不取司马光邪！未论
别事，只辞枢密一节，朕自即位以来，唯见此一人；他人，则虽迫之
使去，亦不肯矣。"宗孟惭惧，至无以为容。仅一岁，御史论其荒于酒
色及缮治府舍过制，罢知汝州。逾年，加资政殿学士，徙亳、杭、郓三
州。

郓介梁山泺，素多盗，宗孟痛治之，虽小偷微罪，亦断其足筋，
盗虽为衰止，而所杀亦不可胜计矣。方徙河中，御史以惨酷劾，夺职
知虢州。明年，复知河中，还其职。帅永兴，移大名。宗孟厌苦易地，
颇默默不乐，复求河中。卒，年六十六。

宗孟趣尚严整而性侈汏，藏帑丰，每旦刲羊十、豕十，然烛三百
入郡舍。或请损之，愠曰："君欲使我坐暗室忍饥邪？"常日盥洁，有
小洗面、大洗面、小濯足、大濯足、小大澡浴之别。每用婢子数人，一
浴至汤五斛。他奉养率称是。尝以书抵苏轼云："晚年学道有所得。"
轼答之曰："闻所得甚高，然有二事相劝：一曰慈，二曰俭也。"盖针
其失云。

黄履字安中，邵武人。少游太学，举进士，调南京法曹，又为高
密、广平王二宫教授、馆阁校勘、同知礼院。擢监察御史里行，辞御
史，改崇政殿说书兼知谏院。

神宗尝询天地合祭是非，对曰："国朝之制，冬至祭天圆丘，夏
至祭地方泽，每岁行之，皆合于古。犹以有司摄事未足以尽，于是三
岁一郊而亲行之，所谓因时制宜者也，虽施之方今，为不可易。惟合
祭之非，在所当正。然今日礼文之失，非独此也，愿敕有司正群祀，
为一代损益之制。"诏置局详定，命履董之，北郊之议遂定。同修起

居注,进知制诰、同修国史。遭母忧去,服除,以礼部尚书召。

时闽中患苦盐法,献言者众,神宗谓履自闽来,恃以为决。履乃陈法甚便,遂不复革,乡论鄙之。迁御史中丞。履以大臣多因细故罚金,遂言:"贾谊有云:'遇之以礼,则群臣自喜。'群臣且然,况大臣乎? 使罪在可议,黜之可也;可恕,释之可也,岂可罚以示辱哉!"时又制侍郎以下不许独对,履言:"陛下博访万务,虽远外微官,犹令独对,顾于侍从乃弗得愿也。"遂刊其制。御史翟思言事,有旨诘所自来。履谏曰:"御史以言为职,非有所闻,则无以言。今乃究其自来,则人将惩之,台谏不复有闻矣,恐失开言路之意。"事乃寝。

哲宗即位,徙为翰林学士。履素与蔡确、章惇、邢恕相交结,每确、惇有所嫌恶,则使恕道风旨于履,履即排击之。至是,更自谓有定策功。刘安世发其罪,以龙图阁直学士知越州,坐举御史不当,降天章阁待制。历舒、洪、苏、鄂、青州,江宁、应天、颍昌府。绍圣初,复龙图阁直学士,为御史中丞。极论吕大防、刘挚、梁焘垂帘时事,乞正典刑;又言司马光变更先朝已行之法为罪。

先是,北郊之论虽定,犹不果行,履又建言:"阳复阴消,各因其时。上圆下方,各顺其体。是以圣人因天祀天,因地祀地,三代至汉,其仪不易。及王莽谄事元后,遂跻地位,同席共牢,历世袭行,不能全革。逮神宗考古揆今,以正大典,尝有意于兹矣。今承先志,当在陛下及二三执政。"哲宗询诸朝,章惇以为北郊止可谓之社。履曰:"天子祭天地。盖郊者交于神明之义,所以天地皆称郊。故《诗序》云'郊祀天地'。若夫社者,土之神而已,岂有祭大祇亦谓之社乎?"哲宗可之,遂定郊议。拜尚书右丞。

会正言邹浩以言事贬新州,履曰:"浩以亲被拔擢之故,敢犯颜纳忠,陛下遽斥之死地,人臣将视以为戒,谁复敢为陛下论得失乎? 乞徙善地。"坐罢知亳州。徽宗立,召为资政殿学士兼侍读,复拜右丞。未逾年,求去,加大学士、提举中太一宫,卒。

论曰:哲宗亲政之初,见虑未定,范、吕诸贤在廷,左右弼谟,俾日迮忠说，疏绝回通，以端其志向，元祐之治业，庶可守也。清臣怙才躁进，阴觇柄用，首发绍述之说，以隙国是，群奸洞之，冲决莫障，重为荐绅之祸焉。至于兴大狱以倾冯京、苏轼者，璪也；助成手实之法，以坏人材、谰司马光者，宗孟也；许垂帘之事，击吕大防、刘挚等去之者，履也。清臣真小人之靡，三子抑其亚乎。焘论议识趣，有可称述，虽立朝无附，而依违蔡确、章惇，无所匡建，非大臣之道也。

蔡挺字子政，宋城人。第进士，调虔州推官。秩满，以父希言当官蜀，乞代行，遂授陵州团练推官。王尧臣安抚陕西，辟管勾文字。富弼使辽，奏挺从，至雄州，誓书有所更易，遣挺还白。仁宗欲知契丹事，召对便殿，挺时有父丧，听以衫帽入。

范仲淹宣抚陕西、河东，奏挺通泾州，徙郿州。河北多盗，精择诸郡守，以挺知博州。申饬属县严保伍，得居停奸盗者数人，驰其宿负，补为吏，使之察警。盗每发辄得。均博平、聊城二县税，岁衍钜万。三司下其法于四方，然大抵增赋也。

为开封府推官、提点府界公事。部修六漯河，用李仲昌议，塞北流，入于六漯。一夕复决，兵夫芟楗漂溺不可计。降知滁州，言者以为轻，乃贬秩停官。

越数岁，稍起知南安军，提点江西刑狱，提举虔州盐。自大庾岭下南至广，驿路荒远，室庐稀疏，往来无所芘。挺兄抗时为广东转运使，乃相与谋，课民植松夹道，以休行者。江、闽盐贼率千百为州县害，挺谕所部与期，使首纳器甲，原其罪，得兵械万计。官盐恶而价贵，盗盐善而价且下，故私贩日滋。挺简僚吏至淮转新盐，明殿赏，以官数之余畀之，于是贼党破散，宿弊遂绝，岁增卖盐四十万。

改陕西转运副使，进直龙图阁、知庆州，因上书论攻守大计。夏人大入，挺尽敛边户入保，戒诸寨无出战。谅祚亲帅军数万攻大顺，挺料城坚不可破，而柔远城恶，亟遣总管张玉将锐师守之。先布铁蒺藜大顺城旁水中，骑渡水多踬，惊言有神。过三日不克，谅祚督帐下决战，挺伏强弩壕外，飞矢贯其铠，遂引却。移寇柔远，玉夜斫营，夏人惊扰溃去。环州熟羌思顺举族投谅祚，倚为向导。挺宣言思顺且复来，命葺其旧舍，出兵西为迎候之举，谅祚果疑思顺，毒之死。挺筑城马练平为荔原堡，分属羌三千人守之。

神宗即位，加天章阁待制、知渭州。举籍禁兵悉还府，不使有隐占。建勤武堂，五日一训之，偏伍钲鼓之法甚备。储劲卒于行间，遇用奇，则别为一队。甲兵整习，常若寇至。又分义勇为伍，番三千人，参正兵防秋与春，以八月、正月集，四十五日而罢，岁省粟帛、钱纩十三万有奇。括并边生地冒耕田千八百顷，募人佃种，以益边储。取边民阑市蕃部田八千顷，以给弓箭手。又筑城定戎军为熙宁寨，开地二千顷，募卒三千人耕守之。

谍告夏人集胡庐河，挺出奇兵迎击之。夏人溃，分诸将蹑而讨之，荡其七族。进右谏议大夫，赐金帛二千。夏人复犯诸寨，环庆兵不能御，挺遣张玉以万人往解其围。庆州军变，挺讨平之，进龙图阁直学士。广锐卒徙营，众惮迁，欲为乱，城中震扰，挺推斩首恶十九人，讫徙营。蕃部岁饥，以田质于弓箭手，过期辄没。挺为贷官钱，岁息什一，后遂推为蕃汉青苗、助役法。又自以意制渡河大索及兵械镰枪，皆获其用。

熙宁五年，拜枢密副使。帝问挺泾原训兵之法，召部将按于崇政殿，善之，下以为诸郡法。河州景思立战死，帝开天章阁访执政，挺请行。帝曰："此小事，不足烦卿。河朔有警，卿当行矣。"契丹议云中地，挺请罢沿边戍人，示以无事，因乞置三十七将，皆行其策。

七年冬，奏事殿中，疾作而仆，帝亲临赐药，罢为资政殿学士、判南京留司御史台。元丰二年，薨，年六十六。赠工部尚书，谥曰敏肃。

挺谲而多知，人莫能窥其城府。初，为富弼、范仲淹客，颇泄其几事于吕夷简以自售。有渭久，郁郁不自聊，寓意词曲，有"玉关人老"之叹。中使至，则使优伶歌之，以达于禁掖。神宗慭焉，遂有枢密之拜云。

抗字子直。中进士，调太平州推官。闻父疾，委官去。稍迁睦亲宅讲书。英宗在宫邸，器重之，请于安懿王，愿得与游。每见，必有衣冠尽礼，义兼师友。再迁太常博士、通判秦州，为秘阁校理，乞知苏州。州并江湖，民田苦风潮害，抗筑长堤，自城属昆山，亘八十里，民得立塍堨，大以为利。

徙广东转运使。岑水铜冶废，官给虚券为市，久不偿。人无所取资，聚而私铸，抗尽给之，人得直以止。番禺岁运盐英、韶，道远，多侵窃杂恶。抗命十舸为一运，择摄官主之，岁终会其殿最，增十五万缗。

英宗立，召为三司判官。广部去京师远，不即至，帝见南来者必问之。及入对，谕曰：“卿乃吾故人，朕望于卿者厚，勿以常礼自疏也。”以史馆修撰同知谏院。方议安懿王典礼，抗引礼为人后之谊，指陈切至，涕泪被面，帝亦感泣。都城大水，抗请见，帝迎问之，抗推原变异，守前说以对。大臣畏其谏，列白为知制诰，迁龙图阁直学士、知定州。帝惜其去，曰：“第行，且召矣。”

郡兵番戍，室家留营多不谨，夫归辄首原，抗下令悉按以法，戍者感焉。帝不豫，趣命为太子詹事，未至而神宗立，改枢密直学士、知秦州。过阙，帝见之，悲恸不自胜，曰：“先帝疾大渐，犹不忘卿。”遂赴镇。

秦有质院，质诸羌百余人，自少至老，扃系之，非死不出，抗皆纵释，约毋得擅相仇杀。已而有犯者，斩以徇，莫敢奸令。居数日，梦英宗召语，眷如平生，欲退复留。觉为家人言，感念歔欷。及灵驾发引之旦，东望号恸，见僚佐于便室，骤得疾卒，年六十。特赠礼部侍郎。又欲赐谥，吴奎曰：“抗以旧恩，自杂学士赠官，已逾常制。”遂止。

王韶字子纯，江州德安人。第进士，调新安主簿、建昌军司理参军。试制科不中，客游陕西，访采边事。

熙宁元年，诣阙上《平戎策》三篇，其略以为：“西夏可取。欲取西夏，当先复河、湟，则夏人有腹背受敌之忧。夏人比年攻青唐，不能克，万一克之，必并兵南向，大掠秦、渭之间，牧马于兰、会，断古渭境，尽服南山生羌，西筑武胜，遣兵时掠洮、河，则陇、蜀诸郡当尽惊扰，瞎征兄弟其能自保邪？今唃氏子孙，唯董毡粗能自立，瞎征、欺巴温之徒，文法所及，各不过一二百里，其势岂能与西人抗哉！武威之南，至于洮、河、兰、鄯，皆故汉郡县，所谓湟中、浩亹、大小榆、枹罕，土地肥美，宜五种者在焉。幸今诸羌瓜分，莫相统一，此正可并合而兼抚之时也。诸种既服，唃氏敢不归？唃氏归则河西李氏在吾股掌中矣。且唃氏子孙，瞎征差盛，为诸羌所畏，若招谕之，使居武胜或渭源城，使纠合宗党，制其部族，习用汉法，异时族类虽盛，不过一延州李士彬、环州慕恩耳。为汉有肘腋之助，且使夏人无所连结，策之上也。"神宗异其言，召问方略，以韶管干秦凤经略司机宜文字。

蕃部俞龙珂在青唐最大，渭源羌与夏人皆欲羁属之，诸将议先致讨。韶因按边，引数骑直抵其帐，谕其成败，遂留宿。明旦，两种皆遣其豪随以东。久之，龙珂率属十二万口内附，所谓包顺者也。

韶又言："渭源至秦州，良田不耕者万顷，愿置市易司，颇笼商贾之利，取其赢以治田。"帝从其言，改著作佐郎，仍命韶提举。经略使李师中言："韶乃欲指占极边弓箭手地耳，又将移市易司于古渭，恐秦州自此益多事，所得不补所亡。"王安石主韶议，为罢师中，以窦舜卿代，且遣李若愚按实。若愚至，问田所在，韶不能对。舜卿检索，仅得地一顷，既地主有讼，又归之矣。若愚奏其欺，安石又为罢舜卿而命韩缜。缜遂附会实其事，师中、舜卿皆坐谪，而韶为太子中允、秘阁校理。后帅郭逵上韶盗贷市易钱，安石以为不足校，徙逵泾原。

帝志复河、陇，筑古渭为通远军，以韶知军事。五年七月，引兵城渭源堡及乞神平，破蒙罗角、抹耳水巴等族。初，羌保险，诸将谋置阵平地，韶曰："贼不舍险来斗，则我师必徒归。今已入险地，当使险为吾有。"乃径趣抹邦山，压敌军而阵，令曰："敢言退者斩！"贼乘高下斗，师小却。韶躬擐甲胄，麾帐下兵逆击之，羌大溃，焚其庐帐而还，洮西大震。会瞎征度洮为之援，余党复集。韶戒别将由竹牛岭路张军声，而潜师越武胜，遇瞎征首领瞎药等，与战破之，遂城武胜，建为镇洮军。进右正言、集贤殿修撰。复击走瞎征，降其部落二万。更名镇洮为熙州，以熙、河、洮、岷、通远为一路，诏以龙图阁待制知熙州。

六年三月，取河州，迁枢密直学士。降羌叛，诏回军击之。瞎征以其间据河州，韶进破诃诺木藏城，穿露骨山，南入洮州境，道狭隘，释马徒行，或日至六七。瞎征留其党守河州，自将尾官军，韶力战破走之，河州复平。连拔宕、岷二州，叠、洮羌酋皆以城附。军行五十有四日，涉千八百里，得州五，斩首数千级，获牛、羊、马以万计。进左谏议大夫、端明殿学士。七年，入朝，又加资政殿学士，赐第崇仁坊。

还至兴平，闻景思立败于踏白城，贼围河州，日夜驰至熙。熙方城守，命撤之。选兵得二万，议所向，诸将欲趋河州。韶曰："贼所以围城者，恃有外援也。今知救至，必设伏待我，且新胜气锐，未可与争。当出其不意，以攻其所恃，此所谓'批亢捣虚，形格势禁，则自为解'者也。"乃直扣定羌城，破结河族，断夏国通路，进临宁河，分命偏将入南山。瞎征知援绝，拔栅去。

初，思立之覆师也，羌势复炽，朝廷议弃熙河，帝为之旰食，数下诏戒韶持重勿出。及是，帝大喜。韶还熙州，以兵循西山绕出踏白后，焚八千帐，瞎征穷蹙丐降，俘以献。拜韶观文殿学士、礼部侍郎。资政、观文学士，非尝执政而除者，皆自韶始。官其兄弟及两子，前后赐绢八千匹。未几，召为枢密副使。

熙河虽名一路，而实无租入，军食皆仰给他道。转运判官马瑊捃官吏细故，韶欲罢瑊，王安石右瑊，韶始沮，于是与安石异。数以母老乞归，帝语安石勉留之。

安南之役，韶言："决里、广源之建，臣以为贪虚名而忘实祸，执政乃疑臣为刺讥。方举事之初，臣力争极论，欲宽民力而省财用，但同列莫肯听,至以熙河事折臣。臣本意不费朝廷而可以至伊吾庐甘,初不欲令熙河作路,河、岷作州也。今与众异论,倘不求退,必致不容。"韶本凿空开边,骤跻政地,乃以勤兵费财归曲朝廷,帝由是不悦,以故罢职知洪州,又坐谢表怨慢,落职知鄂州。元丰二年,还其职,复知洪州。四年,病疽卒,年五十二。赠金紫光禄大夫,谥曰襄敏。

韶起孤生,用兵有机略。临出师,召诸针授以指,不复更问,每战必捷。尝夜卧帐中,前部遇敌,矢石已交,呼声震山谷,侍者往往股栗,而韶鼻息自如。在鄂宴客,出家姬奏乐,客张绩醉挽一姬不前,将拥之,姬泣以告。韶徐曰:"本出汝曹娱客,而令失欢如此。"命酌大杯罚之,谈笑如故,人亦服其量。韶交亲多楚人,依韶求仕,乃分属诸将,或杀降羌老弱予以首为功级。韶晚节言动不常,颇若病狂状。既病疽,洞见五脏,盖亦多杀徵云。子十人,厚、寀最显。

厚字处道。少从父兵间,畅习羌事,官累通直郎。元祐弃河、湟,厚上疏陈不可,且诣政事堂言之,不听。绍圣中,用荐者换礼宾副使、干当熙河公事。

会羌酋瞎征、陇拶争国,河州守将王赡与厚同献议复故地。元符元年六月,师出塞。七月,下邈川,降瞎征。九月,次青唐,陇拶出迎,遂定湟、鄯。诏赐陇拶姓名曰赵怀德,进厚东上阁门副使、知湟州。既而他种叛,合兵来攻,厚不能支。朝廷度二州不可守,乃以界怀德,而贬厚右内府率,再贬贺州别驾。

崇宁初,蔡京复开边,还厚前秩,于是羌人多罗巴奉怀德之弟溪赊罗撒谋复国。怀德畏逼,奔河南,种落更挟之以令诸部。朝廷患众羌扇结,命厚安抚洮西,遣内客省使童贯偕往。多罗巴知王师且至,集众以拒。厚声言驻兵而阴戒行,备益驰,乃与偏将高永年异道出。多罗巴三子以数万人分据险,厚进击破杀之,唯少子阿蒙中流矢去,道遇多罗巴,与俱遁。遂拔湟州。以功进威州团练使、熙河经略安抚。

三年四月,厚帅大军次于湟,命永年将左军循宗水而北,别将张诚将右军出宗谷而南,自将中军趣绥远,期会宗哥川。羌置陈临宗水,倚北山,溪赊罗撒张黄屋,建大旆,乘高指呼,望中军旗鼓争赴之。厚魔游骑登山攻其背,亲帅强弩迎射,羌退走。右军济水击之,大风从东南来,扬沙翳羌目,不得视,遂大败,斩首四千三百余级,俘三千余人。罗撒以一骑驰去,其母龟兹公主与诸酋开鄯州降。厚计罗撒必且走青塘,将夜追之,童贯以为不能及,遂止。师下青唐,知罗撒留一宿去,贯始悔之。厚将大军趣廓州,酉落施军令结以众降,遂入廓州。超拜厚武胜军节度观察留后。

明年,罗撒复入寇,永年战死,羌焚大通河桥以叛,新疆大震。厚坐逗留,降郢州防御使。已而赵怀德约降未决,厚以书谕之,怀德即纳款。还厚旧官。入朝,提举醴泉观,卒。赠宁远军节度使,谥曰庄敏。

寀字辅道。好学,工词章。登第,至校书郎。忽若有所睹,遂感心疾,唯好延道流谈丹砂、神仙事。得郑州书生,托左道,自言天神可祈而下,下则声容与人接。因习行其术,才能什七八,须两人共为乃验。外间谨传,浸淫彻禁庭。

徽宗方崇道教,侍晨林灵素自度技不如,愿与之游,拒弗许。户部尚书刘昺,寀外兄也,久以争进绝还往。神降寀家,使因昺以达,寀言其故,神曰:“第往与之言,汝某年月日在蔡京后堂谈某事,有之否?”寀惊骇汗洽,不能对,盖所言皆阴中伤人者。乃言之帝,即召。寀风仪既高,又善谈论,应对合上指。帝大喜,约某日即内殿致天神。灵素求与共事,又弗许。或谓灵素,但勿令郑书生偕,寀当立败。即白帝曰:“寀父兄昔在西边,密与夏人谋反国。迟至尊候神,且图不轨。”帝疑焉。及是日,寀与书生至东华门,灵素戒阍卒独听寀入。帝斋洁敬待,越三夕无所闻,乃下寀大理,狱成,弃市,昺窜琼州。

薛向字师正。以祖颜任太庙斋郎,为永寿主簿,权京兆户曹。有商胡赍银二箧,出枢密使王德用书,云以与其弟。向适监税,疑之曰:"乌有大臣寄家问而诱胡人者?"鞠之,果妄。

为邠州司法参军。夏人叛,秦中治城,侍御史陈洎行边,向诣洎陈三敝,言:"今板筑暴兴,吏持斧四出伐木,无问井间丘陇,民不敢诉。必不得已,宜且茸边城。函关,秦东塞,今西乡设守,是为弃关内乎?三司贷龙门富人钱,以百年全盛之天下,一方有警,即称贷于民,非义也。"洎上其说,悉从之。邠守贪沓,欲因事为邪,并治子城,立表于市以撤屋,冀得赂免,向力争罢之。

监在京榷货务,连岁羡缗钱,当迁秩,移与其兄。三司判官董沔议改河北便籴,行钞法。向曰:"始此,则都内之钱不继,茶、盐、香、象将益不售矣。有司主沔议,既而边籴滞不行,沔坐黜。

以向知郦州。大水冒城郭,沉室庐,死者相枕。郡卒戍延安,诣主将求归视,弗得,皆亡奔。至,则家人无存者,聚谋为盗,民大恐,向遣吏晓之曰:"冒法以赴急,人之常情,而不听若辈归,此武将不知变之过也。亟往收溺尸,贳汝擅还之罪。"众入庭下泣谢,一境乃安。

又论河北籴法之弊,以为:"度支岁费钱缗五百万,所得半直,其赢皆入贾贩家。今当有以权之,遇谷贵,则官籴于澶、魏,载以给边;新陈未交,则散籴价以救民乏;军食有余,则坐仓收之。此策一行,谷将不可胜食矣。"朝廷是向计,始置便籴司于大名,以向为提点刑狱兼其事。武疆有盗杀人而逸,尉捕平民抑使承,向覆其冤,脱六囚于死。

入为开封度支判官,权陕西转运副使、制置解盐。盐足支十年,而岁调畦夫数千,向奏损其数。兼提举买马,监牧沙苑养马,岁得驹三百,而费钱四千万,占田千顷。向请斥闲田予民,收租入以市之。乃置场于原、渭,以羡盐之直市马,于是马一岁至万匹。

昭陵复土,计用钱粮五十万贯石,三司不能供亿,将移陕西缘边入盐中于永安县。向陈五不可,以为失信商旅,遂举所阙之数以献。尝夜至灵宝县，先驱入驿，与客崔令孙争舍。令孙正病卧，惊而死，罢知汝州。甫数月，复以为陕西转运副使，进为使。厚陵役费，其助如永昭时。凡将漕八年，所入盐、马、刍、粟数累万，民不益赋，其课为最。

夏将鬼名山以绥州来归，青涧城主种谔将往迎，诏向与议。谔不俟命，亟率所部出塞，遂城之。廷议劾谔擅兴，将致法。向言："谔今者之举，盖忘身以徇国，有如不称，臣请坐之。"谔既贬，向亦罢知绛州，再贬信州，移潞州。张靖使陕西还，陈向制置盐、马之失。诏向诣阙与辩，靖辞穷，即罪之。

神宗知向材，以为江、浙、荆、淮发运使。纲舟历岁久，篙工利于盗货，尝假风水沉溺以灭迹。向募客舟分载，以相督察。官舟有定数，多为主者冒占，悉夺畀属州，诸运皆诣本曹受遣；以地有美恶，利有重轻，为立等式，用所漕物为诛赏。迁天章阁待制。环庆有疆事，帝以向习知地形，召诣中书。旧制，发运使上计册得出入，唯止都门达章奏。至是，弛其禁。熙宁四年，权三司使。明堂礼成，有司误迁向右谏议大夫，诏罚吏而向官不夺。河、洮用兵，县官费不可计，向未尝乏供给。及解严，上疏乞戒将帅裁溢员，汰冗卒、省浮费、节横赋，手敕褒纳。进龙图阁直学士。

辽人求代北地，北边择牧，加枢密直学士、给事中、知定州。高阳关募兵，敌阴遣人应选。向谍知之，主者觉，纵使亡去，向遣逻捕取之，械送瀛州，戮于市。北使久留都亭，数出不逊语，而云、应点兵，涿、易治道，金谓必渝盟。向曰："彼欲疆议速成，故多张虚势以撼我。使者惧不如其请，故肆嫚言以侥幸取成。兵来不除道，其亦无能为也已。"后皆如向言。迁工部侍郎。向控辞，易诏弗允。故事，前两府辞官乃降诏，两省得诏自向始。元丰元年，召同知枢密院。

向干局绝人，尤善商财，计算无遗策，用心至到，然甚者不能无病民，所上课间失实。时方尚功利，王安石从中主之，御史数有言，不听也。向以是益得展奋其材业，至于论兵帝所，通畅明决，遂由文俗吏得大用。及在政地，同列质以西北事，则养威持重，未尝启其端，非常所以属望意。会诏民畜马，向既奉命，旋知民不便，议欲改为。于是舒亶论向反覆无大臣体，斥知颍州，又改随州，卒，年六十六。元祐中，录其言，谥曰恭敏。子绍彭，有翰墨名。中子嗣昌。

嗣昌亦以吏材奋。崇宁中，历熙河转运判官，梓州、陕西转运副使，直龙图阁、集贤殿修撰，入为左司郎中，擢徽猷阁待制、陕西都转运使，知渭州，改庆州。监公使库皇置坐狱，嗣昌奏请之，遂以监临自盗责安化军节度副使，安置郢州。起知相州，复待制、知太原府。论筑泾原三仓劳，加显谟阁直学士；又以抚纳西羌功，进延康、宣和殿学士，拜礼部、刑部尚书。坐启拟反覆罢，提举崇福宫。久之，迁延康殿学士、知延安府，赐第京师。当迁官，丐回授其子昶京秩。

嗣昌前后因事六七贬，多以欺罔获罪。至是，言者并论之，降为待制，卒。

先是，微宗有意图北方，遣谭稹衔命访诸帅，韩粹彦、洪中孚皆力云不可，嗣昌乃润饰谍词，以开边隙。及论事帝前，语至兴师，或感激流涕。造乱之咎，人皆归责焉。

章楶字质夫，建州浦城人。祖频，为侍御史，忤章献后旨黜官，仁宗欲用之而卒。楶以叔得象荫，为孟州司户参军。应举入京，闻父对狱于魏，弃不就试，驰往直其冤。还，试礼部第一，擢知陈留县，历提举陕西常平、京东转运判官、提点湖北刑狱、成都路转运使，入为考功、吏部、右司员外郎。

元祐初，以直龙图阁知庆州。时朝廷戢兵，戒边吏勿妄动，且损葭芦、安疆等四寨予夏，使归其永乐之人。夏得寨益骄。楶言："夏嗜利畏威，不有惩艾，边不得休息。宜稍取其土疆，如古削地之制，以固吾圉。然后诸路出兵，择据要害，不一再举，势将自蹙矣。"遂乘便出讨，以致其师，夏果入围环州。楶先用间知之，遣骁将折可适伏兵洪德城。夏师过之，伏兵识其母梁氏旗帜，鼓噪而出，斩获甚众。又预毒于牛圈潴水，夏人马饮者多死。召权户部侍郎。明年，除知同州。绍圣初,知应天府,加集贤殿修撰、知广州,徙江、淮发运使。

哲宗访以边事,对合旨,命知渭州。至即上言城胡芦河川,据形胜以逼夏。乃以三月及熙河、秦凤、环庆四路之师,阳缮理他堡壁数十所,自示其怯。或以綎怯,请曰:"此夏必争之地,夏方营石门峡,去我三十里,能夺而有之乎?"綎又阳谢之,阴具板筑守战之备,帅四路师出胡芦河川,筑二城于石门峡江口好水河之阴。二旬有二日成,赐名平夏城、灵平寨。方兴役时,夏以其众来乘,綎迎击败之。既而怀庆、鄜延、河东、熙河相继筑城,进拓其境,夏人愕视不敢动。夏主遂奉其母合将数十万兵围平夏,疾攻十余日,建高车临城,填堑而进,不能克,一夕遁去。夏统军嵬名阿埋、西寿监军妹勒都逋皆勇悍善战,綎谍其弛备,遣折可适、郭成轻骑夜袭,直入其帐执之,尽俘其家,虏馘三千余、牛羊十万,夏方震骇。哲宗为御紫宸殿受贺,累擢綎枢密直学士、龙图阁端明殿学,进阶大中大夫。

綎在泾原四年,凡创州一、城寨九,荐拔偏裨,不间厮役,至于夏降人折可适、李忠杰、朱智用,咸受其驭。夏自平夏之败,不复能军,屡请命乞和。哲宗亦为之寝兵。綎立边功,为西方最。

时章惇用事,綎与惇同宗,其得兴事,颇为世所疑。徽宗立,请老,徙知河南。入见,留拜同知枢密院事,俾其子绛为开封推官以便养。逾年,力谢事罢,授资政殿学士、中太一宫使,未几,卒。徽宗悼之,赠右银青光禄大夫,谥曰庄简,赙恤甚厚。

綎七子:绛、综、绲、绢、綎、缤、缜,绛、综最知名。绛由推官为户部员外郎、提点淮南东路刑狱、权知扬州兼提举香盐事。时方铸崇宁大钱,令下,市区昼闭,人持钱买物,至日旰,皇皇无肯售。绛饬市易务致百货,以小钱收之;且檄仓吏粜米,以大钱予之,尽十日止,民心遂安。未几,新钞法行,旧钞尽废,一时商贾束手,或自杀。绛得诉者所持旧钞,为钱以千计者三十万,上疏言钞法误民,请如约以示大信。上怒罢绛,降两官。

综第进士,历陕西转运判官,入为户部员外郎。中书侍郎刘逵之妻,综姊也。逵渐复元祐之政,综多赞之。蔡京欲挤逵,且恚综不附己，使其党攻之，出综湖州。论者不已，差主管西京崇福宫。

综历通判常州，绾知丹徒县，绖签判西安州，绩签判苏州，綮孙荄承奉郎，荩监苏州税，俱列仕显。

及京复相，遂兴制狱，倾章氏。绖居苏州，或得私铸钱数巨瓿，京风言者诬绖与州人郁宝所铸。诏遣李孝寿、张茂直、沈畸、萧服更往鞫之，连系数百人，累月卒无实，狱多死者。京大怒，别遣孙杰鞫之，傅致如章，绖刺面配沙门岛，追毁出身以来文字，除名勒停，籍入其家。审绰台州，综秀州，综温州，绾睦州，绩永州，荄处州，荩均州，官司降罢除名者十余人，时论冤之。

孙杰擢龙图阁直学士、知苏州，张商英入相，始辨前狱。移绖常州，综复朝奉郎、通判秀州。顷之，绖改授内殿崇班，综秘书省校书郎，迁仓部员外郎，出提点两浙刑狱，以龙图阁直学士知越州。谭稹宣抚燕山，请综为参谋，加右文殿修撰。金人破蔚州，背归山后议，稹以错置乖方罢。综落职送吏部，会赦恩，上书告老，复龙图阁直学士致仕，卒。

论曰：神宗奋英特之资，乘财力之富，锐然欲复河、湟，平灵、夏，而蔡挺、王韶、章楶辈起诸生，委襃衣，树勋戎马间。世非无材，顾上所趣尚磨厉奚如耳。观挺之治兵，韶之策敌，楶之制胜，亦一时良将。薛向虽无三子劳，而董漕边饷，不乏仰给，持重枢府，不启事端，又其善也。若厚之降陇拶、瞎征，取湟、鄯、廓州，功足继韶。而嗣昌造衅北伐，乃悖于向，可胜诛邪？虽然，佳兵好还，道家所戒，卒之綮以左道杀，绖以铸钱陷，此非其验也与。

宋史卷三二九
列传第八八

常秩　　邓绾 子洵武　　李定
舒亶　　蹇周辅　　徐铎
王广渊　　王陶　　王子韶
何正臣　　陈绎

常秩字夷甫,颍州汝阴人。举进士不中,屏居里巷,以经术著称。嘉祐中,赐束帛,为颍州教授,除国子直讲,又以为大理评事;治平中,授忠武军节度推官、知长葛县,皆不受。

神宗即位,三使往聘,辞。熙宁三年,诏郡“以礼敦遣,毋听秩辞”。明年,始诣阙,帝曰:“先朝累命,何为不起?”对曰:“先帝亮臣之愚,故得安闾巷。今陛下严诏趣迫,是以不敢不来,非有所决择去就也。”帝悦,徐问之:“今何道免民于冻馁?”对曰:“法制不立,庶民食侯食,服侯服,此今日大患也。臣才不适用,愿得辞归。”帝曰:“既来,安得不少留? 异日不能用卿,乃当去耳。”即拜右正言、直集贤院、管干国子监,俄兼直舍人院,迁天章阁侍讲、同修起居注,仍使供谏职。复乞归,改判太常寺。

七年,进宝文阁待制兼侍读,命其子立校书崇文院。九年,病不能朝,提举中太一宫、判西京留司御史台。还颍。十年,卒,年五十九,赠右谏议大夫。

秩平居为学求自得。王回,里中名士也,每见秩与语,辄欲然自以为不及。欧阳修、胡宿、吕公著、王陶、沈遘、王安石皆称荐之,翕然名重一时。

初,秩隐居,既不肯仕,世以为必退者也。后安石为相更法,天下沸腾,以为不便,秩在闾阎,见所下令,独以为是,一召遂起。在朝廷任谏争,为侍从,低首抑气,无所建明,闻望日损,为时讥笑。秩长于《春秋》,至斥孙复所学为不近人情。著讲解数十篇,自谓“圣人之道,皆在于是”。及安石废《春秋》,遂尽讳其学。

立,始命为天平军推官,秩死,使门人赵冲状其行,云:“自秩与安石去位,天下官吏阴变其法,民受涂炭,上下循默,败端内萌,莫觉莫悟。秩知其必败。”绍圣中,蔡卞荐立为秘书省正字、诸王府说书侍讲,请用为崇政殿说书,得召对,又请以为谏官。卞方与章惇比,曾布欲倾之,乘间为哲宗言立附两人,因暴其行状事,以为诋毁先帝。帝亟下史院取视,言其不逊,以责惇、卞,惇、卞惧,请贬立,乃黜监永州酒税。

邓绾字文约,成都双流人。举进士,为礼部第一。稍迁职方员外郎。熙宁三年冬,通判宁州。时王安石得君专政,条上时政数十事,以为宋兴百年,习安玩治,当事更化。又上书言:“陛下得伊、吕之佐,作青苗、免役等法,民莫不歌舞圣泽。以臣所见宁州观之,知一路皆然;以一路观之,知天下皆然。诚不世之良法,愿勿移于浮议而坚行之。”其辞盖媚王安石。又贻以书颂,极其佞谀。

安石荐于神宗,驿召对。方庆州有夏寇,绾敷陈甚悉。帝问安石及吕惠卿,以不识对。帝曰:“安石,今之古人;惠卿,贤人也。”退见安石,欣然如素交。宰相陈升之、冯京以绾练边事,属安石致斋,复使知宁州。绾闻之不乐,诵言:“急召我来,乃使还邪?”或问:“君今当作何官?”曰:“不失为馆职。”“得无为谏官乎?”曰:“正自当尔。”明日,果除集贤校理、检正中书孔目房。乡人在都者皆笑且骂,绾曰:“笑骂从汝,好官须我为之。”

　　寻同知谏院。献所著《洪范建极锡福论》，帝曰："《洪范》，天人、自然之大法，朕方欲举而措诸天下，矫革众敝。卿当坚淫朋比德之人，规以助朕。"绾顿首曰："敢不力行所学，以奉圣训。"明年，迁侍御史知杂事、判司农寺。

　　时常平、水利、免役、保甲之政，皆出司农，故安石藉绾以威众。绾请先行免役于府界，次及诸道。利州路岁用钱九万六千缗，而转运使李瑜率三十万，绾言："均役本以裕民，今乃务聚敛，积宽余，宜加重黜。"富弼在亳，不散青苗钱，绾请付吏究治。畿县民诉助役，诏询其便否两行之，绾与曾布辄上还堂帖。中丞杨绘言未闻司农得缴奏者，不报。凡吕公著、谢景温所推直官、主簿，悉罢去之，而引蔡确、唐垧为御史。

　　五年春，擢御史中丞。国朝故事未有台杂为中丞者，帝特命之。又加龙图阁待制。建言："顷时御史罢免，犹除省府职司，盖厥初选用既审，则议论虽不合，人材亦不可遗。愿籍前后谏官、御史得罪者姓名，以次甄录，使于进退间与凡僚稍异，则人思竭尽矣。"

　　辽人来理边地，屯兵境上，声言将用师，于是两河戒严，且令河北修城守之具。绾曰："非徒无益，且大扰费。"帝从其言而止。又言："辽妄为地讼，意在窥我。去冬聚兵累月，逡巡自罢，其情伪可见。今当御之以坚强，则不渝二国之平，平则彼不我疑，而我得以远虑。苟先之以畏屈，彼或将力争，则大为中国之耻。"帝览疏嘉之。

　　安石去位，绾颇附吕惠卿。及安石复相，绾欲弥前迹，乃发惠卿置田华亭事，出知陈州。又论三司使章惇协济其奸，出知湖州。初，惠卿弟和卿创手实法，绾曰："凡民养生之具，日用而家有之。今欲尽令疏实，则家有告讦之忧，人怀隐匿之虑，无所措手足矣。商贾通殖货财，交易有无，不过服食、器用、米粟、丝麻、布帛之类，或春有之而夏以荡析，或秋贮之而冬已散亡，公家簿书，何由拘录，其势安得不犯？徒使嚣讼者趋赏报怨以相告讦，畏怯者守死忍困而已。"诏罢其法。迁翰林学士，仍为中丞。

　　绾虑安石去失势，乃上言宜录安石子及婿，仍赐第京师。帝以语安石，安石曰："绛为国司直，而为宰臣乞恩泽，极伤国体，当黜。"又荐彭汝砺为御史，安石不悦，遂自劾失举。帝谓绛操心颇僻，赋性奸回，论事荐人，不循分守，斥知赣州。逾岁，为集贤院学士、知河阳。元丰中，以待制知荆南、陈、陕，徙永兴军，改青州。奏言岁大稔，斗粟五七钱。帝知其佞，令提举官酌市价以闻。进龙图阁直学士、知邓州。元祐初，徙扬州。言者论其奸，改滁州，未去邓而卒，年五十九。子洵仁、洵武。洵仁，大观中为尚书右丞。

洵武字子常，第进士，为汝阳簿。绍圣中，哲宗召对，为秘书省正字、校书郎、国史院编修官，撰《神宗史》，议论专右蔡卞，诋诬宣仁后尤切，史祸之作，其力居多。迁起居舍人。

徽宗初，改秘书少监，既而用蔡京荐，复史职。御史陈次升、陈师锡言："洵武父绛在熙宁时以曲媚王安石，神宗数其邪僻奸回，今置洵武太史，岂能公心直笔，发扬神考之盛德，而不掩其父之恶乎？且其人材凡近，学问荒缪，不足以污此选。"不听。迁起居郎。

时韩忠彦、曾布为相，洵武因对言："陛下乃先帝子，今相忠彦乃琦之子。先帝行新法以利民，琦尝论其非，今忠彦为相，更先帝之法，是忠彦能继父志，陛下为不能也。必欲继志述事，非用蔡京不可。"京出居外镇，帝未有意复用也，洵武为帝言："陛下方绍述先志，群臣无助者。"乃作《爱莫助之图》以献。其图如《史记》年表，列旁行七重，别为左右，左曰元丰，右曰元祐，自宰相、执政、侍从、台谏、郎官、馆阁、学校各为一重。左序助绍述者，执政中唯温益一人，余不过三四，若赵挺之、范致虚、王能甫、钱适之属而已。右序举朝辅相、公卿、百执事咸在，以百数。帝出示曾布，而揭去左方一姓名。布请之，帝曰："蔡京也。洵武谓非相此人不可，以与卿不同，故去之。"布曰："洵武既与臣所见异，臣安敢豫议？"明日，改付温益，益欣然奉行，请籍异论者，于是决意相京。进洵武中书舍人、给事中兼侍讲，修撰《哲宗实录》，迁吏部侍郎。

洵武疏言："神宗稽古建官，既正省、台、寺、监之职，而以寄禄阶易空名矣。今在选七阶，自两使判官至主簿、尉，有带知安州云梦县而为河东干当公事者，有河中司录参军而监楚州盐场者，有瀛州军事推官、知大名府元城县充濮州教授者，淆乱纷错，莫甚于此。谓宜造为新名，因而制录。"诏悉更之。迁刑部尚书，又请初出官人兼用刑法试，俾知为吏之方。崇宁三年，拜尚书右丞，转左丞、中书侍郎。

妖人张怀素狱兴，其党有与洵武连昏者，坐出知随州。提举明道宫，复端明殿学士，知亳州、河南府，召为中大一宫使，连进观文殿学士，为大名尹。政和中，夏祭，入侍祠。以佑神观使兼侍读留修国史，改保大军节度使。未几，知枢密院。

五溪蛮扰边，即仿陕西弓箭手制，募边民习知溪洞险易者，置所司教以战阵，劝以耕牧，得胜兵几万人以镇抚之。迁特进，拜少保，封莘国公，恩典如宰相。宣和元年，薨，年六十五，赠太傅，谥曰文简。

邓氏自绾以来，世济其奸，而洵武阿二蔡尤力。京之败乱天下，祸源自洵武起焉。

李定字资深，扬州人。少受学于王安石，登进士第，为定远尉、秀州判官。熙宁二年，孙觉荐之，召至京师，谒谏官李常，常问曰："君从南方来，民谓青苗法何如？"定曰："民便之，无不喜者。"常曰："举朝方共争是事，君勿为此言。"定即往白安石，且曰："定但知据实以言，不知京师乃不许。"安石大喜，谓曰："君且得见，盍为上道之。"立荐对。神宗问青苗事，其对如暴言，于是诸言新法不便者，帝皆不听。命定知谏院，宰相言前无选人除谏官之比，遂拜太子中允、监察御史里行。知制诰宋敏求、苏颂、李大临封还制书，皆罢去。

御史陈荐疏："定顷为泾县主簿，闻庶母仇氏死，匿不为服。"诏下江东、淮、浙转运使问状，奏云："定尝以父年老，求归侍养，不云持所生母服。"定自辩言，实不知为仇所生，故疑不敢服，而以侍养解官。曾公亮谓定当追行服，安石力主之，改为崇政殿说书。御史林旦、薛昌朝言,不宜以不孝之人居劝讲之地,并论安石,章六七上,安石又白罢两人。定亦不自安,蕲解职,以集贤校理、检正中书吏房、直舍人院同判太常寺。八年,加集贤殿修撰、知明州。

元丰初,召拜宝文阁待制、同知谏院,进知制诰,为御史中丞。劾苏轼《湖州谢上表》,摭其语以为侮慢。因论轼自熙宁以来,作为文章,怨谤君父,交通戚里。逮赴台狱穷治。当会赦,论不已,窜之黄州。方定自鞫轼狱,势不可回。一日,于崇政殿门外语同列曰:"苏轼乃奇才也。"俱不敢对。

请复六案纠察之职,并诸路监司皆得钩考,从之。彗出东方,求直言,太史谓有兵变,帝命宦者视卫士饮食。定言一饭不足市恩,适起小人之心,乃止。或议废明堂祀,帝以访定。定曰:"三岁一郊或明堂,祖宗以来,未之有改。谁为此言,愿治其妄。"帝曰:"听卿言足矣。"迁翰林学士。坐论府界养马事失实,罢知河阳。留守南京,召为户部侍郎。哲宗立,以龙图阁学士知青州,移江宁府。言者争暴其前过,又谪居滁州。元祐二年,卒。

定于宗族有恩,分财振赡,家无余赀。得任子,先及兄息。死之日,诸子皆布衣。徒以附王安石骤得美官,又陷苏轼于罪,是以公论恶之,而不孝之名遂著。

舒亶字信道,明州慈溪人。试礼部第一,调临海尉。民使酒詈逐后母,至亶前,命执之,不服,即自起斩之,投劾去。王安石当国,闻而异之,御史张商英亦称其材,用为审官院主簿。使熙河括田,有绩,迁奉礼郎。郑侠既贬,复被逮,亶承命往捕,遇诸陈。搜侠箧,得所录名臣谏草,有言新法事及亲朋书尺,悉按姓名治之,窜侠岭南,冯京、王安国诸人皆得罪。擢亶太子中允、提举两浙常平。

元丰初,权监察御史里行。太学官受赇,事闻,亶奉诏验治,凡辞语微及者,辄株连考竟,以多为功。加集贤校理。同李定劾苏轼作为歌诗讥讪时事。亶又言:"王诜辈公为朋比,如盛侨、周邠固不足论,若司马光、张方平、范镇、陈襄、刘挚,皆略能诵说先王之言,而所怀如此，可置而不诛乎？"帝觉其言为过，但贬轼、诜，而光等罚金。

未几，同修起居注，改知谏院。张商英为中书检正，遗寘手帖，示以子婿所为文。寘具以白，云商英为宰属而干请言路，坐责监江陵税。始，寘以商英荐得用；及是，反陷之。进知杂御史、判司农寺，超拜给事中、权直学士院。逾月，为御史中丞。举劾多私，气焰熏灼，见者侧目，独惮王安礼。

寘在翰林，受厨钱越法，三省以闻，事下大理。初，寘言尚书省凡奏钞法当置籍，录其事目。今违法不录，既案奏，乃谩以发放历为录目之籍，寘以为大臣欺罔。而尚书省取台中受事籍验之，亦无录目，寘遽杂他文书送省，于是执政复发其欺。大理鞫厨钱事，谓寘为误。法官吴处厚驳之，御史杨畏言寘所受文籍具在，无不承之理。帝曰："寘自盗为赃，情轻而法重；诈为录目，情重而法轻。身为执法，而诈妄若是，安可置也！"命追两秩勒停。寘比岁起狱，好以疑似排抵士大夫，虽坐微罪废斥，然远近称快。十余年，始复通直郎。

崇宁初，知南康军。辰溪蛮叛，蔡京使知荆南，以开边功，由直龙图阁进待制。明年卒，赠直学士。

蹇周辅字磻翁，成都双流人。少与范镇、何郯为布衣交。年未冠，试大廷，不第。镇、郯既贵达，周辅始特奏名，再举进士，知宜宾、石门二县，通判安肃军，为御史台推直官，善于讯鞫，钩索微隐，皆用智得情。尝有诏狱，事连披庭掌宝侍史，它司累月不能决，乃命周辅。度不可追逮，奏请以要辞示主者诘服之，时以为知体。及治李逢狱竟，台臣杂治无异辞，神宗称其能，擢开封府推官，出为淮南转运副吏。盗廖恩聚党闽中，多害兵吏，改使福建，护诸将以讨之，恩遂降。

元丰初，循唐制，归百司狱于大理寺，选为少卿，迁三司度支副使。先是，湖南例食淮郡盐，周辅始请运广盐数百万石，分饷郴、全、道州；又以淮盐增配潭、衡诸郡，湘中民愁困，法既行，遂领于度支。

以集贤殿修撰为河北都转运使，进宝文阁待制，召为户部侍郎、知开封府，事多不决。授中书舍人，不拜，改刑部侍郎。元祐初，言者暴其立江西、福建盐法，掊克欺诞，负公扰民，罢知利州。徙庐州。卒，年六十六。

周辅强学，善属文，神宗尝命作《答高丽书》，屡称善。为吏深文刻核，故老而获戾。子序辰。

序辰字授之，登第后数年，以泗州推官主管广西常平。周辅方使闽，上言父子并祗命远方，家无所托，蕲改一近地。乃易京西，旋提举江西常平，继父行盐法。为监察御史，迁殿中侍御史、右司谏。哲宗立，改司封员外郎。周辅得罪，以序辰成其恶，降签书庐州判官。起知楚州，提点江东刑狱。

绍圣中，迁左司员外郎，进起居郎、中书舍人、同修国史。疏言："朝廷前日正司马光等奸恶，明其罪罚，以告中外。惟变乱典刑，改废法度，讪讟宗庙，睥睨两宫，观事考言，实状彰著。然踪迹深秘，包藏祸心，相去八年之间，盖已不可究质。其章疏案牍，散在有司，若不汇缉而藏之，岁久必致沦弃。愿悉讨奸臣所言所行，选官编类，入为一帙，置之一府，以示天下后世大戒。"遂命序辰及徐铎编类。由是缙绅之祸，无一得脱者。迁礼部尚书，与安惇看详诉理事。以奉使辽国无状，黜知黄州。阅四月，除龙图阁待制、知扬州。

徽宗立，中书言序辰类元祐章牍，傅致语言，指为谤讪。诏与惇并除名勒停，放归田里。蔡京为相，复拜刑部、礼部侍郎，为翰林学士，进承旨。有言其在先帝遏密中以音乐自娱者，黜知汝州。二年，徙苏州。坐纵部民盗铸钱，谪单州团练副使、江州安置。又坐守苏时以天宁节同其父忌日，辄于前一日设宴，及节日不张乐，移永州。会赦，复官中奉大夫，遂卒。序辰亦有文，善傅会，深文刻核，似其父云。

徐铎字振文，兴化莆田人。熙宁进士第一，签书镇东军判官。绍圣末，以给事中直学士院。蹇序辰建议编类元祐诸臣章牍事状，诏铎同主之。凡一时施行文书，捃拾附著，纤悉不遗。迁礼部侍郎。铎虽云封驳，而是时凡给事中不肯书读者，辄命代行之。贡院获举人挟书，开封尹蒋之奇将以徒定罪，铎争不可，之奇为从轻比。既上省，章惇怒，罚府吏，举人竟坐刑，铎不复敢有言，众传以为笑。后议除御史中丞，或撼此事以为无所执持，乃止。

徽宗立，以龙图阁待制知青州。御史中丞丰稷论铎编类事状，率视章惇好恶为轻重，存殁名臣，横罗窜斥，序辰既放归田里，铎之罪不在其下。诏落职知湖州。崇宁中，拜礼部尚书。方议庙制，铎请增为九室。议者疑已祧之主不可复祔，铎言："唐之献祖、中宗、代宗与本朝之僖祖，皆尝祧而复。今宜存宣祖于当祧，复翼祖于已祧，礼无不称。"从之。进吏部尚书，卒。

论曰：士学不为己，而俯仰随时，如絜皋居井上，求其立朝不挠，不可得已。常秩在嘉祐、治平时，三辞羔雁之聘，若能隐居以求其志者。及王安石用事，一召即至，容容历年，曾无一嘉谟，而窃显位。至定之党附，亶之凶德，宜为世所指名。绾及周辅二家，父子并同恶相济，而序辰与铎编类事状，流毒元祐名臣，忠义之士，为之一空，驯致靖康之祸，可胜叹哉。

王广渊字才叔，大名成安人。庆历中，上曾祖明家集，诏官其后，广渊推与弟广廉，而以进士为大理法直官、编排中书文字。裁定祖宗御书千卷，仁宗嘉之，以知舒州，留不行。

英宗居藩邸，广渊因见昵，献所为文，及即位，除直集贤院。谏官司马光言："汉卫绾不从太子饮，故景帝待之厚。周张美私以公钱给世宗，故世宗薄之。广渊交结奔竞，世无与比，当仁宗之世，私自托于陛下，岂忠臣哉？今当治其罪，而更赏之，何以厉人臣之节？"帝不听，用为群牧、三司户部判官，从容谓曰："朕于《洪范》得高明沉潜之义，刚内以自强，柔外以应物，人君之体，无出于是。卿为朕书之于钦明殿屏,以备观省,非特开元《无逸图》也。"加直龙图阁。帝有疾,中外忧疑,不能寝食,帝自为诏谕之曰:"朕疾少间矣。"广渊宣言于众。

神宗立,言者劾其漏泄禁中语,出知齐州,改京东转运使,得于内省传达章奏。曾公亮、王安石持不可,乃止。广渊以方春农事兴而民苦乏,兼并之家得以乘急要利,乞留本道钱帛五十万,贷之贫民,岁可获息二十五万,从之。其事与青苗钱法合,安石始以为可用,召至京师。御史中丞吕公著摭其旧恶,还故官。程颢、李常又论其抑配掊克,迎朝廷旨意以困百姓。会河北转运使刘庠不散青苗钱奏适至,安石曰:"广渊力主新法而遭劾,刘庠故坏新法而不问,举事如此,安得人无向背?"故颢与常言不行。徙使河东,擢宝文阁待制、知庆州。

宣抚使兴师入夏境,檄庆会兵。言授甲,卒长吴逵以众乱,广渊亟召五营兵御之。逵率二千人斩关出,广渊遣部将姚兕、林广追击,降其众。柔远三都戍卒欲应贼,不果,广渊阳劳之,使还戍,潜遣兵间道邀袭,尽戮之。犹以盗发所部,削两秩。二年,进龙图阁直学士、知渭州。

广渊小有才而善附会,所辟置类非其人。帝谓执政曰:"广渊奏辟将佐,非贵游子弟,即胥史辈,至于濮宫书吏亦预选,盖其人与时君卿善。一路官吏不少,置而不取,乃用此辈,岂不误朝廷事?已下诏切责,卿等宜贻书申戒之。"卒,年六十,赠右谏议大夫。元丰初,诏以其被遇先帝之故,弟临自皇城使擢为兵部郎中、直昭文馆,子得君赐进士出身。

临字大观,亦起进士,签书雄州判官。嘉祐初,契丹泛使至,朝论疑所应,临言:"契丹方饥困,何能为?然《春秋》许与之义,不可以不谨。彼尝求驯象,可拒而不拒;求乐章,可与而不与,两失之矣。今横使之来,或谓其求圣像,圣像果可与哉?"朝廷善其议。治平中,诏求武略,用近臣荐,自屯田员外郎换崇仪使、知顺安军,改河北沿边安抚都监。上备御数十策，大略皆自治而已。

契丹刺两输人为义军，来归者数万。或请遣还，临曰："彼归我而遣之，必为乱，不如因而抚之。"诏从其请，自是来者益多，契丹悔失计。进安抚副使，历知泾鄜州、广信安肃军。召对，还文阶，知齐州、沧州、荆南，入为户部副使，以宝文阁待制知广州府、河中，卒。

王陶字乐道，京兆万年人。第进士，至太常丞而丁父忧。陶以登朝在郊祀后，恩不及亲，乞还所迁官，丐追赠，诏特听之，仍俟服阕，除太子中允。

嘉祐初，为监察御史里行。卫卒入延福宫为盗，有司引疏决恩降其罪。陶曰："禁省之严，不应用外间会降为比。"于是流诸海岛，主者皆论罚。中贵人导炼丹者入禁廷，陶言："汉、唐方士，名为化黄金、益年寿以惑人主者，后皆就戮。请出之。"陈升之为枢密副使，论其不当，升之去，陶亦知卫州，改蔡州。明年，复以右正言召。陶言："臣与四人同补郡，今独两人召，请并还唐介、吕诲等。"

英宗知宗正寺，逾年不就职。陶上疏曰："自至和中圣躬违豫之后，天下颙颙，无所寄命，交章抗疏，请早择宗室亲贤，以建储嗣，危言切语，动天感人。夫为是议者，岂皆怀不忠孝、为奸利附托之人哉？发于至诚，念宗庙社稷无穷大计而已。陛下顺民欲而安人心，故亲发德音，锐为此举，中外摇摇之心，一旦定矣。厥后浸润稽缓，岂免忧疑？流言或云事由嫔御、宦侍姑息之语，圣意因而惑焉。妇人近幸，讵识远图？臣恐海内民庶，谓陛下始者顺天意民心命之，今者听左右姑息之言而疑之，使远近奸邪得以窥间伺隙，可不惜哉！"因请对，仁宗曰："今当别与一名目。"既而韩琦决策，遂立为皇子。英宗即位，加直史馆、修起居注、皇子位伴读、淮阳颍王府翊善、知制诰，进龙图阁学士、知永兴军，召为太子詹事。

神宗立，迁枢密直学士，拜御史中丞。郭逵以签书枢密宣抚陕西，诏令还都。陶言："韩琦置逵二府，至用太祖故事，出师劫制人主，琦必有奸言惑乱圣德。愿罢逵为渭州。"帝曰："逵先帝所用，今无罪黜之，是章先帝用人之失也，不可。"陶既不得逞，遂以琦不押文德常朝班奏劾之。陶始受知于琦，骤加奖拔。帝初临御，颇不悦执政之专，陶料必易置大臣，欲自规重位，故视琦如仇，力攻之，琦闭门待罪。帝徙陶为翰林学士，旋出知陈州，入权三司使。吕公著言其反复不可近，又以侍读学士知蔡州，历河南府、许汝陈三州，以东宫旧臣加观文殿学士。帝终薄其为人，不复用。元丰三年，卒，年六十一，赠吏部尚书，谥曰文恪。

陶微时苦贫，寓京师教小学。其友姜愚气豪乐施，一日大雪，念陶奉母寒馁，荷一锸铲雪，行二十里访之。陶母子冻坐，日高无炊烟。愚亟出解所衣锦裘，质钱买酒肉、薪炭，与附火饮食，又捐数百千为之娶。陶既贵，尹洛，愚老而丧明，自卫州新乡往谒之，意陶必念旧哀己。陶对之邈然，但出尊酒而已。愚大失望，归而病死。闻者益薄陶之为人。

王子韶字圣美，太原人。中进士第，以年未冠守选，复游太学，久之乃得调。王安石引入条例司，擢监察御史里行，出按明州苗振狱。安石恶祖无择，子韶迎其意，发无择在杭州时事，自京师逮对，而以振狱付张载，无择遂废。中丞吕公著等论新法，一台尽罢。子韶出知上元县，迁湖南转运判官。御史张商英劾其不葬父母，贬知高邮县。由司农丞提举两浙常平。入对，神宗与论字学，留为资善堂修定《说文》官。官制行，为礼部员外郎，以入省后期，改库部。

元祐中，历吏部郎中、卫尉少卿，迁太常谏官。刘安世言："熙宁初，士大夫有'十钻'之目，子韶为'衙内钻'，指其交结要人子弟，如刀钻之利。又陷祖无择于深文，搢绅所共鄙薄，岂宜污礼乐之地！"改卫尉卿。安世复言："七寺正卿班少常上，因弹击而获超迁，是启侥幸也。"乃出知沧州。入为秘书少监，迎伴辽使，御上苛刻，军吏因被酒刃伤子韶及其子。又出知济州，建言乞追复先烈以诒后法，复以太常少卿召，进秘书监，拜集贤殿修撰、知明州，卒。崇宁二年，子相录元祐中所上疏稿闻于朝，诏赠显谟阁待制。

何正臣字君表，临江新淦人。九岁举童子，赐出身，复中进士第。元丰中，用蔡确荐，为御史里行。遂与李定、舒亶论苏轼，得五品服，领三班院。会正御史专六察，正臣言："幸得备言路，以激浊扬清为职，不宜兼治它曹。"神宗善之，为悉罢御史兼局，而正臣解三班，加直集贤院，擢侍御史知杂事。

韩存宝讨泸夷无功，命治其狱，被以逗挠罪诛之。还，除宝文阁待制、知审官东院，尚书省建为吏部侍郎。逾年，嫚于奉职，铨拟多抵牾。事闻，以制法未善为解。王安礼曰："法未善，有司所当请，岂得归罪于法？"乃出知潭州。时诏州县听民以家赀易盐，吏或推行失指。正臣条上其害，谓无益于民，亦不足以佐国用，遂寝之，民以为便。后历刑部侍郎、知宣州，卒。

陈绎字和叔，开封人。中进士第，为馆阁校勘、集贤校理，刊定《前汉书》，居母丧，诏即家雠校。英宗临政渊嘿，绎献五箴，曰主断、明微、广度、省变、稽古。同判刑部，狱讼有情法相忤者，讞之。或言刑曹唯知正是否，不当有所轻重。绎曰："持法者贵审允，心知失刑，恶得坐视？"由是多所平反。帝称其文学，以为实录检讨官。

神宗立，为陕西转运副使，入直舍人院、修起居注、知制诰，拜翰林学士，以侍讲学士知邓州。绎不能肃闺门，子与妇一夕俱殒于卒伍之手，傲然无惭色。召知通进、银台司，帝语辅臣曰："绎论事不避权贵。"命权开封府。时狱有小疑，辄从中覆；至绎，特听便宜处决。久之，还翰林，仍领府。治司农吏盗库钱狱未竟，中书检正张谔判寺事，惧失察，以帖诘稽留，绎遣吏示以成牍。言者论其徇宰属、纵有罪，出知滁州。郊祀恩，复知制诰，言者再论之，复秘书监、集贤院学士。

元丰初，知广州。库有檀香佛像，绎以木易之。事觉，有司当为官物有剩利。帝曰："是以事佛丽重典矣。"时绎已加龙图阁待制、知江宁府，乃贬建昌军，夺其职。后复大中大夫以卒，年六十八。

绎为政务摧豪党，而行与貌违，暮年缪为敦朴之状，好事者目为"热熟颜回。"

论曰：王广渊在仁宗时，因近昵献文于英宗潜邸，固已有窃取功名之心，盖为臣之不忠者，虽列侍从，乌足道哉！王陶始为韩琦所知，在御史时，颇能讥切时政。及为中丞，则承望风旨，攻琦如仇雠，欲自取重位。其忘姜愚布衣之义，又不足责矣。王子韶之陷祖无择，何正臣之论苏轼，皆小人之盗名。陈绎希合用事，固无足道，然于狱事多所平反，惜乎闺门不肃，廉耻并丧，虽明晓吏事，亦何取焉。

宋史卷三三〇
列传第八九

任颛　李参　郭申锡　傅求
张景宪　窦卞　张瓌　孙瑜
许遵　卢士宗　钱象先
韩琦　杜纯　_{弟纮}　杜常
谢麟　王宗望　王吉甫

　　任颛字诚之,青州寿光人。举进士,得同学究出身。至卫尉丞,上其文,乃赐第,擢盐铁判官。陕西铸康定大铜钱,颛曰:"坏五为一,以一当十,恐犯者众。"卒如其言。

　　夏人纳款,遣使要请十一事,甚者欲去臣称男。颛押伴,一切晓以义,辞折而去。又再遣使来欲自买卖,且通青盐,增岁赐。诏许置榷场,其议多颛所发。出为京西转运使,奏计京师。元昊为下所杀,遣杨守素来告哀。守素,乃始为元昊谋不称臣、纳赐节者也,仁宗记尝屈其使者,复使押伴。颛问守素其主所以死,不能对,讫去,不敢肆。改知凤翔府。帝语辅臣,颛宜备朝廷委任,留判三司凭由司。为谅祚册礼使,采撷西夏风物、山川、道里、出入攻取之要,为《治戎精要》三篇上之。

　　进直史馆,迁河东转运使。帝尝以禁帑金帛赐河北,亦欲与河东。颛辞曰:"受委制财用,而先有求,不敢。"颛为使者,每行部,必择僚佐之贤者一人与俱,凡事必与议,未尝以胥吏自随,人安其政。入为盐铁副使,擢天章阁待制。

侬贼犯岭外,以知潭州。宣抚司以宣毅卒有功,檄补军校,颛察其色动,曰:"必有异志。"执按之,具服为贼内应。搜其家,得所记潭事甚悉,枭首以徇,诏书褒激,赐白金五百两,进龙图阁直学士、知渭州。坐在潭日贱市死商珠,降为待制。时四路以边警闻,渭独无所上,朝廷疑斥候不密,颛力言无他虞,帝使觇之,信。乃还学士,徙徐州,以太子宾客致仕。积官户部侍郎,卒,年七十八。

李参字清臣,郓州须城人。以荫知盐山县。岁饥,谕富室出粟,平其直予民,不能籴者,给以糟粃,所活数万。

通判定州,都部署夏守恩贪滥不法,转运使使参按之,得其事,守恩谪死。知荆门军,荆门岁以夏伐竹,并税簿输荆南造舟,积日久多蠹恶不可用,牙校破产不偿责。参请冬伐竹,度其费以给,余募商人与为市,遂除其害。

历知兴元府,淮南、京西、陕西转运使。部多戍兵,苦食少。参审订其阙,令民自隐度麦粟之赢,先贷以钱,俟谷熟还之官,号"青苗钱"。经数年,廪有羡粮。熙宁青苗法,盖萌于此矣。

朝廷患边费益广,参建议辇钱边郡,以平估籴,权罢入中法。比其去,省榷货钱千万计。召为盐铁副使,以右谏议大夫为河北都转运使。与安抚使郭申锡相视决河,议不协;又与真定吕溱相恶,二人皆得罪,参移使河东,知荆南。

嘉祐七年,召为三司使,参知政事孙抃曰:"参为主计,外台将承风刻剥天下,天下之民困矣。"乃改群牧使。诏王安石、王陶置局经度国计,参言:"官各有职,臣若不任事,当从废黜。不然,乞罢此局。"从之。

治平初,加集贤院学士、知瀛州,赐黄金百两,帅臣有赐自参始。再迁枢密直学士、知秦州。蕃酋药家族作乱,讨平之,得良田五百顷,以募弓箭手。居镇阅岁,未尝以边事闻。英宗遣使问故,对曰:

"将在边,期于无事而已,不敢妄以寇贻主忧。"以疾解边任,判西京御史台,起知曹、濮二州。神宗久知其才,书姓名于殿柱。以知永兴军,不行,卒,年七十四。

参无学术,然刚果严深,喜发摘奸伏,不假贷,事至即决,虽簿书纤悉不遗,时称能史。

郭申锡字延之,魏人。自言唐代公元振之后。第进士,为晋陵尉。民诉弟为人所杀,申锡察其色惧而哭不哀,曰:"吾得贼矣,非汝乎?"执而讯之,果然。久之,知博州。州兵出戍,有欲胁众为乱者,申锡戮一人,黥二人,乃定。奏至,仁宗曰:"小官临事如此,岂易得?"即为御史台推直官。数上疏论事,大臣不便。鞠狱庆州。京东盗执濮州通判井渊,迁知州事,未阅月,悉擒凶党,斩以徇。

召为侍御史,遂知杂事。张贵妃追册、起园陵,张尧佐为使相,陈执中嬖妾杀婢,余靖引胡恢有丑行,高若讷引范祥启边衅,申锡皆奏劾之。屡诋权幸无所避,帝谓之曰:"近世士大夫,方未达时,好指陈时事,及被进用则不然,是资言以进耳,卿勿为也。"

谍称契丹遣泛使,命体量安抚河北,还为盐铁副使。相视决河,坐讼李参失实,黜知濠州。帝明榜朝堂,称其欺诬,以儆在位。旋加直史馆、知江宁府,再副盐铁,进天章阁待制、知邓州河中。

种谔取绥州,申锡曰:"边患将自此始。"及谅祚死,请捐前故,听其子袭爵,且言曰:"二虏赖岁币甚厚,渝平岂其所利,必有以致之。但得重将守边,不要功生事,则善矣。"著《边鄙守御策》。以给事中致仕,卒,年七十七。

傅求字命之,考城人。进士甲科,通判泗州。淮水溢,毁城。朝廷遣中使护筑,绝淮取土,道远,度用兵六十万。求相汴堤旁有高埠,夷之得土,载以回舟,省工费殆半。

徙大名府,府守吕夷简委以事。夷简入相,荐其才,擢知宿州,提点江西、益州刑狱,为梓州路转运使。夷獠寇合江,钤辖司会兵掩击,求驰往按所以状,乃县吏冒取播州田,獠故恐而叛。即黥吏置岭南,夷人闻之,散去。益州文彦博上其状,进秩,徙陕西。

关中行当十铁钱,盗铸不可计,求请变法。时州县已散二百八十万缗,亟下令更为当三。民出不意,荡产失业,多自经死,然盗铸遂止。自康定用兵,移税输边,民力大困。求令输本州,而转钱以供边籴,民受其惠,而兵食亦足。召为户部副使。

陇右蕃酋兰毡献古渭州地,秦州范祥纳之,请缮城屯兵,又括熟户田,诸羌靳之,相率叛。夏人欲得渭地久,移文来索。后帅张升以祥贪利生事,请弃之。诏求往视,求以为城已讫役,且已得而弃,非所以强国威。乃诏谕羌众,反其田,报夏人以渭非其有,不应索,正其封强而还,兵遂解。进天章阁待制、陕西都转运使,加龙图阁直学士、知庆州。

环之定边寨蕃官苏恩,以小过疑惧而遁,将佐议致讨。泾原既出师境上,求谓恩非素携二者,乘以兵,必起边患。但遣裨将从十数卒扣其帐,开以祸福,恩感泣,还寨如初。入判太常寺,权发遣开封府,迁枢密直学士、知定州,复以龙图阁学士权开封。

求本有吏能干局,至是,春秋浸高,且病聩。三司大将钱吉密杀妹,为邻所告,求不能决,反坐告者;又断狱数差失。御史言其不胜任,出知兖州。卒,年七十一。

张景宪字正国,河南人。以父师德任淮南转运副使。山阳令郑昉赃累巨万,亲戚多要人,景宪首案治,流之岭外,贪吏望风引去。徙京西、东转运使。王逵居郓,专持吏短长,求请贿谢如所欲,景宪上其恶,编置宿州。熙宁初,为户部副使。

韩绛筑抚宁、罗兀而城,帝命景宪往视。始受诏,即言城不可守,固不待到而后知也。未几,抚宁陷。至延安,又言:"罗兀邈然孤城,凿井无水,将何以守。臣在道,所见师劳民困之状非一,愿罢徒劳之役,废无用之城,严饬边将为守计。令边郡召生羌,与之金帛、官爵,恐黠羌多诈,缓急或为内应,宜亟止之。"陕西转运司议,欲限半岁令民悉纳钱于官,而易以交子。景宪言:"此法可行于蜀耳,若施之陕西,民将无以为命。"其后卒不行。

加集贤殿修撰,为河东都转运使。议者欲分河东为两路,景宪言:"本道地肥硗相杂,州县贫富亦异,正宜有无相通,分之不便。"议遂寝。改知瀛州,上言:"比岁多不登,民积逋欠。今方小稔,而官督使并偿,道路流言,其祸乃甚于凶岁。愿以宽假。"帝从之,仍下其事。

元丰初年,知河阳。时方讨西南蛮,景宪入辞,因言:"小丑跳梁,殆边吏扰之耳。且其巢穴险阻,若动兵远征,万一馈饷不继,则我师坐困矣。"帝曰:"卿言是也,然朝廷有不得已者。"明年,徙同州,以大中大夫卒,年七十七。

景宪在仁宗朝为部使者,时吏治尚宽,独多举刺;及熙宁以来,吏治峻急,景宪反济以宽。方新法之行,不劾一人。居官不畏强御,非公事不及执政之门。自负所守,于人少许可。母卒,一夕须发尽白,世以此称之。

窦卞字彦法,曹州冤句人。进士第二,通判汝州。秦悼王葬汝,宗室来祔者众,役兵五千。郡守林濰以汝与其乡近,因使辇薪刍、铁石致其家。众怨愤,谋杀濰,会日暮门闭,不果,遂挟大校叛。卞启关招谕之,曰:"汝曹特醉酒狂呼尔,毋恐。"众小定,乃密推首恶羁之,请于朝。诏濰致仕,悉配徙乱者。

加集贤校理,知太常院,知绛州,开封府推官。方禁销金为衣,皇城卒捕得之,属卞治,以中禁为言。奏曰:"真宗行此制,自掖廷始,今不正以法,无以示天下,且非祖宗立法意。"英宗曰:"然。文王'刑于寡妻,至于兄弟,以御于家邦',正谓是也。"从其请。

出知深州。熙宁初,河决滹沱,水及郡城,地大震。流民自恩、冀来,踵相接,卞发常平粟食之。吏白擅发且获罪,卞曰:"俟请而得报,民死矣。吾宁以一身活数万人。"寻以请,诏许之。外间讹言水大至,卞下令敢言者斩。一日,复报大水且至,吏请闭门,卞不可,既而果妄。时发六州卒筑武强，陈卒惰，主者答之，不服。卞曰："厢兵犯将校，法不至重，然兴役聚工，不可拘以常法。"命斩之以闻，有诏嘉奖。还为户部判官、同修起居注，进天章阁待制，判昭文馆、将作监。

始，卞官汝时，与殿直王永年者相接颇厚，及在京师，永年求监金曜门库，卞为祷提举杨绘，绘荐为之。永年置酒于家，延绘及卞至，出其妻侑饮，且时致薄饷。永年以事系狱死，御史发其私，卞坐夺职，提举灵仙观。卒，年四十五。

张瓌字唐公，泊之孙也。举进士，以妇父王钦若嫌，召试学士院，赐第，除秘阁校理、同知太常礼院。谥钱惟演曰文墨，其子挝登闻鼓上诉，仁宗使问状，瓌条奏甚切，朝廷不能夺，乃赐谥曰思。温成庙祠享如神御，请杀其礼。

判吏部南曹，为开封府推官、知洪州。营校督役苛急，其徒三百人将以夜杀之，求不获，持雚噪于门，请易校。瓌召问谕遣，明日，推治黠十人，不为易校。积阀当迁，十年不会课，文彦博为言，特迁之。徙两浙转运使，加直史馆，知颍州、扬州，即拜淮南转运使。

三司下诸道责羡财，淮南独上金九钱，三司使怒，移文谯切，瓌以赋数民贫对。入修起居注、知制诰。草故相刘沆赠官制，颇言其附会取显位。沆子瑾帅子弟妇女衰绖诣阙，哭诉瓌挟私怨，且丑诋其人。执政以褒赠乃恩典，瓌不当为贬词，出知黄州，然瑾亦竟不敢请父谥。还判流内铨。

英宗时，论第在先朝乞蚤定储副者，进左谏议大夫、翰林侍读学士。刘瑾又讼其判铨日调其子不应法，复出濠州。历应天府、河南、河阳，请为太平州。

瓌平生荐士，后虽不如所举，未尝以令自首，故再坐削阶。当官遇事辄言，触忤势要，至屡黜，终不悔。卒，年七十。

孙瑜字叔礼，博平人。以父任为将作监主簿，贾昌朝荐为崇文检讨、同知礼院、开封府判官。使契丹，适西讨捷书至，馆伴要入贺，啖以厚饷。瑜辞以奉使有指，不肯贺。加秘阁校理、两浙转运使。入辞，仁宗访其家世，谓曰：“卿孙奭子邪？奭，大儒也，久以道辅朕。”因面赐金紫。

先是，郡县仓庾以斗斛大小为奸，瑜奏均其制，黜吏之亡状者，民大喜。有言其变新器非便，下迁知曹州。寻有言瑜所作量法均一诚便者，乃还其元资。徙知蔡州，毁吴元济像，以其祠事裴度。大水缘城隙入，瑜使囊沙数千捍其冲，城得弗坏。更相、兖、潍、单四州，累官工部侍郎，卒，年七十九。

始，奭之亡，朝廷录其子孙，时瑜之子为诸孙长，瑜曰：“吾忍因父丧而官吾子乎？”以兄之孤上之。瑜天资整敏，齐家以严称。善与人交，一受知终身不易。所荐士有过，或教使自言，曰：“已知之而复挤之，吾不为也。”

论曰：“宋至神宗，承平百余年，风行政成，士皆守官称职，虽上之化，亦下之气习使然也。当时仕于朝廷，出守方岳，持节一道，专对四方者，各有其人，其政迹且多可纪，自颛至瑜是已。颛能析夏人，屈元昊使者；参击贪除害，乃心边事；申锡除凶党，诋权幸；求黯黜吏，禁盗铸；卞以身活人；瓌不贡羡财；景宪因母死而发白；孙瑜不忍以父丧而得官：此其行尤昭昭者欤。

许遵字仲涂，泗州人。第进士，又中明法，擢大理寺详断官、知长兴县。水灾，民多流徙，遵募民出米振济，竟以无患。益兴水利，溉田甚博，邑人便利，立石纪之。

为审刑院详议官，知宿州、登州。遵累典刑狱，强敏明恕。及为登州，执政许以判大理，遵欲立奇以自鬻。会妇人阿云狱起。

初，云许嫁未行，嫌婿陋，伺其寝田舍，怀刀斫之，十余创，不能杀，断其一指。吏求盗弗得，疑云所为，执而诘之，欲加讯掠，吐实。遵按云纳采之日，母服未除，应以凡人论，谳于朝。有司当为谋杀已伤，遵驳言："云被问即承，应为按问。审刑、大理当绞刑，非是。"事下刑部，以遵为妄，诏以赎论。未几，果判大理。耻用议法坐劾，复言："刑部定议非直，云合免所因之罪。今弃敕不用，但引断例，一切按而杀之，塞其自守之路，殆非罪疑惟轻之义。"诏司马光、王安石议。光以为不可，安石主遵，御史中丞滕甫、侍御史钱觊皆言遵所争戾法意，自是廷论纷然。安石既执政，悉罪异己者，遂从遵议。虽累问不承者，亦得为按问。或两人同为盗劫，吏先问左，则按问在左；先问右，则按问在右。狱之生死，在问之先后，而非盗之情，天下益厌其说。

熙宁间，出知寿州，再判大理寺，请知润州，又请提举崇福宫。寻致仕，累官中散大夫。卒，年八十一。

卢士宗字公彦，淄州昌乐人。举《五经》，历审刑院详议、编敕删定官，提点江西刑狱。侍讲杨安国以经术荐之，仁宗御延和殿，诏讲官悉升殿听其讲《易》。明日，复命讲《泰卦》，又召经筵官及仆射贾昌朝听之。授天章阁侍讲，赐三品服，加直龙图阁、天章阁待制、判流内铨。

李参、郭申锡有决河讼，诏士宗劾之。士宗言两人皆为时用，有罪当验问，不宜逮鞫。于是但黜申锡为州。进龙图阁直学士、知审刑院、通进银台司。

仁宗神主祔庙，礼院请以太祖、太宗为一世，而增一室以备天子事七世之礼。诏两制与礼官考议，孙抃等欲如之。士宗以为："在礼，太祖之庙，万世不毁；其余昭穆，亲尽即毁，示有终也。自汉以来，天子受命之初，太祖尚在三昭、三穆之次，祀四世或六世，其以上之主，属虽尊于太祖，亲尽则迁。故汉元帝之世，瘗太上庙主于国，魏明帝迁处士主于园邑，晋武、惠祔庙，迁征西、豫州府君。大抵过六世则迁其主，盖太祖已正东向之位，则并三昭三穆为七世矣。唐高祖初祀四世，太宗增祀六世，太宗祔庙则迁弘农府君，高宗祔庙又迁宣宗，皆前世成法，惟明皇九庙祀八世，于事为不经。今大行祔庙,喜祖亲尽当迁,于典礼为合,不当添殿一室。"诏抃等再议,卒从八室之说。议者咎之。

出知青州,入辞,英宗曰:"学士忠纯之操,朕所素知,岂当久处外。"命再对,及见,论知人安民之要,劝普守祖宗法。御史言其罕通吏事,且衰病,改沂州。

熙宁初,以礼部侍郎致仕,卒,年七十一。士宗以儒者长刑名之学,而主于仁恕,故在刑部审刑,前后十数年。

钱象先字资元,苏州人。进士高第,吕夷简荐为国子监直讲,历权大理少卿、度支判官、河北江东转运使。召兼天章阁侍讲。详定一路敕成,当进勋爵,仁宗以象先母老,欲慰之,独赐紫章服。进待制、知审刑院,加龙图阁直学士,出知蔡州。

象先长于经术,侍迩英十余年,有所顾问,必依经以对,反复讽谕,逐及当世之务,帝礼遇甚渥。故事,讲读官分日迭进,象先已得蔡,帝犹谕之曰:"大夫行有日矣,宜讲彻一编。"于是同列罢进者浃日。徙知河南府、陈州,复兼侍讲、知审刑院。

象先旁通法家说,故屡为刑官,条令多所裁定。尝以为犯敕者重,犯令者轻,请移敕文入令者甚众。又议告捕法,以为罪有可去,有可捕,苟皆许捕,则奸人将倚法以害善良,因削去许捕百余事。其持心平恕类此。复知许、颍、陈三州,以吏部侍郎致仕。卒,年八十一。

韩琦字君玉,卫州汲人。登进士第,知定州安喜县。为政强力,能使吏不赇,守韩琦称其才。为开封司录。嘉祐宽恤诸道,分遣使者。琦曰:"京师诸夏本,顾独不蒙惠乎?"乃具徭役利害上之,诏司马光、陈洙详定条式,遂革大姓渔并之弊。提点利州路、河北刑狱,以开封府判官迎契丹使。使问:"南朝不闻打围,何也?"琦曰:"我后仁及昆虫,非时不为耳。"

熙宁初,为梓州路转运使。廷命诸道议更役法,琦首建并纲减役之制，纲以数计者百二十有八，衙前以人计者二百八十有三，省役人五百。又请裁定诸州衙簿，于是王安石言："琦所言皆久为公私病，监司背公养誉，莫之或恤，而独能体上意，宜加赏。"乃下褒诏，且赐帛二百。入为盐铁副使，以右谏议大夫知澶州。坐失举，降太常少卿。河决，昼夜捍御。神宗念其劳，复故官大中大夫，判将作监，转正议大夫致仕。卒，年七十七。

琦吏事绝人，阅按牍，终身不忘，澶州民怀思之。他日，郡守或欲有所为，民必曰："此已经韩太中矣。"以故辄止。

杜纯字孝锡，濮州甄城人。少有成人之操，伯父没官南海上，其孤弱，柩不能还。纯白父请往，如期而丧至。

以荫为泉州司法参军。泉有蕃舶之饶，杂货山积。时官于州者私与为市，价什不偿一，惟知州关咏与纯无私买，人亦莫知。后事败，狱治多相牵系，独两人无与。咏犹以不察免，且檄参对。纯愤懑，陈书使者为讼冤，咏得不坐。

熙宁初，以河西令上书言政，王安石异之，引置条例司，数与论事，荐于朝，充审刑详议官。或议复肉刑，先以刖代死刑之轻者，纯言："今盗抵死，岁不减五十，以死惧民，民常不畏，而况于刖乎？人知不死，犯者益众，是为名轻而实重也。"事遂寝。

秦帅郭逵与其属王韶成讼，纯受诏推鞫，得韶罪。安石主韶，变其狱，免纯官。韩绛为相，以检详三司会计。安石再来，乃请监池州酒。久之，为大理正。上言："朝廷非不恶告讦，而有觇事者以挍抉隐微，盖京师聚万姓，易以宿奸，于计当然，非扰人也。比来或徒隶觖望，或民相怨仇，或意冒告赏，但泛云某有罪，某知状，官不识所逮之囚，囚不省见逮之故。若许有司先计其实，而坐为欺者以诬告，当无不竟矣。"

隰州商尹奇贸温泉矾有羡数，云官润之，寺欲械讯河东。纯曰："奇情止尔，若傅致其罪，恐自是民无复敢货矾，则数百万之储，皆为土石。请姑没其羡而释其人。"曹州民王坦避水患，以车载货入京，征商者以为匿税，寺议黥坦，纯复争之，卿杨汲奏为立异，又废于家。

元祐元年，范纯仁、韩维、王存、孙永交荐之，除河北转运判官。初更役书，司马光称其论议详尽，予之书曰："足下在彼，朝廷无河北忧。"纯因建言："河防旧隶转运，今乃领属都水外丞，计其决溢之变，前日不加多，今日不加少。然出财之司，则常忧费而缓不急；用财之官，则宁过计而无不及，不如使之归一。"后如其言。

召为刑部员外郎、大理少卿，擢侍御史。言者诋其不由科第，改右司郎中，寻知相州，徙徐州，陕西转运使。还，拜鸿胪、光禄卿，权兵部侍郎。谢病，以集贤院学士提举崇福宫，改修撰。卒，年六十四。弟纮。

纮字君章，起进士，为永年令。岁荒，民将他往，召谕父老曰："令不能使汝必无行，若留，能使汝无饥。"皆喜听命。乃官给印券，使称贷于大家，约岁丰为督偿，于是咸得食，无徙者。明年稔，偿不愆素。神宗闻其材，用为大理评断官、检详枢密刑房，修《武经要略》。以职事对，帝翌日语宰相，嘉其论奏明白，未果用。

纮每议狱，必傅经谊。民间有女幼许嫁，未行而养于婿氏，婿氏杀以诬人，吏当如昏法。纮曰："礼，妇三月而庙见，未庙见而死，则归葬于家，示未成妇也。律，定昏而夫犯，论同凡人。养妇虽非礼律，然未成妇则一也。"议乃定。又论："天下囚应死，吏懦不行法，辄以疑谳。夫杀人而以疑谳，是纵民为杀之道也。请治妄谳者。"不从。

擢刑部郎中。元祐初，为夏国母祭奠使。时夏人方修贡，入其国，礼犹倨，迓者至衣毛裘，设王人坐，蒙以鼗，且不跪受诏。纮责曰："天王吊礼甚厚，今不可以加礼。"夏人畏惧加敬。他日，夏使至，请归复侵疆。纮逆之至馆，使欲入见有所陈，纮止之，答语颇不逊。纮曰："国主设有请，必具表中，此大事也，朝廷肯以使人口语为可否乎？"随语连挞之，乃不敢言。

迁右司郎中、大理卿，以直秘阁知齐、邓二州，复为大理卿，权刑部侍郎,加集贤殿修撰,为江淮发运使、知郓州。狱系囚三百人,纮至之旬日,处决立尽。又以刑部召,未至,还之郓。

尝有揭帜城隅,著妖言其上,期为变,州民皆震。俄而草场白昼火,盖所揭一事也,民又益恐。或请大索城中,纮笑曰:“奸计正在是,冀因吾胶扰而发,奈何堕其术中?彼无能为也。”居无何,获盗,乃奸民为妖如所揣,遂按诛之。徙知应天府,卒,年六十二。

纮事兄纯礼甚备。在郓州闻讣,泣曰:“兄教我成立,今亡不得临,死不瞑矣。”适诣阙,迎其柩于都门,哀动行路。悉以奉钱给寡嫂,推其子恩,官其子若孙一人。宦京师时,里人马随调选,病卧逆旅,纮载与归,医视之。随竟死,为治丧第中。或以为嫌,不自恤,其风义盖天性云。

杜常字正甫,卫州人,昭宪皇后族孙也。折节学问,无戚里气习。尝跨驴读书,驴嗜草失道,不之觉,触桑木而堕,额为之伤。

中进士第,调河阳司法参军事,富弼礼重之。积迁河东转运判官,提点河北刑狱,历兵部左司郎中、太常少卿、太仆太府卿、户工刑吏部侍郎,出知梓州,青、郓、徐州,成德军。

崇宁中,至工部尚书,以龙图阁学士知河阳军。苦旱,及境而雨,大河决,直州西上埽,势危甚。常亲护役,徙处埽上,埽溃水溢,及常坐而止。于是役人尽力,河流遂退,郡赖以安。卒,年七十九。

谢麟字应之,建州瓯宁人。登第,调会昌令。民被酒夜与仇斗,既归而所亲杀之,因诬仇。麟知死者无子,所亲利其财,一讯得实。再调石首令,县苦江水为患,堤不可御,麟叠石障之,自是人得安堵,号“谢公堤。”

通判辰州。章惇使湖湘,拓沅州,荐麟为守,由太常博士改西上阁门副使。徭贼犯辰溪,麟且捕且招,一方以宁。诏使经制宜州獠,降其种落四千八百人,纳思广洞民千四百室,得铠甲二万,褒赐甚渥。加果州刺史,知荆南、泾邠二州。

元祐初，复以朝议大夫、直秘阁知潭州，加直龙图阁，历徙江宁凤翔府、渭桂二州。融江有夷警，将吏议致讨，麟以计平之。戍兵从北来，不能水土，麟部土人使极南，而北兵止屯近郡，赖以全者甚众。卒于官。

王宗望字磻叟，光州固始人。以荫累擢夔州路转运副使。哲宗即位，行赦赏军，万州弥旬不给。庖卒朱明因众怒，白昼入府宅，伤守臣，左右惊散，他兵籍籍谋兆乱。宗望闻变，自夔疾驱至，先命给赏，然后斩明以徇，且审视守伤而不救者。乃自劾，朝廷嘉之。历仓部郎中、司农少卿、江淮发运使。

楚州沿淮至涟州，风涛险，舟多溺。议者谓开支氏渠引水入运河，岁久不决，宗望始成之，为公私利。代吴安持为都水使者。自大河有东、北流之异，纷争十年，水官无所适从。宗望谓回河有创立金堤七十里，索缗钱百万，诏从之。右正言张商英论其诞谩，而宗望奏已有成绩，遂增秩三等，加直龙图阁、河北都转运使，擢工部侍郎，以集贤殿修撰知郓州。卒，年七十七。元符中，治其导河东流事，以为附会元祐，追所得恩典云。

王吉甫字邦宪，同州人。举明经，练习法律，试断刑入等，为大理评事，累迁丞、正、刑部员外郎、大理少卿。

舒亶以官烛引至第，执政欲坐以自盗。吉甫谓不可，执政怒，移狱他所，吉甫亦就辨。亶乃用饮食论罪，不以烛也。南郊起幔城，役卒急于毕事，董役者责之曰："此殆类白露屋耳。"卒诉之，吏当非所宜言论死。吉甫谓非咒诅不应死，遂求对。神宗怒曰："得非为白露屋事来邪？"吉甫从容敷陈，不少慑，帝为霁怒，其人得释。苏轼南迁，所过，郡守有延馆之者，走马使上闻，诏鞫之。吉甫议当笞，宰相章惇不悦。吉甫曰："法如是，难以增加成罪。"卒从笞。太仓火，议诛守者十余人，亦争之，皆得不死。其持论宽平，大抵类此。

请知齐州、梓州。梓在东川为壮藩，户口最盛。转运使欲增折配以取羡余,吉甫谓其僚曰:"民力竭矣,一增之后,不可复减,吾宁贻使者怒,忍为国敛怨、为民基祸哉。"竟却之。历提点梓州路京畿刑狱、开封少尹、知同邢汉三州,以中大夫卒,年七十。

吉甫老于为吏,廉介不回,但一于用法,士恨其少缘饰云。

论曰:宋取士兼习律令,故儒者以经术润饰吏事,举能其官。遵惠政及民,而缓登州妇狱,君子之谓之失刑。士宗、象先皆执经劝讲,其为刑官,论法平恕,宜哉。瑃吏事绝人,民怀其德。纯以微官能著清节,纮议狱必傅经谊,风义蔼然。常坐护危埒,麟定徭、獠,宗望弭万州之变,皆靖至难之事于谈笑间。吉甫一于用法,而廉介不回,有足称云。

宋史卷三三一
列传第九○

孙长卿　　周沆　　李中师
罗拯　　马仲甫　　王居卿
孙构　　张诜　　苏寀　　马从先
沈遘　弟辽　从弟括　李大临
吕夏卿　　祖无择　　程师孟
张问　陈舜俞　乐京　刘蒙附　　苗时中
韩赟　　楚建中　　张颉　　卢革
子秉

　　孙长卿字次公,扬州人。以外祖朱巽任为秘书省校书郎。天禧中,巽守雍,命随所取浮图像入见。仁宗方权听天下事,嘉其年少敏占对,欲留侍东宫,辞以母疾。诏迁官知楚州粮料院。郡仓积米五十万,陈腐不可食,主吏皆惧法,毋敢轻去,长卿为酌新旧均粜之,吏罪得免。

　　通判河南府。秋,大雨,军营坏,或言某众将叛,洛中哗然。长卿驰谕之曰:“天雨败屋庐,未能葺,汝辈岂有欲叛意,得无有乘此动吾军者邪?”推首恶一人诛之,留宿其所,众遂定。诏汰三陵奉先卒,汰者群噪府下,长卿矫制使还,而具言不可汰之故,朝廷为止。知和州,民诉人杀弟,长卿察所言无理,问其赀,曰:"上等也。"家几人?曰:"惟此弟尔。"曰:"然则汝杀弟也。"鞫之,服,郡人神明之。

提点益州路刑狱,历开封盐铁判官,江东、淮南、河北转运使,江、浙、荆、淮发运使。岁漕米至八百万,或疑其多,长卿曰:"吾非欲事羡赢,以备饥岁尔。"议者谓楚水多风波,请开盱眙河,自淮趣高邮,长卿言:"地阻山回绕,役大难就。"事下都水,调工数百万,卒以不可成,罢之。时又将弛茶禁而收其征,召长卿议,长卿曰:"本祖宗榷茶,盖将备二边之籴,且不出都内钱,公私以为便。今之所行,不足助边籴什一,国用耗矣。"乃条所不便十五事,不从。

改陕西都转运使。逾年,知庆州。州据险高,患无水,盖尝疏引涧谷汲城中,未几复绝。长卿凿百井,皆及泉。泥阳有罗川、马岭,上构危栈,下临不测之渊,过者惴恐。长卿访得唐故道,辟为通途。加集贤院学士、河东都转运使,拜龙图阁直学士、知定州。

熙宁元年,河北地大震,城郭仓庾皆溃,长卿尽力缮补。神宗知其能,转兵部侍郎,留再任。明年,卒,年六十六。

长卿无文学,而长于政事,为能臣。性洁廉,不以一毫取诸人。定州当得园利八十万,悉归之公。既没,诏中使护其丧归葬。

周沆字子真,青州益都人。第进士,知渤海县。岁满,县人请留,既报可,而以亲老求监州税。通判凤翔,初置转运判官。沆使江西,求葬亲,改知沂州。历开封府推官。

湖南蛮唐、盘二族寇暴,杀居民,官军数不利,以沆为转运使。沆言:"蛮骤胜方骄,未易斗力,宜须秋冬进兵。且其地险气毒,人骁悍,善用铤盾,北军不能确。请选邕、宜、融三州卒三千人习知山川技艺者,径捣其巢,布余兵络山足,出则猎取之。俟其势穷力屈,乃可顺抚。"朝廷用其策,二族皆降。加直史馆、知潭州。他道兵来戍者,率两期乃代,多死瘴疠,沆请以期为断,戍人便之。

徙河东转运使。民盗铸铁钱,法不能禁,沆高估钱价,铸者以无利,自息。入为度支副使。

　　侬智高乱定,仁宗命安抚广西,谕之曰:"岭外地恶,非贼所至处,毋庸行。"对曰:"君命,仁也;然远民罹涂炭,当布宣天子德泽。"遂往,遍行郡邑。民避寇弃业,吏用常法,满半岁则听人革佃。沆曰:"是岂与凶年诡征役者同科?"奏申其期。擢天章阁待制、陕西都转运使,改河北。

　　李仲昌建六塔河之议,以为费省而功倍。诏沆行视,沆言:"近计塞商胡,本度五百八十万工,用薪刍千六百万;今才用功一万,薪刍三百万。均一河也,而功力不相侔如是,盖仲昌先为小计,以来兴役尔。况所规新渠,视河广不能五之一,安能容受?此役若成,河必泛溢,齐、博、滨、棣之民其鱼矣。"既而从初议,河塞复决,如沆言。

　　又徙河东转运使,迁龙图阁直学士、知庆州。召知通进银台司、判太常寺。英宗既即位,契丹贺乾元节使至,沆馆客,欲取书枢前,使者以非典故,不可。沆折之曰:"昔贵国有丧,吾使至柳河即反,今听于几筵达命,恩礼厚矣,尚何云?"使者立授书。朝廷未知契丹主年,沆乘间杂他语以问,得其实,使者悔之曰:"今复应兄弟南朝矣。"

　　进枢密直学士、知成德军。俗方弃亲事佛,沆阅按,斥数千人还其家。以户部侍郎致仕,卒,年六十九。

　　李中师字君锡,开封人。举进士,陈执中荐为集贤校理、提点开封府界。境多盗,中师立赏格,督吏分捕,尽得之。进秩,辞不受,乃擢度支判官,为淮南转运使。两浙饥,移淮粟振赡,僚属议勿与,中师曰:"朝廷视民,淮、浙等尔。"卒与之。徙河东,入为度支副使,拜天章阁待制、陕西都转运使,知澶州、河南府。召权三司使、龙图阁直学士,复为河南。前此多大臣居守,委事掾幕,吏习弛缓,中师一以严整齐之,号为治办。然用法刻深,烦碎无大体,唯厚结中人。

　　初,神宗尝对宰相称其治状,富弼曰:"陛下何从知之?"帝默然。中师衔弼沮己,及再至,弼已老,乃籍其户,令出免役钱与富民

等。又希司农指,多取余,视他处为重,洛人怨之。朝廷以中师率先
推行,召为群牧使。乞废河南、北监牧,省国费,而养马于民,不报。
后竟行其说,民不堪命。权发遣开封府,卒,年六十一。有女嫁陈执
中子世儒,坐夫事诛死。

罗拯字道济,祥符人。第进士,历官知荣州。州介两江间,每江
涨,辄犯城郭,拯作东西二堤除其患。选知秀州,为江西转运判官、
提点福建刑狱。泉州兴化军水坏庐舍,拯请勿征海运竹木,经一年,
民居皆复其旧。

迁转运使。邵武之光泽不榷酒,以课赋民,号"黄曲钱",拯均之
他三邑,人以为便。改江、淮发运副使。江、淮故无积仓,漕船系岸
下,俟籴入乃得行,盖官吏以淮南不受陈粟为逃遣计。拯始请凡米
至而不可上供者,以廪军;又贮浙西米于润仓以时运,自是漕增而
费省。转为使。

拯使闽时,泉商黄谨往高丽,馆之礼宾省,其王云自天圣后职
贡绝,欲命使与谨俱来。至是,拯以闻,神宗许之,遂遣金悌入贡。高
丽复通中国自兹始。加天章阁待制。居职七年,徙知永兴军、青颍
秦三州,卒,年六十五。

拯性和柔,不与人校曲直。为发运使时,与副皮公弼不协。公
弼徙他道,御史劾其贷官钱,拯力为辩理。钱公辅为谏官,尝论拯
短,而公辅姻党多在拯部内,往往荐进之。或讥以德报怨,拯曰:"同
僚不协,所见异也;谏官所言,职也。又何怨乎?"时论服其长者。

马仲甫字子山,庐江人,太子少保亮之子也。举进士,知登封
县。辕辕道险厄,遂佣民凿平为坦途,人便其行,为刻石颂美。通判
赵州,知台州,为度支判官。

内侍杨永德言漕舟淮、汴间,惟水递铺为便。诏仲甫偕往订可
否,还言其害十余条,议遂格。出为夔路转运使。岁饥,盗粟者当论
死,仲甫请罪减一等,诏须奏裁。复言:"饥羸拘囚,比得报,死矣,请

决而后奏。"

　　徙使淮南。真、扬诸州地狭，出米少，官籴之多，价常踊登，滨江米狼戾，而农无所售。仲甫请移籴以纾其患，两益于民，从之。遂由户部判官为发运使。自淮阴径泗上，浮长淮，风波覆舟，岁罹其患。仲甫建议凿洪泽渠六十里，漕者便之。

　　拜天章阁待制，知瀛州、秦州。古渭介青唐之南，夏人在其北，中通一径，小警则路绝。仲甫筚栗城故址，自鸡川砦筑堡，北抵南谷，环数百里为内地，诏赐名甘谷堡。故时羌人入城贸易，皆僦邸，仲甫设馆处之，阳示礼厚，实闲之也。

　　熙宁初，守亳、许、扬三州，纠察在京刑狱，知通进、银台司，复为扬州，提举崇禧观，卒。

　　王居卿字寿明，登州蓬莱人。以进士至知齐州，提举夔路京东刑狱、盐铁判官。建言商贾转百货市塞上者，听以家赀抵于官，为给长券，至卖所，并输征税直，公私便之。

　　出知扬州，改京东转运使。青州河贯城中，苦泛溢为病，居卿即城立飞梁，上设楼橹，下建门，以时闭启，人诵其智。徙河北路。河决曹村，居卿立软横二埽以遏怒流，而不与水争。朝廷赏其功，建以为都水法。召拜户部副使、提举市易，擢天章阁待制、河北都转运使。知秦州、太原府，卒，年六十二。居卿俗吏，特以言利至从官。

　　孙构字绍先，博平人。中进士第，为广济军判官，岁入圭田粟六百石，构止受百石，余以畀学官。久之，知黎州，夷年墨数扰边，用间杀之。蜀帅吕公弼上其事，擢知真州。凶岁得盗，令名指党伍，悉置诸法，境内为清。

　　迁度支判官。夔州部夷梁承秀、李光吉、王兖导生獠入寇，转运判官张诜请诛之。选构为使，倍道之官，至则遣浯州豪杜安募千人往袭，自督官军及黔中兵击其后，斩承秀，入讨二族，火其居。余众保黑崖岭，黔兵从间道夜噪而进，光吉坠崖死，兖自缚降。以其地建南平军。录功加直昭文馆。

徙湖北转运使。章惇兴南、北江蛮事，构谕降懿、洽二州，纳归附州十四。初，渡辰溪，舟毁而溺，得援者仅免，神宗悯之，赐帛三百。北江酋彭师晏常持向背，构知向水酋彭儒武与有隙，檄使攻之，师晏降，得其下溪州地，五溪皆平。进集贤殿修撰，赐三品服。交阯入寇，拜右谏议大夫、知桂州，声言将犄角捣其巢穴，寇闻引去。以疾提举崇福宫，换太中大夫，卒，年六十四。

构喜功名，勇于建立，西南边事自此始云。

张诜字枢言，建州浦城人。第进士，通判越州。民患苦衙前役，诜科别人户，籍其当役者，以差人钱为雇人充，皆以为便。知襄邑县，擢夔路转运判官。录辟土之功，加直集贤院，改陕西转运副使。召对，帝曰：“朕未识卿，每阅章奏，独卿与蔡挺有所论请，使人了然。寻当以帅事相属。”及入辞，赐服金紫。

明年，直龙图阁、知秦州。前此将吏贪功，多从羌地猎射，因起边患。诜至，申令毋得犯，得一人，斩诸境上，群羌感悦。迁天章阁待制、知熙州。董毡遣鬼章逼岷州，诜往讨，董毡迎战，破之于错凿城，斩首万级。

元丰初，加龙图阁直学士、知成都府，徙杭州。将行，复命权经略熙河事，趣使倍道行。时仓卒治戎，有司计产调夫，户至累首，民多流亡。诜中途诉其状，乞敕剑外招携之，不报。会灵武师罢，乃赴杭，道过京师，帝访以西事，对曰：“彼势虽弱，而我师未锐，边备未饬，愿以岁月图功。”累官正议大夫，卒，年七十二。

诜性孝友，廉于财，平生不殖田业。既建拓泸夷地被进用后，虽有善言可纪，终不谊清议云。

苏寀字公佐，磁州滏阳人。擢第，调兖州观察推官，受知于守杜衍。为大理详断官。民有母改嫁而死，既葬，辄盗其柩归祔，法当死。寀曰：“子取母祔父，岂与发冢取财等？”请而生之。

迁审刑院详议、御史台推直官,知单州,提点梓州益州路刑狱、利路转运使。文州岁市羌马,羌转买蜀货,猾驵上下物价,肆为奸渔。寀议置折博务,平货直以易马,宿弊顿绝。

入判大理寺,为湖北、淮南、成都路转运使,擢侍御史知杂事,判刑部。使契丹,还及半道,闻英宗晏驾,契丹置宴仍用乐,寀谓送者曰:"两朝兄弟国家,君臣之义,吾与君等一也。此而可忍,孰不可忍。"遂为之撤乐。

进度支副使,以集贤殿修撰知凤翔。还,纠察在京刑狱,又出知潭州、广州,累转给事中,知河南府,无留讼。入知审刑院,卒。寀长于刑名,故屡为法官,数以谳议受诏奖焉。

马从先字子野,祥符人。少尽力于学。父当任子,推以与其弟。由进士累官太常少卿、知宿州。宿在淮、汴间,素难治,从先取橐博者、重坐者厚赏以求盗。禁屠牛、铸钱,严甚。大水,发廪振流亡,全活数十万。代还,知寿州,以老辞,英宗谕遣之曰:"闻卿治行籍甚,寿尤重于宿,姑为朕往。"既至,治如曩时。由太子宾客转工部侍郎致仕。从先性整严,虽盛夏不袒跣。晚学佛,预言其终时,年七十六而卒。

论曰:长卿性务廉洁,以能臣称,中师用法刻深,以治辨称,虽均为材吏,而优劣自见。拯及仲甫俱能为国兴利除害。构始开西南边,诜遂拓泸夷被进用,虽有他善,而不能逭清议。至于疏决河议,绥远民,折邻使,历有可称述者,其最优欤。

沈遘字文通,钱塘人。以荫为郊社斋郎。举进士,廷唱第一,大臣谓已官者不得先多士,乃以遘为第二。通判江宁府,归,奏《本治论》。仁宗曰:"近献文者率以诗赋,岂若此十篇之书为可用也。"除集贤校理。顷之,修起居注,遂知制诰。以父扶坐事免,求知越州,徙杭州。

　　为人疏隽博达，明于吏治，令行禁止。民或贫不能葬，给以公钱，嫁孤女数百人，倡优养良家子者，夺归其父母。善遇僚寀，皆甘乐倾尽为之耳目，刺闾巷长短，纤悉必知，事来立断。禁捕西湖鱼鳖，故人居湖上，蟹夜入其离间，适有客会宿，相与食之，旦诣府，遘迎语曰："昨夜食蟹美乎？"客笑而谢之。小民有犯法，情稍不善者，不问法轻重，辄刺为兵，奸猾屏息。提点刑狱鞫真卿将按其状，遘为稍弛，而刺者复为民。

　　嘉祐遗诏至，为次于外，不饮酒食肉者二十七日。召知开封府，迁龙图阁直学士，治如在杭州。旦作视事，逮午而毕，出与亲旧还往，从容燕笑，沛然有余暇，士大夫交称其能。拜翰林学士、判流内铨。丁母忧，英宗闵其去，赉黄金百两，仍命扶丧归苏州。既葬，庐墓下，服未竟而卒，年四十，世咨惜之。弟辽，从弟括。

　　辽字睿达，幼挺拔不群，长而好学尚友，傲睨一世。读左氏、班固书，小摹仿之，辄近似，乃锄植纵舍，自成一家。趣操高爽，缥缥然有物外意，绝不喜进取。用兄任监寿州酒税。吴充使三司，荐监内藏库。熙宁初，分审官建西院，以为主簿，时方重此官，出则奉使持节。辽故受知于王安石，安石尝与诗，有"风流谢安石，潇洒陶渊明"之称。至是当国，更张法令，辽与之议论，浸咈意，日益见疏。于是坐与其长不相能，罢去。

　　久之，以太常寺奉礼郎监杭州军资库，转运使使摄华亭县。他使者适有夙憾，思中以文法，因县民忿争相牵告，辞语连及，遂文致其罪。下狱引服，夺官流永州，遭父忧不得释。更赦，始徙池州。留连江湖间累年，益偃蹇傲世。既至池，得九华、秋浦间，玩其林泉，喜曰："使我自择，不过尔耳。"即筑室于齐山之上，名曰云巢，好事者多往游。

　　辽追悔平生不自贵重，悉谢弃少习，杜门隐几，虽笔砚亦埃尘竟日，间作为文章，雄奇峭丽。尤长于歌诗，曾巩、苏轼、黄庭坚皆与唱酬相往来，然竟不复起。元丰末，卒，年五十四。

括字存中，以父任为沭阳主簿。县依沭水，乃职方氏所书"浸曰沂、沭"者，故迹漫为污泽，括新其二坊，疏水为百渠九堰，以播节原委，得上田七千顷。

擢进士第，编校昭文书籍，为馆阁校勘，删定三司条例。故事，三岁郊丘之制，有司按籍而行，藏其副，吏沿以干利。坛下张幔，距城数里为园囿，植采木、刻鸟兽绵络其间。将事之夕，法驾临观，御端门、陈仗卫以阅严警，游幸登赏，类非斋祠所宜。乘舆一器，而百工侍役者六七十辈。括考礼沿革，为书曰《南郊式》。即诏令点检事务，执新式从事，所省万计，神宗称善。

迁太子中允、检正中书刑房、提举司天监，日官皆市井庸贩，法象图器，大抵漫不知。括始置浑仪、景表、五壶浮漏，招卫朴造新历，募天下上太史占书，杂用士人，分方技科为五，后皆施用。加史馆检讨。

淮南饥，遣括察访，发常平钱粟，疏沟渎，治废田，以救水患。迁集贤校理，察访两浙农田水利，迁太常丞、同修起居注。时大籍民车，人未谕县官意，相㤉为忧；又市易司患蜀盐之不禁，欲尽实私井而榷解池盐给之。言者论二事如织，皆不省，括侍帝侧，帝顾曰："卿知籍车乎？"曰："知之。"帝曰："何如？"对曰："敢问欲何用？"帝曰："北边以马取胜，非车不足以当之。"括曰："车战之利，见于历世。然古人所谓兵车者，轻车也，五御折旋，利于捷速。今之民间辎车重大，日不能三十里，故世谓之太平车，但可施于无事之日尔。"帝喜曰："人言无及此者，朕当思之。"遂问蜀盐事，对曰："一切实私井而运解盐，使一出于官售，诚善。然忠、万、戎、泸间夷界小井尤多，不可猝绝也，势须列候加警，臣恐得不足偿费。"帝颔之。明日，二事俱寝。擢知制诰，兼通进、银台司，自中允至是才三月。

为河北西路察访使。先是，银冶，转运司置官收其利，括言："近宝则国贫，其势必然；人众则囊橐奸伪何以检颐？朝廷岁遗契丹银数千万，以其非北方所有，故重而利之。昔日银城县、银坊城皆没于彼,使其知凿山之利,则中国之币益轻,何赖岁饷,邻衅将自兹始矣。"

时赋近畿户出马备边,民以为病,括言:"北地多马而人习骑战,犹中国之工强弩也。今舍我之长技,强所不能,何以取胜。"又边人习兵,唯以挽强定最,而未必能贯革,谓宜以射远入坚为法。如是者三十一事,诏皆可之。

辽萧禧来理河东黄嵬地,留馆不肯辞,曰:"必得请而后反。"帝遣括往聘。括诣枢密院阅故牍,得顷岁所议疆地书,指古长城为境,今所争盖三十里远,表论之。帝以休日开天章阁召对,喜曰:"大臣殊不究本末,几误国事。"命以画图示禧,禧议始屈。赐括白金千两使行。至契丹庭,契丹相杨益戒来就议,括得地讼之籍数十,预使吏士诵之,益戒有所问,则顾吏举以答。他日复问,亦如之。益戒无以应,谩曰:"数里之地不忍,而轻绝好乎?"括曰:"师直为壮,曲为老。今北朝弃先君之大信,以威用其民,非我朝之不利也。"凡六会,契丹知不可夺,遂舍黄嵬而以天池请。括乃还,在道图其山川险易迂直,风俗之纯庞,人情之向背,为《使契丹图抄》上之。拜翰林学士、权三司使。

尝白事丞相府,吴充问曰:"自免役令下,民之诋訾者今未衰也,是果于民何如?"括曰:"以为不便者,特士大夫与邑居之人习于复除者尔,无足恤也。独微户本无力役,而亦使出钱,则为可念。若悉弛之,使一无所预,则善矣。"充然其说,表行之。

蔡确论括首鼠乖剌,阴害司农法,以集贤院学士知宣州。明年,复龙图阁待制、知审官院,又出知青州,未行,改延州。至镇,悉以别赐钱为酒,命廛市良家子驰射角胜,有轶群之能者,自起酌酒以劳之,边人欢激,执弓傅矢,唯恐不得进。越岁,得彻札超乘者千余,皆补中军义从,威声雄他府。以副总管种谔西讨拔银、宥功,加龙图阁学士。朝廷出宿卫之师来戍,赏赉至再而不及镇兵。括以为卫兵虽重,而无岁不战者,镇兵也。今不均若是,且召乱。乃藏敕书,而矫制赐缣钱数万,以驿闻。诏报之曰:"此右府颁行之失,非卿察事机,必扰军政。"自是，事不暇请者，皆得专之。蕃汉将士自皇城使以降，许承制补授。

谔师次五原，值大雪，粮饷不继，殿直刘归仁率众南奔，士卒三万人皆溃入塞，居民怖骇。括出东郊钱河东归师，得奔者数千，问曰："副都总管遣汝归取粮，主者为何人？"曰："在后。"即谕令各归屯。及暮，至者八百，未旬日，溃卒尽还。括出按兵，归仁至，括曰："汝归取粮，何以不持军符？"归仁不能对，斩以徇。经数日，帝使内侍刘惟简来诘叛者，具以对。

大将景思谊、曲珍拔夏人磨崖、葭芦、浮图城，括议筑石堡以临西夏，而给事中徐禧来，禧欲先城永乐。诏禧护诸将往筑，令括移府并塞，以济军用。已而禧败没，括以夏人袭绥德，先往救之，不能援永乐，坐谪均州团练副使。元祐初，徙秀州，继以光禄少卿分司，居润八年，卒，年六十五。

括博学善文，于天文、方志、律历、音乐、医药、卜算，无所不通，皆有所论著。又纪平日与宾客言者为《笔谈》，多载朝廷故实、耆旧出处，传于世。

李大临字才元，成都华阳人。登进士第，为绛州推官。杜衍安抚河东，荐为国子监直讲、睦亲宅讲书。文彦博荐为秘阁校理。考试举人，误收失声韵者，责监滁州税。未几，还故职。

仁宗尝遣使赐馆阁官御书，至大临家，大临贫无皂隶，方自秣马，使者还奏，帝曰："真廉士也。"以亲老，请知广安军，徙邛州。还，为群牧判官、开封府推官。

神宗雅知其名，擢修起居注，进知制诰、纠察在京刑狱。言青苗法有害无益，王安石怒。会李定除御史，宋敏求、苏颂相继封还词命，次至大临，大临亦还之。帝批："去岁诏书，台官不拘官职奏举，后未审更制也。"颂、大临合言："故事，台官必以员外郎、博士，近制但不限此，非谓选人亦许之也。定以初等职官超朝籍，躐宪台，国朝未有。幸门一开，名器有限，安得人人满其意哉。"复诏谕数四，颂、大临故争不已,乃以累格诏命,皆归班,大临以工部郎中出知汝州。

辰溪贡丹砂,道叶县,其二箧化为双雉,斗山谷间。耕者获之,人疑为盗,械送于府。大临识其异,讯得实,释耕者。徙知梓州,加集贤殿修撰,复天章阁待制。甫七十,致仕七年而卒。

大临清整有守,论议识大体,因争李定后名益重,世并宋敏求、苏颂称为"熙宁三舍人"云。

吕夏卿字缙叔,泉州晋江人。举进士,为江宁尉。编修《唐书》成,直秘阁、同知礼院。仁宗选任大臣,求治道,夏卿陈时务五事,且言:"天下之势,不能常安,当于未然之前救其弊;事至而图之,恐无及已。"朝廷颇采其策。

英宗世,历史馆检讨、同修起居注、知制诰。帝尝访以政,对曰:"两朝不惜金帛以和二边,脱民锋镝之祸,古未有也。愿勿失前好。"出知颍州,得奇疾,身体日缩,卒时才如小儿,年五十三。

夏卿学长于史,贯穿唐事,博采传记杂说数百家,折衷整比。又通谱学,创为世系诸表,于《新唐书》最有功云

祖无择字择之,上蔡人。进士高第。历知南康军、海州,提点淮南广东刑狱、广南转运使,入直集贤院。时封孔子后为文宣公,无择言:"前代所封曰宗圣,曰奉圣,曰崇圣,曰恭圣,曰褒圣;唐开元中,尊孔子为文宣王,遂以祖谥而加后嗣。非礼也。"于是下近臣议,改为衍圣公。

出知袁州。自庆历诏天下立学,十年间其敝徒文具,无命教之实。无择首建学官,置生徒,郡国弦诵之风,由此始盛。同修起居注、知制诰,加龙图阁直学士、权知开封府,进学士,知郑、杭二州。

神宗立,知通进、银台司。初,词臣作诰命,许受润笔物。王安石与无择同知制诰。安石辞一家所馈不获,义不欲取,置诸院梁上。安石忧去,无择用为公费,安石闻而恶之。

熙宁初,安石得政,乃讽监司求无择罪。知明州苗振以贪闻,御

史王子韶使两浙廉其状，事连无择。子韶，小人也，请遣内侍自京师逮赴秀州狱。苏颂言无择列侍从，不当与故吏对曲直，御史张戬亦救之，皆不听。及狱成，无贪状，但得其贷官钱、接部民坐及乘船过制而已。遂谪忠正军节度副使。安石犹为帝言："陛下遣一御史出，即得无择罪，乃知朝廷于事但不为，未有为之而无效者。"寻复光禄卿、秘书监、集贤院学士，主管西京御史台，移知信阳军，卒。

无择为人好义，笃于师友，少从孙明复学经术，又从穆修为文章。两人死，力求其遗文汇次之，传于世。以言语政事为时名卿，用小累锻炼放弃，讫不复振，士论惜之。

论曰：沈遘以文学致身，而长于治才。沈括博物洽闻，贯乎幽深，措诸政事，又极开敏。吕夏卿号称史才，尤精谱谍之学。宋之缙绅，士各精其能，学不苟且，故能然也。李大临官居缴驳，克举其职；祖无择治郡所至，能修校官，是皆班班可纪者。然大临以论李定绌，无择以忤安石废弃终身，即是亦足以知二人之贤矣。

程师孟字公辟，吴人。进士甲科。累知南康军、楚州，提点夔路刑狱。泸戎数犯渝州，边使者治所在万州，相去远，有警率浃日乃至，师孟奏徙于渝。夔部无常平粟，建请置仓，适凶岁，振民不足，即矫发他储，不俟报。吏惧，白不可。师孟曰："必俟报，饿者尽死矣。"竟发之。

徙河东路。晋地多土山，旁接川谷，春夏大雨，水浊如黄河，俗谓之"天河"，可灌溉。师孟出钱开渠筑堰，淤良田万八千顷，衰其事为《水利图经》，颁之州县。为度支判官，知洪州，积石为江堤，浚章沟，揭北闸以节水升降，后无水患。

判三司都磨勘司。接伴契丹使，萧惟辅曰："白沟之地当两属，今南朝植柳数里，而以北人渔界河为罪，岂理也哉？"师孟曰："两朝当守誓约，涿郡有案牍可覆视，君舍文书，滕口说，遽欲生事耶？"惟辅愧谢。

出为江西转运使。盗发袁州，州吏为耳目，久不获。师孟械吏数辈送狱，盗即成擒。加直昭文馆、知福州。筑子城，建学舍，治行最东南。徙广州。州城为侬寇所毁，他日有警，民骇窜，方伯相踵至，皆言土疏恶不可筑。师孟在广六年，作西城。及交趾陷邕管，闻广守备固，不敢东。时师孟已召还，朝廷念前功，以为给事中、集贤殿修撰、判都水监。

贺契丹生辰，至涿州，契丹命席，迎者正南向，涿州官西向，宋使介东向。师孟曰：“是卑我也。”不就列。自日昃争至暮，从者失色，师孟辞气益厉，叱候者易之，于是更与迎者东西向。明日，涿人饯于郊，疾驰过不顾；涿人移雄州，以为言，坐罢归班。复起知越州、青州，遂致仕，以光禄大夫卒，年七十八。

师孟累领剧镇，为政简而严，罪非死者不以属吏。发隐擿伏如神，得豪恶不逞跌宕者，必痛惩艾之，至剿绝乃已，所部肃然。洪、福、广、越为生立祠。

张问字昌言，襄阳人也。进士起家，通判大名府。群牧地在魏，岁久冒入于民，有司按旧籍括之，地数易主，券不明，吏苟趣办，持诏书夺人田，至毁室庐、发丘墓。问至，则曰：“是岂朝廷意耶？”其上以闻。仁宗谕大臣曰：“吏用心悉如问，何患赤子之不安也。”立罢之。

擢提点河北刑狱。大河决，议筑小吴，问言：“曹村、小吴南北相直，而曹村当水冲，赖小吴堤薄，水溢北出，故南堤无患。若筑小吴，则左强而右伤，南岸且决，水并京畿为害，独可于孙、陈两埽间起堤以备之耳。”诏付水官议，久不决，小吴卒溃。

徙江东、淮南转运使，加直集贤院、户部判官，复为河北转运使。所部地震，河再决，议者欲调京东民三十万，自澶筑堤抵乾宁。问言：“堤未能为益，灾伤之余，力役劳民，非计也。”神宗从之。问十年不奏考课，诏特迁其官，入为度支副使，拜集贤殿修撰、河东转运使。坐误军须，贬知光化军，未几，复使河北。诸葛公权之乱，郡县株蔓,连逮至数百千人,问上疏申理,止诛首恶。

熙宁末,知沧州。自新法行,问独不阿时好。岁饥,为帝言民苟免常平、助役之苦,反以得流亡为幸,语切直惊人。元丰定官制,王安礼荐问可任六曹侍郎,帝以其好异论,不用。历知河阳、潞州。元祐初,为秘书监、给事中,累官正议大夫,卒,年七十五。

问处己廉洁,尝仕鄜延幕府,与种世衡善,父丧,世衡遗汝州田十顷,辞弗受。使归,未至而世衡卒。其子古,用父治命,亦不纳田,芜秽者三十年。后汝守请以给学,朝廷命反诸种氏。

熙宁时,有陈舜俞、乐京、刘蒙,亦以役法废黜。

舜俞字令举,湖州乌程人。博学强记。举进士,又举制科第一。熙宁三年,以屯田员外郎知山阴县,诏俟代还试馆职。舜俞辞曰:"爵禄名器,砥砺多士,宜示以至神,乌可要期如付剂契?"缴中书帖上之。

青苗法行,舜俞不奉令,上疏自劾曰:"民间出举财物,取息重止一倍,约偿缗钱,而谷粟、布缕、鱼盐、薪蒮、穬锄、釜锜之属,得杂取之。朝廷募民贷取,有司约中熟为价,而必偿缗钱,欲如私家杂偿他物不可得,故愚民多至卖田宅,质妻孥。有识耆老,戒其乡党子弟,未尝不以贳贷为苦。祖宗著令,以财物相出举,任从书契,官不为理。其保全元元之意,深远如此。今诱之以便利,督之以威刑,方之旧法,异矣。诏谓振民乏绝而抑兼并,然使十户为甲,浮浪无根者毋得给俵,则乏绝者已不蒙其惠。此法终行,愈为兼并地尔。何以言之?天下之有常平,非能人人计口受饷,但权谷价贵贱之柄,使积贮者不得深藏以邀利尔。今散为青苗,唯恐不尽,万一饥馑荐至,必有乘时贵粜者,未知将何法以制之?官制既放钱取息,富室藏镪,坐待邻里逋欠之时,田宅妻孥随欲而得,是岂不为兼并利哉。虽分为夏秋二科,而秋放之月与夏敛之期等,夏放之月与秋敛之期等,不过展转计息,以给为纳,使吾民终身以及世世,每岁两输息钱,无有穷已。是别为一赋以敝海内,非王道之举也。"奏上,责监南康军盐酒税，五年而卒。

舜俞始尝弃官归，居秀之白牛村，自号白牛居士。已而复出，遂贬死。苏轼为文哭之，称其"学术才能，兼百人之器，慨然将以身任天下之事，而人之所以周旋委曲、辅成其夭者不至。一斥不复，士大夫识与不识，皆深悲之"云。

京，荆南人。为布衣时，乡里称其行义，事母至孝。妻张氏家绝，挟女弟自随，京未尝见其面。妻死，京寝食于外，为嫁之。嘉祐初，诏访遗逸，以荐闻，得校书郎，为湖阳、赤水二县令。神宗求言，京上疏以畏天保民为请。知长葛县。助役法行，京曰："提举常平官言不便。"使之条析，又不报，且不肯治县事，自列丐去。提举官劾之，诏夺著作佐郎。经十年，乃复官，监黄州酒税，以承议郎致仕。元祐初，召赴阙，不至，终于家。

蒙字子明，渤海人。耻为词赋，不肯举进士；习茂才异等，又不欲自售。都转运使刘庠举遗逸，召试第一，知湖阳县。常平使者召会诸县令议免役法，蒙为不便，不肯与议，退而条上其害，即投劾去，亦夺官。归乡教授，养亲讲学，从游甚众。元丰二年，卒，才年四十。门人朋友谋其行，号曰正思先生。元祐初，赐其家帛五十匹。

苗时中字子居，其先自壶关徙宿州。以荫主宁陵簿。邑有古河久湮，请开导以溉田，为利甚博，人谓之苗公河。

调潞州司法参军。郡守欲入一囚于死，执不可。守怒，责甚峻，时中曰："宁归田里，法不可夺。"守悟而听之。熙宁中，以司农丞使梓州路，密荐能吏十人，后皆进用，人卒莫之知。

交人犯边，擢广西转运副使。师讨交人罪，次富良江，久不进。时中曰："师无进讨意，贼必从间道来，乘我不备，冀万一之胜，势穷然后降耳。"密备之，既而果从上流来，战败，始纳款。

徙梓州转运副使。韩存宝讨蛮乞弟，逗留不行。时中曰："师老

矣，将士暴露，非计之善者。"存宝不听，卒坐诛。林广代存宝。乞弟
既降，复逸去，将士相视失色。及暮，刁斗不鸣，时中问广，广曰："既
失贼，故纵兵追之，不暇恤尔。"时中曰："天子以十万众相付，岂以
一死为勇耶。今入异境，变且不测。"广悟，亟止追者，整军以进。会
得诏班师，军行，时中以粮道远，创为折运法，食以不乏。迁两阶，为
发运副使、河东转运使，加直龙图阁、知桂州，进宝文阁待制，至户
部侍郎，卒。

　　韩贽字献臣，齐州长山人。登进士第，至殿中侍御史。坐微累，
黜监江州税。道除知睦州，复为侍御史。荆湖灾，出持节安抚。湘
中自马氏擅国，计丁输米，身死产竭不得免，贽奏除之。改知谏院，
进天章阁待制。宰相梁适以私容奸，狄青起卒伍、位枢密，内侍王守
忠迁官不次，皆举劾无所讳。

　　出知沧、瀛二州，迁龙图阁直学士、河北都转运使。河决商胡而
北，议者欲复之。役将兴，贽言："北流既安定，骤更之，未必能成功。
不若开魏金堤分注故道，支为两河，或可纾水患。"诏遣使相视，如
其策，才役三千人，几月而毕。入判都水监，权开封府，政简而治。知
河南府，建永厚陵，费省而不扰，神宗称之。还知审刑院、纠察在京
刑狱，知徐州，以吏部侍郎致仕。

　　贽性行淑均，平居自奉至约，推所得禄赐买田赡族党，赖以活
者殆百数。退休十五年，谢绝人事，读书赋诗以自娱。年八十五，卒。

　　楚建中字正叔，洛阳人。第进士，知荥河县。民苦盐税不平，建
中约田多寡以为轻重。

　　主管鄜延经略机宜文字。夏人来正土疆，往莅其事。众暴至，
两骑傅矢引满向之，建中披腹使射，曰："吾不惮死。"骑即去，众服
其量。元昊归款，建中白府请筑安定、黑水八堡以控东道，夏人果
来，闻有备，不敢入。累迁提点京东刑狱、盐铁判官。昭陵建，命裁
定调度，省数十万计。历夔路、淮南、京西转运使，进度支副使。

神宗用事西鄙，以建中尝为边臣所荐，召欲用之，言不合旨，出知沧州。久之，为天章阁待制、陕西都转运使，知庆州、江宁、成德军，以正议大夫致仕。元祐初，文彦博荐为户部侍郎，不拜。卒，年八十一。

张颉字仲举，其先金陵人，徙鼎州桃源。第进士，调江陵推官。岁旱饥，朝廷遣使安抚，颉条献十事，活数万人。知益阳县，县接梅山溪峒，多蛮獠出没，颉按禁地约束，召傜人耕垦，上其事，不报。累迁开封府判官、提点江西刑狱、广东转运使。

熙宁中，章惇取南江地，建沅、懿等州，克梅山，与杨光僭为敌。颉居忧于鼎，移书朝贵，言南江杀戮过甚，无辜者十八九，浮尸蔽江，民不食鱼者数月。惇疾其说，欲分功啖之，乃言曰："颉昔令益阳，首建梅山之议，今日成功，权舆于颉。"诏赐绢三百匹。

寻擢江、淮制置发运副使，改知荆南，复徙广西转运使。时建广源为顺州，将城之，颉谓无益，朝廷从其议。坐捽骂参军沈竦罢归。

未几，以直集贤院知齐、沧二州，进直龙图阁、知桂州。入觐，帝首言："卿乡者论顺州不可守，信然。"时有献言者谓："海南黎人陈被盖五洞酋领，异时盛强，且为中国患。今请出兵自效，宜有以抚纳之。"命颉处其事。颉使一介往呼之，出，补以牙校，喜而去。诏问何赏之薄，对曰："荒徼蛮蜑无他觊，得是足矣。"寻罢兵，海外讫无事。

久之，转运使马默劾其经理宜州蛮事失宜，罢职知均州。哲宗立，还故职，知凤翔、广州，召为户部侍郎。

颉所历以严致理，而深文狡狯。右司谏苏辙论其九罪，执政以颉虽无德而才可用，不报，逾年，以宝文阁待制出为河北都转运使，徙知瀛州。湖北溪傜畔，朝廷托颉素望，复徙知荆南，至都门，暴卒。

卢革字仲辛，湖州德清人。少举童子，知杭州马亮见所为诗，嗟异之。秋，贡士，密戒主司勿遗革。革闻，语人曰："以私得荐，吾耻之。"去弗就。后二年，遂首选；至登第，年才十六。

庆历中，知龚州。蛮入冦，桂管骚动，革经画军须，先事而集。移书安抚使杜杞，请治诸郡城，及易长吏之不才者。又言："岭外小郡，合四五不当中州一大县，无城池甲兵之备，将为贼困，宜度远近并省之。"后侬智高来，九郡相继不守，皆如革虑。

知婺、泉二州，提点广东刑狱、福建湖南转运使。复请外，神宗谓宰相曰："革廉退如是，宜与嘉郡。"遂为宣州。以光禄卿致仕。用子秉恩转通议大夫，退居于吴十五年。秉为发运使，得请岁一归觐。后帅渭，乞解官终养。帝数赐诏慰勉，时以为荣。卒，年八十二。

秉字仲甫，未冠，有隽誉。尝谒蒋堂，坐池亭，堂曰："亭沼粗适，恨林木未就尔。"秉曰："亭沼如爵位，时来或有之；林木非培植根株弗成，大似士大夫立名节也。"堂赏味其言，曰："吾子必为佳器。"

中进士甲科，调吉州推官、青州掌书记、知开封府仓曹参军，浮湛州县二十年，人无知者。王安石得其壁间诗，识其静退，方置条例司，预选中。奉使淮、浙治盐法，与薛向究索利病，出本钱业鬻海之民，戒不得私鬻，还奏，遂为定制。

检正吏房公事，提点两浙、淮东刑狱，颛提举盐事。持法苛严，追胥连保，罪及妻孥，一岁中犯者以千万数。进制置发运副使。东南饥，诏损上供米价以籴。秉言："价虽贱，贫者终艰得钱，请但偿籴本，而以其余振赡。"是岁上计，神宗问曰："闻滁、和民捕蝗充食，有诸？"对曰："有之，民饥甚，殍死相枕藉。"帝恻然曰："前此独赵抃为朕言之耳。"先是，发运使多献余羡以希恩宠，秉言："职在董督六路财赋，以时上之，安得羡。今称羡者，率正数也。请自是罢献，独以七十万缗偿三司逋。"

加集贤殿修撰、知渭州。五路大出西讨，唯泾原有功，进宝文阁待制。夏境胡卢川距塞二百里，恃险远不设备，秉遣将姚麟、彭孙袭击之，俘斩万计。迁龙图阁直学士。夏酋仁多嵬丁举国入寇，犯熙河定西城，秉治兵瓦亭，分两将驻静边寨，指夏人来路曰："吾迟明坐待捷报矣。"及明果至，见宋师，惊曰："天降也。"纵击之，皆奔溃。

或言嵬丁已死，有识其衣服者，诸将请以闻。秉曰："幕府上功患不实，吾敢以疑似成欺乎？"他日物色之，嵬丁果死，诏褒赐服马、金币，且使上所获器甲。

秉守边久，表父革年老，乞归。移知湖州，行三驿，复诏还渭，慰藉优渥。革闻，亦以义止其议。已而革疾亟，乃得归。元祐中，知荆南。刘安世论其行盐法虐民，降待制、提举洞霄宫，卒。

论曰：宋室之人才亦盛矣。青苗法始行，满朝耆寿故臣，法家拂士，引古今通谊，尽力争之而不能止，往往多自引去。及数年之后，宪令既成，天下亦莫如之何。已而间守远郡，尚能恳恳为民有言。舜俞、京、蒙俱以区区一县令，力抗部使者，视弃其官如弊屣，类非畏威怀禄者能之。师孟活饥羸，兴水利，挺奸诛恶，所历可称；逮使契丹，正坐席礼，毅然不少屈。时中止林广纵兵追蛮，深达兵家之变。赟居谏省，举劾无所避，允有直臣之风。建中雅量却敌，辞严气正，尤为奇伟。颉虽有才，而深文狡狯，岂其天性然。革始终廉退，秉不免于阿徇时好，行盐法以虐民，父子之习相远哉。

宋史卷三三二
列传第九一

滕元发　李师中　陆诜
子师闵　赵𰎠　孙路　游师雄
穆衍

滕元发初名甫,字元发。以避高鲁王讳,改字为名,而字达道,东阳人。将生之夕,母梦虎行月中,堕其室。性豪隽慷慨,不拘小节。九岁能赋诗,范仲淹见而奇之。举进士,廷试第三,用声韵不中程,罢,再举,复第三。授大理评事、通判湖州。孙沔守杭,见而异之,曰:"奇才也,后当为贤将。"授以治剧守边之略。

召试,为集贤校理、开封府推官、盐铁户部判官,同修起居注。英宗书其姓名藏禁中,未及用。神宗即位,召问治乱之道,对曰:"治乱之道如黑白、东西,所以变色易位者,朋党汩之也。"神宗曰:"卿知君子小人之党乎?"曰:"君子无党,辟之草木,绸缪相附者必蔓草,非松柏也。朝廷无朋党,虽中主可以济;不然,虽上圣亦殆。"神宗以为名言,太息久之。

进知制诰、知谏院。御史中丞王陶论宰相不押班为跋扈,神宗以问元发,元发曰:"宰相固有罪,然以为跋扈,则臣以为欺天陷人矣。"拜御史中丞。种谔擅筑绥州,且与薛向发诸路兵,环、庆、保安皆出剽掠,夏人诱杀将官杨定。元发上疏极言谅祚已纳款,不当失信,边隙一开,兵连民疲,必为内忧。又中书、枢密制边事多不合,中书赏战功而枢密降约束，枢密诘修堡而中书降褒诏。元发言："战守，大事也，而异同如是，愿敕二府必同而后下。"宰相以其子判鼓院，谏官谓不可。神宗曰："鼓院传达而已，何与于事。"元发曰："人有诉宰相，使其子达之，可乎？"神宗悟，为罢之。

京师郡国地震，元发上疏指陈致灾之由，大臣不悦，出知秦州。神宗曰："秦州，非朕意也。"留不遣。馆伴契丹使杨兴公，开怀与之语，兴公感动，将去，泣之而别。河北地大震，命元发为安抚使。时城舍多圮，吏民惧压，皆幄寝茇舍，元发独处屋下，曰："屋摧民死，吾当以身同之。"瘗死食饥，除田租，修堤障，察贪残，督盗贼，北道遂安。除翰林学士、知开封府。民王颖有金为邻妇所隐，阅数尹不获直。颖愤而致伛，扶杖诉于庭。元发一问得实，反其金，颖投杖仰谢，失伛所在。

夏国主秉常被篡，元发言："继迁死时，李氏几不立矣。当时大臣不能分建诸豪，乃以全地王之，至今为患。今秉常失位，诸将争权，天以此遗陛下，若再失此时，悔将无及。请择立一贤将，假以重权，使经营分裂之，可不劳而定，百年之计也。"神宗奇其策，然不果用。

元发在神宗前论事，如家人父子，言无文饰，洞见肝鬲。神宗知其诚荩，事无巨细，人无亲疏，辄皆问之。元发随事解答，不少嫌隐。王安石方立新法，天下汹汹。然元发有言，神宗信之也，因事以翰林侍读学士出知郓州。徙定州。初入郡，言新法之害，且曰："臣始以意度其不可耳，既为郡，乃亲见之。"岁旱求言，又疏奏："新法害民者，陛下既知之矣，但下一手诏，应熙宁三年以来所行有不便者，悉罢之，则民心悦而天意解矣。"皆不听。

历青州、应天府、齐邓二州。会妇党李逢为逆，或因以挤之，黜为池州，未行，改安州。流落且十岁，犹以前过贬居筠州。或以为复有后命，元发谈笑自若，曰："天知吾直，上知吾忠，吾何忧哉。"遂上章自讼，有曰："乐羊无功，谤书满箧；即墨何罪，毁言日闻。"神宗览之恻然，即以为湖州。

哲宗登位，徙苏、扬二州，除龙图阁直学士，复知郓州。学生食不给，民有争公田二十年不决者，元发曰："学无食而以良田饱顽民乎?"乃请以为学田，遂绝其讼。时淮南、京东饥，元发虑流民且至，将蒸为疠疫。先度城外废营地，召谕富室，使出力为席屋，一夕成二千五百间，井灶器用皆具。民至如归，所全活五万。徙真定，又徙太原。

元发治边凛然，威行西北，号称名帅。河东十二将，其八以备西边，分半番休。元发至之八月，边遽来告，请八将皆防秋。元发曰："夏若并兵犯我，虽八将不敌；若其不来，四将足矣。"卒遣更休。防秋将惧，扣阁争之。元发指其颈曰："吾已舍此矣，头可斩，兵不可出。"是岁，塞上无风尘警。诏以四砦赐夏人，葭芦在河东，元发请先画境而后弃，且曰："取城易，弃城难。"命部将訾虎领兵护边，夏不敢近。夏既得砦，又欲以绥德城为说，画境出二十里外。元发曰："是一举而失百里，必不可。"九上章争之。

以老力求淮南，乃为龙图阁学士，复知扬州，未至而卒，年七十一，赠左银青光禄大夫，谥曰章敏。

李师中字诚之，楚丘人。年十五，上封事言时政。父纬为泾原都监，夏人十余万犯镇戎，纬帅兵出战，而帅司所遣别将郭志高逗遛不进，诸将以众寡不敌，不敢复出，纬坐责降。师中诣宰相辩父无罪，时吕夷简为相，诘问不屈，夷简怒，以为非布衣所宜言。对曰："师中所言，父事也。"由是知名。

举进士，鄜延庞籍辟知洛川县，民有罪，妨其农时者必遣归，令农隙自诣史。令当下者榜于民，或召父老谕之。租税皆先期而集。民负官茶直十万缗，追系甚众，师中为脱桎梏，语之曰："公钱无不偿之理，宽与汝期，可乎?"皆感泣听命。乃令乡置一匦，籍其名，许日输所负，一钱以上辄投之，书簿而去。比终岁，逋者尽足。官移诸粟于边，已而反之，盛冬大雪，劳且费，至贱售予兼并家。师中令过县愿输者听，躬坐庾门，执契以须，数日，得万斛。使下其法于他县。

尝出乡亭，见戎人杂耕，皆兵兴时入中国，人藉其力，往往结为婚姻，久而不归。师中言若辈不可杂处，言之经略使，并索旁郡者，徙诸绝塞。

庞籍为枢密副使，荐其才。召对，转太子中允、知敷政县，权主管经略司文字。夏人以岁赐缓，移边曰：“愿勿逾岁暮。”诏吏报许，师中更牒曰：“如故事。”枢密院劾为擅改制书，师中曰：“所改者郡牒耳，非制也。”朝廷是之，薄其过。

提点广西刑狱。桂州灵渠故通漕，岁久石窒舟滞，师中即焚石，凿而通之。邕管有马军五百，马不能夏，多死。师中谓地皆险阻，无所事骑，奏罢之。士人补摄官，铨授无法，权在吏。悉记其名，使待除于家。

初，邕州萧注、宜州张师正谋启边衅，注欲以所管蛮峒酋豪往讨交阯，云不用朝廷兵食。诏下经略使萧固、转运使宋咸，二人为注所饵，合词称便，而师中至，诏以注奏付之。师中邀注来，难之曰：“君以酋豪伐交阯，能保必胜乎？”曰：“不能。”师中曰：“既不能保必胜，脱有败衄，奈何？”注知不可，遂罢议。会蛮徭申绍泰入追亡者，害巡检宋士尧，注又张皇为骇奏，仁宗为之旰食。师中言无足忧，因劾注邀功生事，掊敛失众心，卒致将率败覆，按法当斩。于是注责泰州安置，并固、咸，皆坐贬。师中摄帅事。交阯耀兵于边，声言将入寇。师中方宴客，饮酒自若，草六榜揭境上，披以其情得，不敢动，即日贡方物。绍泰惧，委巢穴遁去。侬智高子宗旦保火峒，众无所属，前将规讨以幸赏，遂固守。师中檄谕祸福，立率其族以地降。边人化其德，多画象立祠以事，称为桂州李大夫，不敢名。

还，知济、兖二州。济水埋塞久，师中访故道，自兖城西南启凿之，功未半而去。迁直史馆、知凤翔府。种谔取绥州，师中言：“西夏方入贡，叛状未明，恐彼得以藉口，徒启其衅端也。”鄜延路觇知西夏驻兵绥、银州，檄诸路当牵制，师中疏论牵制之害。时诸将皆请行，师中曰：“不出兵，罪独在帅，非诸将忧也。”既而此举卒罢。

熙宁初，拜天章阁侍制河东都转运使。西人入寇，以师中知秦州。诏赐以《班超传》，师中亦以持重总大体自处。前此多屯重兵于境，寇至则战，婴其锐锋，而内无以遏其入。师中简善守者列塞上，而使善战者中居，令诸城曰："即寇至，坚壁固守，须其去，出战士尾袭之。"约束既熟，常以取胜。

王韶筑渭、泾上下两城，屯兵以胁武胜军，抚纳洮、河诸部。下师中议，遂言："今修筑必广发兵，大张声势，及令蕃部纳土，招弓箭手，恐西蕃及洮、河、武胜军部族生疑。今不若先招抚青唐、武胜及洮、河诸族，则西蕃族必乞修城砦，因其所欲，量发兵筑城堡，以示断绝夏人钞略之患，部人必归心。唐于西域，每得地则建为州，其后皆陷失，以清水为界。大抵根本之计未实，腹心之患未除，而勤远略、贪土地者，未有不如此者。"诏师中罢帅事。

韶又请置市易，募人耕缘边旷土，师中奏阻其谋。王安石方主韶，坐以奏报反覆罪，削职知舒州。徙洪、登、齐，复待制、知瀛州。又乞召司马光、苏轼等置左右。师中言时政得失，又自称荐曰："天生微臣，盖为圣世，有臣如此，陛下其舍诸。"吕惠卿扬其语，以为罔上，遂贬和州团练副使安置，还右司郎中，卒，年六十六。

师中始仕州县，邸状报包拯参知政事，或云朝廷自此多事矣。师中曰："包公何能为，今鄞县王安石者，眼多白，甚似王敦，他日乱天下，必斯人也。"后二十年，言乃信。

其志尚甚高，每进见，多陈天人之际、君臣大节，请以进贤退不肖为宰相考课法。在官不贵威罚，务以信服人，至明而恕。去之日，民拥道遮泣，马不得行。杜衍、范仲淹、富弼皆荐其有王佐才。然好为大言，以故不容于时而屡黜，气未尝少衰。

陆诜字介夫，余杭人。进士起家，签书北京判官。贝州乱，给事不乏兴；贼平，又条治其狱，无滥者。加集贤校理、通判秦州。范祥城古渭，诜主馈饷，具言："非中国所恃，而劳师屯戍，且生事。"既而诸羌果怒争，塞下大扰，经二岁乃定。

判太常礼院、吏部南曹，提点开封县镇。咸平龙骑军皆故群盗，牢廪不时得，殴莒给官，还营不自安，大校柴元煽使乱。诏诜往视，许元以不死，命取始祸者自赎，众皆帖然。

提点陕西刑狱。时铸钱法坏，议者欲变大钱当一，诜言："民间素重小铜钱而贱大铁钱，他日以一当三犹轻之，今减令均直，大钱必废。请以一当二，则公私所损亡几，而商贾可以通行；兼盗铸者计其直无赢，将必自止。"从之。

徙湖南、北转运使，直集英院，进集贤殿修撰、知桂州。奏言："邕去桂十八驿，异时经略使未尝行饬武备，臣愿得一往，使群蛮知省大将号令，因以声震南交。"诏可。自侬徭定后，交人浸骄，守帅常姑息。诜至部，其使者黎顺宗来，偃蹇如故态。诜绌其礼，召问折谕，导以所当为，慑伏而去。诜遂至邕州，集左、右江四十五峒首诣麾下，阅简工丁五万。补置将吏，更铸印给之，军声益张。交人滋益恭，遣使入贡。召为天章阁待制、知谏院，命张田代之，英宗戒以毋得改诜法。

道除知延州，趣入觐，帝劳之曰："卿在岭外，施设无不当者。鄜延最当敌要，今将何先？"对曰："边事难以逾度，未审陛下欲安静邪，将威之也？"帝曰："大抵边陲当安静。昨王素为朕言，惟朝廷与帅臣意如此；至如诸将，无不贪功生事者。卿谓何如？"诜曰："素言是也。"谅祚寇庆州，以败还，声言益发人骑，且出嫚辞，复攻围大顺城。诜谓由积习致然，不稍加折消，则国威不立。乃留止请时服使者及岁赐，而移宥州问故。帝喜曰："固知诜能办此。"谅祚闻之大沮，盘旋不敢入，乃报言："边吏擅兴兵，今诛之矣。"朝廷遣何次公持诏书谕告，诜以为未可。明年，又乞留赐冬服及大行遗留二使，而自以帅牒告之故。谅祚始因诜谢罪，共贡职。

银州监军嵬名山与其国隙，扣青涧城主种谔求内附，谔以状闻，遂欲因取河南地。诜曰："数万之众纳土容可受，若但以众来，情伪未可知，且安所置之。"戒谔毋妄动。谔持之力，诏诜召谔问状，与转运使薛向议抚纳。诜、向言："名山诚能据横山以擗敌，我以刺史世封之，使自为守，故为中国之利。今无益我而轻启西衅，非计也。"

及共画三策,令幕府张穆之入奏,而穆之阴受向指,诡言必可成。神宗意诎不协力,徙知秦、凤。谔遂发兵取绥州,诜欲理谔不禀节制之状,未及而徙,诜驰见帝,请弃绥州而上谔罪,帝愈不怿,罢知晋州。既谔抵罪,向、穆之皆坐贬,以诜知真定,改龙图阁学士、知成都。

青苗法出,诜言:"蜀峡刀耕火种,民常不足。今省税科折已重,其民轻徙不为储积,脱岁俭不能赏逋,适陷之死地,原罢四路使者。"诏独置成都府一路。熙宁三年,卒,年五十九。子师闵。

师闵以父任为官。熙宁末,李稷提举成都路茶场,辟干当公事;不三年,提举本路常平,遂居稷职。在蜀茶额三十万,稷既增增而五之,师闵又衍为百万。稷死,师闵讼其前功,乞赐之土田。诏赐稷十顷,进师闵都大提举成都、永兴路确茶,位视转运使。又兼买马、监牧,事权震灼,建请无不遂志,所行职事,他司莫预闻。

茶祸既被于秦、蜀,又欲延荆、楚、两河,神宗不许。元祐初,用御史中丞刘挚言,遣黄廉人蜀访察。右司谏苏辙论其六害,谓:"李稷引师闵共事,增额置场,以金银货拘民间物折博,贱取而贵出之,其害过于市易。自法始行,至今四变,利益深,民益困。立法之虐,未有甚于此者。"廉奏至,如辙所陈。乃贬师闵主管东岳庙。

久之,起知蕲州。会复置常平官,李清臣在中书,即以师使河北。寻加直秘阁,复领秦、蜀茶事,于是一切如初。又使掾属诣阙奏券马事,安寿、韩忠彦议颇异,独曾布以为然,曰:"但行之一年,而以较纲马。利害即可见矣。"师闵遂请令蕃汉商人愿持马受券者,于熙、秦两路印验价给之,而请直于太仆,若此券盛行,则买马场可罢。既用其策,明年,太仆会纲马之籍,死者至什二,而券马所损才百分一。诏奖之,赐以金帛。改陕西转运使,加集贤殿修撰、知秦州。

诸道方进筑被爵赏,师闵在秦无所事,怏怏不释。曾布议使督本部兵赴熙河攻,师闵承命踊跃,集兵四万以待。而章惇阴讽熙帅锺传先出塞,敕师闵听传节制,筑浅井,又筑虮罗,皆不成而还。传更檄会兵于齀耳关,未至复却。秦凤之师再出再返,劳且弊,言者乞加责,不听。

旋进宝文阁待制,召为户部侍郎。未及拜,坐秦州诈许增首虏事,落职知鄞。未几,还之。历河南、永兴军、延安府,卒。

赵卨字公才,邛州依政人。第进士,为汾州司法参军。郭逵宣抚陕西,辟掌机宜文字。种谔擅纳绥州降人数万,朝廷以其生事,议诛谔,反故地归降人,以解仇释兵。卨上疏曰:“谔无名兴举,死有余责。若将改而还之,彼能听顺而亡绝约之心乎?不若谕以彼众饿莩,投死中国,边臣虽擅纳,实无所利,特以往年俘我苏立、景询辈尔。可遣询等来,与降人交归,各遵纪律,而疆场宁矣。如其蔽而不遣,则我留横山之众,未为失也。”

又徙逵帅鄜延,为逵移书执政,请存绥州以张兵势,先规度大理河川,建堡砦,画稼穑之地三十里,以处降者。若弃绥不守,则无以安新附之众。援种世衡招蕃兵部敌屯青涧城故事,朝廷从之,活降人数万,为东路捍蔽。

熙宁初,夏人诱杀知保安军杨定等,既而以李崇贵、韩道喜来献,且请和。朝廷欲官其任事之酋,镂岁赐以为俸给,因使纳塞门、安远二砦而还绥州。卨言:“绥实形势之地,宜增广边障,乃无穷之利。若存绥以观其变,计之得也。”神宗召问状,对曰:“绥之存亡,皆不免用兵。降二万人入吾肝脾,衅隙已深,不可亡备。”神宗然之。除集贤校理。

夏人犯环庆,后复来贺正。卨请边吏离其心腹,因以招横山之众,此不战而屈人兵也。迁提点陕西刑狱。韩绛宣抚陕西。河东兵西讨,卨为绛言:“大兵过山界,皆砂碛,乏善水草,又亡险隘可以控扼,今切危之。若乘兵威招诱山界人户,处之生地,当先经画山界控扼之地,然后招降;不尔,劳师远攻,未见其利。”绛欲取横山,纳种谔之策,遂城罗兀,以卨权宣抚判官。谔趣河东兵会银川,规以后期斩将。卨白绛,令谔自往中路迎东兵。谔惧违节制,乃不敢逭。加直龙图阁、知延州。

　　夏人屡欲款塞，每以虚声摇边。诏问方略，离审计形势，为破敌之策以献。遣裨将曲珍、吕真以兵千人分巡东西路。夏人方以四万众自间道欲取绥，道遇珍，皇骇亟战，真继至，夏众败走。夏自失绥，意未能已。离揣知其情，奏言："夏使请和，必欲画绥界，原听本路经略司分画；岁赐，则俟通和之日复焉。"明年，遂用离策，以绥为绥德城。

　　初，鄜延地皆荒瘠，占田者不出租赋，倚为藩蔽。宝元用兵后，凋耗殆尽，其旷土为诸酋所有。离因招问曰："往时汝族户若干，今皆安在？"对："大兵之后，死亡流散，其所存止此。"离曰："其地存乎？"酋无以对。离曰："听汝自募丁，家使占田充兵，若何？吾所得者人尔，田则吾不问也。"诸酋皆感服归募，悉补亡籍。又检括境内公私闲田，得七千五百余顷，募骑兵万七千。离以异时蕃兵提空簿，漫不可考，因议涅其手。属岁饥，离令蕃兵愿刺手者，货常平谷一斛，于是人人愿刺，因训练以时，精锐过于正兵。神宗闻而嘉之，擢天章阁待制。

　　交阯叛，诏为安南行营经略、招讨使，总九将军讨之，以中官李宪为贰。离与议不合，请罢宪。神宗问可代者，离以郭逵老边事，愿为裨赞，于是以逵为宣抚使，离副之。逵至，辄与离异：离欲乘兵形未动，先抚辑两江峒丁，择壮勇啖以利，使招徕携贰，隳其腹心，然后以大兵继之，逵不听；离又欲使人赍敕榜入贼中招纳，又不听。遂令燕达先破广源，复还永平。离以为广源间道距交州十二驿，趣利掩击，出其不意，川途并进，三路致讨，势必分溃，固争不能得。贼乘缓遂据江列战舰数百艘，官军不能济。离分遣将吏伐木治攻具，机石如雨，其舰被击，皆废。徐以罢卒致贼，设伏击之，斩首数千级，馘其渠酋，遂皆降。达怍于玩寇，乃移疾先。达既坐贬，离亦以不即平贼，降为直龙图阁、知桂州。后复天章阁待制、权三司使。

　　时西师大举，五路并进，以离为河东转运使，领降卒赴鄜延饷种谔军。谔抵罪，离又坐馈挽不给，黜知相州。既而镌职知淮阳军，居数月，尽复故职。

　　知庆州。羌酋名昌诡称送币，将入寇，离知蕃主白信可使，信适以罪系狱。破械出之，告以其故，约期日使往，果缚取以归。明年，夏人欲袭取新垒，大治攻械。离具上挠夏计。及夏侵兰州，离遣曲珍将兵直抵盐韦，俘馘千，驱挛畜五千。其酋臾厥嵬名宿兵于贺兰原，时出攻边，离遣将李照甫、蕃官归仁各将兵三千左右分击，耿端彦兵四千趋贺兰原，戒端彦曰："贺兰险要，过岭，则砂碛也。使敌入平夏，无由破之。"又选三蕃官各轻兵五百，取间道出敌砦后，邀其归路。端彦与战贺罗平，敌败，果趋平夏。千兵伏发，敌骇溃，斩馘甚众，生擒嵬名，斩首领六，获战马七百，牛羊、老幼三万余。迁龙图阁直学士，复帅延安。

　　元祐初，梁乙埋数扰边，离知夏将入侵，檄西路将刘安、李仪曰："夏即犯塞门，汝径以轻兵捣其腹心。"后果来犯，安等袭洪州，俘斩甚众，夏遂入贡。既而以重兵压境，诸将亟请益戍兵为备，离徐谕之曰："第谨斥堠、整戈甲，无为寇先，戍兵不可益也。"因遣人诘夏，夏兵遂去。迁枢密直学士。

　　乙埋终不悛。使间以善意问乙埋："何苦与汉为仇。必欲寇，第数来，恐汝所得不能偿所亡，洪州是也。能改之，吾善遇汝。"遗之战袍、锦采，自是乙埋不复窥塞。离乃纵间，国中疑而杀之。

　　五年，拜端明殿学士，迁太中大夫。夏遣使以地界为请，朝廷许还葭芦、米脂、浮屠、安疆四砦，以离领分画之议。夏既得四砦，犹未有恭顺意，未几复犯泾原。会离卒，年六十五，赠右光禄大夫。绍圣四年，以离与元祐弃地议，系其名于党籍。

　　孙路字正甫，开封人。进士及第。元丰中，为司农丞。邓润甫荐为御史，召对，其言不合新政，神宗语辅臣以为不可用，下迁主簿。路鞅鞅不释，求通判河州，徙兰州。夏人入寇，谕擗御功，进五阶，除陕西转运判官。

　　元祐初，为吏部、礼部员外郎，侍讲徐王府。司马光将弃河、湟，邢恕谓光曰："此非细事，当访之边人，孙路在彼四年，其行止足信，可问也。"光亟召问，路挟舆地图示光曰："自通远至熙州才通一径，熙之北已接夏境，今自北关辟土百八十里，濒大河，城兰州，然后可以撙蔽。若捐以予敌，一道危矣。"光幡然曰："赖以访君，不然几误国事。"议遂止。

迁右司郎中，以直龙图阁知庆州。章惇柄国，复议取弃地。时诸道相视未进，路声言修旧垒，载器甲楼卤，顿大顺城下，夜半趋安疆，迟明据之，六日而城完。加宝文阁待制，遂筑兴平、横山。进龙图阁直学士，徙知熙州。

泾原城西安，诏出师牵制其势。路即将众临会州，遂建取青唐之策。大将王愍、王赡捣逻川，赡先至，下之。愍与争功，路右愍，颛属以兵；赡有请，辄弗应。赡诉诸朝，召拜兵部尚书，以龙图阁学士知成都。未行，坐他事削职，知兴国军。徽宗立，历太原、河南、永兴军、河中府，卒。

游师雄字景叔，京兆武功人。学于张载，第进士。为仪州司户参军，迁德顺军判官。鄜延将刘珸与主帅议战守策，欲自延安入安定、黑水，师雄以地薄贼境，惧有伏，请由他道。既而谍者言夏伏精骑于黑水傍，珸谢曰："微君言，吾不返矣。"

赵卨帅延安，辟为属。时夏人扰边，戍兵在别堡，龙安以北诸城兵力咸弱，卨患之。师雄请发义勇以守，多聚石城上，待其至。夏人知有备，不敢入，但袭荒堆、三泉而还。岁饥，行诸垒振贷，计口赋粮，人无殍亡。运石莹甲，深沟缮城，边备益固。

元祐初，为宗正寺主簿。执政将弃四砦，访于师雄。师雄曰："此先帝所立，以控制夏人者也，若何弃之，不惟示中国之怯，将起敌人无厌之求。傥沪、戎、荆、粤视以为请，亦将与之乎？万一燕人遣一乘之使，来求关南十县，为之奈何？"不听。因著《分疆录》。迁军器监丞。

吐蕃寇边，其酋鬼章青宜结乘间胁属羌构夏人为乱，谋分据熙河。朝廷择可使者与边臣措置，诏师雄行，听便宜从事。既至，谍知夏人聚兵天都山，前锋屯通远境。吐蕃将攻河州，师雄欲先发以制之，请于帅刘舜卿。舜卿曰："彼众我寡，奈何？"师雄曰："在谋不在众。脱事不济，甘受首戮。"议三日乃定，遂分兵为二，姚兕将而左，种谊将而右。兕破六逋宗城，斩首千五百级，攻讲朱城，断黄河飞梁，青唐十万众不得度。谊破洮州，擒鬼章及大首领九人，斩首千七百级。捷书闻，百僚表贺，遣使告永裕陵。将厚赏师雄，言者犹以为邀功生事，止迁一官，为陕西转运判官、提点秦凤路刑狱。

夏人侵泾原，复入熙河，师雄言："兰州距贼一舍，通远不百里，非有重山复岭之阻。宜于定西、通渭之间建安遮、纳迷、结珠三栅，及护耕七堡，以固藩篱，此无穷之利也。"诏付范育，皆如初议。入拜祠部员外郎，加集贤校理，为陕西转运使。内地移粟于边，民以辇儌为病。师雄言："往者边士不耕，仰给于内，今积粟已多，军食自足，宜令内地量转输致之直，以免大费。"报可。召诣阙，哲宗劳之曰："洮州之役，可谓隽功，但恨赏太薄耳。"对曰："皆上禀庙算，臣何力之有焉。唯当时将士勋劳未录，此为欠也。"因陈其本末。拜卫尉少卿。哲宗数访边防利病，师雄具庆历以来边臣施置之臧否，朝廷谋议之得失，及方今御敌之要，凡六十事，名曰《绍圣安边策》，上之。

出知邠州，改河中府，进直龙图阁、知秦州未至，诏摄熙州。以夏人扰边，诏使者与熙帅、秦帅共谋之。使者锐于讨击，师雄谓："进筑城垒以自蔽，席卷之师未应深入也。"上章争之，不报。既而使者知攻取之难，卒用师雄策。

自复洮州之后，于阗、大食、佛林、邈黎诸国皆惧，悉遣使入贡。朝廷令熙河限其二岁一进。师雄曰："如此，非所以来远人也。未几还秦，徙知陕州。卒，年六十。师雄慷慨豪迈，有志事功，议者以用不尽其材为恨。

穆衍字昌叔，河内人，徙河中。第进士，调华池令。民牛为仇家断舌而不知何人，讼于县，衍命杀之。明日，仇以私杀告，衍曰："断牛舌者乃汝耶？"讯之具服。

后知淳化，耀之属县。衍从韩绛宣抚陕西，遇庆卒溃乱，衍念母在耀，亟谒归信宿走七驿。比至，庆卒尝戍华池，知衍名，不敢近。时诸郡捕贼兵粮糒无以给，遂擅发常平仓，且惧得罪。衍曰："饥之不恤，则吾兵将为庆卒矣。"衍考课为一路最。

元丰中，种谔西征，参其军事。谔第赏，以死事为下。衍曰："此非所以劝忠也。"力争之。谔还入塞，诏往灵武援渭、庆两军。将行，衍曰："吾兵惰，归未及解甲，安能犯不测于千里外哉？"谔乃止。同幕畏罪，阳谢衍曰："师不再举，君之力也。"衍识其意，曰："全万众之命，以一身塞责，衍无憾焉。"

元祐初，大臣议弃熙、兰，衍与孙路论疆事，以为"兰弃则熙危，熙弃则关中震。唐自失河、湟，西边一有不顺，则警及京都。今二百余年，非先帝英武，孰能克复。若一旦委之，恐后患益前，悔将无及矣"。议遂止。改陕西转运判官，金部、户部员外郎。

熙河分画未决，诏衍视之。还言："质孤、胜如据两川美田，实彼我必争之地，自西关失利，遂废不守。请界二垒之间，城李诺平以控要害，及他城堡皆起亭障，以通泾原。"明年，遂城李诺，名曰定远。三迁左司郎中。

绍圣初，以直秘阁为陕西转运使，加直龙图阁、知庆州，徙延安，又徙秦州，未行而卒。年六十三。敕河中官庀其葬，后追录不弃兰州议，官其一子。

论曰：自熙宁至于绍圣，四方之事多矣。夏人乍服乍叛，其地或予或夺，庙堂之上，论靡有定，相为短长，元发、师中辈七人，一时谋谟，盖可考也。元发论君子小人，言简而尽，足动人主，而神宗惑安石之言，竟弗之悟。师中豫识安石于鄞令，以为目肖王敦，将乱天下，盖又先于吕诲矣。诜能镇抚西夏，又能靖交阯之难，诚有御边之才；其子师闵为时笼利，无足取者。赵离狃于西陲之胜，取败南裔，后获鬼名，庶足自赎。朝臣议弃河、湟，孙路以一言止之，使司马光自悔几于误国；及取青唐，下邈川，可验其能，然右王愍而困王赡，非大将之器也。游师雄之禽鬼章，复洮州，以致诸国入贡，校之诸将，其功独为隽伟。衍为政得民心，既去而乱不忍惊其母，德之足以感人，有如是夫。

宋史卷三三三

列传第九二

杨佐　李兑　从弟先　　沈立

张掞　张焘　俞充　刘瑾

阎询　葛宫　张田　荣𬤇

李载　姚焕　朱景　子光庭

李琮　朱寿隆　卢士宏

单煦　杨仲元　余良肱

潘夙

　　杨佐字公仪,本唐靖恭诸杨后,至佐,家于宣。及进士第,为陵州推官。州有盐井深五十丈,皆石也,底用柏木为干,上出井口,垂绠而下,方能及水。岁久干摧败,欲易之,而阴气腾上,入者辄死;惟天有雨,则气随以下,稍能施工,晴则亟止。佐教工人以盘贮水,穴窍洒之,如雨滴然,谓之“雨盘”。如是累月,井干一新,利复其旧。

　　累迁河阴发运判官,干当河渠司。皇祐中,汴水杀溢不常,漕舟不能属。佐度地凿渎以通河流,于是置都水监,命佐以盐铁判官同判。京城地势南下,涉夏秋则苦霖潦,佐开永通河,疏沟浍出野外,自是水患息。又议治孟阳河,议者谓不便。佐言:“国初岁转京东粟数十万,今所致亡几,傥不浚复旧迹,后将废矣。"乃从其策。

出为江、淮发运使。孟阳之役,调发七、八千,夷丘墓百数,怨声盈塞。诏开封鞫治,官吏独舍佐不问。纠察刑狱刘敞请加贬黜,不听。召为盐铁副使,拜大章阁待制,复判都水,知审官院,权发遣开封府。

尝使契丹,虏馈以方物,书独称名。英宗升遐,奉遗留物再往使,卒于道,年六十一。诏护丧归,赗以黄金,恤其家。

李兑字子西,许州临颍人。登进士第,由屯田员外郎为殿中侍御史。按齐州叛卒,狱成,有欲夜纂囚者,兑以便宜斩之,人服其略。

张尧佐判河阳,兑言尧佐素无行能,不宜以戚里故用。改同知谏院。狄青宣抚广西,入内都知任守忠为副,兑言以宦者观军容,致主将掣肘,非计。仁宗为罢守忠。太常新乐成,王拱辰以为十二钟磬一以黄钟为律,与古异,胡瑗及阮逸亦言声不能谐。诏近臣集议,久而不决。兑言:"乐之道广大微妙,非知音入神,讵容轻议。愿参新旧,但取谐和近雅者,合而用之。"进侍御史知杂事,擢天章阁待制、知谏院。转运使制禄与郡守殊,时有用弹劾夺节及老疾请郡者,一切得仍奉稍。兑言非所以劝沮,乃诏悉依所居官格。兑在言职十年,凡所谕谏,不自表襮,故鲜传世。

出知杭州,帝书"安民"二字以宠。徙越州,加龙图阁直学士、知广州,南人谓自刘氏纳土后,独兑著清节。还知河阳,帝又宠以诗。徙邓州。富人榜仆死,系颈投井中而以缢为解。兑曰:"既赴井,复自缢,有是理乎?必吏受赇教之尔。"讯之果然。

兑历守名郡,为政简严,老益精明。自邓归,泊然无仕宦意。对便殿,力丐退,英宗命无拜,以为集贤院学士、判西京御史台。积官尚书右丞,转工部尚书致仕。卒,年七十六,谥曰庄。从弟先。

先字渊宗,起进士,为虔州观察推官,摄吉州永新令。两州俗尚讼,先为辨枉直,皆得其平。

　　知信州、南安军，抚楚州，历利、梓、江东、淮南转运使。寿春民陈氏施僧田，其后贫弱，往丐食僧所而僧逐之，取僧园中笋，遂执以为盗。先诘其由，夺田之半以还之。所至治官如家，人目以俚语：在信为"错安头"，谓其无貌而有材也；在楚为"照天烛"，称其明也。楚有民迫于输赋，杀牛鬻之。里胥白于官，先愍焉，但令与杖。通判孙龙舒以为徒刑，毁其桉。明日龙舒来，先引囚曰："汝罪应仗，以通判贷汝矣。"遣之出。

　　积官至秘书临致仕。兄兑尚无恙，事之弥笃。以子叙封，得太中大夫，闲居一纪卒，年八十三。子庭玉，年六十即弃官归养。人贤其家法云。

　　沈立字立之，历阳人。举进士，签书益州判官，提举商胡埽。采摭大河事迹、古今利病，为书曰《河防通议》，治河者悉守为法。迁两浙转运使。苏、湖水，民艰食，县戒强豪民发粟以振，立亟命还之，而劝使自称贷，须岁稔，官为责偿。茶禁害民，山场、榷场多在部内，岁抵罪者辄数万，而官仅得钱四万。立著《茶法要览》，乞行通商法，三司使张方平上其议。后罢榷法，如所请；立召为户部判官。

　　奉使契丹，适行册礼，欲令从其国服，不则见于门。立折之曰："往年北使讲见仪，未尝令北使易冠服，况门见邪？"契丹愧而止。

　　迁京西北转运使。都水方兴六塔河，召与议，立请止修五股等河及漳河，分杀水势以省役，从之。加集贤修撰、知沧州，进右谏议大夫、判都水监，出为江、淮发运使。居职办治，加赐金，数诏嘉之。知越州、杭州、审官西院、江宁府。

　　初，立在蜀，悉以公粜售书，积卷数万。神宗问所藏，立上其目及所著《名山水记》三百卷。徙宣州，提举崇禧观。卒，年七十二。

　　张掞字文裕，齐州历城人。父蕴，咸平初，监淄州兵。契丹入寇，流骑至淄、青间，州人将弃城，蕴拔刀遮止于门，力治守备，游骑为之引去。郡守愧，始谋掠为己功，反陷以罪，蕴受而不校。

揆幼笃孝,蕴病,刲股肉以疗。举进士,知益都县。当督赋租,置里胥弗用,而民皆以时入。石介献《息民论》,请以益都为天下法。丁内艰,时隆寒,徒跣举枢,叩首流血,与兄揆庐墓左。

明道中,京东饥,盗起,以御史中丞范讽荐,知莱州掖县。民诉旱于州,拒之,揆自为奏闻,诏除登、莱税。通判永兴军,为集贤校理,四迁为龙图阁直学士、知成德军。宦者阎士良为钤辖,多挠帅权,用危法中军校,揆直之,而劾士良。英宗登极,朝廷使来告,士良辞疾居家,宴客自若,奏抵其罪。入判太常、司农寺,累官户部侍郎致仕。熙宁七年,卒,年八十。

揆忠笃诚悫,既老益康宁。少从刘潜、李冠游,及其死率里人葬之,置田赡其孥。事揆如父,理家必谐而行,乡党矜式。

张焘字景元,枢密直学士奎之子也。举进士,通判单州。州卒谋乱,期有日,焘得告者,徐诣营取首恶,置诸法。知沂、潍二州。沂产布,潍产绢,而有司科赋相反,焘始革之。潍多圭田,率计亩微绢,而蠲河役,焘不肯踵例,废法还其役,入损于旧五之四,且命吏曰:"吾知守己而已,无妨后人,汝勿著为式。"

提点河北刑狱,摄领澶州,七日而商胡决。焘拯滋救饥,所全活者十余万,犹坐免。数年,复提点河东、陕西、京西刑狱,为盐铁判官、淮南转运使、江淮发运副使。泗州水,城且坏,焘悉力营护,诏宠其劳。入为户部副使。京师赋曲于酒,人有常籍,毋问售不售,或蹶产以偿。焘请罢岁额,严禁令,随所用曲多寡以售,自是课增溢。官修睦亲宅,议取民居,焘言:"芳林园有余地,宗室足自处,无庸起民居。"从之。孝严殿成,请图乾兴以来文武大臣像于壁。

迁天章阁待制、陕西都转运使。蒲津浮桥坏,铁牛皆没水中,焘以策列巨木于岸以为衡,缒石其秒,挽出之,桥复其初。保安二土豪善骑射,为边人所惮,故纵善马诱使取之,而强以汉法,焘按得其状,俱以隶军。加龙图阁直学士、知成都府。蜀人苦多盗,焘严保伍,使不得隐,而申其捕限。南蛮寇黎、雅,讨走之,罢磨刀崖戍卒。改知瀛州。

母丧服阕。故事,起执政以诏,近臣以堂帖;神宗特命赐诏。判太常寺,知邓、许二州,复判太常,知通进、银台司,提举崇福宫,由给事中易通议大夫。卒,年七十。

焘才智敏给,常从范仲淹使河东。至汾州,民遮道数百趋诉,仲淹以付。焘方与客弈,局未终,处决已竟。英宗时,三司前奏事,帝诘铸钱本末,皆不能对,焘悉谕无隐。帝是之,顾左右识其姓名,后欲以为观察使守边,曰:"卿家世事也。"焘对曰:"臣叔父亢有大才,臣愚不可继。"遂止。

俞充字公达,明州鄞人。登进士第。熙宁中为都水丞,提举沿汴淤泥溉田,为上腴者八万顷。检正中书户房,加集贤校理、淮南转运副使,迁成都路转运使。茂州羌寇边,充上十策御戎。神宗遣内侍王中正同经制,建三堡,复永康为军,因诈杀羌众以为中正功,与深相结,至出妻拜之。中正还阙,举充可任。召判都水监,进直史馆。中书都检正御史彭汝砺论其媚事中正,命遂寝。

河决曹村,充往救护,还,陈河防十余事,概谕"水衡之政不修,因循苟且,浸以成习。方曹村决时,兵之在役者仅十余人,有司自取败事,恐未可以罪岁也。"加集贤殿修撰、提举市易,岁登课百四十万。故事当赐钱,充曰:"奏课,职也,愿自今罢赐。"诏听之。

擢天章阁待制、知庆州。庆阳兵骄,小绳治辄肆悖,充严约束,斩妄言者五人于军门。闻有病苦则巡抚劳饷,死不能举者出私以周其丧,以故莫不畏威而怀惠。环州田与夏境犬牙交错,每获必遭掠,多弃弗理,充檄所部复以时耕植。慕家族山夷叛,举户亡入西者且三百,充遣将张守约耀兵塞上,夏人亟反之。

充之帅边,实王珪荐,欲以遏司马光之入。充亦知帝有用兵意,屡介请西征,后言:"夏酋秉常为母梁所戕,或云虽存而囚,不得与国政。其母宣淫凶恣,国人怨嗟,实为兴师问罪之秋也。秉常亡,将有桀黠者起,必为吾患。今师出有名,天亡其国,度如破竹之易。愿得乘傅入觐，而陈攻讨之略。”诏令掾属入议，未及行，充暴卒，年四十九。

刘瑾字元忠，吉州人，沆之子也。第进士，为馆阁校勘。沆亡，得褒赠。知制诰张瓌草词，语涉讥贬，瑾泣涕不能食，阖门衰侄，邀宰相自言。朝廷为改书命，黜瓌为州，瑾亦坐衰服入公门罢职。没丧不就官，丐守坟墓。王素为请，以伸孝子之志。诏复职，迁集贤校理、通判睦州，为淮南转运副使。

召修起居注，加史馆修撰、河北转运使，拜天章阁待制、知瀛州。坐与世居通问，徙明州。未行，改镇广州。与枢密院论戍兵不合，改虔州。战棹都监杨从先奉旨募兵不至，擅遣其子懋纠诸县巡检兵集郡下，瑾怒责之，遽发悖谬语，懋诉瑾于朝，遂废于家。逾年，复待制、知江州，历福州、秦州、成德军，卒。

瑾素有操尚，所莅以能称，然御下苛严，少纵舍，好面折人短，以故多致訾怨。

阎询字议道，凤翔天兴人。少时以学问著闻，擢进士第，又中书判拔萃科。累迁秘书丞，为监察御史里行。诏治王素狱，坐有姻嫌不以闻，降监河阳酒税，累迁为盐铁判官。

使契丹。询颇谙北方疆理，时契丹在靴淀，迓者王惠导询由松亭往，询曰：“此松亭路也，胡不径葱岭而迂枉若是，岂非夸大国地广以相欺邪？”惠惭不能对。加直龙图阁、知梓州。徙河东转运使，言：“三路土兵疲老者，听其族以强壮者代。”从之。进集贤殿修撰、知河中府。大河涨，坏浮桥，询易为长桥。拜天章阁待制、知广州，不即赴，罢职知商州。神宗转右谏议大夫，改邠、同二州，提举上清太平宫，卒，年七十九。

葛宫字公雅，江阴人，举进士，授忠正军掌书记。善属文，上《太平雅颂》十篇，真宗嘉之，召试学士院，进两阶。又献《宝符阁颂》，为杨亿所称。知南充县，东川饥，民艰食，部使者檄守资、昌两州，以惠政闻。知南剑州。土豪彭孙聚党数百，凭依山泽为盗，出害吏民，不可捕，宫遣沙县尉许抗谕降之。并溪山多产铜、银，吏挟奸罔利，课岁不登，宫一变其法，岁羡余六百万。三司使闻于朝，论当赏。宫曰："天地所产，吾顾盗之，又可为功乎？"卒不言。

徙知滁、秀二州，秀介江湖间，吏为关泾浍上，以征往来，间有昏葬，趋期者多不克，宫命悉毁之。积官秘书监、太子宾客。治平中，转工部侍郎。熙宁五年，卒，年八十一。宫性敦厚，恤录宗党，抚孤嫠，赖以存者甚众。

宫弟密，亦以进士为光州推官。豪民李新杀人，嫁其罪于邑民葛华，且用华之子为证。狱具，密得其情，出之。法当赏，密白州使勿言。仕至太常博士。天性恬靖，年五十，忽上章致仕，姻党交止之，笑曰："俟罢疾、老死不已而休官者，安得有余裕哉。"即退居，号草堂逸老，年八十四乃终。平生为诗慕李商隐，有西昆高致。

子书思，踵登第，调建德主簿。时密已老，欲迎以之官，密难之。书思曰："曾子不肯一日去亲侧，岂以五斗移素志哉？"遂投劾归养十年余。近臣表其志行，以为泗州教授，弗就。密不得已，许以他日偕行，始乞监新市镇。居父丧，哀毁骨立，盛暑不释苴麻，终禫不忍去冢舍。累年，乃出仕，历封丘主簿、涟水。时兄书元为望江令，同隶淮南监司，有舍兄而荐己者，移书乞改荐兄，不许，则封檄还之。其笃行类皆若此。仕至朝奉郎，亦告老，父子归休皆不待年。卒，年七十三，特谥曰清孝。子胜仲，孙立方，皆以学业至侍从，世为儒家。胜仲自有傅。

论曰：佐、立擅水衡之政，为时所称。兑居官论谏，无所表襮，先克承之。拯之孝，奏之智，瑾之苛严，询之辞令，皆著一时，自致显官。俞充制军禁暴，足为能臣，而希时相之意，倡请西征，使其不死，边陲之祸，其可既乎？葛氏自宫以下，簪缨相继，盛哉。

　　张田字公载，澶渊人。登进士第，知应天府司录。欧阳修荐其才，通判广信军。夏竦、杨怀敏建策增七郡塘水，诏通判集议，田曰："此非御敌策也，坏良田，浸冢墓，民被其患，不为便。"因奏疏极论，谪监鄆州税。

　　久之，通判冀州。内侍张宗礼使经郡，酗酒自恣，守贰无敢白者，田发其事，诏配西陵洒扫。摄度支判官。祫享太庙，又请自执政下差减赉费，唐介论其亏损上恩，出知蕲州。俄提点湖南刑狱，介与司马光又状其倾险，改知湖州，徙庐州，治有善迹。

　　移桂州。异时蛮使朝贡假道，与方伯抗礼，田独坐堂上，使引入拜于庭，而犒赉加腆。土豪刘纪、庐豹素为边患，讫田去，不敢肆。京师禁兵来戍，不习风土，往往病于瘴疠，田以兵法训峒丁而奏罢戍。或告交阯李日尊兵九万，谋袭特磨道，诸将请益兵，田曰："交阯兵不满三万，必其国有故，张虚声以吓我耳。"谍既得实，果其兄弟内相残，惧边将乘之也。宜州人魏利安负罪亡命西南龙蕃，从其使入贡，凡十反。至是龙以烈来，复从之。田因其入谒，诘责之，枭其首，欲并斩以烈，叩头流血请命。田曰："汝罪当死，然事幸在新天子即位赦前，汝自从朝廷乞恩。"乃密请贷其死。

　　熙宁初，加直龙图阁、知广州。广旧无外郭，民悉野处，田始筑东城，环七里，赋功五十万，两旬而成。初，役人相惊以白虎夜出，田迹知其伪，召戒逻者曰："今夕有白衣人出入林间者，谨捕之。"如言而获。城既就，东南微陷，往视之，暴卒，年五十四。

　　田为人伉直自喜，好谩骂，气陵其下，故死无哀者。然临政以清，女弟聘马军帅王凯，欲售珠犀于广，顾曰："南海富诸物，但身为市舶使，不欲自污尔。"作钦贤堂，绘古昔清刺史像，日夕师拜之。苏轼尝读其书，以侔古廉吏。

　　荣諲字仲思，济州任城人。父宗范，知信州铅山县。诏罢县募民采铜，民散为盗，宗范请复如故。真宗嘉异，擢提点江浙诸路银铜坑冶，历官九年。

諲举进士，至盐铁判官。晋州产矾，京城大豪岁输钱五万缗，颛其利，諲请榷于官，自是数入四倍。为广东转运使。广有板步古河路绝险，林箐瘴毒。諲开真阳峡，至洸口古径，作栈道七十间抵清远，趋广州，遂为夷涂。

复入为开封府判官。太康民事浮屠法，相聚祈禳，号"白衣会"，县捕数十人送府。尹贾黯疑有妖，请杀其为首者而流其余，諲持不从，各具议上之。中书是諲议，但流其首而杖余人。加直史馆、知澶州。

改京东转运使。莱阳产银砂，民有私采者，事露，安抚使欲论以劫盗。諲曰："山泽之利，人得有之，所盗者岂民财耶？"贷免甚众。又使成都府路，召为户部副使，以集贤殿修撰知洪州。以疾故，徙舒州，未至而卒。累官秘书监，年六十五。

李载字伯熙，黎阳人。少苦学，隆暑读书，置足于水，虽得疾，不舍去。登进士第，调冀州推官。知大名冠氏县，府守吕夷简入相，荐其材，知齐州，钤辖赵瑜使酒欧载，乃扃户避逸。瑜得罪，载坐不举劾，黜为信阳军。安抚使钱明逸等为之申理，改常州。知祥符县，有巫以井泉饮人，云可愈疾，趋者旁午，载杖巫，埋其井。历知虢州、涟水军。

载性笃孝，侍母病不解带，至病亟不能食，载亦不食，母知之，为强食。六为州，一以宽厚称。以光禄卿提举仙源观，卒，年七十四。

姚焕字虚舟，世家长安，隋开皇中，有景彻者，以讨平泸夷，策功为普州刺史，卒，子孙遂家普州。焕第进士，监益州交子务，发奸隐万缗，主吏皆当死，焕曰："戮人以干泽，非吾志也，义不蔽奸而已。"请于使者，愿不受赏，于是全活者众。

知峡州。宜都民为盗所残，县执囚讯服，以狱上，焕移劾于他有司，居亡何，真盗获。大江涨溢，焕前戒民徙储积，迁高阜，及城没，无溺者。因相地形筑子城、堭台,为木岸七十丈,缭以长堤,楗以薪石,厥后江涨不为害,民德之。徙知涪州,宾化夷多犯境,焕施恩信拊纳,酋豪争罗拜廷下,讫焕去无警。终光禄卿,年六十七。

朱景字伯晦,河南偃师人。举进士,调荥泽簿。西方用兵,诏侍从馆阁举县令,景预选,知陇州汧源县。累迁知汝州。叶驿道远,隶囚为送者所虐,多死,俗传为“叶家关”,景重禁以绝其患。擢知寿州,秩禄视提点刑狱。始至,亟发廪振给,劝富者出积谷,所活数万。城西居民三千室,建请筑外郭环入之,公私称便。再迁光禄卿。

熙宁初,病革,自占遗表,呼其子光庭操笔书之。其略云:“切闻河北水灾、地震,陛下当减膳避殿,齐居加省,召二府大臣朝夕咨访阙失,思所以弭咎。”凡数百言,无一语求恩。卒,年七十一。诏加赗赠,录其子以官。

光庭字公掞,十岁能属文,辞父荫擢第,调万年主簿。数摄邑,人以“明镜”称。历四县令。曾孝宽以才荐,神宗召见,问欲再举安南之师。光庭对曰:“愿陛下勿以人类畜之。盖得其地不可居,得其民不可使,何益于广土辟地也。”又问治何经,对曰:“少从孙复学《春秋》。”又问:“今中外有所闻乎?”对曰:“陛下更张法度,臣下奉行或非圣意,故有便有不便。诚能去其不便,则天下受福矣。”帝以其言为疏阔,不用。签书河阳判官,从吕大防于长安幕符。五路出师讨西夏,雍为都会,事倚以办,调发期会甚急,光庭每执不从。使者怒,将加以乏兴罪,光庭求免去,大防为之解。

哲宗即位,司马光荐为左正言,首乞罢提举常平官、保甲青苗等法。谕蔡确为山陵使,而乃先灵驾而行,为臣不恭。又言章惇欺罔肆辩,韩缜挟邪冒宠,言甚切。宣仁后嘉其守正,谕令尽言,毋有所畏避。迁左司谏,又论“苏轼试馆职发策云:‘今欲师仁祖之忠厚,而患百官有司不举其职,或至于媮;欲法神考之厉精,而恐监司、守令不识其意,流入于刻。’臣谓仁宗难名之盛德,神考有为之善志,而不当以‘媮’、‘刻’为议论，望正其罪，以戒人臣之不忠者。”未几，中丞傅尧俞、侍御史王岩叟相继论列。宣仁后曰：“详览文意，是指今日百官有司、监司守令言之，非所以讽祖宗也。”遂止。

河北饥，遣持节行视，即发廪振民；而议者以耗先帝积年兵食之蓄，改左司员外郎。迁太常少卿，拜侍御史。论蔡确怨谤之罪，确贬新州。拜右谏议大夫、给事中。乞补外，除集贤殿修撰、知亳州。数月召还，复为给事中。

坐封还刘挚免相制，复落职守亳。岁余，徙潞州，加集贤院学士。邻境旱饥，流民入境者踵接，光庭日为食以之，常至暮，自不暇食，遂感疾，犹自力视事。出祷雨，拜不能兴，再宿而卒，年五十八。绍圣中，追贬柳州别驾。元符初，又停锢其诸子。

光庭始学于胡瑗，瑗告以为学之本在于忠信，故终身行之。徽宗立，复其官。

李琮字献甫，江宁人。登进士第，调宁国军推官。州庾积谷腐败，转运使移州散于民，俾至秋偿新者。守将行之，琮曰：“谷不可食，强与民责而偿之，将何以堪。”持不下，守愧谢而止。

吕公著尹开封，荐知阳武县。役法初行，琮处画尽理，旁近民相率挝登闻鼓，愿视以为则，徽宗召对，擢利州路、江东转运判官。行部至宣城，按民田诡称逃绝者九千户，他县皆然。言于朝，命以户部判官使江、浙，选强明吏立赏剔抉。吏幸赏，以多为功，琮亦因是希进，民患苦之，得缗钱百余万。进度支判官，颁职式于诸道。淮南赋入甲它部，以为转运副使，徙梓州路。

元祐初，言者论其括隐税之害，黜知吉州。御史吕陶又言巴蜀科折已重，琮复强民输税，且无得以奇数并合，人尤咨怨。于是凡以括田受赏者悉夺之。历相、洪、潞三州。潞有谋乱者，为书期日揭道上，部使者闻之，惧，檄索奸甚亟。琮置不问，以是日置酒高会，讫无他。入为太府卿，迁户部侍郎，以宝文阁待制知杭州、永兴军、河南、瀛州。卒，年七十五。

琮长于吏治，而所至主于掊克，为士论嗤鄙。子回，绍兴初参知政事。

朱寿隆字仲山，密州诸城人。以荫知九陇县。吏告民一家七人以火死，寿隆曰："宁有尽室就焚无一脱者，殆必有奸。"逾月获盗，果杀其人而纵火也。知宿州，宿多剧盗，至白昼被甲剽攻，郡县不能制。寿隆设方略耳目，捕斩千余人。

擢提点广西刑狱，岭外新经侬寇，修营城障，贵州虐用其人，不能聊生。寿隆驰诣州，械守送狱，奏黜之。老稚妇女遭乱，流转不能自还者，檄所在资送其还。旧制，溪蛮侵暴羁縻州，虽杀人无得仇报，寿隆请听相偿，蛮始畏戢。

历盐铁度支判官、夔路转运使。巴峡地隘，民困于役，免其不应法者千五百人。复为盐铁判官、京东转运使，赐三品服。岁恶民移，寿隆谕大姓富室畜为田仆，举贷立息，官为置籍索之，贫富交利。以少府监知扬州，卒，年六十八。

寿隆为人和厚，接谈怡怡，必当于理，而不屈于权贵。狄青讨贼，欲杀裨将不用命者数人，寿隆极论罪不当死。孙沔在坐，曰："侬贼害民万计，此何足惜。"寿隆曰："王师之来以除民害，顾可效贼为暴邪？"青感其言而止。

卢士宏字子高，新郑人。以父任屡更州县，所至著清名。知信阳军。官捕为妖术者，余党惧及，群聚山谷间，士宏请减其罪招之，即相帅归命，徙知汉州，校实民产，使力役不滥，人德之。又知洋州。先是，圭田多虚籍。士宏考校，令随实以输，自部使者而下，皆十损七八。文彦博、包拯以廉能荐，由三司开拆司擢夔州路转运使，遂知广州。或传安南舟数百泊海中，将为寇，岭徼惊摇。士宏灼其非，是日，从宾客宴游为乐，民赖以安。受代还引疾丐便郡，知郑州。未几，以光禄卿致仕。卒，年七十三。凡衣衾棺椁之制，皆有遗命，戒诸子勿为铭志。

单煦字孟阳,平原人。举进士,知洛阳县。民以妖幻傅相教授,煦迹捕戮三十余人,当得上赏,不肯言。转知昌州,时诏城蜀治,煦以蜀地负山带江,一旦毁篱垣而兴板筑,其费巨万,非民力所堪,请但筑子城。转运使即移诸郡如其议。

徙清平军使。有二盗杀人,捕治不承,煦纵使之食,甲食之既,乙不下咽,执而讯之,果杀人者,为御史台推直官,江南人诬转运使吕昌龄以贿,中丞张昪讯而论之。鞫未就,敕煦往治,煦不肯阿其长,卒直昌龄。乞外迁,知濮、合二州。合居涪、汉间,夏秋患于淫潦,煦筑东堤以御之。赤水县盐井涸,奏蠲其赋。累官光禄卿,卒,年七十七。

煦友爱兄熙,兄尝殴人至死,未有知者。煦曰:“家贫亲老,仰兄以养,义当代之死。”即趋诣斗所以待捕。已而死者甦,惊问之,煦以情告。其人感叹,遂辍讼。

杨仲元字舜明,管城人。第进士,调宛丘主簿。民诉旱,守拒之,曰:“邑未尝旱,狡吏导民而然。”仲元白之曰:“野无青草,公日宴黄堂,宜不能知,但一出郊可见矣。狡吏非他,实仲元也。”竟免其税。知泽州沁水县,民持物来输者,视其价稍增之,余则下其估。官有所须,不强赋民,听以所有与官为入度相当则止,率常先办。河外用兵,督馈转西界,夕宿洪谷口。仲元相其地,乃寇所由径路,亟命去之。民以困乏为辞,不听,寇果夜出劫诸部,沁水独免。后二十年,其子过县,父老拜泣曰:“河西之役,非公无今日矣。”

初,军期尚缓,而仲元督行良急,至则刍粮有不集者皆可贱市,后期者物数倍其价,民始知其为利。州买羊,敛民差出钱,弊滋蔓,病民为甚,仲元更其令,户才费钱百。又遣吏市羔于他所,明年以供州,不科一钱。徙知郾乡县,宰相张士逊先茔隶境内,将属之,召不往。至则按籍均役之,虽堂帖求免,不为减。

历知光、虔、虢三州,官光禄卿,改中散大夫。戒诸子曰:“吾入官五十年，未尝以私怒加人，虽杖刑之微，苟有两比，不敢与轻法，以是为报国耳。"卒，年七十五。

余良肱字康臣，洪州分宁人。第进士，调荆南司理参军。属县捕得杀人者，既自诬服，良肱视验尸与刃，疑之曰："岂有刃盈尺而伤不及寸乎？"白府请自捕逮，未几，果获真杀人者。民有失财物逾十万，逮平民数十八，方暑；榜掠号呼闻于外；或有附吏耳语，良肱阴知其为盗，亟捕诘之，赃尽得。

改大理寺丞，出知湘阴县。县逋米数千石，岁责里胥代输，良肱论列之，遂蠲其籍。通判杭州，江潮善溢，漂官民庐舍，良肱累石堤二十里障之，潮不为害。时王陶为属官，常以气犯府帅，吏或抗诉陶，帅挟憾欲按之，良肱不可曰："使陶以罪去，是以直不容也。"帅遂已。后陶官于朝，果以直闻。知虔州，士大夫死岭外者，丧车自虔出，多弱子寡妇。良肱悉力振护，孤女无所依者，出奉钱嫁之。以母老，得知南康军。丁母忧，服除，为三司使判官。

方关、陕用兵，朝议贷在京民钱，良肱力争之，会大臣亦以为言，议遂格。内府出腐币售三司，三司吏将受之，良肱独曰："若赋诸军，军且怨；不则货诸民，民且病。请付文思以奉帷幄。"

改知明州。朝廷方治汴渠，留提举汴河司。济水淀淤，流且缓，执政主狭河议。良肱谓："善治水者不与水争地。方冬水涸，宜自京左浚治，以及畿右，三年，可使水复行地中。"弗听。又议伐济堤木以资狭河。良肱言："自泗至京千余里，江、淮漕卒接踵，暑行多病喝，藉荫以休。又其根盘错，与堤为固，伐之不便。"屡争不能得，乃请不与其事。执政虽怒，竟不为屈，改太常少卿、知润州，迁光禄卿、知宣州，治为江东最。请老，提举洪州玉隆观，卒，年八十一。七子，卞、爽最知名。

卞字洪范，爽字荀龙，皆以任子恩试校书郎。卞博学多大略，累为唐州判官、湖北安抚司勾当机宜文字。讨叛蛮有功，知沅州。蛮杀沿边巡检，卞设方略复平之，加奉议郎。先是，良肱为鼎州推官，五溪蛮叛，良肱运粮境上，周知其利害，上书言："此弹丸地，不足烦朝廷费，不如弃与而就抚之。"当时是其议，未果弃也。及蛮叛，断渠阳道，扼官军不得进，卞适使湖北，帅唐义问即授卞节制诸将。阴选死士三千人，夜衔枚绕出贼背，伐山开道，漏未尽数刻，入渠阳。黎明整众出，贼大骇，尽锐来战，奋击大破之。鼓行度险，贼七遇七败，斩首数千级，蛮遂降。寻有诏废渠阳军为砦，尽拔居人护出之。绍圣初，治弃渠阳罪，免归。徽宗即位，复奉议郎，管勾玉隆观。未几，复渠阳为靖州，又论前事免，终于家。

爽尚气自信，不少贬以合世。应元丰诏，上便宜十五事，言过剀切。元祐末，爽复极言请太皇太后还政事，章惇憾爽不附己，乃摭其言为谤讪，以瀛州防御推官除名，窜封州。久之，起知明州，未行，以言者罢，监东岳庙。崇宁中，与卞俱入党籍。

潘夙字伯恭，郑王美从孙也。天圣中，上书论时政，授仁寿主簿。久之，知韶州，擢江西转运判官，提点广西、湖北刑狱。邵州蛮叛，湖南骚动，迁转运使，专制蛮事，亲督兵破其团峒九十。徙知滑州，改湖北转运使，知桂州。坐在湖北时匿名书诬判官韩绛，谪监随州酒税。起知光化军。大臣以将帅才举之，易端州刺史，再迁徙郴州，召对，访交、广事称旨，还司封郎中、直昭文馆，复知桂州。

交人败于占城，伪表称贺以为大捷，神宗诏之曰："智高之难方二十年，中人之情，燕安忽事，直谓山僻蛮獠，无可虑之理。殊不思祸生于所忽，唐六诏为中国患，此前事之师也。卿本将家子，寄要蕃，宜体朕意，悉心经度。"夙遂上书陈交址可取状，且将发兵。未报，而徙河北转运使，历度支、盐铁副使，知河中府。章惇察访荆湖，讨南、北江蛮徭，陈夙忧边状，以知潭州。再迁光禄卿，知荆南、鄂州，卒，年七十。

论曰：士之官斯世，有一善可称，致生民咸被其泽于无穷者，故州郡之寄为尤重。张田免禁兵毒于瘴厉，士宏考圭田于实输，朱景父子、譚、载、煦、焕、士宏、寿隆辈，皆有德在民。仲元不以私怒加入，良肱明于折狱，凤以将家子而能留心边务，用当其材，举能其官。若琮也虽长于吏治，而所至掊克，君子奚取焉。

宋史卷三三四
列传第九三

徐禧 李稷附　高永能　沈起
刘彝　熊本　萧注　陶弼
林广

　　徐禧字德占，洪州分宁人。少有志度，博览周游，以求知古今事变、风俗利疚，不事科举。熙宁初，王安石行新法，禧作《治策》二十四篇以献。时吕惠卿领修撰经义局，遂以布衣充检讨。神宗见其所上策，曰："禧言朝廷用经术变士，十已八九，然窃袭人之语，不求心通者相半，此言是也。宜试于有用之地。"即授镇安军节度推官、中书户房习学公事。岁余召对，顾问久之，曰："朕多阅人，未见有如卿者。"擢太子中允、馆阁校勘、监察御史里行。

　　与中丞邓绾、知谏院范百禄杂治赵世居狱。李士宁者，挟术出入贵人间，尝见世居母康，以仁宗御制诗赠之。又许世居以宝刀，且曰："非公不可当此。"世居与其党皆神之，曰："士宁，二三百岁人也。"解释其诗，以为至宝之祥。及鞫世居得之，逮捕士宁，而宰相王安石故与士宁善，百禄劾士宁以妖妄惑世居，致不轨。禧奏："士宁遗康诗实仁宗制，今狱官以为反，臣不敢同。"百禄言："士宁有可死之状，禧故出之以媚大臣。"朝廷以御史杂知、枢密承旨参治，而百禄坐报上不实贬，进禧集贤校理、检正礼房。

　　安石与惠卿交恶，邓绾言惠卿昔居父丧，尝贷华亭富人钱五百万买田事,诏禧参鞫。禧阴右惠卿,绐劾之,会绐贬官,狱亦解。禧出为荆湖北路转运副使。元丰初,召知谏院。惠卿在鄜延,欲更蕃汉兵战守条约,诸老将不谓然,帝颇采听,将推其法于他路,遣禧往经画,禧是惠卿议,渭帅蔡延庆亦以为不然,帝召延庆还,加禧直龙图阁,使往代,以母忧不行。服除,召试知制诰兼御史中丞。官制行,罢知制诰,韦为中丞。邓绾守长安,禧疏其过,帝知其以惠卿故,虽改绾青州,亦左迁禧给事中。

种谔西讨,得银、夏、宥三而不能守。延帅沈括欲尽城横山,瞰平夏,城永乐,诏禧与内侍李舜举往相其事,令括总兵以从,李稷主馈饷。禧言:“银州虽据明堂川、无定河之会,而故城东南已为河水所吞,其西北又阻天堑,实不如永乐之形势险厄。窃惟银、夏、宥三州,陷没百年,一日兴复,于边将事功,实为俊伟,军锋士气,固已百倍;但建州之始,烦费不赀,若选择要会,建置堡栅,名虽非州,实有其地,旧来疆塞,乃在腹心。已与沈括议筑砦堡各六。砦之大者周九百步,小者五百步;堡之大者二百步,小者百步,用工二十三万。”遂城永乐,十四日而成,禧、括、舜举还米脂。

明日,夏兵数千骑趋新城,禧亟往视之。或说禧曰:“初被诏相城、御寇,非职也。”禧不听,与舜举、稷俱行,括独守米脂。先是,种谔还自京师,极言城永乐非计,禧怒变色,谓谔曰:“君独不畏死乎?敢误成事。”谔曰:“城之必败,败则死,拒节制亦死;死于此,犹愈于丧国师而沦异域也。”禧度不可屈,奏谔跋扈异议,诏谔守延州。

夏兵二十万屯泾原北,闻城永乐,即来争边。人驰告者十数,禧等皆不之信,曰:“彼若大来,是吾立功取富贵之秋也。”禧亟赴之,大将高永亨曰:“城小人寡,又无水,不可守。”禧以为沮众,欲斩之,既而械送延狱。比至,夏兵倾国而至,永亨兄永能请及其未陈击之。禧曰:“尔何知,王师不鼓不成列。”禧执刀自率士卒拒战。夏人益众分阵,迭攻抵城下。曲珍兵陈于水际,官军不利,将士皆有惧色。珍白禧曰:“今众心已摇,不可战,战必败,请收兵入城。”禧曰:“君为大将,奈何遇敌不战,先自退邪?”俄夏骑卒度水犯陈。鄜延选锋军最为骁锐，皆一当百，银枪锦袄，光彩耀日，先接战而败，奔入城，蹂后陈。夏人乘之，师大溃，死及弃甲南奔者几半。

珍与残兵入城，崖峻径窄，骑卒缘崖而上，丧马八千匹，遂受围。水砦为夏人所据，掘井不及泉，士卒渴死者太半。夏人蚁附登城，尚扶创拒斗。珍度不可敌，又白禧，请突围而南；永能亦劝李稷尽捐金帛，募死士力战以出，皆不听。戊戌夜大雨，城陷，四将走免，禧、舜举、稷死之，永能没于陈。

初，括奏夏兵来逼城，见官兵整，故还。帝曰："括料敌疏矣，彼来未出战，岂肯遽退邪？必有大兵在后。"已而果然。帝闻禧等死，涕泣悲愤，为之不食。赠禧金紫光禄大夫、吏部尚书，谥曰忠愍。官其家二十人。稷工部侍郎，官其家十二人。

禧疏旷有胆略，好谈兵，每云西北可唾手取，恨将帅怯尔。吕惠卿力引之，故不次用。自灵武之败，秦、晋困棘，天下企望息兵，而沈括、种谔陈进取之策。禧素以边事自任，狂谋权敌，猝与强虏遇，至于覆没。自是之后，帝始知边臣不可信倚，深自悔咎，遂不复用兵，无意于西伐矣。子俯自有传。

李稷字长卿，邛州人。父绚，龙图阁直学士。稷用荫历管库，权河北西路转运判官，修拓深、赵、邢三州城，役无怨素，然峭刻严忍。察访使者以为言，都水丞程昉亦诉其越职。诏令併析。御史周尹又论稷父死二十年不葬，仅徙东路，俄提举蜀部茶场。甫两岁，羡课七十六万缗，擢盐铁判官。诏推扬其功以劝在位，遂为陕西转运使、制置解盐。秦民作舍道傍者，创使纳"侵街钱"，一路扰怨，与李察皆以苛暴著称。时人语曰："宁逢黑杀，莫逢稷、察。"

种谔起兴、灵议，稷闻之亦上言："可令边面诸将各出兵挠之，使不得耕种，则其国必困，国困众离，取可决也。"及出境，稷督饷，民苦摺运，多散逸，稷令骑士执之，断其足筋，宛转山谷间，凡数千人，累日乃得死。始，稷受旨得斩郡守以下，于是上下相临以峻法，虽小吏护丁夫，亦颟戮不请。军食竟不继。谔谋斩稷，客吕大钧引义责之，复使还取粮。既集，谔犹宣言稷乏军兴，致大功不就，坐削两秩，贬为判官。

永乐既城，稷悉辇金、银、钞、帛充牣其中，欲夸示徐禧，以为城甫就而中已实。积金既多，故受围愈急，而稷守之不敢去，以及于难。李舜举别有传。

高永能字君举，世为绥州人。初，伯祖文岊举州来归，即拜团练使，已而弃之北迁，其祖文玉独留居延川，至永能始家青涧。少有勇力，善骑射，由行伍补殿侍，稍迁供奉官。种谔取绥州，发永能兵六千先驱入啰兀，五战皆捷，转供备库副使，治绥德城，辟地四千顷增户千三百，即知城事。

元丰初，为鄜延都监。秋，大稔，夏人屯二千骑于大会平，将取稼。永能简精骑突过其营，骑卒惊溃，获钤辖二人。转六宅使。夏人患之，令曰："有得高六宅者，赏金等其身。"经略使吕惠卿行边，永能伏骑谷中，以备侵轶。边骑果至，驰出击走之。夏兵二万犯当川堡，永能以千骑与相遇，度不能支，依险设疑兵，且门且却，而令后骑扬尘，若援兵至者，奋而前，遂解去。擢本路钤辖。

四年，西讨，永能为前锋，围米脂城。边人十万来援，永能谓弟永亨曰彼恃众集易吾军，营当大川，宜严陈待其至，张左右翼击之，可破也。"诘旦，尘战于无定河，斩首数千级，得马三千，橐驼牛羊万计。城犹未下，密遣谍说降其东壁守将，衣以文锦，导以鼓吹，耀诸城下，酋令介讹遇乃出降。进东上阁门使、宁州刺史，以年请老，不许，又进四方馆使、荣州团练使。

永乐之役，献谋皆不用。城既陷，其孙昌裔欲掖之从间道出，永能叹曰："吾结发从事西羌，战未尝挫，今年已七十，受国大恩，恨无以报，此吾死所也。"顾易一卒敝衣，战而死。其子世亮与昌裔求得尸以归。诏赠房州观察使，录世亮为忠州刺史，诸孙皆侍禁殿直。

永能家世州将，所领多故部曲，拊之有恩惠，遇敌则身先之。下有伤者，载以已副马，故能得士死力。远近喜言其事，称之曰"老高”。及死，边人无不痛惜。尝过其远祖唐绥州刺史思祥淘沙川庙，得画像及神道碑上之，诏即所在赐田三十顷，以奉祭祀。

永能之亡，延州将皇城使寇传亦力战而没，赠均州防御使。

沈起字兴宗，明州鄞人。进士高第，调滁州判官，与监真州转般仓。闻父病，委官归侍，以丧免，有司劾其擅去。终丧，荐书应格当迁用，帝谓辅臣曰：“观过知仁。今由父疾而致罪，何以厚风教而劝天下之为人子者？”乃特迁之，知海门县。

县负海地卑，间岁海潮至，冒民田舍，民徙以避，弃其业。起为筑堤百里，引江水灌溉其中，田益辟，民相率以归，至立祠以报。御史中丞包拯举为监察御史。吏部格，选吏以赃私缔法，无轻重终身不迁。起论其情可矜者，可限年叙用，遂著为令。立县令考课法，设河渠司领诸道水政，乞采汉故事，择卿大夫子弟入宿卫，选贤良文学高第给事宫省，勿专任宦官，宗室袒免亲令补外官，复府兵，汰冗卒，书数十上。以论兴国铁官事不合，出通判越州，改知蕲、楚二州。

京东岁饥盗起，除提点刑狱。至，则开首赎法携其伍，盗内自瞆疑，转相束缚唯恐后。改开封府判官，为湖南转运使。凡羽毛、筋革、舟楫、竹箭之材，多出所部，取于民无制，吏挟为奸。起会其当用，自与商人贸易，所省什六七。召为三司盐铁副使，直舍人院。

熙宁三年，韩绛使陕西，加起集贤殿修撰、陕西都转运使。庆州军变，将寇长安，起率兵计讨平之。会韩绛城绥州不利，起亦罢知江宁府。入知吏部流内铨。奉使契丹，至王庭，其位者乃与夏使等，起曰：“彼陪臣尔，不当与王人齿。”辞不就列，遂升东朝使者，自是为定制。六年，拜天章阁待制、知桂州。

自王安石用事，始求边功，王韶以熙河进，章惇、熊本亦因此求奋。是时，议者言交阯可取，朝廷命萧注守桂经略之。注盖造谋者也，至是，复以为难。起言：“南交小丑，无不可取之理。”乃以起代注，遂一意事攻讨。妄言密受旨，擅令疆吏入溪洞，点集土丁为保伍，授以阵图，使岁时肄习。继命指使因督馈盐之海滨，集舟师寓教水战。故时交人与州县贸易，悉禁止之。于是交阯益贰，大集兵丁谋入寇。

苏缄知邕州，以书抵起，请止保甲，罢水运，通互市。起不听，劾缄沮议，起坐边议罢。命刘彝代之以守广，日遏绝其表疏，于是交人疑惧，率众犯境，连陷廉、白、钦、邕上州，死者数十万人。事闻，贬起团练使，安置郢州，徙越，又徙秀而卒。

起生平喜谈兵，尝以兵法谒范仲淹，仲淹器其材，注《孙武书》以自见，卒用此败。

刘彝字执中，福州人，幼介特，居乡以行义称。从胡瑗学，瑗称其善治水，凡所立纲纪规式，彝力居多。第进士，为邵武尉，调高邮簿，移胊山令。治簿书，恤孤寡，作陂池，教种艺，平赋役，抑奸猾，凡所以惠民者无不至。邑人纪其事，目曰"治范"。

熙宁初，为制置三司条例官属，以言新法非便罢。神宗择水官，以彝悉东南水利，除都水丞。久雨汴涨议开长城口，彝请但启杨桥斗门，水即退。为两浙转运判官。知虔州，俗尚巫鬼，不事医药。彝著《正俗方》以训，斥淫巫三千七百家，使以医易业，俗遂变。加直史馆，知桂州。禁与交人互市，交阯陷钦、廉、邕三州，坐贬均州团练副使，安置随州。又除名为民，编隶涪州，徙襄州。

元祐初，复以都水丞召还，病卒于道，年七十。著《七经中义》百七十卷，《明善集》三十卷，《居阳集》三十卷。

论曰："兵，凶器也，虽圣人犹曰未学。轻敌寡谋，鲜有不自焚者。永乐之陷，安南之畔，死者百万，罹祸甚惨，良由数人者不自量度，以开边衅。禧、稷、永能之死，宜矣。起执议益坚，妄意轻举，虽贬官莫赎其责，彝不能行所学，而规规然蹈前车之辙，以济其过，乌得无罪？

熊本字伯通，番阳人。儿时知学，郡守范仲淹异其文。进士上第,为抚州军事判官,稍迁秘书丞、知建德县。县令顷包鱼池为圭田,本弛以与民。

熙宁初,上书言:"陛下师用贤杰,改修法度,得稷、卨、皋、夔之佐。"由是提举淮南常平、检正中书礼房事。

六年,泸州罗、晏夷叛,诏察访梓、夔,得以便宜治事。本尝通判戎州,习其谷,谓:"彼能扰边者,介十二村豪为乡导尔。"以计致百余人,枭之泸川,其徒股栗,愿矢死自赎。本请于朝,宠以刺史、巡检之秩,明示劝赏,皆踊跃顺命,独柯阴一酋不至。本合晏州十九姓之众,发黔南义军强弩,遣大将王宣、贾昌言率以进讨。贼悉力旅拒,败之黄葛下,追奔深入。柯阴窘乞降,尽籍丁口、土田及其重宝善马,归之公上,受贡职。于是乌蛮罗氏鬼主诸夷皆从风而靡,愿世为汉官奴。迁刑部员外郎、集贤殿修撰、同判司农寺。神宗劳之曰:"卿不伤财,不害民,一旦去百年之患,至于檄奏详明,近时鲜俪焉。"赐三品服。西南用兵蛮中始此。

蔡京时为秀州推官,本言其学行纯茂,练习新法,荐为干当公事。河、湟初复,本为秦凤略都转运使。熙河法禁阔略,蓄积不支岁月,本奏省冗官百四十员,岁减浮费数十万。

渝州南川獠木斗叛,诏本安抚。本进宫铜佛坝,抗其亢,焚积聚,以破其党。木斗气索,举溙地五百里来归,为四砦九堡,建铜佛坝为南平军。初,熟獠王仁贵以木斗亲系狱,本释其缚置麾下,至是推锋先登。大臣议加本天章阁待制,帝曰:"本之文,朕所自知,当典书命。"遂知制诰。帝数称其文有体,命院史别录以进。

又上疏云:"天下之治,有因有革,期于趣时适治而已。议者猥用持盈守成之说,文苟简因循之治,天下之吏因以安常习故为俗,奋言纳忠者,悠悠之徒相与蹙额眄衡而诋骂之。陛下出大号,发大政,可谓极因革之理。然改制之始,安常习故之群圉视四起,交欢而合噪,或诤于廷,或谤于市,或投劾引去者,不可胜数。陛下烛见至理,独立不夺,今虽少定,彼将伺隙而逞。愿陛下深念之,勿使噪欢之众有以窥其间,而终万世难就之业,天下幸甚。"本之意,专以媚王安石也。

范子渊创浚河之役，文彦博争之，命本行视，议如彦博。安石白出本分司西京。居三年，起知滁州，改广州，召为工部侍郎。宜州蛮扰边，道除龙图阁待制、知桂州。至则谕溪洞酋长，戒边吏勿生事，请选将练兵代戍，益市马以足骑兵，宜州遂无事。民蔡宝玲扇龙番与峒户相仇杀，欲引兵致讨以为功。本质之，色动，缚而投之海。蛮夷以为神。

谍告交人明年将入寇，使者实其言，诏访，本曰："使者在道，安得此？藉使有谋，何自先知之？"已而果妄。是时，既以顺州赐李乾德，疆画未正，交人缘是辄暴勿阳地而逐侬智会。智会来乞师，本檄问状，乾德敛兵谢本，因请以宿桑八洞不毛之地赐之，南荒遂安。

转运判官许彦先议通湖南盐于西广，计口授民，度可得息三十万。本言："桂管民贫地瘠，恐不堪命。"议遂格。入为吏部侍郎。逾年，力请外，仍待制、知洪州。言者谓本弃八洞为失谋，夺一官，徙杭州、江宁府，再知洪州。召还，卒于道。有文集、奏议共八十卷。

萧注字岩夫，临江新喻人。磊落有大志，尤喜言兵。常言："四方有事，吾将兵数万，鼓行其间，战必胜，攻必取，岂不快哉！"

举进士，摄广州番禺令。侬智高围州数月，方舟数百攻城南，势危甚。注自围中出募海滨壮士，得二千人，乘大舶集上流，因飓风起，纵火焚贼舟，破其众。即日发县门纳援兵，民持牛酒、刍粮相继入，城中人始有生意。自是每战以胜归。蒋偕上其功，擢礼宾副使、广南驻泊都监。贼还据邕管，余靖患其啸诱诸洞，以属注，注挺身入蛮中，施结恩信。狄青师次宾州，召会诸将，疑注依贼声势为奸利，欲诛之。注觉，托为游辞，不肯往。贼破，青始闻注前功，以知邕州。

智高走大理国，母与二弟寓特磨道。注帅师往讨，获一裨将。引致卧内，与之语，具得贼情，悉擒送阙下。拜西上阁门副使。募死士使入大理取智高，至则已为其国所杀，函首归献。转为使。居邕数年，阴以利啗广源群蛮，密缮兵甲，乃上疏曰："交阯虽奉朝贡，实包祸心，常以蚕食王土为事。往天圣中，郑天益为转运使，尝责其擅赋云河洞。今云河乃落蛮数百里，盖年侵岁吞，驯致于是。臣已尽得其要领，周知其要害。今不取，异日必为中国忧。愿驰至京师，面陈方略。"未报，而甲洞申绍泰犯西平，五将被害。谏官论注不法致寇，罢荆南钤辖、提点刑狱。李师中又劾其沮威嗜利，略智高阃民为奴，发洞丁采黄金无帐籍可考。中使按验颇有实，贬泰州团练副使。淮南转运使言："注椎牛屠狗，招集游士，部勒为兵，教之骑射，请徙大州以縻之。"诏改镇南军节度副使。

近臣有讼注广州功者，起为右监门将军、邠州都监。熙宁初，以礼宾使知宁州。环庆李信之败，列城皆坚壁，注独启关夜宴如平时。复阁门使，管干麟府军马。辞云："身本书生，差长拊纳，不亲战斗，惧无以集事。"时有言"交人挫于占城，众不满万，可取也"。遂以注知桂州。

入觐，神宗问攻取之策，对曰："昔者臣有是言，是时溪洞之兵，一可当十；器甲坚利，亲信之人皆可指呼而使。今两者不如昔，交人生聚教训十五年矣，谓之'兵不满万'，妄也。"既至桂，种酋皆来谒。注延访山川曲折，老幼安否，均得其欢心，故李乾德动息必知之。然有献征南策者，辄不听，会沈起以平蛮自任，帝使代注而罢，注归，卒于道，年六十一。诏优录其子，赙绢三百。

注有胆气，嗜杀，而能相人。自陕西还，帝问注："韩绛为安抚使，施设何如？"对曰："庙算深远，臣不能窥。然知绛当位极将相。"帝喜曰："果如卿言，绛必成功。"问王安石，曰："安石牛目虎顾，视物如射，意行直前，敢当天下大事。然不如绛得和气为多，惟气和能养万物尔。"王韶为建昌参军，注曰："君他日类孙沔，但寿不及。"后皆如其言。

陶弼字商翁，永州人。少傲佷，放宕吴中。行山间，有双鲤戏溪水上，竚观之。傍一老父顾曰："此龙也，行且斗，君宜亟去。"去百步许，雷大震而雨，岸圮木拔。又出大云，仓卒遇风暴怒，二十七艘同时溺,独弼舟得济,人以是异之。一见丁谓,谓妻以宗女,因从学兵法,能持化纵横。

庆历中,杨畋讨湖南徭,弼上谒,畋授之兵使往袭,大破之。以功得阳朔主簿。

侬智高犯南海,畋为安抚使,辟参军谋。使下英江会诸将议击,未至,智高解去。弼舍舟,从其徒数十人,间关步出赴畋。次临贺,大将蒋偕适战死,余众畏亡将被诛,多降贼。弼数与之遇,亟矫畋命揭榜道上,谕使归,许以不死,凡得千五百人。府罢,调阳朔令。课民植木官道旁,夹数百里,自是行者无夏秋暑暍之苦,它郡县悉效之。摄兴安令。移书说桂守萧固浚灵渠以通漕,不听;至李师中,卒浚之。师征安南,馈饷于是乎出,大为民利。

知宾、容、钦三州,换崇仪副使,迁为使,知邕州。邕经侬寇,井隧荡然,人不乐其生。弼绥辑惠养,至忘其勤。诸峒献土物求内附,弼降意抚答,谢其贽,皆感悦无犯边者。邕地卑下,水易集,夏大雨弥月,弼登城以望,三边皆漫为陂泽,亟窒堙江三门,谕兵民即高避害。俄而水大至,弼身先版畚,召僚吏赋役,为土囊千余置道上,水果从窦入,随塞之。城虽不坏,而人皆乏食,则为发廪以振于内,方舟以馈于外,水不及女墙者三板,旬有五日乃退,公私一无所失亡。自横、浔以东数州皆没。弼久于邕,请便郡徙鼎州。章惇经理五溪蛮事,荐为辰州,迁皇城使。降北江彭师宴,授忠州刺史。

郭逵南征,转弼康州团练使,复知邕州。民再罹祸乱,散匿山谷,弼率百骑深入左江峒,民知其至,扶老携幼以归。达帅官军临富良江,使弼殿。交人纳款,逵欲班师,恐为所袭。乃以计夜起,军不整,骑步相蹹藉乱行。贼隔江阴伺觇,知弼殿,弗敢追。弼申令帐下毋动,迟明,结队徐行,逵赖以善还。建所得广源峒为顺州,桃榔为县。进弼西上阁门使,留知顺州。

州去邕二千里,多毒草瘴雾,戍卒死者什七八,弼亦疾甚,然蚤暮劳军,视其良苦,意气激扬,士莫不感泣,强奋起为用。交人袭取桃榔,扬声欲图州,独难弼,弼素得人心,贼动息皆先知。获间谍不杀，谕以逆顺，纵之去，恩威两施，以是终弼在不敢犯。加东上阁门使，未拜而卒。诏录其家五人。

弼能为诗，好士乐施，所得奉禄，悉以与人，家至贫不恤也。既死，妻在乡里，僦屋以居。

林广，莱州人。以捧日军卒为行门，授内殿崇班，从环庆蔡挺麾下。李谅祚寇大顺城，广射中之。李信败于荔原，广引兵西入，破十二盘，攻白豹、金汤，皆先登。夜过洛河，夏人来袭，广扬声选强弩列岸侧，实卷甲疾趋，夏人疑不敢渡。尝护中使临边，将及乌鸡川，遽率众循山行。道遇熟羌以险告，广不答，夏人果伏兵于川，计不行而去。告者乃谍也。

夏人围柔远城，广止守，戒士卒即有变毋得轻动。火夜起积薪中，众屯守自若。明日，敌至马平川，大持攻具来。广被甲启他门鼓而出，若将夺其马，敌舍城救马，广复入，益修守备，夜募死士斫其营，夏人数失利，始引退。累迁礼宾使。韩绛奏为本道将。

庆兵据北城叛，广在南城，望其众进退不一，曰：“是不举军乱也。”挺身缒城出其后，谕以逆顺，皆投兵听命。出者财三百人，广语余众曰：“乱者去矣，汝曹事我久，能听我，不唯得活，仍有功。”得百余人。激厉国束，使反攻城下兵，禽戮皆尽，遂平北城。出追乱者，至石门山与之遇，谕之不肯降；纵兵尾击，敌知不得免，始请命。广曰：“不从吾言，今窘而就死，非降也。”悉斩之。迁本路都监。

诏入对，神宗奖金汤、石门之功，慰赐甚厚，将使开熙河。辞以不习洮、陇事，乃迁钤辖使，还徙鄜延。攻踏白城，功最，迁皇城使。进讨洮羌。加带御器械、环庆副都总管。安南用师，诣阙请行。帝曰：“南方卑湿。知卿病足，西边方开拓，宜复归。”擢龙神卫四厢都指挥使、英州刺史。边臣或言：“往者刘平因救邻道战没，今宜罢援兵。”广曰：“此乃制贼长计也。使贼悉力寇一路，而他道不救，虽古名将亦无能为已。平之所以败，非出援罪。”乃止。

再转步军都虞候。韩存宝讨泸蛮乞弟，逗挠不进，诏广代之。广至,阅兵合将,搜人材勇怯,三分之,日夕肄习,间椎牛享犒,士心皆奋。遣使开晓乞弟,仍索所亡卒。乞弟归卒七人,奏书降而身不至。乃决策深入,陈师泸水,率将吏东乡再拜。誓之曰:"朝廷以存宝用兵亡状,使我代之,要以必禽渠魁。今孤军远略,久驻贼境,退则为戮,冒死一战,胜负未可知。纵死,犹有赏,愈于退而死也。与汝等戮力而进,可乎?"众皆踊跃。

广挟所得渠帅及质子在军,而令以次酋护饷,以是入箐道而无钞略之患,师行有二途,从纳溪抵江门近而险,从宁远抵乐共坝远而平。蛮意官军必出江门,盛兵阻隘,而师趋乐共,蛮不能支,皆遁去。广分兵绕帽溪,掩江门后,破其险,水陆皆通行,益前进,每战必捷。次落婆远,乞弟遣叔父阿汝约降求退舍,又约不解甲。广策其有异,除阜为坛,距中军五十步,且设伏。明日,乞弟拥千人出降,匿弩士毯裘,犹豫不前谢罪。广发伏击之,蛮奔溃,斩阿汝及大酋二十八人。乞弟所乘马授弟阿字,大将王光祖追斩之,军中争其尸,乞弟得从江桥下脱走。得其种落三万,进次归徕州,穷探巢穴,发故酋甫望个恕塚。天寒,士多坠指,而乞弟竟不可得。监军先受密诏,听引兵还,遂班师。

拜卫州防御使、马军都虞候。西兵未解,上疏求面陈方略。及入见,言:"韩存宝虽有罪,功亦多,以今日朝廷待诸将,存宝不至死。"广还部,至阌乡,疽发断颈卒,年四十八。

广为人有风义,困财好施,学通《左氏春秋》。临事持重,长于料敌,以智损益八阵图,又撰约束百余条列上,边地颇推行之。其名闻于西夏。秉常母梁氏将内侮,论中国将帅,独畏广,闻其南征,乃举兵。然在泸以敕书招蛮,既降而杀之,此其短也。遄被恶疾死,或以为杀降之报云。

论曰:宋太宗既厌兵,一意安边息民,海内大治。真宗、仁宗深仁厚泽,涵煦生民,然仁文有余,义武不足,盖是时中国之人,不见兵革之日久矣。于是契丹、西夏起为边患,乃不吝缯帛以成和好。神宗抚承平之运,锐焉有为,积财练兵,志在刷耻。故一时材智之士,各得暴其所长,以兴立事功,若熊本、萧注、陶弼、林广实然。本、注起身科第,弼能诗好士,广学通《左氏春秋》。昔孙权劝吕蒙学,文武岂二致哉! 本上书以媚时相,广之征蛮,发塚杀降,君子疵之。